高等学校交通运输专业规划教材

交通运输经济

帅　斌　霍娅敏　主编

西南交通大学出版社
·成 都·

内 容 提 要

本书作为一本系统介绍交通运输经济原理与方法的综合性教材，突破了计划经济模式下的交通运输经济的理论框框和原有运输子系统的限制，全面论述了交通运输行业的经济原理和方法，对各运输子系统的经济问题进行了较为详尽的分析。全书体现了宏观、中观、微观各层面的有机结合，是一部系统、深入和专门的运输经济教程。

本教材适合高等院校交通运输专业和物流专业本科生、研究生使用，也适合其他专业学生选用，同时也可供政府行业管理部门以及交通运输企业管理人员、工作人员阅读。

图书在版编目（CIP）数据

交通运输经济 / 帅斌，霍娅敏主编. —成都：西南交通大学出版社，2007.2（2021.11 重印）
高等学校交通运输专业规划教材
ISBN 978-7-81104-469-0

Ⅰ. 交… Ⅱ. ①帅…②霍… Ⅲ. 交通运输经济Ⅳ. F5

中国版本图书馆 CIP 数据核字（2007）第 019639 号

高等学校交通运输专业规划教材

交通运输经济

帅斌　霍娅敏　主编

*

责任编辑　王　旻
封面设计　本格设计
西南交通大学出版社出版发行
四川省成都市二环路北一段 111 号西南交通大学创新大厦 21 楼
邮政编码：610031　发行部电话：028-87600564
http: //www.xnjdcbs.com
四川森林印务有限责任公司印刷

*

成品尺寸：185 mm×260 mm　印张：30
字数：749 千字
2007 年 2 月第 1 版　2021 年 11 月第 12 次印刷
ISBN 978-7-81104-469-0
定价：68.00 元

前　　言

我国经过五十多年的发展，已经形成了特点显明的交通运输经济学科方向。但是，随着市场经济的发展和经济发展步伐的加快,运输经济学理论的研究还未表现出鲜明的时代特征。一是，过去的以计划经济体制为指导原则的运输经济理论影响还在，很不适应社会主义市场经济为目标模式的经济运作体制，也不适应国际上运输经济学的发展潮流。二是研究的重点还只限于运输部门或运输企业内部的经济活动还未彻底扩大到社会各方面的运输经济研究。三是在运输经济的研究中，具体业务知识占有较大比重，限制了运输经济的理论研究在深度和广度上的扩展。四是高新技术飞速发展，交通运输在智能化、高速、重载等领域发展迅猛，高新技术在交通运输领域的广泛应用必然反映到其经济运行规律中，也必然带来交通运输行业经济效益的提升，传统的运输经济理论和方法必须逐步适应和改善。五是交通运输领域人才的培养缺乏综合性，培养方向比较单一，缺乏广泛的综合运输管理知识和经济知识的系统教材。基于以上几个方面的原因，运输经济在研究的范围上、内容上和方法上需要一个根本性的变革，这是时代发展的必然要求，也充分体现了该领域的发展充满活力。从可持续发展的角度看，在市场经济条件下，交通运输业与国民经济发展的关系越来越密切，运输业在国民经济中的地位日益重要。习惯于在计划经济条件下决策的运输管理部门、运营的运输企业，需要大量的具有市场意识的高级研究人才和高级经营管理人才，根据现场跟踪调研，大部分交通运输专业的毕业生到政府机构、设计院、运输企业等单位担任的工作均与运输经济领域的知识有密切联系。现场实际客观要求这一学科领域必须对交通运输的宏观决策、运营管理技术应用、运输经济与国民经济、运输系统分析理论等重大问题进行深层次的研究，以适应现代经济和运输业发展的需要。

从目前出版的各类运输经济专著和教材来看，存在以下几个问题：一类是导论性质的，缺乏深层次的研究；二是专门描述各种运输方式的运输经济问题偏多，缺乏综合性；三是引用资料和数据偏旧，很难反映现阶段我国交通运输经济发展的实际情况和规律。编者长期从事运输经济的教学科研工作，选用过许多国内外的教材，对目前国内缺乏系统性、实用性、综合性强的教材之现状体会深刻，组织相关力量从深度、广度上入手，强调系统性、综合性的结合，根据交通运输系统的基本特征，既强调普遍原理与方法的介绍，也针对不同运输方式的技术经济特征和规律进行了专门的论述：

第一，对交通运输业的发展与运输经济的基本理论进行了阐述，分析总结了运输业的基本经济特征和规律，既从宏观层面描述了运输业与国民经济的互动关系，也从中观层面阐明了各种运输方式的基础经济结构。

第二，从铁路运输、道路运输、管道运输、民航运输，以及水上运输各子系统角度出发，根据其独有的运输组织和运营管理特征，依托既有成果和资料，汇集了当前有关各种运输方式的经济论著和教材相关内容，分别论述了作为交通运输系统之独立子系统的相关经济与管理的问题。

第三，注重反映现阶段交通运输业发展的特点，结合交通运输专业学生宽厚培养的目标，从系统性出发，以期达到教材通用性的目的，也兼顾入门读者和选用作为参考书目的读者的广泛适用。

本书的编写工作量大，历时长，大量的老师和研究生不辞劳苦，书中很多地方凝聚着他们的智慧和劳动，李靖参加了第一篇第一章、第二章、第五章，第二篇第一章至第四章，李磊参与了第一篇第三章、第四章、第十章，第四篇第一章的编写；张燕参与了第一篇第五章、第六章、第九章，第四篇第二章、第三章的编写；苟丽参与了第一篇第八章，第二篇第五章至第七章的编写；霍娅敏负责第三篇的编写，刘小丹参与了第三篇的编写；全书结构由帅斌设计和统稿。本书为了适应交通运输专业宽厚培养模式，体现系统性、综合性，广泛收集和参照了已经出版的同类书籍的内容，也参考、引用了大量公开发表的论文文献，有的可能由于疏忽遗漏未能在参考文献中列出，在此一并深表感谢。由于时间和水平所限，书中难免存在不足和错误之处，恳请广大读者提出宝贵意见。

编　者

2007 年元月于西南交通大学

目　录

第一篇　交通运输经济学导论

第三篇　道路运输经济学

第四篇　其他运输方式经济分析

第一篇

运输经济学导论

第一章　交通运输经济概论

第一节　交通运输业的发展概述

一、运输业形成

运输业是商品经济发展的产物。从整个人类社会看，运输劳动从生产过程中分离，到形成一个独立的产业部门，经历了漫长的历史过程。运输业的形成与商品生产、商品流通的发展密切相关。流通领域中的运输需求直接来源于商品交换的需要，商品交换与商品运输互为条件，相辅相成。商品交换规模和范围的扩大，引起运输规模和范围的扩大，客观上要求运输劳动独立化、专门化和社会化。在人类社会的发展中，第一次社会大分工——畜牧业同农业的分离，使商品交换成为可能。手工业同农业分离是第二次社会大分工，出现了直接以交换为目的的商品生产。第三次社会大分工，出现了专门从事商品交换的商人，使商品经济进一步发展，商品交换的规模有所扩大。然而，在以后人类社会的长期发展中，居于统治地位的是自给自足的自然经济，商品经济发展缓慢，商品交换的规模和范围都受到限制。起初，由商品交换而产生的运输活动是由商品生产者自己完成的，是为交换而运输的。其后，运输活动与商业活动结合在一起，商人主要从事商业而兼搞运输，运输成为实现商品交换的辅助手段，具有明显的依附性质。如在海运发展史上，就曾出现过所谓“商人船主时代”。在我国，起源于秦代的漕运，是大宗长途的粮食水上专业运输，为封建王朝所垄断，是很特殊的独立的官办运输形式。在封建社会中虽曾出现过船帮、车行，但也是零星和分散的。然而，流通过程中的运输活动从商业中分离出来，并形成独立的产业部门，却是生产力、商品经济发展到一定阶段的产物。这个过程，从世界范围看，大体上是在封建社会解体、资本主义产生的时期完成的。

二、运输业的发展

运输业的发展历史在相当大的程度上反映了人类文明的发展史，人类文明的每一次进步都与运输业技术革命分不开。

1. 水路运输的发展

水路运输是最早形成的运输方式之一。早期人类受水中浮物的启发，发明了将圆木挖空的船，即独木舟。随着经验的积累及造船技术的提高，建造出了以风力为动力的帆船。到了11世纪左右，出现了可跨洋运输的商船。我国科学家发明的指南针被用于航海，使航海技术得到了飞跃发展。18世纪，在帆船上使用了机械动力，使造船技术实现了重要突破。在19世纪中期又制造出以烧煤为动力，以螺旋推进器为主要机械装置的轮船。内燃机用于轮船提高了其经济性和机动性。

当代水路运输发展的总趋势是货物运输船舶的专业化、大型化和高效化；水上客运的旅游化、高速化和滚装化；以及水运管理电子化和航行安全系统电子化。

2. 公路运输的发展

在陆路运输中最早形成的是人类交往与生产过程中产生的天然小道。农业和畜牧业分离，驯养的畜力取代了人力的原始运输。畜力车运输的发展对道路质量提出了新要求，进而产生了人工建造的道路。在古代，我国为统一全国而修建的道路被公认为世界上最早公路的雏形；为进行国际交往而形成的丝绸之路更成为世界陆路交通中具有划时代意义的里程碑。现代公路的雏形取决于汽车的产生和使用，以汽油机为动力的汽车对公路的标准及质量都提出了更严格的要求。大批量的汽车投入使用又极大地推进了公路建设的发展。当代公路运输的主要发展趋势是：干线公路高等级化，汽车运输高效化。此外，公路运输技术发展的趋势还有公路设计、交通指挥控制管理和车辆诊断自动化，以及公路工程作业机械化等。

3. 铁路运输的发展

人类在陆路上最早的非人力运输是以牲畜为直接动力的畜力车运输。由于有一定的载荷，原始状态下形成的路面无法承受，出现了车辙，影响道路运输的畅通。后来人们在圆木制成的车轮行驶的地方铺设了以石料为主的硬路面，或铺上木板，以减少行车阻力，这就是铁路的雏形。16世纪前后，世界上首先在矿山采用了轨道，并使用了有轮缘车轮的车辆。钢铁工业的发展为铁轨和铁车轮的使用提供了条件。具有现代色彩的铁路运输是随着蒸汽机车的发明和锻铁铁轨的出现，于19世纪初开始在世界上投入使用的。由于铁路运输能高速、大量地运输旅客和货物，因而铁路建设得到了很快的发展。到了19世纪后半期，全球各大洲都大量建造铁路，使铁路成为陆路交通的主要运输工具。

当代铁路运输发展的总趋势是牵引动力内燃化、电气化，铁路客运高速化，大宗散货运输重载化，信息技术电子化。

4. 航空运输的发展

航空运输是人类最向往的运输方式，也是实现较晚的运输方式。人类第一次离开地球在空中飞行用的飞行器是气球，当时无法控制飞行速度和方向。以蒸汽机为动力的气球是飞艇的雏形，直到汽油发动机的采用，才使滑翔机的螺旋桨式飞机成为现实。航空发动机技能的改进，增强了运输能力，延长了航程，提高了速度。20世纪中期喷气飞机的出现，较大幅度增加了航行距离和飞行速度。航空运输已成为中远距离旅客运输的主要方式。

当代航空运输发展的趋势主要有：干线飞机巨型化、超高速化，安全性、舒适性进一步提高；安全保证系统自动化；空中交通管制现代化。

5. 管道运输的发展

从管道发展史来说，中国是最早使用管子输送流体的国家。约在公元前 200 年前，我国秦汉时期就已经出现用打通的竹子连接起来输送卤水的管道。

现代管道始于 19 世纪。1861 年，美国开始出现世界第一条运输原油的管道，长 57 km。1880 年和 1893 年相继出现 100 mm 管径的成品油管道和天然气管道。第二次世界大战期间，美国在国内用两年多时间修建了原油管道 2 158 km，成品油管道 2 745 km。自此以后，各种油气管道技术已经达到成熟阶段。无论从工程规模、经济效益或技术水平来看，管道运输都已达到同其他运输方式相同的水平。

当今世界上总共约有 200 多万公里的油气管道。由于石油资源经一个多世纪的开发，易于开发的地区已经进入低产期，所以石油开发的趋势是走向边远地区。修建管道的工程规模越来越庞大而艰巨，技术要求越来越高。

从世界管道运输的发展来看，原油管道发展缓慢，成品油管道发展趋势明显。这一趋势是因各国原油产量衰减而转为进口中东和南美的原油。原油进口主要依靠海运，因此原油管道建设较少，而根据市场情况却对成品油的需求增加，这也促进了成品油管道的建设。

除了油气管道以外，还有固体浆液管道，主要用于输送煤、赤铁矿、铝矾土和石灰石等。目前，在运行的世界著名的煤浆管道是从美国亚利桑那州北部里梅萨地区的露天煤矿到内华达州的英哈电厂的输煤管道。里梅萨煤浆管道从 1970 年 11 月建成投产以来，已经成功地运行了近 30 年，设计能力年输煤 500 万 t。目前，新的煤浆管道的输送工艺仍在研究之中。由于煤浆中煤水重量比接近 1 : 1，所以用水量过大，到终点以后要进行脱水才能供电厂使用，同时，脱水后的污水污染环境，处理也比较困难。近年来一些国家在进行实际应用试验，在煤浆中加入添加刑，减少掺水量，以达到可以直接用于锅炉燃料燃烧。

现在还有学者在对真空管道进行研究，相信不久也可以问世。

自改革开放以来，我国加快了运输业建设，已初步形成了横贯东西，沟通南北，联系世界，水、陆、空并举的综合运输体系。但是，从总体水平分析，中国的交通运输业仍不能适应国民经济和社会发展的需要。根据我国地域辽阔、资源有限、人口众多、发展不平衡的社会经济条件，我国的交通运输业发展的总方针应确定为：以铁路为骨干、公路为基础，充分发挥水运，包括内河、沿海和远洋航运的作用，积极发展航空运输，适当发展管道运输，建设全国统一的综合运输体系。发展统一的交通运输业应发挥中央和地方、内资和外资等各方面的积极性。以市场经济规律为指导，在建设交通运输业中，实行交通运输业体制的转变和运输能力增长方式的转变是交通运输业快速、持续、健康发展的关键。

随着国民经济的持续、快速、健康发展，交通运输业进入了一个新的发展时期。公路、铁路、水路、民航及管道运输都有广阔的发展前景，各种运输方式应该发挥各自的经济技术特长，优势互补，在国家宏观调控下，运用市场机制，形成全国统一和开放的综合运输体系，为我国社会发展和经济增长发挥更大的作用。

三、运输业的经济特征

运输业与一般的工业部门相比较具有明显的特征，主要表现在以下几个方面：

1. 运输业生产是无形产品，不能储存也不能转移

运输生产过程的效用，在于在安全、无损条件下改变旅客或待运产品的空间位置。由这

一特征所决定，在运输过程中对质量要求显得异常重要和突出，在客货运输中，必须贯彻“安全第一、质量第一”的方针，确保旅客的人身安全和货物、行包的完好无损。

由于运输劳动是空间位置的变化，所以运输过程基本是在自然条件中进行，受自然环境影响很大，其设备、场所、人员流动分散，点多面广，经营管理不同于其他工农业生产部门。

2. 运输生产具有时间和空间上的不可替代性，运输生产过程和消费过程是同时进行的

该特点决定了运输生产只能在生产过程中被消费，运输生产越多，消费就越多。一个地区一段时期内多余的运力，不能补充另一地区在某段时期内运输能力的不足。如果运输需求不足，则运输供给就应相应减少，否则就会造成严重的浪费。所以，科学的综合运输规划是指导运输生产的重要依据，为此必须加强运输的科学预测和运量调查。

3. 运输是国民经济的基础结构，是扩大再生产的最重要条件之一，运输规模是社会经济的基本比例之一

（1）某种运输方式一旦建成，就会产生交通（运输）效应。交通（运输）效应是指交通行为作用于社会和国民经济各部门所产生的社会经济变化。它包括物质传输效应、集聚诱发效应、时空效应、经济连锁循环效应和社会（国家）管理效应。即引起国民经济各部门生产要素的集聚，从而形成社会生产力；诱发潜在生产能力的发挥，扩大社会再生产；实现国民经济各部门的商品生产和交换，完成其再生产过程；缩小地域空间，相对延长工作和休息时间；增加社会再就业，产生生产和消费的经济连锁循环递增现象；实现社会（国家）的行政管理和巩固国防；促进信息传递、文化交流和人员往来等，从而为整个社会经济的发展奠定了基础。

（2）商品经济越发达，生产对流通的依赖性越大，铁路等运输行业的作用也越突出，应优先超前发展。而在国家工业化初级阶段，单位产值要求的运输量大，大宗、长距离的原料，燃料和半成品运输构成了货运的主体，此时期铁路的较大发展不可避免。

对于生产领域的农业来讲，美国和德国的调查表明，在农业的产外作业中，运输量占一半以上；对林业采伐作业来讲，80%以上是运输作业；对采掘业来讲，基本靠运输作业，因为该行业的本质是运输业；对加工工业来讲，只有依靠运输才能进行生产、输入原材料、输出制成品。对流通领域的国内和国际贸易来讲，更是依靠运输，我国商品流通费中 1/3 是运输费用，经济发达国家商品流通费中运输费用一般在 1/2 以上。上述事实证明，国民经济各部门间和部门内部的空间与时间联系，完全依存于运输业的功能才能实现。所以，运输业在国民经济中的地位尤如农业在社会和国民经济中的地位一样是国民经济的主要基础之一。

（3）国民经济的比例关系，比较传统的内容是：积累和消费的比例，农业、轻工业和重工业的比例等，而很少研究和确认交通运输与社会经济发展的比例关系。一个合理的产业结构或社会生产结构，应当在多大规模上，用多少资源去实现人和物的空间位移，应当是我们社会生产结构研究的主要内容之一，如果忽视这种研究，必然导致交通运输与国民经济的比例失调，必然制约我国国民经济发展的规模和速度，现在社会生产实践向我们提出：交通运输与社会经济发展的比例关系，应当是社会生产结构的基本比例关系之一。

按一般国际水平，一个国家在经济高速增长之前，交通运输投资在总投资中的比例都应超过 20%，韩国在 20 世纪 60 年代末曾占到 27%以上。世界各国特别是发达国家的经验证明：

经济起飞的基础之一是发达的交通运输，必须做到超前发展，如果说20世纪初美国的四十多万公里铁路，是使它成为世界经济强国的奠基石，那么现在七万多公里的高速公路和六百多万公里的一般公路就是他继续发展的翅膀。我国交通运输业的发展经历了十个五年计划，交通运输投资占投资总额的比例都不是很高。我国运输生产总值在社会生产总产值的比例只占到3%左右，而发达国家在工业化进程中一般在10%左右，现在在6%～7%，如果不计邮电业，一般都超过或接近本国的农业比重。运输邮电业劳动者占全国劳动者的比例我国仅为2.5%，而法国为1/7。我国城镇居民平均生活费用支出中交通费用所占比例：20世纪90年代不到2%，而发达国家同期已超过10%。上述几个方面的比例是我们应很好研究的运输比例关系，特别是运输投资和运输生产总值这两个比例关系。

4. 运输生产既创造价值，也创造使用价值

在理论上，对于运输业不仅要强调它的物质生产属性，还应重视它的服务属性及国防功能。运输产品的非实体性和非储备性，运输业为社会提供的不是新的物质产品，而是在物质商品的使用价值上并不留下任何可见的痕迹的“效用”，这种效用既可供个人消费，又可以将其追加价值转移到商品本身中去，促使物质使用价值的形成以及新环境中使用价值的实现。

第二节　交通运输业在国民经济中的地位与作用

一、运输业的一般意义与影响

运输业负责完成社会经济生活中人与货物的空间位移，它具有多方面的意义和影响。

首先，空间位移量的增加与人类自身完善和成熟，与经济水平及生活质量的提高过程是一致的。交通运输的发展促进了不同地区之间人员和物质的流动，这有助于促进在语言、观念、习俗等方面差异很大的各地民族打破各自的隔绝状态，进行文化意识的交流，从而鼓励在饮食、卫生、教育、艺术、科技和一般生活方式上的互相交融，推进社会进步。

在政治方面，良好的交通运输条件使广阔地理区域上的政治统一成为可能。历史学家认为，是尼罗河的航运使古埃及在很多世纪以前就已经达到高度的文明；古罗马的建立则应归功于它早期形成的公路系统。

人类始终在不遗余力地扩大、提高和完善在空间位移方面的本领，人与货物空间位移的水平一向反映着人类克服自然阻力的能力。交通运输有力地推动了技术进步，在不断提高人与物位移能力的斗争中，运输进一步联系和代表着未来的各种新技术、新能源、新材料。有人总结说，历史上任何具有革命性的现代运输技术，都是依靠世界上最强大的经济力量支持才出现的。例如，近年超导研究上取得了一些突破性进展，人们马上指出，超导技术可以用来建设高速低耗的轨道系统，提高运输效率；又如实现星际间人与物位移的航天技术也已经成为各国发展高技术的重点……现代科技的大量成果都被很快地应用到交通运输领域，人类文明的成果一次又一次体现在交通运输上。

运输还是国防和战争的重要因素。无论是古代还是现代，运送部队和装备的能力都是决定战争胜负的基本条件之一。在今天的国际条件下，这种能力更是与各国的工业、经济和国防力量结合在一起，在国际对抗中起着越来越重要的作用。

二、交通运输业在国民经济中的地位与作用

运输业在国民经济中处于十分重要的地位，主要表现为以下几个方面。

1. 运输是再生产过程中的必要条件和社会生产力的组成部分

（1）生产领域中的生产性运输活动，是生产过程的重要组成部分。物质生产领域中的生产性运输活动，例如，工厂内通过汽车、专用铁路及其他运输设备，使生产过程中的原材料、半成品和在制品的位置移动就是生产得以进行的重要条件和环节。至于某些生产部门如煤炭、石油等部门，其生产活动在很大程度上就是运输活动。如果没有这些运输活动，工农业生产活动就无法进行。

（2）产品从生产过程生产出来后，必须通过运输经过分配、交换，才能到达消费领域。从生产领域到消费领域，是产品生产过程在流通领域中的继续和延长，如果没有运输这个中间环节，产品的使用价值就难以实现，社会的再生产就不可能进行，人民生活的需要也就难以满足。生产往往以运输业的运输活动为起点，又常以运输为纽带，联结各个领域和环节，这就说明没有运输就不可能有物质资料的生产，所以运输促进了社会生产力的发展。

我国多年的经济建设的实践也充分证明，发展交通运输是发展国民经济的基础和先决条件。

2. 运输保证了社会产品的提供并创造了国民收入

运输虽不能创造新物质产品，不增加社会产品的总量，但却是社会产品生产过程中所必需的生产劳动。属于生产过程的运输，运输工人、运输设备直接参与物质产品的创造过程；属于流通过程的运输，则是一个必要的追加的生产过程。一方面，产品经过运输虽然其使用价值没有发生任何变化，但由于运输过程中消耗的生产资料价值及运输职工新创造的价值追加到产品的价值中去，使产品的价值量增加了；另一方面，如果没有运输，产品的使用价值就难以实现。因此，运输保证了社会产品的提供并参与了国民收入的创造。

3. 运输确保了社会正常的生活和工作秩序

运输活动是社会赖以存在和发展的必要条件之一，特别是随着现代化社会经济的发展，如果没有相应发展的运输业，社会生产活动就无法进行，人们的正常工作和生活也会受到严重的影响。现代社会的四个流动（即人流、物流、资金流和信息流）是社会运转所必需的，其中人流、物流直接由运输业完成。

2005 年，我国客运量已达 184.70 亿人次，货运量已达 186.21 亿 t。虽然现代化的信息流由于通信设备的不断更新与完善，对运输部门的依赖程度已明显下降，但大量的信息载体，如信函、报刊、杂志和其他印刷品，仍需要由运输部门承运。可见交通运输在确保社会正常的生活和工作秩序等方面起着十分重要的作用。

4. 运输占用、耗费了大量的社会资源

运输业不但占用了大量的社会劳动力，而且消耗了大量的社会资源，运输费用在生产费用中占有很大比重。例如，我国火力发电工业的发电成本中，燃料的运输费用约占 1/3 以上。在商品流通费用中，比重最大的也是运输费用。在全国基本建设投资方面，运输业的固定资产投资占全社会固定资产投资比重逐年呈现上升的趋势。运输业的发展，有赖于国民经济其他部门的发展，反过来又促进其他部门的发展。

运输业在国民经济中的作用，主要表现为以下几个方面。

1. 促进工农业生产和整个国民经济的健康发展

运输业作为社会生产的必要条件，是保证国民经济建设正常进行的重要环节。在某种情况下，没有运输就不能进行生产活动。例如，煤炭开采出来以后，如果没有运输工具送入消费地区，煤炭本身的使用价值就不能实现。尤其是随着现代化大生产的发展，生产专业化与协作的加强，各地区之间的经济联系更加广泛和密切，这就更需要按时将原料、燃料和半成品运往工厂，将化肥、农药等运送到农村，把成品及时送入消费地，以保证整个国民经济正常运转。

对于工农业生产部门来说，运输速度加快，运输效率提高，运输质量越好，运输成本越低，就越能缩短商品在途时间，加快流动资金周转，降低商品流通费用，从而促进经济的发展。

此外，运输有助于新资源的开发和落后地区的经济的开发，并能扩大原料供应范围和销售市场，最终促进社会生产力的发展。例如，新中国成立以来，随着我国西部地区一些铁路和公路干线的兴建，出现了不少新的工业基地和城市，西南和西北地区的工业总产值也有了大幅度的提高。

2. 推动了生产力的合理布局，有利于提高全社会的经济效益

国家和地区的工业布局，首先要考虑原材料运进和产品运出方面所具备的交通条件。采掘工业和加工工业的布局安排是否合理，同样也要分析交通条件如何，没有现代化的运输或运力不足，新的大型资源的经济开发是不可能的。因此，运输在一定程度上能够促进生产力的合理布局。例如，兴建一个工厂、矿山，开发一处农场、牧场，修建电站、学校，设置商业购销网络，都必须考虑到交通运输的条件。上海市一百多年前不过是一个小渔村，而且又无矿产资源，但自从沿黄浦江建立海港后，很快就发展成为我国工业、商业最为繁荣的第一大城市。

我国的生产力布局不尽合理，大宗货物和能源产量分布较不平衡，沿海工业比较集中，而矿产资源较为丰富的内蒙古、山西及西北、西南广大地区，工业基地却比较少。因此，沿海和内地的经济发展极不平衡，工业商品产地远离市场，远离原料和燃料生产基地，造成了极大的浪费。为了改变这种生产力布局不合理的状况，首先要改善边远省份和内地省份交通条件，只有交通便利，才能促使工业企业向边远地区转移，才能促使新的工业基地和工业城市的兴起。

3. 沟通了国家、政治、经济及文化等方面的交流

现代的交通网络，可把全国及我国与世界各地联成一个有机的整体，沟通了各地的政治、经济、文化的交流往来，在满足人们旅游和物质文化生活方面，起到了重要的作用。

就我国经济而言，我国的经济发展不是仅指沿海几个经济特区或省份的发展，不是仅指东部狭长地带的发展，也不是仅指几亿城镇居民的居住地的发展，而是应该包括全体农民在内的全国各族人民的整体物质生活与文化生活的共同发展。我国中西部的广大地区，至今还是“欠发达地区”。在一定的时间内，要使这些地区有大的改观，只靠中央或其他省份的“输血”是不行的，而必须完善它们的“造血”机能，交通运输业是其“造血”所必需的机能之

一。经济欠发达的地区常以交通困难或交通欠发达为特征。如果充分利用现代运输手段，可明显加快其经济的发展。

4. 扩大了对外贸易，密切同世界各国的关系

现代社会，再也不能是“自产自销”的小商品生产社会，必须将门户向世界开放，有无完善的交通系统，是门户能否真正打开的关键。第二次世界大后的欧洲各国为了复兴欧洲，十分注意欧洲统一运输网的建设，几十年的努力，已经统一了欧洲的航道标准；四通八达的欧洲大陆公路运输网更是在战后欧洲的联合和经济振兴中起到了积极作用。自改革开放以来，我国高度注重引进与利用外资兴建与完善我国的交通基础设施。随着对外开放政策的实行，以及我国国际事务活动范围的扩大，我国同世界各国在政治、经济、文化方面的交流日益频繁，关系逐步地密切起来，运输业的作用势必日益重要。

5. 增强了国家的国防实力

在战时，无论武器装备何等精良，但若不及时送到前线，就不可能发挥应有的作用。因此，运输线路的通车程度，特别是铁路和汽车运输能力的大小对国防力量的加强至关重要。运输业平时确保社会经济的发展，战时则可用于国防的需要，充分保障兵力的调集，武器、弹药和给养方面的后勤支持。历史证明，大力发展运输业的建设对于国防建设有着重要的作用。

第三节　交通运输经济学的发展与研究内容

一、运输经济学的发展

1. 早期的运输经济学

运输经济学的起源可追溯到现代经济学创始人亚当·史密斯（Adam. Smith）的著作中。正当英国产业革命兴起，新的运输工具——轮船崭露头角之时，1776 年，苏格兰人亚当·史密斯在他的代表作《国富论》（也译作《国民财富的性质和原因的研究》）中就论述了运输（主要是帆船和马车）对城市和地区经济繁荣所起的促进作用及政府在交通设施方面的开支等问题。他认为，古代的埃及人、印度人和中国人之所以富裕，都是得益于水运系统的发达，是因为其江川丰富，有便利的水运可依托。铁路在欧洲出现以后，更多的经济学学者参加了对运输经济问题的讨论，著文论述运输与经济及文化的关系。19 世纪中叶，德国经济学家李斯特在《政治经济学的国民体系》（1841 年）中把交通作为国民生产力的一个构成因素进行研究。在经典经济学家中，马克思在他的经济学研究中提出了许多非常宝贵的运输经济思想，他在《资本论》中用大量篇幅论述了铁路和航运对资本主义大工业的作用。经济学家的关注也反映出了资产阶级工业革命前后运输业在经济活动中的地位明显上升。

1844 年，法国经济学家杜比特（J. Dupuit）发表了以费用与效益观点研究运输投资和运价问题的论文《论公共工程的效用》。这是第一篇提出边际概念的经济学论文，在经济学的边际主义研究中具有重要地位。这篇论文也被后人认为是第一篇运输经济学专论，因此在运输经济学学说史中占有重要地位。

1850 年，在铁路的发源地英国，伦敦大学教授 D·拉德那（D. Lardner）出版了他的《铁

路经济》一书，书中专门研究了作为一种运输新技术铁路的管理与发展前景。拉德那在书中讨论了运输进步的历史及其影响，讨论了铁路的各种运营管理和成本、运费、利润等问题；还讨论了铁路与国家的关系。著名经济学家马歇尔（A. Marshall）后来称赞该书为近代铁路经济科学奠定了基础。1875 年，俄国朱蒲洛夫的《铁路经济》出版问世，该书在运输经济方面的论述后曾被马克思《资本论》第二卷引用。

对早期运输经济学发展有重大贡献的另外两位人物是萨克斯和惠灵顿。

奥地利的经济学家 E·萨克斯（E. Sax）在 1878 年出版了《国民经济中的运输工具》一书，主要讨论了一般的运输政策和运输业营运活动的经营论。这本书着重采用理论分析的方法，把边际效用学说引入了运输经济学；在体系上，该书既讨论一般的运输政策论，讨论国家在运输方面的作用，也讨论运输业运营活动的经营论。有人认为，萨克斯对运输经济学学科体系的最初形成起着奠基的作用。

美国的建筑工程师惠灵顿（Arthnar M. Wellington）在 1887 年发表的《铁路布局的经济理论》第一次提出将成本分析法应用于铁路最佳长度和路线圆曲线的选择，从而开创了工程领域中的经济评价工作。这一应用于运输工程的经济分析思想，后来成为工程经济学形成的基本理论。

以上几位代表人物和他们的著作在运输经济学初创时期，为运输经济科学奠定了基础。从工业国家修筑铁路高潮时期一直到第一次世界大战后，铁路在世界运输业中一直占有统治地位。在这个时期里，铁路的投资、铁路的经营管理以及国家对铁路的管理成为运输经济研究的主要对象。运输经济理论的主要内容沿着政策论和经营论两个方向发展，直到后来经营论中的运输财务、会计、统计等内容因学科的分化与发展而逐一分离出去形成相互独立的应用经济学科。

2. 当代运输经济学

第二次世界大战前，汽车运输在欧美国家的发展超过了铁路，高速公路的出现对铁路提出了挑战。同时，其他运输方式也得到迅速发展。为适应这种变化，运输经济学也相应调整了它的研究内容。1940 年，美国宾夕法尼亚大学的约翰逊（E. Johnson）等人出版了《交通运输：经济原理与实践》，开始全面讨论包括铁路、水运、公路、航空和管道各种运输方式的运输经济问题，包括它们之间的竞争与协作。第二次世界大战后，各种运输业的发展、变化和经济学在宏观、微观理论方面的进步，吸引了较多经济学家逐渐加入运输经济研究。在美国，1946 年出版了毕格海姆（T. Bigham）的《交通运输：原理与问题》，1950 年出版了费尔（M. Fair）的《运输经济学》，1958 年出版了梅耶（J. Meyer）等人的《运输业中的竞争经济学》，自 1935 年到 1977 年 7 次再版了洛克林（D. Locklin）的《运输经济学》。这些著作综合地讨论了各种运输方式的发展、竞争、定价原理、经营、国家运输业的管理和运输政策等，是这一时期运输经济学的代表性著作。

然而，运输经济学在发达国家获得更为迅速的发展还是在 1966 年美国政府成立运输部（DOT）以后。DOT 的成立一方面表明官方正式承认运输是联邦政府的施政项目，另一方面，规定所有需联邦政府补助的运输项目在规划实施过程中都必须完成经济可行性研究和环境影响研究。这些规定促使经济学家们更广泛、深入地加入运输经济的研究。由于同时也吸引了很多工程专家参与工作，这使得运输经济学在投资和成本——效益分析（CBA）方面取得了较快进展，并带来明显的数学化倾向。20 世纪 70～80 年代，世界经济在能源、环境等方面的危机提出了新的运输经济课题，同时西方国家的运输业管理政策也发生了很大变化，对这些问题的探讨逐渐反映在运输经济著作中。西方运输经济学除了综合性的著作，如美国桑普森（R. Sampson，1978）等人的《运输经济——实践、理论与政策》，哈泼（D. Harper，1984）的《美国运输：使用者、运送者和政府》，英国巴顿（K. Button，1993）的《运输经济学》和斯特伯斯（P. Stubbs）的《运输经济学》，美国波耶（Kenneth D. Boyer，1997）的《运输经济学》（或译《运输经济学原理》）等，还有一些比较专门性的论著，如航空经济、海运经济、客运、城市交通、运输与能源、运输与土地利用、运输需求分析、各国运输政策分析等。其中英国巴顿（K. Button）除出版了《运输经济学》外，还写了《运输、环境和政策》等十多部（篇）有关运输与环境可持续发展方面的专著（论文）。可以说，近半个世纪特别是近 20 多年来是运输经济学初具规模并有长足发展的时期。

与经济学的其他所有分支一样，西方运输经济学在逐渐采用经济学通用分析方法发展过程中，近年来也已变得更加注重数量化研究。运输经济学者正深入地从事这样的研究：如何对各种政策选择方案且可能导致的社会经济效应做出精确的估算，并预测可能引起的运输需求的变化。运输业的发展和竞争日趋激烈，加上运输政策从制定到全面实施需要漫长的过程和较高的成本，这都对经济学家提出了严格的要求：必须做出关于未来趋势有价值的定量预测，而非仅仅是停留在定性上的表述。因此，巴顿认为，那种主要是建立广泛原则的主导思想的经济学（例如，若其他条件不变，价格下降时需求量增加）已经过时。随着计量经济技术的出现，在计算机时代又加上经过改进的数据资料，人们试图做出更细致的度量。

二、运输经济学的研究内容

在近两个世纪的发展历程中，运输经济学的研究领域一直在演变和扩大。但运输经济学稍具规模并有较为显著的发展，还是 20 世纪 50 年代以后的事。

一方面，是由于运输产业发展的带动。两次世界大战期间运输工具的显著进步，特别是由于汽车运输和民航运输的崛起，使运输体系产生了重大变化，而私人轿车的普及更加剧了人们对运输问题的关注。此外，第二次世界大战后，发达国家对发展中国家的援助贷款中有大部分用于港口、铁路和公路等基础设施建设，促进了运输工程项目经济效益分析的发展。使得运输工程项目投资的经济分析即成为工程经济学的基本内容，同时也是运输经济学一直关注的研究课题。例如，巴顿在《运输经济学》中专门讨论了运输项目投资的 CBA 理论及其商业分析法与社会分析法问题。

另一方面，是由于运输经济基础理论发展的影响。有的西方经济学者认为，运输经济学的理论基础是福利经济学。这是因为，在相当长一段时间内，公路、江河、运河等都由政府兴建，或是自然界所提供，使用者不必付费，运输业成了提供公共品的行业。例如，一些国家的免费高速公路网、运河等均基本属于公共品。运输所具有的很强的外部经济特征或外部性，其理论有待于基础理论的发展。在 20 世纪 20 年代，福利经济学家对外部性问题提出了应该用集体干预来纠正市场缺陷的主张。然而，战后西方经济的发展表明，在国家和公共经济的各部门，以至整个社会经济中，国家的干预并非总如同干预理论所想象的那样有效。这种情况激发了人们对公共品的生产和消费的研究兴趣，形成并发展了公共选择理论，进而也影响到运输经济学学科的发展。

运输经济学的研究领域一直在扩大，它的关注热点也在不断转移。例如，尽管大多数国家在运输工程项目方面投入巨大建设资金，世界银行的总贷款中有 20%、总援助金额中有 15% 是投向运输建设项目的，但是，强劲的运输需求带动下的运输工程项目的建设规模之大，使得建设资金来源问题依然成为影响运输发展所面临的最大问题之一。特别是道路建设方面，这引发了建设投资的融资方法的改进和收费公路的普及。在中国，收费公路几乎遍布全国所有通公路的地区，全世界 14 万 km 收费公路有 10 万 km 在中国。到 2020 年，中国收费公路预计将达到 20 万 km，这肯定会提高公路的运输成本，成为影响公路发展的障碍。有关建设投资的融资方法和收费公路问题已受到经济界的关注。

目前，运输经济学的研究内容大致可以分为以下几个方面：

(1) 运输的发展及意义，包括运输发展过程、规律、趋势和它在经济、文化及社会发展中的作用、意义等。

(2) 运输需求与供给，包括运输需求与供给分析、需求与供给平衡理论等。

(3) 运输成本和价格原理，包括运输成本概念和组成，运输价格的组成、制定和管理等。

(4) 运输市场，包括市场基本理论、国内运输市场和国际运输市场的分析等。

(5) 运输企业，包括运输企业性质、特点、经济功能、运输业经济管理和发展战略等。

(6) 运输历史和运输政策，包括运输政策的演变、历史评价、各种运输政策的研究等。

(7) 运输项目投资、评估和经营，包括运输业及基础设施的投资立项、成本效益分析 (CBA)、融资、评估、经营等。

(8) 城市运输问题，包括城市交通运输分析、配置、经济评价及交通拥挤等。

(9) 运输与可持续发展，包括运输与环境、运输与安全、运输与能源、运输与土地利用等。

运输经济学是现代应用经济学的一个分支，它是以经济学的理论和分析方法去探讨与运输有关的各种问题的一门学科。它不同于交通技术等领域，不取决于某一个具体的技术问题，而是分析交通运输发展的趋势、交通与国民经济的关系和交通发展的一般规律的科学，它较深入地分析了现实运输问题的原因，为制定交通发展政策提供依据。其研究成果对整个交通运输业具有较广泛的指导意义。

由于运输经济广泛涉及社会、经济各领域，使在应用现代经济基础理论解决实际问题时，必须注意有效地利用有关统计学、社会学、保健经济学、公共经济学等相关技术领域的研究成果，必须注意与国民经济其他有关部门利益间的相互协调，只有这样，才能获得有益的效果。

三、运输经济学在中国

20 世纪 70 年代末，我国进入了从计划经济向市场经济过渡的经济转轨时期。与此相应，我国运输的基建体制、市场体制、行业体制也随之发生了变化。为适应这一变化，从 20 世纪 70 年代末开始，我国的经济和交通运输方面的学者一直在努力探索适应我国国情且符合市场经济体制的新的运输经济学学科理论体系。在这一时期的前期，陆续出版了《铁路运输经济》、《公路运输经济学》、《航运经济》、《中国运输布局》、《中国交通经济分析》、《中国的交通运输问题》等一批著作，其中一部分着重论述了部门内部的运输经济、管理活动和体制改革，另一部分则主要反映了对宏观运输经济问题进行研究的成果。

到了20世纪90年代，运输经济学学科理论体系逐渐显现出来。当时国内一些专家、学者先后出版了《运输经济——实践、理论和政策》（赵传运、荣朝和、马运等译，1989）、《运输经济学导论》（主编：许庆斌、荣朝和、马运等，1995）等著作，还发表了《论运输化》（荣朝和著，1993）等多篇论文，在国内影响较大。1999年，上海海运学院陈贻龙教授和长安大学邵振一教授主编的《运输经济学》，是国内最具系统性的一部运输经济学论著之一。涉及运输经济学的各个领域，包括运输经济引论、运输市场、运输企业、宏观调控、运输与经济社会发展等五篇共21章。此外，在国内较有影响的还有乔乐中的《运输经济学》（成都科技大学出版社，1993）和赵锡锋的《运输经济学》（大连海事大学出版社，1998）等。最近，我们还看到管楚度的《新视域运输经济学》（人民交通出版社，2002）、荣朝和的《西方运输经济学》（经济科学出版社，2002）、严作人，张戎编著的《运输经济学》（人民交通出版社，2003）、赵淑芝主编的《运输经济分析》（人民交通出版社，2003）、隽志才主编的《公路运输技术经济学》（人民交通出版社，2003）、李永生，黄君麟主编的《运输经济学》（机械工业出版社，2004）等著作出版。特别是荣朝和的《西方经济学》，在国内首次直接借鉴Kenneth D. Boyer《运输经济学》中需求—成本—价格—市场的结构方式，即以运输需求（货物运输需求、旅客运输需求）、运输成本（概念与计算、公路、铁路等固定运输设施成本、运输工具成本、运营成本、运输业投资）、运输价格（运价原理、方法）、运输市场（市场结构、管制、外部性的控制）为线索，比较全面地介绍了当前国外运输经济学的内容体系与基本结构并融入了作者自己多年来的教学与研究的成果，对我国运输经济学体系的形成肯定会起到推动作用。

近年来，我国在运输经济学领域中的研究取得了十分显著的成绩，研究队伍也随之飞速发展，从整体上来说，运输经济学是一门正在不断发展的学科。

第二章　运输需求与供给分析

交通运输的需求来源于社会经济活动。散布在空间不同点上的社会经济活动之间的相互作用，资源、劳动力之间的相互作用及其在再生产中产生了交通运输需求。运输需求与运输供给是运输市场的两个不可分割的基本方面。运输需求是运输供给的原因，而运输供给则是运输需求的基础，它们构成了一个有机整体。运输市场存在着市场运行机制来自行调节需求和供给之间的关系，使需求和供给形成某种规律性的运动，出现某种相对的均衡状态——市场均衡。当某种均衡形成之后，随着时间的变化、各种影响因素的发展，促使供需条件的变化，这种均衡就要被打破，再向新的均衡发展。

交通运输需求一方面综合反映了国家政治、经济、文化和人民生活的全貌和水平；另一方面也是一个国家市场经济发达程度的重要标志。首先，货运需求和客运需求是随着工农业生产的发展和商品交换的扩大，随着社会文化和人民生活的发展而不断增长的。因而，货运需求量和客运需求量的变动，一般可反映出国民经济和人民生活的发展水平。其次，货运需求和客运需求的流向要求，从货运来讲，反映了市场的走向，反映出各种物资从哪里来流向哪里。从客运来讲，反映了客流的动向，反映出旅客从何处来向何处去，说明了地区的经济、文化和居民的联系。再次，各类货物运输需求的构成，反映出劳动密集型产业、资金密集型产业和技术密集型产业的构成及其各占整个国民经济中的比例。我们研究运输需求，主要是为了如何满足它，是为了研究运输供给，如何按运输市场的需求来提供运输服务。如果我们不能提供安全、量大、质优的运输服务，就不能适应国民经济和人民生活水平的提高。因此，在我们进行运输经济学的讨论时，首先必须对运输需求进行研究。

第一节　需求的微观经济学理论

一、均衡理论

均衡理论可分为局部均衡理论和一般均衡理论。

所谓局部均衡分析是指在一个市场的价格变动对其他市场价格没有显著影响的假设基础上进行的分析。这种局部均衡分析适用于一个市场中市场条件的变化对其他市场中的价格影响很小或没有影响的情况。例如，我们假定汽车市场基本上是独立于小麦、玉米等产品市场的。在局部均衡分析中，每一个市场中的均衡价格和均衡数量都是由各自的供给和需求决定的，其供给和需求曲线不受任何其他市场的影响，所有市场都是相互独立的，没有相互影响。

但是一个市场的变动完全不受其他市场影响的假设与现实之间存在着一定的偏差。现实的市场之间是相互联系、相互影响的。任何一个市场上的变化都会影响到其他市场，而其他市场的相应变化又会反过来影响该市场再次变化。因此，有必要将所有相互联系的各个市场看成一个整体来加以研究。这种考虑到不同价格之间的相互关系和相互影响的分析方法就是一般均衡分析方法。

一般均衡理论是19世纪法国经济学家里昂·瓦尔拉斯（Leon Walras）首先创立的。他运用数理分析的方法，考察了社会经济系统各部门之间的相互依存关系，在边际效用的基础上建立了经济思想史上的第一个一般均衡模型。后人运用序数效用论、无差异曲线等概念充实和丰富了一般均衡理论，再经希克斯（J. R. Hicks）等人介绍与发展，一般均衡分析在经济学中得到了广泛的运用。在一般均衡分析中，每一种商品的需求和供给不仅取决于商品本身的价格，而且也取决于所有其他商品的价格。当整个经济的价格体系恰好使所有商品都供求相等时，市场就达到了一般均衡。

瓦尔拉斯的一般均衡模型：

瓦尔拉斯认为，一般均衡注意各个商品市场之间、各个要素市场之间以及各个商品市场和要素市场之间的价格和数量的相互关系和相互影响。因此，每一种商品的需求量或供给量不仅是这种商品本身价格的函数，而且是所有其他商品价格和所有要素价格的函数。同样，每一种要素的需求量或供给量也不仅是这种要素本身价格的函数，而且是所有其他要素价格和所有商品价格的函数。

根据这种一般均衡分析方法，瓦尔拉斯一般均衡模型由以下四组方程组成。

（1）商品市场的需求方程：

$$\left.\begin{aligned} X_1^{\mathrm{d}} &= X_1^{\mathrm{d}}(P_1,\ P_2,\ \cdots,\ P_m;\ W_1,\ \cdots,\ W_n) \\ X_m^{\mathrm{d}} &= X_m^{\mathrm{d}}(P_1,\ P_2,\ \cdots,\ P_m;\ W_1,\ \cdots,\ W_n) \end{aligned}\right\} \tag{1.2.1}$$

上述方程说明了每一种商品的需求都是由所有商品和生产要素的价格决定的。

（2）要素市场的供给方程：

$$\left.\begin{aligned} Y_1^{\mathrm{s}} &= Y_1^{\mathrm{s}}(P_1,\ P_2,\ \cdots,\ P_m;\ W_1,\ \cdots,\ W_n) \\ Y_n^{\mathrm{s}} &= Y_n^{\mathrm{s}}(P_1,\ P_2,\ \cdots,\ P_m;\ W_1,\ \cdots,\ W_n) \end{aligned}\right\} \tag{1.2.2}$$

上述方程说明了每一种生产要素市场的供给量都是由所有商品和生产要素的价格决定的。

（3）要素市场的需求方程：

$$\left.\begin{aligned} Y_1^{\mathrm{d}} &= Y_1^{\mathrm{d}}(P_1,\ P_2,\ \cdots,\ P_m;\ W_1,\ \cdots,\ W_n) \\ Y_n^{\mathrm{d}} &= Y_n^{\mathrm{d}}(P_1,\ P_2,\ \cdots,\ P_m;\ W_1,\ \cdots,\ W_n) \end{aligned}\right\} \tag{1.2.3}$$

上述方程说明了每一种生产要素的需求量都是由所有商品和生产要素的价格决定的。

（4）商品市场的供给方程：

$$\left.\begin{aligned} Y_1^{\mathrm{s}} &= Y_1^{\mathrm{s}}(P_1,\ P_2,\ \cdots,\ P_m;\ W_1,\ \cdots,\ W_n) \\ Y_m^{\mathrm{s}} &= Y_m^{\mathrm{s}}(P_1,\ P_2,\ \cdots,\ P_m;\ W_1,\ \cdots,\ W_n) \end{aligned}\right\} \tag{1.2.4}$$

上述方程说明了每一种商品的供给量都是由所有商品和生产要素的价格决定的。

如果将产品和生产要素全部都看成商品，那么整个经济体系的（$m+n$）商品都处于均衡状态时即整个经济社会处于一般均衡状态时，这（$m+n$）个商品市场就必须都符合需求等于供给的条件，用公式可表示为：

$$\left.\begin{aligned} Y_1^s &= Y_1^s(P_1,\ P_2,\ \cdots,\ P_m;\ W_1,\ \cdots,\ W_n) \\ Y_m^s &= Y_m^s(P_1,\ P_2,\ \cdots,\ P_m;\ W_1,\ \cdots,\ W_n) \end{aligned}\right\} \tag{1.2.5}$$

如果上面这组方程有解，就说明存在一组价格（P_1^*，…，P_n^*）恰好能使市场上的全部商品的供给等于需求，从而整个经济体系存在所谓的一般平衡。

二、蛛网理论

蛛网理论是一种动态均衡分析。这种理论运用需求弹性与供给弹性的概念来分析价格被动对产量的影响，以解释某些生产周期较长的商品（如农产品：谷物、水果等），在失去平衡时所发生的不同波动情况的一种动态分析理论。

蛛网理论的基本假设条件包括以下四个方面

（1）该商品市场是自由竞争市场。

（2）从开始生产到生产出产品需要一定时间，而且在这段时间内生产规模无法改变。例如，农作物从种植到长成需要半年左右，在此期间已种植的作物无法增加或减少。

（3）本期的商品供给量（Q_{t+1}）取决于上一周期的价格（P_t）。因为对于那些生产周期较长的商品，最初生产量的确定是以当时商品价格为依据的。

$$Q_{t+1} = F(P_t)$$

（4）本期商品的需求量（Q_t）取决于本期的价格（P_t）。

$$Q_t = F(P_t)$$

对于满足上述假设条件的商品，由于不同商品的供给与需求弹性关系不同，可将价格与产量的波动分为三种类型。

（1）供给弹性小于需求弹性：收敛型蛛网。

这种情况下，市场价格变动对供给量的影响小于对需求量的影响，于是，价格和产量的波动会逐渐减弱，最后恢复均衡。这种蛛网波动称为“收敛型蛛网”，具体过程如图 1.2.1 所示。

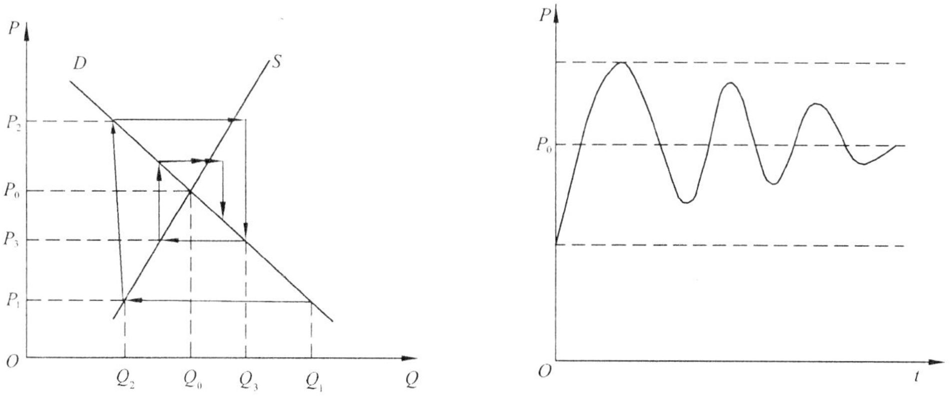

图 1.2.1　收敛型蛛网

供给弹性小于需求弹性被称为蛛网稳定条件。

（2）供给弹性大于需求弹性：发散型蛛网。

在这种情况下，市场价格变动对供给量的影响大于对需求量的影响，于是，价格和产量的波动情况逐渐加剧，越来越背离均衡值。

这种情况下价格与产量的变动过程与前一种情况类似，但它波动不是越来越小，而是越来越大，最后远离均衡，这种蛛网称为“发散型蛛网”，如图 1.2.2 所示。

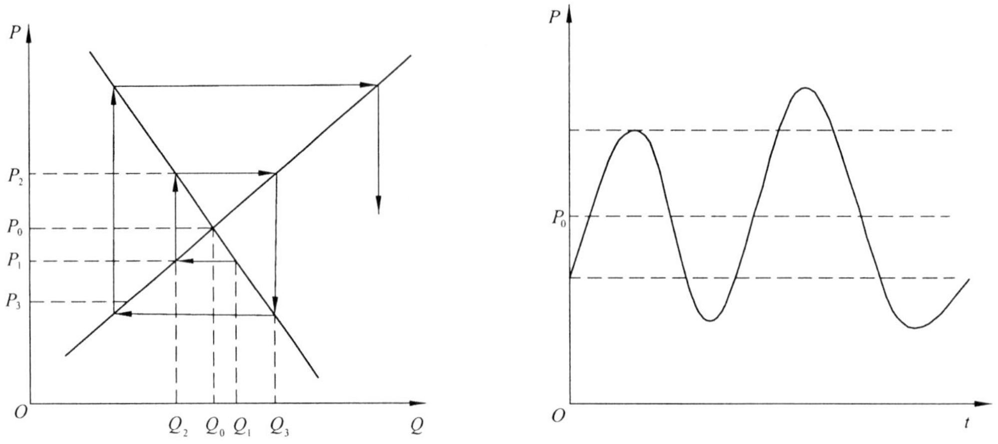

图 1.2.2　发散型蛛网

(3) 供给弹性等于需求弹性：封闭型蛛网。

这意味着，市场价格的变动对供给量和需求量的影响是相同的，在这种情况下，价格与产量的变动过程仍与以前一样。但它既不是越来越大，也不是越来越小，而是始终保持同样的波动程度，既不趋向均衡量，也不远离均衡量，这种蛛网称为“封闭型蛛网”，如图 1.2.3 所示。

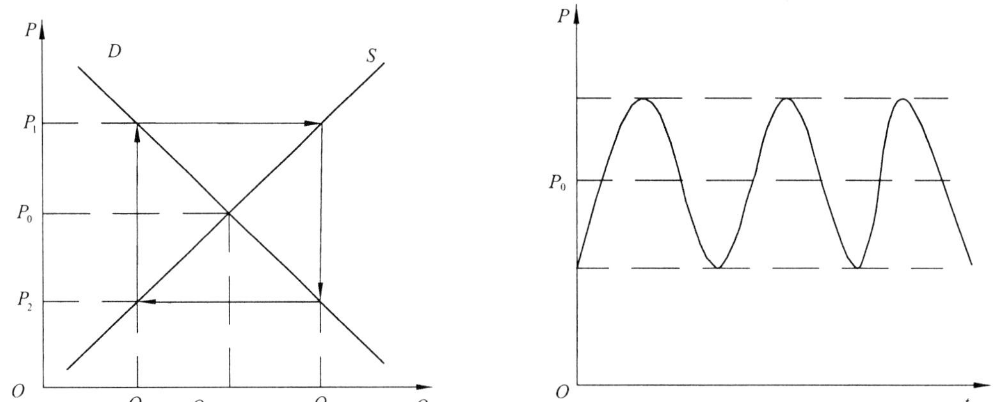

图 1.2.3　封闭型蛛网

供给弹性等于需求弹性被称为蛛网中立条件。

蛛网理论说明了在市场经济下，农产品市场上必然发生蛛网型周期波动：一般情况下，农产品的供给对价格变动的反应大，而需求对价格反应相对小，也就是说农产品的供给弹性大于需求弹性。这时的蛛网波动是发散型的。所以现实中，农民生产是不稳定的。

上述微观经济学的需求理论是我们研究运输需求的基础。

第二节　运输需求的特征与一般规律

一、运输需求的产生

运输需求按运输服务对象不同可分为旅客运输需求和货物运输需求。

旅客运输需求一般可分为公务、商务、探亲和旅游四种类型。旅客运输需求来源于生产和消费两个不同的领域。其中，以公务和商务为目的的旅客运输需求来源于生产领域，与人类生产、交换和分配等活动有关的运输需求，可称为生产性旅行需求，这种需求是生活活动在运输领域的继续，其运输费用进入产品或服务成本。以探亲和旅游为目的的旅客运输需求来源于消费领域，可称为消费性旅行需求，其运输费用来源于个人收入。

货物运输需求的产生有以下三个方面的原因：

第一，自然资源地区分布的不均衡，生产力布局与资源产地的分离。自然资源是大自然赋予人类的宝贵财富，但是它的分布是不平衡的，这是不以人的意志为转移的自然地理现象。如我国煤炭储量集中在北方，占 87%，其中山西、陕西、内蒙古就占了 68%；铁矿石集中在河北、辽宁、四川三省，合计占全国储量的 52%。生产力的布局要考虑自然资源的分布状况，但不可能做到完全与自然资源相一致，社会经济活动必然要求自然资源由储藏丰富的地区向缺乏的地区流动，这就必然产生运输要求。

第二，生产力与消费群体的空间分离。由于各地区经济发展、产业结构和消费习惯的差异，生产力布局与消费群体的分离必然存在。随着生产社会化、专业化、区域经济和国际分工的发展，生产资源的进一步优化组合，某些商品的生产将日益集中在某个或某些区域，生产与消费空间的分离将日益增大，就必然产生运输需求。

第三，地区间商品品种、质量、性能、价格上差异。不同地区之间、不同国家之间因自然资源、科技水平、产业结构的不同，产品的质量、品种、性能、价格等方面就会存在很大的差异，由此会引起货物在空间上的流动，就会产生运输需求。

二、运输需求的定义与内容

1. 运输需求的定义

运输需求就是运输市场需求，即货主或旅客对运输供给部门提出为实现货物或旅客空间位移的要求。现实的运输需求一般应具备两个条件：第一，有购买运输劳务的欲望；第二，有购买能力。缺少其中之一，就不可能形成现实的运输需求。

2. 运输需求的内容

运输需求包括五个方面的内容：

（1）运输需求量。常以货运量（t）和客运量（人）来表示，用以说明货运需求与客运需求的多少和规模的大小。

（2）流向。即货物或旅客在空间位置转移的地理走向，表明货物或旅客从何处来到何处去，说明地域间经济和居民的运输联系。

（3）运输距离。运输距离是指货物或旅客在空间上位置转移的起始点之间的距离。

（4）运输构成。运输构成是指各类货物和旅客运输需求占总需求的比重。

（5）起运时间和运达时间。

3. 运输需求的基本类型

（1）按其运输需求的性质划分。

① 生产性运输需求，基于社会生产活动而产生的运输需求，包括物和人的运输需求，如产品、半成品及其所需材料、设备、辅助用品等物的运输需求，为职工上下班和联系公务产生的人的运输需求。

② 消费性运输需求，基于社会消费活动而产生的运输需求为人们生活必需品和消费品的物的运输需求，为人们就医购物、探亲、娱乐和学生上下学等的运输需求。

（2）按运输需求目的划分。

① 本源性运输需求，以移动本身为目的的运输需求。如体会运输工具的性能（首航班机、首开地铁和索道等）乘机、乘车游览和闲暇休息性乘车等。在所有的运输需求中，该种运输需求较少。

② 派生性运输需求，将运输作为其他目的的中间手段的运输需求，如通勤运输、通学运输购物就医等。货物运输均属于此类运输。在所有的运输需求中，该种运输需求较多。

（3）按运输对象种类的不同，可分为货物运输需求和旅客运输需求。

（4）按运输需求的范围的不同，可分为个别运输需求和总体运输需求。

个别运输需求是指在一定时期内、一定价格水平下，许多性质不同、品种不同、运输要求不同的具体需求；总体运输需求是由个别运输需求的总和构成的。个别运输需求是有差异的，而总体运输需求是无差异的，两者都是为了实现运输对象的空间位移。

（5）按运输需求产生的地域不同，可分为区域内运输需求、区域间运输需求和过境运输需求。

运输需求的起点和终点都在同一区域 A 内，则为 A 区域内的运输需求；运输需求的起点在 A 区域而终点在 B 区域内，为 A、B 区域之间的运输需求；运输需求的起点、终点均不在 A 区域，但运输对象利用了 A 区域内的运输线路而完成其位移的为 A 区域的过境运输需求。

（6）按运输方式的不同，可分为公路运输需求、铁路运输需求、航空运输需求、水路运输需求和管道运输需求，以及多种方式的联合运输需求。

运输需求包括以下七个要素：

（1）流量。也称运输需求量，是指在一定时期内、一定条件下，运输消费者愿意购买的运输劳务的数量。通常用客货运量和客货周转量来表示，用来说明客货运输需求的数量与规模。

（2）流向。是指货物或旅客空间位移的地理走向即从何处来到何处去，表明客货流的产生地和消费地。

（3）流程。也称运输距离，是指货物或旅客空间位移的起点和终点之间的距离。

（4）流时。也称运送时间，是指运输需求对空间位移起止时间的要求。

（5）流速。也称送达速度，是指运输消费者对货物实现位移全过程中运输速度的要求。

（6）运输价格。是指运输单位重量及体积的货物和运送单位旅客所需的运输费用。

（7）运输需求结构。包括需求的空间分布、时间分布和客货运输的运输的结构，是按不同货物种类、不同旅客出行目的或不同运输距离等对运输需求的分类。

三、运输需求的影响因素

影响旅客运输需求的主要因素有:

（1）经济发展水平。随着我国改革开放的进一步深化和市场经济的迅速发展，使人口的流动性大大增加，客运量出现了强劲的增长势头。如假日经济的发展，在“五一”、“国庆”假日期间，铁路、公路、航空等主要运输都出现高峰期；每年春运期间，由农村剩余劳动力转移形成的“民工潮”愈演愈烈，使得铁路严重超员，不堪重负。

（2）国民的消费水平。随着人们的生活水平的提高，探亲、旅游等的需要必然也不断增长，与此相联系的消费性要求也将随着生活水平的提高在数量和质量上也必将发生变化。

（3）人口数量和城市化程度。旅客运输的对象是人，人口数量的变化必然会引起旅行需求的变化。

（4）旅行费用即运输服务价格的变动对旅行需求的影响较大，尤其是对消费性旅行需求的影响更大。

（5）运输服务的质量。安全、迅速、便利的运输服务网络能刺激旅客运输需求，反之，则会抑制旅客运输需求。

（6）对于某种运输方式的旅行需求，其他运输方式的开通、运价水平和服务质量直接影响其运输需求。

影响货物运输需求的主要因素有:

（1）经济发展水平。货物运输需求是一种派生需求，这种需求的大小取决于一国的经济发展水平，取决于物质产品的产出量。随着社会经济的发展，运输需求日益多样化，对运输质量方面的要求也越来越高。

（2）国民经济产业结构和产品结构。首先，生产不同产品所引起的厂外运量（包括所有原材料、附属材料、能源、半成品和产成品等的运量）的差别是很大。其次，不同产品利用某种运输方式的运输系数（即产品的运输量与其总产量的比值）是不同的。近年来，我国煤炭的铁路运输系数约为 0.58、金属矿石为 0.48、钢铁为 0.65、而粮食则仅为 0.12，它们的差别是很大的。最后，不同的产业构成，在运输需求的质与量上的要求也是不同的。

（3）运输网的数量和质量。交通运输网的布局和质量，直接影响货物线路的吸引范围和各线路的通过能力及需求的适应程度。滞后的交通运输业会影响生产的发展，抑制货物运输的需求。

（4）运价水平的变动。运输需求对运价水平的变动是有弹性的，一般来说，运价水平下降时，运输需求会上升，而运价水平上涨时，运输需求会受到一定的抑制。

（5）国家经济政策和经济体制的改变。随着我国经济体制的改革，在竞争和追求效益的机制作用下，资源和产品在市场上相对自由地流动，商品交换的范围迅速扩大，交换频率大大增加，因此货物运输需求也大大增加。在市场经济下，一些过去诸如“不合理运输”或“违反流向”的观念也在发生变化，特别明显的是随着商品市场半径的扩大，货物平均运距增长很快。

四、运输需求的特征

运输需求与其他的商品需求相比有其特殊性，表现在以下几个方面:

1. 派生性

在经济生活中，如果一种商品或服务的需求由另一种或几种商品或服务派生出来的，则称该商品或服务的需求为派生性需求。引起派生需求的商品或服务称为本源性需求。货主或旅客提出的位移要求的目的往往不是位移本身，而是为了实现其生产、生活的目标，完成空间位移只是为实现其本来目标的中间的一个必不可少的环节。所以，社会经济活动是本源需求，运输需求则是派生需求。

2. 广泛性

现代社会经济活动的方方面面都离不开人和物的空间位移，因此，运输需求存在于人类生活和社会生产的各个角落。运输业作为一个独立的产业部门，任何社会经济活动都不可能脱离它而独立存在，与其他商品和服务的需求相比而言，运输需求更具有广泛性，是一种具有普遍性的需求。

3. 多样性

个别运输需求对运输条件的要求不同，对运输方向和运输距离的要求不同，对运输质量管理的要求不同，对运输时间和运输速度的要求不同，对运价水平的要求不同，对运输的技术措施的要求也不同，等等。如石油等液体货物需要用油罐车或管道运输，鲜活易腐货物需要用冷藏车运输，化学品、危险品、超长超重货物等都需要特殊的运输条件。对于旅客运输，由于旅行目的、收入水平等方面的不同，对运输服务的质量要求也必然具有多样性。因此，运输需求不仅仅有量的要求，还有质的要求，运输服务的供给者必须适应运输的质和量等各方面多层次的要求。

4. 不平衡性

运输需求的不平衡性体现在空间、时间上。

运输需求是对位移的要求，而且这种位移是运输消费者指定的两点之间带有方向性的位移，即运输需求具有空间特定性。运输需求的这一特点，构成了运输需求的两个要素，即流向和流程。空间和方向上的不平衡性主要是因为资源分布、生产力布局、地区经济发展水平、运输网络布局等的不平衡。

客货运输需求在发生的时间上有一定的规律性，如节假日和周末的客运需求明显高于其他时间，市内交通的高峰期是上下班时间，农业产品的收获季节也是这些货物的运输繁忙期，这些反映在对运输需求的要求上，就是时间的不平衡性。运输需求在时间上的不平衡性引起运输生产在时间上的不均衡。运输需求的时间要求的另一层含义是对运输速度的要求，旅客货物运输需求带有很强的时间限制，即运输消费者对运输服务的起运和到达时间有各自特定的要求。运输需求的时间要求引出运输需求的两个要素：运输需求的流时和流速。运输速度和运输费用是成正比的，运输服务消费者必须在运输速度和运输费用之间进行权衡，以尽量少的费用和尽可能快的速度实现旅客与货物的空间位移。

5. 规律性

运输需求起源于社会经济活动，而社会经济的发展具有一定的规律性，因此，运输需求也具有一定的规律性。通常经济繁荣带来运输需求的旺盛，而经济萧条也会引起运输需求的下降。社会经济活动的兴衰反映到运输需求上有一定的时间滞后。

(1) 货流增长与国民经济增长的一般趋势。货流形成是由于社会再生产的进行，国民经济各部门、各地区的生产消费之间在地区上和时间上的不平衡引起的，关键又取决于生产力的配置和运输网布局以及不同的产销联系。

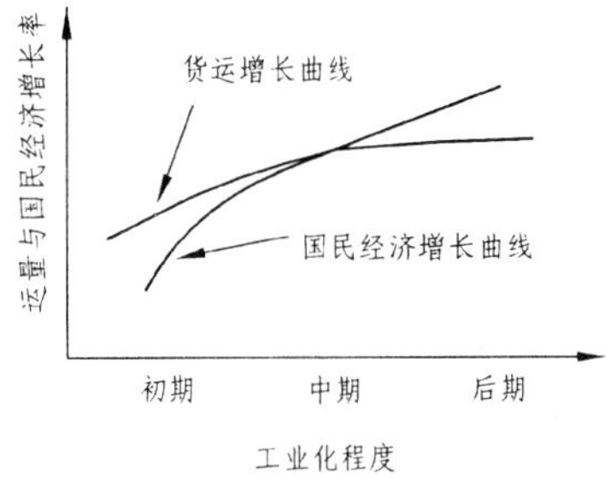

图 1.2.4 货流增长与国民经济增长趋势图

① 从长期发展趋势来看，工农业生产特别是整个国民经济的发展同货运量的比例关系，其总趋势是生产增长快于运量的增长，亦即国民生产总值的增长快于货物周转量的增长。

② 从短期发展趋势来看，在工业化的初期，往往是运输量的增长速度超过国民经济的增长速度；在工业化中期，货运量增长速度与国民经济增长速度趋于一致。

例如，在 20 世纪 50～80 年代，我国工业总产值平均每年递增 10.6%，公路营运汽车完成的货物周转量递增 13.6%，水运递增 12.6%，铁路递增 8.1%。从上述三种运输方式增长的情况可以看出，铁路货物周转量低于工业产值每年递增的速度，所以现在铁路运输紧张，从反面证明了这一发展势头。

(2) 货物平均运距发展的一般趋势。不论在工业化初期、中期或后期，货物平均运距一般有延长的趋势。

① 科学技术的飞速发展，使各种运输工具的技术经济性能不断改善，运输工具的平均经济运距在逐年延长。

② 市场经济的发达使商品交流范围扩大，从而使货物的运距延长。

③ 运输基础设施不断完善。如高等级公路网的建成，使公路运输的运距延长；大型机场的建成通航，可以起降大型运输机而延长运距；全国通航河流渠化工程，采取统一最低水深标准，在流域之间尽可能用运河联结起来，可以使内河运距延长等。

④ 运输组织工作不断改进。

(3) 货物运输增长速度的一般趋势。

货物周转总量：年平均增长率趋于减速，但平均绝对增加量却日趋增大；

货运量：不论是年平均增长率还是年平均增长量总的趋势是减退；

(4) 客运发展的一般趋势。

① 客运发展速度。我国客运的增长速度不一定是逐年递增，但保持在一个较高的增长速度水平上，每年的绝对增长量保持连续增长。随着进一步的改革开放，市场经济的进一步发展，人民生活水平进一步提高，客运增长的趋势将更加明显。

② 我国客运距离的发展趋势。随着生产力水平、生活水平的不断提高，随着城市文化程度和人口集中的加速，在客运总量中，中、近距离运输相对增加，总的平均运距有缩短的趋势。

6. 部分可替代性

不同的运输需求之间一般来讲是不能互相替代的，但是随着现代科学技术的发展，人们可以对某些不同的运输需求做出替代性的安排。例如，随着现代通讯技术的发展，旅客流动的一部分可被其替代；煤炭的运输可以被长距离高压输电线路替代；在工业生产方面，当原料产地和产品市场分离时，人们可以通过生产位置的确定在运送原料还是运送产品或半成品之间做出选择。运输需求的这种部分可替代性是区位理论解决选址问题和国民经济重大工程项目进行技术经济分析的基础。

五、我国交通运输需求的新特点

随着社会经济的发展，我国的运输需求也产生了一些变化，这些变化有以下一些新特点：

1. 快捷、便利的运输需求迅速上升

在“时间就是金钱”的市场经济环境条件下，人们的时间观念空前强烈，对快捷、便利的客货运输需求越来越大。在客运方面，人们对出行的速度和方便程度的要求不断提高，把运行时间和辅助时间的长短作为选择运输工具的一个决定性因素；在货运方面，由于高附加值产品的增多和市场竞争日趋激烈，货主为了抢夺先机或为了保持产品的新鲜度，对货物运输时效性的要求更高。当前，民航客流稳步上升，高速公路的高速发展，以及铁路旅客列车提速后直通客流的持续增长都反映了人们对运输快捷性的要求。市场对快速、方便的运输需求迅速上升，这就要求各种运输方式应当加深对提高运输速度和方便程度重要性的认识，通过不断提高运输速度和便利性来增强市场竞争力。

2. 客运量总量的增长速度已经并将继续高于货运量的增长速度

随着国民经济产业结构的不断调整和优化，预计今后客货运需求将会持续增长，但客运需求的增长速度会高于货运需求的增长速度，即货运量总量将稳步上升，而客运量总量将快速上升。

3. 客流结构将发生明显变化

随着我国国民经济的发展、人民生活水平的提高及人口消费结构的变化，客流结构已经并将继续发生明显变化。客流结构主要包括了旅客成分和旅行目的。从旅行目的来分析，主要有求学、公务、探亲、旅游、求职、经商等。近年来，公务旅行客流比重呈下降趋势，而探亲、旅游客流比重不断增长。

4. 运输需求多样化，质量型需求渐趋旺盛

客流组成的多样性，使得客运需求是多层次性。不同经济条件的客流对运输产品有不同的要求，有的只要求安全到达；有的除了要求安全外，还要求快捷;有的既要求安全快捷，又要求舒适、便利，等等。因此，人们对客运服务的需求是多层次、多元化的。另外，随着人民生活水平的不断提高和运输业的迅速发展，越来越多的运输产品消费者对运输的要求已由过去的“走得了”向“走得好”转变。除了安全到达这个基本需求外，货运对送达期限、运输价格、运输办理等方面的要求越来越高。受经济增长方式转变和产业结构升级的影响，高附加值的产品在运输需求结构中的比重将逐渐加大。

5. 运输需求的地区分布有变化

运输需求地区分布变动的一个显著特点是：西部地区的运输需求比重在较低水平上迅速上升。随着西部大开发战略的实施，其与东部和中部的经济增长速度差距将会有所缩小。此外，西部地区的产业结构偏重于采掘业和原材料工业，因此其货运密度远较其他两个地区高。可以预计今后西部地区运输需求的份额仍将保持上升的趋势。

第三节　运输需求分析

一、运输需求函数分析

1. 运输需求函数

运输需求的大小通常用运输需求量来描述。运输需求量是指在一定时间、空间和一定的条件下，运输消费者愿意购买且有能力购买的运输服务的数量。在这里，从时间上说，可以是一年、一个季度、一个月等的运输需求量，而一般都是指一年；从空间上说，可以是一个国家、一个地区或一条线路等的运输需求量；“一定的条件”是指影响运输需求的诸多因素，如运输服务的价格、工农业生产的规模和速度、产品运输系数、国民经济的产业和产品结构、生产和运输布局、人口增长及其构成等。

为了定量地研究运输需求量受各因素影响的弹性大小，需引入运输需求函数的概念。运输需求函数是用函数形式表示运输需求量与影响因素之间的数量关系，可记为：

$$Q = f(P,\ G,\ H,\ Y,\ A,\ Z,\ \cdots) \tag{1.2.6}$$

式中：Q——运输需求量；P——运输服务价格；G——工农业生产的规模和速度；H——产品运输系数；Y——国民经济的产业和产品结构；A——生产和运输布局；Z——人口增长及其构成；$\cdots$——其他因素。

上式是运输需求量的一般表达式，并没有表示出运输需求量同其影响因素之间的确定关系。要具体计算运输需求量，必须对具体问题进行具体的经济分析和数据统计、数量计算，从而得出确切的函数表达式。

2. 运输需求曲线

（1）定义。运输需求曲线是假定在运输服务价格以外其他因素均保持不变的条件下，反映需求量与价格之间关系的曲线。

（2）规律。自左向右向下倾斜的曲线，即在一般情况下，如果运输服务的价格下降，则运输消费者对运输的需求量将会增加，反之则会减少。如图1.2.5所示，通常用横轴表示需求量 Q，用纵轴表示运价 P，曲线 DD 表示在其他条件不变的情况下的运输需求曲线。此时运输需求曲线可简化为 $Q = f(P)$。

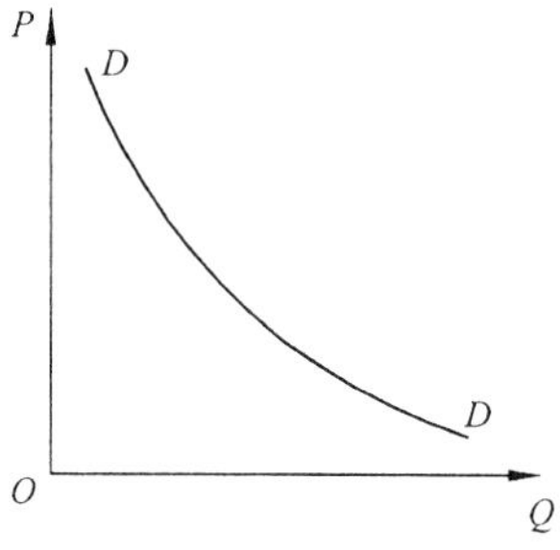

图 1.2.5　运输需求曲线

（3）分类。

① 个人需求曲线。单个消费者愿购买运输劳务数量与其价格之间的关系。

② 企业需求曲线。运输企业全部货主和旅客愿意向该企业购买运输劳务的数量与其价格之间的关系。

③ 行业需求曲线。市场上运输劳务全体消费者愿意购买运输总量与其价格之间的关系。

3. 运输需求的变动与运输需求量的变动

首先需要指出，运输需求与运输需求量是两个不同的概念。运输需求是指需求量与价格之间的关系，而不表示某个确定的数，实际上它是一个需求表或一个方程，或一条需求曲线。

运输需求量则是指在一定的运价水平上，运输消费者愿意购买的运输服务的确定数量。当非价格因素不变，由不同运价水平下的不同需求量构成了的运输需求曲线保持不变，此时，运价的变化导致运输需求量沿运输需求曲线变动，而运输需求不变，如图 1.2.6（a）所示。当非价格因素发生变化时，运输需求曲线将产生位移，这种由非价格因素变化引起的需求曲线的移动就是运输需求的变动。如果运输需求发生了变化，即使价格不变，运输需求量也会发生变化，如图 1.2.6（b）所示，如引起需求增加，则 DD 曲线移至 D_1D_1；当需求减少时，则 DD 曲线移至 D_2D_2。

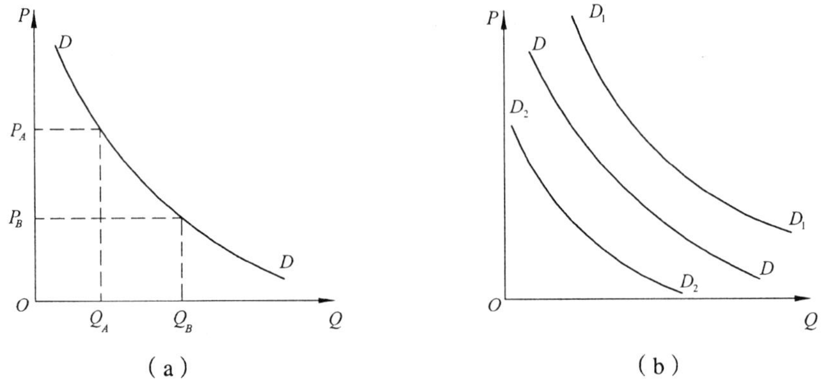

图 1.2.6　运输需求量的变动

二、运输需求弹性分析

运输需求受许多因素的影响，如运价上涨，需求就会减少。而且不同的影响因素对运输需求的影响程度也不相同，如飞机普通舱价格的上涨对旅客的需求的影响程度和飞机头等舱价格的上涨对旅客的需求的影响程度肯定是不相同的。为了进行比较，需要引入“需求弹性”的概念。运输需求弹性就是用来分析运输需求量对某种影响因素变化的反映程度，即影响运输需求量的因素变化 1%，运输需求量相应变化百分之几。其公式表示如下：

$$E_\mathrm{d} = \frac{Q_{变动率}}{Z_{变动率}} = \frac{\Delta Q / Q}{\Delta Z / Z} \tag{1.2.7}$$

式中：E_d——运输需求弹性；Q、ΔQ——运输需求量及其变化值；Z、ΔZ——影响因素及其变化值。

影响运输需求量的因素很多，有运输价格、居民收入、工农业总产值、运输系数等，因此相应的就有很多运输需求弹性。本书重点介绍运输需求的价格弹性、收入弹性、交叉弹性和派生弹性（生产弹性）。

1. 运输需求的价格弹性

运输需求的价格弹性反映了运输需求量对运输价格变动反映的程度，其公式可表示为：

$$E_\mathrm{P} = \frac{Q_{变动率}}{P_{变动率}} = \frac{\Delta Q / Q}{\Delta P / P} = \frac{\Delta Q}{\Delta P} \cdot \frac{P}{Q} \tag{1.2.8}$$

式中：E_P——运输需求的价格弹性；Q、ΔQ——运输需求量及其变化值；P、ΔP——运价及其变化值。

一般情况下，运输需求弹性指的是运输需求的价格弹性。旅客运输需求中生产性旅行需求的价格弹性较小，特别是客运中有相当部分运量是属于公务、商务和探亲等各种形式的公费旅行，这部分运量对价格的弹性比较小。消费性旅行需求的价格弹性较大，但消费性旅行需求要受收入水平高低的影响，如人均收入高的国家和地区，由于运输费用占收入的比例小，价格弹性要小一些，反之，运价的变动对旅行者的影响就要大一些，故价格弹性较大。然而，在很多国家公共客运长期不进入市场调节的范围，旅客位移不被当作纯粹的商品，而带有福利的性质。在福利价格下，旅客票价只相当于运输成本的 1/3～1/2，交通费用在家庭生活支出中的比重很小，因此价格变动对交通需求量的刺激是有限的。货物运输需求的价格弹性往往与货物价值有关，价值小的价格弹性较大，反之则小。价格弹性的大小还与货物的季节性以及市场状况有关。当某种货物急于上市销售或不易久存时，其价格弹性就小，货主情愿选择运价高速度快的运输方式，而不愿选择运价低速度慢的运输方式。此外，运输需求与资源分布及工业布局关系极大，它们决定了相当部分的货运量，这些运量一经形成，其价格弹性就比较小。又如，在铁路的货物发送量中，有 30% 左右是运距在 200 km 以内的，但其中的 70%属于铁路专用线的运输，这部分运量已经形成比较固定的运输形式，对运价变动的弹性就更小。如果希望利用提高铁路短途运价，把一部分运量分散到公路上，使公路在短途零散货运中充分发挥作用，把一部分运量分散到公路上，使公路在短途零散货运中发挥作用，则这种措施对铁路专业线运量的影响是十分有限的。

不同的运输市场上客货运输的需求弹性有很大差别，还表现在弹性与具体的运输方式、线路和方向有关。对运输能力紧张的运输方式、线路和方向，运价的弹性就小；而运输能力宽裕的运输方式、线路和方向，运价的弹性就较大。这些年来，有一些人就专门利用这种需求弹性的差别，高价倒卖火车票或高价出卖铁路货车车皮来获取大量非法收入。

（1）运输需求价格弹性的计算方法。式（1.2.8）是计算运输需求价格弹性的一般公式，但在具体计算时，又有两种计算方法：计算它的点弹性和弧弹性。

点弹性。点弹性是需求曲线上某一点的弹性，其计算公式如下：

$$\varepsilon_{\mathrm{P}}=\lim_{\Delta P\to 0}E_{\mathrm{P}}=\lim_{\Delta P\to 0}\frac{\Delta Q}{\Delta P}\cdot\frac{P}{Q}=\frac{\mathrm{d}Q}{\mathrm{d}P}\cdot\frac{P}{Q} \tag{1.2.9}$$

式中：ε_{P}——点价格弹性。

点价格弹性也可以用几何方法来求。用几何方法来求，从一定意义上说，更为直观，更为简便。如果需求曲线为一条直线，如图 1.2.7（a）所示，按几何方法，则 M 点上的点弹性 $\varepsilon_{\mathrm{P}M}=BM/AM$。如果需求曲线为一条曲线，如图 1.2.7（b）所示，AB 为需求曲线在 N 点的切线，则 N 点上的点弹性 $\varepsilon_{\mathrm{P}N}=BN/AN$。

如果给定运输需求曲线的方程，就可以很方便地求出某点的点弹性。

弧弹性。弧弹性为运输需求曲线上某两点间的平均弹性，其计算公式如下：

$$\varepsilon_{\mathrm{P}}=\frac{\Delta Q/Q}{\Delta P/P}=\frac{(Q_2-Q_1)/\left(\dfrac{Q_1+Q_2}{2}\right)}{(P_2-P_1)/\left(\dfrac{P_1+P_2}{2}\right)}=\frac{Q_2-Q_1}{P_2-P_1}\cdot\frac{P_1+P_2}{Q_1+Q_2} \tag{1.2.10}$$

式中：ε_{P}——弧价格弹性。

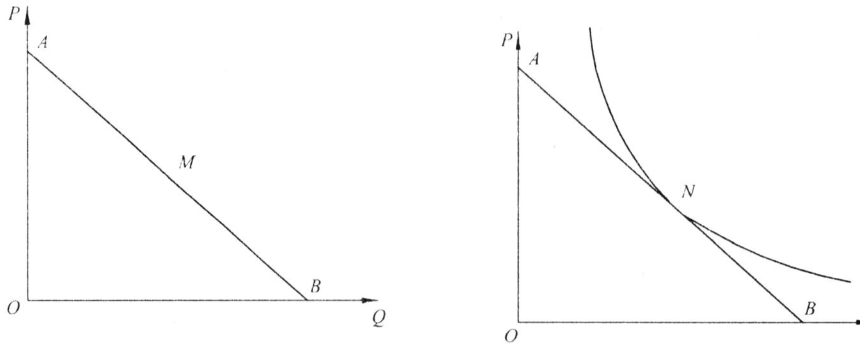

（a）　　　　　　　　（b）

图 1.2.7　直线需求曲线图

当运输需求曲线方程未知，只知道曲线上两点的坐标，则可以用弧弹性的公式来求此两点间弧的弹性。

例　某货物的运输需求函数为：$Q=50-4P$，其中，Q 表示货物运输需求量，P 表示运价，求当 $P_1=5$ 与 $P_2=10$ 之间的运输需求弧价格弹性 ε_P。

解　当 $P_1=5$ 时，$Q_1=50-4\times5=30$；当 $P_2=10$ 时，$Q_2=50-4\times10=10$

$$\varepsilon_P=\frac{Q_2-Q_1}{P_2-P_1}\cdot\frac{P_1+P_2}{Q_1+Q_2}=\frac{10-30}{10-5}\cdot\frac{10+5}{30+10}=-1.5$$

故，在 $P_1=5$ 与 $P_2=10$ 之间的运输需求弧价格弹性为 − 1.5。

2. 具有不同价格弹性的需求曲线

根据价格弹性的不同，价格弹性需求曲线又可分为以下五种情况，如图 1.2.8 所示：

（1）完全无弹性。需求曲线是一条垂直的直线。在这条需求曲线上，所有各点的价格弹性均为零，即 $|\varepsilon_P|=0$。在这种情况下，不论运价如何变动，需求量均保持不变。

（a）完全无弹性需求曲线　　　　（b）完全有弹性需求曲线

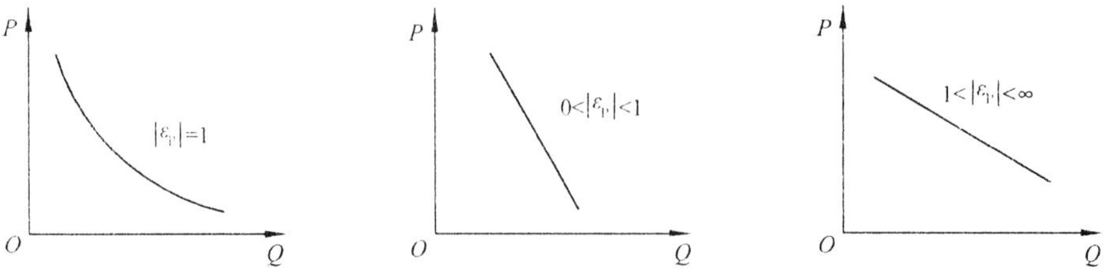

（c）单位弹性　　　　（d）缺乏弹性　　　　（e）富有弹性

图 1.2.8　运输价格弹性需求曲线的五种情况

(2) 完全有弹性。需求曲线是一条水平的直线。在这条需求曲线上，所有各点的价格弹性均为∞，即$|\varepsilon_P|=\infty$。在这种情况下，只要运价稍有上升，需求量就会立刻下降为零，而当运价不变时，需求量可以无限增加。

(3) 单位弹性。需求曲线是一条方程为$P\cdot Q=1$双曲线。在这条需求曲线上，所有各点的价格弹性均为1，即$|\varepsilon_P|=1$。在这种情况下，运价每变动一定的百分率，需求量也会变动同样的百分率。

(4) 缺乏弹性。需求曲线是一条比较陡峭、斜率较大的直线。在这条需求曲线上，各点的价格弹性是变化的，$0<|\varepsilon_P|<1$。在这种情况下，需求量变动的速度小于运价变动的速度。

(5) 富有弹性。需求曲线是一条比较平缓、斜率较小的直线。在这条需求曲线上，各点的价格弹性也是变化的，$1<|\varepsilon_P|<\infty$。在这种情况下，需求量变动的速度大于运价变动的速度。

上述五种情况中，前三种只是理论上的推导，极少数商品能呈现这几种需求弹性，大多数商品需求弹性为后两种，我们讨论的运输需求弹性也多为后两种，即缺乏弹性或富有弹性。

3. 运输需求的收入弹性

运输需求收入弹性的计算。运输需求的收入弹性E_I，指的是运输需求量对消费者收入变化的反映程度，一般用于对客运需求的分析。运输需求收入弹性的计算公式为：

$$E_I=\frac{Q_{变动率}}{I_{变动率}}=\frac{\Delta Q/Q}{\Delta I/I}=\frac{\Delta Q}{\Delta I}\cdot\frac{I}{Q} \tag{1.2.11}$$

上式是计算运输需求收入弹性的一般公式，但在具体计算时，又要分为计算它的点弹性和弧弹性。

点弹性：

$$\varepsilon_I=\frac{dQ}{dI}\cdot\frac{I}{Q} \tag{1.2.12}$$

弧弹性：

$$\varepsilon_I=\frac{Q_2-Q_1}{I_2-I_1}\cdot\frac{I_1+I_2}{Q_1+Q_2} \tag{1.2.13}$$

运输需求收入弹性一般为正值。这是因为客运需求量Q和居民收入水平I一般按同方向变动，即居民收入增加时，消费性旅行需求增加，反之，居民收入减少时，消费性旅行需求减少。

客运需求分两种类型：第一，派生性需求，是生产和生活中必要的需求，它是维持生产和消费正常进行的基本需求。即使人们收入水平降低，但为了工作需要仍必须使用交通工具；相反，即使人们收入水平提高，用于上下班乘坐交通工具的支出也不会提高。第二，本源性需求，如观光、旅游等使用交通工具，本身就是一种消费。旅游、观光等活动的增加将导致娱乐场所、宾馆、酒店等的大量建设以及交通工具的不断改进。由于客运需求具有派生性和本源性，所以在收入水平很低时，也具有较高的弹性值。这说明运输需求的收入弹性与居民收入水平关系并不十分密切，派生性需求占有较大的比重。

在进行交通规划决策时，收入弹性将是其中一个重要的考虑因素。收入弹性大的运输项目，如城市客运，由于需求量增长较快，所以发展速度应当提高；收入弹性小的运输项目，如农村客运，由于需求量增长较慢，所以发展速度可适当放慢。

4. 运输需求的交叉弹性

(1) 交叉弹性的计算。由于运输服务替代性的存在，一种运输方式、一条运输线路或一家运输企业的运输需求受可以替代的另一种运输方式、另一条运输线路或另一家运输企业价格变化的影响，故引入交叉弹性来反映这种影响的程度，即一种可替代的运输服务的价格每变化 1% 将引起的另一种被替代的运输服务的需求量变化的百分之几。

设有两种可替代的运输方式 X 和 Y，计算 Y 的运输方式交叉弹性 E_{PYX} 的一般计算公式为：

$$E_{\mathrm{PYX}}=\frac{\Delta Q_Y/Q_Y}{\Delta P_X/P_X}=\frac{\Delta Q_Y}{\Delta P_X}\cdot\frac{P_X}{Q_Y} \tag{1.2.14}$$

具体计算时，交叉弹性也分点弹性和弧弹性两种计算方法。

点交叉弹性：
$$\varepsilon_{\mathrm{PYX}}=\frac{\mathrm{d}Q_Y}{\mathrm{d}P_X}\cdot\frac{P_X}{Q_Y} \tag{1.2.15}$$

弧交叉弹性：
$$E_{\mathrm{PYX}}=\frac{Q_{Y2}-Q_{Y1}}{P_{X2}-P_{X1}}\cdot\frac{P_{X1}+P_{X2}}{Q_{Y1}+Q_{Y2}} \tag{1.2.16}$$

不同的交叉弹性值具有不同的经济意义：

交叉弹性为正值，即 $E_{\mathrm{PYX}}>0$，说明运输服务 X 的价格变动将引起运输服务 Y 的需求同方向变动，如铁路运价提高，会使公路、航空的运输需求量增加，表明铁路运输同公路和航空运输的可替代性。

交叉弹性为负值，即 $E_{\mathrm{PYX}}<0$，说明运输服务 X 的价格变动将引起运输服务 Y 的需求反方向变动，如水运价格提高，会使疏港汽车运输的需求量减少，表明这两种相关运输服务存在互补性，即它们配合使用，能更好地满足消费者的要求。

交叉弹性为零，即 $E_{\mathrm{PYX}}=0$，说明运输服务 X 的价格变动对运输服务 Y 的需求没有影响，表明两种运输服务互相独立、互不相关。如民航票价提高，对汽车运输需求量没有影响，因为民航是长途运输，而汽车运输一般是中、短途运输，二者互不影响。

（2）交叉弹性的应用。交叉弹性同价格弹性、收入弹性一样，在运输量的分析和估计中有着重要的作用。

运输企业、政府运输行业管理部门或计划部门在制定企业、行业的运输发展规划时，应当考虑运输项目和运输服务的替代性和互补性影响。如一条拥有 3 级以上的通航河流，在无特殊需要时，一定不要沿河修建铁路，这是因为运输服务的替代性决定的，否则会造成运输资源的浪费。又如港口和疏港运输、火车站和火车站的疏站运输一定要协调发展，如果只建港口、火车站，不发展疏港、疏站运输，就会产生压港、压站现象，而且在经营管理时也应注意这个问题，轮船、火车的提价，一定要考虑对疏港、疏站运输的影响，这是由于运输服务的互补性决定的。

5. 运输需求的派生弹性

（1）运输需求派生弹性的概念及其计算。派生弹性用来分析运输需求随其本源需求的变化而变化的灵敏程度。

运输需求的派生弹性是指运输需求量工农业生产水平变化的反应程度，即工农业生产水平每变化 1%，运输需求量相应地会变化百分之几。其一般的计算公式为：

$$E_{\mathrm{G}}=\frac{Q_{\text{变动率}}}{G_{\text{变动率}}}=\frac{\Delta Q/Q}{\Delta G/G}=\frac{\Delta Q}{\Delta G}\cdot\frac{G}{Q} \tag{1.2.17}$$

式中：E_{G}——运输需求的派生弹性；Q、ΔQ——运输需求量及其变化值；G、ΔG——工农业生产水平及其变化值。

具体计算时，派生弹性也分点弹性和弧弹性两种计算方法。

点交叉弹性：
$$\varepsilon_{\mathrm{G}}=\frac{\mathrm{d}Q}{\mathrm{d}G}\cdot\frac{G}{Q} \tag{1.2.18}$$

弧交叉弹性：
$$\varepsilon_{\mathrm{G}}=\frac{Q_2-Q_1}{G_2-G_1}\cdot\frac{G_1+G_2}{Q_1+Q_2} \tag{1.2.19}$$

派生弹性 E_{G} 一般为正值，说明运输需求量 Q 同工农业生产水平 G 呈同方向变化，即当工农业生产水平提高时，需要运输的工农业产品会增加，所以运输需求量增加；当工农业生产水平降低时，需要运输的工农业产品会减少，所以运输需求量减少。但在个别情况下也会出现负值。如工农业总产值出现负增长或运输需求量出现负增长，其中任何一个变量出现负值，其弹性必然为负值。

在工业与农业总产值变动率对货运需求变动关系上，工业更为密切，工业与货运的相关系数为 $R^2=0.993$，而农业与货运的相关系数只有 $R^2=0.827$。

（2）运输需求派生弹性的应用。运输需求派生弹性可以应用于宏观运输经济分析，通过派生需求弹性的计算和分析，可以反映运输业与国民经济各部门发展的正确比例；反映运输业内部各种运输方式、各种运输服务项目、各历史时期运输业发展的具体内在联系；反映运输需求在数量、品种、时间的具体参数，从而为国家制定运输经济政策提供依据，也可以用于运输行业管理和运输企业发展战略的制定。

第四节　运输供给分析

一、运输供给的概念及特征

1. 运输供给的概念

运输供给是指运输生产者在某一时刻，在各种可能的运输价格水平上，愿意并能够提供的各种运输产品的数量。运输供给在市场上的实现要同时具备两个条件：第一，生产者有出售运输服务的愿望；第二，生产者有提供运输服务的能力。运输供给分两种情况：一是单个运输生产者的供给；二是运输服务的市场总供给。在一特定时间内，单个运输生产者愿意出售的运输产品的数量，是该运输产品价格和该运输生产者生产成本的函数。运输服务的市场总供给，表示在不同的价格下与之相应的这种运输服务的所有生产者所能提供的总量。运输服务的市场总供给不仅取决于单个生产者供给量的所有因素，还取决于市场中这种商品的生产者的数量。

运输供给包含如下四个方面的内容：

（1）运输供给量。通常用运输工具的运输能力来表示，说明能够承运的货物和旅客的数量与规模。

（2）运输方式。指铁路、公路、航空、水运和管道五种不同的运输方式。

（3）运输布局。指各种运输方式的基础设施在空间的分布和活动设备的合理配备及其发展变化的状况。

（4）运输经济管理体制：是指指导运输业发展所相应建立的运输所有制结构、运输企业制度、运输资源配置方式以及相应的宏观调节机制、政策和法规等。

2. 运输供给的特征

运输业是一种特殊的产业，所以运输供给与一般商品和服务的供给相比，有很大的差异，具有不同于其他产业产品的特征。

（1）运输产品的非储存性。运输业的生产活动是通过运输工具使运输对象发生空间位置的变化，而不生产新的物质产品。因此，运输产品的生产和消费是同时进行的，即运输产品不能脱离生产过程而单独存在，所以，不能如一般工业品一样可以储存起来，这就是运输产品的非储存性。一般工业可以通过储存产品的形式来适应市场供需的变化，而运输产品的非储存性决定了运输业不能采取运输产品储备的形式，而只能采取运输能力储备的形式来适应运输市场的变化。

运输业有着固定设备多、固定资产投资大、投资回收期长等特点，运输能力的设计多按运输高峰的需求设计，具有一定的超前性，因而在短期内运输供给变动成本的比重较小，表现为短期成本曲线比较平缓，运输供给的价格弹性较大。运输能力的超前建设与运输能力的储备对运输市场来说，既可以适应市场需求增长的机遇，又可能因市场供过于求而产生风险。因为运输能力储备越大，承担的风险越大，适应市场需求的能力也越大；反之，承担的风险小，适应市场需求的能力也小。

（2）运输供给的时空差异性。运输业是一种特殊的产业，其生产和消费过程是同时进行的。运输服务的生产过程，既是运输对象发生空间位置变化的过程，也是运输服务的消费过程，但这并不意味着运输产品的生产必定与运输产品的消费相结合，现实中生产与消费脱节的现象是不可避免的。如运输需求在运输时间上的规律性、在运输方向上的单向性、个别运输需求对运输工具的适应性等导致回程运力的浪费；为实现供需的时空结合，企业要经常付出空载行驶的代价等，这种由于供给与需求之间在时间、空间的差异性所造成的生产与消费的差异，使运输供给必须承担运力损失，空载行驶等经济上的风险。所以，运输活动的经济效果取决于供需在时间与空间的正确结合，这就要求运输企业必须掌握市场信息，搞好生产的组织与调整，运用科学管理方法提高经营管理水平。

（3）运输供给的成本转移性。同运输生产的时空差异带来运力浪费情况相反的是，运输供给能够在较大范围内超额生产，但并不带来成本的明显上升。这种情况在我国各种方式的旅客运输中较为普遍。运输业可以在成本增加很少的情况下，在需求允许时，增加供给量，但伴随而来的是运输条件的恶化，运输服务质量的下降，使得本该由运输企业承担的成本部分地转移到消费者身上。此外，运输供给的成本转移还体现在由运输活动带来的空气、水、噪声等环境污染，能源和其他资源的过度消耗，以及交通阻塞等成本消耗也部分地转移到运输企业的社会外部成本中。

（4）运输供给具有一定的不可分性。作为社会基础设施的一部分，运输供给具有一定的不可分性。例如，运输建设一般需要数量巨大的投资并需要进行连续的投资，才能形成运输能力，因此运输供给在资金上具有不可分性；运输设施的设计、建造一般需要相当长时间，运输设施的寿命周期一般也很长，因此运输供给在时间上也具有一定的不可分性；从空间上的不可分性看，运输网络是一个整体，要为整个地区或整个国家服务，运输设施的能力一旦形成就很难在空间上转移，而运输服务的完成在很多情况下却是跨地区的，不应人为地加以分割；此外，运输业属于社会公共事业，为全社会的公众提供服务，且在某些情况下需由社会共同负担成本，因此在这方面显然也具有一定的不可分性。

（5）运输供给的不平衡性。运输供给的不平衡主要表现在：第一，受运输市场运价和竞争状况影响，当运输市场繁荣时，刺激运力投入；当运输市场萧条时，迫使运力退出。第二，运输需求的季节性不平衡，导致运输供给出现高峰与低谷的悬殊变化。这两方面都带来运输供给在时间分布上的不平衡。第三，由于世界经济和贸易发展的不平衡性，运输供给在不同国家或地区之间也呈现出一定的不平衡性。经济发达国家或地区的运输供给量比较充分，而经济比较落后的国家或地区的运输供给量则相对滞后。运输供给的不平衡性在我国国内市场上表现得不很明显，而在国际市场上表现则非常突出。供给与需求的平衡是暂时的、相对的，而不平衡则是长期的、绝对的。

（6）运输供给的可替代性和不可替代性并存。运输市场中有铁路、公路、航空、水运和管道五种运输方式及多个运输供给者存在，有时几种运输方式或多个运输供给者都能完成同一运输对象的空间位置的变化，于是这些运输供给方式之间存在一定程度上的可替代性，这种可替代性构成了运输企业之间竞争的基础。但是，由于运输产品具有时间上的规定性和空间上的方向性，因此不同运输供给方式的替代性受到限制，各种运输方式的技术经济特征、发展水平、运输费用和在运输网中的分工也不同，所以运输方式之间的替代是有一定条件的。对于客运来说，旅客在旅行费用、服务质量、旅行速度之间进行权衡，选择运输方式；对于货运来说，运输费用、运输速度、方便程度是选择运输方式的依据。每种运输方式都可能在某一领域的运输供给上具有独占地位，形成一定程度的垄断。各种运输供给方式之间存在的复杂关系，使各种运输供给方式的关系往往难以确定，给运输市场供给的分析增加了难度。因而在分析运输供给的关系时，必须以具体的时空为研究条件，这也是为什么在进行运输成本和运价的研究时，必须具体计算确定的到发地点之间的运输成本和运价的原因所在。所以说，运输供给的替代性和不可替代性是同时存在的，而且是有条件限制的。运输市场的供给之间既存在竞争也存在垄断。

二、运输供给分析

1. 运输供给的影响因素分析

运输供给有赖于以下四个主要影响因素：

（1）技术因素。科学技术是推动社会发展的第一生产力，也是推动运输业发展的第一生产力。新型运输工具的出现、运输工具性能的重大改进，无一不是科技进步的结果。科学技术对于提高运输生产效率、降低运输成本、提高运输服务质量、提高生产的组织管理水平起着非常重要的作用。因此，科学技术的应用提高了运输供给的能力。

（2）运营策略。用技术来改善运输服务的方式取决于运营者的行为目标。例如，为了适应交通量的增加，就应提高管理水平，且充分发挥原有的运输能力。运营者的行为也确定了运营成本被还原的程度及还原的方式，这是将运营成本转化为使用者成本（函数）的一种价格机制。

（3）政府机构的要求和限制。运营策略和价格政策常常要受到政府的调节和限制。例如，在一个被调节的运输方式中，运营者能够使用的价格策略有些是由政府机构制定的，有时甚至运输能力和使用的设备类型也由政府机构确定。

（4）使用者行为。运输供给的有些特征取决于运输系统中使用者的行为。货主选择的运输服务方式，选择不同的存储量、批量、频率和包装方式，常常确定了货运总成本。

这四个因素相互作用，导致了运输供给函数，它从使用者的角度描述了供给特征。

2. 运输供给函数分析

（1）运输供给函数。运输供给的大小通常用供给量来描述。运输供给量是指在一定时间、空间和一定的条件下，运输生产者愿意并且能够提供的运输服务数量。运输供给函数可表示为：

$$Q_S = f(P,\ b_1,\ b_2,\ \cdots,\ b_n) \tag{1.2.20}$$

式中：Q_S——运输供给量；P——运输服务价格；$b_1, b_2, \cdots, b_n$——除运价以外的其他影响因素。

上式为运输供给的一般表达式，实际应用中，还需具体地分析各影响因素来确定具体的表达式。

（2）运输供给曲线。在影响运输供给量的诸多因素中，运输价格对供给量的变动最重要。运输供给曲线是假定其他因素不变，反映供给量同价格之间关系的曲线。这时，运输供给函数可简化为：

$$Q_S = f(P)$$

一般情况下，Q_S与P同方向变动，即供给量随运价的上涨而增加，随运价的下跌而减少，这是运输供给的一般规律，如图 1.2.9 所示。

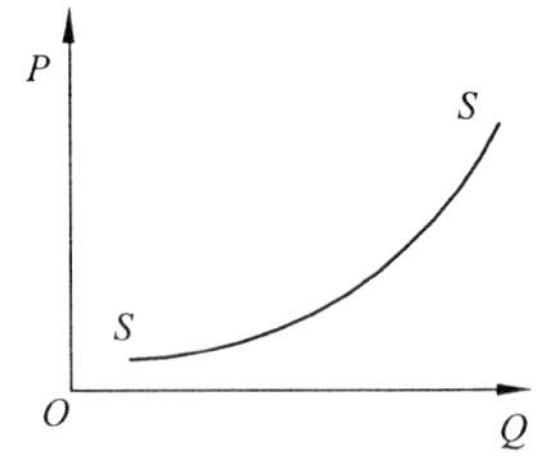

图 1.2.9　运输供给曲线

在这里需要指出的是，运输供给与运输供给量的变动是两个不同的概念。运输供给表示在不同价格水平下，运输生产者愿意且能够提供的运输服务的数量，表示的是供给量同运价之间的一种对应关系。而运输供给量则表示在一确定的价格水平上，运输生产者提供的运输服务数量，对应于供给曲线上一点。运输供给的变动是非价格因素变化时导致的供给曲线的位移，如果供给发生了变动，即使价格不变，运输供给量也会发生变化；运输供给量的变动就是当非价格因素不变时，供给量随运价变化而沿供给曲线移动，每一运价水平对应一个相应的供给量。如图 1.2.10 所示，当运价由P_A上升到P_B时，供给量从Q_A增加到Q_B，这是运输供给量的变动；如图 1.2.11 所示，当非价格因素发生变化，导致运输供给曲线由S_0S_0变为S_1S_1或S_2S_2，这是运输供给的变动。

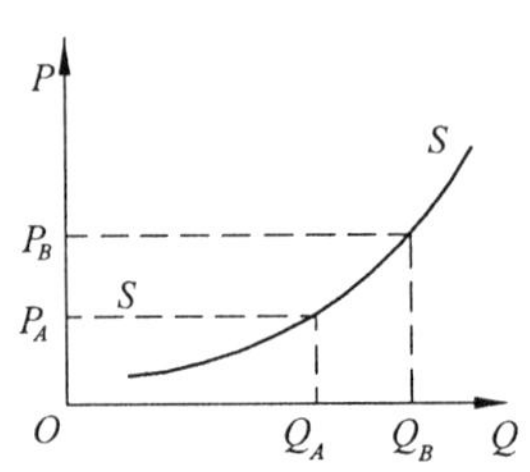

图 1.2.10　运输供给量曲线

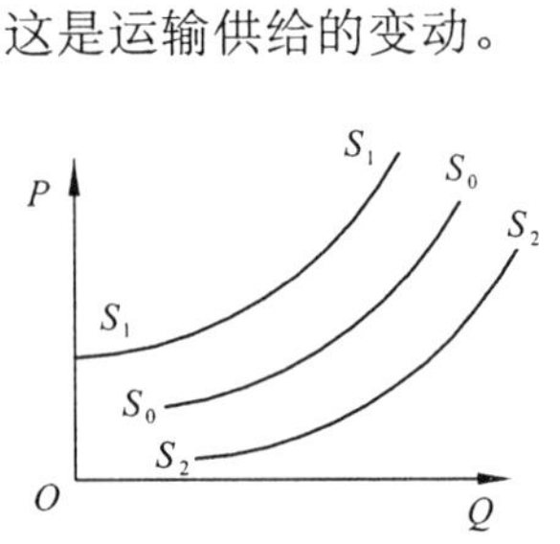

图 1.2.11　运输供给曲线

（3）运输供给弹性分析。

① 运输供给的价格弹性。运输供给的价格弹性是指在其他条件不变的情况下，运价变动所引起的运输供给量的变动程度，其计算公式可表示为：

$$E_S = \frac{\Delta Q / Q}{\Delta P / P} = \frac{\Delta Q}{\Delta P} \cdot \frac{P}{Q} \tag{1.2.21}$$

式中：E_S——运输供给的价格弹性；Q、ΔQ——供给量及供给量的变化值；P、ΔP——运价及运价的变化值。

在具体的应用中，也可分为点弹性和弧弹性计算公式。

点弹性
$$\varepsilon_S = \lim_{\Delta P \to 0} E_S = \lim_{\Delta P \to 0} \frac{\Delta Q}{\Delta P} \cdot \frac{P}{Q} = \frac{dQ}{dP} \cdot \frac{P}{Q} \tag{1.2.22}$$

弧弹性
$$\varepsilon_S = \frac{Q_2 - Q_1}{P_2 - P_1} \cdot \frac{P_1 + P_2}{Q_1 + Q_2} \tag{1.2.23}$$

由于运价同运输供给量同方向变动，所以供给弹性值为正值。供给量对运价的比值可以用供给弹性值的大小衡量。

$E_S > 1$，供给量富有弹性；$E_S < 1$，供给量缺乏弹性；$E_S = 1$，供给量是单位弹性。

供给曲线上每一点表示一定的供给状态。根据供给曲线上的特定点，可以检验其供给弹性的状态特征是富有弹性还是缺乏弹性。

② 运输供给价格弹性的特点。同运输成本有关：运输业提供一定运量所要求的运价，取决于运输成本。如果成本随运量变化而变化的幅度大，则供给曲线比较陡，因而供给就缺乏弹性；反之则富有弹性。

同考察时间的长短有关：时间因素对于供给弹性来说，比对需求弹性可能更加重要。时间越长，供给就越有弹性；反之则缺乏弹性。这是因为运输业是资金密集型产业，有前期投资大、建设周期长、运力储备风险较大等特点，故短时间内不易调整运力，弹性较小，但从长期来考察，运输市场在运价的作用下，供给与需求会逐步趋于平衡，即运输供给具有足够的弹性。

同供需的相对状况有关：当需求量低时，通常运输市场供给过剩，因此具有较大的供给价格弹性；需求量高时，通常运输市场供给紧张，即使价格上升，也因无大量供给投入而使弹性较小。

同运价的波动方向有关：运价朝不同方向变化时，运输供给价格弹性大小亦不同。一般而言，运价上涨时，刺激供给增加，运输供给弹性较大；运价下跌时，供给被迫退出市场，弹性较小。

同运输市场范围有关：运输经营者往往是分布于各个地区的大小承运人，其行动基本上是相互独立的。各个经营者无力左右运输市场的运价，只能在一定的运价水平下采取一定的营运策略。当运价上涨或下跌时，运输生产者会采取复运或停运、租进或租出运力、买或卖运输工具、推迟或提前报废运输设备等策略以增加或减少运力供给。如果运价在较长时期内保持较高，将进一步刺激运输生产者投资建造新的运输设施或运输工具，以增大供给能力，因此，个别的供给弹性较大。从整个运输市场考察，可能与个别供给有所不同。在短期内运价上升，虽有租进运输设备、买进运输设备等活动，但是在新运输设备投入市场之前，整个市场的供给量不会有显著增加。当运价上涨并且在一段时间内保持较好的水平时，必然会引起运输工具价格的上涨，这时，用巨额投资建造新运输设备的热情会减弱。因此，整个运输市场的供给弹性相对较小。

③ 运输供给的交叉价格弹性。由于运输业在不同运输方式之间存在着某种程度的可替代性和互补性，因此，一般还要研究运输业内部各种运输方式之间的供给交叉价格弹性，它是指某种运输价格的变动引起另一种运输供给量变动的程度，表示为：

$$E_{SAB}=\frac{\Delta Q_A/Q_A}{\Delta P_B/P_B}=\frac{\Delta Q_A}{\Delta P_B}\cdot\frac{P_B}{Q_A} \tag{1.2.24}$$

式中：E_{SAB}——A 对 B 的交叉价格弹性（即 B 种运输服务价格变化引起 A 种运输服务供给的变化的弹性值）；Q_A、ΔQ_A——A 种运输服务的供给量及供给量的变化值；P_B、ΔP_B——B 种运输服务的运价及运价的变化值。

若 A、B 相互独立、不可替代，则 $E_{SAB}=0$；若 A、B 可替代，则 $E_{SAB}<0$；若 A、B 互补，则 $E_{SAB}>0$。

三、运输供需均衡分析

1. 运输市场供需均衡及其变动机制

运输市场的均衡是指市场上各种对立、变动着的力量，在相互冲突、调整、运行过程中，出现相对力量相当、供给与需求处于暂时平衡的状态。

均衡分析就是从运输供给与运输需求两方面的作用关系来考察市场状态及其变化规律。根据所考察的对象与前提，均衡分析可以分为局部均衡分析和一般均衡分析。局部均衡分析是假定在其他条件不变的情况下，分析某一货类或运输工具的供给与需求达到均衡的运动过程；一般均衡分析是假定在各货类和所有运输工具的总供给、总需求与运价相互影响的情况下，分析总供给与总需求同时达到均衡的运动过程。

供给与需求是决定运输市场行为的最基本的两种力量，它们之间的平衡是相对的，不平衡是绝对的。但是，市场作为一种有机体，总是存在着自行调节机制——市场运行机制。由于市场机制的自行调节，使供给和需求形成某种规律性的运动，出现某种相对的均衡状态，即市场均衡。

（1）市场均衡的形成。所谓均衡，就是当运输需求和运输供给两种力量达到一致时，即处于均衡状态。运输的需求价格与供给价格相一致，这个价格称为均衡价格；运输需求量与供给量相一致，这个量称为均衡供求量，均衡价格一经确定，均衡供求量也相应确定。

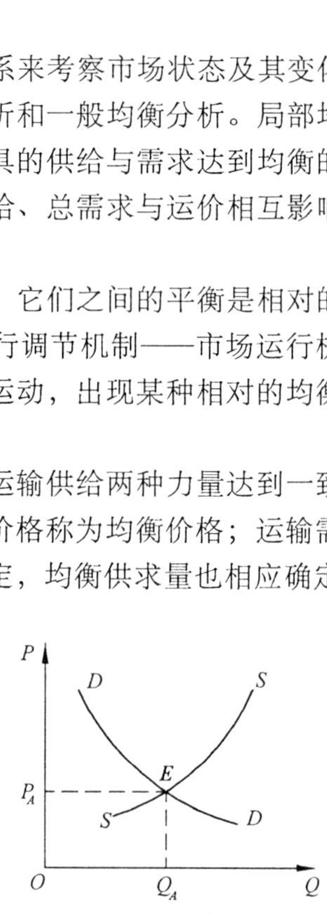

图 1.2.12　均衡运价与均衡供求量的关系

在图 1.2.12 中，DD 和 SS 分别代表运输市场的需求曲线和供给曲线。根据运输市场的需求规律和供给规律，DD 曲线自左向右下方倾斜，表示需求量与运价的变化相反。SS 曲线自左向右上方倾斜，表示需求量与运价的变化相同。在采用均衡分析方法考察均衡运价和均衡供求量时，由它们代表的需求状况和供给状况是假定为已知的和既定不变的。DD 与 SS 的交点 E 为均衡点，表示当价格

为 P_A 时，供给者愿意供给的能力（由 SS 表示出来）和使用者需求的供求量（由 DD 表示出来）恰好相等，这时运价在这个高度固定下来，不再有变动的趋势，称为运输市场达到均衡状态。

由图我们可以看出，当运价高于均衡运价时，供给大于需求，运输能力过剩；反之，当运价低于均衡运价时，需求大于供给，运输能力紧张。

均衡运价是通过运输市场供需的自发调节而形成的。当市场运价背离均衡运价时，由于需求与供给曲线没有变化，也就是说该市场上的均衡点没有变，这样，市场供需就会自发地发挥作用，促使运价又恢复到均衡运价的位置。

（2）运输市场均衡变动机制。当某种均衡形成之后，随着时间的变化，供给与需求的各种条件也会发生变化，这种均衡状态就会被打破，从而向新的均衡发展。从长期来看，运输市场的供需状况就是处于旧的均衡被打破，新的均衡被建立起来的动态过程中。均衡是暂时的、相对的，而不均衡是永恒的、绝对的。决定均衡状态变动的因素，就是那些使供给曲线与需求曲线发生位移的因素，即供给条件与需求条件。

① 需求不变，供给变动对均衡点的影响。在图 1.2.13 中，DD 为需求曲线，S_0S_0 是原供给曲线，DD 与 S_0S_0 交于 E_0，P_0 是原均衡运价，Q_0 是原均衡供求量，现假定供给影响因素发生变化，导致供给增加，使供给曲线 S_0S_0 向右移动到 S_2S_2，S_2S_2 与 DD 交于 E_2，对应新的均衡运价 P_2，均衡供求量 Q_2，$P_2 < P_0$，$Q_2 > Q_0$，表明在需求不变的前提下，由于供给的增加使均衡运价下降，均衡供求量也增加。

假定由于供给影响因素发生变化导致供给减少，使供给曲线 S_0S_0 向左移动到 S_1S_1，S_1S_1 与 DD 交于 E_1，对应新的均衡运价 P_1，均衡供求量 Q_1，$P_1 > P_0$，$Q_1 < Q_0$，表明在需求不变的前提下，由于供给的减少使均衡运价上升，均衡供求量也减少了。

② 供给不变，需求变动对均衡点的影响。在图 1.2.14 中，D_0D_0 为原需求曲线，SS 是供给曲线，D_0D_0 与 SS 交于 E_0，P_0 是原均衡运价，Q_0 是原均衡供求量，现假定由于需求影响因素发生变化导致需求增加，使需求曲线 D_0D_0 向上移动到 D_1D_1，D_1D_1 与 SS 交于 E_1，对应新的均衡运价 P_1，均衡供求量 Q_1，$P_1 > P_0$，$Q_1 > Q_0$，表明在供给不变的前提下，由于需求的增加使均衡运价上升，均衡供求量也相应地增加。

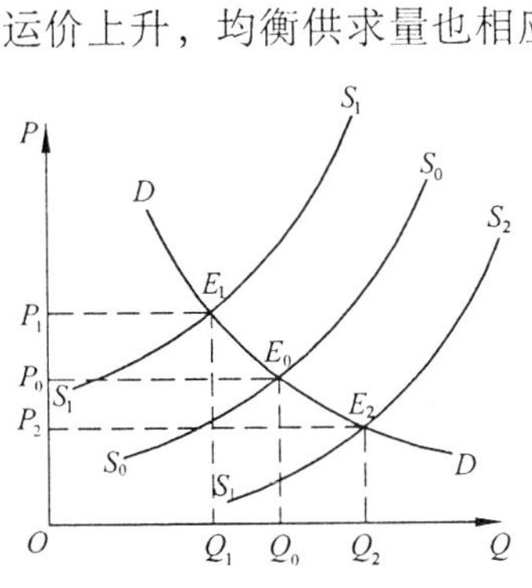

图 1.2.13　需求不变、供给变动的运输供需曲线

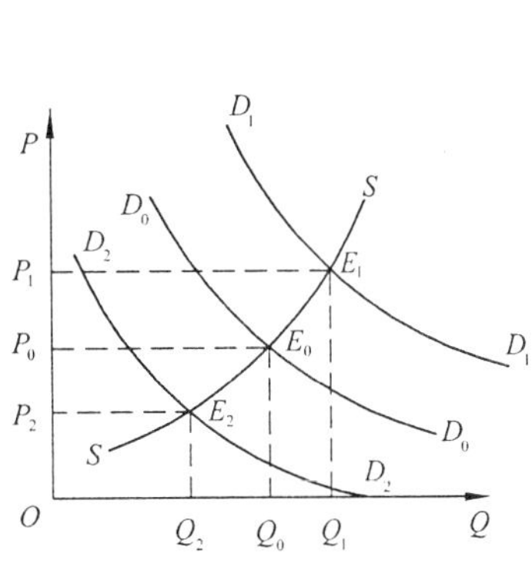

图 1.2.14　供给不变、需求变动的运输供需曲线

假定由于需求影响因素发生变化导致需求增加，使需求曲线 D_0D_0 向下移动到 D_2D_2，D_2D_2 与 SS 交于 E_2，对应新的均衡运价 P_2，均衡供求量 Q_2，$P_2 < P_0$，$Q_2 < Q_0$，表明在供给不变的前提下，由于需求的减少使均衡运价下降，均衡供求量也相应地减少。

在运输市场中，需求与供给常常同时发生变动，此时，均衡点的变动取决于需求与供给的变动方向和幅度。需求与供给有可能呈同方向变动，也有可能呈反方向变动。同方向变动时，可能同时增加，也可能同时减少；反方向变动时，可能是需求增加、供给减少，也可能是供给增加、需求减少。

可以用前两种情况的分析方法来分析需求与供给同时变动时均衡点的变动。

（3）运输市场运行机制。运输市场均衡的形成与变动过程是其基本的运行机制。通常，在供求条件不变的情况下，市场处于一定的稳定均衡状态。虽然不均衡是经常、大量出现的，但是通过运价与供求的相互冲突等作用，能够不断地恢复和维持均衡。

当供求之间出现矛盾，例如，供大于求时，势必导致运价的下跌，随着市场运价下跌，供给逐渐减少，需求逐渐增加。反之亦然。当供给与需求变动到一定程度，即两者趋于一致时，运输市场会出现供求平衡状态。然而，由于市场盲目冲击力的存在，市场“不均衡—均衡—不均衡—均衡”的过程是反复进行的。但是，在一定的供给和需求条件下，就必然能够形成和维持相对稳定的均衡即稳定的均衡机制。

从长期来看，随着世界经济和国际贸易的发展，航运需求必然相应增长；科技进步、造船工业的发展也必然推动供给增加，供求条件发生变化，这就必定打破原有的均衡，引起供求新的冲突与矛盾。这一新的供求冲突与矛盾又会引起运价的波动，随着运价的变动，将会推动市场走向新的均衡。供给、需求和市场运价就是这样在相互影响、相互作用，推动运输市场形成稳定均衡、维持与稳定均衡被打破，从而形成新的均衡，这样周而复始的运动过程，就是以运价为自行调节的市场机制的动态运行过程。

（4）供需均衡与短缺。在完全自由竞争的市场经济中，运输市场均衡左右着运输系统内外部的关系。但是，对于有一定计划经济的市场，对于交通运输这样一种基础设施的建设，还有运输短缺的因素在其中发挥着相当的作用。

短缺是匈牙利经济学家亚诺什·科尔奈提出并加以重点分析的一个经济概念。短缺作为需求与供给差异的一种表征，反映了一定经济条件下生产不能满足需求的滞后现象。这种短缺的结果不仅表现为数量上的不足，也表现为质量上的下降。在我国运输市场中，这种短缺现象尤为突出。

运输短缺作为供给的约束，表明许多地区得不到足够的物资补给，自身的产品不能送到市场，使经济蒙受损失。我国实行改革开放政策以来，严重的运输短缺成为经济增长的障碍，国家和各地方政府正积极努力，增加对运输的投入，提高运输能力。

在运输业内部，某种运输方式的短缺，还将引起运输需求在运输方式之间的转移或替代，这种需求的转移或替代会引起运输投入分配的变化，也会改变运输系统的格局。

第三章　运输需求量预测

第一节　运输需求量预测的一般原理

一、运输需求量预测的基本概念

1. 预测的基本概念

预测是人们预选的、事前的对某事物发展的一种推测和测算，测算事物发展变化可能出现的前景和趋势，有时还要推测事物发展变化可能达到的水平和规模，推测事物间相互联系、相互制约、相互影响以及影响程度，等等。

运输需求量预测就是根据运输及其相关变量的过去发展变化的客观过程和规律性，参照当前已经出现和正在出现的各种可能性，运用现代管理的、数学的和统计的方法，对运输及其相关变量未来可能出现的趋势和可能达到的水平的一种科学推测。

运输需求量预测是运输需求分析中的一项重要内容，在与运输有关的各项经济分析、研究和决策中，运输需求量预测往往是一项基础性的重要工作，真正做好需求预测也是难度相当大的工作。

2. 预测的基本原理

预测的原理模型如图 1.3.1 所示。

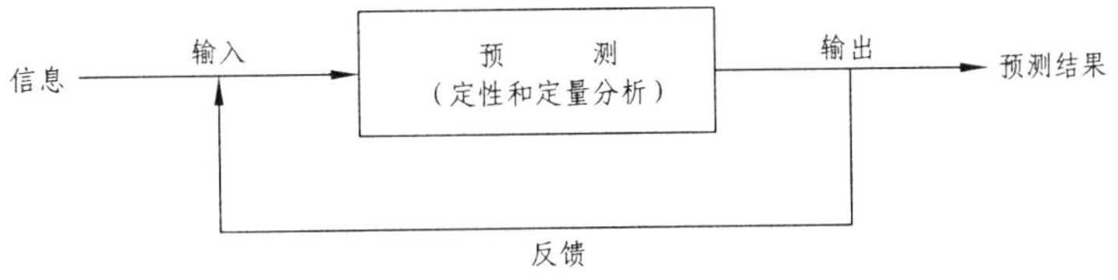

图 1.3.1　预测的原理模型

预测是把预测过程看成一个系统，分为输入、处理和输出。它说明预测的一般过程就是在掌握必要的信息之后，通过对信息进行定性和定量的分析，得出预测的结果。预测结果的准确性，首先取决于输入信息的可靠程度，其次要靠对输入信息的科学分析。由于被预测事物的情况千差万别，有的在发展成长过程中是自身的因素起主导作用，有的与外界条件息息相关，有的则受到社会性事件的影响产生畸变，在预测过程中，就必须对被预测的事物进行去粗取精、去伪存真、剔除偶然事件的影响，进行定性和定量的科学分析。有了可靠的信息，再加上科学的分析，才能有科学的预测结果。

3. 运输需求量预测的主要作用

运输需求量预测的主要作用有：

（1）需求预测是制定运输发展规划决策的前提。

（2）需求预测是宏观运输经济分析和制定运输经济政策的重要依据。

（3）需求预测可以推动运输产品更新换代，增强运输产品的市场竞争能力。

（4）需求预测是运输企业搞好经营管理的重要手段。

我们面临的任务是要建设中国特色社会主义，交通运输企业必须适应社会主义现代化的要求，应该制定出切实可行的发展规划，把有限的人力、物力、财力和科学技术力量，最有效地运用在运输的发展上，这些工作都离不开运输需求量的预测。

预测技术主要应用在近、远期客货运量的预测上。近期预测结果，影响运输计划的制定、运输企业运输能力的发挥和效益的大小。远期预测结果，直接影响运输线路的建设规模和速度，影响国民经济的发展。

二、预测的分类

根据不同的分类标准，运输需求量预测可以有不同的分类：

1. 按预测的方法分类，有定性预测和定量预测

（1）定性预测。是指主要根据事物的性质、特点、过去和现状的延续状况，对事物进行非数量化的分析，再根据这些分析，对事物的未来发展趋势做出预测。但定性预测也可能包含某些数量说明，并不排斥必要的数量分析。定性预测方法主要有特尔菲法、专家预测法、主观概率法和相互关系分析法等。

（2）定量预测。是指通过建立数学模型，对事物进行定量分析，再根据这些分析，对事物的未来发展趋势做出预测。但定量预测也有定性说明。定量预测方法主要有时间序列分析预测方法、回归分析预测方法和马尔科夫预测方法等。

2. 按预测的时间分类，有短期、中期和长期预测

（1）短期预测。通常是指一年以内的运量预测，一般用于运输企业年度计划。

（2）中期预测。通常是指2～5年的运量预测，主要用于运输企业或区域运输生产计划。

（3）长期预测。通常是指5年以上的运量预测，主要用于全国区域或城市交通规划。

一般来讲，预测时间越长，预测结果和实际情况的出入也越大，其参考价值和可靠性也越差。

3. 按预测对象的多少分类，有单一预测和复合预测

（1）单一预测。是指只限于单一的事物，即只预测单一事物发展变化的趋势和可能达到的水平。

（2）复合预测。是指预测对象包括几个有联系的不同事物，从其相互联系和相互制约中同时预测这几个有关事物今后发展变化的可能趋势和可能达到的水平。

单一预测只能得到一个预测值或以一个预测值为主的一套预测值；复合预测则可以得到一组预测值，或者分别以几个预测值为主的几套预测值。

4. 按预测的应用分类，有社会预测、经济预测、科学预测、技术预测和军事预测

（1）社会预测。是指有关社会发展问题的预测。

（2）经济预测。是指经济领域发展变化的预测，客、货运量就是一种经济预测。

（3）科学预测。是指对科学发展的趋势、方向和可能出现哪些成果的预测。

（4）技术预测。是指对技术发展趋势、技术发明、应用效果等问题的预测。

（5）军事预测。是以国防和战争方面的课题为对象的预测。

5. 按预测经济活动的范围分类，有宏观预测和微观预测

（1）宏观预测。是指从国民经济全局出发，对整个商品生产和流通总体的发展方向所做的综合性预测。如对国民经济运输量的预测，有正常运量、转移运量和新增运量等运输发展方向的预测。

（2）微观预测。是指从企业角度出发，对影响企业生产经营的市场环境、产品（劳务）及市场占有率等方面的预测，如运输企业对计划期运输劳务市场占有率的预测。

6. 按预测的空间层次分类，有国际市场预测和国内市场预测

（1）国际市场预测。是指对世界范围的市场动态以及各国进出口贸易行情的预测。

（2）国内市场预测。是指我国内部市场的预测，运输市场是国内市场的一个重要组成部分。

三、运输需求量预测的任务

随着建设中国特色社会主义和社会主义市场经济的发展，预测在运输行业和其他行业正得到广泛的应用，诸如决策、编制规划和计划、进行生产经营等活动，发挥了明显的作用和效果。我国的实际情况对运输需求量预测提出了以下三个方面的任务：

1. 运输需求量预测应为建设中国特色社会主义服务，为编制运输计划和规划及时提供参考数据

建设中国特色社会主义，搞好现代化的经济建设，必须实现总供给与总需求的基本平衡，按市场经济的一般规律来进行。为此，国家、地方和各部门需要经常编制中、长期的规划和计划。运输需求量预测就是为国家、地方各部门编制国民经济计划提供参考数据，就是要根据过去发展变化的客观过程和规律，参照当前已经出现和正在出现的各种可能性，运用科学的预测方法，提供今后运输发展可能出现的趋势和可能达到的水平，作为平衡和确定规划、计划的参数。否则，国民经济就会产生比例失调的现象，给国家经济建设造成损失。我国当前交通运输落后，成为制约国民经济发展规模和速度的瓶颈，从根本上说，就是没有很好地预测交通运输的发展趋势和应达到的水平，没有采取坚决有效的措施使交通运输适应和超前于国民经济的发展。

2. 运输需求量预测应为有效组织社会生产和社会生活服务，为运输企业的生产经营活动及时提供有价值的参考数据

随着社会主义市场经济的发展，随着改革开放的深入，商品生产和交换繁荣兴旺，人们的物质文化生活正在逐步提高，为了组织好社会生产和社会生活，及时提供比较可靠的运输需求量预测资料具有重要意义。工业、农业、商业和建筑业等各行各业要从事的生产经营活动，都离不开运输业，从而形成了运输的需求。运输企业本身的生产经营活动，离不开对运输市场的预测，必须了解社会对运输的需求，否则运输业就会盲目规划、盲目建设、盲目经

营，不是形成运输能力短缺，就是造成运输能力过剩，给国家造成损失，所以为了组织好社会生产，必须搞好运输需求量预测。

3. 运输需求量预测应为政府部门的决策服务，及时提供有关运输今后发展变化可能出现的趋势和可能达到的水平，以便决策时参考

交通运输决策是政府部门决策的重要内容，例如，决定交通基础设施规模、超前的时间以及投资比例和金额等，就需要各种各样的调查资料、信息资料、经济技术资料和运输需求量预测资料。这些资料越丰富、越准确、更新越快，决策的科学性和准确性越强，越能排除领导者的主观臆断，使交通运输决策建立在实事求是和科学预测的基础之上，从而减少失误。

四、运输需求量预测的一般原理

预测不是幻想，也不是臆造，而是一种研究未来的科学的理论和方法。对运输需求量进行预测的过程中，应遵循下列的一般原理：

1. 可知性原理

客观世界是可以认识的，人们不但可以认识过去和现在，而且也可以通过总结过去和现在，寻求其发展变化的规律性，以此来推测未来。

2. 系统性原理

强调预测对象是一个完整的系统，系统内有着各个子系统，子系统内部又有各个具体因素，系统外还有相关联的系统，彼此相互联系、相互作用。利用系统之间的相互联系和相互作用去进行预测，可以防止预测的片面性，从而提高预测结果的准确性和有用性。

3. 连续性原理

事物的发展变化，是连续的、渐进的、统一的变化。因而，通过总结过去而预测未来时，可以利用这种连续性原理。

4. 相似性原理

各种事物之间尽管千差万别，表现出种种形态，但也有着一定的相似性，人们可以利用事物之间的这种相似性来进行类比、推断和预测未来。实践证明，事物未来发展变化和过去发展变化之间的相似性是经常出现的现象，有时可能出现惊人的相似性。

5. 因果性原理

是指客观事物、各种现象之间存在着一定的因果关系，人们可以从已知的原因推测未知的结果。客观世界上任何现象都有其产生的原因，任何原因都必然产生一定的结果。因果联系常常同时间顺序性有直接关系，在一定范围内总是原因在前结果在后，即先因后果。因果联系是事物间最普遍的联系，把握住事物间的因果联系，就能提出解决问题的方法，在实践中可以增加预测的准确性。

6. 可控性原理

人们对于事物今后的发展变化，不是无能为力的，而是可以进行适当地控制，至少在一定范围内可以适当控制。例如，对运价的变动、运输能力的地区配置、运输需求的变化趋势等进行控制，并进行调节和引导，促使其向着有利的方向发展。

第二节　运输需求量预测的内容与步骤

一、运输需求量预测的内容

1. 社会总运输需求量的预测

对全国省、市、区内可能发生的客货运输总需求量进行预测，包括对各种运输方式的营业性运输单位承运和非营业性运输单位承运的所有运输需求量、国民经济的（或某一种运输方式的）正常运量、转移运量和新增运量等的预测。它是编制国民经济计划和进行运输基础设施建设的重要依据，是各种运输方式进行规划和编制运输生产计划的重要依据。

2. 在社会总运输需求量中，对各种运输方式的需求量预测

如对铁路货运量和货物周转量、铁路客运量和旅客周转量，公路货运量和货物周转量、公路客运量和旅客周转量，水路货运量和货物周转量、水路客运量和旅客周转量，以及民航的客货运量和周转量等的预测。

3. 运输企业在运输市场中的占有率预测

在很多情况下，占有率预测也是对运输企业竞争能力的预测。

在三类预测中，前两类属于宏观预测的范畴，第三类属于微观预测的范畴。由于预测的目的、要求不同，因此预测的内容粗细也不同。一般来讲，长期预测的内容要粗一些，短期预测的内容要细一些，例如，列入企业（部门）经营的运输需求量，不仅有客、货运量和周转量，还应包括上行、下行的运输量；旺季、淡季的运输量；货物运量中主要货物的分类和比重等。

二、运输需求量预测原则

运输需求量预测的工作较为困难，因为影响运输需求量变化的因素很多，其中还有不少不确定因素。为了更好地预测运输需求量，在预测时需考虑以下几个原则：

1. 系统性原则

交通运输是一个复杂的大系统综合体，运输系统是一个设备复杂、生产环节众多、高度集中、指挥统一的现代化生产过程系统。运输场所纵横万里，遍布全国，各种运输方式各具特点，相互之间具有相互影响、相互作用的关系。一种货物从甲地运往乙地，往往要通过几种运输方式才能完成。另外，一种运输方式往往要有其他运输方式的配合才能形成综合运输能力，例如，一个港口如果没有公路和铁路的配套，就会因无法完成货物的集散疏运而起不到应有的作用。在交通运输系统中，一种运输方式的发展，有可能会促进或抑制其他运输方式的发展。因此，在运输需求量预测时，要充分考虑由于某一运输方式运输的变化可能对其他运输方式生产的影响从而带来对运量变动的影响。

2. 派生性原则

运输业是一个特殊的生产和服务部门，对运输的需求，往往是由其他部门派生出来的。因此，在预测运输需求量时，就需要掌握影响运输需求的诸因素，特别是主要因素。其中尤其需要注意的是：国家和地区的有关经济发展和经济政策的情况；国内各个经济部门的分布及其业

务概况与发展趋势。为了更好地、更合理地预测运输需求量，我们必须掌握好派生性原则。

3. 定量预测与定性预测相结合的原则

定量预测是通过建立数学模型，对事物进行定量分析，再根据这些分析，对事物的未来发展趋势做出预测。但是影响运输需求量的因素多种多样，有的可以定量，有的不可以定量，特别是某种突发性因素难以预料，所以用数学模型往往难以完全反映和包括外生或内生变量及其未来（特别是长期）的发展变化规律，因此与定性预测结合起来是非常有必要的，例如，用数学模型预测以后，再用专家预测法进行预测，然后进行对比分析，从而得出较为准确的预测值。在定性进行货运量预测时，采用经验方法——80-20 规则便是较成功的一种方法。经验表明，对大多数运输方式（管道运输除外）来讲，80%的货运量往往是由少数几种货物（不超过 20%）构成的；而其他 80%以上货物种类的运量却只占总货运量的 20%以内。在进行运量预测时，只要集中全力对少数几类主要的货物（通常不到十类）进行认真预测，再估计其余那些对货运量影响不大的货物运量，把它加到上述预测的总数中去即得到总货运量预测值。然后，把模型预测的总货运量预测值同用 80—20 规则得到的总货运量预测值加以对照比较，经专家修正，就可以得到比较准确的运量预测值。

同时，定量预测或定性预测本身也要多种方法相结合，才能提高预测精度。例如，定量预测可根据预测对象的变化规律分别采用回归分析法、时间序列分析法、定额法等同时预测，然后进行对比分析从而得出较为正确的预测值。一次成功的预测，都是采用几种方法同时预测的结果，用一种预测方法就想得到较准确的预测值，是比较困难的，甚至是不可能的。

4. 运输需求量变动区间原则

运输需求量是一个随机事件，影响它的因素经常变动，预测结果往往不可能十分准确。例如，运输基本建设的运输需求量预测，因为运输能力的增加通常要大量投资建设，而建设周期较长，所以运输能力往往以大幅度跳跃的方式增加，而运输需求量却是逐渐增加，这表明运输供应量往往具有较大的余地，因而对需求的预测允许有一定的幅度变动。另外，运输项目建设周期长，而且有时采用分期建设的办法，这就有机会在各阶段对预测的运输需求量加以检验、调整与修正。因此，对运输需求量预测的结果，允许有一个界限和区间。例如，在一定的时间内，某条公路的日通过量最少有 20 000 辆，最大达到 25 000 辆，这样预测比只提供一个预测值可能要好一些，利于决策更好地参考。

5. 综合水平原则

预测结果是否可靠，关键在于所用数据代表性、分析方法的针对性以及分析售货员的观察水平，三者都不可缺少，要按照预测的对象和预测要求正确选择预测方法，而且要充分占有历史和现状资料，力求准确完整。预测分析人员不仅需要理论知识，还必须具有实践知识和多学科的知识，只有这样，预测人员才能把握住运量变化和客观规律，再经过专家修正，得出较为正确的预测值。

三、运输需求量预测的步骤

在具体进行运输需求量预测时，先做什么，后做什么，应该有一个统筹安排，即要规划好运输需求量预测工作的步骤。预测步骤有粗、细、多、少之分，而且预测的对象也不同，故预测的步骤也不一样，但一般来说，预测的基本步骤为:

1. 确定需要预测的对象，规定通过预测希望达到的目的

有了明确的预测目的，才能确定调查什么、向谁调查，决定预测方法，确定预测重点。预测目的应力求准确、明了、详尽、具体。同时还要确定预测结果希望达到的精度，精度要求不同，采用的预测方法和误差分析的要求也不同。

2. 制订预测计划

预测计划是指预测的具体内容、工作程序、参加人员及如何分工、资料收集计划、各阶段所需完成的工作量和日期等。

3. 资料的搜集、整理和检查

运输需求量预测的质量，在很大程度上取决于资料是否准确、及时、全面和系统。资料越是符合上述要求，就越能掌握运输发展的过程和规律性，从而使预测结果更接近于客观实际。预测时，要收集那些对预测对象未来发展影响较大的内部和外部环境多方面的资料，并对收集到的资料进行整理、分析和选择。资料是预测的基础，取得充分的、可靠的预测资料，才能取得正确的预测结果。

根据资料的来源不同，可分为原始资料和二手资料。原始资料也称为第一手资料，即未经过加工整理的，如财务的原始凭证、行车路单等。这类资料非常重要，经过科学的整理，可以从中发现运输发展变化的客观规律。二手资料是将原始资料经过加工整理、简化而成的资料，如政府部门的统计资料和调查报告，运输企业的计划统计资料，国外运输技术经济情报和国际运输市场活动资料，研究单位、大专院校、学术团体的科研成果，报刊、杂志、学术论文公布的资料等。

在预测过程中，我们不仅要搜集、整理资料，而且还要对资料进行检查，特别是利用二手资料时更应当如此。因为在对原始资料进行加工时，由于目的不同，使用的方法不同，加工人员的水平不同，所以加工的成果必然多种多样，因此，在使用时必须注意统计指标的口径、指标核算方法、统计时间、计算价值、计算单位等是否符合预测的要求。

4. 选择预测方法、建立预测模型

在预测时，应根据预测的目的、掌握资料的情况、预测的精度要求、预测费用的多少以及预测方法的应用范围来确定预测方法。有时还需要同时采用几种预测方法，提高预测的质量。选择预测方法还同预测对象的特点、变量间的关系有关。有的可以用时间序列法反映运输需求量变化的规律；有的可以用回归分析预测法；有的则需选择特尔菲法才能得到比较理想的预测结果等。总之，选择预测方法时，应当尽可能符合客观实际，尽量降低预测误差率，尽可能用两种以上方法同时进行预测，然后经过综合、对比、平衡，以取其最优预测结果。

预测方法同建立数学模型密切相关。所谓数学模型是反映预测现象之间的一种函数关系。在现实生活中，现象之间呈现出函数关系的情况是很多的，但现象间也并不是完全呈现函数关系。预测中使用的数学模型，是在一种比较稳定的因素形成的比较稳定的结构的基础上建立起来的数学表达形式。

数学模型由三个基本要素组成：

(1) 一组变量，如自变量 X，因变量 Y 等。

（2）一组基本关系式，如 $Y = f(X)$ 等。

（3）几个参数，如参数 a，b，c 等。

数学模型中变量的选择取决于预测对象的结构特征、相关关系与模型的用途。所以，应当做好定性分析，使定量分析与定性分析结合起来，考察彼此之间是否具有内在联系。如国民生产总值与运输需求量之间变动的相关关系，很明显，国民生产总值为自变量，而运输需求量是因变量。数学模型中的基本关系式，通常表现为一种函数关系，用一种结构方程把自变量与因变量联系起来。每一个方程代表着一种特定的相关关系，说明在一定的结构中自变量的变动对因变量的变动的影响程度。数学模型中参数说明了自变量同因变量之间关系的影响程度和影响方向。参数取值不同，对自变量与因变量之间的关系就有不同的说明，因此用模型进行预测也会得出不同的结果。

5. 确定预测值

选择了预测方法，建立好数学模型之后，接着就是运用模型进行运算，确定预测值。

6. 对预测结果进行评价、修正

由于预测只是一种对未来事件的推测和预见，所以预测结果出现误差是不可避免的。因此，就需要对预测的结果进行分析、对比和评价，找出预测与实际之间的误差大小，若误差较小，在要求允许的范围之内，说明预测的效果较好；若误差较大，超出了允许的范围，说明预测的效果不好，不能采用。

若预测结果不好，应分析产生误差的原因，采用适当的方法对模型进行修正，然后再进行预测。常用的修正方法有：① 增加变量个数；② 增加样本容量；③ 改变方程结构形式；④ 改变预测方法等。

7. 编写预测报告

编写预测报告是预测工作的最后一步。预测报告应写明预测标题、参加人员、预测时间，还应简明扼要地写明预测目标、内容、方法、结果，最后还要写出分析评价的意见，以供决策者参考。

第三节　运输需求量预测的基本方法

预测的方法很多，国外应用的有名可查的已达 150 种之多，但基本上可以分为经验判断法和数学分析法两种。经验判断法主要是依靠参加预测人员的经验与判断能力，根据已掌握的情况，对预测对象的未来发展做出估计。经验判断法是一种定性描述为主的方法，此方法的优点是简便易行，适合于任何部门和企业，特别是不可控因素和不可定量因素越多的预测对象，采用经验判断的方法更为适合。但经验判断法也有缺点，主要是主观随意性大，易发生疏忽和失误，对参加预测人员的素质要求较高。数学分析法是通过建立数学模型，分析各种影响变化因素之间的函数关系，计算预测值来预测事物发展的变化。数学分析法以各种统计资料为依据，要求统计资料完整、连续、正确，否则就将影响预测的准确性。

一、经验判断法

经验判断法主要有经理人员判断法、专家预测法等。

1. 经理人员判断法

经理人员判断法，就是由负责的经理人员召集计划、运务、财务等有关职能部门的负责人，通过会议听取他们的汇报和意见，通过参与会议人员所掌握的调查报告和其他资料，讨论分析，交换意见，做出预测。这种方法的优点是简便易行，省时省力，在实际工作中应用较多。例如，经常性的业务碰头会、业务分析会，月、季度的计划执行情况检查会等都属于这种方法。

运用经理人员判断法时容易出现两种倾向：一是过分依赖主管人员，尤其是高级主管人员的主观判断，有时预测结果不甚准确；二是预测趋势往往会受到当时市场形势的左右，产生过分乐观或悲观的倾向。因此，经理人员判断法的应用效果受参加预测人员素质的影响较大。

2. 专家预测法

专家预测法，又称特尔菲法，是美国兰德公司首先用于预测的一种定性预测方法，是采用匿名和反复征询专家意见的预测方法。

特尔菲法在应用时，首先要组成一个专家组，他们除了拥有丰富的本专业的有关知识外，还应熟悉各种相关知识和预测技术。专家组的人数既不能太少也不能太多，人数太少则预测出的指标不一定准确，人数太多则不便于组织，一般在 10～30 人。

特尔菲法的预测过程是由组织者把被预测的事物、目的要求、有关的背景材料分别寄给各位专家，要求他们在规定的时间内运用他们的见解进行分析计算，然后把结果寄给组织者。需要注意的是，在结果上不能署名。至此，第一轮预测结束。然后由组织者把各位专家的意见进行归纳整理，再把归纳出来的第一轮结果分别寄给各位专家，要求他们在规定时间内进行分析、计算、判断，得出第二次结论和意见，再由组织者进行综合整理。

各个专家由于经历、经验和使用的方法不同，将得出不同的结论，甚至差别很大。经过若干次反复，专家的意见趋于一致，预测的精度也将随着反复次数的增加有所提高。当各专家的意见基本接近时即可停止反复，由组织者采用统计方法对专家意见进行处理，得到预测结果。

在采用特尔菲法预测时，应注意：

（1）制定征询表时应满足：问句含义唯一；问题集中且问题不宜过多，回答时间最好不要超过两小时；有足够的空白，让专家充分表达意见；让专家自我评定，如对问题的专长程度、熟悉程度、对自我估计的置信程度等。

（2）运输需求量预测组织者不以任何形式、理由加入自己的意见，要完完全全地表达专家的意见。

特尔菲法最大的优点在于它的匿名性，避免权威影响而随大流，能真正表达每一个专家的意见，能有控制地反复多次，使意见逐渐趋于一致，最后做出统计评估，使定性分析同定量分析结合起来。由于这些优点，所以特尔菲法被广泛采用。

二、数学分析法

当历史统计资料准确、详细完备，事物发展变化的客观趋势比较稳定，较少有持质的突变时，一般运用数学分析法来预测运输需求量。

数学分析法主要有时间序列分析预测法、回归分析预测法（因果分析预测法）和马尔科夫预测法等。

1. 时间序列分析预测法

时间序列分析预测法的基本思想是：根据过去的历史资料，依据一组观察数值来推算事物未来的发展情况。因此，对过去的时间序列数据进行分析，就能推测事物的变化趋势，做出预测。运输需求量常用的时间序列预测方法主要有移动平均法、指数平滑法、季节系数法等。

（1）移动平均预测法。

① 一次移动平均法。移动平均预测法是按照时间的先后顺序，向前移动进行平均数计算，并以移动平均数作为下一周期的预测值。

设时间序列为：y_1，y_2，…，y_i，…

计算公式：

$$M_t^{(1)}=\frac{y_t+y_{t-1}+\cdots+y_{t-N+1}}{N} \tag{1.3.1}$$

式中：$M_t^{(1)}$——第 t 周期的一次移动平均数；t——时间周期数；N——分段数据个数。

该法可以对原时间序列中的大起大落等不正常现象进行修正，剔除其中偶然因素引起的变化，从而提炼出规律性的东西。修正的程度取决于计算平均数时数据个数 N 的大小。N 大，则修正程度就大，但时间后移也大，随之敏感性就变差；N 小，则修正程度就小，但时间后移也小，随之敏感性就高。N 的取值视具体情况而定。

第 $t+1$ 期预测值 $\hat{y}_{t+1}=M_t^{(1)}$。

② 二次移动平均法。由于一次移动平均法往往不能发挥足够的修正作用，所以在实际应用中一般还需要进行第二次移动平均计算。

二次移动平均数计算公式：

$$M_t^{(2)}=\frac{M_t^{(1)}+M_{t-1}^{(1)}+\cdots+M_{t-N+1}^{(1)}}{N} \tag{1.3.2}$$

式中：$M_t^{(2)}$——第 t 周期的二次移动平均数；$M_t^{(1)}$——第 t 周期的一次移动平均数；N——分段数据个数。

二次移动平均计算的目的不是直接用于预测，而是为了求出平均数；当移动平均数时间序列具有线性趋势时，用来修正第一次移动平均数的滞后现象。

原时间序列经过一次或几次移动平均，基本消除了偶然因素产生的影响以后，其变化趋势基本稳定，就可以根据新的时间序列建立预测数学模型。用二次移动平均法进行预测的公式为：

$$\hat{y}_{t+T}=a_t+b_tT \tag{1.3.3}$$

式中：T——由目前周期 t 到需要预测的周期数；$\hat{y}_{t+T}$——自第 t 周期起，到需要预测的以后第 T 周期预测数。

$$a_t = 2M_t^{(1)} - M_t^{(2)}; \quad b_t = \frac{2}{N-1}[M_t^{(1)} - M_t^{(2)}]$$

③ 用移动平均法预测铁路客运量。某铁路局 2004—2006 年各季度完成的旅客运输量如表 1.3.1 所示，现拟预测 2007 年各季度的旅客运输量。

第一步，计算一次移动平均数、二次移动平均数（$N=3$），计算结果见表 1.3.1。

表 1.3.1　计算结果表　　（单位：万人）

年　度	季　度	客运量	一次移动 $M_t^{(1)}$	二次移动 $M_t^{(2)}$
2004	1	2 654	—	—
	2	2 551	—	—
	3	2 797	2 667	—
	4	2 744	2 697	—
2005	1	2 838	2 793	2 719
	2	2 702	2 761	2 750
	3	2 873	2 804	2 786
	4	2 727	2 767	2 777
2006	1	2 891	2 830	2 800
	2	2 963	2 860	2 819
	3	3 159	3 004	2 898
	4	3 146	3 089	2 984

第二步，计算平滑系数 a_t、b_t，本题 t 取 12。

$$a_{12} = 2M_t^{(1)} - M_t^{(2)} = 2\times 3\,089 - 2\,984 = 3\,194 \text{（万人）}$$

$$b_t = \frac{2}{N-1}[M_t^{(1)} - M_t^{(2)}] = \frac{2}{3-1}(3\,089 - 2\,984) = 105 \text{（万人）}$$

则预测公式为：

$$\hat{y}_{t+T} = a_t + b_t T = 3\,194 + 105T$$

第三步，预测 2007 年各季度该局的客运量，则 T 分别取 1、2、3、4 代入，其预测值分别为：

第一季度：$\hat{y}_{12+1} = 3\,194 + 105\times 1 = 3\,299$（万人）

第二季度：$\hat{y}_{12+2} = 3\,194 + 105\times 2 = 3\,404$（万人）

第三季度：$\hat{y}_{12+3} = 3\,194 + 105\times 3 = 3\,509$（万人）

第四季度：$\hat{y}_{12+4} = 3\,194 + 105\times 4 = 3\,614$（万人）

上述计算虽然取得了运算结果，但并不包括季节变动因子的影响，所以还要用季节变动因子进行调整。季节变动因子的测定方法是：首先计算各年的同季平均数，然后计算所有各季的季总平均数，最后，分别用各个同季平均数分别除以季总平均数，即可求得各季的季节变动因子。本例中季节变动因子的计算见表 1.3.2。

表 1.3.2 计算结果表 （单位：万人）

季度 / 年度	1	2	3	4	年季度平均数
2004	2 654	2 551	2 797	2 744	2 686.5
2005	2 838	2 702	2 873	2 727	2 785.0
2006	2 891	2 963	3 159	3 146	3 039.8
同季平均数	2 794.3	2 738.7	2943.0	2 872.3	2 837.1
季节变动因子	0.985	0.965	1.037	1.012	1.000

用季节变动因子对上述预测值进行调整，使之成为含有季节变动因子的预测值：

第一季度：$\hat{y}_{12+1}=3\,299\times0.985=3\,250$ （万人）

第二季度：$\hat{y}_{12+2}=3\,404\times0.965=3\,285$ （万人）

第三季度：$\hat{y}_{12+3}=3\,509\times1.037=3\,639$ （万人）

第四季度：$\hat{y}_{12+4}=3\,614\times1.012=3\,657$ （万人）

二次移动平均法仅适用于线性趋势的数据，如果数据变化有非线性趋势，可用三次指数平滑法加以解决（见指数平滑预测法）。

(2) 指数平滑预测法。指数平滑预测法是移动平均预测法的改进和发展，它既有移动平均预测法的优点，又在一定程度上克服了移动平均预测法数据存储量大的缺点。指数平滑预测法是对整个时间序列加权平均来预测的。

① 一次指数平滑法。其计算公式为：

$$F_t^{(1)}=\alpha y_t+(1-\alpha)F_{t-1}^{(1)} \tag{1.3.4}$$

式中：$F_t^{(1)}$——第 t 周期的一次指数平滑平均数；y_t——第 t 周期的实际数；α——加权系数；$F_{t-1}^{(1)}$——第 $t-1$ 周期的一次指数平滑平均数。

指数平滑法是将第 t 周期的指数平滑数值，原封不动地作为 $t+1$ 周期的预测值，即 $\hat{y}_{t+1}=F_t^{(1)}$。

指数平滑预测法是利用平滑平均数的计算对时间序列进行修正的一种有效方法。在被预测事物中，绝大多数都存在着周期的波动和不规则变动，利用指数平滑预测法就可以在计算时对其进行修正。在修正过程中，对过去的数据分别加以不同的权数。数据越近，权数越大，数据越远，权数越小。加权系数 α 的大小，也对原时间序列的修正程度有决定性的影响。α 的大小与修正程度成反比。但是，在反应最新数据的敏感性方面，与 α 取值的大小却成正比。因此，如果指数平滑的目的在于用新的指数平滑平均数去反映时间序列中所包含的长期趋势，那么，α 取值以择小者为好。在通常情况下，取 $\alpha=0.1$ 即可将季节变动的影响基本消除，将循环变动和不规则变动的影响大部分消除。α 的取值范围：$0\leqslant\alpha\leqslant1$。在长期预测中，$\alpha$

一般在 0.1～0.3 之间。

初始值的估计。由公式（1.3.4）可知，在计算某一期指数平滑平均数时，总是需要前一期的指数平滑平均数作为起点，那么第一个指数平滑平均数怎么办？即初始值 $F_0^{(1)}$ 如何估计。从公式（1.3.4）可以推知 $F_0^{(1)}$ 项的加权系数为 $(1-\alpha)^t$，是很小的数，即 $F_0^{(1)}$ 的数值对 $F_t^{(1)}$ 的计算结果影响很小，因此，可避免用繁锁的公式计算 $F_0^{(1)}$，采用下述两种方法估计 $F_0^{(1)}$ 的值：

a. 设 $F_0^{(1)}$ 等于原始数据的第一个数值，即 $F_0^{(1)} = y_1$。

b. 设 $F_0^{(1)}$ 等于最初几期的原始数据的平均值，可为最初 3 个或最初 4 个或 5 个 y_i 的值的平均值，即 $F_0^{(1)} = \dfrac{y_1 + y_2 + y_3}{3}$；或 $F_0^{(1)} = \dfrac{y_1 + y_2 + y_3 + y_4}{4}$；或 $F_0^{(1)} = \dfrac{y_1 + y_2 + y_3 + y_4 + y_5}{5}$。

② 二次指数平滑法。为了提高指数平滑法对时间序列的吻合程度，可以在一次指数平滑的基础上再进行一次指数平滑，这就是二次指数平滑，其计算公式为：

$$F_t^{(2)} = \alpha F_t^{(1)} + (1-\alpha)F_{t-1}^{(2)} \qquad (1.3.5)$$

式中：$F_t^{(2)}$——第 t 周期的二次指数平滑平均数；α——加权系数；$F_{t-1}^{(2)}$——第 $t-1$ 周期的二次指数平滑平均数。

二次指数平滑一般不直接用于预测，而是仿照二次移动平均法的原理，用来修正线性趋势变化的滞后现象。二次指数平滑后，就可以建立进行预测的公式了。其公式为：

$$\hat{y}_{t+T} = a_t + b_t T \qquad (1.3.6)$$

式中：T——时间序列；$\hat{y}_{t+T}$——自第 t 周期起，到需要预测的以后第 T 周期预测数。

$$a_t = 2F_t^{(1)} - F_t^{(2)}；\quad b_t = \frac{\alpha}{1-\alpha}[F_t^{(1)} - F_t^{(2)}]$$

③ 用指数平滑法预测铁路货运量。某铁路局 1992—2006 年完成的货运量如表 1.3.3 所示，现拟预测该铁路局 2007—2010 年货运量。

表 1.3.3 货 运 量 表　　（单位：亿 t）

年度 \ 项目	货运量 y_t	一次指数平滑 $F_t^{(1)}$	二次指数平滑 $F_t^{(2)}$
1992	9.3	9.3	9.3
1993	10.3	9.6	9.4
1994	10.9	10.0	9.6
1995	10.9	10.3	9.8
1996	10.5	10.4	10.0
1997	11.1	10.6	10.2
1998	11.6	10.9	10.4
1999	12.1	11.3	10.7
2000	12.8	11.8	11.0

续表 1.3.3

年度 \ 项目	货运量 y_t	一次指数平滑 $F_t^{(1)}$	二次指数平滑 $F_t^{(2)}$
2001	13.2	12.2	11.4
2002	13.7	12.7	11.8
2003	14.1	13.1	12.2
2004	14.7	13.6	12.6
2005	15.2	14.1	13.1
2006	15.8	14.6	13.6

第一步，计算一次平滑平均数、二次平滑平均数（$\alpha=0.3$），结果见表 1.3.3。

第二步，计算平滑系数 a_t，b_t。

$$a_{2006}=2F_{2006}^{(1)}-F_{2006}^{(2)}=2\times14.6-13.6=15.6$$

$$b_{2006}=\frac{\alpha}{1-\alpha}[F_{2006}^{(1)}-F_{2006}^{(2)}]=\frac{0.3}{1-0.3}(14.6-13.6)=0.429$$

则预测货运量公式为:

$$\hat{y}_{2006+T}=15.6+0.429T$$

第三步，进行预测

$\hat{y}_{2006+1}=15.6+0.429\times1=16.0$（亿 t）；　$\hat{y}_{2006+2}=15.6+0.429\times2=16.5$（亿 t）

$\hat{y}_{2006+3}=15.6+0.429\times3=16.9$（亿 t）；　$\hat{y}_{2006+4}=15.6+0.429\times4=17.3$（亿 t）

④ 三次指数平滑法。如被预测的数据曲线出现曲率时，二次指数就不适用了，此时必须采用三次指数平滑法。其计算公式为:

$$F_t^{(3)}=\alpha F_t^{(2)}+(1-\alpha)F_{t-1}^{(3)} \tag{1.3.7}$$

式中: $F_t^{(3)}$——第 t 周期的三次指数平滑平均数; $F_{t-1}^{(3)}$——第 $t-1$ 周期的三次指数平滑平均数。

预测公式为:

$$\hat{y}_{t+T}=a_t+b_tT+c_tT^2 \tag{1.3.8}$$

式中: $a_t=3F_t^{(1)}-3F_t^{(2)}+F_t^{(3)}$

$$b_t=\frac{\alpha}{2(1-\alpha)^2}[(6-5\alpha)F_t^{(1)}-2(5-4\alpha)F_t^{(2)}+(4-3\alpha)F_t^{(3)}]$$

$$c_t=\frac{\alpha^2}{2(1-\alpha)^2}[F_t^{(1)}-2F_t^{(2)}+F_t^{(3)}]$$

（3）预测误差的判断。时间序列往往是不规则的，在预测中会产生误差。衡量误差不能以某一次预测结果作为评定的标准，应当用统计平均的方法来判断。目前，常用的方法有平均绝对误差和平均平方差。

① 平均绝对误差。时间序列 y_1，y_2，…，y_n 为观察值，$\hat{y}_1$，$\hat{y}_2$，…，$\hat{y}_n$ 为预测值。

平均绝对误差为： $MAD=\frac{1}{n}\sum_{i=1}^{n}|y_i-\hat{y}_i|$ (1.3.9)

② 平均平方差为：

$$MSE=\frac{1}{n}\sum_{i=1}^{n}(y_i-\hat{y}_i)^2 \tag{1.3.10}$$

在实际应用中常采用标准差

$$S=\sqrt{\frac{1}{n}\sum_{i=1}^{n}(y_i-\hat{y}_i)^2} \tag{1.3.11}$$

2. 回归分析预测法

回归分析预测法，是根据事物发展的因果关系，建立数学模型，推算变量的未来值。它能够较精确地进行中、短期预测，也能适应长期预测的需要，是运输需求量预测中常用的方法。一元线性回归预测法是针对两个线性相关的变量进行预测的一种用途很广的方法。

（1）一元线性回归方程的一般形式：

$$\hat{y}=a+bx \tag{1.3.12}$$

式中：x——自变量；$\hat{y}$——因变量；a、b——待定参数，又称为回归系数。

按以下公式求出参数 a、b：

$$b=\frac{n\sum xy-\sum x\cdot\sum y}{n\sum x^2-\left(\sum x\right)^2} \tag{1.3.13}$$

$$a=\frac{\sum y-b\sum x}{n} \tag{1.3.14}$$

式中：n——数据组数。

a、b 系数求出后，就可根据（1.3.12）式和 x 值的变化，去推算 y 值的未来变化。

② 相关系数 r。相关系数 r 是研究两个变量 x、y 之间有无线性关系及其相关程度的系数。计算公式为：

$$r=\frac{n\sum xy-\sum x\cdot\sum y}{\sqrt{\left[n\sum x^2-\left(\sum x\right)^2\right]\left[n\sum y^2-\left(\sum y\right)^2\right]}} \tag{1.3.15}$$

相关系数 r 的取值范围为：$-1\leqslant r\leqslant 1$。r 的绝对值接近 1，说明 x 和 y 线性关系越好；否则线性关系越差；其值接近 0，就可认为二者完全没有线性关系。

③ 置信区间的估算问题。通过回归方程（1.3.12）可由 x 值预测 y 值（$\hat{y}$），由于因变量 y 受自变量 x 以外其他因素的影响，实际观测值与其对应预测值 $\hat{y}$ 之间常有误差存在。如果预测值 y 绕拟合回归线散布较大。那么，根据回归方程计算出的预测值与实际观测值的偏差也大，反之亦然。为了判断误差大小，就必须弄清实际值的散布范围，我们需要用数理统计方法来计算置信区间。

a. 标准离差 $S(y)$。各预测值的标准离差 $S(y)$ 表示回归直线周围个体数据点的密集程度。

$S(y)$ 的计算公式为：

$$S(y)=\sqrt{\frac{\sum(y-\hat{y})^2}{n-2}}\cdot\sqrt{1+\frac{1}{n}+\frac{(x_0-\overline{x})^2}{\sum(x-\overline{x})^2}} \tag{1.3.16}$$

式中：$n-2$——统计量自由度；x_0——预测点的自变量的数值。

$$\overline{x}=\frac{\sum x}{n}$$

b. 置信区间的计算公式。

上限： $\hat{y}+(t_{\alpha/2},\ n-2)\cdot S(y)$ （1.3.17）

下限： $\hat{y}-(t_{\alpha/2},\ n-2)\cdot S(y)$ （1.3.18）

式中：α——显著性水平；$n-2$——统计量自由度；$(t_{\alpha/2},\ n-2)$——t 分布临界值，可由 t 分布表查得。

④ 一元线性回归预测法解题程序。第一，作散点图；第二，分析散点图；第三，计算回归系数 a、b，得回归方程式 $\hat{y}=a+bx$；第四，检验用一元线性回归方程式的可靠性；第五，预测。

⑤ 用一元线性回归法预测铁路货运量。1992—2004 年某铁路局吸引范围内煤炭产量和铁路煤炭运量如表 1.3.4 所示。2008 年计划煤炭产量为 4.48 亿 t，用一元线性回归预测法预测该局 2008 年煤炭运输量。

表 1.3.4　一元线性回归计算表 （单位：亿 t）

年度 \ 项目	煤炭产量 x	煤炭运量 y	xy	x^2	y^2
1992	1.35	1.01	1.36	1.82	1.02
1993	1.28	0.88	1.13	1.64	0.77
1994	1.41	0.99	1.40	1.99	0.98
1995	1.64	1.16	1.90	2.69	1.35
1996	1.75	1.21	2.12	3.06	1.46
1997	1.82	1.27	2.31	3.31	1.61
1998	1.93	1.30	2.51	3.72	1.69
1999	2.07	1.39	2.88	4.28	1.93
2000	2.23	1.46	3.26	4.97	2.13
2001	2.52	1.54	3.88	6.35	2.37
2002	2.84	1.67	4.74	8.07	2.79
2003	2.94	1.79	5.26	8.64	3.20
2004	3.03	1.84	5.58	9.18	3.39
合　计	26.81	17.51	38.33	59.72	24.69

第一步，作散点图，如图 1.3.2 所示。

第二步，从散点图看煤炭运输量随吸引区煤炭产量增加，呈上升趋势，说明可以用趋势线 $\hat{y}=a+bx$ 来描述它。

第三步，计算回归系数 a、b。为便于计算，应用煤炭运量与煤炭产量相关计算表，如表 1.3.4 所示。

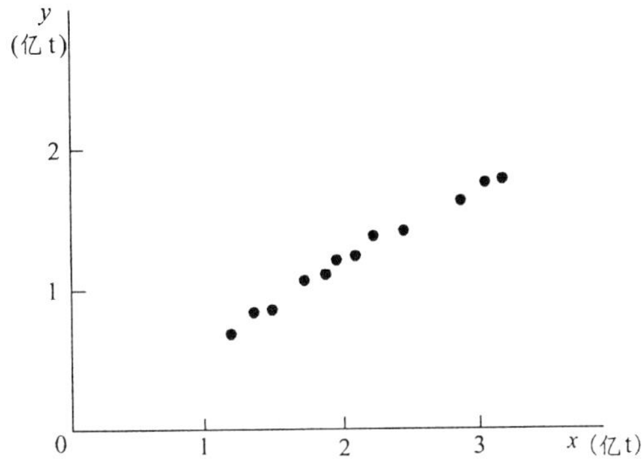

图 1.3.2　散点图

$$b=\frac{n\sum xy-\sum x\cdot\sum y}{n\sum x^2-\left(\sum x\right)^2}$$

$$=\frac{13\times38.33-26.81\times17.51}{13\times59.72-26.81^2}=0.50$$

$$a=\frac{\sum y-b\sum x}{n}=\frac{17.51-0.50\times26.81}{13}=0.32$$

得预测回归方程式：

$$\hat{y}=0.32+0.50x$$

第四步，检验用一元线性回归方程式的可靠性。

$$r=\frac{n\sum xy-\sum x\cdot\sum y}{\sqrt{\left[n\sum x^2-\left(\sum x\right)^2\right]\left[n\sum y^2-\left(\sum y\right)^2\right]}}$$

$$=\frac{13\times38.33-26.81\times17.51}{\sqrt{(13\times59.72-26.81^2)\ (13\times24.69-17.51^2)}}$$

$$=0.99$$

查相关系数显著性检验表，$n=13$，$n-2=11$，$r_{0.05}=0.553$，$r_{0.01}=0.684$，而 $0.99>0.684$，说明铁路煤炭运量与煤炭产量在 $\alpha=0.01$ 水平上相关显著。

第五步，预测 2008 年煤炭运输量

2008 年煤炭产量为 4.84 亿 t 时，铁路局煤炭运输量为：

$$\hat{y}=0.32+0.50\times4.48=2.56\text{（亿 t）}$$

三、我国“十一五”交通需求预测

1. 全社会运输需求总量的预测

全社会旅客运输需求总量分别采用四种方式进行预测，即直接预测、地区需求预测、分方式预测和人均旅行次数预测。其中，直接预测、地区预测和分方式预测方法与货物运输需求总量预测方法类似，但客运需求指标主要受人均 GDP 和人口总数的影响，因此，回归模型是根据全社会客运量与人均 GDP 和人口总数的相关性建立的；人均旅行次数法是根据我国目前的人员流动情况，预测未来人均出行次数和人均旅行距离，据此，推算全社会旅客运输需求总量。

全社会货物运输需求总量分别采用三种方式进行预测，即直接预测、地区需求预测和分方式分别预测。其中，直接预测是根据全社会货运量与GDP、综合运输线路里程相关性，通过一元回归模型、二元回归模型和弹性系数三种方法进行预测；地区预测是根据东北、华北、华东、中南、西南和西北六大区域GDP和交通运输量历史数据，利用一元回归模型预测未来运输需求量，据此预测全社会货运需求总量；分方式分别预测是按照铁路、公路、水运、管道、民航五种运输方式分别预测每种运输方式未来货运量，据此，预测全社会货运需求总量。

2. 各种运输方式运量需求预测

（1）各种运输方式旅客运输需求预测。各种运输方式以其各自的技术经济特征，在不同距离范围内的运输市场中发挥着各自的优势，吸引和完成了不同比例的旅客运输量。民航所完成的旅客发送量中，绝大部分旅行距离在 1 000 km 以上，而公路占据了 200 km 以内的大部分客运市场，同时，完成了少量 200 km 以上中程距离的旅客运输。铁路主要承担了 200 km 以上的中长途旅客运输及部分短途城际客运。水上客运多以旅游观光为目的，旅行距离在 200 km 以内。粗略计算，2002 年，全社会旅客发送量中旅行距离在 1 000 km 以上的长途旅客为 2.46 亿人，占总运量的 1.54%，旅行距离在 200～1 000 km 的中程旅客为 5.33 亿人，占总运量的 3.33%，旅行距离在 200 km 以内的短途旅客为 152.3 亿人，占总运量的 95.13%。长途旅客中，铁路运输 1.6 亿人，占 65%，民航 8 594 万人，占 35%；中程旅客中，铁路运输 3.56 亿人，占 66.8%，公路 1.77 亿人，占 33.2%；短途旅客中，铁路运输 4.75 亿人，占 3.1%，公路 145.76 亿人，占 95.7%，水运 1.8 亿人，占 1.2%。预计未来运输市场中航空客运以其绝对的速度优势，吸引着越来越多的长途客流，其市场份额将会提高。铁路以其安全、舒适和低成本的优势本应在中程旅客运输市场中占据主导地位，但由于目前运输能力的限制，制约了其优势的发挥，市场份额逐年下降，随着未来铁路建设速度的加快和繁忙运输通道上客运专线的建成，其份额将逐步回升。在短途客运市场中，铁路将通过发展区域城际轨道交通来扩大市场份额。公路理所当然地占据着短途客运市场的绝对优势，其市场份额，2010 年按 95.4%考虑，2020 年约为 93.5%；水运主要是以旅游观光为目的的短途客流，在短途客运市场中基本保持 1%左右的市场份额。根据上述各种运输方式市场份额分析及全社会旅客运输需求总量，预测 2010 年铁路、公路、水运、航空的客运量分别为 17.5、230.7、2.4 和 1.7 亿人，2020 年分别为 35.8、357.4、3.8 和 3 亿人。随着区域城际轨道交通的发展，铁路短途客运比例增加，平均运距将有所缩短；公路客运随着高等级公路的增加和路网通达深度的提高，平均运距将略有上升；水运和航空的平均运距基本稳定在目前水平。据此测算，2010 年铁路、公路、水运、航空的客运周转量分别为 7 045、12 330、95、2 498 亿人 · km，2020 年分别为 12 530、19 657、152 和 4 440 亿人 · km。

（2）各种运输方式货物运输需求预测。在货物运输市场中铁路以其长距离、大能力和低成本的优势主要承担了大宗物资和长途货物的运输，而公路以其方便、快捷的门到门运输在短途货运市场中占据了较大比重，水运主要是内河、沿海和远洋大宗货物运输，航空主要运送轻质、高值，距离远而时效性强的货物。多年来，各种运输方式完成的货物运输量比例基本保持稳定，1990 年以来，铁路、公路、水运、航空和管道五种运输方式完成货运量在全社会总运量中所占份额平均值分别为 14.4%、75.2%、9.0%、0.01%和 1.5%，货运周转量份额平均值分别为 37.3%、13%、47.6%、0.1%和 2.1%。根据各种运输方式特点及其在运输市场中的作用，预计未来，铁路货运将继续保持在运输市场中的骨干地位，加之以交通可持续发展理念为指导的交通政策对铁路的支持和铁路跨越式发展战略的实施，铁路发展速度将会大大加快，运输能力紧张局面将得到缓解，运输市场份额将稳步回升；公路也将保持良好的发展势头，继续在短途货运市场中发挥优势；水运将保持稳步发展，其市场份额基本稳定；航空货运所占份额虽小，但随着人们生活水平的提高和对轻质、高值货物运输需求的快速增加而呈上升趋势。

第四章　交通运输市场与营销理论

第一节　运输市场的含义与特征

一、运输市场的含义

1. 运输市场的概念

运输市场产生于运输业形成之时，当运输劳务成为商品后，也即运输生产不是为了自身，而是为了交换，出现了专门从事客运和货运的运输者时，运输市场才有了产生的条件和基础。

运输市场一般有狭义和广义运输市场之分。狭义的运输市场指的是运输经营人提供运输设施和运输服务，来满足旅客或者货主对运输需要的活动场所，从形态上可以是感觉得到、看得见、摸得着的场所。

狭义的运输市场重视供求关系的研究和分析，以及交易的规律、交易的实现和交易的保障、交易利益的分析。

广义的运输市场指的是运输产品交换的全过程，以及对运输各要素所进行的协调和调节供求关系、配置运输资源的功能，运输各方竞争活动，运输产品价格的生成和运输企业收益的控制，政府对运输活动的管制和干预等一系列活动过程，是有关运输产品和资源交换关系的总和。包括了运输生产者、运输需求者和运输产品交换各种中间人之间的关系，以及在运输产品交换中发挥作用的一切机构、部门与交换主体之间的关系，政府对运输的影响行为，运输的变化对社会经济的影响等传导机制和功能要素。

市场营销学意义上的运输市场，是以运输生产者或经营者即卖方的视角展开的。运输企业看到的市场是顾客对运输产品的所有实际和潜在的需求，是一个由各种不同成分构成的包含各种购买欲望的，有支付能力的消费者群。运输市场包括三个要素，即有运输需要的人、能满足这种需要的购买力和购买欲望。

以上对运输市场的表述并不存在矛盾，只是各自强调的角度不同而已。

2. 运输市场的基本要素

（1）运输企业、货主和旅客。运输企业、货主和旅客是运输市场的主体。运输企业既包括运输经营企业和运输辅助企业，也包括各种运输方式的运输经营者、港口场站经营者。运输企业是运输市场的供给一方，在运输市场中提供运输服务。

货主和旅客是运输市场的需求一方，包括需要运输的各种经济组织、个人、政府、军队等。他们也是运输市场的主体。

（2）运输产品。运输产品是运输对象所发生的空间移动效果，是运输需求方所希望发生的后果。运输产品是运输市场的客体，运输生产的目的。而作为被运输对象的物品和旅客是运输产品的载体。在运输过程中，运输对象不发生价值和性质的改变。

（3）市场行为。市场行为是指运输的主体双方对运输产品交易的决策和行动过程。也可以说，是运输企业在运输生产中追求利益最大化和运输需求者为实现效用最大化所进行的信息搜寻、决策、交易磋商、承担义务和享受权利的过程。

（4）市场秩序。市场秩序就是市场行为的规律性，也就是运输市场按照市场规律进行自我调节的能力。运输市场的活动要遵循市场经济的基本规律，通过供求关系的互动使各方都实现参与市场活动的目的。如果在市场中各主体的信息不完备，市场不能灵敏地反映价格，没有共同遵从的游戏规则时，就会出现市场失灵，造成市场秩序混乱。只有维持稳定的市场秩序才能保证市场功能的充分发挥，保证运输参与者的利益。

市场秩序由市场机制和市场规则组成。

① 市场机制包括：供求机制；竞争机制；风险机制；价格机制；出入市场机制。

② 市场规则包括：价值规律；法律制度；交易规则；政府调控。

3. 运输市场的分类

运输市场虽然说所提供的是相同的运输产品，但不同的运输方式在运输体系中具有不完全相同的市场参与者和运输对象,而对于运输市场的不同状态表现也具有不同的性质和规律。

（1）按运输方式可分为：铁路运输市场；水路运输市场；公路运输市场；航空运输市场；装卸搬运市场。

（2）按运输对象可分为：货运市场；客运市场。

（3）按运输范围可分为：国际运输市场；国内运输市场；地区运输市场。

（4）按供求关系可分为：

① 卖方运输市场。是指运输供给一方占主导地位的运输市场。在这种市场中，运输供给不能满足运输需求，运输价格高涨。在这种市场中运输企业重视追求外延扩大再生产，强调运输数量，往往不重视质量管理、成本管理，忽视技术进步，处在运输卖方市场时运输往往成为限制社会经济发展的瓶颈。

② 买方运输市场。是指在运输市场中运输需求方占主导地位的状态。在买方市场中，运输供大于求，运输竞争激烈，运输价格低廉。在这种市场中，运输方精打细算，以降低成本、提高运输效益为企业管理的核心，故更愿意接受新技术和新的管理方法。基于交通运输的基础设施性质，交通运输应该适当超前于经济发展，因而运输市场的买方市场是常态。但作为国民经济的基础产业，过低的价格也会使得运输业无法积累或维持困难，或者发生不正当竞争行为，也会影响经济发展，政府的适度保护颇为必要。

③ 均势市场。是运输市场上买卖双方力量对比相当，处于均衡的状态。这是一种比较完善和理想的市场状态，供需大体平衡，价格相对稳定，市场能得到健康的发展。

4. 运输市场的功能

（1）信息传递的功能。信息的发布和传递是市场最基本的功能。市场信息的核心是价格信息，伴随价格信息还传递着诸如交易者信息、交易量信息、产品信息等：运输生产者在市场中发布运输产品和价格信息，市场中介机构在市场中传播信息，运输需求者在市场中搜寻信息和确定交易；或者以上相反的过程，由此构成运输市场信息的完整流动过程。

可以说，信息是市场的核心和灵魂，因信息的集中和传递形成了市场，信息是市场的各种功能的基础。因而无论有形的运输市场还是无形的运输市场，其核心功能都是信息的输入、传递以及信息被使用的过程。

（2）资源配置及优化功能。运输市场不仅进行着运输产品的交换，而且通过供给和需求的竞争产生市场价格。当市场所形成的价格为运输经营者带来巨大的收益时，将会使大量的社会资源流入运输行业，增加运输供给；反之则会使运输资源流出运输行业。同时市场的优胜劣汰机制会使存在于运输市场中的资源得以优化，强者愈强，占有资源越多。

（3）结构调整和产品开发功能。在市场竞争中的运输生产者，为了降低生产成本，获得更高的收益和竞争优势，致力于不断追求新技术的使用，不断扬长避短，发挥最佳的能力和优势，使得运输供给的能力不断增长。

整体运输市场价格的变化，影响到工农业产品运输和流通成本的变化，也使得社会产品的结构发生变化。有价格竞争力的产品就会在很短的时间内扩大市场的占有率，加快产品的推广，但也缩短了产品的生命周期。

（4）分配和监督功能。在市场中运输供给者向需求者提供运输产品或者服务，从而获得经济收入和报酬；运输需求者支付费用获得运输产品，满足生产和生活的需要，享受消费的效用或者获得其他市场中交换的资源，双方各取所需，重新分配社会资源。

通过市场中不断的信息交换，运输产品消费者不停的比较，使得满足市场需要的运输产品更加受到市场的欢迎，劣质产品被淘汰，实现市场的监督功能。

二、运输市场的特征

由于运输产品生产过程、运输需求过程，以及运输产品的特殊性，运输市场除具有一般市场共性外，也具有区别于其他产品市场的特殊性。

1. 运输商品的生产、交换、消费的同步性

在其他的商品市场上，商品的生产、交换和消费都是相互独立存在的，商品的购买、出售和消费构成一个整体循环过程，并分为三个阶段。而运输市场则不同，其商品经营者同时也是商品生产者，其生产过程同时又是消费过程，这就形成了生产、交换和消费同步进行的特征。

2. 运输市场的非固定性

运输市场没有有形产品，也不像其他工农业产品市场那样有固定的场所和区域来出售商品，运输市场很难使运输交换过程在固定的场所完全实现。运输活动在开始提供时只是一种“承诺”，即以客票、货票或运输合同等作为契约保证，随着运输生产过程的开始进行，通过一定时间和空间的延伸，在运输生产过程结束时，才将客、货位移的实现所带来的运输劳务全部提供给运输需求者。整个市场交换行为，并不局限于一时一地，而是具有较强的广泛性、连续性和区域性。如公路运输市场是由站点和线路在很大的范围内组成的，其生产和交换实质上是在线路上流动完成的。虽然公路客货运输过程中有起讫站点，并且在站点装卸货物和上下旅客，但这只是全部交还活动的一部分，而离开了线路，就不能实现运输劳务交换，所以公路运输市场具有显著的非固定性。同样，铁路运输市场、水运市场及航空运输市场也具有此特点。

3. 运输需求的多样性与运输供给的分散性

运输企业以运输劳务的形式服务于社会，服务于运输需求的各个组织或个人。由于运输

需求者的经济条件、需求习惯、需求志向等多方面存在较大的差异，必然会对运输劳务或运输活动过程提出各种不同的要求，从而使运输需求呈现出多样性特点。主要表现在：① 时间性要求，即按时或迅速使旅客或货物运达目的地；② 方便性要求，即乘车方便，托运货物、提取货物方便，各种旅行标识易于识别，购票方便，运输服务周到热情等；③ 经济性要求，即在满足运输需求的情况下，运输费用经济合理；④ 舒适性要求，即对旅客运输而言，一般会要求乘用的运输工具舒适；⑤ 安全性要求，即运输过程必须首先满足旅客或货物的安全移动。

4. 运输供给的不均衡性

市场管理的主要目的之一在于市场供求的均衡发展，价值规律的作用在一定程度上促使市场供求的均衡发展和供求双方矛盾的调和，要求供求关系在质量、种类等方面保持均衡。

运输市场是一种特殊的市场。由于运输需求的多样性、运输供给的分散性、运输业的“超前发展”和先行地位也要求运输能力应该有一定的储备（经常储备和临时储备）以适应经济发展中的偶然需求。所以，完全做到运输市场的均衡是不可能的。但可以依靠运输市场调节机能的有效发挥，凭借敏感的价值规律的自动反馈和调节系统，使运输市场在供求上力求趋向平衡或使不平衡的差值限制在一定范围之内。运输市场在供求上的不均衡性主要表现在：① 目前，交通运输仍不能完全满足国民经济和社会发展的需要，从总体上看，运输需求远远大于运输供给；② 各种运输方式之间在供求关系上存在比较大的差别；③ 在公路运输市场中，竞争不规范化。各种运输方式都会出现在节假日、旅游旺季运输供应不足的情况。造成这种情况的原因主要是货流和客流的分布不均衡性和波动性所引起的。

运输市场是不断发展和变化的，运输市场的特点也在随时间而变化。不同的历史时代，在不同的历史环境下，运输市场也有其不同的特点。

第二节　运输市场的产生与开拓

一、运输市场的产生

1. 国际运输市场的形成

（1）国际运输市场的萌芽时期。这个时期包括 16 世纪至 18 世纪 60～70 年代。这一时期，在奴隶社会、封建社会里，自然经济占统治地位，社会分工不发达。商品流通的只是一小部分农产品、手工产品和工艺品，通过商人与本国较远地区及其他国家和地区进行交换。此时，由于商品经济落后，分工不发达，地区间的割据，没有形成统一的国内市场和国际市场。运输工具落后，只能利用人、畜、风力、水流实现人与物的空间转移。

（2）国际运输市场的发展时期。这一时期包括 18 世纪 60 年代到 19 世纪的 60～70 年代。在这一时期内，由于工场手工业的发展，资本主义生产确定为统治的生产方式，建立起了资本主义大机器工业。这时，国际市场上商品流通的基础已不是小商品生产者和工场手工业的商品。而是英国资本主义大工业产品的出口和原料及粮食的进口，国际经济联系比过去有了加强，但还不发达。从 19 世纪 50～70 年代，是资本主义自由竞争发展的最高时期。这一时期，除了英国的大工业外，还出现了美国和德国的国家工业，在资本主义进一步发展的基础上，国际市场包括的区域大大地扩充了，国际市场的容量也增大了，包括日本和中国开始卷入国际贸易。除了工业发达国家与农业国之间的贸易进一步发展外，各工业国家如英、美、法、德之间的贸易也有了急剧的发展。这一时期，铁路网、海洋运输、邮电业得到了迅速发展，它把世界各国的市场真正地联结在一起，广泛的多方面的国际商品流通和运输市场初步形成。

(3) 国际运输市场的成熟时期。这一时期始于 19 世纪 80 年代到 20 世纪初。这一时期是资本主义自由竞争过渡到垄断的时代。资本主义市场的范围继续在迅速扩大，形成了统一的无所不包的国际市场。以电力、汽车制造、钢铁、化学等工业为代表的第二次科技革命扩大了对橡胶、铜、石油、矾土、农业原料的需求，产生了把亚、非、拉国家急剧、全面卷入到国际市场中的客观要求。这次科技革命使交通运输工具大大改进，运费大大降低，使更多的商品进入了国际商品流通的范围。由于帝国主义国家通过资本输出，把资本主义生产日益扩大地转移到殖民地落后国家中去。宗主国与殖民地之间的分工、工业国与初级产品生产国之间的分工日益加深，资本输出使生产社会化和国际化逐步实现，各国间的商品流通把各国的生产和消费与世界市场紧密地联结在一起，不能分离。借助于便利的国际运输市场，发达的通信工具，资本主义把越来越密的经济网铺在整个地球的各个角落。国际市场把整个世界各国的经济关系紧密地联结在一起。

2. 旧中国国内运输市场的形成

(1) 旧中国航运的发展历史。中国古代曾有过相当辉煌的交通运输发展的历史。

相传距今约 5 000 年的黄帝时代，就曾以“刳木为舟”，制造小船小渠，“服牛乘马”用以驮物载人，便利了水陆交通和地区之间的联系。

春秋战国时期的公元前 486 年，吴王夫差为了更方便地向北方扩张，下令在长江与淮河之间开挖了一条人工邗沟运河，使长江下游的水运与淮河连通了起来；公元前 361 年的战国时期，魏国又开凿了沟通淮河与黄河的鸿沟运河，这样，通过邗沟和鸿沟两条运河，把长江、淮河和黄河三大水系连接成统一的水运网。

公元前 221 年秦始皇统一中国后，采取了“通关塞”、“车同轨”方针，迅速打通了从首都咸阳通往各地的交通，为全国的物资交流和商业往来提供了方便。

从公元前 206 年到公元 220 年的汉朝时期，张骞出使西域，中西陆路交通开始发展，逐渐形成了中国连接中亚和地中海沿岸各国的著名的“丝绸之路”，开辟了与朝鲜、日本、东南亚各国的海上贸易。

隋唐（581—907 年）时期，隋炀帝几次征集了上百万民工，相继开凿了通济渠、永济渠和江南运河，形成了以洛阳为中心，连接关中盆地、华北平原、太湖流域，沟通海河、黄河、淮河、长江和钱塘江五大河流，总长达近 5 000 km 的全国水运系统。盛唐时期，通过“丝绸之路”与西方国家进行的贸易达到了高峰，远洋航船除了往来于朝鲜、日本、东南亚和我国沿海各地外，还常出没于印度洋的波斯湾，使海上对外贸易也得到了很大发展。

宋代发明了指南针，用于远洋航行，促进了宋代海上交通的发展。

1271—1368 年元朝时期，将旧有的自中原向外辐射的运河系统，改造成纵贯南北的京杭大运河，将南方大量粮食运至北京。

从公元1368—1644年的明朝时期，郑和奉命数次出使海外，率领一二百艘庞大船队，随员二三万人，周历亚非80个国家。在我国航海史上写下了辉煌的一页。但在明朝的后200年期间，以至之后的清朝，由于采取了闭关锁国政策，国力开始衰弱，中国海运事业在世界上开始落后了，而且差距越拉越大。但是，在这一时期，正是西方海上强国兴起的时代。

1644—1911年间，由于清政府长期采取禁海运动和闭关锁国政策，再加上对西洋船队竞争保护不力，海上运输处于萎缩状态，而内河运输由于内贸运输和漕粮运输的需要，加上长江、淮河、黄河、海河、钱塘江、珠江航运与沿海连通，组成了海、河航运网，这一时期的内河航运出现了相对的繁荣。但在鸦片战争之后，中国早期运输业的繁荣，在清政府的腐败和西方机械运输工具的冲击下则完全衰落了。

辛亥革命以后到新中国成立以前这一段时期，旧中国完全处在殖民地和半殖民地年代，内忧外患、饱受帝国主义欺凌，在外国轮船的入侵和排挤下，旧中国的轮船航运业发展万端困难，旧式航运业遭到惨败。这一段时间，虽有一些华商试办轮船航运，但几经沉浮，直到1872年，清朝洋务派官僚才开办了一个“官督商办”的招商局，先后在上海、天津、厦门、广州之间和长江上开始了中国人的轮船航运业务。

（2）旧中国的铁路事业。鸦片战争以后，清朝政府在帝国主义面前表现出腐败软弱的本质，既无力抵抗外来的侵略，又丧权辱国地签订了一个又一个的不平等条约，在清朝政府集团内部，顽固派主张维持现状，反对任何改革，洋务派则主张有一定条件地向西方工业技术学习，以增强军事力量。力量对比发生变化后，清朝政府终于同意“筹办”和“试办”铁路。1881年，唐山至胥各庄一条 9.7 km 的运煤铁路开通，是旧中国铁路时代的正式开始。但自甲午战争后，中国的铁路权更多地落入了各帝国主义手中，旧中国一共建筑了两万多公里铁路，但80%以上控制在各帝国主义手中。

3. 新中国成立后运输市场的发展

新中国成立后，我国的运输业取得了令世人瞩目的成就，在十一届三中全会以前的几十年里，我国的经济体制一直是集权式的计划经济体制，执行的政策是计划由国家制定，投资由国家无偿提供，物资由国家统一分配，利润上缴国库，市场调节的力度是很小的。这种经济体制，虽然在一定条件下起到了一定的积极作用。但随着国民经济的不断发展，这种体制的缺陷日益表现出来，如企业经营僵化、国家投资负担过重，生产在低效率，低效益下运行，滋长了官僚主义作风，中央和地方利益不协调，企业缺乏活力，生产能力日渐萎缩，等等。党的十一届三中全会以后，全党工作重点转移到经济建设上来，1984年，中央提出社会主义有计划商品经济理论，标志着对社会主义市场经济的认识有重大转变，推动了全国经济改革的高潮，运输企业实行了“政企分开、政资分开”，“扩大企业自主权”，实行“承包经营责任制”，“转换经营机制”，推行“现代企业制度”等改革，给运输市场带来一派生机，给企业顺利进入市场创造了有利条件，表现在:

（1）运输市场主体已向多元化转变。在远洋运输市场上，我国从事远洋运输的企业已有230多家，其中，中外合资公司已达50～60家，打破了“中远”一统天下的局面。

在内河运输市场上，交通部直属水运企业占货运量和货运周转量的比重已下降为22%和43%，说明我国的内河运输已经是以地方水运企业和其他私人水运企业为主。

在沿海运输市场上，交通部直属企业占货运量和货运周转量的比重已下降到 76%和 88%，也形成了地方和私人运输市场。

在公路运输市场上，私人货车、私人客车在许多地方上已经占到了主导地位，地方直属专业车队有许多已处于效率滑坡，经营亏损的严重局面。

在铁路和民用航空运输市场上，也出现了国营和地方经营并存的局面。

（2）运输市场价格管制开始放松。我国运输市场价格管理还没有完全放开。水运市场运价现仍实行统一领导，分级管理原则。具体操作上分两个层次，中央交通部负责直属和双重领导的港、航企业运价和港口费收标准的制定和管理，地方交通主管部门负责本地区范围内水运运价和港口费收标准的制定和管理。水运运价的形成有国家定价、国家指导价和市场调节价三种形式。但在实际执行过程中，远洋运价已经放开、实行市场价。上海、广州两个海运集团，虽然国家指导价尚占相当比例，但这种价格是以国家指令性计划运输任务中的承托双方的运输合同价为基础的，是以贸易价格决定运价，实质上等于企业自主定价，港口费收也基本上等于企业自主定价。地方水运价格中，市场调节价成为主导。总之，水运市场供需决定价格的市场机制已初步形成。公路运输，多年来已经进入买方市场，运输价格已全面放开。铁路和航空运输，价格管制也已开始松动，合同运输和浮动运价已开始执行。

（3）运输市场竞争局面初步形成。从长远发展趋势看，社会主义运输市场从总体上应该是竞争和开放的。垄断的、分制的、封闭的运输市场不可能促进运输企业提高效率，也不利于发展各种运输方式的合理分工，更不能为运输生产者与经营者的生机和活力的发挥创造一个良好的外部经济环境。交通运输业的竞争分为同种运输方式内部的竞争和不同运输方式之间的竞争。竞争的焦点是争夺市场份额，争夺客货源。在运输市场上，货主和旅客总想找到运输质量高、信誉好、迅速、安全、经济的运输工具，以便把货物、旅客运达目的地。竞争是市场经济的天然特性，现在，除了同种运输方式内部已开始竞争外，高速公路的发展已经在若干地区和线路上向铁路运输提出了挑战，竞争的帷幕已经拉开。

二、运输市场的开拓

市场开拓是一个涉及面较广，而且比较专业化的项目。随着市场竞争愈加激烈和市场开拓技术在成功管理企业中越来越发挥作用，因此，在市场经济条件下，市场开拓在运输业中的重要性将日益增大。

市场开拓战略要素主要包括：

1. 提高运输的服务质量

运输是服务。提高运输的服务质量是占领市场份额的首要行为。资金和劳动者的时间都是有时间价值，运输应保证货物和旅客在其需要服务的场所和时间得到及时的服务。因此，企业必须通过自己的行为，通过向公众提供优质服务来宣传自己，建立起良好的公共关系。

服务质量可表达为：

服务的安全性。保证货物完好无损、数量无差错，质量无异味；保证旅客安全，降低事故率。

运送的速达性和准确性。尽量减少中间环节和各环节中的时间花费，提高运输效率，保证运送工作及时准确。

运输的经济性。降低运输成本，运输费用低廉。

服务的方便性。货运手续简便、迅速、层次少，实施一条龙服务，旅客换乘方便，设备良好。

服务的舒适性。设施先进，服务良好，乘坐舒适。

2. 经济的运输价格

在市场经济条件下，市场竞争实质上就是价格竞争。而一般的价格竞争内容，在很大程度上就是成本竞争。企业只有努力降低成本，才能使自己在市场竞争中具有较高的竞争能力。

3. 加强宣传性公关

利用大众性传播媒介，如报纸、广告、杂志、广播、电视等为企业进行宣传，宣传企业的优势和企业实力，提高企业形象和知名度，达到建立良好的公共关系目的。在人与人的交往中，团体与团体的交往中，开展公共关系活动，逐渐与有关人员发生联系，加强感情投资，遵信守诺，在此基础上达到互助互惠的目的。

第三节　运输市场信息系统

一、建立信息系统的目的和意义

无论是哪个国家、哪个企业，若要占领运输市场，就必须对运输市场开展调查研究，及时准确地掌握市场的情况，并能预测未来一定时间内的发展趋势。无论国际运输市场或是国内运输市场，都是各个国家，各个集团，各种人物为着自身利益而充满竞争和竭力角逐的场所。持别是已经进入社会化大生产和运用现代科学技术管理的市场的今天，要掌握运输市场的变化动态，要了解市场今天和明天的运输供需变化及其规律，为制定运输发展战略方案提供科学依据，那就需要对运输市场进行调查研究，掌握第一手资料。

对运输市场进行调研的重要作用，主要表现在以下几点：

（1）可为国家进行宏观调控，了解市场运行情况，建立统一、开放、竞争、有序的市场体系，为企业的发展方向提供依据。通过市场调研可以了解运输市场需要什么，不需要什么，为政府部门制定市场管理决策和确定运输企业的发展方向。

（2）可以为企业开拓市场，开辟新航线提供依据。如通过市场调查发现新的贸易倾向、新的货种和新运输方式的出现或变化，进而可以考虑开发新市场或新航线，及时调整发展战略。

（3）运输市场调研是企业发展新船型、新运输方式，进行港口建设的依据，也是企业是否做出要更新产品决策的依据。

（4）运输市场调研是企业制定运价和港口费率的依据。运输市场运价的制定不仅取决于成本，而且取决于市场的需求现状和竞争者的策略。

（5）运输市场调研是企业改善经营管理，增强企业活力，提高经济效益的前提和基础。通过市场调研，可以了解市场的发展趋势和供求情况，企业根据市场的需求制定生产计划，组织合理生产，加速资金周转，实现盈利目标，以提高经济效益。

通过调查，可以掌握运输生产和市场运行的基本信息源，获得价格动态，港、航、货动态，运输动态，企业动态、劳动力动态、从而了解运输供需情况、生产力配置使用情况、价格状况，及时地对市场供求、市场价格、运力配置做出评估；与市场各方交流信息，调整交易活动；对港、航及各运输单位生产经营活动状况进行分析。掌握企业违章违法经营活动状况，综合得出市场运行和秩序状况，做出市场管理决策，调整产业目标、途径、政策，并使之规范化、法律化，从而建立起统一、开放、竞争、有序的市场。

二、信息系统的传递手段

运输市场信息传递的基本要求是必须实现快速化、科学化和国际化。

1. 市场信息传递要求

（1）快速化。这是运输市场信息传递的最基本和最重要的要求。速度说明效率，没有效率则不能及时反映市场瞬息万变的动态情况。

（2）科学化。是指必须运用现代先进的科学技术手段来传递情报信息。这是搞好信息传递的根本措施和可靠保证。

（3）国际化。这是现代信息传递的必要条件和必然趋热。因为市场行为属国际化经营，则信息的传递也必须国际化。

另外，市场还必须运用各种国际性的商务网络，来达到广泛收集情报，传递信息，共同享用信息的目的。

2. 信息的传递手段

信息传递手段是多种多样的，目前最快捷的是电子传递信息系统。这种手段可以分为以下几种：

（1）电话通信。包括有线电话和无线电话传递。

（2）传真机通信。图文传真机能真实地传递图像和文字。传递快，距离远，失真小。

（3）电脑数据传递。电脑不仅可以成为办公自动化的工具，目前还与多媒体、电子信箱结合，正逐步成为信息传递、存储、处理的理想工具和重要手段，无纸贸易成为现实。

（4）视像通信。这是一种较先进的通信技术和传递信息装置。内装有保密电路板，有特别的视像翻译器，保密性能好。

（5）电报、电传、信函邮件。

（6）卫星通信系统。选择信息传递手段时，一要考虑传递的需要、时间的长短、距离的远近、内容的多少和性质、速度快慢等，而且也要考虑传递的费用和本身的支付能力。

3. 信息的分析与处理

许多信息需要进行分析与处理，才能形成质量更高的信息以便存储管理和利用。

（1）分析信息的时效性。信息在哪一时间内使用的效果最好要进行具体的分析。

（2）分析信息的针对性。针对性的分析是围绕研究的内容，剔除无关资料，以提高信息质量。

（3）分析信息的客观性。信息研究要注意信息的真实性，分析要以客观存在的信息资料为依据。

4. 信息的传递

把经过加工的市场信息适时地传递出去，提供给各个部门的使用者。

5. 信息的储存

加工处理后的信息，除使用外，还要留作参考。为此须将信息储存起来，建立档案，妥善保管，以待查用。

三、信息系统建立的模式

一个系统的建立大约都需要经过系统分析、系统设计和系统实施三个阶段。这里主要讨论系统的结构模式。

当一个系统确定了它的目标之后，在系统设计时，首先必须确定它的结构模式，根据运输市场的特点，可考虑以下三种模式：

（1）分散型管理系统。即由各个职能企业分别承担信息系统的功能，运输市场不设综合的信息系统，港、航、货、站点、代理等部门之间按需要进行信息交流和进行文件的传递，这种观点属无中心论。

（2）集中型或统一型系统。即设立统一信息系统，如建立运输交易市场，由市场管理者统一定期发布港、航、货等动态，定期发布运输价格指数动态，提供统一的场所进行信息交流。按市场约定规则进行运输贸易成交，这种观点属有中心论。

（3）混合型系统。即以上两者结合，根据市场的发育和通信技术，电子数据处理技术的发展，起步之前可先从有中心论开始，总结经验，完善市场规则和体系，然后向无中心论过渡，这是当前世界运输市场发展的轨迹和趋势。

第四节　运输市场竞争与营销

一、运输市场竞争

1. 完全竞争市场及其条件

在我们的日常生活中，往往会有这样的体验：在一个菜市场（大一点的市场）中，有许多的商贩在那里设摊卖菜，又有许多居民在那里选购。当一种蔬菜刚上市时，其数量稀少，价格也较为昂贵。一段时间后，数量增加，价格下降，最后价格降至极低的水平，然后慢慢回升，最后在一定时间内大致固定在一个价格上。是一种什么样的神秘力量在调节着市场做这样有序的运动呢？经济学的祖师爷亚当·史密斯将这种调节市场运行的力量称之为“看不见的手”。后来的新古典经济学家，将这样的市场假设为完全竞争市场。在这样的市场中，没有丝毫的垄断因素，所有市场主体没有任何垄断能力。严格意义上的完全竞争市场应当同时具备以下五个条件：

（1）市场上存在着大量的买卖双方。相对于市场需求而言，存在着大量的供应商，每一个供应商的供应数量在总的市场供给中所占比例足够小，以至于没有任何一个供应商可以以高于现行市场价格的水平出售其商品；同样，相对于市场供给而言，存在着大量的购买者，每一个购买者的规模足够小，使得他不能以低于市场价格的水平进行购买。如此众多的供应商和购买者，使得任何市场个体的行为在全体市场中都显得微乎其微，无法影响和控制整个市场价格，而只能被动地接受市场价格。只有由买方全体形成的市场需求力量和卖方全体形成的市场供给力量，才是市场价格的真正决定者。

(2) 市场上的商品具有同质性。在一个市场，一个供应商提供的商品与另一个供应商提供的商品存在的差异程度影响着供应商价格的决定能力。完全竞争市场上所有供应商提供的产品都是无差别的。相对于消费者而言，市场上的所有同类产品都完全相同，不存在质量、功能、型号、颜色、商标、品牌等的差别，也不存在销售地点、销售方式、销售环境等的差别，消费者对于不同供应商的同类产品具有中性偏好，可以根据需要随意购买任何一个供应商的产品。商品的同质性决定了消费者对任一供应商的产品所愿意支付的最高价格即是商品的现行价格。如果有一个供应商提价，所有消费者会立即转订购买其他供应商的产品。同时，供应商所采取的广告等促销策略，不会对消费者产生任何的影响。消费者的购买决策完全依据价格来做。

(3) 企业的进入或退出不存在限制。如果新的企业进入某一个市场很困难的话，则已经处于该市场中的现有企业对市场价格就会有着较大的主导权；相反，新企业的进入如果很自由的话，现有企业对市场价格的决策能力就很弱。在完全竞争市场上，企业可以随需求变化自由地决定进入或是退出，各种类型资源的投入也很容易地可以从一种用途转移到另一种用途，不存在任何重要的法律、社会、经济成本等方面的阻碍。

(4) 市场中的任何主体都具备完全的信息和知识。生产者确切了解产品的销售收入函数和成本函数，以及各种资源投入的价格和可用来生产产品的各种选择性技术。消费者知道关于产品生产和销售的全部技术和经济信息，所有的决策都是在确定性条件下做出的。

(5) 所有的参与者都是理性的。理性是指人们能够理智而不是盲目或冲动草率地做事，而经济学上的理性是指生产者谋求获取最大的利益，消费者谋求在一定收入水平下的效用最大化，或者说，实现最大程度的消费满足。

然而在现实生活中，这样的一个市场几乎是找不到的。所以，完全竞争市场仅仅是经济学家们的一个假定的理想市场，是一个改造非理想市场的理论依据。但在我们所见的市场中，接近于完全竞争的市场还是时有所见。例如农产品市场，市场中有无数的销售者和购买者，而每一个行为主体的买或者卖的数量相对于整个商场而言都是无足轻重的，不足以影响市场价格的确定，同时，只要农产品分级是合适的，那么不同供应商的同级产品在消费者眼里就是一样的，而且农产品的投入和退出也比较自由，买卖双方对有关的市场信息掌握都是比较充分的。另外，证券市场也可以被认为是比较接近的完全竞争市场。完全竞争市场的“不现实性”，并不能抹杀其在经济研究中的作用，我们可以以此作为一个基础，通过对假设条件的修正，来使之接近现实生活，以说明和反映现实市场条件下的市场主体行为。在运输中的汽车货运市场、海上租船运输具有完全竞争市场的特征。我国的道路运输业由于开放较早，已经形成了完全竞争的环境。例如，全国从事公路运输的经营业户有 393.82 万户。但是规模一般都比较小，平均每个经营业户拥有的运营车辆仅 1.37 辆（1999 年数据），拥有运营车辆超过 100 辆的企业屈指可数。

2. 运输完全垄断市场

(1) 完全垄断市场及其特点。完全垄断又称独家垄断，是指一种商品的产销量完全由一个厂商控制，不存在竞争的市场。它与完全竞争市场形成鲜明对照，商品的价格完全由厂商决定，垄断者可以根据最大利润原则选择最有利的价格和产量。一个完全垄断的市场具有以下的特点和形成条件。

第一，在一个行业中，生产者只有一家，因而它的供给量就是整个市场的供给量。

第二，生产者所提供的商品没有适当的替代品。

第三，由于人为和自然的缘故，它能排斥竞争，使其他厂商不能进入这一行业。

(2) 垄断的产生及进入障碍。在完全垄断市场中，垄断的能力通常来自于以下几个方面：

① 法律限制。一种比较典型的法律限制就是国家对于专利权的保护。专利权明确了其所有人对专利产品生产的垄断地位，以保障其免于其他生产者的竞争。在这种情况下，垄断利润就是对专利权支付的经济租金，专利持有者可以根据对未来专利有效期内的预期收益及合适的贴现率，来计算专利的现值并出售。而对于专有技术则完全以垄断利润表现对其技术所有者支付的租金。

另外，比较普遍的情况就是，政府会通过法律限制某些行业的竞争，实行市场准入制度或者干脆实行国家垄断经营，通常这些行业是一些重要的公用事业。运输领域中的铁路交通运输业，在我国就属于完全垄断的。在这种情况下，铁路运输服务的提供者依靠政府的特许经营，享有独家利润。作为回报，铁路运输生产者会同意限制自己的利润（满足政府保护居民利益的目的），并承诺向所有的消费者提供运输服务，甚至这种服务是亏损的。

② 自然垄断。自然垄断是指由规模经济引起的垄断。规模经济的特点就是随着产量的加大，其边际成本和平均成本不断下降，生产中出现规模效益递增。生产者就可以不断扩大产量并不断降低价格，同时保持一定的利润。小规模生产者在成本上的劣势会导致他们在市场上无利可图而最终不得不退出市场，使大规模生产企业形成垄断。由规模经济引起的自然垄断在许多行业都是存在的。比如电信、电力供应等就属于这样的产业。

③ 昂贵的市场进入成本。昂贵的市场进入成本会限制多数不具备雄厚实力的企业，使其难于参与到行业竞争中来，从而形成大企业的垄断。例如航空制造业，飞机制造所需要的设计、生产、检测，其成本是相当高的，足以使想要进入这一行业的竞争者退却。某一领域长期垄断还会形成市场中全体消费者对某一固定产品的习惯消费，新企业的进入如果要打破这种习惯的话，财力和精力的投入或许是惊人的，而且还有可能面临失败的危险。例如知名的班车线路。

④ 地理位置或是资源的垄断。列车上的餐饮销售就属于一个地理位置垄断的例子，这种位置上的优势使得经营者可以取得在这一市场内的垄断地位。例如，生产者如果可以控制某种产品生产的原料的话，那么无疑他也将取得市场中的垄断地位。

完全垄断市场在现实生活中基本上只是近似地存在于某些行业中，虽然完全垄断的现象比较少，但是对于它的分析和研究是有助于了解市场控制力的。

3. 运输垄断竞争市场

顾名思义，运输垄断竞争市场是指在运输市场中既存在竞争因素，又存在垄断因素。通常认为垄断竞争市场中竞争因素更多。显然，这是一种更为现实的市场结构，它介于完全竞争市场和完全垄断市场之间，但更偏向于完全竞争市场。垄断竞争市场一般具有以下特点：

(1) 产品的差异性。与完全竞争市场不同，垄断竞争市场承认现实市场中不同生产者提供的产品是有着一定差异的。也许是品质上的，也许是颜色上的，也许是外观设计上的，也许仅仅是品牌认知的原因，会使得消费者相信各个生产者提供的产品是有差异的，不管这种差异是否存在，在现实中消费者面对商品的时候确实存在着某种偏好。比如，我们很多人可能都有这样的经验，长途旅行的时候，我们都愿意乘坐国营的车辆，而不愿意乘坐个体车辆，尽管二者在价格上并无差异，消费者的这种偏好导致在有些地方甚至出现了个体车辆冒充国营、代行行政管理职能的国有企业对挂靠车辆只收费、不管理等情况。这种差异决定着生产者在多大程度上拥有对市场价格的主导能力。因此，在这样的市场中，广告宣传、营销策划等活动不再是可有可无的，而是变得相当重要，价格也不再成为决定市场竞争的唯一因素。

(2) 具有众多的生产者参与市场竞争。垄断竞争市场拥有众多的生产者，每一个参与市场竞争的生产者所占有的市场份额都很小，以至于任何一个生产者都认为自己的决策不会被竞争对手所关注，因此在制定价格和产量时，不会去考虑竞争对手的反应。同时，尽管提供的产品有差异，但产品都是类似的，因而同类产品之间具有良好的“替代性”。在道路货运市场上众多的运输服务提供者就是这种情况。

(3) 市场的进入比较容易。垄断竞争市场由于其自身的特性，使得市场进入并不像完全竞争条件下那样容易。但总体来说，由于进入垄断竞争市场的企业规模都比较小，筹资要容易一些，因此，市场的进入也就比较容易了。一般来说，进入垄断竞争市场的生产者还是需要有基本的资产能力的。另外，还要努力赢得一部分消费者，以在市场上占有一定的份额。

(4) 不完全的市场信息。供给者与购买者都没有完全掌握市场的信息。例如，他们未必能完全了解市场价格和销售量，却很容易从不同途径如广告及询问等获得有关资料。

垄断竞争的市场广泛存在于现实生活中，食品、餐饮、百货等，都属于这一类型的市场。由于产品属异质产品，各供给者在某程度上垄断了市场的一定比例，而消费者对市场的了解又不完全，因此个别供给者在定价时，可以不理会其他供给者所定的价格，只要寻找一个能赚取最高利润的价格便可。即使是同一类物品，供给者也可因应不同的包装、服务及销售对象而定出不同的价格。垄断性竞争者会以非价格竞争的方法来争取顾客的支持。他们会在包装、品质或服务等各方面建立自己的形象，使消费者产生好感。这样，即使物品的价格稍高于其他近似的替代品，消费者仍然乐意购买此物品。

4. 运输寡头市场

(1) 运输寡头市场及其特点。运输寡头市场，又称运输寡头垄断市场，是指在运输市场中只有极少数生产者占有绝对优势。它是存在着竞争因素，但垄断因素明显更多的一种现实的市场结构，在这样的一个市场中，少数几个运输服务的提供者占据着绝大部分或是全部的市场份额。

寡头垄断一般具有以下几个特点:

① 生产者之间相互依存、相互影响比较大。在寡头垄断市场中，每一个生产者对竞争对手在产量和价格方面的变动会直接做出反应,他们会依据其他对手的情况做出自己的决策，同时也应考虑到自己的决策可能会给对手带来的影响。这是因为在寡头市场上为数不多的生产商提供着相同或相似的产品，单个生产商的产量和价格变动会在很大程度上影响整个行业的市场状况，因此，一个生产者的重大决策，必然会引起竞争对手的密切关注，并引起对手做出相应的对策。而且每一个对手的反应是不尽相同的，因此，每一个对手的反应很难做出准确预测。比如在运输市场由甲乙两大服务商垄断，甲如果做出决策降价以扩大市场份额，如果乙也降到同样的水平，那么市场总需求量扩大，两家的销售量都会增加，但市场份额不会发生变化。但如果乙的价格降到甲的价格以下，则可能会抢走甲的一部分市场，甲会再次

降价，这样循环下去，双方就有可能陷入无休止的价格大战。

② 寡头垄断市场一般以大企业为特征。几个大型企业瓜分市场，享有规模经济性的优势。而小型企业几乎不具备这种优势。既然寡头垄断以大企业为特征，那么要想进入或者是退出就不再是那么轻而易举的事情了。这不仅有资金上的原因，而且还会有技术上的、信誉上的和管理上的等方面的原因。经营大型企业所面临的风险往往非常大，小企业也很难承担得起。

③ 和完全竞争不同，在寡头垄断条件下，价格不是由市场供给决定，而是由少数几个寡头通过有形无形的勾结、价格领导、形式不定的协议默契等方式决定。这样的价格决定方式被称为管理价格或操纵价格，这种价格若高于竞争条件下的价格，会侵害消费者福利，造成消费者损失。

(2) 寡头垄断的评价。寡头垄断企业的竞争，其好处是显而易见的。

① 由于寡头垄断企业供应整个市场的全部需求量，企业的生产规模一般较大，可以获得规模经济的好处，降低成本，多元经营，可以提供规格丰富、价格低廉的产品。我国道路运输业一直存在着运输企业组织较小、竞争力明显不足的弊端，长期以来的成本高、效益低、管理水平低下、服务单一等问题，与企业规模较小不无关系，应向集约化的寡头垄断发展。

② 寡头的大规模竞争，有利于技术革新，推进社会文明。寡头拥有雄厚的财力支持，为了竞争的需要，往往会组织开发技术创新并推广，从而提升整个社会的科技进步和文明进步，而小企业是无法做到这一点的。

③ 有利于先进管理技术的推进使用。大型企业当然会面临管理上的效率递减问题，但是这也促使大型企业去研究和掌握更为先进的管理技术，把企业的发展建立在科学管理的基础之上。同时，先进管理技术的使用，也意味着社会资源的更有效配置。

但寡头垄断的缺点也是比较明显的，主要的缺点是企业间竞争往往不足，相互关系有时会比较暧昧，形成联合，使消费者得不到本来可以用更低价格取得的商品。联合后的价格固定也会起到保护落后的作用，使生产成本较高的企业仍然有生存的空间，不利于市场发展。

二、运输市场营销

1. 服务市场营销的特点

运输市场属于服务市场，因此，其既有一般服务市场的共性，又有自身特性。服务产品以及服务业本身的特点，决定了服务业的市场营销有着与实物商品的市场营销不同的特点。

(1) 推销困难。实物商品可以被展销陈列，以便于消费者进行对比挑选。但是，大多数的服务产品没有自己独立存在的实物形式而难以展示，也没有标准的服务样品，推销方法也有限。消费者在购买服务产品时，只能凭借经验、品牌和广告宣传信息来选购。因此，服务产品推销行之有效的方法之一，就是通过富有想象力和创造力的推销方法和广告宣传，充分激发消费者对服务产品功能、效用的想象和需求。此外，保持良好的商品信誉和较高的企业知名度也很重要。

(2) 销售方式单一。实物商品通常要经过一个或若干个中间环节的转卖，才能最终到达消费者的手中。而服务商品生产和消费的时空同一性，决定了他们通常只能采取直接即时的销售方式，而不能储存待售。直接销售的方式使服务产品的生产者不可能同时在许多市场上出售自己的产品，这就在一定程度上限制了服务业市场的规模和范围，为服务产品的推销带来一定的困难。

（3）供求分散。服务业销售方式的单一性决定了消费者对服务产品的需求具有分散性。首先，服务产品的生产和供给方式具有分散的特点。现代社会中相对集中的服务公司所提供的服务也是分散进行的。美国有一家著名的便利服务公司，叫做“大忙人的帮手”，他在几十个城市设有分支机构，向广大居民提供各种各样的生活服务业务。其次，一般服务行业具有规模小、资金少、经营灵活等特点，可以分散在社会的多个角落。服务供求的分散性，要求服务网点要广泛而分散，尽可能地接近消费者。

（4）销售对象复杂。在实物商品市场上，购买者总是单元的。例如，从生活消费品来看，购买者主体是家庭和个人，购买的动机是用于生活消费；而在服务市场上，购买者是多元的，某一种服务产品的购买者可能会包括社会上的各行各业。比如邮电通讯、交通运输、信息咨询等服务业，其产品的销售对象就相当复杂，不同购买者的购买动机也不同。服务产品的销售对象不仅多元，而且多变。受各种因素的影响，不同购买者对服务产品需求的内容、种类、方式等是经常变化的。例如，随着社会化大生产的发展，产品的开发、咨询、技术情报、信息一类的服务已经成为企业生存和发展必不可少的条件，这类产品的需求量和销售量就会大幅增加。再如，随着人民生活和收入水平的提高，许多高层次、高消费的服务，诸如文化艺术服务、休闲娱乐服务、旅游服务等越来越受到消费者的青睐。相对于实物商品市场而言，服务市场上销售对象的变化更显著、更复杂。

（5）需求弹性大。人类的需求可以按其重要程度分成若干个等级。一般地，人民对实物产品的需求多是为了满足衣食住行等基本生活的需要，这是一种较低层次的原发性需求，需求弹性一般比较小。而人类对服务产品的需求却是随着经济的发展、收入水平的提高以及生产的专业化、效率化而产生的。这是一种较高层次上的继发性需求，需求弹性较大。对服务产品的需求总是一个经济决策单位（企业、家庭或个人）总支出中的一个组成部分，一方面它经常与其他开支发生冲突，另一方面人们对服务的消费需求受多种因素的影响，比如气候因素对旅游服务、服装销售服务、日用百货销售服务等的影响就较为突出。因此在实际生活中，服务的消费需求是个不确定变量。同时，由于服务水平的不可储存性，调节服务的供给与需求之间的矛盾就存在更大的困难。美国一位营销学者在对全美服务市场的经营策略以及面临的问题做了大量的实证研究后发现：“需求的波动”是服务业经营者最感到棘手的问题。

（6）对生产者个人技能、技术要求高。各种服务产品都有特定的提供方式和技术要求，消费者对服务产品的质量要求高，而服务产品的质量又难于控制，两者之间的矛盾就突出了服务市场营销中“如何提高和维护服务产品的品质”的重要性。

2. 服务营销策略

（1）服务营销。传统的营销是彼此分离的生产与消费之间的“桥梁”，是企业组织的营销专家们通过需求分析、购买行为分析等手段，从市场上获得信息，结合自身的组织目标和人力、资金、设备等条件，制定和实施一系列营销组合方案，把生产出的产品送到需要它们的顾客手上。然而随着服务的出现，买卖双方的关系由简单的产品转移变成了全方位、多层次的相互交流。服务行业，连带着许多生产企业产品的产销过程也由于增加了送货、安装、维修、处理投诉等服务性项目而变成了买卖双方频繁、密切接触的过程。在这种情况下，传统的营销方式就不能完全满足需要了。传统营销的核心是营销组合策略与定位策略，4P

(Product、Price、Place、Promotion）虽然也适用于服务领域的营销活动，但由于服务业的特点，“人”取代了“产品”本身而成为整个生产经营活动中的主角。

(2) 关系营销。目前，企业特别是服务企业与其顾客之间的直接交流越来越多，他们之间的关系日益成为营销活动的焦点。传统的营销组合策略并没有涵盖整个服务过程中顾客关系的全部资源与活动。比如这些策略往往没有涉及服务消费阶段生产企业与顾客的某些接触，这些接触中买卖双方的相互作用并不属于传统的独立营销部门的职责，而是与服务组织中的运营或其他非营销部门有关，但他们无疑会对顾客未来的购买行为及口头宣传有一定的作用，也就是说具有营销影响。

营销就是要使供求的各个部分相匹配，这就暗示着企业要重视各个方面之间的相互关系，特别是与顾客的长期关系。由于企业用于使人们对企业提供的产品或服务产生兴趣并使潜在的顾客接受企业服务的成本很高，从长远观点看，与顾客建立短期关系的代价就比较高，因此，企业应注重培养和维持持久的、长期的顾客关系。正如汤姆·彼得斯所说：“在当今更具竞争性的环境中，建立终生的顾客关系是至高无上的。”成功的营销不仅是建立顾客关系，还要与其他各个方面建立并维持长期的关系。

开展关系营销的过程包括三个部分，第一是与顾客初次接触以形成某种关系；第二是维护现有关系，使顾客愿意并继续与这一关系中的其他参与者打交道；第三是强化不断发展的关系，使顾客愿意扩展这一关系的内容。无论从营销角度还是服务提供者角度看，这三种情况各具特点。从营销角度看，建立初次接触需要有良好的沟通技巧；有利的口头宣传和良好的、著名的形象会对企业有所帮助；维持顾客关系则需要良好的销售活动。这并不仅仅指专业销售人员的业绩与素质，更重要的是指全体服务员工良好的销售和沟通技巧。从服务提供者角度看，建立顾客关系是作出承诺；维系关系依赖于实现承诺；发展或强化关系则意味着在实现了前面承诺的前提下提出一系列新的承诺。

关系营销是一个动态的过程，要建立持久的顾客关系，企业必须在不同阶段采取适宜的营销策略，其三阶段模式如表 1.4.1 所示

表 1.4.1　营销策略的三阶段模式

不同阶段	营销目标	营销职能策略
初始阶段	引起顾客对企业及其服务的兴趣	采用传统营销职能
购买过程阶段	将主要兴趣转向销售，初次购买（作出承诺）	同时采用传统营销职能和相互作用营销职能
消费过程阶段	创造再销售，建立销售和持久的顾客关系（实现承诺）	采用相互作用营销职能

关系营销的目的是培养和强化连续不断的持久的顾客关系，它是一种长期的营销战略，重点在对关系的维系上。虽然获得新顾客也很重要，但企业更多地注重现有顾客。与之相对应，另一种战略的重点是在某一时间同特定的顾客交易，但并不刻意追求与该顾客发展持久的关系，这种战略称为交易营销或争取订货营销。

交易营销与关系营销是两种截然不同的战略，他们与众多介于其间的营销战略构成了企业营销战略的统一体。企业应当结合自身业务的特点在这个战略统一体中找到适合本企业的位置。

（3）内部营销。在服务营销中，人是重要因素。这既包括顾客以及供应商和其他为企业提供辅助服务的参与者，也包括企业内部的员工。企业开展的关系营销主要是为了建立和改善与以顾客为主的外部人员间的关系，而这首先必须理顺内部关系，是企业的员工真正做好思想上和行动上的准备。当前，营销不再仅仅由企业营销部门的专门人员来进行，尤其是在服务领域，许多负责传统的非营销性活动的人员也与顾客进行接触，他们的数量大大超过了专业营销人员。这些人的技能、顾客观念和服务意识极大地影响着顾客对企业的感觉及其未来的购买行为。因此，企业必须通过内部营销培训这些"业余营销者"使其具备必要的技能和正确的观念。

内部营销的目标人群是企业管理层和"业余营销者"，前者包括高层管理部门以及中级管理和监督人员；后者则指与顾客发生接触的一线人员以及从事支持性工作的企业员工。

内部营销的内容主要包括两个方面，即态度管理与沟通管理。态度管理是内部营销的主要部分，它是对雇员的态度及其有关顾客意识与服务意识的动机进行管理，这是一个持续不断的过程；沟通管理指确保企业内部信息通畅，使管理人员、一线服务人员和二线支持人员能够取得完成各自职责所必需的信息，并能够把各自的需要、要求和观点等传达出来。与企业内部信息传递和反馈有关的沟通管理常常是断续的过程。而真正成功的内部营销过程是将态度管理和沟通管理结合起来，前者施加影响，后者提供支持，从而使内部营销成为不断发展的永续过程。

3. 交通运输企业市场营销

（1）交通运输企业市场营销的作用。现代市场营销学着重从企业的角度研究微观市场营销，它包括与市场有关的一系列企业营销管理活动，如企业的市场营销研究、产品（服务）和品牌管理、新产品开发、销售管理、价格策略、公共关系、运输仓储等工作。可见，微观市场营销是联结市场需要与企业生产的中间环节，是企业用来把消费者需要和市场机会变为有利可图的企业机会，并利用它作为提高企业经营效益的有效途径。

从理论分析可知，交通运输企业市场营销属于微观市场的范畴，是指在运输市场上通过运输劳务的交换，满足运输需求者现实或潜在需要的综合性营销活动过程。它始于运输生产之前，贯穿于运输生产活动的全过程：在提供运输产品之前，要研究货主旅客的需要，分析运输市场机会，研究目标市场，从而决定运输产品类型、运输生产组织形式以及运输范围和数量；在组织生产经营过程中，要使运输产品策略、运价策略、客货源组织策略和服务策略有机地结合起来，通过良好的公共关系去实现运输生产过程；运输生产结束后，还要做好运输结束后的服务和信息反馈工作。这样周而复始，形成良性循环，不断满足社会运输需求，提高企业的经济效益，更好地发挥市场营销的作用。

（2）交通运输企业市场营销观念。交通运输企业是现代企业的一种类型，是专门从事旅客或货物运输生产经营活动的经济组织。在社会主义市场经济条件下，交通运输企业是社会生产领域和消费领域的中介和桥梁，运输生产的社会性特点决定了企业市场营销并非简单的企业行为，应以国民经济的宏观要求和社会效益为首要任务。因此，交通运输企业的市场营销观念应体现以下主要指导思想：

① 以合理满足运输需求，增进社会福利为中心。市场营销观念要求经营者重视旅客和货主的需求，把了解他们的需要、欲望和行为作为营销活动的起点，发展能满足社会需要的

运输产品，并力求组织合理运输，谋求运输效率的提高和运输服务的改善。

② 以等价交换、自愿让渡、互需互利为原则。市场营销的中心是达成交易，在市场经济条件下，交换仍旧必须遵循商品经济的基本的客观经济规律——价值规律的要求，才可能既使消费者满意，又使生产经营者愿意努力满足消费者的需要。

③ 以整体市场营销为手段。市场是实现潜在交换的竞争场所，欲达成交易，不仅要提供物美价廉的优质产品，而且需要一定的营销技巧。现代市场营销活动已经不能再沿袭早期市场销售所采取的简单方式，它要求企业针对不同目标市场的需求与愿望，设计本企业所能提供的产品，采用合理、有效的定价、分销和促销策略，开拓市场并服务于市场。

(3) 交通运输企业市场营销研究方法。不同的社会经济制度，不同的市场环境，不同的地理区域，市场营销的活动具有不同的特点，相应的，市场营销的研究方法也不同。交通运输企业市场营销所研究的是运输产品的市场营销问题，具有较强的专业性，在积极探索研究国内外市场营销学中适合运输业特点的研究方法的基础上，采取有效措施，开展运输市场营销，提高运输经济效益。营销研究常用的方法有:

① 产品研究法。产品研究法即以某种或某类产品为主体，着重分析这些产品的市场营销问题。如运输产品市场营销，就是以运输产品为主体，研究运输产品市场需求变化趋势、运输劳务种类、运输质量要求，以及服务标准、场站布局、客货源组织渠道、价格与促销手段等问题。

② 组织机构研究法。这里所说的机构，是指渠道系统中各个环节（或层次）和各种类型的市场营销机构，如各种运输生产者、各种运输代理商、各种客货运站等。所谓机构研究法，就是着重分析研究渠道系统中上述各市场营销机构的市场营销问题。

③ 职能研究法。这里所说的职能，是指“市场营销职能”，包括：购买、推销、运输、装卸、仓储、标准化、资金融通、风险承担、提供市场信息，等等。所谓“职能研究法”，就是通过详细分析研究各个“市场营销职能”以及企业在执行各个“市场营销职能”中所遇到的问题（如推销问题、储运问题等）来研究和认识市场营销问题。在西方国家，大多数大学《市场营销学》课程都重视“职能研究法”的介绍。

④ 管理研究法。管理研究法即从管理决策的角度来研究市场营销问题，也就是企业在市场营销管理决策时，既要按照目标市场的需要，全面分析研究外界“环境因素”（即企业的“不可控制变量”），同时又要考虑企业本身的资源和目标，权衡利弊，选择最佳的市场营销组合，以满足目标市场的需要，扩大销售，增加盈利，提高企业的经营效益。

⑤ 系统研究法。所谓系统研究法，就是企业在市场营销管理决策时，把与企业有关的环境和市场营销活动过程看作是一个系统，统筹兼顾其市场营销系统中的各个相互影响、相互作用的构成部分，促使各个部分协同行动，密切配合，从而产生“增效作用”，提高企业经营效益。

第五章　交通运输投资与效益分析

第一节 交通运输投资概述

一、交通运输投资的概念及分类

投资是指为达到预期目的而投放资金的行为，是一种资金运用的经济活动。也就是说，投资是为了获得一定的预期经济效益——如将来能够获得的物质资源和劳动资源，而进行的货币资金或资本物的投入及其活动过程，它具有商品货币关系的属性。在不同的社会经济政治制度下及在不同的社会发展阶段，投资有不同的社会含义。通常情况下的投资是指购置和建造固定资产，购买和储备流动资产的经济活动。

交通运输投资是促进我国交通运输业持续、稳定、协调发展的重要手段，也是交通运输企业扩大生产能力或获得某种收益的重要方式。从不同的角度来看，投资的分类多种多样。

（1）按投资的融资手段和目的不同划分为直接投资和间接投资。直接投资是指运用资金以各种方式向企业及生产设备等进行投资以及利润再投资，取得被投资企业的部分或全部经营管理权。间接投资也就是证券投资，是指投资者在证券市场上购买有价证券，主要是股票债券，从而获取股票红利、债券利息或证券买卖收益的投资方式。证券投资由于投资者不能直接控制企业的经营管理，所以也被称作间接投资。

（2）按投资内容划分为基本建设投资和更新改造投资。所谓基本建设是指通过购置、建筑、安装等生产经营活动，把一定的物资和技术设备转化为生产性固定资产和非生产性固定资产，以形成新的生产能力或改善生活条件。而更新改造，是固定资产再生产的手段之一，它是以内涵为主扩大再生产的方式，通过采用先进的技术、设备、工艺，提高劳动者素质和经营管理水平，达到增加品种、提高质量和生产效率、降低消耗等目的。

（3）按投资形成的资产形式不同划分为固定资产投资和流动资产投资。固定资产投资有两种含义：一是指用于进行固定资产更新和扩大再生产的资金；二是指建筑、购置、安装固定资产的一种特殊的物质生产活动。

固定资产投资根据固定资产再生产的类型可划分为固定资产简单再生产投资和固定资产扩大再生产投资。前者是指投资形成的新固定资产仅仅只能补偿、替换被消费掉的原有固定资产，后者还使固定资产的规模及生产能力在原有的基础上扩大了。

（4）按生产形式的固定资产性质的不同划分为生产性投资和非生产性投资。

（5）按投资项目的建设性质不同划分为新建投资，改、扩建投资，恢复与迁建投资。

（6）按投资的范围不同划分为宏观投资、中观投资和微观投资。

（7）按投资主体划分为国有企业投资、集体企业投资和私人投资。

(8) 按投资来源渠道划分为财政投资、信贷投资、企业自筹资金投资、股份制投资和外资投资。

(9) 按投资项目的规模划分为大中型项目投资和小型项目投资。

(10) 按投资期限划分为中长期投资和短期投资。

对投资进行科学分类，对于加强投资管理，提高投资效益具有重要意义。

二、交通运输投资资金的筹措

交通运输业作为国民经济运行的基础产业，是维系国家社会生产和生活正常进行，促进国民经济发展的必备条件和基础保证。因此交通运输设施的好坏，从某个角度上说可以影响一个国家经济发展的速度。但交通运输基础设施建设所需资金数量巨大，建设周期长，建成后投资回报缓慢，所以经常面临投资需求大而实际投入不足的矛盾。

投资资金是投资活动得以顺利进行的基本保证。经济体制改革之前，我国的投资主体只有政府一家，投资主体单一。经济体制改革后，出现了多元投资主体，有中央政府投资主体、地方政府投资主体、企业投资主体、个人投资主体、金融机构投资主体和外国投资主体。各投资主体既可独立投资，也可联合投资，构成了多元化、多层次的投资主体结构。筹资方式也不再单一，有财政税收、企业自有资金、银行信用、股票、债券以及各种民间集资方式和利用外资方式。其中：中央政府投资主体的筹资方式有财政税收、财政信用，如发行各种债券或举借外债；企业投资主体，可利用的筹资方式有自有资金、银行信用、发行股票及民间集资和利用外资；个人投资主体主要是个人自有资金、民间集资和金融机构信用；融资机构投资主体的筹资方式主要有自有资金、吸收存款、发行金融债券及利用外资。

除此之外，各行各业还可根据各自的业务特点，开辟自己的融资渠道。如交通部门资金的收集，目前，主要有养路费、车辆购置附加费、各种国内外贷款；将来还可以通过公路法、海商法、港口法，保证交通建设和资金来源，政府参与制定统一的交通网规划。承担部分或全部建设资金；通过交通网的分级管理，由国家负责有全国意义的干线路或主通道、主枢纽的投资，省和地方政府负责地方级运网的投资；确定“谁受益、谁支付，多受益、多支付”的原则，通过多种渠道筹集投资资金；还可以利用改革现行的路、港使用费税收制度，如驾驶执照费、车船使用税、运输管理费、过港费、航道使用费、征收燃油税，通过合理的税收政策和物价政策，建立交通建设基金，解决交通运输建设资金的来源。

从历史上看，世界各国都面临过或正在面临着交通建设的集资问题。但由于国民经济发展阶段及社会历史条件的不同，集资的做法有所差异，然而作为社会的基础设施和与国民经济的关系特别重要的交通运输业，对工农业生产、人民生活、国防建设及其他社会活动诸方面的影响，其关系都是大致相同的，以致各国政府总是要或迟或早地最终对交通资金采取某些大致相同的政策，表现出交通集资和建设方面的一些共同规律。

(1) 交通运输业具有为全社会服务的特征，是一种社会福利措施，其社会效益往往大于企业本身的效益。表现为投资规模大、建设周期长，企业经济效益低、投资回收时间长。按照商品市场的商品等价交换原则，私人投资者对于社会效益大于企业效益的投资不是非常感兴趣的，甚至以集资方式对交通投资也比较困难，这就决定了各国政府都采取了政府参与交通规划，并部分承担建设资金的政策，政府投资是支持一种公共福利措施的体现。

(2) 一般地说，一国的交通资金的筹集办法取决于政府对交通和交通资金所采取的政策，它是一国国民经济和交通运输在一定的发展阶段的产物。在经济发展初期，为了使交通运输保证满足国民经济发展的需要，政府就得出面通过各种方式予以支持；在市场经济条件下，则要遵照商品价值规律和商品等价交换原则，调整税收政策、物价政策和各种优惠政策，以吸引私人投资者和各种集资的兴趣，才有可能扩大投资渠道。

（3）各国政府一般都采取“谁受益、谁支付，多受益、多支付”的原则，交通运输的各种税收构成了当代各国政府交通投资资金的主要来源。

在我国的现行体制下，交通运输建设的资金筹集方式或投资来源渠道主要有以下几种：

（1）国家及地方政府的财政投资。长期以来，财政投资一直是我国交通运输建设投资的主要来源。在我国财政体制改革的过程中，相当一部分财政投资由国家和地方政府通过建设银行或相关银行发放低息优惠贷款实现对交通运输建设的资助。

（2）银行贷款。银行贷款是改革开放以来出现的新的筹资方式。交通运输企业通过筹措银行贷款用于交通运输基础设施的建设，以经营收入和费收等归还贷款。

（3）发行交通建设债券。债券期限一般可为 3～5 年储蓄，到期归还。

（4）成立股份有限公司，发行股票。例如，建立股份制的航运、港口企业，甚至可发行股票进行项目建设、经营和管理。目前，有的股份制交通运输企业已经成为上市公司。

（5）集资。由国有企业、集体企业和个人筹集资金进行交通运输投资。

（6）利用外资。所谓利用外资就是利用非本国来源的资金和资本用于国内建设。利用外资的形式多种多样，但归纳起来有两大类：一是间接利用外资，它是利用国际间信贷关系，借入资金。如外国政府贷款、国际金融机构贷款、外国银行贷款、外国出口信贷及发行国际债券等。这种方式的使用范围广，资金使用自主，但发生债权、债务关系，必须还本付息。二是直接利用外资即吸收外国投资。如进行中外合资经营，中外合作经营、合作开发等。这种方式是外国投资者直接参与经营管理活动，并按所占股份分享利益，分担风险。

（7）新兴融资方式。例如，融资租赁、项目融资等。

三、交通运输投资结构分析

投资结构是指投资的各组成部分之间的相互关系及其构成。投资各组成部分之间的相互关系是投资结构的本质反映；而投资各部分的构成是指各部分在总投资额中的比重，它定量表现了各组成部分之间的相互关系。投资结构就是这两者的统一。

投资结构按不同的标志划分，有多种结构形式。一般可以分为投资来源结构和投资使用结构两大类。

投资来源结构反映投资资金不同来源的相互关系及其构成，即反映国家预算内投资、国内贷款、利用外资，自筹资金及其他投资的相互关系和他们各自在总投资中所占比重。

投资的使用结构反映投资的不同使用方面的相互关系和他们各自在总投资中所占比重。从水路运输来看，其投资的使用结构有不同的层次，可以按不同的标志划分：投资问题主要涉及两个方面：资金来源；使用方向。

从资金来源看，改革开放以前，我国交通投资建设基本上由国家拨款，国家投资占 80%以上，仅有少量的自筹资金。筹资渠道单一，资金短缺严重。20 世纪 80 年代以后，国家投资大部分转为“拨改贷”，并积极引进外资，鼓励地方自筹。从资金来源的绝对金额看，在交通系统固定资产投资中，1985 年自筹资金超过国家投资，1986 年国内贷款超过国家投资，1993 年利用外资超过国家投资，投资主体逐步走向多元化；从资金来源的构成比例看，逐步形成了“国家投资、地方筹资、社会融资、引进外资”的融资格局，到目前为止，全社会、各部门、各行业、各地区大办交通的积极性已越来越高。根据统计数据，2004 年，交通系统固定资产投资中，国家预算内投资占 12.6%，国内贷款占 35.7%，利用外资占 2.6%，自筹及其他资金达 49.1%，应当说，国内贷款和地方自筹资金在我国交通系统固定资产投资的资金来源中所占比重是比较高的，融资渠道的拓展成效是比较明显的，而且还有望进一步拓展。但是，对于公路、港口和航道等交通基础设施，其作为社会基础设施的重要组成部分，在我国实现工业化的相当长时期内，国家应担当主导作用，逐步建立起以国家拨款为主，多渠道、多层次、多元化的投资和融资体制，以保障交通运输可持续发展并适应国民经济发展要求所需的长期、稳定和充足的资金来源。

从使用方向看，根据统计数据，2004 年，我国交通系统固定资产累计投资为 7 091.5 亿元，其中铁路、公路、城市交通、水运、航空、管道，其构成比例如表 1.5.1 所示，从表中可以看出，对公路的投资力度远大于其他运输方式，近年来公路超常规发展，自 1994—2003 年的 10 年中公路里程平均每年增加 7 万多公里，民航和水运保持了稳步发展，而对铁路的投资力度明显不够，其发展速度远不能适应经济发展的需求。因此，在增大投资力度、拓宽融资渠道的同时,改善交通投资内部结构也将是我国政府在相当长时期内实行宏观调控的重点。

表 1.5.1　2004 年交通系统固定资产投资的使用方向分布　　（单位：亿元）

类　别	总　计	铁　路	公　路	城市交通	水　运	航　空	管　道	其他运输服务
绝对数	7 091.5	846.3	4 665.5	391.3	534.6	272.4	107.0	283.6
构成比例	100	11.9	65.8	5.5	7.5	3.8	1.5	4

四、合理确定交通运输业的投资规模

国民经济的增长与安排运输业投资规模的大小关系十分密切。一方面，国民经济的增长是运输业投资额赖以扩大的基础；另一方面，运输业投资规模的扩大，又是经济增长的必要前提。但相对动态地考察，二者都不是以共同比例按相同方向发生变化，甚至会发生方向背离的情况，原因在于制约经济增长与投资规模的因素是各不相同的。国民经济发展的快慢取决于多种因素，运输业的影响只是其中一个重要因素，当然也包括对运输业投资的多少和运输业投资效益的好坏。

运输业是运力的供应者，其他社会经济部门是运力的需求者。供应短缺，供求严重失衡是目前我国交通问题的核心所在，运输的需求与运力的供给有一个“适应度”问题。

根据国外经验的统计分析。例如，港口能力与吞吐量有一个合理的匹配关系，有一个“适应度”的描述。港口适应度就是港口的吞吐量与港口吞吐能力之比。这个比值等于 0.6～0.85 时，认为两者是相适应的；接近或等 1.0 时为基本适应，1.1 以上时为为适应，造成港口接卸能力紧张、船舶等待排队。公路建设也有一个公路能力与需求的关系问题，它的衡量指标为“拥挤度”，即公路的实际交通量（车/日）与通行能力（车/日）之比。有关研究表明，该值小于 0.7～0.8 时认为是适应的；接近或等于 1.0 时为基本适应，1.1 以上认为是不适应，造成汽车排队，道路堵塞。铁路交通也可直接采用适应度指标，反映整个铁路运输系统对需求的满足程度。

不难看出，“适应度”从整体上反映了交通运输的供给能力和运输要求的满足程度，描述了运输供需缺口的变化情况。公式表达为：

$$M = \frac{D}{S} \tag{1.5.1}$$

式中：M——适应度；S——运力供给；D——运输需求。

各种运输方式适应度的考虑，在规划设计时，应进行具体的技术经济分析。比值定大了是能力的浪费，小了则会造成堵塞的损失。因此，能力的费用与堵塞的费用之间的权衡问题是战略目标选择的核心问题。如果把运输生产过程作为一条生产链来看待的话，那么该链的强度是由其最薄弱的环节来决定的，而且薄弱环节也是动态的，随着环境会发生变化的。这个发展过程是一个不断打破瓶颈的过程，因此，应该随时调整，以便使整个链中每个环节强度的平均增长率保持一致，成龙配套，才能发挥最大的整体经济效益。

五、合理确定交通运输投资方向

1. 强化基础，集中力量加强基础设施的建设

继续强化铁路、公路、水路基础设施的建设，重点提高基础设施的技术等级水平，迅速改变交通运输基础设施的落后面貌，不断提高为国民经济和社会发展服务的适应程度。根据国外运输发展的经验，交通运输作为社会经济的基础产业，它的建设和发展要适当超前于国民经济的发展。特别是它的基础设施发展的超前性是保证并促进经济发展的先决和必要条件。现在的实际情况是，每逢经济建设高潮的浪潮袭来时，社会遇到的首当其冲的难题就是交通运输的紧张与拥挤。

（1）铁路运输。铁路系统的运输能力，大大落后于需求。每平方公里铁路密度远低于世界各国的水平，技术装备又大大落后于世界标准，只相当于发达国家 20 世纪 50～60 年代的水平。因此，必须进一步完善作为运输体系骨干的铁路网，加强重点物资通道和主要干线的建设与改造，消除“限制口”，开发边远地区新线，以及建设对铁路网有重要意义的其他干、支线和对地区经济发展有重要意义的地方铁路。

铁路要加速发展长大列车、重载列车、高速客车，提供大功率的牵引动力，以增加列车的运输容量。加速铁路技术进步，提高铁路通讯信号能力和调度管理的机械化、自动化水平，以提高列车的运行密度、列车速度、牵引重量，减少列车的周转时间，提高列车的生产效率和降低运输成本。

（2）公路运输。我国的公路里程与交通发达国家相比，仍然还很落后，路网密度也只及这些国家的几分之一。因此这是一个不可忽视的问题。但经许多专家的研究成果论证，我国现有公路网里程的短缺，比起公路等级结构和公路质量来说，已经降低到第二位。如果能使公路网的等级结构中的高级公路的比重大一些，即使公路网里程达不到理想的程度，也仍然可以提高公路网的通过能力，降低拥挤度，提高公路运输的效率，增加公路运输的优势。因此，公路等级结构是决定和标志公路能力适应需求程度或降低拥挤度的主要因素。公路运输生产力要素调整的方向，主要应是以提高公路等级和质量为目标。在财力允许条件下，继续扩大线路里程。

（3）内河运输。内河航运生产力要素的长远调整目标，是根据内河航运的资金密集型行业待点，应长期持续保持投资强度，以形成完善的航道、港口基础设施，在较大的运输生产

规模上实现生产力要素的合理配置。运用现代化的先进设备技术完成传统行业改造，从而大幅度提高内河航运生产效率，使内河航运业逐步走入现代化生产行业队伍。加强对航道的投资，继续坚持建成“千吨级航道为骨干，三五百吨级航道为基础的航道网”的规划策略。在资金有限的情况下，把投资重点放到近几年内经济和运输发展较快的区域，以使投资形成的能力得到较充分利用，实现较好的效益。目前，应着手加强长江、珠江等水系干线航道整治维护和与干线相通的、运输增长明显的主要支流航道整治，扩大航道通航能力。

（4）航空和管道运输。特别要加强机场和航线的建设，提高技术和服务水平，改善地面支持能力。在扩大航空客运能力的同时，适当发展航空货运。要加强建设成品油管道和天然气管道，改善管道运输结构，减轻铁路运输压力，改善城市环境。

2. 改善运力结构、发展规模运输经济效益

运力拥有量情况是交通运输能否满足经济、社会发展需求的一个重要组成部分。运输工具必须在数量、品种和质量上满足国民经济和人民生活的需求。要积极创造条件，在注意发展大吨位车的同时，发展具有规模经济效益的公用型运输，发展集装箱车、特种货车和高档舒适型客车，以大力调整运力技术结构的比重。

在水运运力建设方面，重点要围绕大宗散货、集装箱和陆岛滚装三大运输系统进行建设。运输装备的重点，要发展大型集装箱船、大型散货船、大型油轮和特种运输船、高速客运船舶。内河水运除航道外，港口条件亟待改善，要极大改善港口设施的落后状况。充分利用我国现有河流航道水深、流速条件，改进船舶技术性能，提高装载能力，推广分节驳运和浅吃水船技术，提高我国内河船舶的技术竞争能力。

第二节　交通运输投资与社会经济发展战略关系分析

一、交通投资对交通发展的影响

交通运输业是国民经济和社会发展的基础产业，“发展经济，交通先行”，其正确性已为各国的实践所证实。发展交通，一靠资金，二靠技术。

新中国成立五十多年来，我国交通运输所经历的“基本适应国民经济发展—不适应国民经济发展—制约国民经济发展—对国民经济的制约状况明显改善”的过程，与投资的关系最为密切。因此，要彻底改变我国交通运输的落后面貌和被动局面，要分阶段逐步实现我国交通运输现代化的奋斗目标，关键是持续、稳定的资金投入。我国各个时期交通运输业基建投资占全国基建投资的比重，如表 1.5.2 所示。

表 1.5.2　我国各个时期交通运输业基建投资占全国基建投资的比重

时　期	一五	二五	三年调整	三五	四五	五五	六五	七五	八五	九五	十五
比重（%）	14.5	12.9	12.2	14.7	17.1	12.1	12.3	12.0	17.0	20.9	26.0

“一五”时期，交通运输业基建投资占全国基建投资的比重为 14.5%，当时国民经济经过 3 年恢复时期，大规模建设开始，交通运输投资效果较好，交通运输超前发展并有一定后备

能力，交通运输基本适应国民经济发展的需要。

“二五”时期为12.9%，较“一五”时期有所下降，交通运输开始出现紧张状况。3年调整时期为12.2%，较“二五”时期又有下降，运力不足尤其沿海港口压船、压港、压车的现象开始出现。“三五”时期为14.7%。比重有所提高。但由于国民经济持续发展，而且建设随经济建设重点转移到西南地区，尤其放松了水运方面的港口建设，运力紧张，局面未能缓解，运输供求矛盾愈加突出。“四五”时期为17.1%，为各时期之最，交通投资力度加大，尤其港口建设投资大增。但由于交通建设周期较长，投资效果尚未显现，运输依然紧张，沿海地区更为严重。“五五”时期为12.1%，比重急剧下降，结果铁路干线和沿海港口的运输能力越来越不适应国民经济发展的需要。“六五”时期，国家重新调整产业政策，决定集中力量搞好以交通为中心的重点建设，这是使整个国民经济转向主动的重要决策。但实际上这一时期交通基建投资比重基本未变，交通运输出现全面紧张。“七五”时期比重不但未能提高，反而降低，交通运输成为国民经济发展的“瓶颈”产业。

20世纪90年代以后，交通投资力度明显加大，“八五”时期基建投资达4 006亿元。为前40年总和的2.2倍，为“七五”时期的4.5倍，占全国基建投资比重的17.0%，较“七五”时期有大幅提高，接近“四五”时期的水平。“九五”时期力度更大，国家实施包括加强基础设施投资在内的扩张性宏观经济政策来刺激经济增长，尤其加强了干线公路和干线铁路的建设，“九五”时期交通运输业投资年均增速为14.6%，所占全国基建投资比重的20.9%，“十五”前四年投资年均增速为15.8%，所占全国基建投资比重的26.0%。根据分析，要使“十一五”时期交通运输对经济的瓶颈制约得到有效缓解，需要继续加大交通领域尤其是铁路建设的投资。

新中国成立以来，我国交通运输发展相对滞后的问题之所以长期存在，根本原因在于认识上存在偏差。投资不足，交通运输业投资占全国总投资的比重过低，远不及世界银行建议发展中国家的20%～28%的最低限度，更不及发达国家经济快速发展时期30%以上的比重，发展中国家一般也在20%以上。

交通运输业是国民经济的基础产业，也是经济社会发展和提高人民生活水平的基本条件，因而正确认识交通运输与经济发展之间的关系，是制定适应经济发展的交通运输投资政策的关键。

二、交通投资与经济增长关系分析

交通运输基础设施是政府公共投资的重要组成部分，早期的研究成果认为，交通运输投资对经济增长产生了强有力的促进作用，生产的增长同交通运输的改善直接相关。在发展中国家，运输设施的不足被视作“社会经济发展和民族融合的重要‘瓶颈’之一”，因而在经济起飞阶段政府常常大量投资于交通运输基础设施，以降低运输成本、扩大市场服务范围和实现规模经济，并进一步促进经济扩张。但是，随着研究的深入和计量经济方法的引入，交通运输与经济增长之间具有因果关系的观点受到了许多质疑。一些经济学家在实证分析的支持下提出了“只有在一定条件下，交通投资才会对经济增长起到积极作用”、“一般没有理由认为对交通基础设施的投资会自动改善落后地区的经济业绩”等观点，使交通基础设施投资与经济增长关系之间的关系变得扑朔迷离。

相对于国民经济快速发展产生的运输需求，在相当长的一段时期内我国交通基础设施供给能力总体上处于紧张状态，甚至成为制约经济发展的瓶颈产业。因此，综观我国交通运输业发展历史，从某种意义上说就是交通基础设施投资建设史，无论是运输供给数量和质量的提高，还是运输结构的调整和升级，以及区域经济的协调发展，客观上都有赖于投资的推动。特别是改革开放以来，为适应经济增长带来的客、货运输需求的快速增长，各种运输方式的固定资产投资额都较改革前有了较大程度的提高。在我国，交通投资不仅仅是促进交通运输业发展的重要手段，而且被视作拉动内需、促进区域发展和国民经济增长的有效措施之一。1997 年亚洲金融危机爆发后，我国政府做出了实施积极的财政政策、拉动内需增长的重大决策，交通等基础设施作为政府投资重点领域得到强有力的财政支持，各种运输方式的固定资产投资额均大幅度增长，我国交通基础设施建设进入前所未有的大发展时期。图 1.5.1 是 1990 年以来交通固定资产投资占当年 GDP 的比重，可以看出这一比重基本上保持着稳步增长的趋势，2004 年交通固定资产投资占当年 GDP 的比重达到 5.0%，比 1990 年增长了 19 个百分点。预计 21 世纪前 20 年，配合全面建设小康社会和工业化、城市化进程加快的需要，交通运输业仍将维持快速发展的趋势，交通固定资产投资将继续保持较快的增长速度。

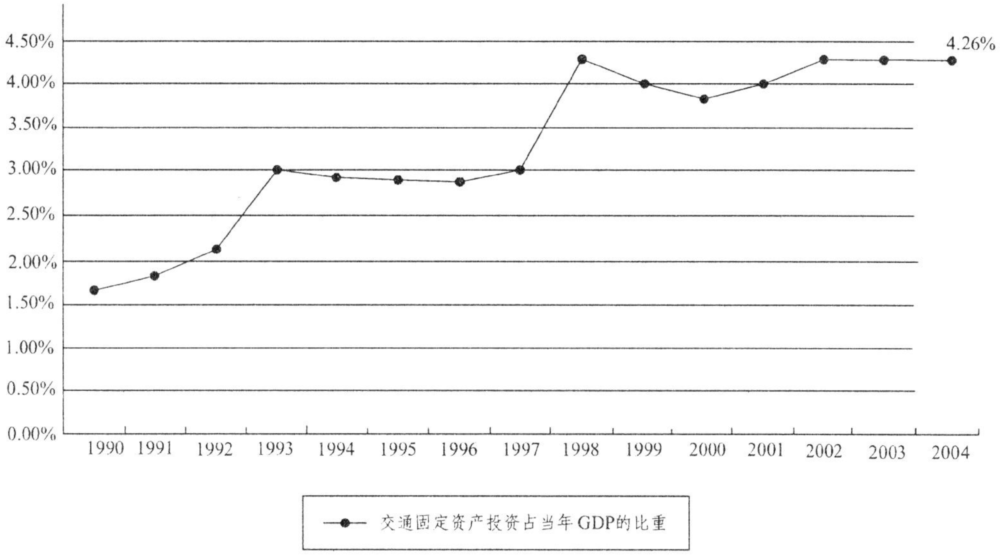

图 1.5.1　1990 年以来交通固定资产投资占当年 GDP 的比重

从直观上说，交通投资作为我国全社会投资的重要组成部分，是推动经济增长的重要动力；反过来，经济增长从而需求增长也会推动交通固定资产投资的进一步增加。目前，我国在制定交通投资和交通发展政策时，均将交通投资与经济增长具有正相关性作为一个前提。

三、基于交通投资与经济增长关系的投资政策

1. 交通运输发展必须适应经济增长的需要，保持适度的投资规模并适度超前

在交通总体供给能力偏低的情况下，通过扩大投资来提高运输能力、满足经济增长的需要是交通运输发展的必然选择。近年来，随着交通运输业持续保持较高投资规模，曾一度制约社会经济发展的“瓶颈”问题已得到有效解决。但是应该看到：我国交通运输业只处于初步运输化阶段，运输能力总体上仍滞后于运输需求的增长，特别是在某些特定的地区、通道，以及时间段内，交通运输供求之间的矛盾仍非常突出。我国交通运输发展存在着较大的地区

差距，在东部交通供给持续增长的同时，西部地区交通基础设施落后的状况还未得到根本改变，需要政府投资干预来缩小交通发展的地区差距。随着城市化的快速发展，对于交通基础设施和交通发展模式提出了新的要求。城乡之间的交通发展差距已经成为制约城乡统筹发展的症结之一，加大农村地区的交通投资，为农村地区社会经济发展创造必要的条件是未来我国交通运输业所要解决的重点问题。因此，未来交通运输业仍应坚持“适应经济增长的需要”的基本原则，保持一定的投资规模，以满足经济增长产生的各种客、货运输需求，避免对经济增长形成新的“瓶颈”制约。同时，作为国民经济的基础性产业，交通运输发展必须保持适当的超前性。由于交通投资效果的显现具有时滞性，交通投资应保持适度超前以满足未来经济增长所产生的客、货运输需求。

2. 通过优化交通运输投资结构、技术和管理创新、制度创新等手段来提高投资效率，促进交通运输增长方式转变

2006 年，我国交通运输业固定资产投资（不包括管道运输）已超过 7 500 亿元，“十一五”及今后一段时期，交通运输固定资产投资仍将保持较快的增长势头。不可否认，我国交通投资在产生了提高运输能力、促进经济增长的积极效果的同时，也存在着“重规模、轻效率”的问题，交通增长方式仍具有明显的外延式特征。在交通投资总规模保持适度扩张的同时，更重要的是要通过优化交通运输投资结构、技术和管理创新、制度创新等手段来提高投资效率，尽快使交通运输增长方式从外延式（即粗放式）向内涵式（即集约式）转变。这是因为：一方面，相对于快速增长的投资需求，在一定时期内资金供给（包括政府资金和社会资金）是有限的，交通投资与其他投资在资金分配上具有竞争关系，并且随着资金需求的增长，资金使用成本有边际递增的趋势；另一方面，未来交通运输在发展过程中将面临越来越强的土地、能源等资源约束和环境约束，现有的依靠要素投入、扩大投资规模的增长方式具有不可持续性，必须转向依靠提高要素生产率、提高投资效率的内涵式增长方式。从投资的角度说，实现交通运输增长方式转变的主要途径有：

（1）调整交通投资结构，提高交通投资总体效益。评价交通投资效益，不仅要着眼于综合交通体系，而且要立足于投资的社会效益和外部效益，而不能仅从某种交通运输方式和投资所产生的直接经济效益出发。因此，政府应加大对铁路、水运等相对投入低、资源消耗少、环境影响小的运输方式的投入，并通过税收、补贴等方式引导社会资金进入该领域。调整政府交通投资的地区结构，加大对落后地区的交通投资力度，为其他产业的发展和投资的流入创造有利条件。调整政府交通投资的城乡结构，加大对农村地区的交通投资力度，为农村社会经济发展提供必要的交通条件。调整交通投资在基础设施建设和运输服务系统建设上的分配比例，使构成交通运输体系的“硬件”系统与“软件”系统协调发展，从而提高交通投资的系统效率。

（2）依靠技术和管理创新提高交通投资效率。相同的资金，投入到不同运输方式中其效果是截然不同的，在选择交通运输技术时，应优先考虑运输能力大、运输成本低、资源占用少的方式，使有限的资金最大限度地发挥效益。政府应加大对交通新技术的研发投入力度，并通过财税政策促进交通企业建立自主创新机制，提高技术对交通增长的贡献率。在推动技术进步的同时，运输组织和管理创新也是提高交通运输系统效率的有效手段，例如，交通枢纽布局调整与功能完善将使交通运输的点线能力协调发展，可以提高既有基础设施的使用效率，从而提高系统运行效率。

（3）以制度创新带动交通投资效率的提高和交通增长方式的转变。管理体制的缺陷是导致重复建设和资源配置低效率、交通投资结构失衡的根源所在，从长远看，建立综合运输管理体制是保证合理交通投资规模、优化交通投资结构、提高投资效率的根本保障。此外，随着交通基础设施逐步回归公共产品属性，该领域中政府投资的比重将有增长趋势，政府投资的有效性将对交通增长方式转变产生着重要影响。应建立和完善政府投资决策的约束和监督机制，同时借鉴发达国家的经验，区分政府提供与政府直接生产，通过特许权、补贴、签约外包等形式借助私人资本和市场机制提高政府投资效率，确保有限的财政资金最大限度地发挥作用。

3. *应审慎实行以交通投资促进经济增长的政策*

交通基础设施是经济增长的必要条件，但是在实行以交通投资促进经济增长的政策时应保持审慎态度，这是因为：一是交通投资对经济增长的影响具有时滞性，目前的投资效果并不能马上显现出来，而要滞后一定的时期，因此将交通投资作为促进经济增长的手段需要建立在对未来经济增长趋势做出准确判断的基础上，保持合适的度，否则过分强调交通投资的作用可能导致片面追求投资规模、交通投资过快增长、运输能力过剩的问题，造成资源浪费，并对经济增长产生负面影响；二是经济增长是多因素共同作用的复杂过程，交通投资只是促进经济增长的必要条件，而非充分条件。在社会资源有限的情况下，交通投资和其他投资存在着此消彼长的关系，交通投资并不是投资越大效用值越高，而必须与其他生产性投资保持相应的比例，才能实现经济的快速增长。因此，要理性看待交通投资对于经济增长的作用，审慎实行以交通投资促进经济增长的政策。

第三节　交通运输投资效益分析

投资效益分析也叫效益成本分析，它是通过各个备选项目或备选方案的全部预计投资（成本）和全部预期效益的现值的比较，从而作为决策者进行评价备选项目（方案）的一种方法。

投资效益分析的基本着眼点在于“优选”。因为社会资金和资源都是有限的。其中有些甚至是相互排斥的，所以把社会资金和资源如何用在最合理的地方，以最小的投资产出最大的运输效益，是我们投资效益分析的根本目的。

一、资金的时间价值

资金的时间价值是指资金在扩大再生产及其循环周转的过程中，随着时间的推广而增值。广义地看，资金是指劳动者在再生产过程中，为社会创造物质财富的货币表现，这样，资金的时间价值就包含了两层含义；作为货币，它具有一般货币都具有的时间价值——利息；作为资金，它在生产过程中，由于劳动者投入了新的劳动力，创造出了新的价值，增加了社会财富，使社会的总资金扩大，也就相当于原有的资金发生了增值，即资金的时间价值，实际上，货币的利息是资金与人类劳动结合产生增值的一种表现形式。

对于投资者而言，资金的时间价值具体反映在存贷款利息或者投资利润上。当前的一定量资金，如 100 万元与一年后，五年后以至更长时间以后的等量资金在价值上是不相等的。

在不考虑通货膨胀等因素的情况下，其间的价值关系是由于利息或利润所造成的。

所谓利息就是一定量的货币经过一段时间（如一年，一个月等）后的增值数，即货币的时间价值。利息总是要经过某一固定的时间间隔以后才支付，所以将这个时间间隔内所支付的利息与原来的资金额相比，可以反映支付利息的水平的高低。我们把单位时间的利息与原来资金额（本金）的比值称为利息率或利率。

$$利率=\frac{单位时间的利息}{本金}\times 100\%$$

利率按支付利息的时间间隔长短可分为年利率、月利率及日利率等。在投资经济效益评价中，通常采用年利率。

二、资金等值概念

1. 现金流量及现金流量图

资金等值计算常用现金流量的概念和现金流量图的图解方式进行，在此基础上，把不同时期的价值换算成相同时期的价值，然后进行对比。

现金流量包括现金流入与现金流出。现金流入是指在一定周期内的实际现金收入，现金流出是指在一定周期内的现金支出。一般把现金流入作为正值，现金流出作为负值。把现金流入与现金流出的代数和称为净现金流量。

所谓现金流量图是一个工程项目在一定周期内资金流动状况的图解方法。现金流量图的基本要素为:

（1）现金流量图时间坐标，如图 1.5.2 所示。

如图所示，水平线就是时间标度，自左向右，每一格表示一个时间单位（年、月、日），本例以年为单位，时间标度表示年末，如“1”表示第一年年底，同时表示第二年年初。

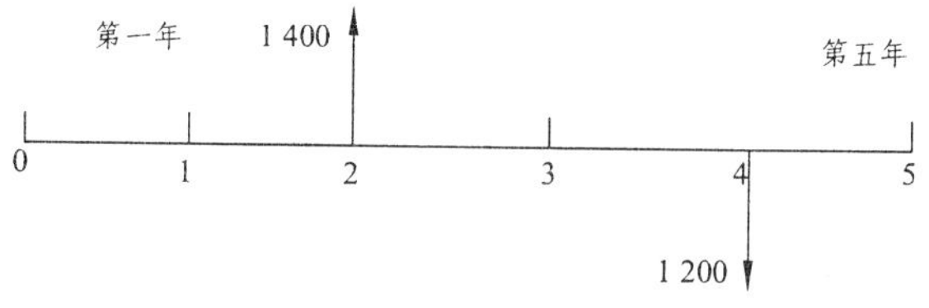

图 1.5.2　现金流量图

（2）正现金流量与负现金流量，用箭线表示。向上箭头表示现金流入，即正现金流量，可标上数量，如第二年年末有一笔收入，见图 1.5.2 的 1 400 元。向下箭头表示现金流出，即负现金流量，可标上数量，如第四年年末有一笔付款，见图 1.5.2 的 1 200 元。

（3）现金流量图与所表示的立脚点有关，如图 1.5.3 所示。

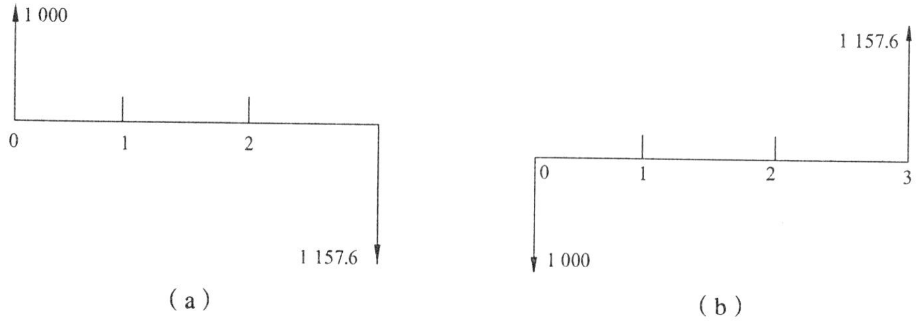

图 1.5.3　两种立脚点的现金流量图

图 1.5.3（a）是对借款人说的，第一年初借款 1 000 元，是一笔收入，3 年后还款 1 157.6 元，是一笔支出。图 1.5.3（b）是对贷款人说的，第一年初贷出款项 1 000 元，是一笔支出，3 年后可收回 1 157.6 元，即为一笔收入。

2. 等值资金与等值计算

资金具有时间价值的观点，既表明了一定数量的资金在不同时间会有不同的价值，同时也说明了在不同的时间，数量不等的若干资金可以具有相等的价值，例如，当前的 99 万元与 1 年后的 100 万元数量上并不相等，但在年利率为 1%的条件下，二者是等值的。

我们把特定利率下，在不同时间（时期、时点）上绝对数额不同，而价值相等的若干资金称为等值资金。影响资金等值的因素是：① 资金额的大小；② 计息周期，③ 利率的大小。

利用等值概念，可以把某一时间（时期、时点）上的资金值按一定利率换算为另一个时间上的资金值，这一换算过程叫做资金的等值计算，银行借贷利息的计算是常见的资金等值计算问题。

在各种资金等值计算中，我们特别把某一时间上的资金值，换算成与之等价的、几个周期前或后的资金值计算叫“贴现”或“折现”。把与某一时间上资金等值的几个周期前的资金值称为现值；把与现值等价的未来某时间上的资金值称为将来值或未来值。这里所说的“现值”或“未来值”是一个相对的概念。

对某个第 n 周期上的资金值来说，在确定利率下，相对与 $n+n'$周期上的资金值，它是现值；而对 $n-n'$周期上的资金值来说，它是将来值。

3. 资金等值计算的基本方法

资金等值计算，也就是资金时间价值或货币的利息计算。

其基本的计算方法分为单利法和复利法两种：

（1）单利法。就是资金运动过程中，只是本金计息，而利息不再生息的计算方法。

① 未来值计算： $S=P(1+in)$ （1.5.2）

式中：P—— 资金的现值（元）；S—— n 年后的未来值（本利和）（元）；i—— 每年的单利利息率（%）；n—— 年数（年）；$(1+in)$ —— 称单利计息未来值系数。

② 现值计算：

$$P=\frac{S}{1+in}=S(1+in)^{-1} \qquad (1.5.3)$$

式中符号同上，$(1+in)^{-1}$ 称单利计息现值系数。

（2）复利法。是在资金运动过程中，不仅本金计息，而且先前周期的利息在后继的周期中也要计算利息的计算方法。

① 未来值计算：如现有资金 P 元，每年利息率为 i，1 年后的本利和为 $P(1+i)$ 元，2 年后的本利和为 $P(1+i)^2$ ……n 年后的本利和为 $P(1+i)^n$，故：

$$S=P(1+i)^n \qquad (1.5.4)$$

上式中的 $(1+i)^n$ 通常称为复利计息未来值系数，式中符号同上。

② 现值计算：如已知资金的未来值 S，利息率 i 和年数 n，则求现值 P 的公式为：

$$P=\frac{S}{(1+i)^n}=S(1+i)^{-n} \qquad (1.5.5)$$

上式中 $(1+i)^{-n}$ 通常称为复利计息现值系数。

资金有各种不同情况，使用和计息方法也各有不同，因此资金利息具体计算方法则各有所别，但都是从上述两类未来值和现值计算公式演变而来的。现举例如下：

a. 无息贷款：$P=S$

b. 单利计息：分年贷款，n 年来的本利和为：

$$S = P + R_1 in + R_2 i(n-1) + \cdots + R_n i \tag{1.5.6}$$

式中：R_1，R_2，…，R_n 分别为各年贷款金额；

$$P = R_1 + R_2 + \cdots + R_n 。$$

例 某工程合计贷款 1 000 万元，第 1 年贷款 500 万元，第 2 年贷款 300 万元，第 3 年贷款 200 万元；年单利率 $i=3\%$，问第 3 年末的本利和为多少？

解 $$S = 1\,000 + 500(0.03\times3) + 300(0.03\times2) + 200(0.03\times1) = 1\ 069 \text{（万元）}$$

c. 复利计息，分期贷款，n 年末的未来值是：

$$S = R_1(1+i)^n + R_2(1+i)^{n-1} + \cdots + R_n(1+i) \tag{1.5.7}$$

例 某工程贷款 1 000 万元，第 1 年贷款 400 万元，第 2 年贷款 300 万元，第 3 年贷款 300 万元，复利计息，年利率为 12%，问第 3 年末的本利和为多少？

解 $$S = 400(1+12\%)^3 + 300(1+12\%)^2 + 300(1+12\%) = 1\ 274.29 \text{（万元）}$$

d. 复利计息，分期等额发生款项本利和：

$$S = R\left[\frac{(1+i)^n - 1}{i}\right] \tag{1.5.8}$$

这个公式，由等比数列求和公式而来。

式中：R 为分期等额发生额。

例 某工程投资预算总额 12 亿元，6 年建成，每年贷款 2 亿元，$i_{复}=8\%$，求第 6 年末的本利和为多少？

解 当金额发生在年初时，等比数列首项的形式是 $R(1+i)$

$$S = 2(1+0.08)\left[\frac{(1+0.08)^6 - 1}{0.08}\right] = 15.846 \text{（亿元）}$$

当金额发生在年末时，等比数列首项的形式是 R。

例 某工程投产后预计前 5 年每年可盈利 200 万元，如年复利率为 8%，问到第 5 年末时共盈利多少？

解 $$S = 200\left[\frac{(1+0.08)^5 - 1}{0.08}\right] = 1\ 173.32 \text{（万元）}$$

③ 等额序列现值公式。知道年复利率、年数和每年等额发生的金额时，求现值资金总额的计算方法为：

$$P=R\left[\frac{(1+i)^n-1}{i(1+i)^n}\right] \tag{1.5.9}$$

此公式实为$P=\frac{S}{(1+i)^n}$的变形，因为复利计息，分期等额发生时，n年后的未来值为:

$$S=R\left[\frac{(1+i)^n-1}{i}\right] \tag{1.5.10}$$

例 仍用上例数据，某工程投产后，预计前5年每年盈利200万元，如复利率为8%，问前5年的利润折合为现值是多少?

解
$$P=200\left[\frac{(1+0.08)^5-1}{0.08(1+0.08)^5}\right]=798.54\ （万元）$$

④ 资金偿还公式。已知某工程的现值投资为P，复利计息，年利率为i，要求在n年内以等额资金分散偿还全部投资的本利和，求每年年末应偿还的资金金额是多少? 可用下列公式:

$$R=P\left[\frac{i(1+i)^n}{(1+i)^n-1}\right] \tag{1.5.11}$$

例 期初投资为1 000万元，$i=10\%$，分5年等额偿还，求每年年末应偿还的金额是多少?

解
$$R=1\ 000\left[\frac{0.1(1+0.5)^5}{(1+0.5)^5-1}\right]=263.8\ （万元）$$

⑤ 资金偿还年限计算。当贷款总额P，每年偿还金额R，年利率i均为已知时，求资金偿还年限n可用下式:

$$n=\frac{-\lg\left(1-\frac{P_i}{R}\right)}{\lg(1+i)} \tag{1.5.12}$$

例 已知某工程投资1 500万元，复利计息，年利率10%，每年偿还350万元，其偿还期为多少?

解
$$n=\frac{-\lg\left(1-\frac{1\ 500\times0.1}{350}\right)}{\lg(1+0.1)}=\frac{-\lg0.571\ 4}{\lg1.1}=5.87\ （年）$$

三、效益成本分析的基本方法

当运输项目的经济成本（即投入物质和人力资源的总和）和经济效益经衡量并用贴现方法调整以后，即可进行对比，然后确定项目的得益能力。这种得益能力可以用一些指标来表示，并用以判断某个项目或方案是否可取，在若干项目或方案中选出最优方案。其通用的指标方法如下:

1. 效益成本率法

效益成本是按同一时间和同一贴现率，以同一货币单位计算的全部效益的现值总和对全部成本的现值总和的比率。

$$效益成本率=\frac{效益现值总和}{成本现值总和}\times 100\%$$

这个比率如果等于或大于“1”，该项目按其所用贴现率的获利水平来衡量是“合格”的，也就是说对于该项目的投资，其资本利润率至少不会低于贴现率。相反，如果效益成本率小于“1”，说明该项目“不合格”，因为其获利能力不及通行的贴现率，与其投资于该项目，还不如将资金存入银行。

成本效益率与效益成本率正好相反，互为倒数，但指标原理是一样的。如下式：

$$成本效益率=\frac{成本现值总和}{效益现值总和}\times 100\%$$

成本效益率必须小于“1”才算合理，否则就说明成本的现值大于效益的现值，显然是不合理的。

2. *净现值法*

（1）净现值的概念及其与效益成本率的关系。净现值是指项目效益的现值总额减去成本现值总额后所剩余的差额。净现值的计算过程与效益成本率大体相仿，其计算参数都是效益现值总额与成本现值总额，所不同的只是后者用除法，取商数；而前者用减法，取余数。

如果净现值大于“0”是个“正数”，即效益现值大于成本现值，那就说明这个项目“合格”，它的获利能力至少不低于所用的贴现率。反之，净现值小于“0”，是个“负数”，即效益现值小于成本现值，那就说明这个项目“不合格”，它的获利能力还不如贴现率。

同效益成本率一样，净现值也会受贴现率的影响。

（2）净现值的计算。净现值计算的一般公式为：

$$NPV=\sum_{t=1}^{n}\frac{S_t}{(1+i)^t}-K_0 \qquad (1.5.13)$$

式中：NPV——净现值（元）；S_t——第 t 年的现金收入（元）；K_0——技术方案的原始投资额（应化成经济成本）（元）；i——贴现利息率（%）；n——工程项目的有效使用期（年）；t——第 t 年。

如果每年现金净收入相等，则可用下式计算：

$$NPV=R\left[\frac{(1+i)^n-1}{i(1+i)^n}\right]-K_0 \qquad (1.5.14)$$

式中：R——每年相等的现金净收入（元）。

净现值的计算方法很简单，公式的前半部分实质上就是效益现值总额，后半部分（K_0）即成本现值总额。二者之差即所得求的净现值。问题在于如前所述，要将财务成本调整成经济成本，而且又要将各种效益和经济成本分别进行贴现。如果直接计算净现值，不计算效益成本，可在具体计算时，先算出逐年的效益成本的绝对差额，然后按年计算现值并加总即可。

3. 内部报酬率法

（1）内部报酬率法的概念。内部报酬率是借助于一个适当的贴现率 i，使得工程项目在有效期内的现金流出的总和与现金流入的总和相等。即求能使累计净现值等于零的贴现率 i。这个 i 值就是内部报酬率。我们知道当采用内部报酬率作为贴现率来计算时，项目的效益成本率一定等于“1”，净现值一定等于“0”。那么这有何意义和作用呢？

由于效益成本和净现值的计算，都是基于一定的贴现率。在此基础上决定某项目“合格”与“不合格”。所谓贴现率，实际上是试探项目获利能力水平高低的一种标尺。我们可用它来检验一个项目是否能达到预定的获利水平，但效益成本率和净现值都不能测算出一个项目所能达到的最高获利水平。现在我们不仅想知道某项目是否“合格”，而且想知道它“合的是什么格”，是 60 分还是 70 分，所以使用内部报酬率更为理想。

（2）内部报酬率的计算。内部报酬率是从以上两种方法中演变而来，它能反映一个项目本身的最高获利水平。如前所述，采用内部报酬率作为贴现率计算时，净现值为“0”，而“0”是界于正值和负值之间的数，那么，内部报酬率必然界于能算出“正净现值”和“负净现值”这两个高低不同的贴现率之间。我们只要找出了这两个贴现率。然后顺藤摸瓜就一定能按比例在它们之间找到能使净现值成为“0”的那个贴现率，这种“按比例”测算的方法叫做“内插法”，其计算公式如下：

$$IRR = i_L + (i_H - i_L)\left(\frac{NPV_L}{NPV_H + NPV_L}\right) \tag{1.5.15}$$

式中：IRR——内部报酬率；i_L——较低贴现率，用它算出净现值为正值；i_H——较高贴现率，用它算出净现值为负值；NPV_L——采用较低贴现率算出的净现值；NPV_H——采用较高贴现率算出的负净现值（计算时，绝对值不带负号）。

4. 最低成本法

当效益难以辨认和衡量，或者其效益相同时，可根据以最少代价获取同样效果的原则来进行分析。即针对既定的建设目标，分别计算实现这个目标的各个备选项目或方案的成本现值，然后从中筛选出一个能以最低成本来达到这一目标的方案。此法用于评价相互排斥的计划方案最为适宜。

5. 回收期法

回收期法就是以收回投资所需年限的长短，作为衡量与筛选项目的标准和依据。这里的成本和效益所包括的内容，与前述各例相同，但分静态和动态两种计算方法。计算静态回收期采用原值不计利息，即不考虑货币时间价值的因素；计算动态回收期则要考虑利息或贴现值。当然，后者对成本与效益都应该按同一贴现率来折算成现值，然后再测算其回收期。一般地讲，回收期短，表明获利能力较强，所担风险较小。但此法忽略了对回收期以后获利能力的衡量与比较。

综观上述各种评估方法，各有其利弊。效益成本率法，有时将某些成本因素从效益中抵消，这样算出来的成本和效益的比率就受到歪曲；净现值法虽然是对不同备选方案进行比较的好办法，但研究采用什么贴现率却很难确定，而贴现率又恰恰是影响评估结果的一个十分敏感的因素。这个缺点固然可以采用内部报酬率法来避免。但在应用时，所采取的贴现率已无足轻重。内部报酬率法也有自身的缺点，它是一个比率，一个相对数，单凭这个指标，就可能失去另外一个内部报酬率较低但净现值较高的投资机会。另外，如果备选项目的使用寿命相差悬殊，或者产生效益的时间各不相同，则此法也无能为力；如果不是在备选项目之间直接进行比较，而是与一般投资机会作比较（如市场利率），则内部报酬率法不失为一个好办法。最低成本法是在效益难以辨认时才使用，比其他方法更可能具有片面性。回收期法在国外仅用于私人企业的短期投资项目的比选，特别是当投资前途莫测，或等待更好的投资机会到来，还有当长期资源无法筹到而需要限期归还者，才使用此法。对公有制企业实用价值不大。

四、投资风险分析

1. 风险分析的概念和内容

（1）风险分析的概念。风险分析是对那些投资项目中，影响成本和效益的重大的不确定的、有风险的因素而进行的分析。对于投资决策者来讲，要“情况明”才能“决心大”。情况明不仅包括正常情况下未来的投资前景，还要包括非正常情况下的投资前景。风险分析，就是对非正常情况下而进行的投资前景分析。

（2）风险分析的内容。所谓风险因素，不外乎是那些重要的而又不稳定的影响成本和效益的因素，这些因素，有下列三个特点：① 发生在投资初期，现值大；② 发生频繁，影响大；③ 经常波动，变化大。以建港项目而言，如大型装卸设备，价值大，投资发生早，部分国内不能造的设备，还涉及国外市场和外汇；又如维护性挖泥数量大、单价高，而且是周期性发生；又如营运收入的变化较大，预测运量不可能百分之百的准确等。各类交通项目有各自的风险内容，要具体项目具体分析。

2. 风险分析的方法

风险分析的方法就是代入所确定的几个敏感性因素中最小的一种估计值，其余因素均按最可能实现的估计值代入来求其指标值。然后再逐次增加坏估计的因素来分别计算，直到全部敏感因素均以最坏估计数代入，并计算每次的指标值，以测定这个投资项目应能经受多大的风险。

第六章　运输成本理论

第一节　运输成本概述

一、运输成本的概念及意义

任何产品的生产过程也是生产的劳动消耗过程，包括物化劳动和活劳动消耗。产品成本就是商品生产中耗费的物化劳动和活劳动中必要的货币表现。根据价值规律的要求，生产某种产品所耗费的社会必要劳动量，就构成这种产品的价值。它由三部分构成，即生产过程中消耗的生产资料转移价值（C）；劳动者活劳动中消耗的为满足个人生活需要以工资形式分配给劳动者所创造的价值（V）；劳动者活劳动中消耗的为满足社会需要以税金、利润等形式所创造的价值（M）。前两部分（C+V）构成产品成本，后一部分（M）形成企业的利润和税金。

在运输企业，为完成客、货运输业务消耗的以货币形式表现的一切费用称为运输支出，包括支付的职工工资、材料、燃料、电力及固定资产折旧费、各种服务管理费等。一定期间的运输支出就是这个期间的运输总成本；单位运输产品所分摊的运输支出即为单位运输产品成本，它是单位运输产品价值的主要组成部分。

运输成本是一个重要的综合性的质量指标，它能比较全面地反映运输企业生产技术和经营管理水平。运量的增减、劳动生产率的高低、技术设备的改善及利用程度的好坏，以及燃料、油料、电力的消耗水平等，最终都会在运输成本上反映出来。因此，运输成本在运输企业生产和经营管理中具有重要作用。

第一，它是运输企业维持简单再生产所需资金的主要保证。安排好各种维修、养护费用开支，对运输设备的运用与维修养护，完成运输任务和提高设备质量，保证运输安全等有重要作用。

第二，运输成本是反映运输过程消耗及补偿的重要尺度。运输成本表现着运输企业主产耗费的多少，只有当运输收入至少能弥补运输成本的情况下，企业才能收回在生产中所消耗的资金，保证再生产得以顺利进行，并进而取得盈利，为扩大再生产创造条件。

第三，运输成本是制定和调整运价的重要依据。只有在运输成本的基础上加上适当的盈利，按照国家的运价政策，才能制定出大体上符合运输价值和价格政策的运价来。

第四，运输成本是进行技术经济分析、评价经济效果和进行决策的重要依据，也是进行各种运输方式运量分配和合理调整生产力布局的重要因素。

第五，运输成本也是考核和改善企业经营管理水平的有力杠杆。

因此，加强运输成本管理，努力降低运输成本，是运输企业一项经常性的任务。降低运输成本就可以用较少的支出完成同样多的任务，或用同样的支出完成更多的任务，从而增加运输企业盈利，增强企业自我改善和自我发展的能力，这对发展运输事业和整个国民经济都有重要意义。

二、运输成本的特点

由于运输业在生产和组织管理上有着不同于工业的特点，反映在运输成本上也有区别于一般工业（主要是加工工业）产品成本的特点。

1. 从成本计算对象和计算单位看

工业成本是对原材料进行加工后完成的产品成本，它是分别按产品品种、类别或某批产品来计算的。就运输业而言，其产品是旅客和货物位移，运输成本的计算对象是旅客和货物的位移两大类产品，或是把客、货运输综合在一起的换算产品成本。至于运输成本的计算单位也不同于工业成本。虽然企业运送的是旅客和货物，但运输成本却不能按运送的旅客人数和货物吨数计算，而是采用运输数量和运输距离的复合计量单位，即按旅客人 · 公里和货物 · 吨数计算。这是因为运输距离不同所消耗的费用不同，只用旅客人数和货物吨数就不能反映运输生产量和消耗水平。

2. 从成本构成内容看

一般工业产品成本中构成产品实体的原材料消耗占较大比重，而运输业的产品不具有实物形态，运输成本中没有构成产品实体的原材料支出，所发生的材料费用主要用于运输设备的运用、保养和修理方面，相对来说所占比重不大。在运输成本中，占比重最大的支出首先是固定资产折旧费，约占全部成本的一半左右，其次是燃料费和工资。这和工业成本构成显然是不同的。

3. 从成本计算类别看

工业企业要分别计算工厂成本（即生产成本）和全部成本（或称完全成本，即工厂成本加销售成本之和），而运输成本不能脱离生产过程单独存在，是同生产过程和消费过程结合在一起，是边生产边消费。因此，运输成本没有工厂成本和全部成本之分，也没有产品、半成品、产成品成本的区别，所以运输成本只计算它的完全成本。但由于运输种类很多，运送条件各异，如旅客乘坐不同种类列车、客车或轮船，其运输成本是不相同的，而不同种类货物在不同运输距离的运输成本也不相同，不同道路或线路和不同运输方向的运输成本也存在差异。因此，运输业虽然只有客、货运两大类产品，但细致划分的运输成本计算对象却是很复杂的。

4. 从成本与产品数量的关系看

工业生产过程中耗费的多少，与完成的产品数量直接相联系。而运输生产则有所不同，尽管它的生产成果是它所完成的周转量，其经济效益又体现在以吨（人）· 公里为计量单位的劳动消耗上（单位运输成本），但其生产消耗的多少，主要取决于车船（飞机）运行距离的长短，而不取决于完成周转量的多少。而车船（飞机）运行中有空存在，完成的周转量与实际的运输消耗不完全是一回事；如果有较大的空驶，虽然完成的周转量不多，但消耗却很大。

三、运输成本的分类与构成

在实际运输生产中发生的各项运输支出的具体项目是多种多样的，为了概括分析掌握运输成本的构成情况，正确地计算和分析运输成本，可以从不同角度把各项运输支出进行分类。通过分类可以考察各类支出在运输成本中所占比重，分析其构成。

1. 按费用要素分类

按费用要素，运输成本分为工资、材料、燃料、电力、折旧和其他。

工资是指运输业运营生产人员、管理及服务人员的标准（计时）工资、基础工资、职务工资、附加工资、计件工资、加班加点工资、各种奖金、各种津贴及其他工资等；材料是指运输生产过程和管理服务工作中的材料、配件、润滑油脂、工具、备品、劳保用品、清扫照明材料等；燃料是指用于供运输机械（火车、汽车、飞机和轮船）运营、生产、取暖和烧水用燃料（含固体、液体和气体燃料）；电力主要体现在铁路运输中，是指支付铁路发、配、变电厂及路外单位的机车牵引用电力和其他用电力费；折旧是指按规定提取的基本折旧费和修理提成费。其他指不属于以上各要素开支的费用，如福利费、集中费、差旅费、邮电费、租赁费、按规定支付的客运事故赔偿费和支付附属企业及其他单位的劳务费等。

以上要素是按支出的经济性质或经济内容划分的，这样划分可以了解各项要素费用所占的比重情况，分析运输成本构成变化，同时也便于计算国民收入，掌握工资基金和核定流动资金。当然，随着生产的发展和管理制度的改革，各费用要素的比重也会有所变化。

2. 按经济途径分类

设置成本科目和项目，首先是以按用途分类为基础的。如营运费用分别用于运输和装卸，即应设置“运输支出”、“装卸支出”等分类账户；又如材料用于车船营运消耗，或是用于装卸机械的保养和营运消耗，则列入相应的成本材料项目；而营运车辆的各级保养所发生的工料费用，以及车辆、装卸机械耗用的各种材料、液压油料等，则列入运输成本的保修项目。“其他业务支出”总分类账户下则设置了“旅客服务”、“船舶出租”、“外轮理货”、“短途运输”等项目，也是根据用途分类设置的。

3. 按支出与生产过程的关系分类

按支出与生产过程的关系，运输成本可分为生产费用与管理费用。

生产费用是运输生产过程所发生的全部费用，它又分为基本生产费用和一般生产费用两种。前者指运输生产过程中运营、维修直接发生的费用，如办理客运、货运运输业务，企业的车辆费用和船舶费用，运输机械设备维修费用等，以及燃料费、材料费、维修费等。管理费则是指组织和管理运输生产而发生的各种费用，如管理及服务人员工资、办公费、差旅费等。

以上划分是为了按不同用途分别掌握各类费用。一般来说，生产费用特别是基本生产费用占运输成本的比重较大。在节约的原则下对基本生产费用要尽量予以保证，以利于生产。对管理费则要严格控制和尽量压缩，促使企业不断提高经营管理水平。

4. 按支出与运量的关系分类

按支出与运量的关系，支出分为与运量有关的变动支出和与运量无关的固定支出，运输成本划分为变动成本和固定成本。

变动支出是指基本上随客、货运量的增减成比例变化的费用，如各种客货运输服务费用、车船运营用燃料和电力费、车船维修费、轮胎、港口等。固定支出则是指在一定时期和一定运量范围内不随运量增减变化，相对保持稳定不变的费用，如房屋建筑维修费、管理费、计时工资、船舶或车辆折旧等。但实际支出中还有些是介于变动支出和固定支出之间的费用，可称为半变动费用或半固定支出（或称为混合支出）。对这些支出要采用一些方法将之分开，以便分别列入变动成本和固定成本。

5. 按支出计入运输产品成本的方法分类

按支出计入运输产品成本的方法，运输成本分为直接费用和间接费用，也称直接列入支出和分配列入支出。

直接费用是专为某种运输所发生的费用，燃料、轮胎、港口费用等，当分别计算不同运输产品运输成本时，可直接计入某项产品成本中。例如，在分别计算旅客和货物运输成本时，客车维修费和货车维修费即可直接计入旅客和货物运输成本。间接费用则是完成两种或两种以上运输共同发生的费用；当分别计算不同运输产品成本时，必须采取适当的办法在各种产品之间进行分配，才能分别列入有关产品成本。如管理费、通信信号设备维修费、各项一般生产费等，在分别计算客、货成本时，就需按适当比例进行分配。

运输支出的分类在实际工作中是按照运输支出科目进行划分的。支出科目是把同一业务或工作，以及近似同类业务或工作发生的支出，或性质与用途相近的费用归纳在一起，分别进行记载，以便把内容繁多的支出进行系统整理和汇总，组成完整的运输支出信息系统。通过支出科目的设置进一步明确运输成本的开支范围，为运输成本管理提供最基本的数据，可发挥多方面的功能。

四、运输成本计算的种类

运输成本的计算是运输成本管理的重要环节，它是在运输支出日常核算和定期结算的基础上，对运输总成本和单位运输产品（或工作）成本的计算。

运输成本计算种类如下：

1. 按成本计算的任务与目的的不同分类

按照成本计算的任务与目的不同，运输成本计算可分为定期成本计算与非定期成本计算两大类。

定期成本计算是为了考核某运输企业和平均运输产品成本和经营管理水平，是按照规定的期间（如年度、季度）按期进行的，包括按期计算的综合平均运输成本（即换算吨 · 公里成本、客运人 · 公里成本、货运吨 · 公里成本）和各基层运营单位计算的工作成本（如总重吨 · 公里成本、车辆维修成本等）。

2. 按成本计算的时间、使用的资料和所起的作用不同分类

按成本计算的时间、使用的资料和所起的作用不同，运输成本计算可分为计划成本计算（或目标成本、预期成本计算）和实际成本计算两种。

计划成本计算是在计划期开始以前，以计划运输任务和各项计划工作量为基础，按照计划定额和计划单价等有关资料进行的成本计算。成本计划是企业计划的组成部分，起着确定成本目标、组织生产经营活动和促进经济核算的作用，是考核实际成本的依据。

实际成本计算是在决算期终了之后，根据实际完成的各项运营统计和运输支出决算资料进行的成本计算。它的作用是反映企业成本计划执行情况和生产经营活动的成果，分析工作

中的成绩和存在的问题，以便采取措施推动增产节约、增收节支活动的进一步开展，并为今后制定成本计划提供依据。

3. 按成本计算的内容及范围分类

按成本计算的内容及范围，有综合运输成本计算与各种单项（或专项）成本计算之分。

定期计算的运输成本一般都属综合平均成本，而进一步分别计算旅客和货物运输成本则属单项成本。另外，综合成本与单项成本是相对而言，并不是绝对的。如每个实际运营生产中的成本计算，既可采用比较综合的换算产品成本指标，也可细分为若干单项工作计算，这要根据经营管理的需要来确定。

4. 按成本包括的费用是否完整分类

按成本包括的费用是否完整来看，成本计算还可分为完全成本（或全部成本）计算与不完全成本计算两种。

完全成本计算是把所有属于成本开支范围内的一切费用都计入成本，而不完全成本则只计算与分析比较有关的部分费用，并不把全部费用计算在内。

五、运输成本的主要影响因素与运输成本间的相关性

1. 运量与运输成本的相关性

运量与运输成本间的相关性受其背景影响，背景可以是运输方式或指定地区的运输行业，或某运输企业、运输线路、某运输车辆等。一般地讲，不同背景，也就是不同运输方式、企业、线路的运量对运输成本的影响是一种相关性的或统计性质的影响。而某运输车辆的运量对运输成本的影响则是分析性质的影响。如图 1.6.1 就是铁路、管道的运量与运输成本间相关特性。图 1.6.2 是运输企业、线路等背景条件基本相同情况下的运量与运输成本间的相关特性。

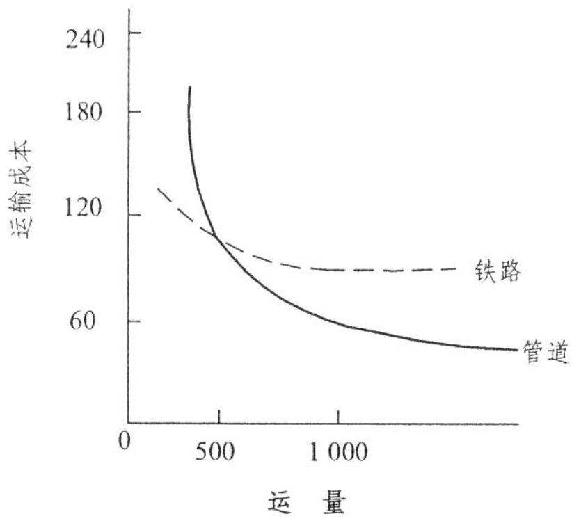

图 1.6.1　铁路、管道的运量与运输成本之间的相关特性曲线

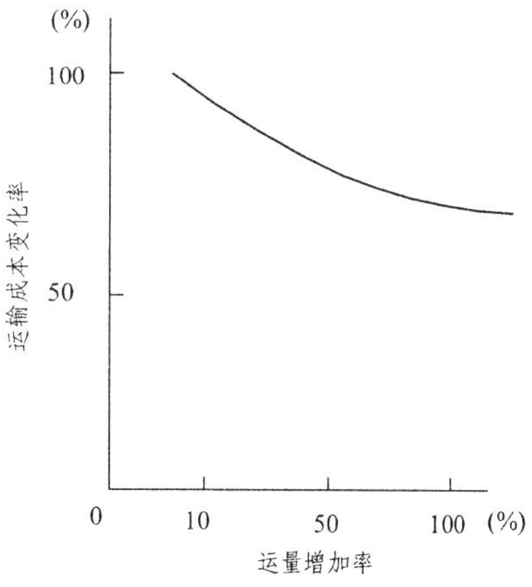

图 1.6.2　背景条件基本相同时运量与运输成本之间的相关特性曲线

由图 1.6.1 与图 1.6.2 可知运量增加将使运输成本下降。需要指出的是在达到规模经济的规模水平以前，任何规模的增大将导致成本的下降。需要指出的是在达到规模经济之后，再扩大规模就意味着成本的升高，如图 1.6.3 所示，图中 Q_1、Q_2、Q_3 分别对应不同管径的管道

规模经济运量，在达到这个运量前随着运量的增加，成本下降，而超过这个运量后，随着运量的增加成本则会上升。

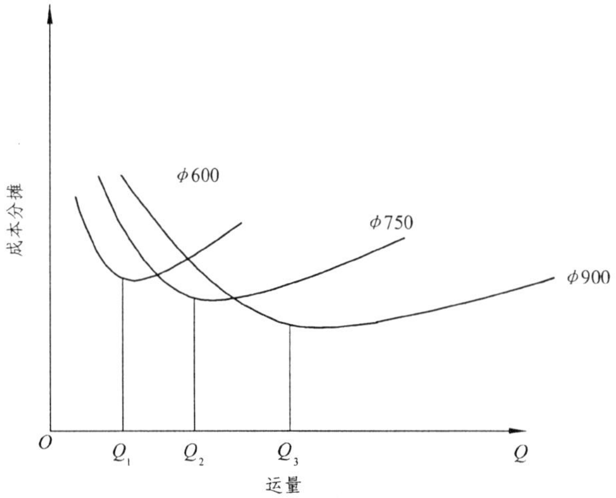

图 1.6.3　管道运输的规模经济示意图

2. 运距与运输成本的相关性

在各种层次的运输统计中运距与运输成本均呈递减的相关特性。其本质仍是规模经济原理，因运输数量在运输直接层次中的单位是周转量，运输中的规模就是周转量，而周转量又是由运量与运距的乘积来测度的，无论是增加运量还是增大运距都将使周转量增大。

3. 运量构成与运输成本的相关性

运输对象有货运与客运两种，其中的货运内容又可划分为若干种类。客运也可划分为若干种类。当运输由不同的多种类的对象组成，那么其运量也同多种运量构成，这将影响规模效应。因为每类货物或旅客的运量都有对应的运输规模，多样化就将导致规模削弱，最终将致使运输成本上升。

4. 运输能力波动与运输成本的相关性

运输中所采用的运输方式不同，其运输能力也不同，相应地，每类运输方式提供的运输成本也存在数量上差异。运输能力波动的内因是运输工具设计的承运能力是有一定的过载系数，故承运能力可在一定范围变化。而承运能力与运距又存在相关性，即小运输能力的运输工具，一般适应短运距条件下的运输。只有当需运输的对象与所选用的运输工具特性参数高度匹配时，运输成本才能降低。另外，造成运输能力波动的外因则是运输中的客货流在去、回两方向不对称，以及同一个方向上运量不平稳造成的。这种运输能力的波动也将影响运输成本。

六、运输的外部成本

1. 运输外部成本的主要内容

运输的外部成本就是运输外部的不经济性。运输基础设施及其运输活动既有外部正效应，又具有外部负效应。运输外部不经济的主要内容有环境污染、生态破坏、交通拥挤、交通事故等，如表 1.6.1 所示。

表 1.6.1　运输外部不经济的主要内容

主要事项	具　体　内　容	
环境污染	1. 土地	土地占用，财产破坏，道路建设用建筑材料
	2. 大气	地方性污染：CO，碳氢化合物，NO_X，SO_X，粉尘等 地区性污染：酸雨（NO_X，SO_X） 全球性污染：CO_2
	3. 水	地表径流对表面水体及地下水的污染，道路建设对水流的影响
	4. 固体废物	废弃的运输工具（车辆，船等）与运输线路
	5. 其他	噪声，振动，电磁波污染
生态破坏	上述环境污染都能造成不同程度的生态破坏	
交通拥挤	时间价值损失，大气污染、噪声污染增加	
交通事故	财产损失，人身伤亡损失	

运输外部不经济既具有一般性又具有特殊性，如环境污染是运输活动与其他经济活动所共同的，这是它的一般性。对于生态破坏，其他经济活动造成的影响也是较明显的，但在交通业似乎更明显，如修建公路、铁路等基础设施就很大程度上直接改变了自然地理、地貌，而且其影响的空间是广泛的，影响的时间也是持久的。关于交通事故，也是运输外部不经济的一个比较特殊的方面。

2. 各种运输方式外部不经济性比较

由于各种运输方式的技术经济特征不同、使用或存在的环境不同，所产生的外部负效应也是有差别的。铁路、公路、水运、空运等运输活动的主要特点是运载工具沿着一定线路的运动，而管道运输则是所运送的货物沿着管道运动。因此，运输的环境污染往往呈点源或线形污染特征。表 1.6.2 是各种运输方式外部不经济性的比较。

表 1.6.2　各种运输方式外部不经济性的比较

污染性质 / 方式	大气污染	水污染	土壤污染	健康及安全	噪声污染	振动	交通拥挤
道路运输	* * *	*	* * *	* * *	* * *	* *	* * *
铁路运输	*		* *	*	* *	* * *	* *
内河运输		* *	*	*	*		*
海洋运输	*	* *	*				
航空运输	*	*	*	*	* *	*	* *
管道运输		*	*				

注：空白处表示影响极小或无；*表示影响较小；* *表示影响较大；* * *表示影响极大。

运输外部性分析的一个基本思路是：首先找出产生运输外部性的客观原因（或物质媒介），然后分析各个因素与外部成本关系，最后综合考虑各个因素，便可知道总的外部性。就运输外部性而言，有些方面易于分析，如运输造成的环境污染就是一个明显的外部负效应例子。

第二节　各种运输方式成本特点分析

各种运输方式的运输成本是由各种运输方式在生产过程中所消耗的各种支出费用构成的。由于各种运输方式的特点不同，运输成本的组成项目不一定相同，各种费用在总成本中所占的比例也不一样，各种运输方式的成本构成也不一致。

一、航空运输成本

航空运输企业在成本核算上一般是按飞行小时计算成本，但作为最终产品的经济分析，也必须将其成本换算为旅客人 · 公里和货物吨 · 公里。航空运输成本受飞机类型、客座数、市场情况以及管理水平的影响。

航空运输成本可分为直接飞行成本和间接飞行成本两部分。直接飞行成本主要包括飞行费用（空勤人员工资及津贴、航空燃料及润滑消耗、飞机保险等)、修理费用、折旧费及其他直接飞行费。间接飞行成本主要包括售票及预订机票的服务费、行李及货物服务费、飞行中旅客的食品及其他服务费、广告费和管理费等。

航空运输存在着飞机容量经济和运距经济。飞机容量经济是指大型飞机的运输成本低于小型飞机，其主要原因是空勤人员的工资随着载客量的增加分摊到单位运量上份额减少，大型飞机的相对耗油量也较少。运距经济是指每次飞行距离的延长，单位的运输成本下降。这种单位成本的下降来自两个方面；一是随着飞行距离的延长，起降滑行、上升、降落时间在总飞行时间中比重下降，相关的成本比重也在下降；二是间接飞行成本中的售票、订票、行李服务费等与运距无关，途中旅客服务费也只是部分与运距有关，因此单位间接成本也随着运距的延长而降低。值得注意的是，飞机的大小及其经济运距是在飞机设计制造时就被考虑了，也可以说飞机的大小是按其飞行距离的远近设计的。例如经济去路为 2 500～4 000 km 的大型波音 747 客机，要在 300 km 范围内飞行，肯定是不经济的。当投入要素价格不变时，飞机的容量和运距是影响单位成本的最主要因素。

在机型、飞行距离和其他费用不变的情况下，影响单位运输成本的最主要因素是装载系数，装载系数是实际人（吨）· 公里与定额人（吨）· 公里的比例，即按运输距离加权的飞机客座或载重力占用率。飞行的总成本与飞机是否满载关系不是太大，因为空勤人员工资、修理费以及折旧费等几乎都是不变的，燃料消耗虽然会有变化，但变化速度远低于载重量的变化。所以平均单位成本是装载系数的函数，它随装载系数的提高而下降。显然，在运量有限的情况下飞机容量经济和提高装载系数的目标可能会发生矛盾，选用大型飞机，装载系数将会受到影响，为提高装载系数而减少航班次数，又会增加旅客的时间成本。

此外，机场或航线上拥挤程度对飞行成本也有影响。当发生拥挤现象时，飞机将排队等候起飞，或在空中盘旋等待着陆，时间的延误无疑会降低飞机的运营效率，使飞行成本增加，旅客也增加了候机时间和旅行时间。

二、公路运输成本

在其他条件不变的情况下，公路的平均吨 · 公里运输成本也随运输距离的延长而逐渐降低。这是因为运输成本与距离有关，运输成本可以分成发到作业费、运行作业费和中转作业费，其中与距离直接有关的费用是运行费，与距离无关的费用是发到作业费和部分中转作业费。随着运距延长，分摊到平均每吨 · 公里上的与距离无关的费用就越来越少，单位运输成本也就越来越低。可以用下式表示总成本和平均吨 · 公里成本与运输距离的关系：

$$\text{总成本} \qquad TC = FC + VC \cdot D \tag{1.6.1}$$

$$\text{单位成本} \qquad AC = \frac{FC}{D} + VC$$

式中：TC——总成本；AC——平均吨 · 公里成本；FC——与距离无关成本；VC——与距离有关的单位成本或边际成本；D——运距。

但是由于与距离无关的成本和与距离有关的单位成本在不同运输方式之间是存在差别的，所以有着不同的随距离变化的成本曲线。图 1.6.4 为铁路运输方式中，运距与运输成本的相关曲线，其纵坐标是取 500 km 时的运输成本为 100% 作计量标准的。从图中可以看出运距与运输成本的相关曲线是呈递减趋势的。在图中，TC_1 和 AC_1 分别表示与距离无关成本较低，但与距离有关成本较高的总成本曲线和平均成本曲线；TC_2 和 AC_2 分别表示，与距离无关成本较高，但与距离有关成本较低的总成本曲线和平均成本曲线。可以看出，各种运输方式的单位成本都随运距延长降低，但与距离无关成本较低而与距离直接有关的变动成本较高的运输方式（一般认为汽车运输属于此列），其成本曲线在较远的距离上要高于与距离无关成本较高而随距离变动成本较低的运输方式（如铁路或水运）。

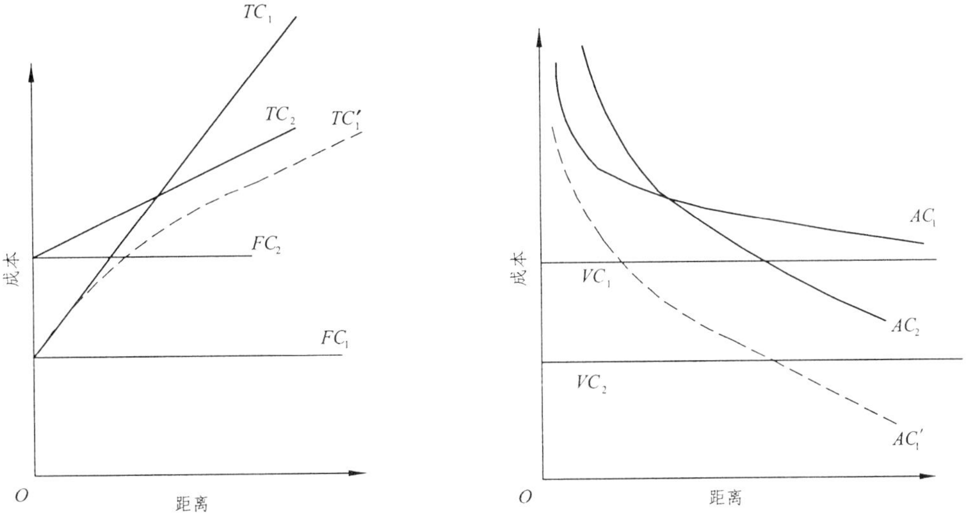

（a）总成本　　（b）平均吨 · 公里成本

图 1.6.4　运输运距与成本的关系

如果与距离有关成本不是成比例地线性增加，即边际成本 VC 是距离的减函数，那么总成本曲线 TC_1 可能变为 TC_1'，即随运距增加上升幅度放慢的曲线；而平均吨 · 公里成本 AC_1 可能变为 AC_1'，即随运距增加下降幅度加快的曲线。在这种情况下，该运输方式显然可以延长自己的经济运距。

除了运距之外，最能影响公路运输成本的是装载率。一般而言，随着装载量或载客量增加，公路运输平均每吨或每人的运输成本会下降。在给定的距离上，汽车从半载到满载的总成本并不会增加很多，因为至少作为成本中两个重要的部分（人工费和维修费）几乎是不变的，虽然燃料费会增加，但并非成比例地增加。因此，装载率提高的边际成本将低于平均成本，以至引起平均成本下降。在距离不变的情况下，运输成本随装载量的变化如图 1.6.5 所示。

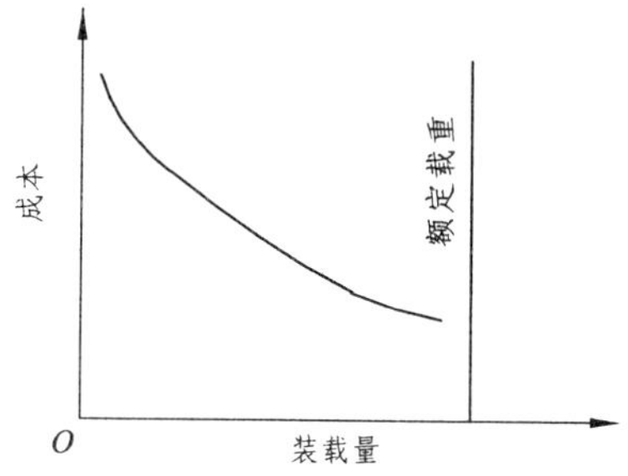

图 1.6.5 车辆载重对成本的影响

研究表明，车辆载重力即车辆额定载重的大小对运输成本也有影响。随着车辆载重吨位或客座数的增加，公路运输的吨 · 公里或人 · 公里成本在降低，其原因是大型车辆的人工、燃油、检修和其他费用相对于小型车辆更为节省，有较高的设备产出率。近几十来，随着车辆的大型化和专业化，汽车运输的能力和经济运距都已经大大增加。

三、水运成本

水运成本可大致分为三个部分，即航行成本、运营成本和资本成本。航行成本是指仅与一次航行有关的费用，主要包括港口费、燃料和油脂费用等，它们与轮船的大小、动力推进器的类型等有关。运营成本是指与轮船是否处于应用状态有关的费用，主要包括工资、修理维护费、保险费以及管理费。如果船舶处于非运营状态，则这些费用可以减少或不发生。资本成本主要是指折旧和利息，当然这部分费用的核算方式根据不同性质的企业和管理方式而有所区别。在我国，航行成本和运营成本约各占总成本的 40% 左右，资本成本约占总成本的 11%～20%。水运最大的经济性是由船舶大小和航程远近决定的。吨位越大的船则每吨 · 公里平均运输成本越低，但其条件是必须有足够大的运量和相应的港口吞吐能力。另外，航程越远单位成本中所摊到的港口费用越低，水运的经济性也越好。

四、铁路运输成本

实际上大多数的企业都利用同一设备生产一种以上的产品，这种情况在运输行业尤为突出，特别是铁路运输业。由于运输产品突出的时空特性，同一货物在不同时间、不同地点、不同方向和不同运输质量的情况下，即使产出相同的吨 · 公里数，也是不同质的运输产品。正是由于大量不同质的运输产品均在同一设备（如同一运输线路、同样的机车车辆等），于是就造成了大量联合成本和共同成本。经济学认为，当生产某一种产品的同时，导致以某一比例生产另一些产品时，而且这种连带产品与引起它们的主产品保持着固定比例，就生产了联合成本。例如从 A 地到 B 地的铁路运输，当列车把货物从 A 地运到 B 地后自身必然要返回，于是连带产生出从 B 地到 A 地的运输。假设运输成本由下式计算：

$$C = a + 2b \times d \tag{1.6.2}$$

式中：a——装卸费用，设 a 为 100 元；b——列车每公里的运行费用，设为 1 元；d——A→B 的运输距离，设为 100 km。在缺乏返程货物的情况下，A→B 的运输成本为 300 元（100+$2b$×100）。如果从 B→A 后来有了需要运输的货物，则往返运输的总成本共为 400 元，即返程运输只增加装卸车费用 100 元。在这个例子中，由 A→B 引起的返程运输的运输费用（运行费 100 元）即为联合成本。铁路运输中还大量存在共同成本，共同成本与联合成本的差别在于共同成本下各种产品的比例是可变的，而在联合成本下的产品比例是固定的。如上例中在联合成本下 A→B 和 B→A 的车皮数量是一定的，而在同一条线路上运送旅客和货物的比例，却是可变的也并不是只要运输货物就必须运输旅客。经验表明，当联合成本和共同成本存在时，各种运输产品的成本要比单一产品的成本低，这种情况被称为“多产品经济”。但尽管铁路运输中联合成本和共同成本相当普遍地存在，然而某一特定的联合成本或共同成本却难以准确地计算。

路网规模经济和线路密度经济与铁路运输成本有密切关系，人们谈到铁路的规模经济时，往往容易把路网规模经济和线路密度经济混淆，实际上这两者是不同的。路网规模经济用来考察铁路网的经济效益是否随着路网内的线路里程的增加而增加，线路密度经济则是用来分析铁路某一线路的效率是否随着线路上运输密度的提高而递增。有研究表明，在具有一定的路网营业里程以后，铁路并不存在十分明显的路网规模经济，或者说继续扩大路网不一定能大幅度提高铁路的效率和效益或降低成本。这一点与过去一般的看法不完全一致。

在铁路运输成本的研究中，变动成本的确定具有重要意义。由于西方国家铁路定价目前多采取浮动运价形式，即允许铁路企业根据市场供求状况，以长期变动成本为低限，以长期变动成本加某一比例为高线的浮动定价办法，因此变动成本的分析研究在运输定价中占有极重要的地位。

五、管道运输成本

管道运输最显著的特征是其规模经济特性。石油或天然气管道在运距不变的情况下，管道直径越大平均成本越低。国外有研究表明，管道运输能力增加一倍，单位吨 · 公里的运输成本可降低 30%。但为了充分发挥管道运输的规模经济，必须有足够的货源以保证管道能在多年内保持足量的运输。管道运输的固定成本大大高于变动成本，即使在很大的产出范围内都是这样，与其他运输方式相比，管道的这种特性明显。

第三节　运输成本函数及其变化分析

一、运输成本函数与运输生产函数

1. 运输成本函数

运输成本函数反映运输生产量 Q 与运输投入量（即运输成本）C 之间的关系。用数学式表示为：

$$C = f(Q) \tag{1.6.3}$$

2. 运输成本函数与运输生产函数

运输企业劳务的成本函数取决于：① 运输劳务的生产函数；② 运输投入要素的价格。运输成本生产函数表明运输投入量与运输生产之间的技术关系。这种技术关系与运输投入要素的价格相结合，就决定了运输劳务的成本函数。具体来说，假如在整个劳动时期运输投入要素的价格不变，且运输生产函数属于规模收益不变，即总成本与运输量之间的关系也是正比关系，如图 1.6.6 所示。

如果价格不变，而生产函数属于规模收益递增，即运输量的增加速度随运输投入量的增加而递增，那么，它的成本函数是：总成本的增加速度随运输量的增加而递减，如图 1.6.7 所示。

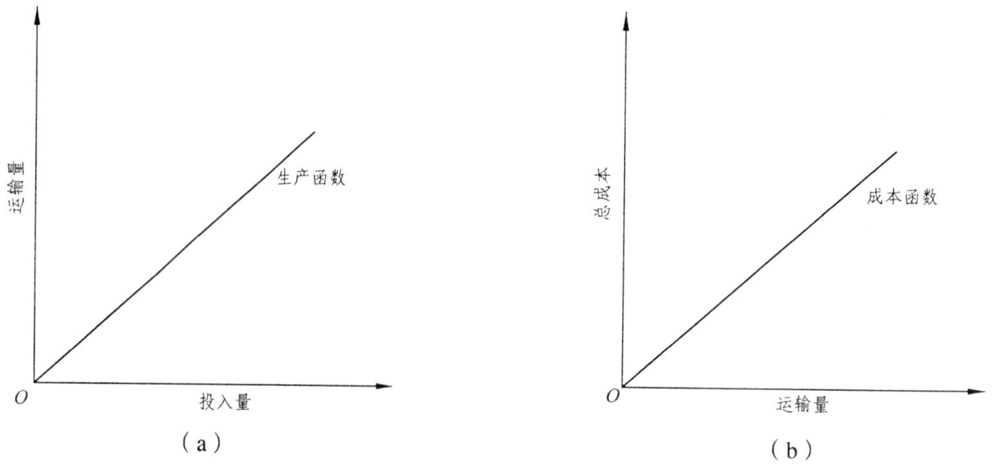

图 1.6.6 成本与运输量之间的关系

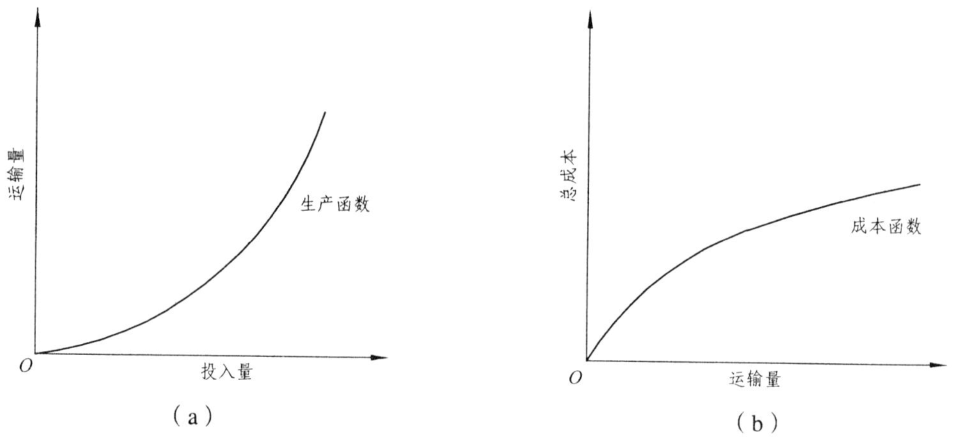

图 1.6.7 总成本增加随运输量增加而递减

如果价格不变，而生产函数属于规模收益递减，即运输量的增加速度随运输投入量的增加而递减，那么，它的成本函数是：总成本的增加速度随运输量的增加而递增，如图 1.6.8 所示。

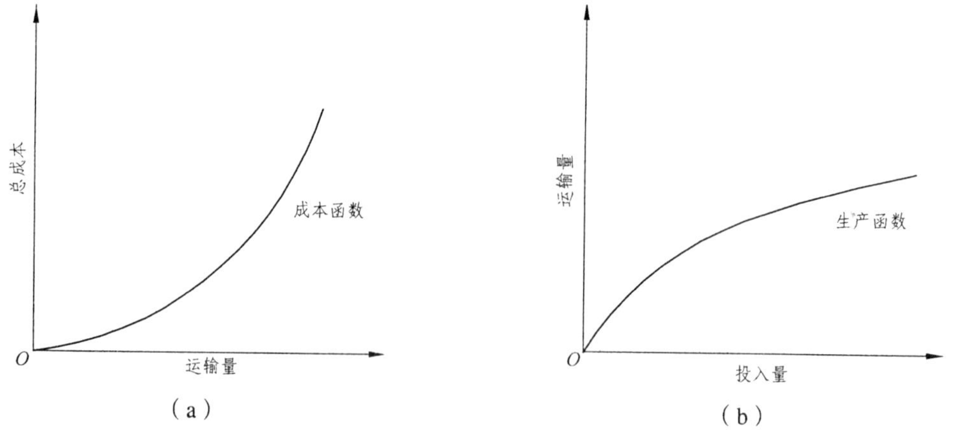

图 1.6.8 总成本的增加速度随运输量的增加而递增

由上可见，运输成本函数源于它的运输生产函数，只要知道某种运输劳务的生产函数，以及运输投入要素的价格，就可以推出它的成本函数。

二、短期运输成本与长期运输成本函数

在决策过程中，运输成本函数可以分为两种：短期运输成本函数和长期运输成本函数。在这里，短期和长期并不是以日历时间的绝对长度来划分的。所谓短期是指此期间很短，以致在各种投入要素中至少有一种或若干种投入要素的数量不变。这样形成的运量和成本之间的关系，就称之为短期成本函数。它的图形就是短期成本曲线。譬如，对于一家轮船公司来讲，无论运量在短期内如何变化，轮船、修船厂的设备、超起重设备总是固定不变的，可变的只是船用燃料、船舶零件和劳动力的数量。在这种条件下形成的运量与运输成本之间的关系，就叫短期运输成本函数。所谓长期是指此期间较长，以致所有的运输投入要素都是可变的。譬如，计划在 15 年后增加的运输量，在此期间船舶类型、船用燃料、装卸机械、修船厂的设备等都是可以选择的；所以，在各种投入要素中无论哪一种要素的投入量都是可变的。因此，有可能在各种运量水平上来选择最优的投入要素结合比例。在这种条件下形成的运量与运输成本之间的关系，就是长期运输成本函数。它的图形就是长期运输成本曲线。在短期运输成本中，因为有一部分投入要素固定不变，所以，它除了包括变动成本外还包括固定成本。在长期运输成本中，因为所有投入要素都是可以变的，因而所有固定成本，都是变动成本。短期运输成本函数通常用来反映现有运输企业中运量与运输成本的关系，所以，它主要用于日常经营决策。长期运输成本函数是指从长期看，运输企业都有可能调整它的各种资源，寻求最优要素组合条件下的运输成本函数，所以长期运输成本函数一般用于长期规划。把运输成本函数区分为短期和长期，就可以分别运用这两种情况来研究运量与运输成本之间的关系。

三、运输成本的计算方法

1. 支出科目直接计算法

在铁路运输部门，根据需要计算的成本，按运输、机务、车辆、工务、电务等业务部门，列支出科目与成本的关系，然后计算某项因素变动对科目的影响，把对各科目的影响加总，求出成本变动的情况。例如，分析机车车辆运用效率的变动对成本的影响，可以采用此种方法。此种方法的优点是计算准确，缺点是计算工作量大，比较繁琐。

2. 单位支出分摊法

用这种方法可以计算某项成本时，把能直接列入的支出直接列入该项成本，不能直接列入的支出，可以其性质相同或相类似的支出科目归纳在一起，形成一个“单位”，然后将“单位”支出用同一个运营指标分摊，列入某项成本。此种方法，实质上是支出科目直接计算法的派生，它可以减少直接计算法的工作量。

3. 支出率法

支出率法是用单位指标支出额计算和分析营运成本的。该方法是运输非定期成本计算采用最广泛的方法。

支出率的计算方法是：首先将一定时期的运输总支出分为客运支出和货运支出两部分，若计算货运成本则取货运支出部分（计算客运成本则取客运支出部分，下同）将其划分为与

运量有关的支出（变动成本，下同）和与运量无关的支出（固定成本，下同）两部分；再将各项与运量有关的支出分别归纳到关系最密切的指标下，分别把属于同一指标的有关支出加总，被该项指标去除即得出该指标的支出额，也就是支出率。计算公式为：

$$C'=\frac{\sum E}{\sum P} \tag{1.6.4}$$

式中：C'——某指标的支出率；$\sum P$——某指标的有关（变动）支出总额；$\sum E$——某指标的指标总数。

计算完成某项运输工作的运输成本，需以完成这项运输工作所需的各项指标数，分别乘以相应的支出率，即得出完成这项运输工作所需各项运营指标的支出额，将各项运营指标的支出额加总，就是完成这项运输工作的有关支出（变动成本），最后，再加上完成某项运输工作应摊的与运量无关的支出（固定成本），即得出完成某项运输工作的完全成本。

以计算完成一定运量的客运成本为例，计算公式应为：

$$C=\sum_{i=1}^{n} C_i' P_i + C_{\mathrm{w}} \tag{1.6.5}$$

式中：C——完成一定客运量的运输成本；C_i'——各指标的支出率；P_i——完成一定客运量消耗的各项指标数；C_{w}——完成一定客运量应摊的与运量无关的成本（固定成本）。

4. 作业成本法

作业成本法是适应现代高科技生产的需要而产生的。作业成本法计算成本的一般原理是作业量乘以单位作业成本，但成本支出又分为变动成本和固定成本。因此，作业成本计算公式为：

作业全成本＝作业量×单位变动成本＋固定成本

（1）作业成本法的应用步骤：

① 定义作业。定义作业的基本目的是对作业链上的各种作业的确认，定义作业要注意作业的多元化特征，人工作业与设备作业并重，科学地合并或分解作业。

② 归集作业消耗的资源费用。

③ 建立作业中心、作业成本库。性质相同的作业可以归并为一个作业中心。

④ 确定成本动因。在作业成本库中确定相应的成本动因，并按成本动因计算相应的作业成本。

⑤ 分配作业成本库成本到成本对象，计算单位成本。

其中最重要的就是建立作业中心和确定成本动因两个步骤，作业中心确定得是否合理及成本动因的可获得性直接决定作业成本系统的成败。

（2）作业成本法区别于传统成本计算的主要特点是：

① 以作业为基本的成本计算对象，并将其作为汇总其他成本的基础。

② 注重间接费用的归集与分配。设置多样化作业成本库，并采用多样化成本动因作为成本分配标准，使成本归集明细化，从而提高成本的可归属性。

③ 关注成本发生的过程。把产品成本的结果考核转变为作业成本的过程考核，加强了生产全过程的成本监控。

作业成本法思路的应用在铁路成本计算系统的建设中起到了重要的作用。

四、对运输成本的一般分析

运输成本是反映运输企业工作质量的一个重要的综合性指标，在很大程度上标志着运输企业全部活动的经济效果。同时，也是评价一种运输方式的重要指标，是货主和旅客选用运输劳务必须考虑的因素。这里仅就运输成本分析的任务、内容和方法作一般介绍。

1. 运输成本分析的任务

（1）正确认识和掌握运输成本变动的一般规律，加强部门或企业的成本管理。

（2）为运输发展战略决策和运输规划提供成本依据。

（3）对部门或企业成本计划的执行情况进行有效控制，对执行结果进行评价。

（4）对部门或企业运输成本计划的编制提供依据，给未来的成本管理工作提出努力的方向。

2. 运输成本分析的内容

（1）运输成本计划执行情况的分析。

（2）主要运输技术经济指标的变动对运输成本影响的分析。

（3）各运输企业之间运输成本完成对情况的分析。

（4）运输技术经济措施项目的成本预测分析等。

3. 运输成本分析的程序

（1）根据会计、统计和业务核算资料，对运输成本计划执行情况进行总评价，揭示部门或企业成本管理多余的主要成绩和存在的问题，为深入分析指出重点所在。

（2）分析运输工具工作效率指标的变动对货运成本的影响，并从货源组织，车船、飞机调度和装卸工作情况进行深入的研究和分析，确定其对成本的影响程度。

（3）分析客运车、船（飞机）的利用程度的营运组织工作对客运成本的影响，以寻找客运成本升降的具体原因及其影响程度。

（4）对运输成本主要项目逐一分析，确定价格变动和消耗变动对成本的影响。

（5）根据分析的结果，提出改进部门或企业经营管理工作和降低成本的措施。

4. 运输成本分析的方法

（1）对比法。对比法是指对两个（组）成本数值进行对比分析，找矛盾、差距，查原因。成本对比法通常有三种：① 实际成本与计划成本的对比；② 本期实际成本与过去实际成本的对比；③ 本企业实际成本与其他同类企业实际成本的对比。

对比法应建立在有比较意义的基础上，必须注意成本指标的可比性，如成本指标的统计口径、计算范围、时间、单位等均应相同，在出现不一致的情况时，必须对资料进行修订加工，达到可比的要求。

（2）比率法。比率是指两个相关的经济指标的比值。所谓比率法，就是根据比值的大小，判断企业某一经济活动的效率。例如，运输综合单位成本是运输总成本与换算周转量之比，它反映运输企业一定时期运输生产劳动消耗与运输产品总量之间的对比关系，综合地反映出企业的营运活动的状况。利用单位成本指标，可以比较不同规模的企事业成本水平，判断企业经营的优劣。

（3）连锁替代法。影响成本指标的因素是相互联系和制约的。连锁替代就是从这些相互联系的因素中，以数值的形式测定各因素对成本指标的影响程度的一种方法。

（4）差额分析法。它是简化了的连锁替代法，是指将影响成本变化的各个因素，按照它在经济活动中的经济意义、逻辑意义和发生时间的先后顺序排列，依次求出其差额的分析方法。

（5）量本利分析法。量本利分析常用来研究运量、成本和利润三者之间的关系。但它的用途不仅限于制定运量、成本和利润计划，它对于制定其他计划的评定技术方案也同样有用。因为一切计划或方案制订得是否合理，归根到底要看它对运量、成本和利润会产生什么影响。

量本利分析法的核心是寻找盈亏平衡点，盈亏平衡的运量（或销售额）就是指保本的运量（或销售量），即在这个运量水平上，总收入等于总成本。确定盈亏平衡点对决策者来说至关重要。因为如果决策的运量超过了这一点，说明收入大于成本，这样的决策是有利可图的。如果决策是小于这个平衡点，说明这种决策会导致亏本，因而是不可取的。

第七章 运 输 价 格

第一节 运输价格及其特点

一、运输价格的含义

所谓运输价格，是指运输企业对特定货物或旅客所提供的运输劳务的价格。运输价格能有效地促进运输产业结构的优化配置。运输产业结构主要包括运输工具和其他与之相关的基础设施，如港口、码头、机场、车站，以及航道、道路设施等。无论是国家对运输产业结构进行统一规划或是运输企业对其自行调整，运输价格的高低将会在其中起至关重要的作用。其中，运输企业对此尤为敏感。如果市场上运输价格上扬，运输企业认为有利可图，就会增加运输能力的投入；反之，则会减少运输能力的投入，甚至退出运输市场。运输产业结构通过运输价格进行调整，其结果将有利于促进各种运输方式之间的合理分工。

运输价格能有效地调节各种运输方式的运输需求。它是基于总体运输能力基本不变的情况下，因运输价格的变动导致运输需求的改变。但货物运输需求在性质上属于“派生需求”。运输总需求的大小，一般决定于社会经济活动的总水平。运输价格的高低对其产生影响极其有限。但有时运输价格的变动对某一运输方式的需求调节却是十分明显的。

运输价格在国民经济各部门收入分配中起重要影响作用。运输价格是运输企业借以计算和取得运输收入的根本依据。因此，运输价格的高低，直接关系到运输企业的收入水平。另一方面，货物运输价格又是商品销售价格中的有机组成部分，它的高低也会影响其他物质生产部门的收入水平。因此，运输价格的调节作用，可以促使其他生产部门将生产要素投入到效益好的领域，从而达到资源的优化配置。

二、运输价格的特点

1. 运输价格是一种劳务价格

运输企业为社会提供的效用不是实物形态的产品，而是通过运输工具实现货物或旅客在空间位置的移动。在运输生产过程中，运输企业为货物或旅客提供了运输劳务，运输价格就是运输劳务产品价格。劳务产品与有形商品最大的区别是，它是无形的，既不能储存又不能调拨，只能满足一时一地发生的某种服务需求。运输企业产品的生产过程亦是其产品的消费过程。因此，运输价格就是一种销售价格。换言之，运输价格只有销售价格的一种表现形式，而其他有形商品可有出厂价、批发价、零售价之分。同时，由于产品的不可储存性，因此当运输需求发生变化时，只能靠调整供给能力来达到运输供求的平衡。而在现实中运输能力的调整具有滞后性，故运输价格因供求关系而产生波动的程度往往较有形商品要来得大。

2. 货物运输价格是商品销售价格的组成部分

商品的生产过程不仅表现为劳动对象形态的改变，也包括劳动对象的空间转移。这样才能使物质产品从生产领域最终进入到市场。在很大程度上，商品的生产地在空间上是与消费者相分离的，这就必须要经过运输才能满足消费者对商品的实际需要。在此过程中又必须通过价格作为媒介来实现商品的交换。这样，货物运价就成了商品销售价格的重要组成部分。在外贸进、出口货物中，班轮货物的运价占商品价格的比率为1.1%～28.4%，大宗而廉价货物其比率可达30%～50%。由此可见，货物运价的高低，会直接影响商品的销售价乃至实际成交与否。

3. 运输价格具有随不同运输距离或不同航线改变而变化特点

货物或旅客按不同运输距离规定不同的价格，称之为“距离运价”或“里程运价”。这是因为运输产品即运输对象的空间位置移动是以周转量来衡量的。货物周转量以吨·公里（或吨·海里）为计量单位；而旅客周转量，则以人·公里（或人·海里）为计算单位。因此，运价不仅要反映所运货物或旅客数量的多少，还要体现运输距离的远近。距离运价是我国沿海、内河、铁路、公路运输中普遍采用的一种运价形式。

货物或旅客按不同航线或线路规定不同的运价，称之为“航线运价”或“线路运价”。采用此种运价，是基于运输生产的地域性特点。运输工具在不同航线（或线路）上行驶，因自然条件、地理位置等有显著差别，即运输条件各不相同，即使货运（或客运）周转量相同，运输企业付出的劳务量及供求关系等却相差很大。因此，有必要按不同航线（或线路）采用不同的运价。目前，这种运价同样广泛地使用于远洋运输和航空运输中。

4. 运输价格具有比较复杂的比价关系

因货物或旅客运输，有时可采用不同运输方式或运输工具加以实现，最终达到的效果也各不相同。具体表现为所运货物的种类、旅客舱位等级、运载数量大小、距离、方向、时间、速度等都会有所差别。而这些差别均会影响到运输成本和供求关系，在价格上必然会有相应的反映。例如，甲、乙两地之间的旅客运输，可供选择的运输方式为铁路和海运，而铁路硬席卧铺的舒适程度与海运三等舱位相仿，但由于运输速度前者快于后者，因此，在一般情况下铁路票价会高于海运。若相反，结果会造成铁路运输紧张而海运空闲，而这时若海运因运转成本高而无法降价以争取客源，最终只能退出该航线的运输。目前我国沿海众多客运航线被迫停航就是一个明证。

第二节　运输价格的形成因素

形成运输价格的因素比较复杂，主要有运输成本、运输供求关系、运输市场的结构模式、国家有关经济政策以及各种运输方式之间的竞争等。

一、运输成本

运输成本是指运输企业在进行运输生产过程中发生的各种耗费的总和。

在正常情况下，运输企业为能抵偿运输成本而不至于亏本并能扩大再生产，要求运输价格不低于运输成本。因此，运输成本便成为形成运输价格的重要因素和最低界限。

按照财政部颁布的《运输企业财务制度》规定，运输成本由营运成本、管理费用、财务费用三部分组成。简述如下。

1. 营运成本

营运成本指与营运生产直接有关的各项支出。包括实际消耗的各种燃料、物料、用具等；船舶固定资产折旧费、修理费、租赁费、保险费、港口费、货物费、代理费、员工福利费以及事故净损失等。

2. 管理费用

管理费用指运输企业行政管理部门为管理和组织营运生产活动的各项费用。包括公司经费、工会经费、劳动保险费、财产、土地使用税、技术转让费、技术开发费等。

3. 财务费用

财务费用指运输企业为筹集资金而发生的各项费用。包括企业营运期间发生的利息支出、汇兑净损失、调剂外汇手续费金融机构手续费以及筹资发生的其他财务费用等。

二、运输供求关系

运输市场的供求平衡，不仅会因运输市场价格对供给和需求的调节而引起，而且还会由于运输供给和需求对市场价格的调节而产生。考察运输供求对运输价格的影响，主要是指后者。

运输供给和需求对运输市场价格的调节，通常是由于供求数量不同程度的增长或减少引起的。为分析方便，以假定其中一个量不变为前提来讨论对运输市场价格的影响。

1. 运输需求不变，供给发生变化而对运输市场价格的影响

在图 1.7.1 中，S 为运输供给曲线，D 为需求曲线。当 D 不变时，由于运输供给下降，曲线 S 向左上移至 S_1，市场平衡点 A 移至 A_1，市场供给量从 Q_0 降至 Q，运输市场价格由 P_0 上升至 P_1。相反，若运输供给增长，曲线 S 向右下移至 S_2，市场平衡点由 A 移至 A_2，市场供给量从 Q_0 上升到 Q_2，运输市场价格由 P_0 下降至 P_2。

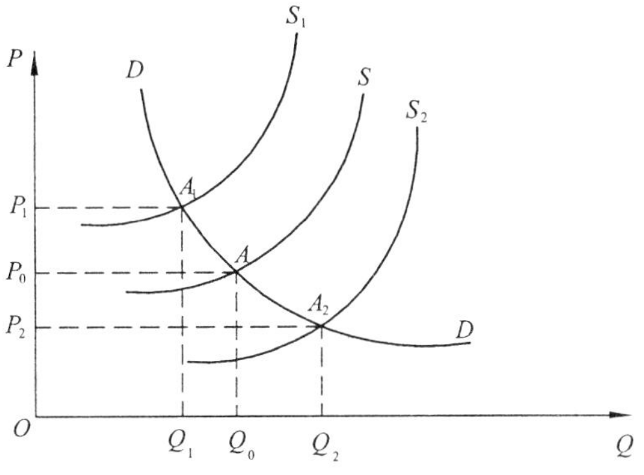

图 1.7.1　需求不变供给变化图

2. 运输供给不变，需求发生变化而对运输市场价格的影响

在图 1.7.2 中，由于运输需求的增长，曲线 D 向右上移至 D_1，市场平衡点由 A 移至 A_1，市场需求量从 Q_0 上升至 Q_1 运输价格随之由 P_0 上升至 P_1。相反，若运输需求降低，曲线 D 向左下移至 D_2，市场平衡点由 A 下移至 A_2，市场需求量从 Q_0 下降至 Q_2，运输市场价格随之由 P_0 下降至 P_2。

从以上分析可看出，运输需求或供给的变化都会引起运输价格的改变。

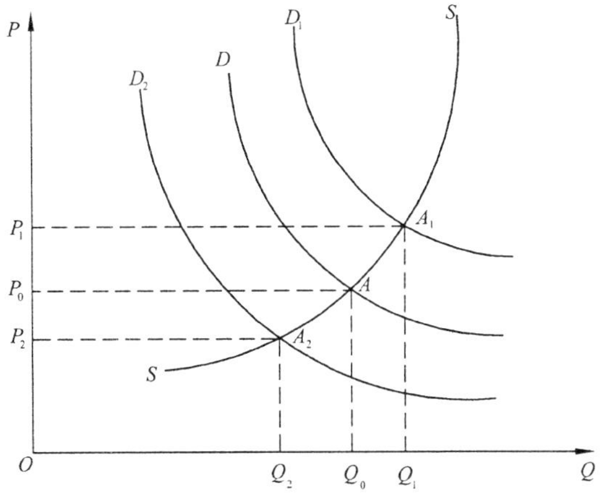

图 1.7.2　供给不变需求变化图

三、运输市场结构模式

根据市场的竞争程度，运输市场结构可大体分为四种类型，即完全竞争运输市场、完全垄断运输市场、垄断竞争运输市场和寡头垄断运输市场。不同类型的市场有不同的运行机制和特点，对运输价格的形成会产生重大影响。运输市场结构模式的具体分析见第四章第四节。

四、国家经济政策

国家对运输业实行的税收政策、信贷政策、投资政策等均会直接或间接地影响运输价格水平。长期以来，国家为扶植运输业，在以上诸方面均实行优惠政策。例如，目前国家对运输业所征营业税是第三产业中最低的，其税率仅为 3%。从运输价格的理论构成看，包括运输成本、利润和营业税金三部分。如果营业税率较低，在正常运输成本和利润不变的情况下，运输价格可随之降低。因此，目前国家对运输业实行的优惠税率政策有利于稳定运输价格并促进运输业的发展。

五、各运输方式之间的竞争

影响运输价格水平的竞争因素有：运输速度、货物的完好程度以及是否能实现“门到门”运输等。

以运输速度为例。若相同起讫地的货物运输可采用两种不同的运输方式进行，此时运输速度较慢的那一种运输方式只能实行较低的运价。这是因为，就货主而言，它增加了流动资金的占用和因货物逾期、丧失市场机会而造成的市场销售损失，与运输速度较快的那一种运输方式相比，其理论降价幅度为上述两项费用之和，计算方法表述如下。

1. 流动资金占用差（W_1）

$$W_1 = C \cdot q \cdot (t_1 - t_2) \cdot r \quad （元） \tag{1.7.1}$$

式中：C —— 每吨货物的平均价格（元/t）；q —— 所运货物数量（t）；r —— 银行贷款日利率（%）；t_1 —— 选用较慢运输方式的运输时间（d）；t_2 —— 选用较快运输方式的运输时间（d）。

2. 货物因逾期而造成的市场销售损失（W_2）

$$W_2 = (C_2 - C_1) \cdot q \quad （元）$$

式中：C_1 —— 选用较慢运输方式每吨货物在销售地的市场价格（元）；C_2 —— 选用较快运输方式每吨货物在销售地的市场价格（元）。

第三节　运输价格的制定理论

按运输对象而论，可分为货物和旅客运输两大类。这里主要讨论货物运输价格的制定理论，旅客运输价格的制定原理与此相类似，故不作重点论述。

目前，国内外学者对货物运输价格的制定理论各持己见、众说纷纭，其争论的实质是对货物运输的形成基础有不同的认识，归纳起来主要有两种不同的观点。

第一种观点认为，货物运价的形成基础是运输价值，即所谓的“运输价值决定论”。这种观点认为，货物运价的形成直接起源于马克思的“劳动价值论”，并认为它的形成主要受两种因素的影响：其一，在既定的运输生产条件下的平均物质消耗和劳动消耗量，即运输部门的平均生产成本；其二，因各经济部门的利润平均化趋势而客观存在的社会平均资金利润率的高低。由这种理论派生出的货物运价制定理论为“生产价格论”。

第二种观点认为，货物运价的形成基础不取决于运输价值，而是由运输市场的竞争决定的，即所谓的“市场竞争决定论”。这种理论认为，货物运价的形成主要受运输市场供求变化的影响，进而产生竞争并最终达到某种程度的“价格均衡”。造成这种结果的原因主要应从运输供求双方所具备的条件和所处的竞争环境中去找，而不是其他。由这种理论派生出的货物运价制定理论有：“边际成本论”、“均衡价格论”、“从价理论”等。

下面就以上四种货物运价的制定理论作必要的分析。

一、生产价格论

这种观点的主要依据是马克思的“劳动价值论”。认为货物运输与其他有形商品一样，具有价值和使用价值的二重性。运输产品的价值表现为货物在发生位移过程中所消耗的社会必要劳动时间；它的使用价值则表现为货物发生位移后使商品潜在的使用价值转变为现实的使用价值。而运输价格的制定实质是对运输价值量的测算。由于当今社会生产力的高度发展，各经济部门的利润平均化趋势已客观存在，这就为“生产价格论”提供了依据。作为社会必要劳动的货币表现即运输价格具体体现为运输成本与社会平均盈利之和。

一般认为，以生产价格论来制定货物运价必须具备以下两个前提条件。

1. 应以运输供求基本平衡为前提

我们知道，运输供求不平衡势必会造成在价格上的波动。不平衡的程度越大，价格的波动就越厉害。人们固然可采用种种现代化手段对未来的运输需求量做出预测和判断，但大量的事实表明，要较精确掌握未来需求尤其是长远的需求几乎是办不到的。这是因为运输需求是一种派生需求，即派生于其他物质生产部门的生产、消费和交换等活动。因此影响运输需求（包括货物种类、方向、运输时间等）的因素相当复杂。如工农业生产发展水平、经济结构和产业结构、生产力布局的调整和专业化生产的发展、人口的增长和流动、运输条件的改变等。因此，仅根据当前的统计资料，用定量方法建立数学模型对未来运输需求的状况要作出精确的预测困难较大，甚至几乎是不可能的。

然而，在运输需求未知时，参与运输生产的企业的规模、技术，以及生产条件等也是未知的，货物运输的社会必要劳动时间的耗费就无法确定。因此，该理论在实际运用中会遇到极大困难。这可从我国在较长时间内以该理论来制定运输价格，但并未达到预想的效果得到印证。

2. 必须预先确定社会平均资金利润率

生产价格的基本点是“企业等量资本投入要求获得等量的利润”，这是社会大生产发展的必然结果。而现实的情况是，平均利润的形成即使是在完全竞争的市场机制中，也仅仅是一种趋势。而这种趋势恰恰又是运输供求变化作用所达到的一种结果，它是终点而决不是起点。因此，在一般情况下，在制定运输价格时，无法预先知道社会平均资金利润率。如果人为地规定它，其结果常常出现国家或企业制定的价格与实际执行的市场价格大相径庭。以至于藐视“公正”的运价而成了一纸空文。

如上所述，生产价格论作为一种货物运价制定理论，是言之有据的。但其具体操作问题却有待进一步论证和探讨。

二、边际成本论

所谓“边际成本”，是指生产过程中每增加或减少一个单位产量而引起的总成本的变动。以边际成本论定价，是指在运输供求发生变动时，运输企业必须增加或减少运输数量，并以因增加或减少运输数量而引起的总成本的变动为基础确定运输价格。

边际成本与单位总成本、单位可变成本、单位固定成本之间的关系如图 1.7.3 所示。

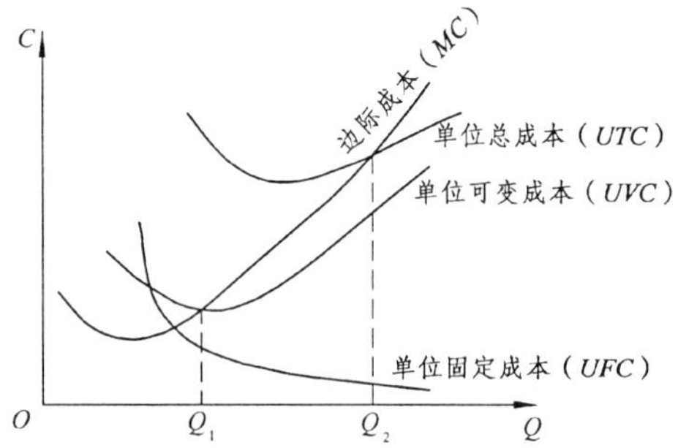

图 1.7.3　各单位成本关系图

上图横坐标表示货物运量 Q；纵坐标表示各单位运输成本 C。运输成本按其是否受货物运量的变化而改变可分为固定成本与可变成本两部分。在一定条件下，因固定成本不受运量变化的影响，故运输总成本的变化只受可变成本的影响，这时边际运输成本则与单位可变成本相当，如图中运量在 Q_1 以内时；如实际发生的货物运量低于运输工具的运输能力，边际成本将低于单位总成本，如图中运量在 Q_2 以内时。反之，运输企业必须投入新的运输能力，这时的边际成本将高于单位总成本，如图中运量超过 Q_2 时。

从上述可知，边际运输成本与单位运输总成本之间的相对关系，可以反映运输工具的运输能力是否被充分利用、随之用运输价格来调整运输供求关系。按边际成本论定价的实质也就在这里。

在货物运输密度较低的地区或航线，由于现有的运输能力未能充分发挥作用，这时每增加单位运量的边际成本低于单位总成本（如图中运量在 Q_2 以内时），这时若以边际成本为基础定价，就可低于原来按运输总成本为基础所定的价格，从而可促进运输需求；反之，在运输密度高、运输能力紧张的地区或航线，由于运量的增加将导致运输企业新的投入，每增加单位运量的边际成本，将会大于单位运输总成本（如图中运量超过 Q_2 时），这时若以边际成本为基础定价，就会使得运输价格相应变高，从而可起到抑制需求的作用。

我国国内货物和旅客运输已存在按边际成本论定价的例子。例如，有关部门规定，在新开辟的铁路和水运线路上采用“新线新价”。由于新的运输线路资本投入较原运输线路多得多，其边际成本大大超过原运输线路的单位总成本；而且，一般都在运输需求量大于运输能力供给的情况下开辟新的运输线路，所以目前采用的“新线新价”均高于其他运输线路的价格。这也符合运输市场价格对运输需求进行反向调节的客观规律。

但我们也应注意到，运输需求的大小从总体上看是受到国民经济发展规模等因素的制约，因为它毕竟是一种派生需求。因此，它在一定空间和时间内受运输价格的影响极其有限，所以不能过分估价这种定价理论的作用。另外在运输需求严重不足的地区或航线，由于其边际成本长期低于单位总成本，以边际成本论定价会导致运输业长期大面积亏损。当前，我国江苏、湖南、浙江等省内河航运较发达的某些地区就已出现了这种局面，运输企业一再压低运价也未能使运输需求量有较大的回升，从而使自己陷入困境。

三、均衡价格论

在货物运输中，运输企业和货主经过讨价还价，使运输供求数量达到一致时的价格称为均衡运输价格，其示意图如图 1.7.4 所示。

图中 D 为需求曲线，S 为供给曲线，供求数量平衡为 Q_0，此时的均衡运输价格为 P_0。若价格偏高（如 P_1）会造成运输供给大于需求；相反，若价格偏低（如 P_2）则会造成运输供给小于需求。在供求关系的作用下，前者的价格逐步下降而后者的运价逐步上升，最终达到均衡点 A。

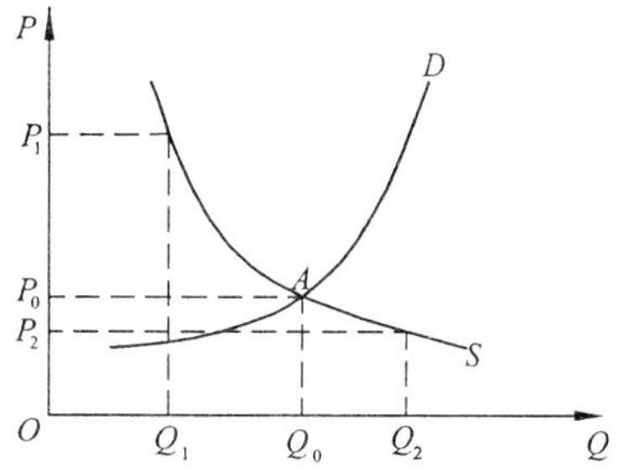

图 1.7.4 均衡运输价格示意图

均衡价格论的核心问题是：运输需求或供给量是如何影响价格形成的。有些学者建议采用需求的价格弹性和供给的价格弹性做定量分析。它有别于在市场供求研究中，因运输价格的改变而引起运输需求或供给的变化所采用的价格的需求弹性和价格的供给弹性。

1. 需求的价格弹性

需求的价格弹性是指在特定的运输市场上运输需求量的变动而引起运输价格的变动程度。可用其系数来表示。

需求的价格弹性系数 E_d = 价格变动的百分率/需求变动的百分率

$$=(\Delta P/P\times100\%)/(\Delta Q/Q\times100\%) \tag{1.7.2}$$

该系数一般为正数。如大于 1，说明价格对需求富有弹性；如小于 1，说明价格对需求缺乏弹性；如等于 1，称为单一弹性。

只要测得各运输市场的各货物运输需求的价格弹性系数，那么就可以根据运输需求变动的状况，求得运输价格变动的百分率，以此确定各种货物的运输价格。

2. 供给的价格弹性

供给的价格弹性是指在特定的运输市场上运输供给量的变动而引起运输价格的变动程度。可用其系数来表示。

供给的价格弹性系数 E_s = 价格变动的百分率/供给变动的百分率

$$=(\Delta P/P\times100\%)/(\Delta Q/Q\times100\%) \tag{1.7.3}$$

与需求的价格弹性不同的是，供给的价格弹性系数一般均为负值。同样也可分为富有弹性、缺乏弹性和单一弹性。

只要测得各运输市场的各货物运输供给的价格弹性系数，并根据运输供给变动情况，求得运输价格的变动百分率，便可以以此确定各种货物的运输价格。

以均衡价格作为运价的制定理论，很显然只是注重运输供求关系对价格的决定因素；而没有考虑其他各种因素对价格的影响，因此，它只能在完全竞争的运输市场结构模式中才适宜采用。同时，需求和供给的价格弹性系数测算比较困难，又有较强的时间性，故在现实中，该理论尚无法得到广泛运用。

四、从价理论

“从价理论”也称货物对运费的负担能力理论。是指以所运货物本身的价值高低为基础确定的运输价格，所以也称按负担能力定价理论。

从价理论的实质是在货物运输供求双方进行价格竞争的条件下，按需求弹性高低来确定货物运价的一种转化模式。在一般情况下，本身价值较高的货物，其运输需求对运价的弹性较小，也即弹性系数小于 1，此时可提高货运价格。这是因为，此时若提高运价，运输收入将会相应提高。因为运输需求量的下降比率小于运价提高的比率，而运输收入为货运价格与运输量之乘积，其结果对运输企业有利。同样，本身价值较低的货物，其需求对价格的弹性较大，也即弹性系数大于 1，此时应降低货运价格，由于需求量提高的比率大于价格下降的比率，其结果运输收入亦会得到提高。即使有时因对低价值货物的运价定得过低而造成损失，也可从高价值货物的运输收入中得到补偿。正因为这样，从价理论在国际海运中至今仍有较高的应用价值。

按从价理论定价，运输企业存在一个对货运价格的具体选择问题。其基本原则应该是：在考虑各种货物运输需求量的前提下，运输企业应选择货主能提供最多抵偿固定费用的货物运价。即：应该根据货物对运价的负担能力来确定货物运价。由于每种货物对运价都有一个负担能力，有的货物可负担的运价高一些，如黄金、五金百货等产品对运价负担能力就大，运价高低对它的市场价格影响不大；而煤炭、矿石等低价值的货物对运价的负担能力就比较小一些，运价的高低对它的市场价格影响较大。同时对每种货物要考虑它的运量，对运量少、价值高的货物收取能提供尽可能多的运价，如图 1.7.5 所示。

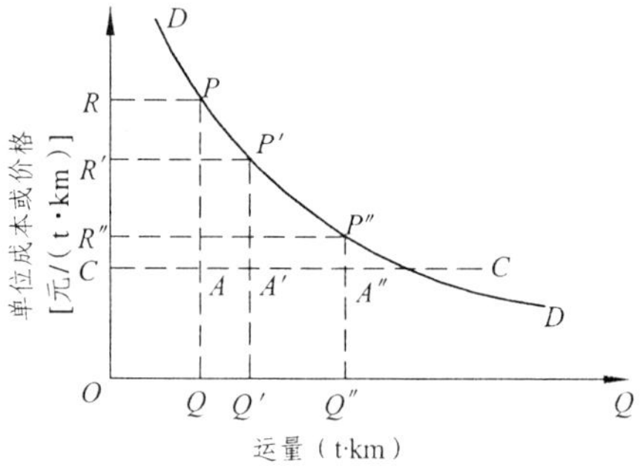

图 1.7.5　运输成本（或价格）与运输需求量的关系

图中，横轴代表某货物的运输需求量，纵轴代表单位成本（或价格）。*D*-*D* 代表该货物的需求曲线，*C*-*C* 代表单位变动成本。变动成本虽然随运量的变化而发生相应变化，但单位变动成本（即每吨变动成本）可近似看作不变。

从图中可知，货物运价若定为 OR，总收入可由长方形面积 $ORPQ$ 代表，此时的变动成本为面积 $OCAQ$，则所能提供抵偿固定费用的收入为面积 $CRPA$。同理，如货物运价定为 OR''，则能提供抵偿固定费用收入为面积 $CR''P''A''$。但若将货运价格定在 OR'，能提供抵偿固定费用的收入为最多，也即面积 $CR'P'A'$ 为最大，则 OR' 为最佳的运价。

设每吨货物运价（Y）与运输需求量（X）的函数关系为：$Y=-mx+n$（其中 m、n 为正的常数）；单位变动成本 $C=a$（a 为正的常数）。此时，货主能提供抵偿固定费用的收入为：

$$S=(-mx+n)\cdot x-ax=-mx^2+(n-a)\cdot x$$

当 S 值为最大时，需求量 x_0 的求解过程为：函数 S 对 x 求导数，并令其为 0。

$$\frac{\mathrm{d}S}{\mathrm{d}x}=[-mx^2+(n-a)\cdot x]'=-2mx+n-a=0$$

得：$x_0=\dfrac{n-a}{2m}$（t）；也即：$Q'=\dfrac{n-a}{2m}$。此时，货物运价则为：

$$y_0=-mx+n=(-m)\cdot\frac{n-a}{2m}+n=\frac{n+a}{2}\text{（元/t）；也即：}OR'=(n+a)/2\text{。}$$

在现实中，运输需求曲线 $D-D$ 可为二次或多次函数，但基本求解过程与上述相同。

以上仅是在建立数学模型基础上的一种理论分析。事实上，对高价值货物实行高运价是有一定限度的。其主要原因有两个：其一，本身价值较高的货物往往是各种运输方式争夺的对象，因此运输需求交叉弹性较高，这样就牵制了货物运价的过高波动；其二，货主对货物运价具有一定范围的承受能力，即货物运价不能高于所运货物销售地与生产地价格之差。否则货主因销售商品不能获利甚至亏本而会放弃运输。

就价格形成上分析，从价理论是属于“市场竞争决定论”范畴的；而从市场营销角度看，它又是一种需求差异定价模式。虽然该理论在国际海上货物运输中具有悠久的历史，而且从运输市场竞争规律以及从市场营销的角度分析均有其可取之处，但不可否认，该理论在实际应用中也会带来一定的困难。具体表现在以下两方面：

（1）对高价值货物的运价与低价值货物的运价之间如何确定一种客观的合理比例关系，目前尚无规律可循。在国际货物运输中，有些航线高、低价值货物运价之比为5倍左右，而有些航线两者之比可达10倍以上。这在很大程度上是由历史原因造成的。这种情况对新辟航线的定价就起不到借鉴和参考作用。因此，在实际中，利用“从价理论”定价，运输企业应根据有关数学模型，结合不同航线货物运输需求交叉弹性和商品销、产地价格差等因素，合理确定不同航线高、低价值货物之间的运价比例关系。这就为日后新辟航线的定价提供一定的参考依据。

（2）持有高价值货物的货主对“从价理论”定价常有抵触情绪，运输企业在具体实施中会遇到阻力。例如，他们会向运输企业提出这样的质疑：我提交你运输的货物与其他低价值货物一样同船运出，在运输途中并没有对我所托运货物实施特殊的照料，凭什么我要多付运费呢？他们会感到不公正，甚至认为这是对运输高价值货物的一种“歧视”。应当承认，货主提出的质疑有一定道理。因为他们依据的恰恰是前述的“生产价格”定价理论，即无论什么货物，只要运输成本一样，就应实行相同的运价。但我们应该看到，在同一航线上，若高、低价值货物实行同一运价，所谓的运价“歧视”却最终没有消除，而只不过将其转嫁到低价值货物上去罢了。因为持有低价值货物的货主会明显感到货物运价太高而不堪承受。如果货物运价超过其销售地与生产地价格之差，他们会毫不迟疑地放弃该货物的运输。其直接后果是，运输企业无法招揽到低价值货源，从而陷入困境。因此，运输企业应认真分析研究并确定各类货主均能接受的运输价格，这样，既有利于“从价理论”定价在实际中的贯彻实施，也可促进运输业的发展。

第四节　运输价格的分类及其结构形式

一、运输价格的分类

运输价格按不同的运输对象、不同运输方式以及多种运输方式的联合等划分为若干种类。

1. 按不同服务对象划分

运输业的服务对象，主要有两类：货物和旅客，因此可分为货物运输价格和旅客运输价格两大类。

（1）货物运输价格。货物运输价格可按其适用范围、管理方式、货物种类及其批量大小等进行不同的划分。

① 按货物运输价格的适用范围划分。具体可分为国内货物运输价格和国际货物运输价格两类。各种不同运输方式对此又有不同的规定。以水路货物运输价格为例，国内货物运价又区分为交通部直属航运企业适用的货物运价和地方水运企业所适用的货物运价；国际货物运价按其适用范围主要有两种：班轮公司运价和双边运价。前者适用于所属班轮公司船舶的货运价格，如中国远洋（集团）公司制定的运价表、中波轮船股份有限公司制定的运价表；后者为货方同船方协商制定的货运价格，如《中国对外贸易运输公司第三号运价表》是中国外运公司代表货方同船方商定的，凡经外运公司承办的我国进出口货物，除少数外国班轮公司运转的货物外，均可适用。

② 按对货物运输价格的管理方式划分。具体可分为国家定价、国家指导价和市场调节价等几种。目前我国对国有铁路货物、水路、公路中的救灾等货物运输和航空中的公共货物运输等均实行国家定价；交通部直属航运企业的计划内货物运输实行国家指导价；其他货物运输均实行市场调节价。

③ 按运转货物种类及其批量大小划分。

a. 以货物不同种类划分，可分为普通货物运价和危险货物运价、冷藏货物运价、集装箱货物运价等。其中，在普通货物运价中，一般又按其不同的运输条件和货物本身价值高低等因素划分若干等级。例如，我国沿海、长江等航区将货物划分为 10 个等级；铁路《货物运价分类表》中将货物分为 23 类 146 项，共规定 17 个运价号等。

b. 以货物批量大小划分，一般将其区分为整批货物运价和零担货物运价两种，并规定后者价格高于前者。如沿海、长江航区凡满 30 t 以整批货物计价；一次托运未满 30 t 的则以零担货物计价。后者价格高于前者 20%。铁路、公路货物的整批或零担的认定则以一次托运量是否能装满一整车（车辆或车厢）为标准，能装满一整车的为整批货，否则为零担货。

（2）旅客运输价格。旅客运输价格可按其适用范围、管理方式，以及旅客在途中占用的舱（座）位的不同而进行不同的划分。其中对适用范围和管理方式的划分与货物运价基本相同，不再赘述。下面仅对旅客在途中占用的舱（座）位的不同划分方法作简要说明。

按交通部 1998 年 10 月颁布的《汽车运价规则》，客运车型计费等级划分为：大型客车、中型客车、小型客车。其中大型客车分为：高三级、高二级、高一级、中级和普通级 5 个等级；中型客车分为：高二级、高一级、中级和普通级 4 个等级；小型客车分为：高二级、高一级、中级和普通级 4 个等级。大型坐席高三级客车运价在基本运价的基础上加成 250%～350%；大型坐席高二级客车运价在坐席基本运价的基础上加成 200%～250%；大型坐席高一级客车运价在坐席基本运价的基础上加成 100%～200%。大型坐席中级客车运价在坐席基本运价的基础上加成 50%～100%。大型坐席普通级客车运价，按坐席基本运价执行。中型坐席高二级客车运价在坐席基本运价的基础上加成 200%～250%；中型坐席高一级客车运价在坐席基本运价的基础上加成 100%～200%；中型坐席中级客车运价在坐席基本运价的基础上加成 70%～120%；中型坐席普通级客车运价在坐席基本运价的基础上加成 20%～50%。小型坐席高二级客车运价按在坐席基本运价的基础上加成 200%～250%；小型坐席高一级客车运价在坐席基本运价的基础上加成 150%～200%；小型坐席中级客车运价在坐席基本运价的基础上加成 100%～150%；小型坐席普通级客车运价在坐席基本运价的基础上加成 50%～100%。

目前我国沿海、长江客轮的舱位分为6个等级：五等散席、五等卧席、四等舱、三等舱、二等舱和一等舱。以五等散席为基本运价，其余从低等级至高等级的递增率分别为20%、20%、30%、80%、100%。一等舱票价可为五等散席票价的6.74倍。

铁路、航空运输因旅客舱（座）位等级不同，其运输价格也均有较大差异。

2. 按不同运输方式划分

按不同运输方式，可划分为水路、铁路、公路、航空和管道运输价格等。又可按其运输的对象区别为货物运输价格和旅客运输价格。限于篇幅，仅介绍不同运输方式的货物运价。

（1）水路货物运输价格。具体又可划分为国际海上货物运价和国内水路货物运价两大类。

① 国际海上货物运价。

a. 班轮运价：指以班轮方式承运货物时规定的价格。它包括货物从装运港至目的港的海上运价及货物的装卸费率两部分。

b. 航次租船运价：指船舶所有人和承租人在航次租船合同中约定的运输价格。由于租船市场基本上属于自由竞争的市场，因此，航次租船市场基本上是由运输的供求关系决定的，波动性较大。此外，其运价水平的高低还受运输货物的种类、数量的多少、船舶航行的区域和距离长短以及租船合同的其他条款如装卸时间的计算方法、装卸费的分担、运费支付的时间等因素的影响。

c. 油船运价：指油船所有人和承租人在航次租船合同中约定的运输价格。与一般航次租船运价不同的是，它通常按伦敦国际油船费率表协会和纽约油船经纪人及代理人协会共同颁布的《世界油船（基本）费率表》所规定的运价为基础，双方商定一个增减比例记载于租船合同中，作为拟订油船运价。

② 国内水路货物运价。我国国内水路货物运价按不同航区分别制定。具体划分为沿海航区、长江、黑龙江、珠江水系以及各省（市）内河航区等。各航区以不同货种、不同运输距离各自制定相应范围的货物运价。

（2）铁路货物运输价格。我国铁路除少数线路外均实行全路统一货物运价，并按不同货种、不同运距分别制定。

（3）公路货物运转价格。我国公路货物运价由各省（市）行政区分别制定。具体按不同货种、不同运输条件和不同运输距离分别制定。

（4）航空货物运输价格。我国航空货物运价先区分国际航线和国内航线，然后按不同航线，并考虑货物种类和批量大小等因素分别制定。

（5）管道货物运输价格。我国管道货物运价按不同管道运输线输送不同货种分别制定。目前输送的货种为石油类（原油和成品油）、压缩气体（天然气和液体气体）、水浆（矿砂和煤粉）等。

3. 货物联运运价

货物联运运价按货物联运起讫点不同，可分为国内货物联运和国际货物联运两大类。前者指起讫地点均在同一国境内的运输；后者为跨越国境的运输。据此，货物联运运价可相应划分为国内货物联运运价和国际货物联运运价两大类。分别适用相应的运价规章或协议。

二、运输价格的结构形式

所谓运价的结构形式，是指按货物运输距离的差别制定的运价或按不同运输线路制定的运价。一般将前者称为距离运价或里程运价形式，后者则称为线路运价或航线运价形式。

1. 距离运价

即按货物运输距离而制定的价格。目前主要有两种制定形式：均衡里程运价和递远递减运价（如图 1.7.6，图 1.7.7）。

（1）均衡里程运价。均衡里程运价指对同一货种而言，货物运价率（即每吨货物运价）的增加与运输距离的增加成正比关系，也即每吨 · 公里运价不论其运输距离的长短均为一不变值。例如，铁路货物运价率表中，整车货物运输，运价率为 4.6 元/t 及 0.021 元 / （t · km）；又如，交通部规定国际集装箱运输国内段的公路运价以每箱 · 公里定价，均属于此类。

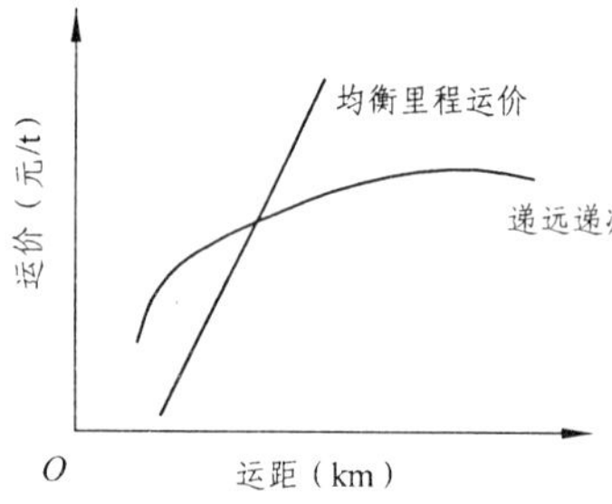

图 1.7.6　每吨货物运价与运距关系示意图

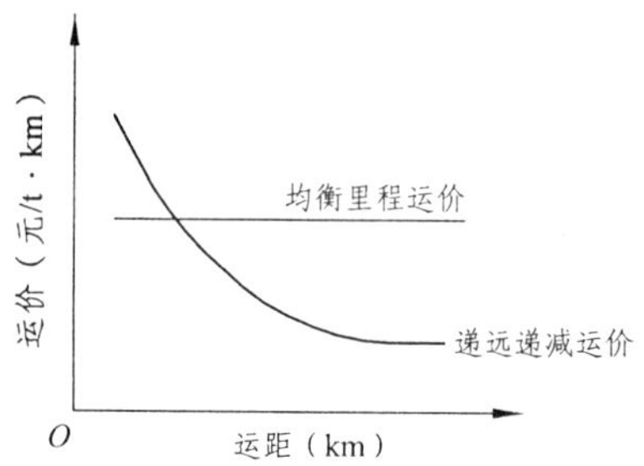

图 1.7.7　每吨 · 公里货物运价与运距关系示意图

公路货物运价之所以采用均衡里程运价形式，主要是因为公路货物运输成本的变化与运输距离的变化有其内在的联系。也即其运输成本的增加（或减少）与运输距离的增加（或减少）基本上成正比，因此，均衡里程运价能较好地反映运输成本的变化。

公路货物运输按其营运过程划分，成本由三部分组成：始发地作业成本、途中行驶成本和终止地作业成本。由于汽车的装载量一般比较小，故始发地、终止地作业成本占全部运输成本的比例很小，在长途运输中尤其如此。而在全部运输成本中占绝大部分的行驶成本，诸如燃料消耗、折旧费、人员工资、管理费用、保险费、税费等与运输时间的长短基本呈正比关系。而同一辆汽车的运输速度是基本固定的，这样，运输距离的长短则与运输时间的多少亦基本呈正比关系。其结果，行驶成本的增减与运输距离的长短就有相同的正比关系。这就为采用均衡里程运价提供了理论依据。当然，在实际制定运价时，考虑到短途运输中始发地、终止地作业成本的实际支出，另加一项“吨次费”，作为公路货物运价的组成部分。但就是这样，它在基本运价中所占的比重亦很小。故可以认为，我国公路货物运价基本上采用均衡里程运价形式。

（2）递远递减运价。递远递减运价指对同一货种而言，货物运价率（即每吨货物运价）虽然随运输距离的增加而相应增加，但并不呈正比增加，致使每吨 · 公里货物运价随运输距离的增加而逐渐降低。所谓“递远递减”，是针对每吨 · 公里运价随运输距离增加而相应减少而言的。

递远递减运价被广泛使用于我国水路运输（包括沿海和内河）和铁路运输中。这是由于水路、铁路运输方式在营运中发生的成本与运输距离之间的变化关系与公路相比有较大的差别的缘故。

在公路运输中，因货物在始发地、终止地的作业成本占全部运输成本的比重很小，故每吨·公里运输成本基本上不随运输距离的变化而改变。而在水路和铁路运输中，由于运输工具的载重量比汽车大得多，故而在始发地、终止地发生的作业成本也较大。例如，同样在港（站）停留 1 h，船舶和火车发生的折旧费较汽车大得多。这样，在分析单位运输成本因运输距离的变化而发生变化时，这部分费用则不能忽略，在短途运输中尤其如此。由于无论在长距离或短距离运输中，由于港（站）的作业条件一样，作为同一运输工具在始发地、终止地的作业成本没有改变。因此，随着运输距离的增加，每吨·公里的停泊成本（发生在水路运输）或停驶成本（发生在铁路运输）会随之下降，最终使每吨·公里运输成本也随之下降。这就是通常所说的单位运输成本的"递远递减"。为使运价能适应运输成本随运输距离的变化关系，故而在水路和铁路运输中采用"递远递减"运价。

在具体制定运价时，我国水路和铁路运输则采用不同的方法，以下作简要介绍。

① 水路货物运输以下式确定运价：

$$P=\left(\sum B_i\cdot L_i+A\right)\cdot K_i \tag{1.7.4}$$

式中：P —— 某货物的运价率（元/t 或元/箱）；A —— 船舶停泊基价（元/t 或元/箱）；B_i —— 各里程区段船舶航行基价［元/（t · km）或元/（箱 · km）］；L_i —— 相应里程区段的计算里程（km）；K_i —— 货类级别系数。

在具体测算时，除规定船舶停泊基价和航行基价外，一般还应分不同的运输里程区段，并以所在区段的中间值作为计算里程。同时，应对不同货类进行分级（如我国沿海和长江分为 10 级），每级别规定相应的级别系数。

② 铁路货物运输以下式确定运价：

$$P=\sum B_i\cdot L_i=B_0\cdot L_0+B_1\cdot L_1+\cdots+B_i\cdot L_i \tag{1.7.5}$$

式中：P —— 某货物的运价率（元/t）；L_0 —— 起码计算里程（现规定 100 km）；B_0 —— 起码计算里程的行驶基价［元/（t · km）］；L_i —— 各里程区段的计算里程（km）；B_i —— 相应里程区段的行驶基价［元/（t · km）］。

从以上两个计算公式中可看出，水路货物运价与铁路货物运价相比，在结构上不设火车（车辆）停驶基价一项。对此，有不少学者持有异议，认为仅在行驶基价上体现"递远递减"是不够的，还应以火车（车辆）在始发站、终止站发生的作业成本为基础，确定"停驶基价"，与水路货物运价中的船舶停泊基价一样作为运价的组成部分。

2. 线路运价

线路运价是指按运输线路或航线不同分别确定的货物运价。它被广泛使用于国际海运和航空货物运输中。

如前所述，之所以采用距离运价的形式，主要是因为它能较好地适应运输成本随运输距离变化的规律。但也应该看到距离运价有其不足的一面：其一，单位运输成本的递远递减规律，应以运输条件相同或基本相同作为前提条件，也即运输具有一定的区域性（故可称为"航区运价"形式），否则距离运价便丧失制定基础。例如，同一艘船舶，在运输条件较差的长江上游行驶 200 km 的每吨·公里成本，可能比在运输条件较好的长江下游行驶 100 km 的每吨·公里成本还要高，并不呈现"递远递减"。此时，若将整个长江作为一个航区统一实行距离运价，显然会严重脱离实际。其二，在市场经济条件下，货物运价的形成除运输成本外，还受运输供求关系、名种运输方式的竞争等多种因素的影响。因此，以运输成本为基础的距离运价有时在实际中无法实施。

由于国际海运和航空货物运输线路一般都较长，而每条线路的自然和运输条件千差万别，即使运输距离相同，其发生的运输成本却会有很大差异，例如，北大西洋航线与太平洋航线的船舶运输显然不能相提并论。此外，各线路的运输供求关系、竞争状况以及社会、政治环境等各不相同。因此只有按不同线路（或航线）分别确定运价才更符合实际。

综上所述，从理论上看，无论何种运输方式采用线路运价的形式才比较符合运输价格的形成规律。但在实际操作中，由于港、站的密度大，加上货种复杂，为简化运价的制定和运费的计算，目前在我国水路、公路、铁路运输中采用距离运价有其合理性。但对航区或运输区域的划分应予以改进和完善。例如，公路应取消按省（市）划分运输区域的定价方法，而改为按平原地区、丘陵地区、高原地区分别定价。

第五节　运输价格管理

运输业是连接商品生产和消费的桥梁和纽带。若作为运输产品交换媒介的运输价格因市场秩序混乱、管理不规范而被扭曲并发出一种失真的信号，会导致严重的后果。若货物运价信号失真，则会直接影响商品的正常交换，并导致运输企业经营决策的失误；若旅客票价信号失真，则会严重扰乱人们正常的工作、生活秩序。即使是被称为“自由市场经济”的美国，长期以来并未放松对运输价格的管理，由此可见运输价格管理的重要性。

所谓运输价格管理，是指根据运价本身运动的客观规律和外部环境，采用一定的管理原则和管理手段对运价的运动过程所进行的组织、指挥、监督、调节等各种职能活动的总和，是交通运输行业管理的一项重要内容，加强运价管理对保持市场价格的稳定，安定人民生活，保障经济建设的顺利进行，促进社会主义市场经济的发展，具有重要意义。运价管理的具体内容如下：

一、运输价格的管理模式

运输价格的管理模式是指在一定的社会形态下，国家对运输价格的形成及运行机制等的调节方式。运输价格管理模式的类型取决于社会经济性质和整个社会的经济模式。也就是说社会经济及其运行模式不同，形成了不同的价格模式，而运输价格管理模式则从属于社会的价格模式。

我国已明确实行社会主义市场经济体制，社会经济的运行模式应该是“国家调控市场，市场形成价格，价格引导企业”，即国家主要运用间接手段，调节和控制市场。在此条件下形成的市场价格，引导企业对商品实施生产、流通、消费和分配。而这种被称为“有控制的市场价格”模式，应是我国价格管理的目标模式，同时也是我国运输价格的管理目标模式。

运输价格管理采用有控制的市场价格模式，其积极作用的发挥是有一定前提或条件的。归纳起来，主要有以下几方面：其一，市场机制必须与计划机制有机结合；其二要有一个健全的运输市场体系，市场主体、行为都要求规范化；其三，要有一个比较宽松的社会经济环境，特别是要有一个相对平衡的运输市场供求环境；其四，需要国家的各种法律手段、经济手段、行政手段等有效的调控和指导。当前，我国运输市场已打破国有企业经营运输的一统天下，各种经济成分能在一定范围内参与市场竞争。但由于运输业体制还未理顺，现代企业制度的实施还处于起步阶段，运输市场的发育不健全，运输市场发出的运价信号往往是失真的。而失真的价格信号会导致运输企业的经营困难甚至决策的失误，会严重影响国民经济的正常运行。因此，在现阶段乃至今后一段较长时间内国家行业主管部门应更加重视对运输价格的管理。

二、运输价格的管理原则

国家对运输业实行“有控制的市场价格”管理模式时，其管理原则是：统一领导、分级管理；直接管理与间接控制相结合；保护竞争、禁止垄断。

1. 统一领导、分级管理的原则

运输价格管理的“统一领导”，是指涉及全国性运输价格管理工作的价格方针、价格调控计划、定价原则、调价方案与步骤、价格管理法规等内容应由国务院价格主管部门统一制定、统一部署、全面安排。并借助一定的组织程序和组织机构，采用相应的管理手段，对运输价格管理过程进行组织、监督、调节和协调。

当前，在运输价格管理过程中遇到的突出问题是，因运输市场体系不健全而造成的主体行为的不规范。例如，市场交易中的地方保护主义盛行，主体竞争不公平；“地下”交易、“黑市”交易严重，主体竞争不公开；无证货运代理商比比皆是，利用非法“回扣”中间盘剥等极大地扰乱了运输市场的正常运行。故必须改革现行运输市场的运作机制，进行“公平、公开、公正”的市场交易。

运输价格的“分级管理”，是指各级政府、运输主管部门按照各自的价格管理权限，对运输价格和费收标准实施的管理。

按我国 1991 年 5 月颁布实施的《铁路法》，铁路运价分为两级管理：国务院管理国家铁路的客货运价，铁路主管部门管理铁路运输杂费；省级价格主管部门管理地方铁路的运价和杂费。

目前对水路运输价格实行的是按运输企业隶属关系进行管理的方式。交通部直属水运企业的客货运价由交通部管理，各地方水运企业的客货运价由地方政府价格主管部门管理。有不少专家指出，现行按运输企业隶属关系对运价实施管理已不适应我国市场价格管理体制，必须进行重大改革。交通部作为国家水路运输主管部门，它所颁布的运价管理规章，应规范水路运输全行业不同所有制的运输企业（包括个体运输者）的定价行为，以统一标准对运价实施监督、管理，实行公平、公开、公正的市场交易。在管理权限的划分上，交通部应侧重在沿海、长江等主要航区（或干线）的客货运价管理；各地方政府价格主管部门则主要对所在地区（或水系）的客货运价实施管理。

目前，公路运价除国际联运、跨省集装箱、零担货物运价由国务院价格主管部门和交通部管理外，其余货物、旅客运价由省级价格主管部门会同交通主管部门管理。

我国航空运价实行公布运价和多种折扣运价相结合的管理方式。其中，公布运价由国务院价格主管部门管理；国内折扣运价由民航总局管理。

2. 直接管理与间接控制相结合的原则

对运输价格的直接管理，是指国家直接制定、调控和管理运价的一种行政管理方法。这也是我国20世纪80年代以前对运输价格管理使用的一种主要方法。其基本特点是运价由国家价格主管部门或业务主管部门直接制定并调整，并采用行政手段，强制企业执行。运输价格一经制定，具有相对稳定性。

我国已确立实行社会主义市场经济体制，在一定范围内保留对价格的直接管理是有必要的。即使是实行“自由市场经济”体制的国家也不例外。就我国而言，铁路运输和航空运输基本上由国家垄断经营，目前对国家铁路的客货运价、航空运输的公布运价等实施国家直接管理。如果不这样，会导致垄断价格，使市场调节作用弱化，最终影响国民经济的正常发展。

对运输价格的间接控制，是指国家通过经济政策的制定与实施，并运用经济手段来影响市场定价环境，诱导企业定价行为的一种价格控制方法。它的基本点是国家不直接规定和调整运价，而主要采用经济政策和经济手段来诱导运输企业做出准确的价格决策。

按照前述的运输价格管理采用有控制的市场价格模式，就是要建立以市场形成价格为主体，国家宏观调整的运价形成机制。其实施途径应采用直接管理与间接控制相结合，并以间接控制为主的方式。目前，随着运输市场的开放，多种经济成分、多渠道的运输格局已经形成，除对少数必须列入国家指令性货物，如抢险救灾、军运物资等实行运价的直接管理外，其余货物运输价格均应采用间接控制的办法，即由企业根据市场供求的变化自主定价。而铁路、航空运输因垄断性强，市场发育程度不高，当前对其运价仍采用直接管理为主。但随着我国现代企业制度的建立，运输市场供求关系日趋缓和，应逐步缩小国家指令性货物运输范围，最终达到主要由企业根据市场供求情况自主定价。

为达到政府部门对运输市场交易进行监控的目的，并引导运输企业在运输市场交易中合理定价，国家应建立和完善运输价格信息网络。以水运为例，应将已经组建的航运交易所有关交易信息联网，各交易所各自对运价信息进行采集并向网内反馈。这样，企业可利用计算机终端及时掌握自身需要的运价信息。与此同时交通部运价信息监控中心应定期或不定期地向全国水运系统发布主要航线、主要货种的运价指数，分析运价变化走向，并开展对运输价格的咨询服务。这样，运输企业便可根据自身的条件，参与运输市场的正常交易。若在某些航线发生运价指数异常，大大背离以往正常交易下的指数，运价信息监控中心在进一步确认的前提下，应亮“红灯”以示警戒，必要时应采取果断措施，责令有关航运交易所暂停交易，以保护运输企业或货主的利益。

3. 保护竞争、禁止垄断的原则

价格竞争是商品经济发展的必然产物。在客、货运输质量大体相同的条件下，通过不同运输方式之间、同一运输方式各企业之间的运价竞争，达到运输资源的合理配置和提高企业的经济效益。保护竞争，实质就是实行公平、公开、公正的市场交易。而地方保护主义、“地下”交易和“黑市”交易等就是不正当竞争行为。因此，为了保护运输业的正当竞争，国家要建立并完善保护竞争、反对垄断的法规，制止任何企业和企业集团利用某些优势搞价格垄断，谋取暴利。1994年我国已正式颁布并实施《反不正当竞争法》，在商品市场交易中已显示出良好效果。1998年5月1日我国正式颁布并实施《价格法》，与之相配套的《反垄断、暴利法》和《运输价格管理条例》等应尽早出台，将运价管理纳入法制化轨道。

三、运输价格的管理形式

国家采取何种价格管理形式，是价格管理的最基本内容。它是由管理模式决定的。目前，我国采取三种运输价格形式，即国家定价、国家指导价、市场调节价，并限定其各自的适用范围。

1. 国家定价

国家定价是由县级以上各级政府物价部门、运输主管部门按照国家规定的权限制定并负责调整的运输价格。

目前，我国对国家铁路的客、货运价和航空公布的客、货运价实行国家定价。由于国家铁路和航空运输由国家直接参与经营，具有较强的垄断性。因此其价格由国家直接制定并实施管理是很有必要的，否则会扰乱正常的运输秩序。但应该看到，按有控制的市场价格模式，国家定价不等同于过去计划经济体制下的“固定价格”(在制定时主要根据运输价值而很少考虑其他价格形成因素)，而在定价时，除了反映运输价值外，还应注意在市场经济条件下的客观经济规律的要求，诸如运输市场的供求关系、与其他运输方式之间的比价关系等。同时，还应根据运价指数的走向，定期与不定期地对运价进行调整。

2. 国家指导价

国家指导价是县级以上各级政府物价部门、运输主管部门通过规定基准价、浮动幅度或最高、最低保护价等形式制定的运输价格。

目前我国对于水路、公路中的旅客运输，以及属于国家指令性计划内的货物运输均实行国家指导价。由于我国水路、公路运输市场已基本确立，市场竞争机制也已基本形成，从理论上看可不失时机地全部实行市场调节价。但目前对于旅客票价以及属于关系到国计民生的重要物资、抢险救灾物资等列入国家指令性计划运输的价格仍不宜仓促放开，否则会造成社会不安定或对人民生活带来较严重的影响。即便如此，国家还是应兼顾运输企业的经济利益，由企业根据市场供求情况在规定的浮动幅度范围内自主定价。如交通部颁布的《直属水运企业货物运价规则》规定承运国家下达的计划运输的货物，可在基准价基础上，上下20%的幅度内由企业自主确定价格。

3. 市场调节价

市场调节价是运输企业根据国家有关政策和规定，主要通过市场供求情况自行确定的运输价格。除国家定价和国家指导价外，运输企业均采用市场调节价。

按照我国运输价格的管理模式，最终应实现以市场调节价为主、国家定价和国家指导价为辅的价格管理形式。这样，才有利于价值规律在市场体系中真正发挥调节运输供求，合理配置运输资源，提高运输企业生产效率等作用。只要国家所采用的调控手段运用得当，市场调节价必然会推进运输业乃至整个国民经济的健康发展。

四、运输价格管理的基本手段

根据有控制的市场价格模式及其相应的直接管理与间接控制相结合的管理原则，运输价格管理手段应是法律手段、经济手段和行政手段的三者结合体。

1. 以法律手段管理运输价格

价格管理的法律手段，是指国家通过制定价格法律、法规对价格进行规范化的管理。就运输价格而言，是指规范其管理形式和管理权限、调价的基本原则、保护措施、禁止运输价格垄断和暴利行为的措施和制裁办法等。

我国尚未颁布调整运输业的统一价格管理法规，而仅制定了若干单项运价规则。如《铁路货物运价规则》、《水路直属运输企业货物运价规则》和《汽车运价规则》等。这些规则分别适用于铁路、水路和公路运输，各自为政，自成系统，相互之间不协调。另外，这些规则从其内容上看也仅包括运价的管理形式、管理权限及制定方法，而无禁止价格垄断、反暴利的措施和制裁办法等规范运输市场秩序的条款，故有待于尽快进一步完善。

2. *以经济手段管理运输价格*

市场调节，实质上是利益机制的自动调节。它是通过价格信号使社会资源流向需要的、效益高的部门，从而达到资源的优化配置。但它同时又有自发性和调节的滞后性。这样有可能导致资源的浪费。当一个部门产品供不应求，引起价格上升，从而利润率较高时，社会资源就会自动流向该部门，并由此得到有效的利用。但这种流动只有在超过供求均衡点以致造成供大于求、价格下跌利润率降低时才会停止；结果，这个部门因生产能力过剩而造成社会资源的浪费。

以经济手段管理运输价格，是指国家利用财政、税收、货币、信贷、投资等经济手段来影响和控制运价水平，即变原来的事后价格对资源的调节为事先调整运价的形成机制，从而达到社会资源的合理配置和运输能力的最有效使用。

运输业是一个初期投资大、资本回收期长、对国民经济发展具有举足轻重作用的基础产业。除了运输企业本身应适应运输需求的变化，准确选定、实施经营决策并改善经营管理外，国家应对运输业进行必要的扶植。世界各国大都对运输业推行经济扶植政策。按我国税法，运输业营业税税率最低，为3%，这就体现了国家对运输业的优惠政策。同时，国家在以往较长一段时间内对运输业实行较其他行业优惠的低利率贷款政策，鼓励运输企业增加基础设施。这为缓和客、货运输的紧张状况起过重要作用。但从1996年开始，国家不再实行对运输业贷款利率的优惠，已导致众多运输企业无力还贷、经济效益骤然下降。为使运输企业走出困境，国家应恢复实施对运输业的优惠政策。

3. *以行政手段管理运输价格*

行政手段是指国家运输主管机关或部门，运用行政命令，下达统一的运价和实施带强制性的措施和监督等办法，管理和协调各种价格关系的一种手段。

我国长期以来主要通过行政手段来管理运输价格，这在计划济体制下是完全必要的。在市场经济体制下，应更注重法律手段或经济手段来管理价格，但也并非完全取消采用行政手段。例如，铁路运输由国家经营，采用行政手段来管理其价格就比较有效；社会发生非常事件或生产故障而急需运输某些物资，就必须由有关部门运用行政命令的办法责令有关运输企业按国家定价或国家指导价实施运输等。

但是，随着市场经济体制的进一步深化，以行政手段来管理运价的范围应逐步缩小，否则会损害运输企业的经济利益而影响运输市场的正常交易。当前，各地正在筹建或已经设立运输行业协会，采用法律手段、经济手段、行政手段为一体的价格管理模式，效果明显，值得推广。

五、运输价格改革

我国运输价格属于计划价格的范畴，长期以来执行“低廉、稳定”的价格政策。在社会主义市场经济的条件下，这种低运价政策已经背离了价值规律，不仅阻碍了交通运输业的发展，同时也影响了整个国民经济效益的提高。

1. 运价改革的原则

（1）运价的改革要有利于促进工农业生产和商品流通的发展。

（2）改革运价要考虑旅客和货主的承受能力。

（3）运价改革要促进各运输方式的合理分工和协调发展，逐步形成综合运输体系。

（4）运价改革要逐步形成合理的运价体系。

2. 运价改革的方法、步骤

运价变动涉及人民生活和几乎所有的经济部门。改革要能够顺利实现预期目标，必须慎重地选择改革方法和步骤。

（1）运价改革应适当，具体哪种运输方式应该“调”或“放”或“调放结合”，应视各运输方式的竞争机制情况而定。

① 我国铁路运输基本上是独家经营，不存在内部竞争，所以铁路运价改革应以调为主。

② 民航运输虽然出现了多家航空公司，但基本是“画地为牢”的经营，还没有形成竞争的态势和买方市场，应该首先在航线上放开，允许各个航空公司在所有航线上运营，待竞争机制基本形成后再开放运价，当前民航运价改革还是应该以调为主。

③ 公路运输竞争机制已基本形成，除个别情况外，定价权应全部交给企业，由企业在进一步的竞争中形成合理的运价。

④ 国内水路运输在相当多的航线上竞争已经形成，这些航线应把定价权交给运输企业，而对于仍然处于卖方市场的大型港口以及少数航线，积极创造条件引进竞争，在条件成熟以后放开价格。

⑤ 水运和航空运输的国际运价，则应放给部门，采取与国际市场价格挂钩又统一对外的价格政策。

（2）运价改革的重点和突破口。

① 铁路运价是运价改革的核心。铁路运输在我国国内运输总周转量中占有重要地位，而与其他运输方式相比，铁路运价相对较低；同时铁路运价的可控性高，效益明显。

② 运价水平调整与结构调整相结合，以结构性调整带动水平调整。

③ 在结构性运价调整中建立分线、分地区、分方向差别运价。

④ 在运价改革合适的时机应及时进行改革，不应把时间拖得太长。

第八章 运输收入与清算

第一节 运输收入与清算概述

收入是企业在销售商品或者提供劳务等经营业务中实现的营业收入。包括基本业务收入和其他业务收入。基本业务收入也叫主营业务收入，是指企业从事主要生产经营活动而取得的营业收入。在交通运输企业中，是指沿海、内河、远洋和汽车、铁路运输企业经营旅客、货物运输业务所取得的运输收入，海、河、港口企业和经营装卸业务的汽车运输企业的装卸收入，企业经营仓库、堆场业务取得的堆存收入，等等。其他业务收入也叫附营业务收入，是指各类企业主营业务以外不独立核算的其他业务或附营业务所取得的收入。在工业企业中，是指销售材料、技术转让、固定资产出租，包装物出租等业务所取得的收入。其他业务收入的金额一般不大，收入不十分稳定，服务对象不太固定，占营业收入的比重比较小。

一、收入结算的特殊性

运输企业通过提供各种运输服务而获得营运收入。出于公路、海域、水系、航道的区域性货物流向要求运输的连续性，从而产生了各种运输方式，如直达运输、江海河联运、水陆联运，等等。此外，运输货物的种类较多，比较复杂，运量大小不等，运输距离有长途、短途，还有省内、省外、国内与国外之分。而运输收入却通常一次性有运地或目的地接收，由此而产生在参与运输的各部门、各企业、各地区，以至各个国家之间进行结算与清算的大量工作。在运输企业的内部，各部门和单位之间因进行相互协作提供服务，也会产生各种内部结算工作，这些运输企业内、外的结算工作量大，发生频繁，涉及环节多，内容也较复杂。

二、资金周转的特殊性

运输营运过程是生产过程和销售过程相统一的过程，即运输生产的完成就是销售的实现。这就决定了运输业务的资金周转方式的特殊性。在运输业务的资金周转中，不需要进行产成品存货的账务处理，因为没有产成品资金的周转环节。

三、计量单位的特殊性

运输生产的结果是劳动对象（所运货物与旅客）空间位置的移动，即位移是运输生产的唯一结果，这就决定了运输生产计量单位的特殊性。运输生产计量单位是货物与旅客的周转量。货物与旅客周转量的计量取决于两个因素；一是数量，即货物的重量和旅客的人次；二是距离，即位移的公里、海里等。因此，运输生产的计量单位为人 · km（n mile）、t · km（n mile）和换算 t · km（n mile）等。

四、成本费用构成的特殊性

运输企业为了完成运输生产也需发生各项运营支出，形成营运成本。在运输企业营运成本的构成中，没有像工业产品成本那样具有构成产品实体并占相当高的比重的原材料和主要材料，而多是与运输工具使用有关的费用，如燃料、修理、折旧等支出。所以，在一定时期内的运输生产成本可视为这一期间的产品销售成本。

五、计算对象的特殊性

交通运输企业的劳动对象，不是对原材料加工制造，而是它所运输的商品。商品在运输后，不是物质形态的变化，而是空间位置的变化。商品经过运输，所追加的交换价值和其他任何商品的交换价值一样，都要有生产过程，也就是运输过程中所消耗的生产要素的价值所决定的。交通运输企业的材料，基本上是被运输设备在执行职能时所消费，或是在生产过程中起协助作用，或是以维护修理的形式将价值转移到所运输的商品上去。因此，成本和利润的计算不是对原材料加工完成的各批产品，而是对货物、船舶、车辆、航线、航次等不同计算对象所形成的特有的计算方法。

六、基本业务核算的特殊性

工业企业和交通运输企业都是从国家或银行或向社会集资获得货币资金，购买材料，支付工资和其他费用，供应过程是相同的，在生产过程中，都要消耗各种生产要素。交通运输企业不同之处在于没有与生产过程相分离的产品销售过程。企业进行运输生产过程，经过核收费用和装卸费等的结算过程（统称为“营运过程”），即可获得更多的货币资金。因而交通运输企业在基本业务中不需要组织产成品和销售的核算。

此外，由于生产地点的流动分散，以及交通运输的特殊生产条件，交通运输企业的工资结算也有其特殊的要求。不同运输企业由于生产条件、生产组织、生产过程、生产工具等不同，因此，铁路运输、公路运输、航空运输及船舶运输收入与清算也有一定的差异。

七、运输企业收入与清算的任务

交通运输业是国民经济的基础产业，是社会生产、分配、消费各环节正常运转和协调发展的先决条件，是完善社会主义市场经济的重要基础。运输企业经营管理的要求和运输企业会计的对象决定了运输企业收入与清算的任务。其主要内容如下：

（1）运输企业收入与清算必须正确、及时、完整地记录和反映企业的各项财产物资的增减变动，债权债务的发生和结算，收入的实现，费用的发生，成本的计算，以及利润的形成和分配等经济业务，为加强企业经营管理，提供可靠的信息。

（2）运输企业收入与清算不仅要如实反映企业的经济活动和财务收支情况，还要依据国家的各项方针、政策、法令和制度等，对企业的各项经济活动的合理性、合法性和有效性进行会计监督。

（3）运输企业收入与清算必须全面核算和监督企业运输生产过程中的活劳动和物化劳动消耗，控制各项费用支出，正确计算运输成本和盈亏，从而促进企业降低运输成本，提高经济效益。

（4）运输企业收入与清算还应充分利用会计资料和其他有关资料，进行分析研究，对企业未来的经营活动和经济发展前景做出预测，并参与企业决策，使会计工作在指导企业未来活动中发挥更大的作用。

总之，运输企业收入与清算通过一系列的确认、计量、记录和报告程序，能够为政府部门、投资者、债权人，以及其他各个方向提供有关企业财务状况、经营成果和现金流量的重要信息，是有关各方据以进行经济决策和宏观管理的重要依据；是考核企业领导人经济责任的履行情况、加强经营管理、提高经济效益的重要保证。这些对于我国整个国民经济的发展具有十分重要的意义。

第二节　运输企业运输收入

一、公路运输收入

公路运输企业的营运收入是指企业对外提供汽车运输等营运服务而取得的营业收入。公路运输企业的营运收入按其所经营的不同业务可以分为运输收入、装卸收入、堆存收入和其他业务收入四大类。

公路运输企业的运输收入一般通过以下方式取得：汽车运输企业在其下设基层车站、车队、车间。基层车站往往下设若干分站。一般而言，车站、车队、车间都是独立核算的单位，其基层分站或分所一般情况下不是独立核算的单位。

二、铁路运输收入

对铁路运输企业来讲，它的主营业务是完成客、货运输任务，即实现旅客和货物空间的位移。因此，主营业务收入也就是运输企业完成客、货运输任务，按照国家规定的运价和收费标准取得的货币收入。

主营业务收入是全体铁路职工的劳动成果。由于铁路核收旅客票价和货物运杂费采用发站核算制，即办理客、货营业和始发到达，以及收取运费时由运输部门的各车站、车务段负责，通过运输、机务、车辆、公务和电务等部门的联合劳动，共同完成了旅客和货物的运输任务。因此，即使是管内运输的客、货运输收入，也不能归收取费用的车站和车务段所有，应当在所有参加运输劳动的各部门之间进行分配。尤其是由于铁路直通运输需要通过两个或两个以上铁路局职工的联合劳动才能完成，这部分客、货运输收入就更不能归始发局所有，应当在相关铁路局之间进行分配。正由于上述铁路运输生产经营的特点，某一铁路局收到的客、货运输收入，不能像工业企业那样，可将取得的产品销售收入立即用于购买材料、支付工资和缴纳税金等开支，而只能存入银行存款运输收入专户，逐级解缴，直至铁道部，然后按规定的清算办法和清算单价在各铁路局间进行分配，各铁路局取得运输清算收入是补偿运输支出和期间费用，缴纳税金以及计算运输利润的基础。

三、航空运输收入

航空运输企业收入是指公共航空企业收入，即民航运输企业在提供运输服务活动中形成的经济利益的流入。由于民航运输是指以飞机为运输工具将旅客和货物从一地运至另一地，民航运输企业生产的产品是使旅客和货物产生空间的、位置的变化，即位移，这一特点决定了民航运输生产具有流动性大的特点。在线长点多的情况下，跨国界、跨地区的运输业务往往是由多家民航运输企业（也称航空公司）共同完成的，即联程运输，也称联运。由于销售票款是由出具运输凭证的企业在起运地或目的地一次性核收，并且这种销售票款往往是航空公司在旅客或货物承运之前预先收取的，称为“待结算票证款”(又称为飞行收入或实现收入)。这里的票证是指运输凭证，即与从事民用航空运输活动相关的凭证，包括客票及行李票、航空货运单、逾重行李票、航空邮运结算单、退票、误机、变更收费单和旅费证等用于航空运输的纸质凭证。在权责发生制会计制度原则下，收入其实尚未实现。因为销售在先而运输在后，只有当航空公司完成旅客、货物运输之后才形成运输收入（货物运费到付除外)。所以当航空公司取得了待结算票证款时，并不能确认为真正的收入，这只是暂时的收入。航空公司只有在完成了为旅客及货物的空中运输服务后，采用分摊或抽样的方法。所计算的收入才是真正的收入—— 运输收入。

民航运输营运收入可以分为主营业务收入和其他业务收入。其中，主营业务收入又根据所从事的具体业务的不同，分为运输收入、通用航空收入、机场服务收入。

四、水运运输收入

水运企业收入是指水运企业通过生产经营活动运输、装卸和其他劳务，并按一定标准向用户或服务对象收取运输、装卸等劳务收入。水运企业的收入分为运输收入、装卸收入、堆存收入、代理业务收入、港务管理收入和其他业务收入。运输收入是指内河、沿海、远洋运输企业经营货物、旅客运输业务所取得的各项收入，规模较大的专门从事港口内拖驳运输企业所取得的拖驳运输收入也可以视为运输收入。装卸收入是指海、河港口企业经营装卸收入，集装箱拆、装箱收入，联运货物换装收入，装卸杂工作业收入，以及港区内火车或汽车的倒载收入，港口企业临时出租装卸机械的租金收入也视同装卸收入。堆存收入是指经营仓库、堆场的货物储蓄业务所取得的收入。港口企业仓库、堆场等堆存设备临时出租的收入也视同为堆存收入。港务管理收入是指海、河港口企业管理业务所取得的收入，港务管理收入又分为港务费收入和港务监督收入。其他业务收入是指水运企业通过从事旅客服务、固定资产的出租等主营业务以外的活动而取得的收入，主要包括旅客服务收入、租赁收入、理货收入、散包灌包收入、供应服务收入和通讯服务收入。

第三节　运输企业经济核算

在运输企业中，费用可划分为：营运成本和期间费用。期间费用主要包括管理费用、财务费用。交通运输企业的营运成本，包括运输成本、装卸成本、堆存成本等。在进行经济核算时我们一般分科目列出。

一、公　路

交通运输企业的营运成本，包括运输成本、装卸成本、堆存成本等。运输成本指企业完成一定的客运和货运运输周转量所发生的各项营运费用。装卸成本指企业完成一定的装卸操作量所发生各项营运费用。堆存成本指企业经营仓库和堆场业务完成一定的业务量所发生的各项营运费用。

1.“运输支出”明细科目

该科目核算沿海、内河、远洋和汽车运输企业经营旅客、货物运输业务所发生的各项费用支出。借方登记经营运输业务所发生的各项费用，贷方登记期末转入“本年利润”科目的本期运输支出实际发生额，结转后，本科目一般无余额。本科目一般按运输工具类型，或单车、单船设置明细账进行明细核算。

2.“装卸支出”明细科目

该科目核算海、河港口企业和汽车运输企业经营装卸业务所发生的各项费用支出。借方登记装卸支出的全部发生额，贷方登记月转入“本年利润”科目的全部装卸支出，经过上述结转，本科目月终一般无余额。该明细科目一般按专业区域或货种和规定的成本项目设置三级明细账。

3.“堆存支出”明细科目

该科目核算企业经营仓库和堆场业务所发生的费用支出。借方登记堆存支出全部发生额，贷方登记月终转入“本年利润”科目的全部堆存支出，经过上述结转，本科目月终一般无余额。该明细科目一般按装卸作业区、仓库、堆卸种类设置三级明细账，进行明细分类核算。

4.“代理业务支出”明细科目

该科目核算企业经营各种代理业务所发生的各项费用，借方登记各项代理业务发生的各项费用支出，包括工资、职工福利费、材料、低值易耗品摊销、折旧费、水电费、修理费、租赁费、差旅费、取暖费、劳动保护费等。贷方登记月终转入“本年利润”科目的数额，经过上述结转，本科目一般无余额。该明细科目按代理业务种类和规定的成本项目，设置三级明细科目，进行明细分类核算。

二、铁　路

铁路运输企业的运输成本主要包括：企业在生产运营过程中实际耗用的各种材料、燃料、润料、备品、备件、动力等；企业直接从事运营生产活动的人员的工资、福利费、奖金、补贴等；企业在生产运营过程中发生的固定资产折旧费、修理费、铁路线段绿化费、乘客紧急救护费、行车杂费、车辆冬季预热费、事故损失、实验检验费、劳动保护费等。

为了核算企业在运输生产过程中发生的实际成本，在“主营业务成本”科目下设置了“运输支出”明细科目，该科目为损益类科目，借方登记营运成本的实际发生数，包括工作、燃料、电力、固定资产折旧和其他费用，企业发生的重建运输支出的收入也用红字登记在该科目的借方。贷方登记工副业及代办业务，兼办各项专项工程应分摊的间接费用。期末，应将该科目的余额全部转入“本年利润”科目。本科目应按运输支出科目设置三级明细科目，进行明细分类核算。

1. 铁路运输企业运输成本核算的一般程序

（1）将本期发生的营运生产费用，按用途归集在相关成本、费用账户。

（2）将待摊费用、预提费用计入相关成本、费用专门账户。

（3）期末，结转营运成本。

2. 运输成本的计算

为了保证运输生产资金的需要，合理制定运输价格，准确考核运输企业的经营成果，必须进行运输成本的计算。运输成本计算是将一定时期的运输支出，按照不同的成本计算对象进行归集和分配，以求得各个运输产品的总成本和单位成本，以及各项专项成本。

铁路运输成本计算可分为定期成本计算和不定期成本计算两类。定期成本计算包括总成本和单位成本的计算。属于总成本计算的主要有：客运支出、货运支出和营业支出；属于单位成本计算的有：单位客运支出、单位货运支出和单位营业支出。不定期成本计算包括各类专项成本，如分品牌单位支出、分级别或席别单位支出，分线单位支出，以及各种作业支出。

（1）运输总成本。铁路运输总成本是指全路、铁路局等铁路运输企业在一定时期内为完成一定数量的客、货运输周转量而发生的运输总支出。铁路运输生产由众多基层运营单位共同参与才能完成，各个基层运营单位所发生的运输支出仅是运输总支出的一个组成部分，由于铁路运输企业实行分级核算制，基层运营单位、铁路局等各级单位只核算本省的运输支出，并以所取得运输清算收入来弥补运输支出，以确定其财务成果，对运输支出不做逐级上转。因此，铁路局是通过账外的汇总来计算确定其运输总成本。

运输总成本主要计算客运支出、货运支出和营运支出三项指标，其中营业支出为客运支出和货运支出的总和。为了正确计算各项总成本，需将全部营运支出按规定的要求和计算方法准确地划分为客运支出和货运支出两个部分。客、货运支出的划分应以基层运营单位为原点，铁路局汇总各基层运营单位汇集的结果，再加上铁路局的有关营业支出，计算铁路局的客、货运支出。在具体划分上，一般采用基层运营单位直接划分，铁路局分批划分的总原则。

① 凡是专门从事客运工作或为客运工作服务的基层运营单位的成本费用全部作为客运支出。

② 凡是专门从事货运工作或为货运工作服务的基层运营单位的成本费用全部作为货运支出。

③ 凡是运输支出科目已明确规定的客运科目、货运科目的成本费用，相应直接列入客运支出或货运支出。

④ 对于客、货运工作兼办的单位，客运或货运支出占支出的绝对部分，则该单位的成本费用全部划归相应的客运或货运支出，一般由局确定具体单位。

⑤ 对于不能直接划分客运的成本费用，原则上由各单位按可获费用比例分摊，不能分摊的单位，由有关部门按规定指标和方法分摊。

为了便于对营业支出划分，各基层单位应当编制客、货支出计算表，铁路局根据计算表汇总后随决策逐级上报。

（2）铁路运输单位成本。铁路运输单位成本是指单位运输周转量应负担的运输支出也称平均成本。具体分为单位客运支出、单位货运支出和单位营业支出三项指标。

① 单位客运支出＝客运支出/旅客人 · 公里数［元/（万人 · 公里）］；

② 单位货运支出＝货运支出/货物吨 · 公里数［元/（万吨 · 公里）］；

③ 单位营业支出＝营业支出/换算吨 · 公里。

（3）铁路运输专项成本。铁路运输专项成本是分别按不同等级、席别的旅客和不同运输方式、不同品类的货物而计算的运输成本，目前主要有以下几种专项成本：

① 客运专项成本。客运专项成本是指按不同列车级别和席别计算客运成本。目前，我

国客车主要分为特快、直快、普快、市郊等级别和软座、硬座、软卧、硬卧等席别。因此，客运专项成本可计算直快硬卧人·公里成本、普客硬座人·公里成本、特快软座人·公里成本、市郊列车人·公里成本、行包吨·公里成本等多种运输成本。

② 货运专项成本。货运专项成本是指按不同的运输方式和不同品类货物的货运成本，如整车运输成本、集装箱运输成本、零担运输成本，以及煤炭吨·公里成本、钢铁吨·公里成本、石油吨·公里成本、木材吨·公里成本等。

③ 分线运输成本。分线运输成本是指某一铁路线路进行货物运输生产所发生的运输支出并按期完成的客货周转量计算的各种运输成本，具体计算可按照上述的各项指标进行。

④ 作业成本。作业成本是指铁路运输企业为完成某项具体运输生产作业而发生及应负担的运输支出，如汽车公里成本、机车台成本、车辆公里成本、调车作业成本。

三、民　航

民航运输企业的营运成本是企业对外提供航空运输服务而发生的各项支出。主要包括运输成本、通用航空成本和机场服务费。

1.“民航运输成本”明细科目

该科目核算企业在执行航空运输业务过程中所发生的各项费用。包括：能直接计入机型成本的直接营运费用，如空勤人员，机务人员的工资及福利费，取暖降温费，上下班交通补贴、制服费，航空油料消耗，国外加油差价，飞机（含发动机）折旧费，经营性租赁费，修理费、保险费，高价周转件摊销，飞行训练费，国内外起降服务费，旅客餐宿供应品费、客舱服务费，赔偿费，运营过程货物和行李损失、丢失赔偿及其他直接飞行费用等；不能直接计入机型成本，需按照一定办法进行分摊的间接营运费用，如工资福利费、折旧费、维修费、办公费、水电费、差旅费、机务材料消耗、劳动保护费、票证印刷费、警卫消防费、职工教育经费、环境绿化费、地面运输费、租赁费等。

2.“通用航空成本”明细科目

该科目核算企业在执行通用航空业务中所发生的各项费用。包括：可以直接计入机型成本的费用，如空勤人员、机务人员工资及福利费、取暖降温费、上下班交通补贴费、制服费、航空油料消耗、国外加油差价、飞机发动机折旧费、修理费、保险费、高价周转费、飞行训练费、国内起降服务费、作业准备费、作业赔偿费，以及其他直接飞行费用等；不能直接计入机型成本，需按一定办法进行分摊间接费用，如工资福利费、折旧费、维修费、办公费、水电费、差旅费、机务材料消耗、劳动保护费、票证印制费。

3.“机务服务费用”明细科目

该科目核算机场为各航空公司飞机起降，进出港旅客、货物、行李、邮件以及驻机场单位提供服务时发生的与服务直接相关的各项费用。如机场服务人员、安检消防人员、航行调度人员、机场管理维护人员、通讯服务管理人员的工资，空地勤人员的工资及伙食费，各种燃料及动力、器材、配件、工具、低值易耗品、水电消耗、制服费、折旧费、租赁费、维护修理费、紧紧救治费、空难急救费、防汛、防灾、防疫费、机场绿化费、环卫费、排污及污水处理费、机场跑道、停机坪、铁路专用线维护修理费，以及行李和货物损失赔偿费、业务费、差旅费，办公费，保险费，运输费等。

四、水　运

水运企业包括船舶运输企业和港口运输企业两部分。船舶运输企业就是将客、货从一个港口送到另一个港口。船舶运输企业的生产特点就是连续不断地进行单一的劳务作业。港口企业的主要业务是从事货物的装卸，即将一批货物或一船货物卸进仓库货场后，再从仓库货场装车或装船运出，这一装一卸就是一个生产经营过程。

船舶运输主要包括沿海运输、远洋运输和内河运输。沿海运输是海运企业的船舶在我国近海航线上航行，经营国内沿海各港之间的客、货运输业务。沿海运输同内河运输相比，船舶吨位较大，运输距离较长；与远洋运输企业相比，则运输距离较短，一个单程航次一般数天即可完成。远洋运输企业的运输船舶在国际航线上航行，经营国内外港口之间的客、货运输业务。内河运输企业的运输船舶在内江、内河航线上航行，经营江、河港口的客货运输业务。较沿海、远洋运输而言，内河运输有以下特点：运输的船舶较小，并且主要以拖驳运输为主；航线较短，航次时间不长；有的航道可以终年通航，有的由于季节性枯水或冬季封冻而断航。正因为如此，内河运输的成本核算呈现出不同于沿海、远洋运输成本的核算特点。

1. 成本核算对象、成本计算单位和成本计算期

（1）成本核算对象。航运企业均以客运、货运业务作为成本核算对象，由于经营管理的需要，航运企业还分别以单船、船舶类型（客轮、货轮、客货轮、油轮、拖轮、驳船等）、航次、航线作为成本核算对象。其中，单船成本是基础，可以据其计算船舶类型成本、客运成本、货运成本等。

沿海运输一般先计算单船成本，然后在此基础上定期或不定期计算客运和货运综合成本、客运成本、船舶类型成本。沿海运输一般不计算航次成本和航线成本。

远洋运输以单船的航次为成本核算对象，计算单船的航次成本。原因是远洋运输船舶航次时间长，吨位较大，报告期终了未完成航次运输量和运输费用较大，且期初跨进与期末跨出的运输量和运费极为悬殊。所以，为保证运输成本的正确核算，必须按航次计算成本。

由于内河运输企业的船舶类型较多，除计算客运、货运成本，客货运综合成本外，内河运输企业还应以运输种类为成本计算对象计算运输种类成本。计算成本的种类一般规定如下：

① 客运，包括客轮客运、客货轮客运、拖驳客运。

② 货运，包括货轮货运、客货轮货运、拖驳货运。

③ 油运，包括油轮油运、拖驳油运。

④ 排运，指拖驳排运。

（2）成本计算单位。运输综合成本计算单位为元 /（kt · n mile）；客运成本计算单位为元 /（千人 · n mile）；货运成本计算单位为元 /（kt · n mile）。客运、货运周转量换算比例为一个铺位人 · 海里或三个座位人 · 海里等于一个 t · n mile。

（3）成本计算期。沿海运输企业由于航次时间不长，各月末未完成航次相差不多，且未完成航次的运输量和运输费用较少，所以其成本计算期以月、季、年划分。

远洋运输企业核算航次成本的计算期为航次时间。船舶的航次时间，应以上一航次最终港卸空所载货物、旅客时起，至本航次最终港卸空所载货物、旅客时止。航次有单行次和往

返航次。单航次是指船舶在两港或多港间进行单程运输；往返航次是指船舶在两港或多港间进行往返运输。远洋运输企业通常按船舶载货（客）单航程航次计算运输成本；单程空航时，以往返航次计算运输成本。

在计算航次成本的基础上，远洋运输企业应计算报告期（月、季、年）全部船舶已完成航次的成本，作为企业今年的运输成本。各船舶在报告期内未完成航次成本转入下期。

2. 水运企业营运成本的会计科目设置

水运企业营运成本应在“主营业务成本”科目下设置二级明细科目。“运输支出”在“劳务成本”科目下设置“辅助营运费用”、“营运间接费用”、“集装箱固定费用”、“船舶固定费用”、“船舶维护费用”等明细科目，其中大部分已在汽车运输企业成本费用的计算中介绍过，此处仅介绍以下几个明细科目。

（1）“集装箱固定费用”明细科目。该科目核算运输企业发生的集装箱固定费用。集装箱固定费用主要包括：集装箱保管费，指空箱存放堆场所支付的堆存费用，以及空箱在港口之间调运所发生的运送费；集装箱折旧费，指自有集装箱按集装箱价值和规定的折旧率按月计提的折旧费；集装箱修理费，指修理集装箱所耗用的修理用配件、材料和其他修理费用；保险费，指向保险公司投保集装箱安全险所支付的保险费用；底盘车费，指企业自有或租入的集装箱底盘车发生的保险费、折旧费、租金、保管费、修理费等其他费用。

发生的集装箱固定费用，借记“劳务成本——集装箱固定费用”科目，贷记“银行存款”、“其他应付款”等科目。月终，按规定的分配标准由单船或航次分担时，借记“主营业务成本——运输支出”，贷记“劳务成本——集装箱固定费用”科目。

集装箱固定费用应按集装箱类型设置明细账，并按规定的费用项目进行明细核算。

（2）“船舶固定费用”明细科目。该科目是用来核算计算航次成本的远洋运输企业为保持船舶正常运行状态所发生的费用。船舶固定费用主要包括：工资，指船员的标准工资、船岸差、副食品价格补贴、回民伙食津贴、航行津贴、油轮津贴、运危险品津贴、船员伙食，以及其他按规定支付的工资性津贴；职工福利费，指按工资总额的14%提取的职工福利费；润料费，指船舶耗用的各项润滑油脂的支出；物料费，指船舶在运输生产和日常维护保养中耗用、劳动保护，以及事务耗用的各种材料、低值易耗品等的费用；船舶折旧费和修理费支出；船舶保险费和车船使用税；船舶营运期内所发生的燃料费和港口费费用；船舶共同费用，指应由船舶共同负担、需经过分配由各船负担的船员费用和船舶业务费；其他船舶固定费用，指不属于以上各项的其他船舶固定费用，如船舶牌照税、船舶证书费、船舶检验费等。

发生船舶固定费用时，应借记“劳务成本——船舶固定费用”，贷记“应付工资”、“应付福利费”、“材料”、“银行存款”等科目。月末按规定的分配标准，将船舶固定费用分配给各航次成本时，借记“主营业务成本——运输支出”，贷记“劳务成本——船舶固定费用”科目。

（3）“船舶维护费用”明细科目。该科目是核算有封冻、枯水等非通航期的内河运输企业所发生的、应由通航期成本负担的船舶维护费用。企业在非通航期从事其他业务所发生的费用，应计入“其他业务支出”等科目，不通过这一科目核算。

船舶维护费用主要包括：工资，指应记入船舶维护费的留船人员的工资；职工福利支出；燃料，指非通航期船舶照明用燃料；材料，指非通航期领用的维护用材料及低值易耗品；保卫费及破冰费；车船使用税；其他费用。

发生船舶维护费时，借记“劳务成本——船舶维护费用科目”，贷记“应付工资”、“应付福利费”、“原材料”、“银行存款”等科目。月末，将所归集的船舶维护费用，采用适当的分配方法，计算通航期每个月份各成本计算对象应负担的船舶维护费用；借记“主营业务成本——运输支出”科目，贷记“劳务成本——船舶维护费用”科目。在分配传播维护费用时，也可按计划费用分配数进行分配。但实际发生的传播维护费用与计划分配数额相差较大的，应及时调整标准。年度终了，船舶维护费用全年实际发生属于分配数的差额，应在本年内调整运输成本，借记“主营业务成本——运输支出”科目，贷记“劳务成本——船舶维护费用”科目（实际发生数大于分配数的差额用蓝字，实际发生数小于分配数的差额用红字）。

第九章 交通运输政策法规与行业管理

第一节 运输业管理体制

一、运输市场管理的必要性

目前，运输市场是不十分完善的，一方面，这些不完善会给运输服务的使用者带来不利影响，或者是价格过高，或者是提供的服务有危险。同样的，它们会危害第三者。例如，产生严重环境污染，或者某些经营者的损人利己的定价行为，会减少愿意提供运输服务的其他企业的潜在的独立发展，从而阻碍它们进入市场。另一方面，运输业具有规模经济显著的特点，大型运输企业有助于降低运输成本，但又容易形成垄断。

运输管理政策是国家对运输业实施调控的重要手段。政府通过运输管理政策的制定和实施，旨在实现资源配置、产业布局、环境保护，以及运输业与其他产业协调发展。运输管理政策主要是由运输投资政策、运输财政政策和运输价格政策等组成。政府通过运输投资政策引导运输投资方向，确定运输投资总量及其占国民经济投资总量的比重和运输投资总量在不同运输方式之间的分配，国家财政政策是调节国民收入再分配的重要手段。政府通过税收政策、补贴政策，以及信贷政策鼓励或限制某种运输方式的发展。运输价格政策是为了对运输价格进行控制、监督和管理。

二、运输管制

运输管制实际上是国家对运输业实施的特殊管理，也是执行社会运输政策的手段之一。社会经济活动中需要管制的不仅是运输业，其他公共事业如电力、通讯、供水、供气、银行、保险、广播电视等行业也都必须接受一定形式的管制。这些行业的共同特点：一是都属于对国民经济和人民生活具有重要影响的基础或公共服务业；二是都可能形成不同程度的垄断，因此这些行业往往被认为不能等同于一般的工商企业。社会为保证经济增长和社会生活具有稳定的基础，保护所有社会成员的权益，必须对这些行业施以特殊的和有效的控制。

一般认为，不论从大众利益着眼为避免运输使用者无端遭受盘剥，还是从效率原则出发避免社会资源浪费，运输管制都有存在的必要。在不同的时期运输管制本身的形式和重点也需要不断调整。随着运输市场的演变进程，欧美各国对运输业的经济管制一般经历了几个不同的阶段。以运输管制相对完善的美国为例，大致可以分为四个时期：第一个时期是从美国独立战争到 19 世纪 60 年代的南北战争期间。这是由马车、运河及铁路相继主导运输业的时期，依靠的是市场的自发竞争，各级政府对运输业尚未形成强有力的管制。第二个时期是从南北战争以后到 20 世纪 20、30 年代汽车普及之前，这一时期的主要特点是对运输垄断进行管制。第三个时期是铁路利用垄断地位收取高运费并对运输使用者有不公平的待遇，这些情况引起社会的普遍不满，于是制定了各种管制法律，规定运价必须公正合理，必须予以公布并严格遵守，禁止不正当的差别待遇，禁止铁路之间的瓜分运量协议和兼并，以强迫目标转向运输竞争。这一时期与上一时期相比，运输市场从垄断转变为各种运输方式之间和运输方式内部的全面竞争，因此各种运输方式都被纳入了国家管制的范围，由政府控制市场准入、业务范围和运价，避免不公平的和毁灭性的竞争。第四个时期是从 20 世纪 70 年代开始至今的所谓放松管制时期，该时期的运输政策已经转变为在新的运输形势下希望多依靠竞争力量，而少依靠政府的限制，放松管制是为了扭转不少运输企业的亏损状况，提高运输业的效率，通过竞争降低运价水平、改善服务，并使运输结构合理化。

目前放松管制对运输业实行的管制已几乎成为全球性的趋势，但对运输管制显然不能一概而论。管制分为社会管制和经济管制。社会管制既涉及运输当事人的双方，又涉及运输会影响到的所有其他人，包括安全管制、环境保护等，在社会管制方面各国政府的干预程度可以说一直在增加。例如，欧共体的安全管制措施之一是限制卡车司机的开车时间，以防止过度疲劳引起交通事故，司机每天被允许最多开车 8 h，每周则不得超过 48 h；各国对机动车辆燃气排放量和噪音的限制也越来越严格。社会管制有时也带有经济含义或使用经济手段，管制的意图是在使运输设施充分发挥效率的同时，减少交通事故和环境污染，并促进公众生活质量真正提高。

经济管制又分为对运输业的特殊管制和更一般意义上的管制，后者包括反垄断法、反不正当竞争法和对消费者利益的保护等，这些维护商品经济正常秩序的必要管制只应该越来越完善。在经济方面对运输业的一些特殊管制确实放松了，但仍有许多经济管制措施保留下来或改变了形式，以保证运输市场的正常秩序。例如，政府直接经营的部分减少了，允许多家竞争，但对运输业者的经营条件和责任仍有很严格的管制；价格管制放宽了，但仍保留了政府的部分控制权，如把政府严格控制的固定运价部分改为规定一定的浮动上下限，允许运输业者根据市场供求的具体情况做出反应。

对运输业某种程度的经济管制，是各国普遍的做法，但各国在运输管制涉及的范围特别是管制的强度方面存在很大差别，有些国家管制措施异常严格而且改变较少，而另一些国家的经济管制相对宽松和灵活。有学者认为产生运输管制差别的根源，在于对运输业现代社会中所起的作用看法不一致。以美国为代表的自由市场经济倾向最大的国家，更愿意把运输业本身看作服从市场经济规律的一个产业，主张只有当政府干预能够改善该产业的市场行为时才采取行动；而德国、法国为代表的社会市场经济倾向较多的国家，则更愿意把交通运输看作是对整个社会经济发展的一种投入，为了实现区域发展、社会平等等目标，运输业本身的利益和效率可以做出某种牺牲。

三、我国交通运输管理体制现状

我国现行交通管理体制是分散管理模式，它是 20 世纪 50 年代为适应高度集中的计划经济模式的需要和政府直接管理企业的职能而形成的，即按运输方式从中央到地方政府分别设立若干交通主管部门，分别对各种运输方式实行分别管理，五种运输方式分属四个部门或总局管辖，而城市交通运输又一般划归城建、交通局、公安局、地铁公司等部门管理。随着我国经济体制改革不断深入，社会主义市场经济的逐步建立，我国现行僵化的交通运输管理体制，已成为制约经济发展和人民生活水平提高的“瓶颈”。

1. 缺乏综合的交通管理部门

综合运输管理体制，就是政府管理职能上能实现多种运输方式的有机统筹管理，以充分发挥各种运输方式的优势，取得最大的社会效益。我国由于没有对各种运输方式进行统一管理的行政主管部门，致使交通运输各部门之间争项目、争投资的现象十分突出，甚至还导致了重复建设。另外，由于交通各部门缺乏统一规划，致使各地区及各交通方式之间的发展不平衡，各运输网布局不合理，不能发挥综合运输优势。

因此，在管理机构设置上，应该精简机构，克服多头管理、政出多门、条块分割，各自为政的现象；在规划建设上，由主管部门负责会同有关部门研究规划好综合交通运输网，并据此指导和安排基础设施建设，提高综合运输能力；在执法管理上，要依法治理交通，交通主管部门实现从生产事务管理向行政管理的转变；在经济运作上，从整个社会的综合效益出发，创造一个有利于综合协调发展的环境，以最少的投入获得最大的效益。

实践证明，交通运输业各自为政是无所作为的，现代产业的发展必须建立水、陆、空综合运输网，充分发挥各种运输方式的优势，做到取长补短、协调发展，实现交通运输业的规模经济。由于我国长期实行的“部门管理”的体制，规模经济难以实现，联合运输难以组织，现代物流业难以发展，而且运力投放盲目，无序竞争严重，一些行业和企业亏损严重。事实表明，我国现行这种“部门管理”交通体制，已很难适应社会主义市场经济发展的需要。改革不适应生产力发展的管理体制，建立具有中国特色的现代运输管理新体制，才能促进国民经济持续、快速、健康发展。交通运输业作为基础设施建设投资大、周期长的特殊行业，运输过程具有点多、线长、面广的特征，必然要求实行统一规划、统一建设、统一政策、统一管理、协调发展的管理体制。

2. 管理成本过大

中央和各地方政府不仅按各运输方式分别设立了运输主管部门，而且每一种运输方式往往有几个部门管理，造成管理人员过多，成本开支过大。由于机构重叠、职责交叉，致使人浮于事、效率低下的现象突出。往往该管的事没人去管，互相推诿；有利的事大家都争着去管，各不相让。各部门之间在执法时常出现矛盾，难以协调，不仅被管理者觉得无所适从，也损害了执法的权威性和政府形象，甚至加重了广大经营者的负担。

四、我国交通运输体制的改革

1. 运输行政管理体制的改革

（1）运输行政管理的含义。运输行政管理是国家机构对整个运输行业在发展规划、政策法规、经济调节和监督服务等方面所进行的宏观的间接的管理；是国家经济职能的一个方面。

一个国家对运输业管理内容的多少，采取什么管理方法，是直接管理企业还是间接管理企业，取决于这个国家对运输生产的价值观，取决于对运输经济规律的认识，也取决于该国整个经济管理体制。

（2）我国运输行政体制改革的内容和方向。

① 政企分开，把运输生产经营管理的权力全部下放给企业，扩大企业自主权。通过权力下放和扩大企业的自主权，使企业真正成为能自主经营、自负盈亏、自我发展，具有法人地位的运输劳务生产者和经营者。运输企业是运输经济活动的基础。只有企业搞活了整个运输，生产才能搞活。

② 实行行业管理，从过去行政机关的主要精力是抓直属企业、事业，转变到抓交通行业管理的轨道上来。

③ 制定运输政策、法规、规划，为企事业提供信息和咨询，利用经济杠杆进行引导，对执行政策、法规、规划、计划实施监督。在计划经济体制下政府管企业、事业的方法，主要是抓企事业的人、财、物、产、供、销，陷入了具体的运输生产经营活动中，从而大大削弱了政府宏观管理的职能，实质上是“抓了芝麻，丢了西瓜”，没有抓好发展我国运输业的大事。因此，凡是与企业有关的运输生产经营的权力应当下放给企业，凡是原来部属、省属的生产企业应该独立核算或下放给所在城市。对不属于交通行政工作范围的事业单位，从政府部门中划出，独立活动。

④ 协调各种运输方式内部和相互之间的经济、技术联系，抓好交通基础设施的规划布局。各级交通行政部门的主要任务之一，就是进行交通基础设施的建设——修路、建桥、筑港、治河、修建机场、铺设管道，尽早建成综合运输体系，并在条件成熟的时候，实施大交通管理体制。

交通基础设施的建设是各级交通行政的大事。政府管理运输企业，更要管理交通运输基础设施的建设，因为它是社会发展和国民经济的基础建设，只有搞好了交通基础设施的建设，才能建成综合运输体系，才谈得上社会和国民经济的发展。

实施大交通管理体制，即交通运输管理机构的设置从分散走向集中，建立综合交通运输管理体制。综合交通运输管理体制是国外交通运输管理的一个重要特征。目前大多数经济发达国家的交通运输管理机构的设置都采用集中的管理模式，即中央政府设置交通部或运输部，统管全国水、陆、空各种运输方式的运输事务。这种集中管理的体制对于建立一个协调的、高效的、庞大的现代化运输系统是行之有效的。

2. 运输所有制形式的改革：建立以公有制为主体，多种所有制并存，以股份制为特征的混合型所有制

混合型所有制是指为了适应社会主义市场经济发展需要，克服计划经济在产权问题上的憋端，将公有资产价值化、货币化、证券化，实行股份制企业制度，以公有制为基础，各种所有制企业间以及各种法人间相互持股，包括个人持股在内的形式。世界经济发展的实践证明，股份制企业制度是顺应社会化大生产需要、迅速聚集资金、使产权商品化、产权边界明确的现代产权形式。

多种所有制并存，现在已经成为现实。通过十几年经济改革的实践，根据客观经济规律的要求，不同生产力的发展水平，生产资料占有的社会化程度应当不同。越是社会化大生产的拥有现代科学技术的生产体系，生产资料占有的社会化程度越高，反之，越低。

3. 运输生产调节机制的改革

（1）运输生产调节机制的概念。运输生产调节机制是指支配社会劳动在运输生产各个环节、部门、方式间分配的经济规律，以及这些规律借以发生作用的经济体制和调节手段。也就是分配社会生产要素（资源）的方式方法。历史的经验证明，切忌不要轻视这种配置社会生产要素的方式方法，因为不同的分配方式，将对社会生产产生巨大的影响。分配得当，符合社会和经济发展的一般规律，可以大大促进生产力的发展，促进社会的进步；反之，则阻碍生产发展，阻碍社会进步。因此，科学地建立经得起实践检验的生产调节机制，就成了一个国家经济发展的重要课题。

（2）历史上的两种调节机制。历史上由于运输生产的条件不同，社会制度不同，管理模式不同，其调节机制也不同。基本有两种资源配置方式：一种是以计划为主的配置方式；另一种是以市场为主的配置方式。不论哪一种配置方式，其目的都是如何把有限的资源有效地配置在社会需要的众多领域、部门、产品和劳务的生产上去产生最佳的经济效益，最大地满足社会的需要。这两种调节机制都是经济方法，由于不同的价值取向和不同的经济发展模式，采用的调节方式不同。

调节机制的选择，要看社会经济发展目标和价值取向。在发展目标单一，经济发展水平较低，建设规模不大，经济结构和产业、产品结构简单，较为封闭的条件下，计划调节可起一定作用，但是一旦经济发展水平提高了，建设规模扩大了，经济结构和产业、产品结构复杂化了，发展目标多元化了，对外开放使经济逐渐走向国际化了，计划调节就越来越不适应发展的需要。

（3）运输生产调节机制的特点。运输业在具体建立合理的调节机制时，要结合各种运输方式的技术经济特征和客货运输需求特征来确定。从运输方式来讲，铁路运输的计划性要求要高一些，首先是铁路在国民经济中的地位决定了国家需要对运输行车组织要求严密，时间配合要求默契，不能有丝毫的疏忽，所以加强国家的宏观调控是完成铁路运输任务的重要保证，而其他运输方式则受市场调节的比重要大一些。其次客货流的特征不同，要求调节的方式不同。如国家建设的重点物资、外贸物资必须加强国家的宏观调控，保证完成任务，否则，国家就要蒙受重大损失，如煤炭、钢铁、矿石、化肥、救灾物资和外贸物资等。非重点物资一般由市场调节。所以运输生产的调节机制应在充分发挥市场基础作用的同时，因事因地制宜。

4. 交通基础建设体制的改革

我国交通基本建设体制应当建成：统一领导、统一规划、分级投资、分级管理、中央、地方、企业、个人以及外资多家投资，共同进行交通基础设施建设的体制。

我国交通基本建设体制改革的内容。

第一，关于统一领导、统一规划的问题。我们交通运输发展的目标是建成现代化的综合运输体系。为此目标，我们交通基础设施的建设，必须统一领导和统一规划，否则，就有可能重复建设和无效建设，搞一些没有多大用处的工程，浪费了宝贵的资金。因此，在统一的运输部成立以前，国务院（国家计委）成立了一个综合运输体系领导小组，各运输部门也正在制订方案，力图走向联合，建立联合集团，并采取多渠道、多形式、多层次集资办交通。全国性的专业投资机构——国家交通投资公司已经成立，统一领导、统一规划的趋势已经形成。省一级也可以仿效国务院成立综合运输体系领导小组，担负起同样的职能。

第二，关于投资范围问题。为了调动各种社会力量把资金投资于交通建设，必须划分投资范围和制定相应的投资政策。在综合运输网规划中，各种运输方式，必然把交通设施分等划级，如铁路分为五级（原来的三级加上高速铁路和准高速铁路），航级分为六级，港口泊位分为 10 万吨级、万吨级、千吨级和百万吨级，公路分为七级（原来的四级加上高速公路、一级汽车专用路、二级汽车专用路），机场分为四级，管道按直径划分。国家大交通决策部门就应当根据投资主体所处的不同利益，所表现出的投资行为来确定。一般地说，对整个国家长远的社会经济发展及国家安全、重要资源的开发、生产力布局等意义重大的项目，应由中央投资。地方政府受区域性社会利益的约束，希望建设有利于开发地方优势资源，发展地方经济的项目，应承担省内、区内线路及交通设施的建设。投资范围虽然可作如上划分，但也不能绝对化，从当前的经验看，国家干线铁路、重要港口和机场提倡中央和地方合资建设，提倡企业、外资和政府合资或独资建设。而且应制定相应的政策，“谁建设，谁管理，谁经营，谁受益”，即允许投资者收取过路费、过桥费、停泊费等，直到收回投资并获得一定的盈利为止。上述划分政策，在具体实施时，对于边远山区，贫困地区，老革命根据地和少数民族地区，应当制定灵活的特殊政策。因为这些地区的地方财政非但不能自给，还要靠国家补贴，这样的地区，修建交通基础设施，国家承担全部或大部分费用是应当的。

第三，交通投资的来源问题。这个问题前面已经论及，这里着重强调要广开财源，多方筹集交通建设资金，特别是设立各种运输方式的“建设基金”，保证交通建设资金的稳定和增长。

上述体制，在实践过程中，因运输方式不同，具体的提法有所差别，但总的内涵是一致的。

5. 交通运输企业管理体制的改革

建立以股份制为特征的“两权”分离，自主经营，自负盈亏，以城市为依托，多种企业类型，多种经营方式的运输企业管理体制。

(1) 企业管理体制的概念。企业管理体制是确定企业目标和关系的模式。它包括财产关系、经营方式和利益分配关系。不同的财产关系，企业的经营目标，资产的营运方式的利益分配方式不同。我国运输企业管理体制的改革，就是要根据我国国民经济发展的总模式——社会主义市场经济来确立运输企业的目标和各种经济发展关系，确立它的财产关系、经营方式和分配方式。

(2) 关于建立股份制企业制度问题。股份制是市场经济和社会化大生产的产物，它是一种新型的企业制度和财产制度，它的发展是对资本主义生产方式本身的一种扬弃，是人类社会发展经济共同创造的财富。这种企业制度最主要的特点是进行联合生产和经营，是财产公有制或共有制的产权形式，它更适合于以公有制为基础的社会主义生产方式。股份制兴起的意义在于，使资金的筹集、分配、融通和运用发生了根本的变化：

第一，它将改变我国单纯依靠国家集中和分配资金的局面，形成多渠道动员资金、多层次分配资金的体制。事实证明，单纯依靠国家集中和分配资金是有缺陷的。它使一些企业没有内部的动力，只有依靠国家才能生存。国家不可能对各地区、各部门的资金需要完全满足和照顾到，有些急需发展的行业和产品不能及时得到资金。对于众多的集体企业，国家更是力莫能及，基本上靠单个企业的内部积累来扩大企业和发展生产，速度很慢，效率很低。采取多种渠道，多种方式来筹集和分配资金是补充国家资金不足，促进经济发展的有效途径。

第二，生产的发展，商品流通渠道的增加，要求加强资金的横向联系与流动。现行的财政与银行体制以纵向分配资金为主，不利于资金的横向流动。通过发行股票集资兴办企业可以打破条块分割的管理体制，加强资金的横向流动。促使资金在地区之间、部门之间、企业之间按照生产和流通的实际需要直接融通资金。

第三，通过发行股票进行集资，可以加强信息的交流和获得，提高资金的使用效益，因为入股投资能否获利关系甚大，不管集体还是个人投资者都需要认真捕捉信息，调查市场情况，预测集资企业的生产经营效果。

在社会主义条件下，股份制将发挥重要的作用：

第一，股份公司通过发行股票进行集资，把分散的资金集中起来，形成统一的社会资本进行生产，并按资本投入的份额进行管理和利润分配，这是一种联合生产的经营的组织形式，是法人资产独立经营的形式。

第二，股份公司采取集资办法进行生产与经营，是把私人资金转化为社会资金的一种形式。在股份公司内部“财产不再是各个互相分离的生产者的私有财产，而是联合起来的生产者的财产，即直接的社会财产”，也就是形成了企业法人财产。股份企业既不是政府的企业，也不是私人的企业，而是一种社会企业。

第三，由于资金的迅速集聚与集中，使生产规模迅速扩大，满足了社会化大生产的需要，为社会主义生产提供了现代组织手段。

第四，由于权利主体的分离化、权利内容的股权化和权利客体的证券化，为社会主义条件下的公有制企业找到了一种资产所有权与经营权彻底分离的企业组织形式，为公有制企业实现自主经营和自负盈亏提供了组织前提和保证。

这里应当指出，运输业建立的企业制度，不是全部为股份制企业，而是一般大中型运输企业所采取的企业组织形式，对于关系国计民生的特大型企业、一般集体企业、私人企业等类企业还可能采取原有的国家所有制、集体所有制或私人所有制的形式。至于具体到哪种运输方式，或者一种运输方式内部哪类企业应采取何种企业组织形式，要视具体情况而定，总的方向是：以股份制为特征多种所有制并存，自主经营，自负盈亏。

(3) 关于自主经营和自负盈亏问题。自主经营和自负盈亏是企业管理体制改革的目标。即通过改革，真正把运输企业建成能够根据市场和国家需要自行决策的、用自己的收入抵偿其支出并力求获得盈利的具有企业法人地位的商品生产者和经营者。

上述目标，对于集体运输企业和个体运输户或联合户，对于股份制运输企业、中外合资或独资运输企业是完全适用的。但对于未转变为股份制企业的国家所有制运输企业，将作具体分析。因为原有的国家所有制运输企业，虽然实行了经济承包责任制，但是这仅仅是向股份制过度的准备，是一种初级的使所有权和经营权适当分离的过渡组织形式。只要两权未彻底分离，加上离退休职工的社会保险未实现完全的社会化，那么这类企业的自主经营和自负盈亏就会遇到种种困难而难于实现。因为国有运输企业的所有者——国家，既是资产所有者，又是宏观经济的调节者，国家出于宏观经济的需要，如运输价格低于运输价值，本应由运输企业按价值规律来决定价格，但政府出于稳定物价和发展经济的目的，一般由中央或地方政府决定运价；资金的取得要受到国家银行（未企业化以前）的制约，运输企业所需资金不可能从金融市场上任意取得；能源的供应一般由国家确定，运输企业要想加速折旧，实现技术进步，也要受到国家的制约；分配制度、劳动人事制度等一系列企业的经营活动都将受到资产所有者—— 国家的约束。同时，企业仍负担离退休职工的社会保险，随着时间的推移，老企业越来越难于负担。上述约束和负担的存在，原有国家所有制运输企业要完成实现自主经营、自负盈亏是困难的。因此，深化企业制度的改革和其他改革措施（如社会保障制度的改革）的出台，是运输企业实现完全自主经营和自负盈亏的关键。

(4) 关于以城市为依托的问题。为了实现政企职责分开，中央政府、省政府一般不直接管理运输企业，都下放给所在的城市或地区管理，以城市为依托，来建立新的企业管理体制。

城市特别是大中城市，既是商品生产和交换的经济中心，又是交通枢纽。各类运输方式的客货流量最繁忙的站点，始发和终到目的地，一般都设在城市，各类运输方式中转、换装的指挥中心，也一般设在城市。运输企业以城市为依托：一是便于加强组织领导；二是便于经营统筹；三是便于条块结合；四是便于产、供、运、销大协作；五是便于信息交流；六是便于调节客货流的平衡；七是便于专业分工；八是便于行业之间的协作；九是便于各运输方式的协调配合等，十分有利，同由中央政府、省政府管理相比较，优势十分明显，随着工业化进程和城市化进程的加速，城市将越来越成为社会经济发展的中心。运输企业下放给城市必然更加充分发挥经济中心和交通枢纽的作用，使商品流通更加活跃，使城市经济更加发展。

（5）关于多种企业类型和多种经营方式的问题。运输业当前是一个庞大的包含有工业、建筑业、运输业和商业在内的混合产业，因而企业类型多种多样。由于企业类型不同，企业的经济形式、经营规模、外部条件、经营项目和经营者个人素质的不同从而使经营方式也不同。

我们先进行交通运输企业的分类，然后根据不同企业类型研究相应的经营方式。

① 交通运输业按经营的内容划分有下列企业类型：

a. 交通建筑企业。如铁路工程公司、中国港湾建设总公司及其港务工程局、航道工程局，中国公路建设总公司以及各省、区的公路工程公司、管道建设工程公司等。这类企业均属于土木建筑工程类，其管理模式一般采用工程管理的形式——通过招投标来进行工程承包。这类企业一般属于该运输方式的主管机构管理，从事专业性的工程建设。但当本运输方式工程任务不饱满时，则承揽其他运输方式或其他行业的工程任务。

b. 交通工业企业。如铁路机车车辆工厂、船舶修造厂、汽车修理厂、飞机修理厂等。这类企业属于工业生产和工业性劳务作业，一般采用工业管理模式。

c. 交通运输企业。如铁路局、远洋轮船公司、内河航运公司、汽车运输公司、民用航空公司、输油输气公司。这类企业是运输业的核心企业，一般采用运输管理模式。

d. 运输代理企业。如轮船代理公司、汽车货运中心、水上货运信息中心、联运公司等。这类企业实际上是经纪人，以出卖运输信息为职业，一般没有运输工具。但也有有运输工具的，如联运公司下设几个车队，或由车站兼搞货运信息。一般采取信息管理的模式，或信息管理与运输管理相结合的模式。

e. 运输服务企业或运贸联合企业。如各种运输方式所属的服务公司、餐厅、旅馆、商店等。也有少数运输贸易联合公司，实行运输和商业兼营。这类企业基本属于商业性质，按商业模式进行管理，或商业和运输业相结合的模式进行管理。

② 不同所有制形式下的经营方式。由于运输企业的所有制形式以及内部条件和外部环境不同，应采取不同的经营方式。

a. 社会所有，专家经营。股份制运输企业，如前所述，它既不属于政府，也不属于私人，而是属于社会，所以他是社会所有的混合型所有制企业。它通过股东大会（或股东代表大会）选举董事会，由董事会聘请有管理才能的专家进行管理，经理就成为企业法人代表，由他全权主持企业经营管理工作，不受他人的干扰。所得利润，扣除各类开支的提留的余额以红利形式分给股东，如遇风险，股东和企业法人共同承担。这是我国今后一般大中型企业的典型经营方式。

b. 国家所有，国家经营。由于这类企业的生产特点和对国家在经济上具有特殊意义，需要对企业实行高度集中的领导，同时也需要以特殊的经济联系在核算、收入分配、投资等方面形成企业与国家的关系。这种经营形式，国家完全掌握主要的经营权，企业基本没有经营自主权。资产所有权和企业经营权相统一，其优点是国家通过直接管理企业，统一生产计划，集中有限的资源和财力推动国民经济全面的发展，保证其与国民经济的发展协调一致。其缺点容易产生对国家的依赖性，缺乏经济核算的压力和自我发展的内在动力。

c. 国家所有，企业职工集体自主经营。这种经营形式的企业具有较大的压力、动力和活力。在这种组织形式中，大部分企业按规定向国家缴纳税金，实行自负盈亏、自我积累和自我发展。在企业内部还可以层层承包。

d. 国家所有，集体承包或个人承包经营。这类企业资金不多，规模较小，可以由代表集体的经理或者其他成员与企业主管部门或企业本身签订承包合同，进行经营，企业除向国家纳税以外，还应由乙方向甲方交纳承包利润，交利后乙方自负盈亏。这种经营形式，企业的所有权与经营权已基本分离，承包者有相当大的经营自主权。有的完全掌握企业的生产经营权，只受企业主管部门的监督和名义上的指导，非承包职工无权过问企业的经营，而且承包者有权招雇新的职工，还可以根据企业生产与经营发展变化的需要，增加和撤销内部机构，对企业中层干部有任免权。

e. 国家所有，租赁经营。这种方式与承包方式的相似之处是，租金代替了应交的承包利润，其不同之处是：企业留利是按比例在企业与承租人之间进行分配的，因而能使经营者在付出较多努力后得到较多的合法报酬。这种经营形式适合于规模小，经济效益极差的国家所有制运输企业中某些部门，租赁者的经营自主权更大。

f. 集体所有，集体经营。经营者由全体职工选举产生，代表全体职工的意志从事经营，企业内部实行按劳分配，一般职工收入差别不大。这种经营方式，企业所有权与经营权相统一，企业生产计划除少数受国家指令性计划控制外，主要是自主经营、自负盈亏。实现利润在纳税以后，留余部分由企业自行支配。

g. 集体所有，集体承包经营。这种形式是以车船或车队、船队为单位进行承包，划小经营单位，实行各种生产的独立核算。企业提取一部分利润用于积累和集体福利事业，其余在承包者之间进行分配。这种经营方式，企业所有权与经营权发生分离，承包者有较大的自主权。

h. 集体所有，个人承包或租赁经营。这种形式可以利用个别人的经营能力，使那些原来经营不善的企业有所转机，而承包人或承租人能够取得相当一部分利润，在一定时期内有很大的诱发力。但是实行这种形式，企业要对承包人的能力加以考察，同时在将经营权转交以后要对企业经营加以监督。

i. 私人所有、个人经营。这是目前私人雇工经营的主要形式，其所有权与经营是统一的，雇工从事的劳动带有提供剩余价值的性质。这类企业亦受运输行业管理部门和工商行政管理部门的监督。

第二节　运输政策与法规

一、运输政策与法规的职能

政策是国家或组织实体在一定时期内为达到一定的目的和任务而精心组织和有意变动的各种手段，是在多种方法中做出的一种选择，是社会或集体成员必须遵守的行为规范。各种手段的组合和变动，一是为了抵消目标实现过程中的各种不利因素，二是为目标的实现提供有效的方法和工具。政策具有权威性、原则性和指导性、针对性、时效性、系统性等特点。

运输政策作为国家宏观经济政策的一部分，是国家政府为实现一定时期的目标而制定的协调参与运输活动的各个经济主体利益关系的行为准则，不仅具有合理配置运输资源的职能，还与国家的其他经济政策一道，影响和促进国民经济产业结构、空间布局的协调发展。

1. 运输政策促进产业结构及产业布局合理化

运输业是各产业之间、各经济区域之间的纽带，且以优质的运输作为基础才有可能促成合理的产业布局。因此，各国运输政策无不以追求资源的合理配置和以产业合理布局为目标。

自然资源的分布是无法人为改变的。由于自然和经济的原因，原材料产地不一定适合建立生产基地，而产品的生产又往往不在消费者集中的地区。因此运输成为在地区间资源配置中必不可少的条件。

保证资源配置的及时合理。为了方便产品与消费之间的联系，使某些偏僻地区与外界社会联系起来，多数国家都不惜投巨资建立公路或铁路等运输通道。这样做除了满足政治、社会和文化的需要外，客观上有利于促进资源在地区间合理配置。

在产业布局方面，政府经常优先考虑将重工业布置在原材料的产地（或供应地），而将轻工业及与人民生活密切相关的工业和服务业布置在城市或人口比较稠密的消费地区。这种布局经济上是合理的，但是由于一些地区可能缺乏某些资源，使一些工业的原材料主要是依靠输入，因此没有政府运输政策的作用这种合理的工业布局就无法实现。

2. 运输政策促使运输合理化

运输合理化是各国运输政策追求的主要目标。运输的合理化主要包括运输布局、运输结构和运输组织的合理化。

运输布局应服从于资源分布和工业布局。但是多数运输线路需要依靠一定的自然地理条件（航空以外），因此运输布局又受地形的影响，为了满足工农业生产和国民经济发展的需要以及广大人民群众出行的需要，运输布局必须在给定的自然地理条件下合理地规划。

运输结构是指各种运输方式的运输能力和实际运输量在总运输能力和运输量中所占的比重，运输结构的合理化不仅是运输资源合理配置的要求，更是国民经济发展的要求。运输政策对运输结构在宏观上的管理，可以充分有效地利用各种运输方式的优势和地理、地形优势，最为经济地为国民经济和人民生活提供服务。

运输组织的合理化是指在现有运输布局的基础上最有效地利用各种运输方式。在社会主义市场经济体制下，运输组织的合理化是利用建立合理高效的市场机制和指导性政策来达到目的。

3. 运输政策有利于环境保护

随着人们环保意识的增强，运输生产产生的各种污染越来越受到重视，政府在制定运输发展政策时相应地制定了环境保护政策。由于运输发达程度与经济发展水平相关，而在相当长的时间里运输带来的环境污染又与运输发展程度成正比。经济发展水平越高，运输越发达，对环境保护的要求就越高，环保投入越多；相反，经济发展水平越低，运输就越不发达，从而运输造成的环保压力就小，政府对环保的要求就低，投入就少。

二、运输政策与法规制定的基本原理

由于法规是在政策基础上的升华和规范化，所以我们重点是讨论政策制定的基本原理，对法规的制定仅作简略的讨论。

1. 政策制定的程序

（1）确定事态的现状。经济政策通常是经济现状与某种理想状况（各种目的）之间存在着矛盾的产物，所以，制定政策的第一阶段是确定事态的现状。拿交通运输政策来讲，就是要确定交通的运输现状。当前我国交通运输非常紧张，许多企业“以运定产”，“以运定销”，运输已成为制约生产和销售的主要因素。因此，必须进行大量的调查工作，进行大量的现状资料的搜集工作，然后在丰富资料的基础上，在原有政策不变的假设条件下，试行预测。确定各种因素对运输供给的影响。例如，国民生产总值不同增长率对运输供给的影响等。为了估量上述变化对运输供给的影响，可以使用一个特定的经济模型，进行动态模拟，对未来事态作出估量。

（2）分析事态的产生原因。在对未来事态作出估量以后，政策制定程序进入第二阶段，查明这一事态与最理想状态是否背离，即分析事态的产生原因。例如，我国运输业到了“以运定产”、“以运定销”的状态，那么怎样造成这一事态的呢？是国民经济增长过快吗？还是运输投资不足？或是运输结构不合理？以及运输技术装备太落后和运输组织非常混乱等。所以造成“人不便于行”、“货不畅其流”的严重后果，背离了理想状态。

（3）提出多个可供选用的经济政策方案，估量各个方案的政策效果。找到了“病因”，就必须对“症”下“药”。针对运输落后产生的原因，提出可供选用的方案，并估量各方案的政策效果。为此，必须对每个政策方案进行经济分析，做出各种政策效果的估量；越是这样，政策的变化便越简单，如果我们有了相当可靠的运输经济模型并且考虑的是定量政策的话，那么我们就能够得出许多结论；反之，如果对运输经济的运转还了解不多，或者所设想的和变化的甚少，则能够得出的结论就会很少。

前三个阶段可以说是：“计划阶段”。这里所说的计划一词可以指任何类型的政策，当然也包括有时称之为“计划”的那种政策。

（4）决策。制定政策的第四阶段就是做出选择的阶段，即决策阶段。决策时要考虑很多因素，是制定政策的重要阶段。

（5）试行和反馈。决策以后就是政策的试行阶段，但不是单纯的试行，更主要的是通过试行，在实践中进行反馈，检验政策的科学性和可行性。如果发现同原定目标发生偏离，没有达到预定的目标，或者不能有效地达到预定目标，则必须进行政策修订，使政策更完善、更有效地牵动预定目标。

（6）实施。通过试行和反馈，使政策逐渐成熟，更趋完善，在确有成效地达到目标时，即可进入政策制定的最后阶段——普遍实施阶段。

2. 经济政策的目标

政策制定中的目标问题是个十分重要的问题。目标不当，其实现目标的手段也不当，目标错误，其实现目标的手段也必然错误。所以，认真讨论经济政策的目标非常重要。

（1）政策目标的类型。政策目标的类型，可以从不同的角度进行划分，至少可以从以下五个方面进行划分：

① 按时间的长短来划分：长期目标、中期目标和短期目标。长期目标如战略目标；中期目标如五年计划目标；短期目标如年度计划目标。

② 按目标作用的范围来划分：国民经济目标、部门目标、企业目标和经济项目目标。前两类目标可以归结为总目标；后两类目标可归结为具体目标。

③ 按目标运动的态势来划分：固定目标和机动目标。固定目标是指在目标期内目标值不变或基本不变的目标；机动目标是指在目标期内目标值处于活动的目标。

④ 按目标完成的难易不同来划分：一般目标和艰巨目标。一般目标是指历史的经验证明或现有完成任务的条件说明是比较容易完成的目标；艰巨目标是指在目标期内不容易实现的目标，这类目标之所以艰巨，是因为要有许多客观条件和雄厚的技术基础，以及必须经过非凡的努力方可实现。

⑤ 按目标完成的条件划分：条件目标和无条件目标。条件目标是指在目标期内必须具备某种条件，目标方能完成，否则就完成不了；无条件目标是指没有先决条件的目标。

经济目标类型不同，实现目标的政策也就不同。

（2）目标函数问题。

政策制定者总是自觉或不自觉地把他们的行动建立在各自的偏好基础上，他们选择某个目标，无非是因为他们认为这些目标值得追求；有时候他们在两个目标中选择一个，或者偏重一个而轻视另一个，所有这些都包含着某种偏好。这种偏好是由什么决定的呢？这就是目标函数（也可以说是效用函数，因为实现一定的经济目标，不外乎要获得一定的效用），即由影响目标期望值的诸因素决定的。可记为：

$$\omega = f(a, b, c \cdots) \tag{1.9.1}$$

式中：ω——目标（效用）函数；$a, b, c\cdots$——因素甲、乙、丙……

如交通运输当前事态是滞后状态，运输发展战略的决策者（即运输政策的制定者）追求的目标不外乎有三个：即滞后、同步和超前。第一个目标维持现状，肯定会舍去，剩下在同步发展和超前发展两个目标中选择一个。现仅就同步发展目标进行分析。

第一，是运输需求，在目标期内，国民经济对运输有多大的需求。如前所述，我们在充分掌握各种基础数据和情况的基础上，按现有的各种运输和消耗定额，现行的各项政策进行预测，从而选出目标年度的运输需求量。当然这种需求量可以按国民经济的不同增长率进行预测，选出不同的目标（即同步发展目标）。

第二，是运输扩大再生产的能力，即运输投资的来源及其金额。如果说运输需求是客观需要，那么运输能力就是实现需要的可能。当然运输投资的来源是多种渠道：运输本身的收入、国民收入的再分配、银行贷款、发行股票、集资、利用外资等。

第三，是对运输业的价值观及其执行的程度。运输投资的大小，实际上取决于对运输业的价值观和筹资的能力，特别是前者。如果认定运输业是国民经济的重要基础，是发展国民经济的战略重点产业，而且坚决按照这一认识去执行，那么运输投资就会筹集到足够数量的资金。

第四，是运输税负和运价水平。运输业自身的收入取决于运输税负的轻重和运价水平是否合理（当然也取决于运输成本的高低，我们暂时把后者放在一边，着重研究前两者），取决于运输收入抵偿运输支出以后有无剩余，如果是亏本或微利，则运输业自身的积累就成问题，就没有扩大再生产的能力。

第五，是科技进步。如果预计在目标期内，能推广和应用新的科技成果，可确有成效地大幅度地提高运输生产力，则可以大大影响目标期望值，使目标函数增大。否则，只有靠运输生产的外延来扩大运输生产能力。

以上五个方面，是影响目标函数比较重要的几点，其影响因素还有很多。

(3) 制定经济政策目标的理论基础和指导思想。政策目标制定时，常常受到与经济政策有关的一般理论和原则的影响。这些理论和原则有助于概括对它的科学认识。这是制定政策目标的理论基础和指导思想。

① 理论基础。不同意识形态、不同观点的政策制定者，所依据的理论基础不同。自由主义政策制定者倾向于强调个人经济自由的重要性，因为他们认为，经济中有许多自我调整的力量，他们可以依靠这些力量，让经济自己适应变化，力求找到其最佳状态，故在私有制基础上完全按市场经济理论来制定政策目标及其政策手段。马克思主义政策制定者倾向于通过市场和有意识地组织来达到更加平等的目的，即在公有制基础上把计划经济和市场经济有机地结合起来，组织社会主义的市场经济，按这一理论来制定政策目标和政策手段。理论基础不同，经济政策目标也不同。

② 指导思想。指导思想是指表达政策制定者的主要意愿和实施这一政策的基本目的。它贯穿于政策的全过程，指导政策选择和政策手段的确定等。例如，社会主义经济政策目标的基本出发点是不断满足日益增长的人民物质和文化生活的需要。

(4) 经济政策目标的相似性和借鉴。不同问题、不同集团、不同地区、不同国家，影响经济政策目标的变量，通过比较，有可能具有相似性。于是出现了经济政策目标的相似性和借鉴问题。比如资本主义国家的运输政策目标，同我国的运输政策目标，通过比较，有许多相同点。一般是根据运输需求和交通效应来决定运输供给，有的滞后，有的同步，有的超前，而运输超前发展的国家，往往能较快地促进整个国民经济的发展，运输滞后的国家，往往经济处于不发达状态。

如果出现经济政策目标的相似性，就可以在制定政策目标及其手段时借鉴别人的经验，这将省去很多探索的时间和代价，少走弯路。

(5) 社会主义经济政策的目标。社会主义制度在我国已建立五十多年，在这几十年的时间中国民经济的发展，有过曲折，也有过成功，在当前世界风云变幻的时刻，总结过去成功的经验，认真探索未来，是非常必要的。

第一，社会主义经济政策的根本目的是实现社会生产力的迅速发展，始终把经济建设放在首位，以增强我国的经济实力。

第二，社会主义经济政策的另一根本目的是在发展生产的同时，迅速提高全民的物质文化生活水平，增加居民的实际收入，而且按对社会的贡献进行分配。既反对贫富悬殊，又反对平均主义。

第三，社会主义经济政策的目标在于“充分”就业，使尽可能多的社会成员有一份工作。这里对“充分”一词加上一个引号，就是因为百分之百的人就业是不可能的，由于技术、思想、生理等各种原因，总有很少部分人会没有工作或失去工作，这是正常的。如果叫人们在100%的就业和97%的就业中选择，也许人们会选择后者。

第四，社会主义经济政策的目标在于有一个基本稳定的能反映价值的价格体系。冻结物价作为临时措施可以采用，但不能作为长久之策。物价指数超过两位数，人心就会动荡。价格必须反映价值，不反映价值的价格，不是消费者吃亏，就是生产者吃亏。所以必须有一个基本稳定的能反映价值的价格体系，人心才能安定，社会才会安定。

第五，社会主义经济政策的目标，既要有利于社会产品的最终分配，又要有利于提高生产效率。二者在不同时期可能强调的着重点不一样，但总的来讲必须兼顾。

第六，社会主义经济政策的目标，要在确保国家和人民利益的基础上，要有利于社会安定团结，并在此前提下，给社会成员更多的个人自由。在社会主义法制的基础上，给社会成员以广泛的民主。精神的解放是生产力发展的基础，使社会成员有充分发挥聪明才智的场所和机会。

第七，社会主义经济政策的目标，要有利于社会主义精神文明的建设，使高度的物质文明和高度的精神文明结合起来。

3. 经济政策的手段

经济政策的手段即政策本身，由于经济政策的目标不同，当时的形势和环境不同，对目标作用的程度就不同，对社会经济组织影响的程度不同，因而实现目标的手段就有多种多样。

（1）经济政策手段的类型。

① 按对政策目标的作用程度可以分为四种类型：

第一，资助性手段。这种政策手段对目标（效用）函数产生有利影响。

第二，抵触性手段。这种政策手段对目标（效用）函数产生不利影响。

第三，中性手段。这种政策手段不影响目标（效用）函数的大小。

第四，混合性手段。这种政策手段对目标（效用）函数有正面的影响也有反面的影响。

一个政策手段的类型，不仅依赖于手段的性质，而且还依赖于其他因素。例如，两地区的经济状况不同，甲地区经济萧条，失业率高，乙地区经济繁荣，失业率很低，如果都同样采用增加政府支出的政策手段，则该手段在甲地区就是资助性手段，因为政府支出增加，可以增加就业，可以有助于克服经济萧条的局面；但在乙地区就是一种混合性手段，因为政府支出增加，一方面可以使经济继续繁荣，但会带来劳动力需求和物质上涨，对经济繁荣不利。

② 按对社会经济组织影响的程度可分为三种类型：

第一，定量政策。它是在既定结构中对经济政策目标的境况作定量调节。也就是保持社会组织结构和经济基础结构不变的情况下，用手段变量去影响目标，使经济经常适应于有所打破其均衡危险的数据的不断变动。如由于收成的变化引起了世界农产品市场的变化；由于技术或生产设备结构的变化引起生产水平的提高等。

第二，定性政策。它是在既定的经济基础结构中改变其他结构。也就是不改变社会与人之间的基本关系和精神方面的基本价值的情况下，改变社会和经济组织中某些细节部分。如由于天灾造成农业严重歉收，使自由价格机制不能令人满意地运转，因而实行配给制度和价格管制会更有成效；又如为了使居民的实际收入不致因物价变动而受影响，因此计划实行生活费用指数工资制，使生活费用的物价变动指数同工资收入联系起来，等等。

第三，改革政策。是指改变社会精神方面价值和人与人的基本关系的政策。如实行社会保险制度；使人们在就业、受教育、参与公务活动机会均等；进行货币改革；生产决策的集权；产业民主；生产资料的国有化，等等。这类政策既改变社会的组织结构，又改革经济的基础结构，是重大的政策变革。

（2）政策手段的代价和牺牲。制定一项政策，必须经过慎重的考虑，某一政策手段的运用，就意味着付出一定的代价。包括物质的代价和非物质的代价。物质的代价是指资源方面所做出的牺牲；非物质的代价是指人们之间的关系和自由程度方面所做出的牺牲。任何政策手段要想一点代价都不付出，在实践中是办不到的，问题在于把付出的代价降低到最低限度。

一般来讲，代价取决于政策手段运用的程度，并随着手段的类型不同而不同。实际上，代价都包含在政策制定者的目标函数之中。因此，人们将避免手段的不必要的运用，因而运用手段的范围有时会宽些，有时会窄些。

（3）政策手段的边界条件。一项政策一般由政策目标、政策手段及其边界条件组成（当然也有个别设有边界条件的政策）。政策手段的边界条件是手段的极限，任何政策手段（或政策工具）都有一个极限，超过限度，应会起相反作用，使政策归于失败。边界条件来自于心理甚至政治上的原因，例如，增加税收可以充实国库，可以增加国家积累，但是如果超过了极限，就造成限制生产，断绝财源，减少积累的反效果。又如冻结工资，在一定的条件下，可以起到限制消费，减缓通货膨胀的效果。但是冻结时间太长，就激起社会成员的不满甚至反抗，产生社会动荡。

（4）关于政策效率问题。

① 关于效率系数与效率的确定。目标变量所能得到的变化对手段变量所需做出的变化的比率，就称之为某一手段关于某一目标变量的效率系数。其计算公式如下：

$$K=\frac{\Delta Y}{\Delta Z} \tag{1.9.2}$$

式中：ΔY ——目标变量；ΔZ —— 手段变量；K —— 政策效率系数。

显然这个效率系数的值取决于目标变量和手段变量所用的计量单位。如果就业的增长以百万人 · 年为单位，政府支出以 10 亿元为单位，当增加 30 亿元的支出可以得到百万人 · 年的就业增长时，那么效率就是 1/3。

效率系数的值除了取决于目标变量和手段变量的计量单位以外，还依赖于所考虑的政策问题，特别是依赖于对其他目标变量或手段变量所作的假设。如果其他目标变量或其他手段变量保持不变，效率是一个样；如果其他目标变量或手段变量发生变化，效率又是一个样。

② 关于手段变量之间的可比问题。在不同的手段变量之间是不可比的。例如，增加一百万人 · 年的就业，可以通过支出 30 亿元来达到，也可以通过使货币贬值 5% 来达到，知道这一点并不能使我们作出比较。必须把手段变量的这两种可供选择的变化放到同一标准上来，即对它们做出定值评价。不言而喻，最自然的定值评价是从政府制定者的效用函数中做出。

（5）运输政策手段的特点。由于与制定运输政策相关的运输经济与技术有下述特点：第一，对运输的需求弹性一般较低，运输成本只是占全部生产成本的一小部分；第二，一个有效的运输系统有的需要大量投资，如铁路、轮船和飞机，然而，有的投资却不太高，如汽车运输；第三，五种运输方式的运输市场，都是在各自的活动领域开展活动，彼此之间有一定的竞争，但一般不太激烈。特别是管道运输与其他四种运输方式之间，航空货运与大批量货运之间、航空客运与中短途客运之间不太激烈。所以运输政策手段有如下特点：

① 运输政策目标与其他经济政策目标有所不同。运输政策目标不是旨在获得最大利润，而是旨在对整个社会和国民经济作出最大的贡献。因此要给以运输部门以合理的酬偿，应根据它对社会和整个国民经济的贡献，给以报酬。同时，也决定了运输政策的持续性和稳定性，以保证运输业为社会和整个国民经济提供不间断的、稳定的运输服务。

② 由于运输业的特殊结构所决定，有效的运输政策手段有以下几种：价格手段；数量限制；控制手段。

③ 运输政策必须不断地去适应随时在变化着的情况。因为各种运输方式的投资不同，运输产品不能储存和调拨，运输业务所面临的需求是弹性不足和各种运输方式之间的技术差异，所以往往造成：有时某种运输方式的运输能力过剩，有时某种运输能力不足，从而使运输服务在价格方面和供给方面的实际状况与理想状况出现背离倾向，使运输经营者或运输消费者蒙受损失，所以要综合运用第（2）条中所列举的有效的运输政策手段去解决。

4. 经济法规的制定

（1）我国经济法规制定的基本原则。我国经济法规的制定，除了根据《中华人民共和国宪法》的基本条文，根据国家改革开放和安定团结的总方针、总目标和总任务以外，我国经济法规在调整经济关系时必须遵循以下具体原则：

① 保护和发展社会主义公有制、保护其他经济成分的合法利益。

② 按社会主义市场经济的模式发展我国经济。

③ 保障国民经济高速地、按比例地协调发展，迅速增强国家的总体经济实力和国力。

④ 贯彻物质利益原则，迅速提高人民的物质和文化生活水平。

⑤ 贯彻经济效益原则，优化经济结构、提高产品质量、提高劳动效率。

⑥ 等价交换原则，按价值规律办事。

⑦ 发挥优势、保护竞争、推动联合。

⑧ 在独立自主、自力更生的基础上，扩大对外开放和经济技术交流，积极参与国际经济竞争和各类活动。

（2）经济法规制定的程序。经济法规的制定是在现行政策和经验的基础上通过正常的立法程序或行政会议通过和颁布的，基本程序如下：

① 提出立法事项（即要解决问题的目标），深入研究和论证立法的必要性和紧迫性。

② 研究以往解决经济目标的政策和经验，同时对政策和经验进行实地调查、考察、检验政策的实际效果，找到已经存在或可能存在的问题，并提出解决问题的办法（政策、对策）。

③ 将解决经济目标的政策或经验由专家小组草拟成法规草案。重要的经济法规，必须将草案发到有关部门或基层讨论，征求意见，然后集中群众的意见进行再修改，直到立法者认为满意为止。

④ 将立法草案提交机关或行政机关审议通过。在审议过程中，如果立法成员（人大代表）或行政首长认为草案还不满意，或立法的时机不成熟，可以再进行调查、修改或者以试行的方式颁布。

⑤ 颁布执行或试行。经济法规在执行或试行一段时间以后，还应收集执行或试行中存在的问题，进行法规的修订，以适应新的情况，使法规日臻完善、成熟，真正起到行为规范的作用。

（3）立法事项的成熟性问题。经济法规既然是指导社会主义经济建设的行为规范，所以必须是积累了相当的有正反两方面的经验，才能立法。如果将不成熟的政策和经验上升为法规，必将造成大错，带来无可估计的损失。

（4）经济法规的相对稳定性问题。一旦形成法律或法规，就不能朝令夕改，经常变动，至少要管二十年或三十年，否则就没必要立法。因此具体的法规条文应当考虑未来事物可能的变化，应当慎重的有科学的预见，应当有一个相当长的适应期，对于临时性的条款最好不列入正式的法规条文中，而以附录或实施细则的形式规定之。

三、运输政策的目标

运输政策可以划分为两类：一类旨在进行经济管理，另一类旨在进行社会管理；或者说，一类是数量管理，一类是质量管理。前者控制运输市场的供给数量、谁供应运输服务以及消费者支付的价格，后者控制运输服务的质量。这两者之间存在不可避免和重复。例如，限制市场进入可以抑制运输对环境产生的有害影响，而严格的质量控制可以起抑制环境污染的作用。

制定运输政策的目标，反映在以下几个方面：

1. 使运输业与社会经济发展相适应

运输是社会经济发展的必要条件之一。制定运输政策的首要目标，是使运输业与社会经济发展相适应，这反映在三个方面：一是保证运输供给总量，使运输业能够满足国民经济发展和人民生活对运输的需要；二是保证运输布局与经济布局相一致，并满足国家对开发不发达地区的运输先行性需要；三是保证合理的运输结构，使不同运输方式间形成竞争与协作的和谐发展局面。由于有大量的运输服务提供者，若他们独立进行决策，可能会导致无效率的供应，而且如果没有某种程度的集中指导，极可能造成运输设施的重复建设，从而造成资源浪费。

2. 维护消费者权益

由于运输业在国民经济中的特殊地位以及对国民经济其他部门尤其是贸易和工业、农业生产的影响，政府和广大的运输服务消费者都迫切需要长期稳定的优质的运输服务。过高的运输价格不仅增加了交易成本，有些甚至严重影响贸易的成交。稳定运输价格并不一定意味着政府要求企业降低价格,而是要求运输企业将运输价格维持在一个合理而又稳定的水平上。当然更多的情况是政府希望运输企业提供低价服务，例如，要求公共运输企业为居民提供最为便宜的价格。这种做法主要是达到政府的福利目标。然而这种做法的后果往往是比较复杂的：一方面减少了运输企业的收入，甚至造成亏损，另一方面政府为了维护这种运输服务又不得不对其进行长期的补贴。而长期的补贴又会造成经营效率的低下，使得企业亏损情况更为严重。这种恶性循环已经成为很多国家公共运输所面临的最为头疼的问题。

3. 合理配置资源

合理配置资源是政府制定运输政策的又一重要目标。由于价格是企业投资所参照的重复信号之一，价格的高低有可能导致投资在各个不同产业的分配。运输业是国民经济中最重要的部门之一，优先发展运输业不仅成为各国政府的共识，事实上，也是多数经济发达国家的成功经验。要发展运输业没有政府的投资不行，没有政府的扶持政策不行，但是运输真正发展还要依靠于企业的广泛参与。为了达到优先发展运输业的目标，政府的运输价格政策就不能过多地限制运输价格，因为这样会导致运输企业的亏损和资源配置的不合理，进而影响到整个运输业的发展。

4. 抑制垄断

运输市场也有可能造成垄断。造成运输垄断的原因主要是由于运输投资规模巨大、运输生产过程中潜藏着规模经济性、有些运输设施存在着地理位置的垄断，因而运输业经营者就有可能借机提高运输价格以谋取超额利润。这在铁路运输中最为突出，从 19 世纪 30 年代后期开始的近 100 年中铁路几乎控制了内陆运输，现在虽然在某些活动领域垄断权力仍然存在，但是许多运输方式中的技术进步，降低了纯粹的可能性。更为常见的是担心运输公司联合组成卡特尔，以限制产量并阻碍新的企业进入市场。为了防止这种状况的出现，政府需要制定一定的运价政策对其进行限制。

5. 控制过度竞争

无控制的竞争可能限制提供给顾客的服务质量，导致运输业不稳定。实际上，问题并不是竞争本身，而是可能产生外在性成本，或者社会的某些部门得不到足够的服务。在某些情况下，也可能造成运输能力供给过剩，出现运输市场上的不规范竞争，导致一些企业倒闭或转向其他产业，由于运输业具有固定投入大、投资报酬率低等特点，企业的倒闭和转向必然会导致社会资源的巨大浪费，同时市场不规范竞争可能使消费者无法得到稳定和高质量的服务。因此在市场出现价格战的情况下，政府往往加以干涉，使之趋于平息，并对市场进行整顿。

6. 控制外部成本

由于市场机制的缺陷，可能导致运输活动产生不直接包括在经营部门之内的成本，比如污染成本和拥挤成本，这是人们十分关心的事情，需要政府从社会发展的角度制定相应的措施，进行控制。

7. 提供公共商品

由于运输基础设施的某些项目具有明显的公共商品特性，无排他性、无竞争对手，因而如果没有政府干预，其最乐观地看供应也是不足的。但是，应该以何种程度把这样的基础设施看作公共商品，常常取决于政策。

另一方面，作为公共商品，有效需求不是分配运输资源的适当准则，运输服务必须满足某些特殊人群（如低收入者、残疾人等）的最低需求。

8. 提供高成本的基础设施

高昂的成本和漫长的投资回收期，再加上可能的高风险，如果没有某种形式的政府参与，许多基础设施就不可能修建，也不可能进行费用高昂的运输工程学研究。

9. 降低交易成本

从理论上讲，自由市场能使产出达到最优化，但是这可能需要付出高昂的交易成本。例如公路上的驾车人可以通过协商决定谁先通过，但这种成本是很高的，建立交通规则会更加有效，交通规则属于政策法规范畴。

10. 将运输纳入更广泛的经济政策

运输和土地利用显然是相关的，如果土地利用市场存在缺陷，人们就会感到运输市场应进行某种程度的协调。

11. 可持续发展

要达到人类社会机动性目标和环境目标的协调，唯一的出路是走可持续的道路，为此提出了可持续运输。可持续运输最终要达到的目标是：保证最佳的运输活动水平和环境友好型的交通运输方式，使其既能满足社会经济发展的需要，又不至于对生态环境造成严重危害；既能满足当代人社会经济福利的最大化，又不至于降低子孙后代的生活质量。

上述政策目标有的是有边界条件的，有的是没有边界条件的，在执行过程中要实现政策目标的措施应视具体情况而定。

四、运输政策的手段

一般来说，一个国家的运输政策是由其政府制定的，但是有些运输政策则是由国家政府的代表制定的，如欧盟的运输政策就是由其成员国运输部长等政府代表制定的。各国地方政府都是其中央政府运输政策的执行者，但地方政府也会在中央政府运输政策的框架下制定地方运输政策。

1. 运输政策手段的种类

（1）税收和补贴。政府可以利用财政手段对运输业某种运输方式进行鼓励或限制，增加或减少不同路线上各种运输或服务的成本。具体地说，就是增加税收或给予补贴。这种税收和补贴不仅可以直接地施之于运输企业本身，而且还可以施之于运输业投入要素的生产，例如，对钢铁生产征收较低的税收或者给予补贴就必然会降低船舶、汽车和铁路机车车辆的制造成本，从而降低水运、公路和铁路成本。

（2）直接投资和提供运输服务或运输基础设施。中央和地方政府可以通过对运输企业的拥有和对运输基础设施的直接投资来提供运输基础设施或部门运输服务及辅助服务（如交通警察）。

此外，政府还通过信贷政策对运输业施加影响。运输信贷政策是国家给运输企业的资金使用政策。其政策的优惠性主要体现在资金使用的时间、利息和条件上。由于运输业对国民经济发展的重要作用以及运输业投资具备投资量大、回收期长、社会效益较高而企业的财务效益不明显的特点，各国对运输业普遍给予优惠的信贷政策。

2. 制定有关法规

制定有关法规是政府实施其运输政策的最主要的手段。政府通过有关法律和规章的实施来管理运输部门，规范运输市场行为，控制运输公害，引导运输生产和消费。需要指出的是，一般的运输法律与运输政策是有区别的。严格地讲运输法律是由立法机关提出的旨在规范运输行为，明确何种运输行为受法律保护、何种运输行为受法律制裁的一些正式的法律条文。而运输政策则强调作为政府组织和引导运输业的作用，通常有比较明确的目标。然而为了实施政府的有关运输政策，政府往往制定较多的规定、规章、规则来补充国家有关的运输法律并使其细则化。正因为运输规章等与运输法律密不可分，可以将运输法规看成实施运输政策的工具。

竞争政策和消费者保护立法是运输有关法规中的典型代表。产业立法和消费者保护立法涉及各种形式的经济活动，也包括运输活动。

还有一种强制性较弱的带有劝告性质的行为规范，通常是对诸如安全等问题进行教育或提出忠告。但有时忠告不被接受时，政府会行使其他权力，如不发执照或取消补贴。

3. 许可证制度

政府通过给驾驶人、运输工具或运输企业签发许可证来控制和管理运输设施、运输工具的质量和数量或达到其他某种目的。

4. 直接购买运输服务

由于政府的许多非运输活动需要使用运输服务，政府往往是最大的运输服务用户，因此，政府可以通过对运输服务的直接购买来实施支持和倡导某种运输方式或限制、反对某种运输方式的使用。在我国，由于全民所有制在经济成分中占有较高的比重，政府购买就变得非常重要。

5. 提供信息服务

政府通过许多不同机构向运输使用者提供技术建议，并提供一般信息以提高运输的决策水平。有些信息服务专门针对运输活动，如天气预报对于航运；而有些信息对运输部门只能起间接作用，如各种经济发展信息、各种会议信息等。

6. 制定与投入有关的政策

运输是重要的能源消耗者，尤其是石油，它利用各种各样的其他原材料和中间产品。因此，政府有关能源和其他原材料及产品的政策对运输产生重要的间接影响。

7. 开展研究及引导运输业发展

政府可以通过研究活动影响运输的长期发展。研究活动一部分由政府机构进行，另一部分通过资助各种研究机构进行。

总之，政策手段都有一个边界条件，也即有一个极限，超过了一定的限度，就可能会起相反的作用，使政策归于失败。

第三节　交通运输行业管理的内容

行业管理是国民经济的组成部分，行业管理也就成为整个国民经济管理的一个组成部分，是国民经济中的部门经济管理。交通运输行业管理是交通运输行业经济管理的重要内容，其内容包括以下几个部分。

一、开业、停业管理

1. 开业、停业管理的作用

开业、停业管理是行政行业管理和工商行政管理机关，依据国家有关法规，对工商企业(包括个体户和联户）经营者的开业或停业，所进行的具有法律效力的一种行政管理。凡是经营运输业的一切单位和个人，都必须依照规定的程序，向县级以上交通主管部门、工商行政管理部门和税务部门办理开业或停业的注册登记，领取或缴销有关营业和营运证照。只有在履行了这一手续并得到批准以后，经营者开业才取得合法地位，停业才产生法律效力。

（1）平衡运力，促进国民经济的协调发展。由于运输产品不能储存，不能调拨，所以运输业发展的速度和规模，要以满足当时、当地的运输需求并有一定的富余为限度。否则就会造成浪费或者制约了国民经济的发展，所以必须平衡运力。在平衡时，对运力投入单位，首先应使专业运输能力得到充分发挥；然后才是企事业单位兼营运输的运输能力投入，对后者应从严掌握。

（2）保证必要的经营素质，为社会提供优质的运输服务。由于运输也是一种特殊技术性行业，运输质量的好坏关系人民生命财产的安全和预期的社会经济效益，只有运输经营者具备必要的经济技术条件，才能为社会提供优质服务的可能，所以必须对运输经营者在设备、技术、设施和管理等方面进行严格审查。

(3) 依法规范经营行为、保证多方面的权益。经营者必须依法进行的开业、停业的手续，是实施这一规范的手段。其目的在于保证多方面的权益，首先是保障国家和社会的权益，确定经营者对国家和社会必须履行的义务和责任。如税费缴纳、维护公共秩序等。其次是保障旅客、货主（用户）的权益，有利于防止和追究经营者以不正当手段（如任意停业“倒闭”），损害旅客、货主及有关业务联系单位的权益。再次是保障经营者自身的合法权益。

（4）奠定运输管理的基础。通过开、停业管理，为开展日常的运输市场管理，提供较为全面而确切的资料和数据，取得管理的主动权。

2. 开业条件及开业、停业报批程序

（1）开业基本条件。第一，有适应其经营项目和经营规模所需的资金、车船、飞机及其附属设施。而且资金、车船等来源正当，合乎法令规章的规定。第二，车船、飞机的技术条件符合要求，持有有关管理机关颁发的审验合格的有效证件。第三，操作人员的技术水平符合规定要求，驾驶人员持有法定机关颁发的审验合格的有效证件。第四，有切实的风险保障。第五，配备具有一定经营业务知识的企业法定代表（即法人代表）和熟悉业务的精干的管理工作班子，建立起较为完善的符合国家法规和政策的管理章程。

（2）开业、停业报批程序。第一，开业报批程序是：意向申请—开业申请—工商登记—税务登记—办理保险—领取单证，实行租赁经营的企业，因经营已经转移，应有租赁者凭租赁合同向原发证机关重新办理证照更换手续；第二，停业报批程序是：提出停业申请—办理停业手续—公告停业。

3. 开业、停业管理方法

（1）与行业规划和布局安排结合起来。开业、停业管理的目的归根到底在于为了全行业的合理布局、平衡协调发展和优化经营，是实施宏观控制的一个重要手段。因此，要同全行业的统筹规划、站点布局等结合起来。

（2）搞好企业（户）和车、船等运输工具和服务设施的注册登记工作。

（3）加强与相关部门的配合协作。包括工商、税务、公安、保险、燃料供应等部门，在工作中，互相尊重，互相支持，交流情况，协调搞好工作。

（4）定期开展市场整顿。

二、客、货运输管理

1. 客、货运管理的必要性及其目的

客、货运输是人们借助各类运输工具实现旅客和货物位移的人类劳动。客、货运输就经营范围划分有营业性运输和非营业性运输，前者满足社会对运输的消费，后者满足本单位（或个人）的运输消费。不论是营业运输还是非营业性运输，都是行业管理的对象，但重点是管好营业性客、货运输。因为营业性运输构成运输劳务的买卖行为，形成运输市场。在我国社会主义市场经济条件下，当前运输市场空前活跃，加强客、货运输管理尤为重要。管理的目的在于：适应社会对运输的需求，实现“货畅其流、人便与行”，搞活企业，为企业服务，提高运输工作效率和企业的经济效益；统筹安排，合理分工，平衡运力与运量之间的关系；协调好各种运输方式；管好、管活运输市场，创造良好的外部经营环境；维护正常秩序，保护合法经营。

2. 客、货运输管理的原则

（1）多家经营、统一管理、合理布局、协调发展。不论什么运输方式，不论在何地区，

不论什么行业和部门，都要鼓励多家经营，调动各方面的积极性，即使是铁路，也要鼓励地方多修铁路，或者中央和地方合资建铁路，甚至使用外资修铁路。但要统一管理、合理布局、统筹安排、协调发展。在全国综合运输网的统一规划下，大力发展各种运输方式的运输能力，大力发展多式联运，一票到家，形成多层次、多成分、多渠道、网络型的运输体系，打破条块的分割和封锁，促进社会主义市场经济的发展。

（2）坚持市场调节为基础，加强和改善宏观调控，实行合理运输。客、货运输的管理应根据货种、地区和运输方式的不同而采用不同的调节方法。就货种而言，对于抢险、救灾、战备等物资实行责任运输，强化宏观调控，保证完成。对于经省人民政府确定的重要的大宗物资、港站集散物资、定线班车（船、飞机）按预定计划实行合同运输，统筹安排，搞好协调。其余物资通过市场调节，按照谁委托、谁承运和择优托运的原则进行运输；就地区而言，沿海经济发达地区，运输条件好，市场发育比较完善，市场机制成良性循环，故可多用市场调节手段，适当进行宏观调控即可。而在偏僻地区，社会经济基础比较薄弱，社会生产力较低，经济管理水平较差，市场发育不完善，故可多用宏观调控，把宏观调控与市场调节结合起来，就不同运输方式而言，管理运输无论是运力的投放，还是货物运输以及运价的制定都是全国统一计划规定的，显然主要是宏观调控起作用。但随着政企分开和股份制企业的发展，市场调节将起作用，公路和水路运输买方市场已经形成，显然应以市场调节为基础，让市场机制起主导作用，适当进行宏观调控。航空运输市场正在形成，但还未形成买方市场，所以除让市场调节起主导作用外，加强宏观调控非常重要。铁路运输近一年来开始打破独家垄断的局面，出现了合资建路和经营的历史性转变。如前所述，由于铁路本身的技术经济特征决定，统一计划、统一调度是完成铁路运输的前提，所以宏观调控在这类运输方式中起主导作用，但随着合资建路的股份制铁路企业的发展，随着国家市场经济的发展，铁路运输市场调节的比重将逐渐增加。

（3）坚持安全第一，优质服务。客、货运输的职责就是确保人民生命财产的安全，保证货物完好无损运到目的地，这是运输管理工作的首要任务。

（4）坚持自愿、平等、互利的原则，加强横向联系发展联营和联运，开展合理运输，直达运输，相互配载，减少车船空驶，加速客流和物资周转。在铁路运输比较繁忙的区段，应加强组织公路和水路的分流运输。

（5）坚持政企分开，保护企业自主经营的权益和旅客、货主的正当权益。

3. 班车、班轮、班机客运线路的管理

陆、水、空客运线路管理，主要解决两个问题：第一，分工问题，总的精神是尽可能发挥航空长途客运的优势和短途汽车客运的优势，发挥沿江、沿海水运客运的优势，同时注意尽可能多的汽车和轮船为铁路运输客运分流。在每种运输方式内，还要注意不同经营方式者和不同运输工具的长处和短处，统筹安排市内运输、城间运输、城乡运输、省际运输和国际运输，做到扬长避短、各得其所、保障安全、优质服务、提高客运全行业的经营管理水平和经济效益。第二，是审批原则和程序问题。审批原则是：适合需要、搞活运输、统筹安排和保障安全，审批程序对每种运输方式各有不同，原则上，国际航线的班轮、班机和国际列车、汽车由省级或大经济区行业管理部门审批，中央行业部门备案；省内、市内、县内的客运线路由该级行业管

理部门审批，在审批时，除确保安全外，因为他们运输效率高，运输成本低，是运输的主力部队，营运线路应向他们倾斜，而一般企业、事业单位的兼营运输，应从严审批。

4. 旅游车船、出租汽车的客运管理

第一，解决经营分工问题，要形成多层次、多渠道、多种经济形势并存的结构，实行多家经营，统一管理。第二，解决审批权限和严格管理问题，一般按线路的不同，实行分级审批，分级管理，严格开业条件、资格的审查和日常的监督管理，严防偷漏税和破坏社会公共秩序行为的发生。

5. 各种运输方式组织合理运输、联合运输和特种运输的管理

（1）组织合理运输和联合运输的管理。主要包括经济区域组织货物流通，制定大宗货物合理流向，开展直线、直达运输和“四就”（就站、就港、就厂、就仓）直拨运输，选择合理的运输路线和运输方式，产、供、运、销相结合，提高车船的重载行程，减少空驶，各交通部门的各种运输方式，各经营单位要密切联系。在乘、托双方的内部要协调计划、业务、调度、储运、财务等部门的关系。为此要开展研究调研；沟通承托关系，实现直达运输，建立货源网络；为合理运输提供条件；筹建专用线和仓储中心；组织大宗货源的合理运输；协调港站关系等，实现合理运输。

（2）特种运输的管理。包括集装箱运输、零担货物运输、危险货物运输和禁、限运货物运输。集装箱运输在组织管理上必须具备的条件是：集装箱的标准化、系列化；设备配套；货源组织和建立集装箱流转程序。零担货物运输的管理主要是加强运输班线和站点建设；组织好车船的运行，准期、准班、安全优质服务；协调关系，促进联运；按运输法规制度实行监督。危险货物的管理，主要解决经营此类运输的条件、安全防护、应急处理和实施监督四个问题，必须按《危险货物运输规程》办事。

禁、限运货物包括：武器、炸药、剧毒物品、鸦片、吗啡、大麻、木材、珍稀动物和植物、名贵稀有药材、金银及制品、珍贵文物、专卖专营物资等。对这类货物运输主要应从维护国家主权和利益，保障国家及人民生命财产安全和平衡市场供需要求，实施其严格的监督和检查；维护运输秩序，严防爆炸、走私等事故的发生。

三、运输服务业的管理

1. 运输服务业的概念、特点和作用

运输服务业是指为运输生产服务的行业，是运输业的重要组成部分。包括航空代理、海运代理、客货联运、货运委托、客运代办货物包装、仓储理货、存车服务等多种服务门类。

运输服务业兼有运输业和商业的特点，但又不同于运输生产和商业服务，有着自己的鲜明特点：第一，以提供服务的方式为社会生产和人民生活服务。具有劳动服务和运输生产的二重性，它依赖于运输，又服务于运输。其中很重要的一个项目是充当运输劳务交换的经纪人（中介）。第二，为运输生产前后和生产过程服务，使其成为运输生产全过程中不可缺少的组成部分。第三，为广大顾客、货主提供直接服务，是社会的公益事业。

运输服务业的作用在于：有稳定运输市场秩序的作用；服务旅客、货主，有方便生活、提高办事效率的作用；有完善运输功能，形成综合运输能力，促进专业化协作发展的作用。

2. 运输服务业的管理

由于运输服务业是市场经济发展的需要，是运输发展的需要，也是扩大就业面的需要，所以必须放宽政策，允许国营、集体和个人经营运输服务业，从各方面给予优惠，加快运输服务业的发展，同时要坚持为生产和生活服务，加快第三产业人才的培训，形成新的经济格局。对运输服务业的管理应着重抓好下列各点：

(1) 搞好运输服务业的规划布局。规划布局应根据我国经济建设总规划、产业布局和城市总体规划布局予以妥善安排。在具体规划中要掌握如下原则：与运输业相适应；与其他服务业协调发展；有利于提高综合运输能力；有利于运输服务业自身的发展。一般采用两种格局：一是沿线布局，如沿公路线设置途中补给、休息、吃住、购物、修理等设施以及客运代办、运输代理等项目。二是围绕集散点布局，在车站、码头、机场、库场等客货集散地带设置客运代办、运输代理、提货、供货、中转换乘、加油修理、吃住、购物等服务项目。

(2) 精心组织客货联运（见第五章第四节联合运输）。

(3) 广泛组织客运代办、货运代理，形成客、货源信息网络，同时实现运输服务的系列化。客、货源信息既有利于运输生产，又有利于旅客和货主，所以应当广泛发展客运代办和货运代理机构，它是运输经营者和旅客、货主之间的中介人。同时应根据国内和国际运输的需要，按一定条件、宗旨、活动范围、经营方式等将从事运输服务的各行各业有规律地组织起来，以便向社会提供配套成龙的系列化服务。

四、运价管理

略（见第七章）。

五、单证管理

1. 统一单证和单证管理的含义及其必要性

(1) 统一单证及单证管理的含义。运输统一单证是根据各种运输方式的经营特点所制作的各种功能和不同证件、标志和票据，经过整理、分析和论证，按科学、规范、使用的原则将其统一起来，是完善行业管理的重要内容和手段。单证管理是指运输行业管理部门对于这些单证和制作、发放和使用，在外部和内部确定必要的程序和周密的制度，以充分发挥单证在行业管理中应有的作用。

(2) 统一单证和加强管理的必要性。在全国范围内统一每种运输方式单证的种类和格式，加强制作、发放管理是十分必要的：第一，有利于强化管理手段和完善管理功能；第二，有利于统一政令；第三，有利于保护合法经营，维护运输秩序；第四，有利于行业统计和企业经营管理。

2. 单证的制发、使用和稽核

(1) 单证的制发。为了有效地发挥运输业单证在行业管理中的监督、检查作用，防止单证制发中格式不一、盲目印制、管理混乱等现象发生，必须在统一单证格式的基础上，建立和健全分级印制、发放、管理的制度，以维护单证的严肃性。

各种运输方式的经营许可证、运行凭证等，一般应由中央行业管理部门设计制定，按各运输方式的经营特点、统一格式，由省（自治区、直辖市）负责印刷、发放和管理。并接受税务机关监督，套印税务机关的验章。大中型运输企业的客、货票，可允许自行印刷，但应接受运管部门和税务机关的监督。

(2) 单证的作用和管理。总的要求是：认真发放、正确使用、严格管理。

(3) 单证的稽核。检查运输业经营活动是否违反运输法规，运营人员是否正确执行运输法规，对单证的稽核是一个十分重要的手段。不仅要抓好对运输经营者的稽核，还要抓运管部门内部的稽核，这样才能保证单证的正确运用，严格执行运输管理法规。对运管系统内部稽核和运输经营者稽核的具体内容因运输方式的不同而有所差异，但总的要求是：管理制度健全，有专职机构和人员，账票、单、卡是否相符，使用填写是否符合规定，收费是否合理，是否有私自转让、复制、伪造等违法行为，审批手续是否完善等。

交通运输行业管理内容除上述五个方面以外还涉及行业规划与统计、协调与咨询、监督与检查等方面，都应当努力做好。

第十章　各种运输方式技术经济特征分析

第一节　各种运输方式的基本技术经济特征

各种运输方式虽然大都能提供客、货位移，但由于它们的技术性能（如运送速度、运输能力、通用性、连续性、机动性）、对地理环境的适应程度以及经济指标（运输成本、运输能耗、资金占用量）等不同，因此各有一定的适用范围。

一、铁路运输

铁路运输是由铁路、车站枢纽设备、机车车辆诸要素协调配合，共同实现客、货位移的现代化运输方式。铁路运输主要有如下技术经济特征：

1. 牵引重量大

机车的牵引力是动力和线路状况的函数。在 4‰ 的坡道上，蒸汽机车、内燃机车、电力机车的牵引力分别为 4 100 t、5 700 t 和 5 500 t。国外内燃机车和电力机车最大牵引力可达 7 000～8 000 t。

2. 输送能力强

输送能力取决于机车、线路和管理状况。在 6‰ 的坡道上，蒸汽机车、内燃机车和电力机车的年输送能力分别为 1 280 万 t、1 520 万 t 和 2 000 万 t，在复线自动闭塞的线路上，年输送能力可达 7 000～8 000 万 t。

3. 长途运输成本低

运输成本与运距、运量以及运输密度成反比。铁路运输的重载和高密度，决定它得以保持较低的运营支出。一般说铁路运输成本比河运和海运要高一些，但比公路和航空运输要低得多。美国铁路运输成本分别为公路汽车的 1/7 和航空的 1/18。

4. 运输连续性强

凭借独特的钢制固定轨道，铁路能克服自然条件的种种限制，保证一年四季、昼夜不停地连续运输。

5. 运输速度较高

铁路列车的技术速度较高，但是在货物列车运行过程中，需要进行列车的编组、解体等技术作业，因而运营速度比技术速度要低很多，使货物的送达速度降低。缩短列车的技术作业时间，提高始发直达列车的比重，可以提高货物的送达速度。

6. 基本建设投资大

铁路运输由于固定设施的工程费、建筑材料、劳动力消耗大，因此线路投资高。

7. 能耗少，环境污染程度低

铁路运输是沿着轨道行进的，车辆借助于轮轨接触面间产生的蠕滑力行进，因此，铁路运输轮轨之间的摩擦阻力要小于汽车和飞机受到的摩擦阻力。铁路机车单位功率所能牵引的重量约比汽车高 10 倍，也比飞机高得多，从而铁路运输单位运量的能耗也比公路运输和航空运输小得多。高速旅客列车的能耗按人 · 公里计不到汽车和飞机的 1/50。由于能耗小，在各种运输中铁路是仅次于水运的对环境影响较小的工具之一。有数据表明，铁路运输对生态环境的污染比例为 3.9%，只相当于公路运输（79.7%）的 1/20，航空运输（10.9%）的 1/3。随着科技水平的提高，铁路运输在能耗和环保上的优势更加明显：如随着重载技术的发展，单位运量的能耗将进一步降低；磁悬浮列车的开通和铁路电气化程度的提高，将使能耗和对环境的污染减少到最低程度。

二、公路运输

公路汽车运输是发展最快、应用最广、地位日趋重要的一种运输方式。公路汽车运输主要有如下技术经济特征：

1. 直达性好

汽车运输的直达性可转换为三个效益，即：距离效益，主要指汽车运输可以抄近路，而使运距少于铁路和水运；时间效益，指公路汽车运输的送达速度比铁路、水运快而带来经济效益；质量效益，主要表现为汽车直达运输只要一装一卸，货物损伤少，而铁路运输通常需要多装多卸，货物损伤要大得多。

2. 机动灵活

汽车运输以一人一车为基本特点，体形小，操作方便，又无需铁路那样的专门轨道，对各种自然条件有较强的适应性，机动灵活，农村运输、城市内部运输、城乡联系、铁路和水运港、站旅客和货物的集散，日用百货和鲜货的定期运输，主要由汽车承担。

3. 载运量少

汽车运输运载量小，单车运量在美国也只有 20 t 左右；劳动生产率低，成本高。在前苏联，汽车运量分别为铁路和海运的 1/9 和 1/42，劳动生产率分别为铁路和海运的 16 倍和 18 倍。因此，不适于运载大宗、笨重物资。

4. 环境污染严重

公路运输的环境污染比较严重，包括噪声污染、营运车辆的尾气等。欧盟的一项研究统计结果表明，大气污染的 90% 是由公路运输汽车尾气污染引起的。

三、水路运输

水路运输包括内河运输和海洋运输两种形式，由船舶、航道、港口、泊位诸要素构成，凭借水的浮力与机械动力实现客货位移。水运主要有如下技术经济特征：

1. 线路投资少

水运是线路投资较省的一种运输方式，江河、湖、海为水运提供了天然、廉价的航道，只要稍加治理，建立一些轮船泊位和装卸设备，便可供船只通航。据估计，内河航道单位基建成本只有公路的1/10，铁路的1/100；整治航道每公里投资大约只及公路的1/10～1/5；而且内河航道的建设还可与兴修水利和修建水电站相结合，取得综合经济效益。

2. 运载量大

水运比其他陆上运输有较大的载运量。内河驳船运载量一般相当于普通列车的3～5倍。最大的矿石船可达28万t，超巨型船舶可达50万t。

3. 运输成本低

由于线路投资少和运载量大，内河航运成本分别为铁路运输和公路汽车运输的1/5和1/35，海运成本分别为铁路和公路运输的1/8和1/53。

4. 运输速度较低

水上运输船舶送达速度慢，船舶的技术速度慢（只有汽车的1/2，火车的1/3），在港停泊的时间长（约几天到十几天），有些货物要几个月甚至半年才能送到用户手中。

5. 灵活性差

水运受自然环境限制大，因此运输灵活性较差。水运网的分布是自然结果，往往与运输的经济要求不一致，而且很少能直线行驶；灵活性差，往往因航道河流枯水、冰冻以及大风和浓雾而被迫中止运输。

四、航空运输

航空运输是由飞机、机场、导航设备诸要素协调配合，共同实现客、货位移的最快速的一种运输方式。航空运输主要有如下技术经济特点：

1. 速度快

具有先进性能的民航飞机，如波音767、747、空中客车等，飞行时速都在1 000 km以上，这是其他运输方式望尘莫及的。

2. 径路短

航空运输是在三维空间进行的，它几乎不受地面任何障碍物的影响。能实现两点间的直线运输，并可以到达其他运输方式不能到达的地方。

3. 基建成本低

开辟一条1 000 km的民航线路，需投资5亿元，占地1万亩。而新建一条同样长的铁路需要投资20亿元，占地4.5万亩。

4. 客运能力大

一列从北京至广州的火车，4天往返一趟，可载运旅客2 000人左右。而一架300座的波音747飞机，4天往返8趟，就可载运4 800人，后者为前者的两倍多。

5. 运输成本高

航空运输的运输成本高，运价昂贵。由于飞机造价高（每架波音 747 飞机的价格为 1.5 亿美元），飞行消耗高级燃料多（人 · 公里燃料消耗约为汽车的 10 倍，火车的 6.6 倍），运载量较小（最大飞机载重量也只有 40～70 t），因而它的每吨 · 公里运输成本相当于公路汽车运输的 7 倍，铁路的 18.6 倍，水路的 146 倍。

6. 易受气候影响

航空运输受天气状况限制大。航空运输主要受惠于空气的浮力，所以气象状况是最大限制因素。早期的飞机机型小、速度慢、燃料容积小，只能在低空飞行，暴雨、大风均使飞行受阻。第二次世界大战后飞机性能得到显著改善，而且人们还用雷达、除冰设备、夜航标以及各种辅助设施同恶劣天气作斗争，由天气限制和支配航行的现象比以前大有改善。尽管如此，在冰、飘尘、暴雨和其他异常天气时，飞行仍受干扰，甚至造成事故。

五、管道运输

管道运输是运输工具与线路合二为一的运输方式。它既可以输送液体和气体（如石油、天然气），又可输送固体物资（如煤炭、矿石、建材等）。管道运输主要有如下技术经济特征：

1. 工程量小，占地少

由于管道运输只需铺设管线，修建泵站，土石方工程量比修建铁路小得多，而且在平原地区大多埋在地下、不占用农田。

2. 连续性好

管道受自然条件影响小，可保证一年四季昼夜均匀运输。

3. 运输量大

例如，美国阿拉斯加原油管道口径为 1 210 mm，每年输送原油达 1 亿 t。我国一条管道口径达 720 mm 的原油干线管道，年输送能力超过 2 000 万 t。

4. 运价便宜

按 t · km 能耗计算，管道输送石油，在各种运输方式中是最低的。美国管道运输每 t · km 的运输成本相当于铁路的 21% 和公路的 5%。

5. 污染少

管道运输基本上不污染环境。

6. 投资巨大

管道运输的主要缺点是修建管道、加油站和储油器都要耗费巨额投资。

7. 灵活性差

管道线路一经确定，运量无调节余地，运输弹性小、灵活性差。

综上所述，可以看出，每一种运输方式各自都具有另外一种运输方式所不具有或者不完全具有的优点，也就是说，各种运输方式都有其最有利的适用范围，见表 1.10.1 和表 1.10.2。

表 1.10.1 不同运输方式的运输对象

运输方式	运 输 对 象
铁 路	采掘行业、重工业制造、农产品等
公 路	中间产品和轻工业产品制造、批发商与零售商之间的配送等
水 路	矿产品和基本散装商品、化工制品、服装、某些农产品等
民 航	轻、薄、短、小的高价值物品，以及邮件及贵重的鲜活货物等
管 道	石油、浆状煤炭、天然气等

表 1.10.2 各种运输方式技术经济特征比较

运输方式	基建投资		运载量	运 价	速 度	连续性	灵活性
	线 路	运 具					
铁 路	5	1	2	3	2	1	3
河 运	3	3	3	2	5	5	4
海 运	1	2	1	1	4	4	5
公 路	4	4	4	4	3	2	1
航 空	2	5	5	5	1	3	2

从各种运输方式的技术经济特征的某一方面看，一种运输方式较另一运输方式优越的情况是有的，但若全面加以考察，就会发现各种运输方式互有优劣。应该指出，各种运输方式的技术经济特征及其优缺点不是一成不变的。每种运输方式都将随着生产技术和社会经济的发展、科学技术的不断进步、运输条件、运输组织以及社会的其他一些重要因素（如制度、文化等）的影响而不断发展变化。

第二节　交通运输方式构成结构分析

一、各种运输方式结构分析

各种运输方式结构也可以说是中观运输结构，这是从运输业内部考察各种运输方式的相互关系及其构成比例，其内容包括：① 客、货运输量构成比例及运输分工和协作；② 各种运输方式运网结构及其衔接；③ 运输投资分配比例关系。考察中观运输结构，目的在于发挥各种运输方式的优势，扬长避短，并采取措施，引导和调控运量分配，建立合理运输结构，在于发现各种运输方式的滞后程度，以便确定建设重点，在于推进运输协作，发展联合运输。

新中国成立以来，我国交通运输由比较单一的结构发展为多元结构，铁路、公路、水运、航空和管道五种运输方式客、货运量构成比例和运网发展规模，反映了各种运输方式在综合运输体系中的地位和作用。随着经济的发展、产业结构和产品结构的变化、科学技术的进步、人民生活水平的提高，以及自然地理资源的开发和利用，运输需求发生了变化。各种运输方式为了适应运输需求，运输分工和客、货运量分配比重也发生了变化。

1. 客运结构

客运结构如表 1.10.3 所示。

表 1.10.3　各种运输方式旅客运输构成比例（%）

年份	客运量构成				旅客周转量构成			
	铁路	公路	水运	航空	铁路	公路	水运	航空
1952	66.69	18.60	14.7	0.01	80.92	9.14	9.86	0.08
1965	42.81	45.36	11.8	0.03	68.71	24.31	6.80	0.36
1970	40.30	47.60	12.05	0.05	69.60	23.30	6.60	0.50
1980	27.00	65.20	7.7	0.10	60.60	32.00	5.7	1.70
1985	17.77	75.34	4.76	0.13	56.46	36.75	4.06	2.73
1990	17.80	78.40	3.50	0.30	53.40	38.80	3.10	4.70
1995	8.76	88.76	2.04	0.44	39.39	51.13	1.91	7.57
2000	7.11	91.13	1.31	0.45	36.97	54.31	2.22	6.51
2005	6.30	91.86	1.09	0.75	34.69	53.22	0.39	11.70

从表 1.10.3 中可以看出，新中国成立之初，我国客运结构比较单一，铁路占主导地位，公路、水运、航空只起辅助作用。随着时间的推移，无论客运量还是旅客周转量，铁路所占的比重逐年下降，公路和民航逐年上升。具体分析起来，20 世纪 50～70 年代初，客运以铁路为主，1970 年铁路完成旅客周转量仍占 70%，公路占 23.3%，航空很少。进入 20 世纪 80 年代，客运结构更发生了明显变化，铁路比重继续下降，公路和航空在客运方面的作用日益重要，到 2005 年，铁路客运量仅占 6.30%，旅客周转量占 34.69%，而公路达到 91.86%，虽然公路客运运距较短，但旅客周转量比重也达到 53.22%，航空客运量虽低，但周转量比重占到 11.70%，说明航空在长途客运方面起到了重要作用，“九五”和“十五”期间铁路和公路旅客运输结构的变化幅度比前几个五年计划时间要小得多。

2. 货运结构

货运结构如表 1.10.4 所示。

表 1.10.4　各种运输方式国内货物运输构成比例（%）

年份	货运量构成				货物周转量构成			
	铁路	公路	水运	管道	铁路	公路	水运	管道
1952	41.9	41.8	16.3	—	82.2	1.9	15.9	—
1965	40.6	40.5	18.9	—	83.6	3.0	13.4	—
1970	27.2	62.8	10.0	—	79.7	8.6	11.7	—
1980	20.6	70.4	7.1	1.9	67.3	9.0	17.9	5.8
1985	15.7	77.3	5.3	1.7	60.9	14.2	20.2	4.7
1990	15.7	75.3	7.4	1.6	58.8	18.6	19.1	3.5
1995	13.4	76.2	9.2	1.2	36.0	13.1	49.1	1.7
2000	13.1	76.5	9.0	1.4	31.3	13.8	53.5	1.4
2005	14.6	72.4	11.5	1.5	26.5	10.9	61.4	1.2

注：水运中不包括远洋运输。

从表 1.10.4 中可以看出，同客运一样，在货运构成中，20 世纪 50～60 年代铁路处于优势地位，1970 年以后铁路所占比重下降，公路上升，特别是 1980 年以后这种趋势更加显著，这说明公路运输在我国经济发展中的地位和作用大大增加了。20 世纪 60～70 年代水运货运量比重有所下降，但 1980 年以后随着沿海和沿边地区经济的高速发展和全方位对外开放，水运量有较大增长，货物周转量比重有所提高。1970 年以后，我国石油工业有大的发展，管道运输相应发展起来，但所占比重不大。

货运结构演变的主要影响因素包括：

（1）需求结构（产业结构）的变化。主要发达国家经济和运输发展的历史分析表明，运输结构的变动正是适应运输需求变化的反映，运输需求结构的变化其根源在于产业结构的变化，产业结构和运输结构存在着内在的必然联系。产业结构的变化必然引起产品结构的变化，从而导致运输的货种结构随之变化，而各种运输方式的技术经济特征不同，其适用对象与优势范围也不同，因此，随着货种结构的变化各运输方式的发展速度也相应变化，致使运输结构随之变化。

不同的产业结构阶段，社会生产和居民消费对货物运输的要求在数量上和质量上是有区别的，货物运输的发展首先是从满足数量的需求开始，然后逐渐适应快速、方便、安全、节约包装等运输要求。总的趋势是运输要求多样化、高质量的需求越来越大，不同时期的产业结构要求有与之相适应的运输结构为其服务，以取得最佳的社会经济效益。

（2）供给因素的变化。运输业的供给是科技进步为运输工具的革新所提供的物质基础。蒸汽机的发明导致了 19 世纪铁路的出现，水上运输也由帆船发展为轮船。20 世纪初以电气化和化学化为标志的第二次技术革命使得汽车工业和航空工业也适时发展起来。到 20 世纪五六十年代以后，发生了以电子信息、新型材料、生物技术等为标志的第三次技术革命，各种运输方式借助于技术革命的成果不断改进各自的运输工具，向高速、重载、低能耗的方向发展。各种运输方式通过技术革新提高自身的竞争力，如逐渐失去垄断地位的铁路通过高速铁路的研制成功又可与航空运输、高速公路一争高低，现代信息技术突飞猛进的发展又促进了交通运输业以组织管理电子计算机和运输工具智能化为主要特征的深刻变革。总之，科学技术的进步不仅使五种现代运输方式得以改进提高，而且使得整个交通运输业向着运输方式多样化发展。

（3）国内经济政策的影响。政策因素是根据运输需求的变动而对某种运输方式给予扶持或限制，是调整运输结构的手段。其中投资结构是调整运输结构最直接的手段，运价、信贷和税收是联动的经济杠杆，对运输结构的调整也起到巨大的作用。

经济政策的合理与否，也会影响到运输结构的变化与合理化。例如，美国当年为加速铁路建设，政府曾大量赠予所需土地，并采取提供低息或无息贷款，减免税收和财政补贴等一系列优惠措施，第二次世界大战前后又由各级政府出资对公路和航空业的高速发展提供了有力支持，这都对运输结构的调整产生了重要影响。

除了以上三个方面外，地理位置、资源分布和生产力布局等也是影响货运结构的重要因素。

从前面综合分析可知，我国已经扭转改革开放前客、货运输过分依赖铁路，铁路负担过重的局面，而朝着发挥各种运输方式的优势，在各种运输方式之间既有分工又存在一定竞争的结构优化的方向变化。我国运输结构的这种变化趋势，也符合世界运输结构的变化总趋势。例如，日本在 1950—1985 年期间，公路货运量在总货运量中所占的比重由 59.2% 上升到

90.1%,而铁路则由 31.4%下降到 1.8%;公路在货物周转量中所占的比重由 8.3%上升到 47.4%,铁路所占的比重由 52.4%下降到 5.1%;公路旅客周转量由 16.4%上升到 57%,铁路旅客周转量由 82.1%下降到 39.4%。美国、英国在相近的时期运输结构的变化也出现相似的趋势。

二、运输方式内部构成比例

运输活动是在广阔的空间进行的,线长、点多,既有固定设备,又有活动工具,只有资源配置协调,才能使运输生产活动各个环节相互配套,构成比例适当,从而形成最大的运输能力,保证运输任务的完成。运输方式内部构成比例是多方面的,我们先对铁路和公路的内部构成比例加以分析。

1. 铁路运输内部比例

表 1.10.5 为我国铁路客、货运输量比例。

表 1.10.5 铁路客、货运输量比例(%)

年份	客运		货运	
	运量	周转量	运量	周转量
1957	53.27	21.15	46.73	78.85
1962	68.16	33.27	31.84	66.73
1970	43.70	17.02	56.30	82.98
1980	45.66	19.47	54.34	80.53
1990	39.36	19.76	60.64	80.24
1995	38.25	21.61	61.75	78.39
1998	35.27	23.08	64.73	76.92
2000	37.12	24.59	62.88	75.41
2005	30.06	22.6	69.94	77.4

从表 1.10.5 中可以看出,“一五”、“二五”时期旅客运输所占比重较大,客运量占一半以上,旅客周转量占 1/3 左右,自“三五”以后,客运比重下降,货运比重上升,客货运量比大约为 4∶6,而客货周转量比为 2∶8。这一方面反映出在铁路运力紧张的情况下,铁路部门更应重视货物运输,客运长期处于紧张状态,车票一度成为最紧缺的商品,另一方面公路与航空运输的发展也分流了大量旅客,当前,我国已出现了像大同—秦皇岛的铁路以运煤为主的货运专线,即将就有客运专线建成。造成产运比例失调的根源之一是运量的增长与运力发展失调,如铁路运输工具的发展大大落后于运输量的增长,新中国成立之初,在恢复被战争破坏的铁路线与修建新线的同时,对机车车辆的修造很重视,“二五”期间货车增长速度超过货物周转量增长速度,“三五”、“四五”期间货车与货物周转量增长速度基本接近。“五五”至“十五”这样长的时期货车增长速度都低于货物周转量的增长速度。

2. 公路运输内部比例

公路运输的主要设备是公路线路和汽车。公路线路中的比例关系主要是各等级公路的比例。改革开放以来,公路建设主要重视延长路网长度,1950—1980 年新建公路 80.26×10^4 km,

其中高级和次高级公路占 18%；改革开放以来则更重视提高公路技术等级，1981—1992 年新建公路 17.36×10^4 km，其中高级和次高级路占 83%，1993—1996 年新建公路 12.91×10^4 km，其中新建高等级路占 80%。“九五”期间累计新建公路 88 770 km，其中新建高速公路 11 449 km。

汽车的吨位结构和燃料结构对汽车运输的发展有重要影响，因为不同吨位的汽车适应不同的需要，柴油车比汽油车更经济。20 世纪 50 年代，我国中吨位（4～5 t）汽车约占载货汽车总量的 85% 以上，以后逐渐发生变化，轻型（3 t 以下）和重型（8 t 以上）汽车比重逐年增长，到 1980 年汽车轻、中、重吨位之比约为 27∶66∶7，改革开放以来，为适应商品经济发展的需要，小吨位的轻型车和客货两用车有较多增加。1998 年全国商用车（货车＋客车）产量中轻（包括微）、中、重型车比例为 78.5∶17.8∶3.7；全国载货车产量中轻（包括微）、中、重型车比例为 67∶27.7∶5.3。

我国汽车生产一直以汽油车为主，柴油车较少。1980 年我国民用汽车保有量中汽油车、柴油车之比为 87∶13，到 1990 年为 81∶19，柴油车比重仍然是偏低的。柴油车热效率比汽油车高，但油耗和成本都比汽油车低。我国今后对载货汽车和大型客车应逐步柴油化，进一步提高柴油车的比重。

三、运输结构评价

从总的来看，虽然铁路客、货运量比重有所下降，但直到目前，我国运输结构仍是以铁路为主，是国内货物运输的主力，它对国民经济的影响度和贡献度高于其他运输方式。这是因为:

第一，我国是幅员辽阔的大陆国家，资源分布大多在西部和北部，而加工工业多分布在东部和南部，物资的长途调运主要靠铁路。

第二，我国产业结构重工业比重大于轻工业比重，长、大、重物资的运输量所占比重也大，这些物质多利用铁路运输。

第三，我国能源结构以煤炭为主，占 75% 以上，而且煤炭资源主要分布在北方内陆地区，必须靠铁路运输。

第四，铁路运价较低，低于内河水运，更低于公路，由于铁路直达运输往往比铁路—内河水路联运还便宜。

公路运输由于机动灵活，可实现“门到门”运输，更适应市场变化的需要，在中短途运输方面具有优势，所以改革开放二十多年来，发展很快，在运输结构中的地位愈来愈重要。

水路运输特别是沿海和长江运输在进行大宗物资长途运输方面仍具有很大优势，发挥了很大作用。

航空运输在完成长途客运、加强国际交往方面，管道在进行油、气输送方面，都具有突出优势，是其他运输方式很难代替的。

第三节　高新技术在交通运输行业中的应用与发展

一、科学技术是交通运输发展的催化剂

科学技术是第一生产力的规律，随着科学技术在世界各国的经济发展过程中的作用与贡献的强化而不断被人们运用与掌握。人类经济社会的发展，主要表现在人类适应自然、利用

自然以及协调人与自然之间的相互关系的能力的不断提高。人类能力提高的基本标志，在于人类科学技术创新的速度，在于运用科学技术创新的成果于具体经济活动的广度与深度。当今世界各国经济发展的潜力与综合国力的真正分水岭是一国的科学技术及其创新、应用能力。亦即一国的经济发展，归宿与科学技术的应用。

运输的发展，实际上遵循了上述规律。世界范围内运输系统的每一次革命性变化，都是当时技术革新、应用与科学发展的直接产物。从以自然力——畜力、风力等为动力的马车、帆船等，到以蒸汽、内燃机、电力等为动力的火车、汽车、飞机，人类经历了漫长的岁月，但每种新运输方式的兴起，都是由于科学技术的作用才完成的。因此科学技术是交通运输发展的催化剂，是交通运输发展的首要推动力量。世界范围内的运输发展过程与技术进步的关系见表 1.10.6。

表 1.10.6　世界范围内的运输发展过程与技术进步的关系

<table>
<tr><th>年　度</th><th>水　路</th><th>公　路</th><th>铁　路</th><th>航　空</th></tr>
<tr><td>公元前至公元 1700 年</td><td>木筏、帆船、大帆船、运河</td><td>轮子、道路、车轮刹车、马车</td><td>—</td><td>—</td></tr>
<tr><td>1764—1800</td><td colspan="3">蒸汽发动机</td><td></td></tr>
<tr><td rowspan="5">1800—1900</td><td rowspan="3">铁　船</td><td></td><td></td><td rowspan="3">气球</td></tr>
<tr><td>电动马达</td><td></td></tr>
<tr><td></td><td>火车</td></tr>
<tr><td colspan="4">内燃发动机</td></tr>
<tr><td></td><td>小汽车</td><td></td><td></td></tr>
<tr><td rowspan="3">1900—1950</td><td rowspan="3">水运系统</td><td rowspan="3">卡车、公共汽车、公路系统</td><td rowspan="3">市内有轨电车、铁路系统</td><td>机翼技术</td></tr>
<tr><td>飞机、直升机</td></tr>
<tr><td>喷气式发动机</td></tr>
<tr><td rowspan="2">1950—1965</td><td colspan="3">集装箱化货物运输</td><td rowspan="2">商用飞机</td></tr>
<tr><td>超级油轮</td><td></td><td>高速铁路</td></tr>
</table>

从表 1.10.6 中可以看出，正是 19 世纪的蒸汽机、铁轨制造以及相应的运营管理等技术在铁路中的广泛运用，铁路成为当时先进生产力的代表而得到历史性的发展，成为牵引国家经济增长的火车头，开创了 19 世纪的铁路时代；正是公路和航空技术的不断创新和应用，才形成了完善的现代运输体系，运输市场的竞争也更为激烈，运输效率日益提高。

除了表中的一些运输发展关键技术外，另一些有关运输系统的运营管理、安全、环境等的相关技术，对提高运输的发展质量与效益，也起着重要的影响。如随着时间推移依次出现的指南针、电报、电话、计算机等。总之，技术的创新与应用，是新运输方式或新运输系统形成的决定性推动力量，或者说是运输发展的首要推动力量。历史已经证明并将继续证明，科学技术的应用是运输发展的不竭动力。

二、高新技术应用与运输技术创新

高新技术在交通运输中的应用过程实质上就是一个交通运输技术不断创新、不断被应用到实际的过程；一个将新的运输新技术不断产业化的过程；一个运输技术创新体系逐渐建立的过程。可以说，运输技术创新是新的运输技术应用的前提和源泉。在知识经济时代的今天必须加强对运输创新能力的建设，加强运输技术源头的建设，从而使高科技含量的新运输技术不断涌现，不断应用到实际中来。

加强运输技术创新能力的建设，首先就要加强运输创新体系的建设。运输技术创新体系是国家技术创新体系的一个重要组成部分，一个国家的运输技术创新体系与其运输的发展环境与发展阶段密切相关，国家运输体系的建立完善与否，影响其创新能力与创新水平，并最终从根本上决定了一个国家运输的科学技术和现代化水平，决定了一个国家运输发展的质量和效益。

高新运输技术主要是指：新的技术在运输上的应用；新的运输方式；新的运营组织与管理。根据高新运输技术的特点，可以将其归结为两大类，即有关运输移动设备（如车辆）、基础设施技术部分和已有运输系统的运营管理技术。实际上前者表示“硬件技术”；后者表示运输“软件技术”。

新中国成立以来，我国运输科学技术水平不断提高，运输科技进步在推动我国运输发展，提高劳动生产效率，降低运输成本，改善运输服务质量等方面成效显著。但我们更应清楚地认识到，我国运输创新能力与我国运输发展的发展需要和发达国家运输先进水平相比，还有明显的差距。以铁路为例，在提速技术方面，以时速为 300 km 左右为代表的高速铁路系统配套技术在日本、德国、法国等成功应用，形成一定规模的高速铁路产业，而我国目前的高速铁路技术尚处在饲养研究起步阶段；货运重载配套技术在俄罗斯、美国等应用效果明显，俄罗斯重载列车的重量普遍在 6 000 t 以上，美国则在 10 000 t 以上，最大轴重已达 35 t，而我国货车轴重长期徘徊在 21 t 左右；信息技术在发达国家铁路保障行车安全和运营管理自动化方面被普遍采用等，而我国铁路信息技术的应用进展缓慢。

我国运输创新能力不强，阻碍了高新技术在运输行业中的广泛应用，关键是还没有建立起高效的运输创新体系，现行的运输创新机制及运输创新体制既不适应知识经济时代的要求也不适应运输发展及运输科技自身发展的需要。只有及时采取有力措施，尽快建立起中国特色的运输创新体系，切实提高我国的运输创新能力，才能顺利实现我国运输体系现代化的战略目标。

三、高新运输技术应用的前景展望

20 世纪人类利用科学技术的进步改造自然、社会取得了巨大的成功，这种成功将在 21 世纪里进一步得到辉煌。运输行业的情况也不例外，为了适应经济社会发展的需要以及提高运输方式的市场竞争能力，许多高新技术不断地被应用到运输领域中来，运输技术创新的活动也一直在进行着，除了围绕提高运输服务质量、提高劳动生产效率和运营管理水平以及降低运输成本的一系列常规技术创新活动以外，运输技术的创新更是在以微电子、人工智能、新材料、新能源等高新技术领域里，展现了广阔的前景，并取得了相应的成就。

交通运输可以说是各种科学技术的实验场，许多现代高新科技都将能够在其中得到充分的利用。交通运输科技种类虽然很多，但大致可以分为软科技和硬科技两大类。其中软科技在交通领域中的应用主要体现在先进的交通管理和控制方面，如现代物流科技作为一种全新的管理和组织技术在交通运输领域的应用，ITS 管理技术在各种交通方式中的全面展开和应用。硬科技在交通运输领域的应用主要体现在各种新交通工具的开发和推广应用，各种运输设施的现代化、智能化等。未来将有更加大量的高新运输技术涌现，加速推动运输的飞速发展。

1. ITS（智能运输系统）技术及现代物流技术的应用

未来的高新运输技术除了上述的硬件成果以外，还有许多软件成果可供人类使用。交通运输的能力是由硬件能力和软件能力两部分组成的。任何一方面的失衡都将导致交通运输能力的低效化。交通运输软科技的发展应用主要体现在：ITS 作为先进的技术手段、控制手段、管理手段将在未来的各种交通运输方式中得到广泛的应用；现代物流技术作为一种先进的组织方式、管理技术将对各种运输方式加以系统的集成，提高各系统的协作性和有序性。

（1）ITS 的推广应用。ITS 是将先进的信息技术、数据通讯传输技术、电子传感技术、电子控制技术以及计算机处理技术等有效地集成运用于整个地面运输管理体系，而建立起的一种在大范围内、全方位发挥作用的，实时、准确、高效的综合运输和管理系统。具体地说，该系统将采集到的各种道路交通及服务信息经交通管理中心集中处理后，传输到公路运输系统的各个用户（驾驶员、居民、警察局、停车场、运输公司、医院、救护排障等部门），出行者可实时选择交通方式和交通路线；交通管理等部门可自动进行合理的交通疏导、控制和事故处理；运输部门可随时掌握车辆的运行情况，进行合理调度。从而使路网上的交通流运行处于最佳状态，改善交通拥挤和阻塞，最大限度地提高路网的通行能力，提高整个公路运输系统的机动性、安全性和生产效率。

对于公路交通而言，ITS 将产生的效果主要包括以下几个方面：一是提高公路交通的安全性。据专家估计，采用 ITS，在今后 20 年内可降低 8%的交通灾难，每年交通事故的死亡人数可减少 30%～70%。据预测，到 2012 年，ITS 技术可使交通堵塞减少 20%。二是降低能源消耗，减少汽车运输对环境的影响。三是提高公路网络的通行能力。据估计，ITS 可使现有高速公路的通行能力至少增长 1 倍。四是提高汽车运输生产率和经济效益，并对社会经济发展的各方面都将产生积极的影响。五是通过系统的研究、开发和普及，创造出新的市场。

目前，国际上正在研究“新一代道路系统”也即智能交通系统的道路和车辆的智能化部分，这项研究将对未来的道路交通产生深远的影响，其直接导致的结果是促使人、车、路的一体化，智能车辆、智能道路的出现。它将从根本上解决道路交通的拥挤问题，极大地减低交通事故的发生，改善道路交通对环境造成的不良影响，如全球变暖、噪声、废气等。通过先进的信息采集、传输和处理系统，将有效地实现人、车、路的实时通信和控制指挥，极大地提高道路交通系统的整体效率。未来智能交通领域将是各种高新科技的大会堂，人类智慧的集成在这里体现无遗。

（2）物流技术的经济学分析。

略，见第十一章。

2. 高速铁路技术

（1）高速铁路的技术经济优势比之普通铁路、公路、航空等，都非常明显。

① 极强的经济性。运输对于使用者来说，在于节约旅行时间和旅行费用。若单从时间节约的角度进行定量分析，当高速铁路的运营速度为 300 km/h、公路为 100 km/h、飞机为

800 km/h 时，且假定乘客利用上述三种方式所花费的非旅行时间分别为 1 h，0.5 h，和 3 h，从花费的旅行总时间来看，高速铁路在 75～1 440 km 范围内，比上述两种方式节约时间。

② 运输能力大。国外高速铁路的运营实践证明，高速铁路客运专线的列车追踪间隔为 4～5 min。日本新干线年运量已达 1.7 亿人次。

③ 占用土地少。运输的发展要占用相当的土地资源。高速铁路占地是高速公路的 1/3。与航空运输相比，尽管飞机航线不占用土地，但是一个大型机场占地就高达 20 km^2，这相当于 1 000 km 双线铁路的占地面积，而 1 000 km 的航线一般要 2～3 个大型机场，由此可见，高速铁路的占地比航空运输也要少得多。

④ 改善日益恶化的环境。在发达国家，以小汽车为中心的运输系统，是真正环境污染的发生源之一。高速铁路不仅具有能耗低的特点，而且由于采用电力牵引，基本消除了粉尘、油烟等废气的污染。在噪声方面，若高速铁路为 1，则航空、小汽车均为 10。因而在环境保护方面，高速铁路较公路和航空具有明显的优势。

⑤ 最安全的运输方式。安全是旅客最为关心的问题，公路交通事故给旧的运输模式蒙上了一层阴影。如欧共体国家用于处理公路交通的事故费用，竟然占其国内生产总值的 2.5%，然而，日本和法国的高速铁路客运系统，却很少发生旅客伤亡的事故，这的确是交通运输安全史上的一个奇迹。

⑥ 经济效益好。高速铁路的直接经济效益，日本和法国的经营实绩表明，其直接投资收益率均在 12% 以上，回收期一般在 10 年左右。

(2) 磁悬浮列车。超导技术的研究与开发，给高速铁路技术带来了新的生力军。从德国和日本试验运行的结果来看，其主要优点是：① 速度快，普通超导磁铁的超导线性电动机列车，速度可以达到 500 km/h，而新一代的线性电动机列车由于采用高温超导磁铁，最高速度可以达到 700 km/h；② 噪声小，由于磁悬浮列车的车体轻，而且浮在铁轨上运行既没有与铁轨接触的车轮，车体上也不带有动力装置及其他的转动装置，几乎不存在噪声的发生源；③ 能耗低，以速度为 400 km/h 运行的磁悬浮列车，单位运量耗能只及飞机的一半，同时由于磁悬浮列车的电力驱动优势，相对于以汽油驱动的汽车和飞机，对改善环境具有极大的优越性。

(3) 智能列车。日本有关方面提出了开发“下一代智能列车”的构想。智能列车主要有以下的特征：① 智能。车体上将安装用于各种控制作用的高性能计算机，这种列车将发挥出许多新的功能，如动态开展功能，自动辅助驾驶功能等。② 车体的轻量化和大功率化。③ 拐弯时速度高。由于智能列车的车体重心较低，所以允许这种列车拐弯时有较高的速度。

由于第一代高速铁路与第二代高速铁路及未来的智能列车，既符合时代的高速化的要求，又有能耗低等资源节约的优势，加之其技术与经济的可行性，将很可能成为 21 世纪世界运输发展的主流。

3. 新汽车技术

由于传统汽车文明与新时代要求的生存哲学（更高的环境质量、更安全的运输系统、更舒适的旅行等）相背离，因此汽车技术的创新已经迫在眉睫，新一代汽车将应运而生。

(1) 汽油代用燃料汽车。汽油代用燃料汽车有电动汽车、酒精汽车、氢能汽车等多种，但是根据最近的预测，其中以电动汽车的普及最为有希望。电动汽车因为需要充电，所以有运行距离短的缺点，但是若通过与汽车发动机相结合使用，便能解决这一问题。电动汽车需要突破的关键技术有二次充电、燃料电池、混用系统、车轮电动机系统等。

(2) 革新的汽车制造技术。革新的汽车制造技术的根本目的是在于解决传统汽车制造业面临的许多课题，如节能、环境保护、资源的回收利用等。

4. 新的船舶技术

新的船舶技术创新的主要目的是在于节能与提高水运的速度，以改变传统水运的慢速形象。

(1) 超导船舶推进系统。超导船舶推进系统主要有两种类型：① 超导电气推进系统。这种系统在船舶发电机、电动机上采用超导材料，驱动船体前进仍靠螺旋桨。② 超导电磁推进系统。这种系统是在船上安装超导电磁铁，使之在海水中产生电磁场，同时在海水中通以电流，从而依靠电磁驱动力驱动船体前进。

(2) 高科技超级班轮。这是通过船体自身的浮力、水中船翼的升力以及气垫的空气压力三者巧妙地结合在一起，以复合支撑型新概念而设计的船舶。这种船舶载重在 1 000 t，时速为 50 km，即使在浪高达 6 m 的大洋中，也能安全运行。这种高科技超级班轮在本世纪将作为一种高速班轮投入在一些地区进行商业性试运行。需要解决的关键性技术是开发复合性的支撑推进系统，船体姿态控制技术，以及耐候性的船体材料。

5. 新航空技术

新航空技术开发的主要目的是增大航空运输能力和提高航速。

(1) 空中公共汽车。空中公共汽车就是能够载 800～1 000 名旅客的大型喷气飞机，主要是为了解决日益高涨的国际航空运输需求，目前，研究开发这一技术的主要有美国、欧洲、日本。

(2) 高超速客机。这种飞机的独特之处在于它完全采用燃料效率高的吸气式发动机，而不只是依赖于火箭推送到轨道。

航天飞机的技术将可以用来研制特超高速飞机。英国正在研制一种从伦敦到悉尼只需一个小时的这种飞机，根据预测，到 2050 年，这种飞机将成为洲际运输的主要工具。高超速客机的速度为 4～6 Ma，载客量为 200～300 人。

(3) 巨型喷气飞机。根据预测，全世界的航空客运量将继续快速增加，但机场的建设受到许多条件的限制，而不能需求增长同步，为此，一些国际航空公司需要发展巨型喷气客机。一架巨型机会有三层，就像一个“飞行的饭店”，它约有座位 600～800 个，比现有的波音 747 多 1 倍。它的显著特点主要体现在：飞机大，但噪声比现在的飞机低得多，速度高了，飞行高度也高了，而且所需的燃料量比较少，飞机上设置有自助餐厅，飞机两翼张开的宽度比现在要大得多。同时又是可以收缩和伸长的，这样就不要求机场改建停机场了。从运输能力来看，航空公司可以节约成本 20%，这种飞机要利用许多先进的技术，包括推进动力系统；计算机和数字航空设备，先进的金属材料和非金属材料，空气动力学结构，以及复杂的设计工具和制造工艺。

(4) 具有耐高温发动机的飞机。多年来，人们一直在努力用超级合金使发动机尾气器温度提高几十度，但今天人们已经开始谈论将温度提高几百度，这将产生一种质的突破。

目前，有关研究人员在几个交叉领域已经做出了很大的贡献，发明了几种高级材料，并探索了未来高温喷气发动机的研究方法。

第十一章　物流与交通运输经济

第一节　物流的发展

一、物流概念的产生与传播

物流活动具有悠久的历史，从人类社会开始有产品交换行为时就存在物流活动，而物流科学的历史却很短暂，物流是一个十分现代化的概念。 物流（physical distribution）一词最早出现于美国。1915 年，阿 · 奇萧在《市场流通中的若干问题》一书中就提到物流一词，此时的物流仅仅是狭义的销售物流的含义

在第二次世界大战中，围绕战争供应，美国军队建立了“后勤（Logistics）”理论，并将其用于战争活动中。其中所提出的“后勤”是指将战时物资生产、采购、运输、配给等活动作为一个整体进行统一布置以 求战略物资补给的费用更低、速度更快、服务更好。后来“后勤”一词在企业中广泛应用，这时的后勤包含了生产过程和流通过程的物流，因而是一个包含范围更广泛的物流概念。

1956 年物流的概念由美国流入日本，到了 20 世纪 70 年代日本已经成为世界上物流最发达的国家之一。

物流的概念主要通过两条途径传入我国，一条是 20 世纪 80 年代初随“市场营销”理论的引入而从欧美引入，因为在欧美的所有市场营销教科书中，都要毫无例外地介绍“physical distribution”。译成中文即为：“实体分配”或“实物流通”。另一条途径是，physical distribution 的概念由欧美传入日本，日本人将它译为“物流”。20 世纪 80 年代初，我国直接从日本引入“物流”这一概念至今。

目前国内外物流的概念很多，尚不统一，我国《物流术语》的国家标准也正在修订之中。吴清一教授在其著作《物流学》中将物流定义为：“是指实物从供应方向需求方的转移，这种转移既要通过运输或搬运来解决空间位置的变化，又要通过储存保管调节双方在时间上的差别。”

二、物流科学的发展阶段

随着物流科技的发展，物流已经在全世界范围内形成了一种物流产业，物流业的发展给经济社会带来了巨大的影响，也为传统的物流各功能要素产业的发展指明了方向，但物流科学还是一门崭新的科学，是一门尚处在发展中的科学，物流产业也正在发展之中，日本学者认为，从企业的角度来看发达国家的物流的发展大概经历了下面几个关键性的阶段。

（1）切实保证运输的时代（1955—1964）。这个时代是供不应求的时代，由于经济急速发展，企业的重要任务是切实保障运输的能力。

（2）对物流的成本进行管理的时代（1965—1974）。由于生产的优化组合，市场销售竞

争激烈，企业效益难以保障，降低成本的问题日益突出，因而将物流作为“第三利润的源泉”。这时为降低物流成本，推行所有物流合理化措施。

（3）从战略的高度考虑物流的时代（1975—1984）。经济进入低增长时期，由于销售竞争激烈的结果，不仅商品要创造独自的特色，物流也应创造独自的特色。这一时期，企业将物流作为销售竞争的手段之一，也就是将物流看做是销售战略的一环。

（4）综合物流的时代（1985—1994 以后）这个时代是生产销售一体化的时代，物流的功能不止是满足生产和销售的要求，而是把生产、销售和物流看作一个整体，使物流成为企业经营战略的重要方面。这一时代后期，供应链管理思想的形成，并得到应用，在供应链管理环境下，物流的系统化、全程化、一体化的特征更趋明显。

三、当代物流发展的趋势

1. 物流与电子商务紧密结合

电子商务时代，由于企业销售范围的扩大，企业和商业销售方式及最终消费者购买方式的转变，使得送货上门等业务成为一项极为重要的服务业务，促使了物流行业的兴起。物流行业即是能完整提供物流机能服务，以及运输配送、仓储保管、分装包装、流通加工等以收取报偿的行业。

2. 多功能化

多功能化是物流业发展的方向。现代物流不单单提供仓储和运输服务，还必须开展配货、配送和各种提高附加值的流通加工服务项目，也可按客户的需要提供其他服务。供应链作为物流系统充分延伸，人们开始关注通过从供应者到消费者供应链的综合运作，使物流达到最优化。企业追求全面的系统的综合效果，而不是单一的、孤立的片面观点。

3. 一流的服务

一流的服务水平是物流企业追求的目标。物流业是介于供货方和购货方之间的第三方，是以服务作为第一宗旨。从当前物流的现状来看，物流企业不仅要为本地区服务，而且还要进行长距离的服务。因为客户不但希望得到很好的服务，而且希望服务点不是一处，而是多处。因此，如何提供高质量的服务便成了物流企业管理的中心课题。首先，在概念上变革，由“推”到“拉”。物流系统应更多地考虑“客户要我提供哪些服务”，从这层意义讲，它是“拉”（Pull），而不是仅仅考虑“我能为客户提供哪些服务”，即“推”（Push）。

4. 信息化

商品与生产要素在全球范围内以空前的速度自由流动。EDI 与 Internet 的应用，使物流效率的提高更多地取决于信息管理技术，电子计算机的普遍应用提供了更多的需求和库存信息，提高了信息管理科学化水平，使产品流动更加容易和迅速。物流信息化，包括商品代码和数据库的建立，运输网络合理化、销售网络系统化和物流中心管理电子化建设，等等，目前还有很多工作有待实施。可以说，没有现代化的信息管理，就没有现代化的物流。

5. 全球化

20 世纪 90 年代初期，由于电子商务的出现，加速了全球经济的一体化，致使物流企业的发展达到了多国化，它从许多不同的国家收集所需要资源，再加工后向各国出口。全球化战略的趋势，使物流企业和生产企业更紧密地联系在一起，形成了社会大分工。生产厂家集中精力制造产品、降低成本、创造价值；物流企业则花费大量时间、精力从事物流服务。

四、我国的物流发展

我国的物流事业起步较晚，经历了几十年的发展后，已经有了长足的进步，但与发达国家的水平相比，仍存在着较大的差距。我国的物流发展大致经历了四个时期。

（1）初期发展时期（1949—1965），这一时期，初步建立了我国的物资流通网络。

（2）停滞阶段（1966—1977），这一时期，我国的物流理论和物流实践基本处于停顿状态。

（3）较快发展阶段（1978—1990），实行改革开放以来，我国的运输、仓储业有了较大的发展，兴建了大量的物流设施，提高了物流技术装备水平，开始建设自动化仓库，引进了国外“物流”的新概念。

（4）高速发展阶段（1991 年后），在此期间，我国加快了物流系统的建设 ，物流建设向标准化、国际化的方向发展。

长期以来受计划经济的影响，我国物流产业的发展还存在着许多的问题，主要表现在：物流社会化程度低；物流管理体制混乱，机构多元化，导致物流格局的多元化，进一步导致社会化大生产、专业化流通的集约经营优势难以发挥，规模经营、效益经营难以实现，设施利用率低，布局不合理，重复建设，资金浪费严重。由于利益冲突及信息不畅通等原因，造成余缺物资不能及时调配，大量物资滞留在流通领域，造成资金沉淀，发生大量库存费用。另外，由于我国物资企业与物资组织的总体水平低，设备陈旧、损失率大，效率低，运输能力严重不足，形成了“瓶颈”，制约了物流的发展。

物流科学是当代最有影响的一门新科学，是一门综合的横断系统科学，糅合了现代管理技术、经济学、运筹学、计算机和通讯科学、运输技术、仓储技术、装载技术、搬卸技术等。物流科学影响到社会再生产的方方面面。物流是将来各种运输方式的最终发展趋势，任何一种运输方式将离不开物流科学的指导。

新世纪是世界市场经济蓬勃发展的世纪，几乎所有的国家都是在市场经济的运作方式下生存和发展。不管西方还是东方，已经形成了一个共识，即市场经济是实现资源最佳配置的经济形式。因此，从市场经济供求运动的角度分析物流，有助于我们对人类的经济活动规律及社会经济的发展有进一步的认识。

（1）物流的市场观。人们通常将流通领域里所发生的商品买卖，以及由商品买卖所引起的人、财、物的全部运动，称为物流。作为商务概念，一般认为物流涉及的是实物及相关信息在供应者与需求者之间传递的全过程。

作为经济学概念的商品，是使用价值和价值的统一体。商品的市场供求活动实际是物质流和价值流运动，即商品流通过程实际包括两种流程。首先表现为“实体流通”（简称“物流”），即商品的实体运动过程，它是通过运输、储存及其他机构的配合来完成的。商品物流的内容包括了商品的包装、运输、装卸、储存、养护等活动，反映商品在时间和空间上的变换。商品流通的另一过程是“交易流程”或称之为“所有权流程”（简称“商流”），即商品的所有权转移过程。它是通过一次或多次交易活动，使商品价值形式发生变化，将商品的所有权逐次转移，最后到达消费者或使用者手中。

不难看出，物流的基本特征是实物的流通，即使用价值的流转；而商流的本质特征则是商品价值的流转，即商品所有权的转移。在商品经济条件下，物流与商流一般是统一的，即商流是物流的前提，物流实现商流。正是物流与商流的辩证统一运动，推动所有商品（生产、生活、物质和精神等）的交易行为，促成了各行各业、不同种类、各个层次和大小不等的市场，并由这种市场交易的网络形成了商品交换的供求运动和供求运动的渠道。正如琼·罗宾逊所说，市场是买主和卖主的聚会。买卖双方在各级网点、网站从事着交换财富的活动。随着世界经济的发展，商品交易出现高频率、大范围的特征，引起现代物流的高速、多层次、大范围和信息流错综复杂宽带运行的趋势，同时也引发了物流业的巨大变革。既然现代物流发展是商品市场供求运行的结果，那么现代物流变化的内在依据和变动根源应该从供求运行主体的利益行为开始分析。

（2）物流的需求观。从工业化和后工业化经济发展历程可以看出，需求是带动商品经济发展的龙头。人们常把投资需求、消费需求、政府购买、出口看成是启动内需和外需，拉动经济增长的四驾马车。需求变动不仅带动经济增长，而且促进产业结构的调整、升级，进而引导物流的发展。

需要与需求是两个具有不同含义的概念。需要的层次性、多样性、复杂性和永不饱和性，是人们不断从事物质和精神生产活动的永恒动力。而从市场经济引申出来的需求则内涵着商品的价格、人们的支付能力及其偏好等因素。但是，需要仍然是构成需求的初始因素。

人们无限多样的物质和精神需要向各地区、各民族、各国家的社会生产提出了越来越多和越来越高的要求。但是，受自然历史条件等多方面限制，仅在产品结构上不可能从质量、数量和规格品种上满足人们的需要，不可避免地存在着经济状况的局限性和物质需要多样性的矛盾。生产力越发展，社会分工越细密，这种矛盾越尖锐。在市场经济条件下，物流不断缓解着这种矛与盾的对立，通过商品交换形式，广泛开展地际、省际、国际的经济交流和贸易往来，建立和发展各部门、各行业的横向联系，一业托两体（业是物流业，体是市场运行的生产者和消费者），互通有无，沟通市场供与求。

（3）物流的费用和信息说。市场经济下的物流，除了与诸多的需求因素相关之外，还有不可忽视的另一方面，就是市场供求运行的交易费用和信息。交易是市场经济存在的基础，经济学用“交易费用”这一概念来说明完成市场交易所需要的费用。由于交易费用的存在，交易者在价格之外必须另行支付一笔费用，这笔费用如果太大就会使得交易不能进行，不会发生。因此，交易费用的降低直接关系到经济运行的效率和物流业的发展。

寻找理论说明市场的大多数商品交易是交易主体寻找的结果，寻找不仅存在寻找费用，而且，寻找问题的复杂性和特殊性使人们可以有各式各样的寻找方法。市场中的交易主体不仅面临着选择样本空间的选择对象，也面临着选择对象的“完美信息”和“完全信息”问题。市场不会把全部的信息无偿传递给需求者和供给者，因此，信息的寻找和传递也是有费用的。显然，要使物流有效率，呈现有次序的状态，就必须不断改进物流运动的形式和状态。不断创新的方法能够有效地降低寻找费用和次数。新的物流网络、站点不断涌现，新的交易伙伴、企业的出现以及新的市场运行制度的出现，正在让社会成员具有较低的交易实施的费用（进入市场的费用）及较低的信息寻找费用（容易找到交易伙伴）。实践表明，降低交易费用和寻找费用，促进交易效率，提高交易中的“透明度”，显示可信的市场信息，是物流发展的基石。

新世纪商品经济的发展，意味着世界经济水平和国际分工程度的提高，也意味着寻找费用和交易费用的增加。但是，交易费用太高将影响交易的实现，降低物流的能力和水平。因此，那些不断降低交易费用，使交易费用更低的物流形式和业态：具有更强的竞争力，更容易被经济社会所选择。那些加强信息传递，不断提高市场“透明度”的物流形式，那些具有更强的产生经济信息能力的物流业态将会成长壮大。

以上从市场运行的需求、交易费用和信息等方面分析了影响物流的相关因素，还不能揭示当代物流迅猛发展的内在动力。受传统观念的影响，认为物流或流通领域不创造价值的错误认识，混淆了价值创造和财富创造的关系，束缚了物流发展。物流这一经济范畴，既独立于商品市场，又内涵于商品市场。当我们从市场供求配置资源的财富观认识物流时，物流实际上是商品市场供给链的延长，物流不仅实现和转移价值，增加附加值，而且不断地创造着更多的社会财富。

（4）物流的财富创造。市场经济条件下，物流也创造财富和利润。物流的发展不仅促进了物质生产领域和精神领域财富的增加，而且它自身也创造着财富。

① 物流的财富观。财富是相对人类社会而言的。当我们把财富看成是用来满足人们需求的有用物时，财富的创造就必定是由生产要素即土地、劳动、资本和企业家才能所共同创造的。一个国家、地区或个人家庭的财富多寡，常用价值形式表示，即简化为人均国民收入的多少。中国人民奔小康的目标，就是用人均国民收入的美元数量来衡量的。

假定以简单（没有政府）和封闭（没有外贸）的市场经济社会为例，以代表一国财富、一定时期全部最终产品（消费品和投资品的价值）的市场价值计算，则包含着所有物流业为生产和流通这些产品所创造的增加值。因为国民收入是所有要素投入的价值总合，这里当然包括物流业的要素投入。然而，在国民收入这一总量的抽象分析和计算中，物流所创造的国民收入却是隐含的。这就给人们一个错觉，似乎物流仅仅媒介财富的转移，其实，所有的物流业都是通过投入生产要素而运转的。试想，仓储能不投入地皮？运输难道不投入交通工具？大型超市岂能不投入劳动管理？现代物流网络的哪一个节点不投入现代高新科技？从市场供求运行角度看资源配置，物流的所有投入要素都创造了财富。

综观今天的世界财富，不仅是多变的，而且是有时效的。由于物流是带有时空特点的运动，所以物流的时空变化还会影响供求的市场价值形成，进而影响国民财富的变化。

② 物流的时空观。物流可以创造出时间价值和场所价值，包括物流加工作业中所创造的加工附加值。物流不是“物”和“流”的简单统一，生产、分配、交换、消费的物质运动过程是时间和空间的统一。“时间是金钱”是物流真实的反映。商品在不同时间和不同地点具有不同价格，因此时间差别和场所区别给物流带来了“时间价值”和“场所价值”；物流过程中不同场所，根据专业化分工和场所优势所从事的补充性的加工作业也会形成劳动对象的附加值。另外，物流的加速一定会节约商品在流通领域里的时间，这会节约流通费用，又会加快资金周转，带来经济效益。现代科学技术在物流领域里的应用，大大加快了物流的速度，节约了时间。比如集装箱、条码、网络信息等新技术的应用和推广，加快了物流速度，使现代物流创造出了前所未有的时间价值。

物流不仅存在时间特征，而且具有向高价值区流动趋向。在竞争的市场经济中，商品总是向价值高的场所流动。无论是从集中生产场所流向分散的需求场所，还是从分散生产场所流向集中需求场所的物流，追求场所价值是区域间、国际物流发展的主要因素之一，也是物流产业链不断延伸的根本所在。

③ 物流的利润源。从物流的财富观出发，从物流交易费用和物流时空价值论分析，就

不难说明物流业存在着丰厚的利润，这是当今世界范围内物流蓬勃发展的基本原因。流通领域蕴藏着提高经济效益的无穷潜力，发展前景十分可观。美国著名管理学家 P · F · 德鲁克把物流业称之为“黑大陆”。其含义是：一是物流业尚未开发，是一片未开发的处女地；二是情况不明，因而尚未有正确认识。也有的学者将物流业称为“第三利润的源泉”，这是对物流潜力和效益的描述与估价。

从历史角度看，有两大提供利润的领域：一是资源领域，二是人力资源领域。在经济学中，人们的经济行为和行为选择多年来首先考虑的是土地、资本、劳动为第一经济资源，后来才逐步认识到企业的组织形态或组织潜能、企业家素质是更重要的经济资源。当这两个领域潜力已越来越小时，人们越来越清楚地认识到物流领域是具有巨大潜力的“第三利润源泉”，应该不失时机地开拓这一新的“利润源”。当今经济发达国家物流业的发展已充分证明了这一结论。

以美国为例，据相关资料介绍，美国物流的经济规模已达到 9 000 亿美元。美国前 20 名第三方物流服务企业年净收入达近百亿美元，专家预计近 3 年内还将以平均 35% 的速度增长。据美国学者估算，美国工业界每年花费的流通费用高达几千亿美元，只要能降低 10%，一年就可节约流通费用几百亿美元。他们称物流业是“一块经济界的黑大陆”，是不无道理的。

中国第三方物流的市场需求十分可观，据世界银行的估算，中国物流成本占 GDP 的比例为 16.7%，2000 年中国 GDP 为 8.9 万亿元，按 15% 计算，物流成本为 13 350 亿元，这无疑是一个巨大的市场。可以预计，伴随中国经济的持续、稳定、协调、健康地发展，一个具有好前景、高需求和高收益三大特点的中国物流业一定会蒸蒸日上。

毫无疑问，现代物流的发展，意味着流通费用的不断降低，利润的增加。对社会生产而言，物流的发展有利于提高企业效益和社会经济效益，有利于合理调整商品的价格，有利于促进和提高经营管理水平，提高服务质量。因此，研究物流业的变革和发展，具有重要的理论意义和实践意义。

第二节　物流在国民经济中的地位与作用

物流是国民经济的基础和动脉，物流通过不断输送各种物资产品，使生产者不断获得原材料、燃料以保证生产过程的进行，又不断将产品运送给不同的需求者，以使这些需求者的生产、生活得以正常进行，这些相互依赖的存在，是靠物流系统来维持的，国民经济也因此得以成为一个整体。具体来说，物流在国民经济中的地位和作用表现在以下几个方面：

一、物流是再生产过程的必要条件和社会生产力的重要组成部分

（1）生产领域中的物流活动，显然是生产过程的重要组成部分。例如，工厂内通过汽车、专用铁路以及其他运输设备，使生产过程中的原材料、半成品和在制品的位置发生移动，是生产得以进行的重要条件，至于某些生产部门如：煤炭/石油等，其生产过程在很大程度上就是运输的过程，毫不夸张地说，如果没有这些物流活动，工农业生产就不能顺利进行。

（2）产品从生产过程中生产出来后，必须通过运输、分配、交换，才能达到消费领域，如果没有运输这个环节，产品的使用价值就难以实现，社会的再生产过程就不可能进行，人们生活的需要也就难以满足。

(3) 物流是“第三利润的源泉”。早在几十年前，经济学大师彼得·克鲁克就指出：“物流是第三利润的源泉”。人们在实际的经营活动中，发现流通费用占整个产品成本的比率实在太高，一个企业是如此，一个国家亦是如此，为此，人们通过各种途径开展了物流合理化的研究，物流合理化的研究至少能够收到几个方面的作用：降低物流费用，减少产品成本；缩短生产周期，加快资金周转，提高资金的使用效率；提高产品的市场适应能力，进而增长一个企业、一个供应链、一个行业、一个国家的竞争能力。

二、物流保证了社会产品的提供并创造了国民收入

物流一般不创造新的物质，不增加社会产品的总数量，但却是社会产品生产过程中所必需的生产劳动，如果是生产过程中的物流，则物流工人、物流设备直接参与物资产品的创造过程；如果是流通中的物流，则它是一个必要的追加的生产过程，产品经物流环节虽然没有使其使用价值发生任何变化，但是由于物流过程中消耗的生产资料价值以及物流职工新创造的价值追加到产品的价值中去，使产品的价值增加了。

三、物流确保了社会正常的生活和工作秩序

物流活动是社会赖以存在和发展的必要条件之一，特别是随着现代社会经济的发展，没有发达的物流业，社会生产活动，人们的正常生活和工作简直无法想象。虽然现代化的信息流将会减少对交通运输的依赖，而更多地依靠现代化的通信设备，但目前信息载体还有相当部分是信函、报纸、杂志和其他印刷品，而这些均由交通运输部门处理。可见没有完善的交通运输系统，社会就像人患了消化不良、水肿甚至血栓等病一样，不能正常运转。

四、物流是发展现代化电子商务的必要条件

电子商务形式的出现是流通经济领域的一次革命性变革，是人类由工业经济步入知识经济、信息经济的主要标志，是现代网络经济的特征体现，是一个国家的经济新增长点。近年来出现了世界性的电子商务热，应该说，电子商务经过多年的发展，历经了几个阶段，取得了极大的发展，但在发展的过程中也暴露出许多问题，物流环境、网络交易安全、电子支付、法律规范等一系列问题阻碍了电子商务的发展，人们意识到只有很好地解决这些“拦路虎”，电子商务才能真正得到广泛应用和发展。现代化的物流系统对电子商务的支持作用是显而易见的，试想，在电子商务下，消费者在网上浏览后，通过轻松点击完成网上购物，但所购货物迟迟不能送到手中，甚至出现了买电视机送茶叶的情况，其结果可想而知，消费者只能放弃电子商务，选择更为安全的传统购物方式，因此，加强物流管理现代化的建设，使其适应电子商务的要求，将推动电子商务的开展。

五、物流占用、消耗了大量的社会资源

物流业不仅占用了大量的劳动力，而且消耗了大量的社会资源，运输费用在生产费用中占有很大的比重。例如，中国在发电工业的发电成本中，燃料的运输费用占 1/3 以上，在商品流通费用中，比重最大的也是物流费用。物流业的发展，有赖于国民经济其他部门的发展，反过来又促进其他经济部门的发展。据统计，中国运输业职工占全国职工的 1/7 左右，运输业拥有的资产占全国国有企业固定资产总值的 18%。50 年来，运输业的基本建设投资占全国基建投资的 1/6。这些事实有力地说明了物流业在国民经济中举足轻重的地位。

六、物流增加国家的国防力量

在战时，无论武器装备何等精良，但若不即时送达前线，就不可能发挥应有的作用。因此，运输线路的畅通程度，特别是铁路、汽车的运输能力对国防力量是至关重要的。运输业平时确保社会经济的发展，战时则可以用于国防的需要，充分保障兵力的调集，武器、弹药的后勤支持。历史证明，大力发展物流业，对于国防建设有着重要的作用。

近些年来，物流管理与物流技术在工业发达国家得到了广泛的承认、应用和发展。人们已经认识到，包含交通运输在内的且包括了产品的生产、流通和消费过程中诸环节的物流系统，已成为国家经济在高起点上持续发展的重要基础。随着现代科技、管理和信息技术在物流系统中的广泛应用，物流行业已成为适合于市场经济发展的基础产业之一。

第三节　交通运输在物流中的作用与地位

交通运输是连接生产、流通、分配、消费、商贸等各个环节，沟通国际间、地区间、城乡间的纽带和桥梁，它在物流过程中起着举足轻重的作用。

一、运输是构成物流有机系统的核心组成部分

物流活动实质上是一种物资资源配置活动，物流技术实质上是一种物资资源配置技术。它由运输、仓储、包装、搬运、流通加工、物流信息六大功能要素构成，通过对这些要素的有机整合来实现对物资资源在时间和空间的有效合理配置。运输和仓储是其中的核心环节，在其他环节的紧密配合下，共同完成物资在时间和空间上的移动。其中，运输是物流的核心，它贯穿物流产生和结束的全过程，物流通过运输实现商品的价值和使用价值。仓储和运输是构成一个物流系统的两个中心环节，缺一不可。作为物流的中心环节之一，可以说运输是物流中的最重要的功能，运输的作用主要有以下几点：

一是物资部门通过运输解决物资在生产地点和需要地点之间的空间距离问题，从而创造商品的空间价值，以满足社会的需求。无论产品以什么形式存在，也不管是在制造过程中将被转移到下一阶段，还是更接近最终用户，运输都是必不可少的，运输的主要功能就是产品在价值链中的来回运动，运输的主要目的就是用最小的时间、环境、财务资源成本，将产品从原地转移到规定地，此外，产品的灭失损坏费用也应该是最小的，同时，产品转移所采用的方式必须能够满足客户有关交付履行和装运信息的可得性等方面的要求。

二是运输扩大了经济的作用范围和在一定的经济范围内促进物价的平均化。现代化大生产的发展，社会分工越来越细，产品种类越来越多，无论是原材料的需求，还是产品的输出量，都大幅度地上升，区域之间的物资交换更加频繁，运输手段的发达也是这些产业发展的支柱。

三是运费成本在物流成本中所占的比例最大，根据日本经济产业省对六大货物物流成本的研究结果表明，其中运输成本占40%左右，因此，深入地对运输问题进行研究，促进运输的合理化发展具有重要的意义。合理化的途径有以下几个方面：

（1）运输网络的合理配置，应该区别储存型仓库和流通型仓库，合理配置各物流基地，基地的设置应有利于货物直达比率的提高。

(2) 选择最佳的运输方式。首先要决定使用水运、铁路、汽车或航空，如用汽车还要考虑车型，用自有车还是委托运输公司。

(3) 提高运送效率。努力提高车辆的运行率、装载率、减少空车行驶，缩短等待时间和装卸时间，提高有效的工作时间，降低燃料的消耗。

(4) 推进共同运输。提倡部门、集团、行业间的合作和批发、零售和物流中心之间的配合，提高运输工作效率，降低运输成本。

当然，运输的合理化必须考虑包装、装卸等有关环节的配合及其制约因素，还必须依赖有效的信息系统，才能实现其改善的目标。运输合理化要考虑输送系统的基本特征。对城市之间、地区之间由于货物的批量大、对时间要求不很苛刻，因此，合理化的着眼点要考虑降低运输成本，对于地区内和城市内的短距离运输（末端运输），以向顾客配送为主要内容，批量小时应及时、准确地将货物运到，这种情况下合理化目标应该是以提高物流的服务质量为主。

二、运输合理化和现代化是物流合理化、现代化的主要内容

交通运输合理化是实现物流合理化的重要因素。交通运输合理化的主要内容有：建立综合运输体系，处理好铁路、公路、水运、航空、管道五种运输方式的合理分工，协调发展；采用先进运输设备，不断提高运输管理现代化的水平；设计安排好工业企业内运输服务于工业生产的各个环节；选择物流合理运输方案与经验，组织好具体的运输工作。

首先，建立包括五种运输方式的综合运输体系。综合运输体系最能发挥各种运输方式的特点，是提高经济效益的重要方法，对建立合理的运输结构，缓解运输能力的不足，扩大运输能力有着重要的意义。运输合理化首先在很大程度上就是充分利用综合运输网，发挥各种运输方式的优势，按照各种运输方式的技术经济特点，合理分工连接贯通，合理地选择运输路线，发挥各个运输网点、站、港、机场的作用，提高社会效益和企业效益。

其次，运输工具的选择是实现物流的合理化的重要因素。交通运输工具及其基础设施的现代化程度越高，商品在流通中的时间就越短，运输的速度越快。如铁路采用重载运输，水运采用大吨位的船舶，汽车、大型飞机采用集装箱运输等，对挖掘运输设备的潜力，扩大运输能力，加快货物运达，都有着十分重要的作用。

最后，改善运输经营组织，实现交通运输管理现代化是实现物流合理化的重要内容，对提高物资运输的质量和效率，保证货物运输的安全，改善运输部门的劳动条件，降低运输成本，提高运输效率有着十分重要的意义。

物流现代化的目的是用先进的手段，将商品按时间、按质量、按标准、按运输方式送达目的地，使流通时间最短、流通费用最小，流通增值最快，以达到社会效益和企业效益最优化。物流现代化的内在要求就是实现交通运输的现代化。为实现交通运输的现代化，应采取以下措施：

(1) 建立与完善由铁路、公路、水运、航空、管道五种运输方式组成的综合运输体系，发挥各种运输方式的优势，按照不同运输方式的技术经济特点，协作分工，连接贯通，综合利用，统筹规划，形成合理的运输结构。

(2) 加快交通运输体制改革。一是交通运输管理体制改革，建立适应社会主义市场经济需要的新体制。改革的重点是实现政企分开、企业重构，市场经营。二是运输企业改革，抓大放小，实行资产重组和结构优化，形成若干个全国性、地区性的大集团。通过盖住、联合、

兼并、股份制、承包、租赁等形式，使众多小型运输企业找到适合自身发展的组织模式和适合自身的管理模式。

三、运输的发展对物流的发展将产生重要的影响

运输作为物流的核心组成部分，它的发展将从很大程度上对物流的发展产生巨大的影响，主要体现在以下几个方面：

（1）交通运输网的发展促使物流网络的建立和完善。物流网络是由若干个节点和联络各点的交通线路组成的一个运输网。在一个地区的物流网络中，各城市的货运站、港口、机场等都是节点，而铁路、公路、航路是联络这些节点的主干线，大小不同的诸多节点与运输能力不同的各条线路，组成了一个覆盖整个地区的物流网络。

（2）交通运输网络的发展促使综合物流中心的建立与发展。交通运输网络的发展，使得集装箱多式联运取得很快的发展，集装箱运输业从一开始就十分重视货物运输过程的整体性，目前国外一些班轮公司大量投资于公路运输、仓储、流通、铁路网甚至航空，集装箱运输业正在走向综合物流时代，有了现代的综合物流中心，货主、托运人或其代理人，便可以借助于现代通信手段，对物流全过程进行信息跟踪，使货物不仅能够得到准时准地的“门到门”甚至是“货架到货架”的运输，而且能够使其在综合物流系统的节点上得到按照信息指示进行处理。

（3）交通运输网的发展，新的道路建成，对加速物流的流通过程，节约商品的流通费用起着重要的作用。如沪宁高速公路建成后，由沪、宁、杭三地四家国有运输企业联手组建的“金三角”道路快速货运网络正在形成。快运系统将以上海、南京、杭州商店为主体，以沪宁、沪杭两条高速公路为轴心，开展以零担货物快运为基础的整车直达快运，并开展集装箱快运和特快专递业务，有计划地向华东及华东边缘地区的中心城市和全国拓展。

（4）在交通运输网中，交通运输枢纽的发展对物流具有重要的影响，交通运输枢纽是交通运输网的重要组成部分，交通运输枢纽是集运输生产、商贸经营、物资流通、信息服务和运输组织为一体的枢纽设施。交通运输枢纽由“四个系统”组成，一是组织管理系统，包括运输市场管理，主枢纽的内外协调，调度指挥，运输代理、组织联运以及站内、港内的作业组织等。二是通信信息系统，包括为货源联络，售票，站场联系，车船调度等信息的收集、加工、处理服务的计算机和通讯设施。三是生产服务系统，包括仓库堆场、站房、停车场、码头泊位等设施，以及必要的装卸机械设施、运输车辆、船舶等设备。四是辅助服务系统，包括为满足生产、生产辅助服务而必需的各种设施。

交通运输枢纽在客货运方面要充分满足其需要，在客运方面，对运输的舒适、安全、中转换成的便捷提出更严的要求。在货运方面，要求提供运输代理、多式联运以及必要的仓储和信息。现代化的交通运输枢纽设施，也是现代化城市建设不可缺少的组成部分。现代化的运输设施、完善的信息网络和科学的运输组织，对疏通物流的各个环节，实现客货集散运的畅通，发挥中心城市的集散力，进而带动周边地区的经济发展起着重大的作用。

四、物流配送是物流运输的一种特殊延伸方式

随着商品消费市场的不断发达，仓储周转速度的逐渐加快，过去大批量的货物运输改为多批次、少批量，造成物流成本上升、城市交通堵塞和环境污染等各项问题。为此，需要采用一种新型高效的物流活动方式来取代传统的方式。实践证明，配送是多年来国际物流业创

造的最佳服务形式，现在配送业在发达国家已是一个成熟的行业。

(1) 配送是道路运输服务的一种特殊形式，它是体现物流基本特点的一项重要功能，也是货物运输作业的一种特殊形式，它的服务水平很大程度上体现了物流服务的水准。

所谓配送就是按照用户的订货要求和配送计划，在物流据点（仓库、商店、货运站、物流中心等）进行分拣、加工和配货等作业后，将配好的货物送交收货人的过程。从货物的位移特点而言，配送多表现为短距离、小批量的货物位移，因而，也可以将配送理解为描述运输中某一指定部分的专用术语。配送作业也不等同于送货，它亦有别于单纯送货的时代特征。

① 配送是从物流据点到用户之间的一种特殊送货形式，这种特殊形式表现在配送的主体是专门经营物流的企业；配送是中转环节的送货，与通常的直达运输有所不同。

② 配送连接了物流其他功能的物流服务形式。在配磅（分拣、加工、配货、送货）中所包含的那种部分运输（送货）作业在整个运送的过程中处于“二次运送”、“终端运送”的地位。

③ 配送体现了配货与送货过程的有机结合而极大地方便了用户。体现了较高的物流服务水准，即完全按用户对货物种类、品种、数量、时间等方面的要求而进行的运送作业。

④ 配送是复杂的作业体系，它通常伴随较高的作业成本。配送成本较高，就既要提高物流服务质量，又要采用降低配送成本的措施，因此，提高配送作业设计等组织管理水平就显得十分重要。在配送中心大量采用各种传输设备、分拣设备，可以实现一些环节的专业分工或流水作业方式，降低有关成本费用。

⑤ 配送在固定设施、移动设备、专用工具组织形式等方面都可看成系统化的运作体系。

(2) 最早的配送概念是在原来营销活动的送货概念上发展起来的，今天，它已经独立于运输，而成为物流的一个环节，发挥了其不可替代的作用，通过配送作业可以实现以下目标。

① 通过集中仓储与配送可以实现企业组织的低库存或零库存的设想，并提高社会物流经济效益。配送服务水准的提高，尤其是采用定时配送或准时配送方式，可以满足企业准时生产制的需要，生产企业依靠配送中心的准时配送，就可以减少库存或只保持少量保险库存。这样，有助于实现“库存向零进军”的目标。

② 通过配送也可因减少库存而解脱出大量储备资金用来开发新业务、改善财务状况。配送总是和集中库存相联系的，集中库存的总量远远低于各企业分散的总量，则可以从整个社会角度提高市场调节物资的能力，增强了社会物流效益。采用集中库存还可以使仓储与配送环节建立和运用规模经济优势，使单位存货配送成本下降。

③ 配送提高了物流服务水准，简化了手续、方便了用户，并相应提高了货物供应的保证程度。使用配送服务方式，用户简化订货手续，节约了有关物流程序；同时，由于配送中心物资品种多、储备量大，在一定时间，可以在企业供需时间差上进行，故提高了供货保证程度，也相应减少了各企业单位由于缺货而影响生产正常进行的风险。

④ 完善了干线运输中的社会物流功能体系。配送活动与干线运输有许多不同特点，配送活动可以将灵活性、适应性、服务水准高等优势充分利用，从而使运行成本过高的问题得以解决。采用配送作业方式，可以在一定范围内，将干线、支线运输与仓储等环节统一起来，使干线输送过程及功能体系得以优化和完善。

第四节　物流环节的交通运输经济

物流环节主要包括运输、存储、包装、装卸、配送、流通加工、信息处理等活动。而交通运输是物流系统中的一个主要部分，对物流过程起着不可或缺的重要作用。物流环节中的运输主要指的是货物运输，物流运输涉及的范围广，除干线运输外，还包括城市交通（配送）和厂内运输（生产物流）。运输活动与客户服务水平有密切关系，在物流业务活动直接耗费的活劳动和物化劳动所支付的费用中，运输费用是物流成本的最大组成部分，运输成本在一般成品的价格中占到10%～20%，乃至更多。因此，研究物流环节的交通运输经济具有重要意义。

一、物流环节中与运输经济相关的因素

承运人制定运输费率时，必须对距离、装载量、产品密度、空间利用率、搬运的难易、责任以及市场等七个因素进行综合考虑。

1. 距　离

距离是影响运输成本的主要因素，因为它直接对劳动力、燃料和维修保养等变动成本发生作用。

2. 装载量

大多数物流活动中存在着规模经济，装载量的大小也会影响运输成本。装载量增加时，每单位重量的运输成本会减少。这是因为，装载、运送及管理成本等固定成本可以分摊到每一装载量中。这也意味着为利用规模经济，小批量的装载应整合成更大的装载量。

3. 产品密度

产品密度是指产品的质量和体积之比，它把重量和空间方面的因素结合起来考虑。钢铁、罐装食品、建筑材料等物品的密度较大，而电子产品、衣服、玩具等物品的密度较小。通常密度小的产品每单位重量所花费的运输成本比密度大的产品要高。

对单一车辆而言，通常受空间的限制比受重量的限制要大。产品密度越高，可以把固定运输成本分摊到更多的重量上去，使每单位重量的运输成本较低。因此，增加产品密度一般可以降低运输成本。

4. 空间利用率

空间利用率这一因素是指产品的具体尺寸及其对运输工具的空间利用程度的影响。由于某些产品具有古怪的尺寸和形状，以及超重或超长等特征，通常不能很好地利用空间。例如，谷类、矿石及石油产品可以完全装满容器，能很好地利用空间；而汽车、机械设备等的空间利用率不高；标准长方体的物体比形状古怪的物体能更好地利用空间。空间利用率还受到装运规模的影响，大批量产品往往能相互嵌套，能够较好地利用空间。

5. 搬运的难易

容易搬运的产品可以通过一般的搬运设备完成搬运，而特别的搬运设备则会提高总的运输成本。此外，产品在运输和存储时所采用的包装方式（如用带子捆起来、装箱或装在托盘上等）也会对搬运成本产生影响。

6. 责　任

责任主要关系到货物损坏风险和导致事故索赔，对产品要考虑的因素是易损坏性、易腐性、易被盗窃性、易自燃性以及货物的单位价值。高价值产品一般比较易受损，也容易被盗窃。当承运人承担的责任风险较大时，他可以索要的运输费用也就较高。

承运人必须通过向保险公司投保来预防可能发生的索赔，否则有可能要承担任何可能损坏的赔偿责任。托运人可以通过改善保护性包装，或通过减少货物灭失损坏的可能性来降低其风险，从而最终降低运输成本。

7. 市　场

除了与产品有关的因素外，市场因素也对物流成本有重要因素。影响比较大的市场因素有:

（1）同种运输方式间的竞争以及不同种运输方式间的竞争。

（2）市场的位置。

（3）政府对承运人规制的现状和趋势。

（4）运输活动的季节性等。

另外，运输通道流量和通道流量均衡等市场因素也会影响到运输成本。运输通道指的是从始发地到终到点的移动途径。因为车辆最后必须回到始发地，它们要么另外找到待运的货物，要么空车返回。当发生空车返回时，有关劳动、燃料和维修保养等费用仍然必须按照原先的“全程”运输支付。理想的情况就是“平衡”运输，即运输通道两端的流量相等。但由于制造地点与消费地点需求的不均衡，使得通道两端流量相等的情况很少见。物流系统的设计必须考虑这方面的因素，并且应尽可能地增加回程运输。

二、物流环节中的运输成本结构

1. 变动成本和固定成本

变动成本是指与每一次运送直接相关的运送费用，包括劳动成本、燃料费用、维修保养费用等。通常以一种可预计的、与某种层次的活动有关的形式变化。固定成本是指在短期内虽不发生变化，但又必须得到补偿的那些费用。这类固定成本包括不受装运量直接影响的费用。对运输企业而言，固定成本包括站点，信息系统及车辆成本等。一般而言，运输费率至少必须弥补变动成本。

2. 会计成本和机会成本

会计成本也是财务成本，是以实际发生的成本为基础。一般认为，为生产而发生的各项财务支出均为成本。机会成本则是经济学意义上的成本，如运输公司用一卡车去运输 5 t 棉花赚取 200 元时，公司不可能同时用它去运输 10 t 矿砂赚 400 元。后者就是被前者错过的服务的机会成本。

在正常运作的市场上，价格通常等于（趋于）机会成本。

3. 联合成本和公共成本

联合成本是指决定提供某种特定的运输服务而产生的不可避免的费用。例如，当承运人决定拖一卡车的货物从地点 A 运往地点 B 时，意味着这项决定已产生了从地点 B 往地点 A 的回程运输的“联合”成本。于是，这种联合成本要么由最初从地点 A 至地点 B 的运输补偿，要么必须找一位有回程货的托运人以得到补偿。公共成本是承运人代表所有的托运人或某个分市场的托运人支付的费用。公共成本，诸如端点站、路桥费或管理部门收取的费用，通常是按照装运量分摊给托运人。

承运人在向托运人索要运费时，必须考虑到对于联合运输成本和公共运输成本来说，要随时保持运输费率既有利可图又有竞争优势。当承运人有必要与托运人洽谈运输费率时，他们必须持续评估这些费率，以保证其精确度和可获利性。

4. 边际成本和平均成本

边际成本表示每增加 1 单位的产出所需要增加的成本，例如，企业生产 1 000 张光盘的总成本是 2 000 元，生产 1 001 张光盘的总成本是 2 001 元，那么，生产第 1 001 张光盘的边际成本是 1 元。

平均成本是指平均每 1 单位产出所需要的成本。成本＝总成本/产量。总成本由固定成本和可变成本组成，平均成本也同样由固定成本和平均可变成本组成。通过比较平均成本和平均价格，或平均成本和平均收益，企业可以知道是否可以获利。

具体计算时，运输成本通常由两类成本构成：一是直接成本，即完成运输过程直接使用的费用；二是间接成本，即管理和营销等费用。

三、定价策略和费率的制定

向托运人定价时，承运人可以采用按服务成本定价或按运输价格定价两种策略。前者是从承运人角度出发的，后者则是从托运人角度出发的。单一定价策略简单易行；综合定价策略则可以对承运人的服务成本和托运人得到的价值进行权衡考虑。从而制定一个更合理的价格。

1. 定价策略

(1) 按服务成本定价。按服务成本定价是一种“累积”的方法。承运人是根据提供这类服务的成本加上毛利润来确定运输费率的。这种服务成本方法代表了基本或最低的运输收费，是对低价值货物或在高度竞争的情况下使用的一种定价方法。例如，提供某种运输服务的成本是 200 元，毛利 20 元，那么承运人就向托运人收取 220 元的运费。

(2) 按运输价值定价。按运输价值定价是根据托运人所能感觉到的服务价值，而不是实际提供这种服务的成本来收取运费的。例如，托运人感觉到，运输 1 000 kg 的电子设备要比运输 1 000 kg 的煤炭更重要或更有价值，托运人可能愿意多支付些运输费用。显然，对于高价值货物，承运人趋向于使用运输价值定价，这样可以收取较高的运输费用。

(3) 综合定价。综合定价策略是在最低的服务成本和最大的运输（服务）价值之间来确定某种中间水平的定价。大多数运输公司都使用这种中间值的定价。

因此，物流经理必须要了解运价浮动的范围和可供选择的策略，以便在谈判时有所依据。

2. 费率的制定

(1) 分类费率。分类费率是指特定的产品在两点之间运输时，单位重量产品的运输价格。费率一般都会罗列在价格单上。承运人为了定价的方便，通常将产品进行分类定价。制定分类费率，第一步是按照一定的规则将运输的产品进行分类；第二步是基于产品的分类和起点站及终点站的位置来确定精确的费率。

（2）特殊费率。特殊费率是分类费率的例外，承运人有时向托运人索要一个比通用的费率更高或者低的费率。一般情况下，当竞争情况允许，或者运输量很大的时候，承运人通常会针对特定的地区或特定的起点（终点）或特定的商品提出特殊费率。

（3）合同费率。分类费率是承运人向托运人收费的一种常用的方法。但是，在很多情况下，承运人和托运人是以合同的方式合作的，此时他们之间可能会采用特殊的费率。合同费率的优先级一般高于分类费率。

第二篇

铁路运输经济学

第一章 铁路运输概述

第一节 铁路运输业的发展历程

一、中国铁路的发展历程

中国铁路迄今已有一百多年的历史：从其第一条营业铁路——上海吴淞铁路——1876 年通车之时算起，有 130 年了；从其自办的第一条铁路——唐胥铁路——1881 年通车之时算起，也有 125 年了。

百余年来，中国的铁路事业经历了新旧两个根本性质不同的社会。无论从政治上还是从经济上，这都决定了它在其发展历程中必然会遭遇到两种迥然不同的命运和前途。

旧中国的铁路事业，虽是史无前例的产业，但却带有半封建半殖民地的性质。它的建设、发展和经营都被控制在帝国主义、封建主义和官僚资本主义的手里，其发展之缓慢和经营之惨淡，自不待言。新中国的铁路事业虽以旧中国的铁路设备为其物质基础，但在中国共产党和人民政府领导下，一贯坚持自力更生、艰苦奋斗、勤俭建国的方针，20 世纪 70 年代后期以来又贯彻执行改革开放的政策，不仅迅速而彻底地改变了旧铁路的半封建半殖民地性质，而且取得了前所未有的辉煌成就。

从 1953 年实施第一个五年建设计划开始，新中国的铁路事业进入了有计划地大规模建设的时期。从 1952 年建成其第一条铁路——成渝铁路算起，到 1957 年第一个五年建设计划完成为止，新中国先后建成干支线 6 100 km，新增的营业里程占全部营业里程的 18%以上。新建的宝成、兰新两大干线以及黎湛、蓝烟、鹰厦、萧穿等线加强了西北、西南与全国的联系，改变了一些海防重镇和海运港口不能以铁路与内地沟通的状况；新建的集二铁路和湘桂铁路来睦段，为加强中蒙、中越之间的国际往来创造了有利条件。

新中国铁路的发展历程并非自始至终都是这样一帆风顺的，其中既有缺乏经验所致的失误和曲折，又有自然灾害和人为破坏。三年自然灾害、“大跃进”和“文化大革命”，使得铁路运输生产全面下降。

自 1978 年以来，铁道部根据中共十一届三中全会关于“把全党工作的重点转移到社会主义现代化建设上来”的战略决策和解决国民经济比例失调问题的要求以及“调整、改革、整顿、提高”的方针，先后于1979年1月和5月两次召开工作会议，开始清理铁路工作中的“左”的思想影响，把工作重点转移到铁路现代化建设上来，以调整为中心着手解决铁路发展中的比例失调问题。经过以后的全面调整、整顿，铁路部门的改革开放逐步地向纵深发展起来。新中国的铁路工业已形成一个适应铁路需要的、多品种和多类型的独立生产体系。它还生产了铁路部门所需要的桥梁、通信信号、混凝土轨枕和装卸、养路、施工等设备和机械。这些产品的生产在数量、品种、质量等方面都有长足的进步。

目前，全国铁路营业里程已达到7.4万km。根据铁路“十一五”规划，“十一五”期间，铁路将建成新线1万km，其中客运专线5 000 km以上，既有线复线4 000 km，既有线电气化6 000 km。2010年，全国铁路营业里程将达到8.5万km，其中复线里程3.5万km，电气化里程3.5万km。铁路“十一五”规划思路确定的重点任务是：建成武广、郑西、石太客运专线，开工建设北京至武汉、哈尔滨至大连、天津至秦皇岛客运专线，建成京津、广珠、广深、沪宁、沪杭城际客运铁路；继续对京沪、京广、京哈、京九、陆桥、沪汉蓉和沪昆七条主通道进行系统配套改造，扩大运输能力。

根据规划思路，2010年铁路煤炭外运能力将达到15亿t。铁道部将推进集装箱物流中心和双层集装箱通道建设，继续实施既有线提速改造，2010年快速线路营业里程将达到2.2万km。

现今中国铁路虽然取得了巨大成绩，但也不能忽视问题的一面。至今铁路部门所面临的形势和任务，依然十分严峻和艰巨。一直处于发展中的中国铁路，始终存在着运量与运能之间的突出矛盾，铁路运输能力的增加和运输质量的提高以及运输方法的改善，仍然赶不上国民经济不断发展和人民生活日益提高的客观需要。铁路运输至今仍相当程度地制约着国民经济的快速发展，铁路仍是国民经济发展中的一个薄弱环节。

二、当前世界铁路发展方向

1. 国有铁路公司化

国有铁路公司化的理论依据是：国有企业的最大弊端是产权关系不明确，政企不分，企业不是独立的商品生产者和经营者，而是行政机构的附属物，因此缺乏动力和活力。而政企不分的关键又在于所有权和经营权没有分开。建立公司法人制度，使国家对企业的财产有终极所有权（法律所有权），企业有法人所有权（经济所有权），使国有铁路成为真正独立的运输商品生产者和经营者。

国有铁路公司化的形式主要有：① 全部路网及设备由一家公司统一管理。通常这个总公司又将业务性质再划分成若干个分公司，如意大利和德国。② 基础设施与运营管理分开。瑞典就是这种模式，即基础设施仍由政府投资，运营业务摆脱政府干预，实行公司化管理。

2. 国有铁路民营化

国有铁路民营化大致有两种形式：

（1）国有铁路采取民营公司的方式经营。这种方式可以分为两类：一是全部路网及设施民营化。这种方式是将全国路网和设施按地区或业务性质分割，然后成立各铁路股份公司，并向社会公开发售股票，推进民营化管理。二是局部路网或设施采取民营化方式经营。即把那些过去由政府承担的业务（如设备维修，餐饮供应等）以合同形式承包交由民间企业经营。

(2) 国有铁路私有化。铁路私有化也可以分为两类：一类是将铁路的产权全部卖给民间集团；另一类是转让部分铁路的产权。国有铁路民营化和国有铁路公司化这两个方案几乎都涉及到政府直接从经营者向监督者的转变，同时也需要在政府和民营企业之间签订合同，用契约关系确定下来。而且，这样的合同要确定资产所有权和其他权力。政府也需要有专门的程序（一般通过招标竞争方式）来确定由谁来接受专卖权或特许权合同。

3. 开展多种经营活动，扩大铁路经营范围

铁路开展多种经营活动的出发点是强调铁路运输业的商业目的与其业务责任同等重要。铁路运输业追求商业利润，且参与市场活动能加强铁路在国内外市场的地位。铁路运输业开展的经营业务都以市场变化为导向。目前，一些人士认为，铁路运输业的业务应包括：传统的铁路运输（旅游运输也属于这一范畴）、房地产和铁路资产的开发及其他业务。其中，除了铁路的传统客货运输业务外，其他两部分均可视为多种经营活动。

多种经营是铁路业务的一部分，是运输服务的必要补充。法国铁路界人士认为，铁路运输服务应该是门到门的服务，而不应仅停留在铁路线上。因此，他们大力开展了一些铁路传统业务以外的其他经营活动，如联合运输、货物的寄存和仓储、经营公园、快餐业以及相关的设施和服务，多种经营可以提高铁路的经济效益。这种观点源于铁路传统的运输业务投人多、产出周期长、极难盈利的特点，因此需要广开经营渠道，以求补充利润。多种经营是铁路传统业务的延伸，如瑞典铁路专门设立了不动资产部，专门负责铁路车站等不动产的管理和开发。

4. 大力提高旅客列车速度已是共同的趋势

速度是交通运输尤其是旅客运输最重要的技术指标，也是主要的质量指标。自有铁路以来，人们就致力于列车速度的不断提高，在发展高速铁路技术的同时，各个国家都在大幅度地提高列车速度。早在 1987 年，就有 15 个国家的特定快列车的旅行速度达到甚至超过了 120 km/h。在欧洲大陆非高速线上，特、直快列车的运营速度达到 160 km/h 已很平常。由此可见，提高旅客列车速度是当前各国铁路旅客运输发展的一大趋势。

5. 发展高速铁路已成为世界潮流

为适应旅客运输高速化的需要，日本率先建成了时速 210 km/h 的东海道新干线。东海道新干线完善的高速技术和成功的运营实践，为铁路输入了新鲜血液，在世界范围内掀起了修建高速铁路的浪潮。至今世界新建和改建的高速铁路已超过了 15 000 km，最高运行时速已由初期的 210 km 提高到了 300 km，最高瞬间速度已达到了 513.3 km/h。目前日、法、德、英、俄、瑞典和西班牙等国家都修建和开行了时速 200 km 以上的高速铁路和高速铁路的规划和实施计划。高速铁路是传统铁路产业现代化的重要标志，同时发展高速铁路也是改善铁路旅客运输服务质量的新契机。不仅是发达国家，发展中国家都把发展高速铁路作为建成或改善国际和国内主动脉交通通道、加强人际交往、促进社会经济发展和科技进步的重要手段。

6. 重载货物运输

铁路货物运输普遍采用重载技术，铁路重载技术创始于 20 世纪 20 年代的美国，后来被世界上越来越多的国家广泛重视。多年来，一些国家依靠科技进步，更新和研究采用先进的技术设备和应用整体优化的理念，进行重载运输系统的系统设计，使重载铁路技术装备总体

水平和运输效率有了极大的提高。加拿大太平洋铁路开创了微机控制列车操纵，运用自导型转向架的新技术，使重载单元列车步入了新的一代。实践证明，重载运输是提高运输效率、扩大运输能力、加快货物输送和降低运输成本的有效方法。

重载列车（列车重量≥5 000 t/列）所能达到的重量，在一定程度上反映了一个国家铁路重载运输技术综合发展的水平。目前，不同国家之间在列车重量标准上存在着较大的差异，基本上都是根据各自的铁路机车车辆特性、线路条件和运输实际需要确定列车重量标准。

7. 新型大功率机车

为适应重载列车重量大和列车编组长的特点，世界各国都在积极研究采用新型大功率机车，增加轮周牵引力；装设机车多机同步牵引遥控和通信联络操纵系统；车辆提高轴重，减轻自重，采用刚性结构增加载重量；装设性能可靠的制动装置以及高强度车钩和大容量缓冲器等。

8. 先进的信息控制技术和指挥系统

研制和采用先进的信息控制技术和通信信号设备，在运营中实现管理自动化、货物装卸机械化和行车调度指挥自动化等。同时也对技术站、装车站和卸车站进行与之配套的自动化设备改造。除此之外，在改造既有铁路或修建重载专用铁路中采用新型轨道基础，铺设重型钢轨无缝线路，强化线路结构，提高承载力。对车站站场、线路股道进行相应的改造和延长。

第二节　铁路运输技术经济特征

一、铁路运输的特点

铁路是一种适宜于担负远距离的大宗客、货运输的重要运输方式。在我国这样一个幅员辽阔，人口众多，资源丰富的大国，铁路运输不论目前还是在可以预见的未来，都是统一运输网中的骨干和中坚。

优点：巨大的运送能力；廉价的大宗运输；较少受气象、季节等自然条件的影响，能保证运行的经常性和持续性；计划性强，比较安全、准时；运输总成本中固定费用所占的比重大（一般占 60%），收益随运输业务量的增加而增长。

缺点：初始建设投资大，建设时间长；始发与终到作业时间长，不利运距较短的运输业务；受轨道限制，灵活较差，必须有其他运输方式为其集散客货；大量资金、物资用于建筑工程，如路基、站场等，一旦停止营运，不易转让或回收，损失较大。

二、铁路运输的技术经济特征

铁路运输承担着全国客、货运输总量相当大的比重。铁路是各种运输方式的主要力量，它在交通运输体系中起着骨干和主导的作用。但是，铁路运输需要一定的轨道，离开轨道寸步难行，发展有一定的局限性。同时，建筑铁路需要花费大量的投资、劳动力和动力资源、金属及其他物质。铁路占用固定资产多，折旧费用占运输成本比重大，在一定时期内，固定设备投资及其维持费用基本上与运量无关，所以，随着运量的增加，这些费用分摊到单位运输产品上相对减少，从而降低运输成本。因此，运输成本与客货运量大小，运输方向、运输距离、牵引类型、列车重量等因素有关。

铁路运输的技术经济特征是用一定的技术经济指标来反映。这些技术经济指标包括：运营技术指标、实物指标和价值指标。

运营技术指标包括：运输的经常性（不间断性、均衡性和节奏性的程度）；通过能力和输送能力；货物送达和旅客运送的速度和时间；运输货物的完好程度和旅客的舒适程度；运输的安全性、可靠性及机动性。

实物指标包括：劳动生产率和劳动力需要量；燃料和电力（能量）、金属和其他材料的单位需要量。

按照运营技术指标和实物指标来说，各种运输方式的所有差别，通常都要在经济价值指标上反映出来。列入经济价值指标的有：运营支出和运输成本；基建投资需要量以及运输生产基金需要量；在途货物所需要的国民经济流动资金，与运送时货物的丢失、腐化和损坏有关的损失和非生产性支出。

在进行技术经济比较时，还须利用综合的价值指标——换算费用。效果最好的运输方式是运输一定数目的货物花费换算费用总额 F 最少的。换算费用的计算公式如下：

$$F = C + E(K + M) + N \tag{2.1.1}$$

式中：C——运营支出（元）；K——基建投资（元）；M——在途货物价值（元）；N——运送过程中损失货物的价值（元）；E——运输业基建投资经济效果的标准系数。

在选货物的价值可以按照下列公式计算：

$$M = \frac{S\sum p}{365} \times T \tag{2.1.2}$$

式中：S——每吨货物的平均计算价格（元）；$\sum p$——年度货物运输量（t）；T——货物运送时间（d）。

运送过程中损失的国民经济产品价值，按下式计算：

$$M = \frac{s'\sum p \cdot a}{100} \tag{2.1.3}$$

式中：a——损耗量定额（或损耗量实际数）占最初货运量的比例；s'——运送产品的平均价格（元/t）。

1. 货物送达速度

货物送达速度指标是评价各种交通运输方式经济效果的主要指标之一。

铁路运输的技术速度较高，但铁路在货物运送过程中，需要进行列车会让或越行及其他解编等技术作业，因而旅行速度低于技术速度。

货物送达速度，还取决于始发和到达作业时间及货物在库场的停留时间。目前，铁路的始发和到达作业时间在运输时间中所占的比重较大，大宗货物作业停留时间约占 40%，技术站中转停留时间占 25%，在途行驶时间只占 35%。

运输的经常性，对货物送达速度也有一定的影响。铁路运输高度的经常性，是保证货物送达速度较高的重要条件之一。

2. 运输成本

运输成本是运输业的一个综合性指标，它反映运输过程中物化劳动和部分活劳动的消耗。运输生产过程中，采用先进的技术设备、合理的组织管理工作、技术作业过程都可以获得较高的劳动生产率和设备利用率，节约燃材料，可以达到较低的运输成本、节约运输费用。

3. 基本建设投资

各种运输方式的物质技术基础的构成各有其特点，从而形成初期投资和后期投资的差异。一般地说，固定设施（线路和港、站建筑）比重大而活动设备（运输工具）比重小的运输方式所需的初期投资大、后期投资小；反之亦然。铁路运输业，出于固定设施的工程费和建材、劳力消耗大，因此线路投资高。

4. 劳动生产率

劳动生产率因其运输工具的载重量和运输能力不同，有着显著的差异。水运干线的船舶或船队载重量大，它具有较高的劳动生产率；汽车运输因汽车载重量小，占用劳动力较多，因此劳动生产率低；而铁路运输的劳动生产率较水运低，显著高于公路。

5. 其他指标

在运输能力、运输经常性与灵活性方面，各种运输方式有很大差别。水运和铁路都是具有通过能力大，能够担负大量运输任务的运输方式；铁路运输的经常性最强，汽车运输次之，水运较差；而灵活性以汽车为最好，铁路次之。

第三节　铁路在我国社会经济和运输体系中的地位与作用

铁路是我国统一运输网的骨干和国民经济的大动脉。它跨越各省区，贯通全国，担负着各种现代运输方式 50% 的总货运量和近 60% 的货物周转量，与国民经济各部门各企业有着十分广泛、密切的联系。

我国是一个典型的大陆性国家，经济联系和相互交往跨度大，需要有一种强有力的运输方式将整个国家和国民经济联系起来，并引导和促进其他运输方式的发展。铁路最显著的特点是载运质量大、运行成本低、能源消耗少，即在大宗、大流量的中长以上距离的客货运输方面具有绝对优势，而且在大流量、高密度的城际中短途旅客运输业中具有很强的竞争优势，是最适合我国经济地理特征和人们收入水平的区域骨干运输方式。这一点可以从领土辽阔的美国、俄罗斯、加拿大都有强大的铁路网作为国家经济的支柱得以印证。尽管从 20 世纪 90 年代以来，我国高速公路和民航获得了巨大发展，并且对铁路运输形成了越来越明显的竞争，但是，铁路在我国国民经济中的支柱作用和在综合运输网络中的担纲作用是其他运输方式难以替代的。

1. 铁路在能源、原材料运输中的作用是其他运输方式不可替代的

我国的资源分布不平衡与产业分布不对称。资源主要分布在华北西部、西北、西南地区，

产业和经济主要分布在东部地区，由此形成了能源与原材料由西向东和由北向南大宗的、长距离货物流，陆路运距一般都达 800～1 000 km 以上，甚至 2 000 km 以上，至沿海港口的运距一般也都在 500～700 km 以上。这些货物是国民经济发展的重要物资，其稳定、及时和经济的供应直接关系到国民经济的增长，是区域运输保障的重点。实际上，我国综合运输的货物运输网络很大程度上就是围绕这些物资的运输展开的，无论是“七五”至“九五”时期的交通运输“瓶颈”制约，还是 2003 年的煤炭运输紧张，最突出的体现就是受铁路能力不足的制约使得这些物资无法及时足量地运送到消费地满足生产的需要。同时，这些货物的价值相对较低，运输费用占货物价值的比重很大，对运输的经济性要求较高。因此，这些物资主要依靠大运输能力、低运输成本的铁路运输或铁海联运才能满足需要，公路运输的可分担的程度有限，主要是为这些货物的短途集疏运以及部分中短途距离的运输作补充。

从未来的发展看，我国正处于工业化的加速发展期，基础工业还将会有一个较大发展，对能源、矿石、原材料等仍将会保持较大的增长需求。到 2020 年，在提高能源利用效率和大力节能的情况下，能源供给需要增长一倍，即达到 30 亿 t 标煤，才能支撑国民经济翻两番的目标。由此可以推断，未来铁路承担的大宗能源、原材料等货物运输量还将继续以一定的速度增长。即使是公路运输能力大幅增强，公路长距离运输这些物资仍然缺乏经济性。

2. *铁路是我国中长途旅客运输的主力*

我国疆域广阔，人口众多，区域间、城市间的人员流动基数大，而且出行距离长，交通费用支出较大。目前，我国人民生活虽然总体达到小康水平，但收入水平还是相对很低，交通费用对人们出行的交通方式如何选择影响很大。特别是在现有的客流群体中，外出打工者、学生、中低收入人员探亲和旅游、个体小型商贸经营者所占比例很大，他们对交通费用的承受能力都相对有限。铁路旅客运输不仅价格较低，而且相对于其他运输方式更安全。在时速方面，通过五次大提速，运行速度已达到了 120～160 km/h，在途时间显著缩短，主要城市间基本实现了“夕发朝至”、“一日到达”，在中长途旅客运输以及在大流量的城际旅客运输中担负着主干运输任务。有关资料表明，2001 年，在超过 1 000 km 的长途客流中，铁路承担的份额约占 67%，其余主要是民航承担，公路所占的比例很小；100～1 000 km 的中程客流中，铁路承担的份额超过 90%；短途客流中，铁路承担的比例约为 2.5%。根据对全国 32 个主要城市调查，在直达客流中，铁路所占份额为 63.56%，航空为 19.26%，公路为 17.18%；其中，运距在 400～1200 km 范围内，铁路所占市场份额最大，约为 72.6%；1 200～2 400 km 的为 59.2%；大于 2 400 km 的铁路市场份额为 50.2%，小于 400 km 的为 61.4%。

从未来的发展分析，虽然随着经济的发展和人们收入水平的提高，对交通运输费用的支付能力增强，长距离出行选择航空的旅客会逐渐增加，但铁路仍然是中长距离旅客出行的主导方式。其原因有以下四个方面：

（1）虽然人们的收入增加、生活水平提高，但总体收入水平还是不高。即使是人均收入随 GDP 翻两番，按 2000 年的基数推算，到 2020 年，城镇居民人均收入约为 25 120 元/年，农村人均纯收入约为 9 020 元/年；在收入增加的同时，住房、教育、医疗等消费预期支出也随之增大，相当大的一部分农村和县镇居民还要承担城镇化的巨额安置费用等。因此，出行的经济性对大多数人们来说依然很重要。

（2）我国区域间、城市间出行的距离长，每次出行的交通总费用较高。根据对全国 32

个主要城市客流调查，最短的铁路距离为 137 km（北京—天津），最长的距离为 5 172 km（厦门—乌鲁木齐），平均距离为 1 893 km；在 496 个城市中，小于 400 km 的为 22 对，占 4.4%，400～2 400 km 的为 335 对，占 67.6%，大于 2 400 km 的为 139 对，占 28.0%。因此，选择适当的交通方式对出行者来说非常重要，尽管未来拥有私家车的人会越来越多，但其主要是对短距离出行会有较大影响，而对于中长距离的出行影响较小。从我国主要城市间的距离看，铁路是功能价格比最高的一种运输方式。

（3）铁路的服务质量和运行速度在不断提高。在中长距离旅客运输方面，铁路与高速公路的竞争具有较强的优势，特别是随着客运专线的发展，优势更加明显。在长距离旅客运输方面，虽然航空对铁路的竞争激烈，但铁路仍然是中高以下收入者的主要交通方式。

（4）在大流量的城际旅客运输中，即使是运距不长，铁路也有很强的竞争力。

总之，我国目前和今后相当一段时间所处的发展阶段和收入水平决定了铁路在跨市、跨地区、跨区域旅客出行中的重要作用，是人们中长途出行需求的最重要载体。铁路旅客运输也将会提供不同档次、不同价位的运输服务以逐步满足不同收入和消费层次旅客的出行要求。

3. 铁路在主要通道中承担的客货运输量份额

综合运输大通道（交通轴）是综合运输网络和国家经济发展的命脉，是跨区域间最重要的通道，其连接的是区域间最大的城市和城市群，沿途经过的都是省会和重要城市，一般都是人口密集、经济较为发达、产业聚集的地区，是国家经济地理的重要组成部分，其沿线的人口和 GDP 在全国占有重要比重。综合运输大通道的这些特点决定了通道交通运输需求的规模性、集中性及多样性。

铁路运能大、成本低、安全稳定的特点是最适合通道大客货流量的运输方式，其在通道运输中一般都是起着其他运输方式不可替代的主导作用：

（1）通道沿线经济发达，所需要的大量能源、原材料等大宗物资需要有较大输送能力和低成本的运输方式进行运输。同时，生产的大量产品需要依靠长距离的运输方式运往全国各地的消费市场和口岸，虽然在中长距离中，公路运输可以分担一部分小批量的运量，但所占比例相对较小。

（2）通道旅客流量大。铁路是保证通道旅客运输安全、准时、经济的主要运输方式，特别是铁路经过多次大提速后，速度超过了高速公路的旅行速度，而且安全性、舒适性方面优于高速公路。今后如果建成铁路客运专线，优势将更为明显。

在京沪、京广、京哈、陇海四大综合运输通道中，铁路承担的货运比重基本都达到了 80% 以上，客运比重基本在 50% 左右。在距离较短的城际通道中，铁路也承担着较大份额的旅客运输量。在旅客运量中，除了部分铁路里程比公路里程延长较多的线路外，铁路的市场份额普遍达到了 60%～80%。

4. 铁路有利于提高交通运输可持续发展

（1）铁路干线在节约土地资源方面具有一定优势。铁路与公路的功能和作用各有侧重，但在两者之间存在着一定的替代性。替代的程度，一方面取决于两种运输方式用户使用成本的高低，另一方面也取决于两种运输方式所提供的服务能力大小及便捷程度。如果铁路网络系统比较发达、服务水平较高，就可吸引和分担更多的客货运输量，从而相应地减少对沿线公路基础设施的需求。铁路干线与公路相比，在节省土地占用方面具有一定的优势，特别是在大流量的通道中较为明显，国家Ⅰ级双线铁路与四车道和六车道的高速公路的工程总体占地比约为 1∶1.40～1∶1.37，单位货运能力占地比约为 1∶1.87～1∶2.80。

（2）铁路运输可以更有效地减少交通能源消耗。与其他运输方式相比，铁路运输能源消耗低，铁路与公路的能耗比（以铁路内燃机车消耗为基准），货运约为 1∶20～1∶30，客运约为 1∶4～1∶6.5；另外，电气化铁路所需要的电能可以通过煤炭转换。提高电气化铁路的运输比重，利用我国煤炭资源丰富的优势，从而减轻对石油需求的压力。

（3）发展铁路可以更好地减轻交通环境污染。在各种运输方式中，铁路是污染排放较小的一种运输方式。此外，有关资料还表明，高速铁路的排放量比常规铁路低 70%左右。

（4）铁路的发展有利于缩小地区差距，促进社会可持续发展。目前，我国交通基础设施的数量和布局地域性差别很大，东部地区的交通网络发展水平相对较高，中部地区次之，西部地区落后。

铁路与其他运输方式相比，区域的纽带作用更强，对弥补地区间社会经济的非均衡发展作用更大，铁路的发展更有利于区域之间的客货交流和交易成本的降低，可以更大程度地提高可达性和市场范围，促进地区间的交流和缓解地区矛盾。经济落后地区一旦被铁路运输所覆盖或辐射，就会使其在更大空间范围上融入国民经济发展的整体中，在与外部经济的联系中加快自身经济发展进程，才更有可能减缓区域经济发展差距的拉大，增强社会稳定和民族团结，实现社会可持续发展。

（5）更多地发展铁路可以减少交通事故，更加体现以人为本的思想。铁路运输具有很高的安全性，事故率低。发展铁路可以相应地减少公路交通的需求，从而降低交通事故的发生次数和死伤人数，是尊重生命、珍惜生命、以人为本的思想体现。

（6）铁路技术进步增强了铁路可持续发展的能力。铁路技术进步提高了铁路发展潜力和扩大了市场空间，通过 5 次铁路大提速，铁路干线区间的旅客列车技术速度可达到 140～160 km/h，超过了高速公路汽车的行驶速度，并通过开行不同档次的列车和增强服务意识，较大程度地改变了铁路速度慢、服务水平低的形象，提高了铁路的市场竞争力，重新获得了部分失去的市场。随着高速铁路、重载技术、客运专线、城际铁路的较大规模发展，以及相关配套技术的更广泛应用，铁路在载运质量、速度、安全、舒适性及服务等方面的指标将会进一步提高，可持续发展的能力进一步增强。

5. 铁路有利于降低物流成本，提高产品竞争力

交通运输为国民经济服务，主要是体现在“最终实现便利产品流通，增加生产者的经济价值”。因此，面对经济全球化的大环境，如何从我国经济发展大战略的角度，根据我国的资源特征来发展和优化我国的综合运输体系，在不断提高对运输需求适应度的同时，增强我国产品的国际竞争力，将直接影响到交通运输发展对国民经济增长的贡献问题。

由于各种运输方式的运输成本存在着较大差距。因此，在提高交通运输整体发展水平的同时，应积极通过优化交通运输结构，达到以较小的资源和运输成本完成全国各项物流活动和人员流动目标。

铁路由于具有下述特点：① 直接降低能源、原材料和内陆省市出口产品的运输成本。② 为更大范围地使用资源创造条件，提高资源的使用效益。③ 为劳动力的跨区域配置、降

低产品生产的劳动力成本创造条件。④ 促进产业分工和生产效率的提高。因此有利于降低物流成本，提高产品竞争力。

6. 充分发挥市场开拓和国土开发功能，在大城市交通中起主导作用

我国正处在建设社会主义市场经济体系的关键时期，东、中、西部地区的经济发展还很不平衡。特别是随着我国东部地区的不断快速发展，如何解决西部地区经济发展，加强国防建设和促进民族团结等问题，已日益重要起来。西部地区的经济发展和国土开发，都迫切需要铁路。事实表明，铁路修到哪里，哪里的市场就得以开拓，哪里的国土也就得以开发，哪里的经济和社会就得以发展。

国外大城市依靠建立以铁路为主要运输方式的公共交通系统解决了城市交通问题。这种做法和经验值得我们学习和借鉴。目前我国城市交通问题日益严重，因此需要加大发展市郊、市内高架和地下铁路的力度。

第四节　铁路运输发展前景

一、高速铁路简介

目前，开行时速 200 km 以上高速列车的国家已有日本、法国、德国、意大利、西班牙、比利时、荷兰、瑞典、英国、美国、俄罗斯，正在积极建设或规划建设的还有瑞士、奥地利、丹麦、加拿大、澳大利亚、中国、韩国、印度等国。

一般认为列车运行的最高速度在 200 km/h 以上的铁路，就可以叫做高速铁路。高速铁路有几个基本要求：第一，线路多为复线。第二，站间距离不能短。第三，线路曲线半径和坡度的大小，决定了这条线路的最高速度。因此，高速铁路的线路尽可能平直。第四，高速铁路不仅行车速度高，而且行车密度也大。为了避免干扰，保证安全，高速铁路的道口都是采用立交，而且铁路两侧用栅栏防护，以防人、畜上路。第五，高速旅客列车一般采用电动车组。第六，高速列车应设计为流线型，而且整个列车构成一个流线型整体。第七，高速列车要有强大的制动能力，确保在一定的制动距离内能够停下来。目前世界各国的高速列车，一般是采用新型制动装置以提高制动能力，同时又适当延长制动距离。第八，列车是根据信号的显示来运行的，脱离了信号，安全毫无保证。一般的色灯信号显示距离在 1 000 m 左右，如遇大雾等不良天气，则能见度更差，而且行车速度高时，确认地面信号很困难，因而不适应高速行车的要求。为了保证行车的安全，高速列车均需安装列车自动控制装置，以电脑来代替人脑，自动控制列车的运行速度和停车、启动。

人们对火车速度的追求，自从有铁路起就一直没有停止。在蒸汽机车的鼎盛时代，1938 年，蒸汽机车的最高速度创造了 202 km/h 的记录，但也达到了极限。1972 年，内燃机车的最高速度达到 318 km/h 后就此止步。1955 年，法国电力机车首创最高速度 331 km/h 的世界纪录，法、德、日电力机车高速试验的比赛就此展开。1981 年，法国将这个记录提高为 380 km/h。1988 年，德国创造新的世界纪录，最高速度突破 400 km/h 大关，达到 406.9 km/h。但法国紧追不舍，第二年就将新纪录打破，达到 482.4 km/h。第三年，也就是 1990 年，法国又不可思议地创造了迄今为止轮轨铁路速度的最高世界记录：515.3 km/h。日本也不甘落后，

接连在1993年、1996年把本国的电力机车最高速度提升到425 km/h和443 km/h。虽然，日本在这场比赛中屈居第三，不过他们在另一方面却荣获冠军——建成世界上第一条高速铁路，拉开了全球高速铁路的建设序幕。高速铁路具有三点优势：一是高速铁路速度快省时间，安全系数高，乘坐空间大，舒适又方便，价格又适宜，迎合了现代社会出行的需求，因而受到人们的青睐，成为世界各国振兴铁路的强大动力。二是高速铁路运输系统是铁路大面积吸纳现代高科技成果进行技术创新的产物。它推动铁路科学技术和装备登上一个崭新的台阶，增强了铁路的竞争力。三是高速铁路不仅运输能力特别大，又有减少环境污染的优势，因而特别适宜于大运量的城市间、城市群和城郊的高频率运输。旅行时间的节约、旅行条件的改善、旅行费用的降低以及国际社会对人们赖以生存的地球环保意识的增强，使得高速铁路在世界范围内呈现出蓬勃发展的强劲势头，除欧洲、北美洲外，大洋洲、亚洲诸国和地区，也正在计划进一步加快高速铁路的建设。总之，发展高速铁路是科技进步的必然，是时代发展的需要。

二、重载运输

重载运输是除高速铁路以外，铁路现代化的又一个标志。重载运输是指在先进的铁路技术装备条件下，扩大列车编组，提高列车重量的运输方式。

那么，载重多少才称得上重载呢？国际重载协会认为，重载铁路必须满足以下三条标准中的至少两条：经常、定期开行或准备开行总重至少为5 000 t的单元列车或组合列车；在长度至少为150 km的线路区段上，年计费货运量至少达2 000万t；经常、正常开行或准备开行轴重25 t以上（含25 t）的列车。

世界上开展重载运输的国家还不是很多，只有澳大利亚、加拿大、中国、南非、美国、俄罗斯、巴西等国土幅员辽阔、资源丰富、铁路较为发达、大宗货物运输较多的国家。当然，更主要的原因还在于重载运输对铁路线路、机车车辆、行车组织等方方面面的要求比较高，一般国家目前还难以达到。正因为如此，重载运输才算得上未来铁路发展的方向之一。

那么，重载运输对铁路线路有何特殊要求呢？由于重载运输的列车重量往往在5 000 t以上，按目前每节车载重60 t计算，大约需要80多节，连接起来有1 km多长。所以停靠重载列车的车站站线有效长度基本要达到1 050 m，最好达到1 700 m。另外，重载列车载重量大，爬坡自然困难，因此线路的最大坡度不能超过8‰～9‰，也就是说每1 000 m的铁路线的上升幅度不得超过8～9 m。因为载重量大，一般的轨道无法承载，必须铺设或更换每米重60 kg以上的高强度钢轨，并配套同等强度的其他轨道构件。在有条件的线路地段，尽可能地铺设全断面淬火钢轨无缝线路，采用弹性扣件、硬质碎石道床、钢筋混凝土轨枕以及强化路基等。

重载运输的机车车辆最起码要拉得动、装得多、经得住折腾。拉得动是指牵引机车的功率要足够大，一台不够就用两台甚至三台。不过，使用的机车越多，协调越难，要求的行车技术越高。车辆要采用新材料、新结构和新工艺，尽可能减轻车辆本身的自重，增加货物的载重量。另外在车辆体积不超过一定的轮廓范围之内（即机车车辆限界）的同时，尽可能扩大车辆的容积。重载列车爬坡难，下坡也难。在长大下坡区段，只依靠机车的制动力很难将整个列车停住，这是因为数量众多的车辆下滑力大大超过机车的制动力。如果车辆仍按常规设计，列车在长大下坡地段就会发生颠覆事故。为此，重载列车中的部分车辆必须安装双管制动系统，使一部分车辆参与机车的制动，才能和其余的车辆下滑力相平衡，确保下坡地段的列车安全。开行重载列车的目的之一就是要降低运输成本，提高车辆的运用率。因此，重载列车一般均是固定编组循环往复运行。这种固定编组循环运行列车的车辆结构必须牢固可靠，无需经常修理。

按重载列车的作业组织方法区分，铁路重载运输有以下三种模式：

（1）单元式重载列车。是把大功率机车双机或多机与一定编成辆数的同类专用货车固定组成一个运输“单元”，并以此作为运营计费的单位。机车操纵采用无线遥控同步运转系统，运送的货物品种单一，在装、卸站间往返循环运行，中途列车不拆散，不进行改编作业，机车车辆固定编挂位置，车底固定回空，两端车站装卸设备配套，是装、运、卸“一条龙”的运输组织形式。

在路网规模大、行车密度小、货运比重大、运能较富裕的美国、加拿大、澳大利亚等国，组织开行从装车地到卸车地之间的重载单元列车，通过货物集中发送、快速装卸、加速机车车辆周转来降低成本，从而获得较大的效益，提高了与其他运输方式的竞争能力。美国的重载单元列车，牵引总重在 10 000 t 以上，是名副其实的万吨列车，并曾创造总重达 44 066 t 的世界最高纪录。

（2）组合式重载列车。是由两列及其以上同方向运行的普通货物列车首尾相接、合并组成的列车。机车分别挂于各自的货物列车首部，由最前方货物列车的机车担任本务机车，运行至前方某一技术站或终到站后，分解为普通货物列车。它实质上是在线路通过能力紧张的区段，利用一条运行线行驶两列及以上的普通货物列车的一种扩大运输能力的方式。

前苏联铁路是客货混用，列车数量多、行车密度大，运能与运量的矛盾比较突出，为扩大运输能力、挖掘现有设备潜力，即组织开行超重、超长列车或组合式列车，并成功地试验开行了总重 43 047 t 的重载列车。

（3）整列式重载列车。是由大功率单机或多机重联牵引，列车由不同型式和载重的货物车辆混合编组，达到规定重载标准（牵引重量达到 5 000 t 及其以上）的列车。目前，中国繁忙干线上开行的重载列车主要为这种模式。

三、中国铁路科技的发展

1. 提速，中国铁路高速化的起点

速度是铁路发展的关键因素。从 20 世纪后期开始，世界发达国家铁路以牵引动力革新为发端，依靠科技进步不断提高列车速度，速度纪录一再被刷新。伴随着铁路速度的提高和高速铁路网的建设，铁路市场竞争能力显著加强，运量逐渐回升，铁路在世界范围内重新崛起。然而在中国，由于公路和民航的迅猛发展，铁路所占运输市场份额却持续下滑，面临严峻的挑战。为了顺应世界铁路科技发展的大趋势，为了应对交通运输市场的激烈竞争，中国铁路必须在提高速度上有所作为，为建设高速铁路进行技术储备。

要想提高列车速度必须使铁路技术装备、工程技术水平、试验能力、管理组织相应提高到一个新水平，这就需要选择一条线路进行先期试验。经过研究分析，决定选择在广州至深圳间建设一条准高速铁路。1994 年 12 月 22 日，广深准高速铁路建成通车，成为中国铁路提速工程的起步点，在组织攻关、设计、施工、试验、运营等方面积累了丰富经验，为实施繁忙干线大面积提速打下了较好的技术基础。

“九五”以来的大规模提速，向全社会展示了铁路的新形象，实现了经济和社会效益双

丰收，充分证明提速是增强铁路市场竞争力的有效手段，是加快铁路技术创新步伐的推进器，是拉动铁路整体工作水平的强大动力。铁道部随后制定了“十五”规划，《规划》提出：通过2001年、2003年、2005年的3次大规模提速，到“十五”末期，初步建成以北京、上海、广州为中心，连接全国主要城市的全路快速客运网，总里程达16 000 km；客运专线旅客列车最高时速达到200 km及以上，繁忙干线旅客列车最高时速普遍达到160 km，部分干线旅客列车最高时速达到120 km及以上；主要干线城市间旅客列车运程在500 km左右的实现“朝发夕归”，1 200 km左右的实现“夕发朝至”，2 000 km左右的实现“一日到达”。

高速铁路的技术体系虽然与传统铁路一样同为轮轨技术，但是随着速度的提高，其基础设施、固定设备和移动设备都发生了质的变化。因此，高速铁路的工程投资会比传统铁路要大，但世界上运营高速铁路的国家经验证明，绝大多数高速铁路建成后是盈利的，少数初期运量不大的铁路曾经收益不佳，但随着运量的逐步增加，经营情况已大有好转，否则这些国家也不会继续新建高速铁路。

建设高速铁路的技术体系包括高速轮轨技术和高速磁浮技术。高速轮轨技术的优势是能与既有的铁路线兼容，而高速磁浮技术在速度上具有某些主导优势。轮轨派观点认为，在既有京沪铁路平行修建高速轮轨客运专线，与既有线路和路网中其他线路进行有效的衔接，能实现高中速混跑，从而产生良好的经济效益。高速磁浮列车与既有铁路线不兼容，独立的高速客运线在目前情况下很难产生良好的经济效益。从客流量来讲，北京—上海间的直达客运量只占京沪线总客运量的10%左右、本线流量占35%左右，而跨线客流量则占京沪线总客运量的55%以上，这一客流特征要求京沪高速铁路所选择的技术系统应是高速轮轨技术。根据磁浮系统“点到点”的运输特征，在直达客运量小、跨线客流量大的情况下，更不具有经济优势。而磁浮派观点认为，不同方式的交通，通过换乘进行有机的衔接，以达到经济合理的快捷运输。高速磁浮列车主要适用于旅行距离在200～2 000 km的大城市间，大客流量的高速客运，其经济盈利潜力不可低估。

高速轮轨铁路与高速磁悬浮铁路造价的高低，也是衡量经济是否可行的又一重要因素。轮轨派观点认为，磁浮系统的造价比轮轨系统高 20%～50%，甚至更多。主要依据是磁浮线路全部需要特种钢材、电缆设施和道岔等材料，这些材料的造价十分昂贵。高造价必然是投资大、票价高，其结果实加大了投资风险，普通乘客对客票的高价位难以承受。磁浮派观点则认为，磁浮线路造价高的主要原因是需要全线铺设地面线圈，日本已在宫崎试验线上将驱动、悬浮和导向三合一的线圈方案试验成功，由此可显著降低造价。其次就磁浮系统每个零部件和器件而言，并不需要特殊的材料、特殊的加工精度，其关键电气部件的难度比高速轮轨系统还要低。磁悬浮铁路线与轮轨高速铁路线平均造价比大体是1.2∶1，如直接用国外提供的高速磁悬浮列车专项设备，造价换算成人民币，土建和一般设备按国内价格计算，估计每公里平均造价磁悬浮比轮轨高速铁路高10%～20%。

早日建成我国第一条高速铁路，必将有利于国家交通运输结构的合理布局，有力地支持可持续发展战略的实施，有利于北京举办2008年奥运会，而且与西部大开发也将相得益彰。

2. 中国铁路重载运输

中国铁路重载运输的发展，可归纳为是通过两种途径，经历了三个阶段和采用三种不同的运输组织模式。所谓两种途径就是新建大能力、高标准的重载列车运输专线和有计划地对既有线进行配套改造同时并举。经历三个阶段和采取三种运输组织模式，即第一阶段自 1984—1990 年，主要为改造旧线，开行组合式重载列车。选择了晋煤外运通道的丰台—沙城—大同线和北京一秦皇岛线为试点，开行固定式、组合式重载列车。采用内燃机车双机牵引 7 400 t，使用缩短型敞车和装有配套技术的新型车辆。根据货流的特点，采取了固定车底、固定机车、固定发到站、固定运行线，从大同西站出发直达秦皇岛东站，卸车后原列空车返回，进行循环拉运。在山海关至沈阳间试验开行“非固定”的 7 000 t 组合式重载列车、在石家庄至德州和石家庄至济南间开行“非固定”式组合列车，以后又在平顶山至武汉间开行双机牵引 6 500 t、在徐州北至南京东间双开行机牵引 7 000～8 000 t 的组合列车。组合式重载列车对扩大晋煤外运数量，缓解沿海繁忙干线能力紧张，促进国民经济的发展作出了重要贡献。第二阶段自 1990—1992 年，新建大同至秦皇岛铁路运煤专线，开行单元式重载列车。大秦铁路是借鉴加拿大、澳大利亚等国开行重载单元列车的经验，在国内新建的第一条双线电气化重载运煤专线，全长 653 km。1988 年试验开行了单机牵引 6 000 t，双机牵引 10 000 t 单元式重载列车。1992 年底正式开行列车重量为 6 000 t 和万吨的单元列车。第三阶段为 1992 年以后，对沿海繁忙干线逐步进行改造，开行整列式重载列车。1992 年 8 月 6 日在徐州北至南京东间，利用两台内燃机车牵引 64 辆货车，总重 5 134 t，8 月 12 日在石家庄至郑州北间由两台北京型机车牵引 65 辆货车，总重 5 119 t，两线均试验成功。实践说明，只有因地制宜，不拘一格，综合采用不同重量级别，不同组织形式的重载列车，才能最大限度地提高列车平均牵引重量，取得最佳的经济效益。

第二章　铁路运输需求分析

第一节　当前铁路运输市场的供给状况

2004 年以来，国民经济继续保持快速增长势头，呈现客货运输需求两旺的局面，特别是货运市场需求更加旺盛，煤炭、粮食、石油、化肥、冶炼等需求全面攀升，使得铁路运能与运量的矛盾进一步加剧，“瓶颈”制约更加突出，铁路面临前所未有的压力。由于铁路运输需求的持续增长，请求车达到历史高位。

从需求总量看，请求车呈持续增长的趋势。2004 年一季度全路日均请求车达到 24.6 万车，同比增长 49.4%，其中 3 月份达到 28.4 万车，最高日均 30 万车，创历史最高记录。面对急剧增长的运输需求，铁路部门竭尽全力，大力挖潜提效，装车水平不断提高，3 月份日均装车达到 97 955 车，同比增加 5 705 车。尽管装车达到历史最高水平，但需求满足率却由去年的 50%以上跌到 40%以下。

从地区需求看，运输能力全面告急。东北地区的哈尔滨、沈阳两个铁路局 2004 年 3 月份日均请求车达到 5.5 万车，但日均装车只有 18 308 车，满足率为 33%；北京铁路局 2004 年 3 月份请求车 7.97 万车，但日均装车只有 23 682 车，满足率只有 30%。此外，华东、华南、西北等地区运输需求不断增加，运输能力全面告急。

从重点物资看，运输需求大幅增长。在运输需求全面增长的同时，煤炭、粮食、石油、化肥等关系国计民生的重点物资运输需求增幅更大，2004 年 3 月份全路煤炭日均请求车 7.61 万车，尽管日均装车达到 4.22 万车，同比增长了 12.9% ，但需求满足率仍然只有 55%。粮食请求车增长更大，哈尔滨、沈阳两个铁路局 3 月份粮食日均请求车达到 23 660 车，实际装车仅为 3 036 车，满足率只有 13%。

铁路运输紧张状况加剧主要体现在以下几个方面：

1. 主要干线及运输通道能力紧张

（1）主要干线超负荷运转。京沪、京广、京哈、陇海、襄渝等主要干线能力全面、长期紧张，潜力已经挖尽。京沪铁路这条百年老线运输负荷最重，是世界上客货运输最繁忙的干线，运能缺口高达 50%；京广线许多区段通过能力利用率已达 100%，春运期间，京广线南段为加开客车，每天除 3 趟供港直通车外，其余货车全部停运，对经济发展的影响非常大；京哈、陇海线大部分区段能力在 90%以上，不少区段达到 100%；东北地区近 10 年来进关物资运量只能维持在 7 000 万 t 左右，远远不能满足需要。以京广、京沪、京哈、陇海四大干线为例，各线沿线均分布着不少大城市，人口分布稠密，工农业发达，经济繁荣，国民经济产值大，人均收入高，旅游资源丰富，铁路客、货运需求十分强劲，铁路一直处于超负荷运输状态。

(2) 运输通道能力全面紧张。随着国民经济的快速发展和运输需求的大幅增长，不仅进出关通道、西南通道能力更加紧张，而且华东、华北等地区的能力紧张状况也在不断加剧。山海关仍然是进出关的主要限制口，难以适应振兴东北老工业基地的全面发展需要。目前，全路 55 个铁路局间分界口中平均能力利用率都超过 80%，其中有 20 个能力利用率已超过 100%，处于超饱和状态。主要煤运通道能力也十分紧张。京原、石太、石德、侯月、邯长、胶济等主要煤运通道客货列车混跑，能力严重饱和。邯济线刚刚建成两三年，已经突破设计能力，华东二通道能力十分紧张，亟需扩能改造。大秦线作为我国第一条单元重载煤运通道，2003 年煤炭运量已经超过 1 亿 t 的设计能力，达到 1.2 亿 t。2004 年，大秦线运量完成了 1.5 亿 t 年目标进度，尽管如此，仍然有许多煤炭运输需求无法满足。

2. 部分地区能力不适应

(1) 发达地区铁路能力不适应。随着中国经济的快速发展，一些地区经济和社会发展水平已经接近中等发达国家水平，但铁路发展相对滞后，在速度、数量、质量等方面不能适应这些地区社会进步和经济发展需要。如京津唐、沪宁杭、长江三角洲、珠江三角洲、辽东半岛、胶东半岛等地区，经济发达、人口众多，城市相接、联系紧密。但在这些大城市间至今仍是客货混跑，缺少平行通道，没有专门的城际铁路，无法大量开行城际列车，既影响旅客运输速度、数量、质量的提高，又无法为快捷货物运输提供充足的运输能力，使发达地区之间的经济、社会持续发展受到一定的影响，也使大量的客流、货流被其他交通运输方式取而代之。

(2) 西部地区铁路能力不适应。如同我国现在的地区经济发展不平衡一样，西部地区铁路由于历史的原因一直存在着标准低、速度低、能力小的情况。尤其是西南地区多年来一直是限制型运输，通过能力长期处于饱和状态。

3. 部分时段能力不适应

随着经济发展和人民生活水平的提高，每年 40 天春运、62 天暑运、“五一”与“十一”黄金周的假期，已经成为我国运输业独特的高峰时段。在这近四个月的时段内，铁路运输能力全面告急，买票难、乘车难问题突出，客货兼顾困难，部分地区铁路货物运输受到严重影响，尤其是春运，铁路面对迅速形成的强大客流和有限的运输能力，只得采取非正常的运输组织措施，“压货保客、停短开长”。

4. 移动设备数量及装备水平不适应

(1) 货车总数不足。近几年来，铁路建设投资增加，步伐加快，营业里程、延展里程扩展很快，复线率上升很大，固定设施装备有了很大改善。但相比而言，作为承载货物的铁路货车却没能做到同步增长。尽管通过加强组织、加速周转、提高效率的方式，在一定程度上弥补了不足，但客观上由于装车大幅度增加，运距不断延长，西北、东北边远口岸和地区长距离排空大量上升等因素，造成铁路货车不敷使用。特别是敞车、棚车等主型货车紧张，已成为制约运量增长的主要因素之一。

货车车种结构与市场需求不相适应。随着社会进步和人民生活水平的提高，需用棚车，集装箱，冷藏专用车等运输的轻质、鲜活、高附加值货物运量增长迅速，而目前敞车、棚车、集装箱、冷藏专用车辆数量较少，不能满足运输需要，影响货物运输的数量、质量和完整。

一些本应用棚车、保温车运输的货物用敞车或其他车辆运输后，货物发生丢失、污染、湿损现象明显增加，经济损失严重。尤其在雨季和秋季，全路均需要大量棚车、保温车和集装箱。敞车数量本身就不足，又经常代用其他车种，更加大了其紧张程度，影响了煤炭等其他重点物资的运输。敞车、棚车已成为目前运输最急需的车种。

（2）客车车辆储备少，难以应对春、暑运等客流波动需求。目前各铁路局配属的客车车辆约 37 000 辆，图定编组使用客车约 27 000 辆，扣除其他专用车辆和必要检修车，约有 4 500 辆车可用来调剂使用，应对春、暑运等波动需求。但近两年每年春运都至少需要 8 000 辆左右的车辆以满足开行临客所需，缺口 3 500 辆。为补齐这 3 500 辆的需要，只得采取“停短开长”等非常措施，结果丢失了不少的短途旅客运量。若主要干线能力富裕，开行临客的数量还会有很大增加，客车车辆数量缺口则更大。另外，客车车况差，也影响客运服务质量的提高。目前仍有几千辆 202 型转向架客车在运用，这些车服务设施功能差，难以满足旅客多样化的服务需求，加上都已使用多年，车况较差，安全性能降低，维修成本加大。春、暑运期间开行的大量临客都使用这些车辆，由于其最高运行时速限定在 100 km，使临客旅行速度很低，全程运行时间长，影响了临客的市场竞争能力和铁路客运服务质量的提高。

（3）客运机车数量少、储备少，影响行包专列、旅游、临客列车开行质量。由于客运机车少，目前开行的 14 对行包专列，只有 X17/18 次使用客运机车牵引，其他行包专列都使用货运机车牵引，大大降低了专列的旅行速度。由于客运机车少，大量开行的旅游列车及临时旅客列车只能由货运机车担当，采用货运机车交路，使这些列车的技术速度低，待避、会让次数大幅增加，加上机车交路短，技术作业时间长，列车旅行时间大幅延长，不仅降低了铁路旅游、客运市场的竞争力，也造成机车车辆的浪费。

（4）装备技术水平低。我国的机车车辆等技术装备与世界先进水平差距很大。客运高速动车组还处于起步阶段，提速客车车钩间隙大，纵向冲动问题一直未能很好解决。货运车辆构造速度低，轴重低、承载少；重载技术落后，缺少大功率牵引动力，万吨以上列车的同步操纵和自动控制技术没有突破；电化改造标准低，电网运行质量不稳定，设备故障率高。

第二节　铁路旅客运输需求形势分析

一、铁路旅客运输的现状分析

进入 20 世纪 90 年代以来，由于一批批高速公路、一级公路及汽车专用公路的建成通车，公路运输得到飞速发展；与此同时，随着经济的发展和人民生活水平的提高，航空运输所占的市场份额也在不断上升。铁路垄断运输市场的局面已不复存在。面对激烈的市场竞争，铁路所占的份额在逐年下降。

1992—2005 年以来，铁路、公路、水运和航空运输完成的客运量比例、旅客周转量比例和旅客平均运程，如表 2.2.1、表 2.2.2、表 2.2.3 所示。

表 2.2.1 铁路、公路、水运和航空运输完成的客运量比例表 (%)

年 份	总 计	铁 路	公 路	水 运	航 空
1992	100.0	11.6	85.0	3.1	0.3
1993	100.0	10.6	86.4	2.7	0.3
1994	100.0	9.9	87.3	2.4	0.4
1995	100.0	8.8	88.8	2.0	0.4
1996	100.0	7.7	90.1	1.8	0.4
1997	100.0	7.1	90.8	1.7	0.4
1998	100.0	6.9	91.2	1.5	0.4
1999	100.0	7.1	91.0	1.4	0.4
2000	100.0	7.1	91.1	1.3	0.5
2001	100.0	6.8	91.4	1.2	0.5
2002	100.0	6.6	91.7	1.2	0.5
2003	100.0	6.1	92.2	1.1	0.6
2004	100.0	6.3	91.9	1.1	0.7
2005	100.0	6.3	91.9	1.1	0.7

表 2.2.2 铁路、公路、水运和航空运输完成的旅客周转量比例表 (%)

年 份	总 计	铁 路	公 路	水 运	航 空
1992	100.0	45.36	45.94	2.85	5.84
1993	100.0	44.33	47.09	2.50	6.08
1994	100.0	42.32	49.12	2.14	6.42
1995	100.0	39.39	51.13	1.19	7.57
1996	100.0	36.53	53.56	1.75	8.16
1997	100.0	35.65	55.11	1.55	7.69
1998	100.0	35.48	55.87	1.13	7.52
1999	100.0	36.60	54.86	0.95	7.59
2000	100.0	36.97	54.30	0.82	7.92
2001	100.0	36.24	54.79	0.68	8.30
2002	100.0	35.18	55.26	0.58	8.98
2003	100.0	34.67	55.72	0.46	9.15
2004	100.0	35.02	53.64	0.41	10.93
2005	100.0	34.71	53.20	0.38	11.71

表 2.2.3　铁路、公路、水运和航空运输完成的旅客平均运程比例表　（km）

年份	铁路	公路	水运	航空
1992	316	50	63	1407
1993	333	51	103	1412
1994	321	52	104	1475
1995	345	53	107	1331
1996	353	63	108	1346
1997	384	55	107	1374
1998	397	55	93	1390
1999	413	49	56	1407
2000	431	49	52	1444
2001	453	51	48	1450
2002	471	53	44	1476
2003	492	53	37	1442
2004	511	53	35	1470
2005	524	55	34	1479

从以上表可以看出，近十多年来铁路和水运完成的客运量比例和旅客周转量比例在逐年减少，而公路和航空运输完成的客运量比例和旅客周转量比例在逐年增加。其中，公路运输完成的客运量比例占到 91.9%，铁路完成的旅客周转量比例已逐年递减至 35.02%，而公路则逐年递增至 53.64%，可见，公路运输在运输市场份额上已占有绝对优势。从完成的旅客平均运程来看，铁路呈稳定增加的趋势，航空总体上略有增加，公路变化不大，而水运完成的旅客平均运程波动较大。

由于航空运输的平均运程在 1 300 km 以上，水运市场份额较少，因此，短途旅客运输的市场竞争主要在铁路和公路运输中展开。近年来，全社会及公路客运量大幅度增长，铁路的旅客发送量虽然也有所增加，但是短途旅客发送量却有较大幅度下降，就 20 km 以内的旅客发送量而言而，2000 年比 1990 年减少 1.2 亿人次，如表 2.2.4 所示。

统计资料显示，运输距离在 200 km 以下的旅客发送量占旅客运输总量的 50%以上，在客运市场中占有较大比重，且运输量仍呈上升趋势。随着市场经济的发展，社会运输需求不断扩大，其中尤以 100～200 km 距离范围的短途客运市场增长最快。据有关部门调查，运输距离在 200 km 以下的旅客中，100 km 以内的旅客占短途客运总量的 70%，100～180 km 的旅客占短途客运总量的 20%，200 km 左右的旅客占短途客运总量的 10%。铁路短途客流主要集中在短途客车和普通慢车上。由于高速公路的迅猛发展，公路在短途客运市场的竞争优势日渐突显，使其在短途客运市场中所占有的份额大幅上升。同时，由于铁路近年经营体制的转变以及经营战略的调整，铁路短途客运市场份额不断减少。根据统计资料，近年铁路客运直通运量的增幅远大于管内运量的增幅。直通运量和管内运量的增幅不同步，以及平均运程的逐年递增，一方面说明铁路中长途客运市场在快速发展，另一方面也反映出铁路短途客运量在不断下降。铁路所占份额的下降是有其客观必然性的。因为运输需求是多样化的，需要有不同的运输方式来满足不同的运输需求。从世界各国客运交通的发展看，只要各种现代

表 2.2.4 铁路不同运距旅客发送量表

年 度	1 ~ 200 km		201 ~ 500 km		501 ~ 1 000 km		1 000 km 以远	
	万人	比重（%）	万人	比重（%）	万人	比重（%）	万人	比重（%）
1990	64 843	68.4	15 186	16.0	7 801	8.2	7 012	7.4
1991	61 283	65.1	16 005	17.0	8 998	9.6	7 879	8.4
1992	62 266	63.1	17 107	17.3	10 360	10.5	9 011	9.1
1993	64 279	61.5	18 566	17.8	11 677	11.2	10 004	9.6
1994	66 146	61.3	19 072	17.1	12 220	11.3	10 500	9.7
1995	61 427	60.2	18 615	18.3	11 627	11.4	10 358	10.2
1996	54 698	58.5	17 737	19.0	11 188	12.0	9 925	10.6
1997	51 157	55.7	18 020	19.6	11 717	12.8	10 998	12.0
1998	50 951	54.8	17 905	19.3	12 318	13.3	11 795	12.7
1999	52 747	54.0	18 536	19.0	13 334	13.7	73 091	13.4
2000	52 796	51.8	19 497	19.2	14 666	14.4	14 875	14.6
2001	50 036	49.5	20 165	19.8	15 544	15.3	15 624	15.4

注：① 本表中数据为国家铁路数据，不包含地方铁路和合资铁路数据；
② 2002 年以后统计口径有变化，数据不可同比，故未列入此表。

化交通方式都得到充分发展，铁路客运交通所占市场份额就出现稳步下降的现象。以往铁路独家垄断市场的状况是我国综合运输网络还不健全的表现。随着社会、经济的发展，其他交通方式对铁路的适当分流是一种必然趋势。但是，这并不意味着铁路在短途旅客运输中没有优势可言，或者说不适合短途旅客运输。恰恰相反，铁路客运对于城市间大量的短途旅客运输，尤其是通勤、通学的市郊客运是很适宜的。铁路具有运能大、安全、舒适、准时、受气候影响小等诸多优点。尤其是高速铁路，上述优点就更为突出。再加上旅行速度高，日发车频率高，易于符合短途旅客的运输需求，因而铁路在短途运输市场中是颇具竞争力的。总的来说，我国城市间的综合客运能力还不适应城市经济与社会发展的需要。

二、铁路旅客运输发展的未来需求情况

随着我国城市化进程的加快，城市群经济的发展、人民生活水平的提高，中心城市与卫星城之间、中心城市与中心城市之间，人员交往将会与日俱增。未来城市群区的客流量的增长潜力将是相当巨大的。城市发展也将会带来极大的市郊旅客运输需求。在这种情况下，主要依靠公路运输来解决城市群旅客运输需求问题显然是不现实的，航空和水运就更不可能解决这个问题，只有大容量、高速度、高密度的铁路运输才能最大限度地满足人们出行的需求。根据有关专家分析，高速铁路单向输送能力是航空的 10 倍、高速公路的 5 倍。因此在运能方面，铁路能够充分满足城市群内巨大的旅客运输需求。对这种大量的中短途客运，尤其是中心城市与卫星城市之间的通勤、通学以及市郊客运，铁路不仅能够承担，而且也适合承担。铁路具有严格按运行图行车，不会因道路堵塞而晚点的优点，能全天候、准时地运行，确保通勤、通学到发时间的严格要求。对于一般的城间旅客运输、铁路尤其是高速铁路能够充分满足人们对出行的时效性、舒适性、安全性的要求。

未来 20 年，铁路旅客运输发展需求的基本情况如下：

（1）干线旅客运输。我国铁路干线，尤其是主要干线（如京沪、京广、京哈、陇海、浙赣等），一般都处于交通运输通道上，贯穿主要大、中城市。在这些线路上客流量较大，且行程长，节假日波动也较大，这既是我国旅客运输的特点，也是铁路的主要客运市场所在，未来依然如故。为开展好干线旅客运输，必须大力发展客运专线（包括高速铁路），开发适合干线旅客运输的新产品。

（2）城际旅客运输。伴随城市化进程加快和人们物质文化生活水平提高而来的是全社会旅客运输的持续、高速增长。尤其是主要城市带和人口密集地区，这种势头已显露出来。人们出行总是要选择安全、方便、快捷、舒适的交通运输方式，这正是铁路的优势所在。因此，大力修建城际铁路，开行快速度、高密度的城际列车，发展城际旅客运输，有着巨大的潜在市场的城际旅客运输将是未来铁路旅客运输新的增长点。

（3）旅游客流运输。我国旅游资源十分丰富，随着旅游资源的进一步开发和旅游业的发展，尤其是人们物质文化生活水平的提高，国内外游客将与日俱增。一般旅游出行，尤其是国内旅客旅游出行，多选择铁路这一交通运输方式。至 2020 年，全面建设小康社会的宏伟目标已实现，城乡居民旅游的欲望将得到释放，旅游客流是铁路旅客运输另一新的增长点。旅游列车一般在大中城市至附近的旅游景点间开行，采取朝发夕归的组织方式，也可组织较远的大城市开行至旅游胜地的旅游列车。

（4）节假日旅客运输。节假日是旅客运输的黄金时期，也是铁路部门乃至整个交通运输部门最为繁忙的时期。由于干线能力长期处于紧张状态，加上目前铁路运输组织机动性差，难以适应多层次、多变化的市场需求。为彻底改变当前节假日旅客运输状况，铁路旅客运输能力必须要有充分的储备，要提高应变能力，相应的运力资源必须按节假日旅客运输的需要进行配置。

（5）临时旅客运输。我国加入 WTO 后，随着全面建设小康社会的推进，经济高速增长，人们物质文化生活水平快速提高，各种展示会、物资交流会、体育比赛、文艺汇演等将更加频繁，这将为旅客运输带来无限商机。这种客流的随机性很强，运营部门应把握时机，及时推出相应的专线列车，以满足市场需求。

第三节　铁路货物运输需求形势分析

一、铁路货物运输的现状分析

我国铁路货物运输包括大宗货物运输和普通货物运输。大宗货物运输是指煤炭、原油、粮食、木材、冶炼物资等物质，总运量占铁路全部发送量的 80% 以上，是铁路货运市场的主要服务对象。由于我国煤炭、原油、粮食、木材等资源分布及区域经济发展的不平衡，使得铁路货流流向、流量比较明显而稳定。我国有丰富的煤炭储量资源，占能源产量和消耗量的 70%以上，但分布极不平均。在目前保有量 9 500 亿 t 的储量中，“三西”地区约占 60%，而东中部经济发达地区却资源匮乏，煤炭的消耗量占全国 70%，目前仅发电用煤就达 3 亿 t。

当前铁路大宗货物运量增长幅度较大，其中煤炭、石油、冶炼、粮食增量高于其他品类货物，铁路货运增量主要来自这几大品类。2002 年这几大品类运量分别比上年增加 75 227 万 t，447 万 t，3 324 万 t，1 193 万 t，共计 10 191 万 t，比全路总的增量还多 1 888 万 t。其中又以煤炭增量最大，占了总增量的 63%。随着这四大品类运量的增长，在总量中的比重上升到 77.7%，比上年又提高了 2.1 个百分点，其中煤炭占 43.8%，比上年提高 0.9 个百分点，石油占 5.5%，与上年持平，冶炼占 23.9%，比上年提高 0.7 个百分点，粮食占 4.4%，比上年提高了 0.4 个百分点。上述数据充分说明这四大品类是铁路的主要货源。

铁路大宗货流的主要流向是由北向南、自西向东，比较稳定，而且主要集中于哈大、京沈、京广、京沪、京九、焦枝、宝成等几条南北方向的铁路干线和大秦、丰沙大、石太、石德、侯月—新月—新荷充、陇海、浙赣、湘黔等几条东西方向的铁路主要干线上。货流的特点决定了大宗货物的流向主要集中在以上干线，对开行始发直达和技术直达货物列车的组织提供了有利的货流保证。

除上述特点外，近年来随着我国经济的平稳发展，货运形势发生了一些变化，突出地表现在:

（1）原材料进口增加，港口产生的运量明显上升；出口量也持续上涨，使得港口对于铁路行业的地位明显提高。随着进出口贸易的增加，货流方向上从传统的（主要由西、北到东、南）逐步过渡到较为均衡的局面。

（2）货运方面对运输的质量、速度、准确的要求都有了明显提高，行包专列、五定班列具有良好发展势头。

二、铁路货物运输市场需求的发展趋势

1. 大宗货物运量的变化情况

（1）煤炭。由于全国电力总体紧张，占煤炭消耗量比重最大的发电用煤仍将有较大需求，将继续拉动铁路煤炭运量的持续增长。据有关部门分析，我国钢铁产量将大幅增长，从而带动冶炼用煤不断增加。但三峡水力发电增加、西气东输管道向华东地区送气，以及“三西”地区坑口电站不断建成投产，将对铁路煤炭运量产生不利影响。出口煤炭运量仍有一定增长空间，今后几年煤炭运量仍将保持稳定增长，到 2010 年十大煤运基地产量达 12.2 亿 t，到 2020 年产量达 17.31 亿 t。要完成如此艰巨的煤炭运输任务，必须以未来的煤炭生产基地为中心，通过建设客运专线和既有线扩能改造等措施，形成大能力煤运通道，并以重载运输的方式组织输送。

（2）石油。其运量仍将保持低幅增长，2003 年兰—成—渝输油管道输油量达到 280 万 t，对石油运量影响较大，并大大减少了铁路石油周转量和运输收入。2004 年兰州地区石油运量将再减少 70 万 t 左右。我国石油配额逐年增加，进口石油运量将稳步增长。2004 年石油运量比 2003 年预计增加 500 万 t 左右，今后几年石油运量将在维持现有水平基础上略有增长。

（3）冶炼物资。预计冶炼物资 2004 年可增加 3 000 万 t 左右，随着国家对基础设施的持续投入、建筑及房地产以及汽车、机械、家电、石化等钢铁下游行业的快速发展，将带来钢材需求的大幅增长，进口矿石、钢铁及焦炭运量将继续保持增长态势。

（4）粮食。粮食市场近两年日趋活跃，新一届中央政府对农业发展非常关注，相继出台了一系列扶持农产品发展的优惠政策，粮食产量将有可能保持一定的增长。我国玉米在国际市场上仍有一定竞争力，可能带来出口粮食运量的持续增长。

（5）磷矿石。虽然国外市场对磷矿石有一些需求，但磷矿石的主要产地云南省限制磷矿石的大量出口，估计明年磷矿石运量不会有较大的增长。在国家政策扶持下，国内化肥产量有增加趋势，但受进口化肥冲击影响，增长幅度不会太大。

综上所述，未来 20 年铁路主要品类特别是大宗货物运输仍将保持适度增长，大宗铁路货物运输量占总量的比重不会发生根本性的变化，煤炭运输量占总运量的比重基本保持在 43% 左右，而煤炭、石油、冶炼、粮食运量占总运量的比重保持在 78% 左右。随着主要煤运通道的建成，大宗货物的始发直达车流和空直达车流占日产生总车流量的比重将进一步提高，达到 40% 以上。

2. 集装箱和其他高附加值货物运输情况

（1）集装箱运输近年来发展较快，2002 年集装箱发送量比上年增长 5.9%，与 1996 年相比增长了 1.2 倍，年递增率为 14.1%。集装化运输是未来运输的发展方向，随着我国经济和社会的发展，集装运输比重将越来越大，这就要求铁路要积极创造条件，进行体制和机制创新，加快集装箱发展步伐。预计 2010 年后，集装箱及其他快运货物日均装车数占日总装车数的比重将达到 14%，其中始发直达车流量占 6%。发展集装箱运输必须建设一批大型化、专业化、现代化的集装箱办理站，广泛采用国际标准箱和集装箱专用车，并组织集装箱专列。至 2020 年，大部分适箱货物应纳入集装箱运输，各种专用集装箱将满足不同货物的运输需要。

（2）高附加值货物运输。随着经济的发展，人民生活水平的提高，必然带来高科技产品、工艺品、日用百货、食品、家电、生活用品等的大量运输。因此，高附加值货物是我国铁路未来货物运输新的增长点，应充分重视高附加值货物运输。

（3）保鲜货物运输。由于地域的差异，蔬菜、水果、鲜花、水产品、肉食品、奶产品等的运输是必不可少的，且运量还在不断增长。保鲜货物运输涉及人民的日常生活，搞好保鲜货物运输是交通运输部门的责任。

（4）快件货物运输。随着市场经济的发展，快件货物的品种不断增多，且数量不断增长。

高附加值货物、保鲜货物和快件货物运输应纳入快捷货物运输系统，采用轻快列车进行输送。

第三章　铁路运输市场分析

第一节　铁路运输市场调查

市场调查是企业经济运行的一个重要的组成部分，是企业制定决策的工具。在市场经济条件下，企业需要了解消费者需求，掌握竞争环境，以采取正确决策，获取利润，永续经营。市场调查是掌握机会，探测风险的基本手段。因此，铁路运输企业的各级决策者必须重视决策前的市场调查。

一、铁路运输市场调查的组织

首先，从整个企业的组织结构看，市场调查应是企业的职能部门之一，它与企业的财务部门、营销部门、生产部门等各职能部门都具有平行关系。美国约 80% 的企业都有市场调查部，但仍有 20%～30% 的任务无法完成，须交由专门从事市场调查的咨询公司承担。其次，企业应当配备专业人员从事市场调查工作，这些人员需要精通统计学、营销学、心理学等多种科学知识，具有调查问卷编制、抽样方案设计、人员访问、数据编码、数据分析等能力。

运输是从某一点把客货运送到另一点，在待定的某一点是否有客货输出和输入的需求是市场调查要解决的主要问题。调查的范围与运输方式相关，城市内短途运输的发运点和到达点往往是一个工厂、港口、车站、居民区、商业闹市，等等；铁路、公路地面长途运输的发运点、到达点则是海港、空港所在的城市及周围地区，这样的点有无数个，对特定的企业来说，只有其运输能力所能达到的区域内的点的发运量和到达量才有现实意义。所以铁路运输市场调查首先应确定调查点以及该点的范围，要将吸引区内所有城市、集镇作为调查的范围。对重点区域最好本企业亲自作调查，对非重点区域或一些力所不能及的重点区域，可以委托社会经济调查机构作调查。如最近某咖啡生产企业委托成都市统计局就消费者对咖啡的味道、颜色等喜好作了一次双盲调查（即统计局委托一些在校大学生对调查对象进行问卷调查，双方均不知生产厂商是谁），这种调查所获得的信息资料往往更具有客观性。

二、铁路运输市场调查的主要内容

市场调查的内容涉及面广，凡是影响市场营销的因素，都可作为市场调查的内容。主要调查消费者（或用户）对运输的需求、运输供给能力、消费者行为、运输价格以及政治、经济、社会等因素。

铁路运输市场调查大致可分类归纳为以下几个方面：

1. 调查该地区政治、经济情况和社会发展状况

要调查国家有关的方针、政策，如产业结构的调整、国家有关国民经济发展的计划和社会发展规划等；调查该地区经济状况，如国民生产总值、工农业生产总值和国民收入等；特

别要调查该地区有多少大中型企业，这些企业的基本情况（如规模、生产的主要产品、所有制性质、年总产量、年销售额等）、企业所在市场类型、企业主要产品的贸易方向、企业定价权限、企业的产业结构情况（如行业类别、产业类型、国民生产总值或产值增长率）、该地出产的商品销往何地、该地的商品或生产原材料从哪里运来、这些流入流出的商品采用何种运输方式、运输时限及平均运输距离等。简言之，调查该地区货运到达量和发送量，分析货运的现实需求和潜在需求。

2. 调查该地区人口、收入和消费状况

调查该地区的常住人口、流动人口、人口流动方向及增长情况，人口的年龄、性别、家庭结构、文化素质、收入水平、消费水平、消费结构、出外旅行欲望等。调查分析此类数据，有助于准确掌握该地区客运进出量，从而分析客运现实和潜在的需求。

3. 调查地区之间的经济社会联系和地理交通状况

地区之间的经济联系，如原材料产地与耗用地、商品生产地与消费地。地区之间的社会联系，主要指人口流动的联系，如旅游的客源地与旅游地、劳动力资源丰富地与经济发达劳动力紧缺地。上述这些联系都会产生地区之间的物与人的流动，产生运输需求。

4. 调查该地区运输市场的供应和竞争状况

就一个地区而言，会有多种运输方式并存，运输市场有点线之分。点市场，是指运输市场中的交易点，如车站、机场、港口、码头等，是客货运输的起点亦是终点；线市场，是指具体的运输线，该线两端为点市场，线上客货流动的大小是市场的容量，亦是投放运力的具体市场。因此，应调查各运输公司投入多少运力、开通哪些线路、运输的距离、时间、价格、安全和舒适程度，各运输方式市场占有率、运力比率、运输时刻、广告、销售网点、促销方法等，通过调查可以了解其他运输方式对铁路运输需求的制约。

5. 调查消费者消费心理和消费习惯

消费者对各种运输方式的评价，对铁路或其他运输方式的偏爱，外出的地点、时间、距离、目的，外出总费用与车票总价比，途中就餐方式，全部出行与坐车耗费的时间比，购票方式，困难度，各种座次票价的支付能力（即有效需求价格），对服务的意见，选择运输方式最主要的因素是什么（比如安全、费用、舒适、服务、速度、购票方式等），选择座别的主要原因是什么。通过调查可以了解消费者的需求与习惯，从而制定更好的产品、价格等策略。

6. 调查铁路营销中存在的问题

铁路在营销中存在哪些问题，应该怎样整改，这也需要通过市场调查来了解，特别是向旅客货主了解，他们的意见往往能切中要害，他们的建议也最有参考价值。

三、铁路运输市场调查的方法

进行市场调查，必须运用科学的调查方法。一般的调查方法有询问法、观察法、实验法和统计分析法。

1. 询问法

（1）直接询问法（亦称访问法）。即调查人员与调查对象或被调查人面谈。可以是走出去访问，也可以请进来座谈或交谈。具体形式有两种：一种是调查人员严格按事先制定的问卷项目依次进行提问，逐一纪录，这种形式称为登记式访问调查。另一种则是由调查人员与被调查者进行自由交谈，在交谈中发现所需资料，这种形式称为自由交谈式访问调查。另外，为了了解更多、更普遍的问题而采用的集体座谈，此法因费用较高，不宜多用。

（2）间接访问。有电话调查、邮寄调查、留置问卷调查等方法。

电话调查是调查人员以电话询问方式与被调查者交谈来取得资料的调查方法。这种方法在电话安装十分普遍的今天被作为一种常用调查方法，这与其信息传递快，调查所需时间短，回答效率较高等优点有密切关系。但要注意所提问题不宜太复杂，询问时间不宜过长，否则既不会取得理想效果，又会使调查成本过高。

邮寄调查和留置问卷都是调查人员将拟定好的问卷用邮寄或留置方式交给被调查者，请其按规定要求填妥后寄回或派人取回从而取得资料的调查方法。由于调查人员与被调查者不直接接触，可以免除被调查者的心理压力，有充分的时间经过考虑来回答每一问题，可使调查资料的准确性大大提高。采用此法收集资料，首先必须解决问卷涉及问题，这不仅因为各种询问调查都离不开问卷（直接访问和电话调查实际上也是按照事先拟定好的问卷来提出询问），更主要的是设计一张完善的问卷将直接关系到调查工作的成败。

问卷设计必须满足以下要求：

① 问卷上各项提问必须是调查目的的具体化，与调查目的密切相关。

② 宜使用平易近人的语句，不宜过于涉及个人隐私，能使被调查者愿意与你合作，从而获得所需的资料。

③ 问题的提出顺序应由简至繁，将易引起兴趣的放在前面，敏感性较强或具有一定困扰性、较复杂、开放式等问题放在后面。

④ 不宜多采用开放式问题（即被调查者自由回答的问题），如“您对铁路的看法如何”，这类问题答案较多，五花八门，只宜作定性分析，不易作定量统计。

⑤ 一个问题中不要包含两种以上的问题，如“您认为朝发夕至列车和快速列车的票价高吗”，在对两者看法不一致时，做肯定或否定的回答都不合适。

⑥ 一般问题与重点问题交错排列。

⑦ 问题的选择答案尽量全面，否则应增加“其他”项，以利被调查者补充。

2. 观察法

调查人员亲临现场，从旁观察、记录，听取信息或利用摄像机等工具进行调查，此法能够比较客观地取得所需信息资料。

3. 实验法

试用一种产品或试实施一项营销措施，此法切合实际，信息资料较客观，但调查时间较长，费用大。

4. 统计分析法

利用国家机关、金融服务部门、行业机构、市场调查与信息咨询机构等发表的统计数据，或发表于科研机构的研究报告、论文等资料，来分析需求发展趋势的方法。

第二节　铁路运输市场预测

市场预测就是运用科学的方法，利用所取得的市场情报，对未来的市场变化和发展趋势进行预测。一般来说，要进行市场预测，则事先必须做好市场调查。通过市场调查获取大量的可靠的数据和资料，才能做出比较切合实际的预测。这就是说市场预测是建立在市场调查的基础上的，市场调查是市场预测的前提。当市场调查的目的主要是为了预测时，市场调查和市场预测就无严格的界限，一些适用于市场调查的方法也都适用于市场预测，其调查预测的内容也基本一致，两者是密切联系在一起的。

一、铁路运输市场预测的概念

铁路运输市场预测，简单地说，就是对铁路运输产品（有形产品+无形产品）供需未来发展的预计。对运营单位来说，供给的预测是指运能的预测，需求预测是指对运输需求量的预测。在这里的运输需求量和运输量并不是一回事，运输需求量是旅客和货主（用户）对人与货物位移有支付能力的需求；运输量是指这种需求的实际实现量。在运输供给大于运输需求时，运输量是运输需求的反映，当运输供给能力不能满足运输需求时，运输量就不是运输需求的充分反映。这时，运输量在很大程度上反映运输需求，主要取决于运输供给的限制和约束。因此，尽管运输量的预测有一定的误差，但是在当前铁路市场营销过程中，对运输量的预测还是十分必要的。它是制定近期、远期发展目标和规划，落实有关营销的战略决策的前提和基础，更是进行各种决策的依据。

二、铁路运输市场预测的分类

1. 短期、中期、长期预测

短期预测指计划年度内的预测。预测期一般为半年至两年。这种预测主要是为铁路运输企业的日常经营管理、编制年度生产计划服务。

中期预测指预测期为两年以上五年以内的预测。为铁路运输企业的中期计划服务。

长期预测是预测期在五年以上的预测，主要是为铁路运输企业制定长远规划、选择战略目标提供决策信息。

2. 定性预测和定量预测

定性预测是以有关人员的直觉和经验，对预测对象目标运动的内在机理进行质的判断。例如，针对运输市场的建立，各种运输方式的发展，预测运输市场的竞争将日趋激烈，铁路运输企业必须大力开展客货营销活动。

定量预测是运用预测理论和有关数学模型，对预测对象目标运动质的规律进行量的描述。例如，对年度铁路旅客发送量、铁路货物发送量、铁路运输收入、铁路运输市场份额等进行定量预测。

三、铁路运输市场预测的内容

铁路运输市场预测探讨的是铁路未来发展状况。由于铁路运输市场发展状况受多方面因素的影响，并且使这些因素共同起作用，所以铁路运输市场预测有其特殊性。其内容包括以下几个方面：运输市场需求预测；运输能力预测；运输服务状态预测；运输价格变化预测；运输产品生命周期预测；运输市场占有率预测等。

四、运输市场预测的步骤

市场预测是有科学依据的市场研究活动，必须遵循一定的步骤，按计划进行，才能保证预测工作的质量。运输市场预测的主要步骤如下：

第一步，确定预测目标。进行预测首先要解决为什么预测的问题，即通过预测要解决什么问题，要达到什么目的，这就是预测目标的确定。其次，还应规定预测的期限和进程，划定预测的范围。

第二步，收集信息资料。进行市场预测必须占有充分的市场信息资料。搜集的资料越全面、越充分，分析研究就越详细、深刻，预测的准确度就越高。

预测所需资料包括：与预测对象有关的各种因素的历史统计数据资料和反映市场动态的现实资料。其中，市场调查资料是一个重要的信息来源。资料的收集应力求完整、准确、系统。这就需要对资料进行鉴别、整理和加工，为获取准确的预测结果提供充分的依据。

第三步，选择预测方法。市场预测应根据预测目标和占有的资料，选择适当的预测方法。预测的方法与模型很多，各有其适用对象、范围和条件，应根据预测问题的性质、占有资料的多少、预测成本的大小，选择一种或几种方法。

第四步，写出预测结果报告。要及时将预测结果写成预测结果报告。报告中表述预测结果应简单、明确，对结果应作解释性说明和充分论证，包括对预测目标、预测方法、资料来源、预测过程的说明，以及预测检验过程、计算过程。

第五步，分析误差，追踪检验。预测是对未来事件的预计，很难与实际情况完全吻合。因而要对预测结果进行判断、评价，要进行误差分析，找出误差原因即判断误差大小，以便总结经验，修改调整预测模型得出的预测数量结果，或考虑采取其他更适当的预测方法，以得到较准确的预测值。

五、铁路运输市场预测的方法

铁路运输市场预测分析工作是铁路生产经营活动的重要环节，是铁路统计工作的组成部分。在进行铁路运输市场预测时，通常采用以下方法：

1. 定性预测方法

定性预测是依靠人们的主观经验，对铁路运输市场的有关资料进行分析，来确定未来铁路运输市场的发展趋势、性质和发展程度。常用的定性预测法有以下几种主要方法：

（1）集中意见法。是集中铁路运输企业的管理人员、营销人员、业务人员对铁路运输市场情况及变化做出估计、判断，进而做出预测的方法。具体方法是：预测组织者首先向铁路运输企业管理人员、营销人员、业务人员等有关人员提出预测项目和期限，并尽可能地向他们提供有关资料。有关人员应根据自己的经验、知识进行分析和判断，提出各自的预测方案。

（2）专家意见法。包括专家会议法和专家预测法。专家会议法，顾名思义是就某一个问题，召集有关专家集体到会讨论，提出预测意见的方法。专家预测法，也称德尔菲法。是应用了专家在铁路运输专业方面的知识和经验，在对过去和现在发生的铁路运输市场的情况进行分析的基础上，对铁路运输发展的前景做出个人的判断而获取预测结果的预测方法。具体做法是：征求专家对相关预测问题的意见，并将这些意见反复综合整理、征询，最后得到的多数专家一致的意见便是预测结果。

2. 定量预测方法

定量预测是根据铁路运输市场调查所取得的数据资料，运用恰当的数学模型进行计算，据此预测市场未来变化的预测方法。它的特点是凭数据说话，借助数学、统计学等先进科学的方法和电子计算机等先进工具，使得定量预测方法具有科学性、严密性和一定的准确性。它的不足之处是只根据市场因素量的变化来寻找规律，无法分析错综复杂的非量化因素的影响，因此在准确的预测数字中蕴藏着一种局限性和近似性。但这种近似却是一种减少不确定性的途径，正是通过这种近似，才使我们有可能进一步把握未来。

常用的定量预测方法如图 2.3.1 所示。

- 市场定量预测法
  - 事件序列预测法
    - 简单算术平均法
    - 加权算术平均法
    - 趋势移动平均法
    - 指数平滑法等
  - 回归预测法
    - 一元线性回归预测法
    - 多元线性回归预测法等

图 2.3.1 定量预测方法示意图

上述各种预测方法，其中定量预测牵涉到大量的统计数学模型和复杂的数学计算过程，在第一篇第三章里有详细的介绍，这里不作阐述。

在铁路运输生产经营活动中，以上预测方法得到了广泛的应用。根据管理层次的不同，应用的分析方法也不同。铁路行业层次运输预测，是研究关于整个铁路运输业的行为及其同国民经济和其他产业之间的相互影响，一般可以应用时间数列趋势外推法、回归法（包括一元线性回归、一元非线性回归、多元线性回归等）、投入产出法、产运系数法、神经网络方法等。铁路局层次运输预测，是研究本地区铁路运输业的行为，介于宏观与微观之间，既受国家宏观经济形势的影响，又受本地区经济发展、企业经营状况的影响，研究方法要结合宏观和微观的方法使用。站段层次运输预测，是研究本站段辐射区内铁路运输业的行为，主要受本地区企业经营状况的影响，一般应用厂矿调查法、简单平均数法、乘车系数法等。

以上讲述的是铁路运输市场预测的传统方法。中国经济的迅猛发展，使产业结构及生产布局不断调整、城市化进程不断加快、技术水平不断提升、体制改革不断深化，造成各行各业在国民经济中的地位、比重发展速度波动较大，对经济预测模型的应用提出了挑战。许多专家学者对新的预测模型进行了研究和探索并在铁路客货运量预测方面取得了一定成就，提出了一些新的预测模型，主要有系统动力学预测模型、随机灰色系统模型以及基于灰色马尔柯夫过程的预测方法等。

系统动力学从 1956 年创始以来，在社会、经济、生态等领域得到了广泛的应用，被誉为社会经济类系统的实验室。它是一种结构—功能的模拟，适用于研究复杂系统的结构、功能与行为之间的关系，可用来定性和定量地剖析历史，分析现在和研究未来，是实现决策科学化和经营管理现代化的有力手段。系统动力学预测模型从系统结构入手，可以同时获取多个相关联的指标值，但目前在铁路运量预测方面仍处于尝试阶段，有待于进一步完善。

灰色系统预测模型应用于铁路客货运量预测，它基于客货运量变化本身的白色信息，寻找其变化的内在规律和发展趋势，给出了一种随机灰色系统预测模型建立的方法，能准确地预测客货运量的变化趋势，提高了铁路客货运量预测方法的直观性和可操作性。灰色系统预测的本质是一种指数增长预测，成功地建立和应用灰色模型的必要条件是原始数列必须是非负的、单调的，并符合指数规律。因此，应对不满足要求的数据进行处理，以满足灰色系统预测的要求。

基于灰色马尔柯夫过程，同时采用模糊聚类方法的铁路客运量预测方法是一种全新的客运量预测方法，是基于我国铁路网整体运量预测的一种方法，在具体线路上不一定会有良好的预测效果，但在整体客运量预测方面有着独特的优势。灰色马尔柯夫预测过程中，充分考虑了铁路客运量的增长趋势预测和随机变动预测，并将两个方面分别加以考虑，使预测效果更加具有可信性，通过合理利用可对铁路客运的决策产生积极影响。

这三种新型的预测方法由于还处于初步研究阶段，尚未成熟，相信在今后还会不断改进使其能够普遍适用，因而在此就不具体介绍其模型，有兴趣的读者可自行进行深入阅读。

每种预测方法都有其优缺点，在实际预测工作中，我们应根据具体环境应用适当的方法，使铁路运输市场预测能够促进铁路市场的不断开拓。

第三节　铁路运输目标市场

在复杂多变的市场环境中，多种因素影响着消费者的需求和购买行为。任何企业，包括铁路运输企业，无论规模大小，产品品种多少，都不可能满足整个市场的需求，只能满足一部分市场的需求。铁路运输在我国国民经济运转中，在运输生产领域发挥着龙头、骨干作用，但是，它也不可能满足一切运输市场的需求。尤其是在运输市场发生很大变化，其他运输手段突飞猛进快速发展的情况下，更是如此。因此，要想在激烈的市场竞争中取胜，就必须为自己的产品在市场上选定一个适当的位置，即选好自己的市场经营范围，很好地满足一部分市场需求，这一部分市场就是铁路企业的目标市场。

一、目标市场概述

目标市场就是企业准备进入的市场。企业应根据自己的资源情况、技术水平和管理水平等条件，从各个细分市场中选择出最有利的市场作为自己的目标市场。

企业确定目标市场的方式有两种：一种是先进行市场细分，然后选择一个或几个细分市场作为目标市场；另一种是不进行市场细分，而是以产品的整体市场作为目标市场。市场细分就是在调查研究的基础上，根据消费者的不同需求，把某类产品的整体市场，划分为若干个不同类型的消费者群体的过程。每个消费者群体就是一个细分子市场，每个细分子市场的消费者都具有相同的需求和欲望。

企业营销者对市场细分之后，可以选择其中任何一个或几个子市场作为企业的目标市场，开展有针对性、有计划、有目标的市场营销活动。

铁路作为一个大型运输企业，有自己的优势。但由于本身运输特点的局限，比如没有汽车运输灵活，机动性差，不太适合短途运输，还有运输成本等方面的因素，是否能将整个运输市场作为目标市场，生产适销对路的产品，就很值得研究。事实上，一些站、段已经主动放弃短途运输，而选择中长途运输作为主攻目标。铁道部正在实施的提速策略就是一例，另外铁路把自己的客运对象着重放在数量很大的中、低收入者阶层，这也是不争的事实。

二、铁路客运目标市场

要确定铁路客运产品的目标市场，即铁路客运要进入的市场，首先也必须对市场进行细分。客运市场按其主要顾客即旅客的特性可划归为消费者市场。

根据分析，可将客运市场按行程、收入和需求层次细分，如图 2.3.2 所示。

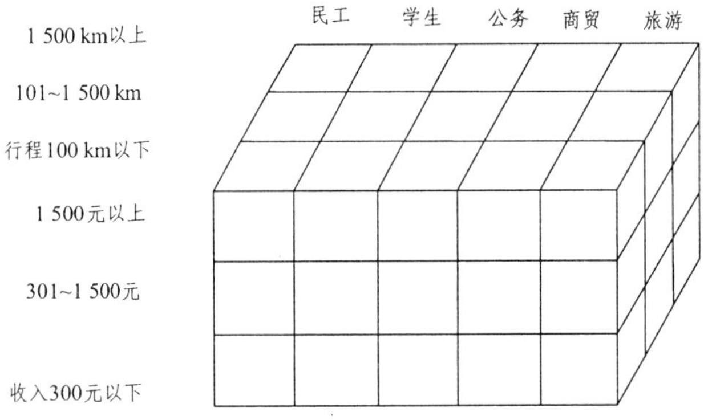

图 2.3.2　客运目标市场分类

从图中可以看出，客运市场被分成了许多细分市场。运输企业可根据市场调查和预测，结合自身的性质和能力条件，选择和确定企业的客运目标市场，即以中低收入旅客为主，以高收入旅客为辅；以中长途运输为主，以短途运输为辅。当然目标市场并不是一成不变的，企业应根据顾客需求的变化，竞争对手的变化和企业自身情况的变化进行调整。

铁路运输企业在选定目标市场后，还要决定生产什么样的产品以进入市场，即目标市场中产品的定位问题。

目标市场定位是指企业确定自己产品在目标市场上位置的过程，也可以说是根据所选定的目标市场的竞争情况和本企业的条件，确定产品在目标市场上的竞争地位，具体说，就是要在目标顾客的心目中，为企业和产品创造一定的特色，适应顾客的一定需求和偏好。例如，“优质”、“廉价”、“舒适” 都可作为定位的目标。

1. 中长途客运产品的目标市场定位

中长途的旅客，对列车运行速度的要求是最主要的条件。其次，根据客流的不同，对列车舒适度和服务的要求各不相同。我们可以将中长途客运产品按客流的不同定位，如图 2.3.3 所示。

A 所代表的为商贸客流和公务客流（服务这部分客流的产品应定位在高价、快速、舒适度高、优质服务上）。

B 代表的为旅游客流（服务这部分客流的产品应定位在中等价格，列车运行速度、舒适度和服务均处于中等偏上的水平）。

C 代表的为学生和探亲流（这部分客流收入差异大，基本上全是自费乘车，应定位在价格较低、速度较快的位置上，他们对服务的要求也低于上述几个客流）。

D 代表民工流（对服务于这部分客流的客运产品可定位于低价、低舒适度，例如，可用普通无空调的硬座车编组成民工专列运送民工客流，利用运行线的空挡加开专列）。

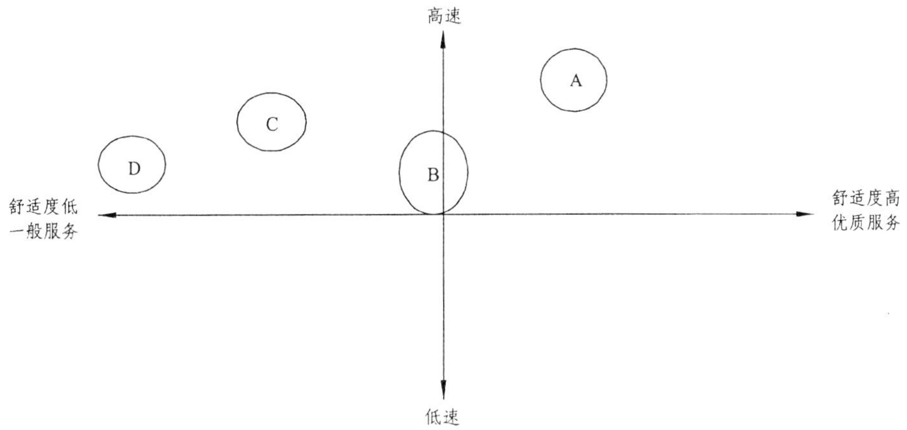

图 2.3.3　中长途客运产品的目标市场定位

2. 短途客运产品的定位

短途客流，无论其构成如何，对于乘车的便利程度的要求均超过长途客流。这就要求短途客运产品必须以乘车便利作为首要条件。例如，车站可开设专门的进站口（不通过候车室，直接面对站前广场），放行管内列车和市郊列车的短途旅客，旅客可先上车，后买票，而且免收车上补票费。另外，要求方便快捷是短途旅客的突出要求。当去火车站的时间、候车的时间及购票的环节冗繁费时，超过乘车时间，他们就可能放弃乘火车。

短途客运产品根据客流行程及客流组成的不同定位，如图 2.3.4 所示。

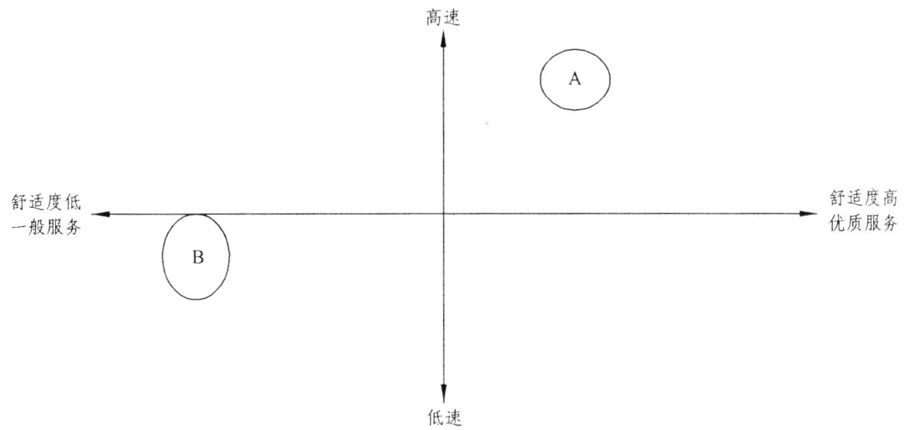

图 2.3.4　短途客运产品的目标市场定位

A 代表的是两大城市之间的客流。这部分客流以旅游、公务和商贸流为主，要求乘车方便，列车准时、高速、车内舒适、服务优质。例如，北京—天津间、上海—南京间、西安—宝鸡间的列车应定在 A 位上。定在 A 位上的列车可以快速列车、旅游列车的形式出现，票价可定得较高，还可发售不计名的月票方便旅客使用。

B 代表两小站（小城镇）间的客流，这部分客流以农民旅客居多，兼有学生和工人旅客。他们在速度、服务、舒适度上要求一般，但同样要求乘车便利，同时要求票价低廉。

由于高速公路的迅猛发展，使铁路短途运输受到了前所未有的挑战，铁路短途发送客流量持续下降。由于我国客运市场 200 km 以下的客流占社会总客运量的 95%，因此，对铁路发展短途客运市场分析十分必要。

（1）在经济发达地区拓展城际短途客运市场。随着城市化进程的加快，大运量、高密度的旅客运输需求必将快速发展，短途城际客运市场是铁路客运发展的主要方向之一。因此，铁路必须充分发挥自身高速、节能、环保的优势，重点开发经济发达、人口密度高的地区间的城际短途客运市场，以提高铁路客运的市场份额。

（2）发展城市市郊旅客运输。铁路市郊旅客运输是城市轨道交通的重要组成部分，是缓解和疏导城市交通客流的有力手段。中心城市和卫星城市，以及小商品集散地周围的中小城镇之间，客流量大增长快，且多是早出晚归，更需要快速、方便、大运量的交通工具。因此必须要有战略眼光，未雨绸缪充分发挥市郊铁路在城市轨道交通体系中的作用。

（3）培育假日旅游运输市场。“假日经济”的兴起使旅游市场急剧膨胀，外出旅游是当今的生活时尚，旅游业已成为我国国民经济新的增长点，培育短距离休闲旅游运输市场是铁路短途客运发展方向之一。

（4）审慎地放弃一些短途客运市场。对一些客流量小、客流分散的地区，应进行审慎的研究，客流特点确实不适合铁路经济技术特征的，应由公路或其他运输方式合理分流，铁路应坚决放弃这部分市场。

3. 行包运输的市场定位

行李和包裹运输是铁路客运的一个组成部分。由铁路旅客列车运送的行包，在安全性、可靠性方面高于公路运输，但在机动灵活性上又不如公路运输；同时，客运行包在送达速度上要快于货运中的零散运输，但在运价上却要远远高于货运。因此，在这种情况下，行包运输应定位在快捷、方便、运价适中、服务周到上。

（1）快捷。要求行包的运送速度和旅客的运送速度基本一致，体现时效性，与航空运输争夺市场。例如，我们现在开行的行包专列就是以特快列车的速度运行的，广州的荔枝运输，因为行包专列的开行，有许多由空运改为铁路运输。

（2）方便。由于人们生活水平的提高，出门旅行的人再不愿大包扛小包提了，而是将行李都办理托运，这就要求行包在托运和领取时必须手续简便，否则，将会影响旅客的正常旅行，也会失去货主。在托运手续项目较多时，可由行包房的行李员专门引导，方便货主。

（3）运价适中。小件物品的运输处在航空、公路和铁路客运、铁路货运竞相争夺的市场中，必须有一个适中的、机动灵活的运价。行包运价可高于铁路货物运输，略高于公路运输，但应低于航空运输。对托运人长期包租行李车及行李车固定容间的，运价还可协商制定。同时，包裹运价也应随季节的不同、运输方向的不同而上下浮动。

（4）周到的服务。在行包运输过程中，服务是不可少的一个环节。由于我们车站行包人员的素质不高，服务意识不强，便会降低行包运输产品的竞争力，把行包流推向公路，这种例子已屡见不鲜。因此，车站应开展行包的免费服务（如托运指导、打包等）和行李的延伸服务项目。

三、铁路货运目标市场

要确定铁路货运的目标市场，同样必须首先对货运市场进行细分。铁路货运主要是服务于大、中、小各型的企业，为企业进行原材料运输及成品运输，因此，货运市场应属于生产者市场的范畴，它的细分应依据生产者市场细分的标准来进行。

根据分析，将货运市场细分为如图 2.3.5 所示。

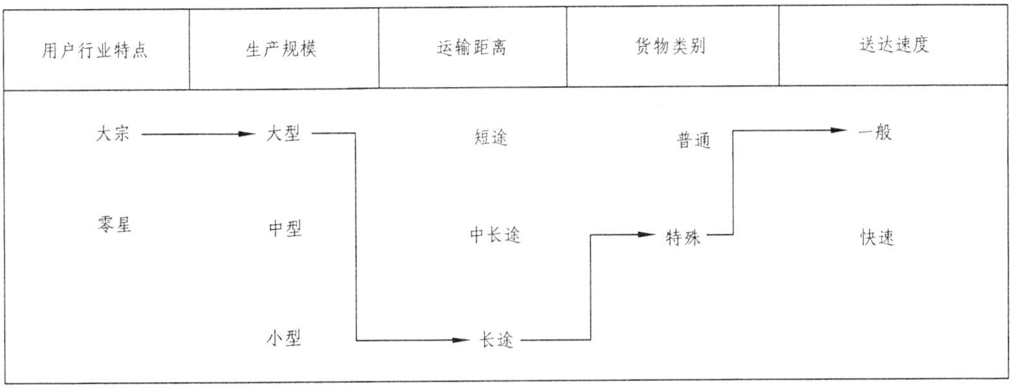

图 2.3.5　货运市场细分

从铁路自身及其货运情况看，铁路运输车种齐、载重大、容量大、品类多、安全好，同时具有点多线长、计划性较强的特点。公路运输则以其价格灵活、到发方便、运送快捷、到达准时等优势占领了一部分货运市场。因此，铁路运输企业的货运目标市场应该是以中长途为主，以短途为辅；以大宗稳定货源为主，以零星货物运输为辅；同时，大力拓展特殊货物运输、集装箱运输业务和快运货物运输，不断提高市场占有份额。

根据铁路运输企业所选定的目标市场，将目标市场中的产品定位，如图 2.3.6 所示。

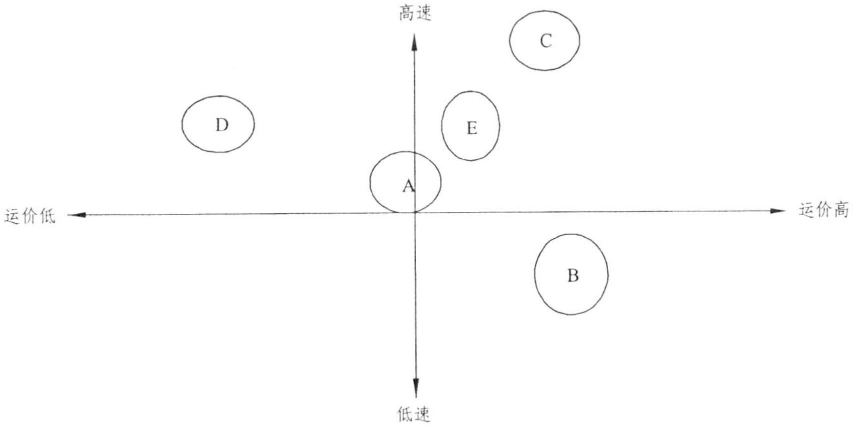

图 2.3.6　铁路货运市场定位

A 所代表的是大宗稳定货物的运输。这一部分货物占到铁路货运总量的 90%左右，也是公路与铁路竞争的一部分市场。因此，运价制定得要适中，基本与公路运价持平。同时，要求运输速度高于公路。

B 所代表的是阔大货物运输。阔大货物是指超长、超限和集重货物。由于这些货物在自身体积、重量和形状方面的特点，公路运输是难以完成的，企业一般靠铁路来运输。因此，阔大货物的运输价格可制定得稍高，铁路除了提供车辆外，还应培训职工，搞好装车和运行中的安全。

C 所代表的是易腐货物运输。易腐货物对运输中的温度和湿度要求很高，同时必须要及时送达。运输企业必须有特殊的车辆和设备才能完成易腐货物运输。目前，公路冷藏车数量不足，且车内可调控的温度范围较小，大部分易腐货物的长距离运输还靠铁路承担，因此，易腐货物的运价也可高于普通运价。铁路企业还应抓住时机，大力发展温控范围大、调温方便的单节或多节冷藏车以适应市场需求。

D 所代表的是零星货物运输。公路运输在零星货物运输上占有绝对的优势，铁路望尘莫及，因此，铁路可考虑放弃零担货物的运输。通过对公路运输的比较分析，铁路现有的零担运输应定位于运输速度高、承运与交付手续简便、运价较低等方面。

E 所代表的是集装箱货物运输。集装箱运输的最大优点在于能开展公铁联运的“门到门”运输。铁路从 20 世纪 50 年代开办集装箱运输至今，积累了丰富的经验。目前有集装箱办理站近 400 个，各式装卸机具和车辆齐全，具备了在全路范围内开办集装箱运输的实力。铁路通过开展集装箱运输，不仅占领这一细分市场，而且可以通过接取达送等延伸服务形式，向短途公路运输市场进军。集装箱货物运输应定位于运价较高、运送速度也较快的地位。

第四节　铁路运输市场营销

一、铁路运输市场营销机制

铁路运输营销机制是指铁路运输企业营销活动系统各要素之间相互作用、相互联系、相互制约的关系方式，是铁路运输企业营销系统的内在功能。只有建立适应市场、运转灵活的营销机制，才能保证铁路运输企业营销战略的顺利实施，促使营销系统的正常运转，整体推进铁路运输企业营销活动的全面、持续发展。建立铁路运输营销机制是一项复杂的系统工程，也是一个逐步建立完善的过程。铁路运输企业现行的运输组织和管理组织体系，已远远不能适应市场经济的需要，因此，必须加快建立反应快速、高效运作的营销组织体系，从市场信息处理、快速决策、运力保障、质量保证以及激励约束等方面，逐步推广形成一整套行之有效的营销机制。

1. 满足市场需求的运力保障机制

在市场经济条件下，铁路运输企业的运输组织应与运输市场相适应，以满足市场的需求，生产出市场上适销对路的运输产品，这也是铁路运输企业建立高效营销机制的核心。目前，铁路运输组织系统基本上还是生产型的，运力配置和运输指挥缺乏与市场要求相适应的灵活性，运输组织与市场营销基本脱节。例如，在运能供需调配中，不少地区，不少单位的经营状况是有能力时无货源、有货源时无能力；车种不对路则有货不能装，好不容易组织一些货又被限停装；旅客列车有流时难以加开，无流时又不能停开；集装箱在北方堆积如山没人要，而在南方炙手可热很难求；“五定班列”货源不足也要按要求集结，本来正常情况下可以随到随走的货，却非要等上十天半月一起走；等等。诸如此类的现象反映了铁路运输保障体系很难适应旅客货主的市场需求，铁路客货营销也无法顺利实现。因此，对铁路运输企业来说，要根据市场需求，合理安排铁路运力资源，有充足的运力保障。运力保障是一项很艰巨、很复杂的工作，必须由车、机、工、电、辆等方面共同努力才能完成，缺一不可。运输部门必须科学编制运行图，科学进行运输组织，合理调配运力等；机辆部门必须及时配足动力和车辆；工电部门必须保证行车设备良好；其他各个方面都必须围绕客货营销目标，通力合作。

只有各个方面坚持运输服务于营销的原则，明确责权，相互沟通，相互协调，紧密配合，才能构建强有力的运力保障体系，形成坚强的客货营销运力保障机制。

2. 适应市场变化的快速决策机制

企业开展营销工作，市场调查和预测是前提和基础，市场决策是目的和关键。铁路运输企业面对激烈的运输市场竞争，必须通过充分的市场调查，科学的市场预测，制定出企业客货营销的多种方案。为企业的决策者提供决策依据。而企业决策者的决策方式、决策速度、决策水平直接决定了营销方案的实施，决定了企业营销活动的成败。在调查中，许多铁路运输企业的营销机构和营销人员反映，由于铁路运输管理体制的呆板、僵化，造成铁路运输企业缺乏适应市场变化的快速决策机制。在运输市场竞争中，公路、航空等运输企业能根据市场变化，反应灵敏，决策迅速，抢占市场，而铁路运输营销者制定出的营销方案，由于受到铁路运输企业决策者决策方式、决策速度、决策水平等的限制，迟迟不能决策和落实执行，因而坐失良机，丧失市场。因此，铁路运输各级、各部门要面向市场加强调研，建立定期的客货运输市场分析制度，做好潜在需求及变化的分析预测；建立高效，灵敏的市场调查、分析预测、计划决策、实施组织、信息反馈、管理决策系统；根据客货运输市场客流货源的变化情况以及旅客、货主的不同需求，及时做出决策，并付诸实施；各级、各部门要精简决策机构，实现决策程序科学化、决策层人员现代化，才能保证铁路运输营销活动的有效开展。

3. 反映市场动态的信息管理机制

市场信息是铁路运输营销决策的依据。建立能及时、准确、快速反映市场动态的信息管理机制，是铁路运输企业决胜市场的关键。信息管理机制主要包括信息的收集、整理和处理，铁路运输企业必须做到对市场反应要灵敏、信息网络要健全、信息渠道要畅通、收集信息要准确、整理信息要认真、处理信息要及时，才能适应运输市场变化，及时做出或调整自己的营销策略，成功开展客货营销活动。目前，铁路运输企业统计、财务、客运、货运、运输等各部门都有自己的信息网络，分散掌握了一些营销信息，必须把这些分散的信息综合起来，定期分析，为营销决策提供重要依据。在运输市场前沿阵地，必须广泛建立信息网点，与旅客和货主建立长期、稳定的信息联络，对大型企业建立定点联系制度，并把这些企业的产销资料进行综合分析处理，及时掌握他们的生产动态和货运需求信息，各级营销人员必须经常深入旅客、货主，积极主动地开展市场调研，写出有关市场变化情况的调查报告，并建立有关市场运价，市场份额，服务对象，竞争对手，旅客、货物流量、流向，旅客货主意向等方面的台账，随时将市场信息向有关决策部门反映。此外，要加快建设现代化的信息网络，如客运电子售票网络和货运计划信息处理网络，强化功能，积极推广。

4. 符合市场需求的质量保证机制

保证服务质量是铁路营销工作的生命。铁路运输企业发展必须牢固树立“旅客、货主就是衣食父母”、“客户至上”的观念，以安全正点、快捷便利、经济舒适为特色，建立保证运输服务质量的有效机制，增强参与市场竞争的能力。一是严格质量标准。要根据市场需求，建立起一套标准高、适应性强的营销服务岗位标准，把铁路服务纳入规范化、标准化管理的轨道。二是层层增强服务意识，不断改进营销方式，严格客货运作业现场管理，突出解决好旅客货主反映强烈的手续烦琐、层层设卡、野蛮装卸、野蛮待客、损人利已、言而无信、以权谋私、以车谋私、以票谋私等关键问题。三是大力提高营销人员的业务技能和服务本领，提高铁路整体服务水平。四是加强对服务质量的监督考核，从严查处乱收费的行为，严肃对待每一位旅客、货主的投诉事件，形成严格的质量监督体系。此外，各级政府应尽快对外公布铁路运输咨询电话和旅客、货主投诉电话，并配以业务熟练，态度和蔼的专职人员进行受理。

5. 遵循市场规律的激励约束机制

充分调动营销人员的积极性是搞好营销工作的关键，而调动营销人员的积极性必须依赖于科学的激励约束机制。因此，铁路运输企业必须建立起一整套营销工作激励约束考核制度，使营销工作的好坏、营销效益的高低与职工的切身利益紧密挂钩，这样才能充分调动广大职工的积极性和创造性。具体说，铁路运输企业应尽快制定一套完善的营销责任制考核制度，采取日常考核和定期考核相结合的方式，切实加强各级营销部门、营销人员的考核，并将考核结果作为营销人员的奖惩依据。坚决实行营销业绩与工资收入分配挂钩的分配办法，加大工资考核力度、理顺各类奖励办法，积极推行客货营销有关人员的全额计件工资制。要强化运输纪律，加强客票、货运计划管理，对完不成营销任务或有损于营销工作的行为给予相应的处罚。当然，将营销成果与营销人员收入挂钩的办法很多，但一定要切合实际，科学有效，总的原则是体现按劳计酬和按贡献大小分配相结合，多劳多得，少劳少得，不劳不得，真正做到奖勤罚懒。对营销贡献突出的还可以给予重奖，对达不到营销岗位基本要求的，要随时调整下岗。同时，对间接从事营销工作的人员，也要制定相应的激励约束办法，使各方面都紧紧围绕营销工作这个中心环节承担责任，履行职责，发挥作用。

二、铁路运输市场营销策略

1. 铁路运输产品策略

铁路运输产品策略是铁路运输市场营销策略中最重要的策略。满足旅客货主的需求，主要靠适销对路的产品。没有适销对路的产品，企业就无法占有市场，获得盈利。产品策略也是制定其他相关策略的基础和出发点。价格要依据产品来确定，营销渠道和促销策略也因产品的不同而有所不同。所以，在考虑营销策略时，首先要制定好产品策略。制定铁路运输产品策略要依据的原则主要有完整性原则、协调性原则、特色化原则、灵活性原则、优化组合原则。

铁路运输产品的策略很多，各级组织都可以依据旅客货主的需求，竞争的需要，采取切实可行的产品策略，也应该发挥各自的主动性、创造性，实事求是地制定产品策略。否则，全路一个模式，就不可能适应不同地区、不同对象的特点，也很难满足旅客货主的需求，取得竞争的优势地位。主要有以下几种基本的策略：提速策略、及时性策略、安全性策略、便利性策略、提高舒适度策略、优质服务策略、品牌策略、开发新产品策略，各策略的具体操作在此不展开叙述。

2. 铁路运输价格策略

开展市场营销，还必须制定好价格策略。价格是市场营销组合中作用最直接、见效最快的一个变量。有了正确的价格策略，企业的市场营销活动才能顺利地展开。价格定得不合理，企业的市场营销活动就会受到抑制，甚至劳而无功。但长期以来，我国基本上使用计划经济的办法管理铁路运价，主要是政府定价，形式单一，统得过多、过死，管得过细，使铁路运价难以适应市场需求的变化和市场竞争形势的变化，不能很好地发挥在市场营销中应有的作用。开展市场营销以后，铁路运价的形成机制和管理体制都在进行改革，无论是政府主管部门，还是铁路运输企业，都已充分认识价格在铁路运输市场营销中的地位和作用，并积极运用价格策略开展铁路运输市场营销。制定铁路运价策略是个复杂的系统工程，需要综合考虑方方面面的因素。主要应依据这样几个原则：遵循价值规律原则、市场化原则、整体性原则、差异性原则、动态性原则、前瞻性原则、公平合理的原则。

铁路运输价格的策略很多，基本的有如下几种：建立运价与物价的联动机制、实行浮动运价、实行季节运价、实行区域运价、实行新线新价、实行优质优价、实行协议运价、实行随行就市价、实行折扣优惠运价。另外铁路运价的策略还有：客运上，按列车、车辆类型和座别计价。对快速列车、特快列车、普通快车、普通客车、直达列车、旅游列车、城际列车、市郊列车实行不同的票价；对软、硬卧，软、硬座，实行不同的票价。按运程计价，旅行距离不同，运价不同。为合理分流，鼓励中长途旅客乘坐火车，还实行递远递近的定价策略。货运上，实行货种别、运输类别及距离别的运价策略。即对不同种类的货物采用不同的运价率，对不同类别的运输（整车、零担、集装箱、快运直达、平板车、敞车、棚车、罐车、冷藏车）实行不同的运价，对不同距离实行不同的运价。

3. 铁路运输营销渠道策略

铁路运输营销渠道是铁路运输企业与旅客货主进行交易，向其销售产品的途径和方式。制定营销渠道策略，对铁路运输市场营销有着重要的意义，关系到铁路运输产品的覆盖面，关系到铁路与旅客货主之间的交易能否顺畅进行，关系到铁路运输产品的竞争力与销售量。所以，铁路运输企业必须建设好营销渠道，制定好营销渠道策略。制定营销渠道策略的原则主要有：符合产品的特点、依据目标市场的规模和特点、基于销售费用、有可利用的技术手段和外部条件、适合旅客货主的需求、有利于市场竞争。

铁路客运营销渠道策略分为客票销售网络策略与客票销售方式策略；铁路货运营销渠道策略是指铁路货运是在什么样的网络中，以怎样的方式办理的。其策略也可分为货运营销网络策略和货运办理方式策略。

4. 铁路运输促销策略

促销策略是市场营销组合中的重要组成部分。铁路运输企业为了开拓运输市场，更好地满足旅客货主的需求，提高市场占有率，除了搞好运输生产和服务，制定适宜的价格和建立有利的营销渠道之外，还必须开展各种促销活动，迅速及时地将运输企业的相关信息传递给旅客货主，沟通生产者和消费者之间的关系。

促进销售是铁路运输整体经营活动的重要组成部分。它的作用主要体现在以下四个方面：

（1）传递信息。铁路企业把铁路客货运输的有关信息、情报传递给目标市场的消费者和用户，引起他们的注意，使他们明确何时、何地、在何种价格水平上可以乘坐何种档次的客车和运输何种货物，从而使运输市场上具有运输需求且正在寻找运输工具的潜在买主成为现实买主。例如广州站、广州东站每天在广州和广东有线电视上公布车次信息，开设查询专线电话，详细介绍各个车次的到发时刻、票价、票额情况和沿途所经车站及时间等情况，对吸引客流起到了很好的作用。

（2）增加需求。有效的促销活动通过介绍产品的性能、用途和特点等，能够诱导和激发需求，并在一定条件下创造需求。交通运输是一个具有服务性质的产业部门，它的服务性质决定了运输需求服从于运输对象自身的社会经济活动。整个运输市场的需求总量在一定的环境中是相对不变的，促销工作只能将顾客的潜在欲望变成现实需求。铁路促销策略制定得当，可以提高铁路运输企业在整个运输市场的占有份额。

（3）突出特点。铁路运输促销工作可以突出铁路运输不同于其他运输方式的特点，以及它给旅客货主带来的特殊利益。例如可着重宣传铁路运输安全、舒适、迅速、经济以及受自然气候条件影响较小等行业优势，这样有助于加深顾客和公众对铁路优势的了解，树立铁路运输企业“人民铁路为人民”的良好社会形象。当今社会的运输市场竞争十分激烈，人们选择运输方式时往往很难根据自己的需要进行正确的判断和选择，很难察觉各种运输方式的细微差别，有效的促销活动可以帮助需求者从犹疑不定的状态中解脱出来，进行正确的购买决策，并实施购买行为。

（4）稳定销售。由于各种因素的影响，运输市场需求常常产生波动，淡旺季的客货流差别非常大，致使铁路运输生产经营很不平衡，造成运能的大量闲置。在这种情况下，通过促销活动，尤其是加强淡季的促销工作力度，可以提高运输企业的市场信任度，稳定市场占有率，有时还可以开辟新市场，使运输企业的市场营销出现新的转机。

三、以铁路短途客运市场为例的市场营销对策

1. 培育短途客运市场主体

短途客运具有很强的区域特征，应首先培育真正的市场主体。由铁路短途客运市场主体去发现和发展客运市场，对市场经营规模和大小进行必要的取舍。只要有了市场主体，就会根据社会需求，通过市场化运作，在有客流的地方修建铁路，同时通过修建铁路来诱发客运需求、促进市场的发展，并且占领市场，达到良性互动。

铁路企业应积极探讨短途客运的多种经营模式。对于短途客流量很大和较大地区，可考虑单独成立短途客运公司，进行独立经营，如广深铁路公司以市场主体身份参与市场竞争的经验，值得借鉴。对于其他普通短途旅客列车，铁路应改革经营体制，根据短途客运市场的需要采用租赁经营、承包经营等方式。

铁路在积极探讨与改革短途客运经营模式的同时，要研究铁路短途客运市场准入问题。在不损害路网统一性的前提下，应更多地使铁路短途客运公司或承包经营者能以平等的市场主体身份，通过短途客运市场化方式来配置运输资源，参与短途客运市场竞争。

2. 建立短途客运市场运价机制

短途客运市场竞争激烈，价格是市场营销的重要手段。目前，铁路运输企业还无法运用价格杠杠原理调节铁路运力资源的供需状况与公路开展竞争。铁路要向国家争取短途客运的政府指导价或市场定价政策，在政府指导价的基础上，扩大铁路运输企业短途客运的客票定价权，实行灵活的价格策略。

3. 建立铁路短途客运的优势

短途客运的优势体现在便捷性。铁路的便捷性表现在列车的密度、购票方便性、中转乘车和候车方便，以及行包托运及提取方便性等方面。由于短途旅客的途中旅行时间较短，所以方便性更为重要。

（1）实行“无缝”运输。铁路车站与城市交通要有良好的衔接，使旅客换乘方便。例如，广州地铁在广州东站旅客可以从地铁直接换乘广深公司的列车，极大地方便了旅客，使双方

客流量显著增加。为了使今后修建的车站及相关设施能够达到“无缝”运输的要求，有必要在铁路设计规范中体现这一理念。要辩证地看待公路与铁路之间的竞争，公路会吸引一部分铁路旅客，同样也会给铁路带来旅客，与其选择对垒竞争，不如联手创效。此外，为减少旅客的中转换乘时间，铁路应该充分发挥自己的优势，采用“以长带短、长短互动”的组织方式，做到长短途旅客列车合理衔接，减少旅客的中转换乘时间。

(2) 加快开发新型客运票制。为适应短途客运流动快的特点，旅客可利用磁卡、IC 卡或专用储值卡等就近购票与乘车。并开办铁路月票、季票、定期票等多种售票方式，实现铁路售、检、验票自动化。还应开设绿色通道，让应急旅客随到随走。铁路要积极探索与其他运输方式一票联运的办法，加强铁路和其他运输工具的衔接，弥补铁路短途客运不能“门到门”的运输缺陷，使旅客持一张客票（电子客票）可以多次乘坐多种交通工具，按实际乘坐区段分别清算收入，从而达到方便旅客的目的。

(3) 铁路旅客列车公交化。参照城市公交车的开行特点，采用高频率发车和上车购票等措施，以缩短旅客在车站的等待时间。对于达不到全天开行条件的区段可以实行客流高峰期公交化。

4. 调整铁路客票的销售策略

为方便广大旅客购票，可采取增设售票点，实现联网售票，形成遍布市场的售票网络。学习邮电、民航等企业，以较低的投入实现与现有市场资源的联合，通过邮政、宾馆、商场、影院、银行甚至电话亭等代理手段，做到随处有售、随到随售。

5. 努力开创短途客运品牌列车

铁路应调整产品结构，设计开发速度快或者价格低的短途客运产品，采取适当的竞争策略，扩大与公路运输的区别。大力开发特色鲜明、竞争力强的短途旅客列车通过树立短途旅客列车品牌，增强社会效应，提升铁路列车在社会公众中的亲和力、吸引力和认同感。增强铁路短途运输企业的知名度，进而培养旅客对铁路的信任和依赖，从而形成稳定的客流。

6. 提高客运服务质量

(1) 规范标准化服务流程，强化落实优质服务。

(2) 建立铁路工作人员的服务质量综合评判体系，将员工的服务质量与收入挂钩。

(3) 广泛开展“视车票为请柬、视旅客为亲人”活动。全面推行心理服务工作法，保持良好的文明卫生环境，开展塑形创新活动。

(4) 通过扶老携幼，为残疾旅客提供方便，对危难旅客提供救助等，向旅客献爱心活动，树立铁路在广大旅客中的良好形象。

7. 加强铁路短途客运产品宣传

通过电视、电台广播、报纸、列车时刻表、旅行指南等各种媒体向公众介绍本区域铁路短途客运产品，发布列车信息，改善铁路形象。随着网络的普及，铁路运输企业也要积极开展基于 Web 的短途客运市场营销，向公众提供更细致、更全面的信息服务。

第四章　铁路运输投资

第一节　铁路固定资产投资

一、铁路固定资产的分类

在生产过程中长期、反复使用并保持其原有实物形态的劳动资料（主要是生产工具），它们随着物理上的或经济上的耗损把自身价值逐渐地、分次地转移到所创造的产品中去，这种劳动资料叫做固定资产。

固定资产的主要部分是劳动者借以直接作用于劳动对象的生产工具，如工厂的机器设备，铁路运输用的机车、车辆、线路等。但为生产过程提供必要条件的房用、建筑物等，以及为保持正常生产所必需的备用设备（如铁路上备替换用的备用钢轨、备用轮对、成套备用配件等）也是固定资产。

一个国家在一定时期内所拥有的固定资产的数量和质量，是衡量这个国家的社会生产力已经达到的发展水平及其经济实力的一个重要标志，各部门间及部门内固定资产分布状况是国民经济中的重要比例。在现代生产中，就参加生产过程发挥机能的全部生产基金来说，固定资产在价值表现上要超过流动资金许多倍。因此，管好、用好已有固定资产，选择技术先进、经济合理的新型固定资产，合理安排固定资产各个组成部分的比例，是国民经济中的重要问题。铁路运输部门由于固定资产数量大，占用资金多，折旧费用大，管好、用好固定资产尤为重要。

为了管好固定资产，分析研究固定资产的构成情况有必要按照各种标志对固定资产进行分类。铁路固定资产分类如下：

1. 按使用情况分

（1）使用中的固定资产；

（2）未使用的固定资产；

（3）不需要的固定资产。

第（1）项与第（2）、（3）项的根本区别是现在是否使用。在财务处理上，第（1）项应该计提折旧费，第（2），（3）项不提折旧费用。第（2）项与第（3）项的区别是前者为本企业暂时不使用而将来还要由本企业使用，后者为本企业今后也不再使用。

实际上，铁路固定资产的绝大部分属于第（1）项，属于第（2），（3）项的很少。第（2）项固定资产处于暂时封存之中，对使用中的固定资产转入未使用，应有特别限制，并保持它们的技术状态在未使用期内不受影响。对于受自然力影响较大的房屋、建筑物不得转入封存，由于生产季节性或进行大修理而停用的固定资产，不作为封存，也不停提折旧费。第（3）项固定资产应及时拨给或售与其他需要的单位继续使用。

2. 对运输生产用固定资产，按其功能分

机车车辆、线路、通信信号设备、房屋、建筑物，机械动力设备、传导设备、工具仪器及生产用具、管理用具、其他等十类。它们的内容大致如图 2.4.1 所示。

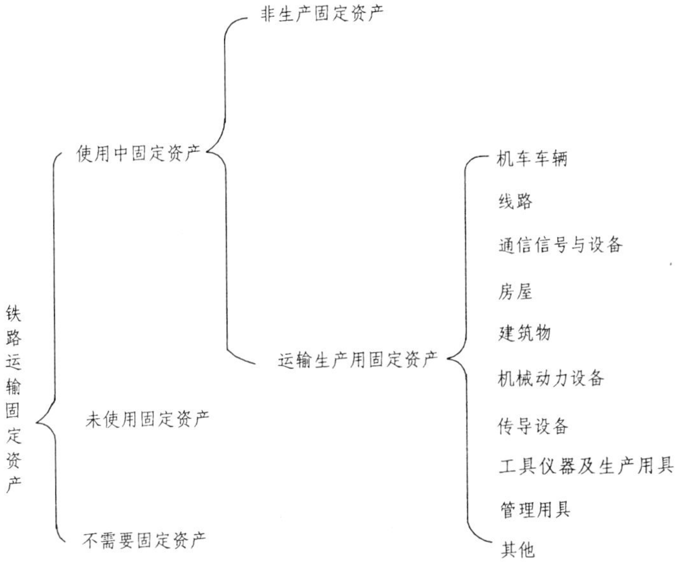

图 2.4.1　铁路运输固定资产分类

相对于其他产业部门而言，铁路运输用固定资产具有下面几个特点：

第一，种类复杂。铁路运输是由许多工种使用多种劳动手段联劳协作，共同完成运输生产过程，这反映在固定资产上是数量众多，种类复杂，而它们的职能和功用，往往区别甚大。

第二，整体性强。工业的各类固定资产常能组成独立车间，生产某种成品或半成品。而铁路的线路、机车车辆等设备等要整体发挥作用，离开了整体，每类固定资产几乎没有多大用处，而且它们在强度、功率等方面要保持协调，某一类固定资产或某一环节的能力不足，常常影响他类固定资产或其他环节的能力的发挥。

第三，配置分散。每个工厂企业基本上是配置在一个点上，而运输企业的生产活动要在延伸的线网上完成，所以铁路各项技术设备要沿线分散分布，而且一经分布，地面固定设备几乎不能调剂。

第四，使用中的磨耗量大。由于运输过程是在剧烈的运动中完成，机械磨损量大。所以，修理力量及其组织，对于保持正常运输生产活动，具有非常突出的意义。

二、铁路固定资产的损耗

1. 有形损耗

所谓有形损耗是指设备使用性能或物理性能的损耗。各种设备发生有形损耗的具体表现形式是不同的，有的逐渐变薄（如钢轨轨面），有的腐坏锈蚀（如建筑物等），有的磨损断裂（如机车车辆的零部件），等等，它们的共同点是，如果到了一定限度而不加以修复或更新，轻则降低使用效率，重则难保运输安全。

发生有形损耗的第一个原因是由于使用造成的。比如机车车辆运行在线路上，机车、车辆和线路上部建筑中的钢轨、轨枕和道床等都发生不同程度的磨耗。使用强度越大，磨耗便越快，机车车辆载运重量和运行速度越高，磨耗量也越大。第二个原因是由于自然力的作用。暴露在大自然中的劳动资料，由于风、霜、雨、雪的侵袭，也引起损耗。例如房屋、桥隧建筑、枕木、路基和机车车辆的车体部分，在很大程度上就是因此而发生有形损耗。

此外，固定资产有形损耗的快慢程度与它们所由制造的材料质量和工艺水平密切相关。劳动者的技术熟练程度以及平时的保养维修，也都影响设备的有形损耗。

2. 无形损耗

固定资产除了发生上述的有形损耗外，还因技术进步而发生无形损托。所谓无形损耗，指机器设备在物理性能上还可使用，但同技术先进的同类新设备相比，继续使用旧设备在经济上就不大合算，或者很不合算，以致必须缩短使用期限，提前报废，代之以效能更高的新技术设备。

根据马克思的研究，在技术进步过程中，机器设备可能发生两种无形损耗。这两种无形损耗的引起原因、表现形式和经济后果是不相同的。

第一种无形损耗指设备的技术结构和经济性能不变，但随着它的制造部门的劳动生产率的提高，它的再生产费用就相应降低。随着较便宜的同类设备逐渐推广，它的社会平均价值也要降低，从而使原有的同类设备发生贬值。第二种无形损耗，是由于新的、具有更高生产能力和经济效益的技术设备的推广，使原有机器设备的经济效能相对降低而发生的损耗。这种无形损耗，有时是生产技术发生某些根本性变革的结果，但在更多的场合则是随着局部改良的积累而逐步发生的。与新技术设备相比，原有设备在生产中的继续利用往往成为不利。这种不利，在有些情况下表现为不能满足产品产量、质量和品种的要求；在另一些情况下表现为原材料、燃料动力消耗过多；有时这些不利情况兼而有之，总之引起活劳动和物化劳动的浪费，阻碍社会劳动生产率的进一步提高。由此产生了用新的、经济效能更高的技术设备来提前替换陈旧技术设备的必要性，旧设备在其物理性能消耗完毕以前就得报废，因而可能造成它的部分价值来不及通过基本折旧足额提取。

应当指出，一种新的、具有更好性能的同种用途的机器设备，在试制成功以后，但还没有逐步推广以前，不能说它就对原有技术设备的相对经济效能发生影响。仅仅出现新的样板机，甚至开始成批制造时，也还不能断言原有设备都发生了无形损耗。只有当利用原有设备所生产出来的产品，其个别劳动消耗量极大地高于社会平均水平，阻碍社会劳动生产率的提高，这个时候，才可以说原有设奋发生了无形损耗。

各个行业情况不同，无形损耗往往是先出现在那些只有决定意义的部门或环节，在有了可能条件的时候，如果仍不以新换旧，那么可能就会严重影响整个国民经济的发展。

有形损耗决定着设备在技术上的使用寿命叫做技术使用年限，而无形损耗则是从经济上的损益角度来决定设备的经济使用年限。以下简要地说明考虑无形损耗确定设备经济使用年限的方法。

考虑无形损耗就要提前报废原有设备而代之以新的先进的设备。一方面，这在经济上引起两种损失，一是原有设备没有磨耗（物理上的）到限，因而还有一部分价值没有转移到产品中去；二是需要提前拿出资金购买新设备。另一方面，提前更新设备所得的利益，可能表现为增加产量、提高产品质量、减少物化劳动和活劳动的消耗等，一般可以用每单位产品的成本降低额来反映。所谓从经济损益角度决定设备使用年限，实质上就是上述两个方面的数量比较，找出临界点，看在什么时间、什么情况下损益量，得失相当。

设某项设备根据有形损耗确定的技术使用年限为$T_{技}$，因考虑无形损耗提前t年更新，则该设备的经济使用年限（$T_{经}$）为：

$$T_{经}=T_{技}-t \tag{2.4.1}$$

为了从经济损益角度确定$T_{经}$，就得首先确定t值。设该项设备的原始价值为C_1，则提前t年更新所带来的损失之一是少提取了折旧费，其数量为$\frac{C_1}{T_{技}}t$，又因提前更新需要提早拿出购买新机器的资金设为C_2，且资金利润率为$\varDelta$，则此项损失数量为$C_2(1+\varDelta)^t-C_2$。两项损失合计为：

$$\frac{C_1}{T_{技}}t+C_2[(1+\varDelta)^t-1] \tag{2.4.2}$$

设使用旧设备所制造产品的单位成本为P_1，使用新设备所制造产品的单位成本为P_2，并且P_1大于P_2，如果在t年内平均每年制造产品m件，则提前t年更新所得到的利益为：

$$(P_1-P_2)\times m\times t$$

将上述损益对照比较，当下列条件成立时，提前t年更新为有利，或者至少损益相当。

$$(P_1-P_2)\times m\times t\geqslant\frac{C_1t}{T_{技}}+C_2[(1+\varDelta)^t-1] \tag{2.4.3}$$

三、铁路固定资产投资的更新与折旧

在生产过程中固定资产不断发生磨损，必须同时取得实物补偿和价值补偿，没有这个补偿，简单再生产都无法进行，更谈不上扩大再生产了。这种补偿在实物上表现为设备的大修(局部更新)和整体更新，在价值上表现为提取折旧费，即把固定资产磨耗的价值转移到所制产品中去，构成产品成本的一个要素。由折旧费形成的基金叫做折旧基金，用作实物补偿的资金来源。

正确地提取折旧费和建立折旧甚金，对于正确核算产品成本，保证固定资产的大修和更新，以及对于真实反映企业利润和所参与创造的国民收入，都有重要意义。

使用中的技术设备，天天发生磨耗，为保证设备正常运转的日常维修，几乎随时进行，其所需费用直接列入当时产品成本。但设备大修周期，短则几年，长则十几年，实行大修的时间同造成设备大修的磨耗发生时间互不一致，如果设备大修费用也像日常维修费用那样，直接列入当年的运营支出，从而一次摊入当年的产品成本之中，就不能真实反映产品成本水平，因为当年的大修，并不只是当年的生产过程引起的，而且还会人为地造成各年间产品成本忽高忽低的现象。所以，为了保证大修所需资金，比较妥善的办法是均衡地把它摊入引起大修所延续时间内的产品成本中去，即提取大修折旧和形成大修折旧基金。

如前所述，大修只解决设备的局部更新，即某些重要部件的部分更新，不能解决设备的整体更新。为了保证设备报废时有足够的资金重新购置，又要按设备的原价（或重置价）和整体设备的使用寿命提取折旧叫做基本折旧，以此形成的基金叫做基本折旧基金。

大修折旧和基本折旧都是随着固定资产的使用，将价值逐渐转移出来，变成使用期间所

制产品的成本；它们都反映固定资产在使用中的价值转移，在本质上是一致的。但两者在对象上有部分和整体的区别，时间有短长之分，资金使用上有比较分散或比较集中的差别，所以要分别提取和建立上述两项折旧基金。

铁路固定资产折旧一般都按日历时间平均计提，这是以使用期内各年效率基本相等、转移价值基本相同的条件为前提的。每年所提折旧，叫折旧额；折旧额占固定资产价值的百分比，叫固定资产折旧率。大修折旧和基本折旧两种情况列式如下：

1. 年度基本折旧率（A）

$$A=\frac{\text{固定资产原价}-(\text{预计残余价值}-\text{预计清理费用})}{\text{预计使用年限}\times\text{固定资产原价}}$$

2. 年度基本折旧额（m）

$$m=\text{固定资产原价}\times\text{年度基本折旧率}$$

铁路固定资产很多，在实际工作中，不是按每一对象计提折旧，而是把情况相似的固定资产归作一类，制定适用于每类固定资产的折旧率通称分类折旧率。在分类折旧率的基础上，再计算固定资产的综合折旧率，凭以计算每年实际应提的折旧。

综合折旧率是适用于一定范围（如整个铁路系统或某类单位）全部固定资产的总折旧率，是分类折旧率的加权平均数。计算公式如下：

$$\text{综合折旧率}=\frac{\sum(\text{各类固定资产原价}\times\text{分类折旧率})}{\sum\text{各类固定资产原价}}=\frac{\sum\text{各类固定资产年度折旧额}}{\sum\text{各类固定资产原价}}$$

3. 年度大修折旧率（B）

$$B=\frac{\text{每次大修的平均费用}\times\text{使用年限中大修次数}}{\text{使用年限}\times\text{固定资产原价}}$$

式中：$\text{使用年限中大修次数}=\frac{\text{固定资产使用年限}}{\text{平均大修间隔期}}-1$

大修理也采用综合折旧率，计算办法与综合基本折旧率计算相似。

折旧率水平是否恰当，影响深远。水平过高就会人为地抬高产品生产成本，降低利润；水平过低也会夸大利润，发生设备“吃老本”的现象，不利于及时更新和改造旧设备，有碍技术进步。我国铁路固定资产综合基本折旧率多年来固定于 1%的水平，综合大修折旧率为 3.5%。从 1980 年起，综合基本折旧率提到高 3%，综合大修折旧率保持原有水平。随着国民经济现代化和技术进步的加快，在基本折旧率中有必要同时考虑由于有形损耗和无形损耗而使设备报废的资金补偿，但必须有技术上和经济上的依据。在我国铁路运输生产用固定资产构成中，通过大修实现完全更新的线路等资产几乎占 60%，包括线路价值在内的综合基本折旧率定为 3%，即意味着其余各项固定资产的平均使用年限为 14 年，这是值得研究的。看来，折旧率水平的确定应当先分项分类而后综合。铁路固定资产类项复杂，差别显著，尤应分类计算折旧。

第二节 铁路基本建设及其投融资分析

一、铁路基本建设的内容

铁路基本建设是指铁路固定资产的扩大再生产，包括新项目的建设、原有项目的扩建和改建，以及购置新增设备、工具等。从实物上看，它增加生产能力；从价值上看，它增加固定资金。但是，在设备更新时，特别是用效能更高的新技术设备来更换陈旧技术设备时，不仅有固定资产简单再生产的要素，而且在一定程度上有扩大再生产的要素。就是说，在一些情况下，简单更新和基本建设交织在一起，不能截然分开。

铁路基本建设的内容大致包括以下各项：

（1）新建铁路。为了开发新的经济区域，建立新的工、农业生产基地；或者为了改善原有铁路网，增加运输的机动能力，通常要建设铁路新干线、支线、分流线。

（2）营业铁路改造。在已经通有铁路的方向，由于客、货运量的增长，原有线路的通过能力、输送能力或者车站枢纽的作业能力不能满足要求时，除了加强运输组织工作，强化设备运用以外，还要适时地进行改造。营业铁路改造包括项目很多，小至延长股道长度、改善线路纵断面，大至修建枢纽、铺设复线和实行电气化。

（3）新增机车车辆及其他机械设备。

（4）铁路系统的文教、卫生和科学研究的房屋新建和设备购置。

（5）职工住宅新建以及其他生活福利设施的建设。

基本建设项目是指按一个总体设计和总预算进行建设的总体，可以是一个独立的工程，如新建大桥、扩建编组站；也可以包括若干个工程，如新建铁路线路、新建铁路复线等。

基本建设项目一般要有工程量，投资额、新增生产能力等指标。

基本建设项目从不同角度有不同分类：按投资额和设计能力分为重大项目和一般项目；按投资构成分为建筑安装、设备购置和其他；按投资用途分为生产性建设和非生产性建设等。

二、铁路基本建设投资的特点

与其他工业企业相比，铁路最大的特点在于基本建设投资数额大、周期长、不确定性和风险高，这些特点也决定了铁路融资比一般的工业企业要难得多。

（1）投资数额大、难于转移。由于铁路成本占总成本的比重很大，研究表明，一般情况下铁路线路的短期固定成本占总成本的比重在50%～80%，而且铁路线路的使用寿命较长，不能移动，很难被用于其他用途，这说明铁路中存在着大量难于在诸多产品中分配的联合成本和较大可能的范畴经济（利用现用的设备和设施，进行其他产品的生产和销售，同样可以产生经济性）。因此，铁路运输初始就需要投入巨额资金用于基本建设，而且一旦投入，难以转为他用。

（2）回收周期长、流动性差。铁路线路从建设（或改造）到投入运营，需要的时间较长，这一过程中还需要不断地追加投资。因此，初期的巨额投资要经过长时间才能收回本息。资产的流动性通常指的是该资产被出售转换为现金的难易程度。一般来说，现金是最具流动性的，能够在市场上进行买卖的资产都具有流动性，而投入铁路的基本建设投资无法出售、转让，与其他资产相比，无疑是流动性最差的。它们一旦投入，只有靠未来的运输收益来偿还。

（3）不确定性大、风险高。由于建设和回收周期长而导致的铁路基本建设投资收益的不确定性较其他投资要高得多，从而相关的投资风险也高得多。没有一个投资者能获得关于未来的准确信息，因此理性的投资者一般不愿意将自己的资金用于长期固定资产投资。

三、铁路基本建设资金来源渠道

1. 铁路建设基金

铁路建设基金是目前铁路上最主要的资金来源，是由铁道部代表国家收取的专用于铁路建设的财政收入。为解决铁路建设资金严重短缺问题，经国务院批准，自 1991 年 3 月 1 日起开征建设基金，征收水平为 0.2 分 / （t · km），之后经五次提高征收幅度，现在铁路建设基金的征收水平为 3.3 分 / （t · km），占货物运输费用平均水平的 42.3%。

铁路建设基金对外以运价的形式出现，对内则专款专用，专项用于铁路的建设投资，作为国家增加对铁路投资的一种形式，可以在短期内为铁路建设筹集大量资金，加快铁路建设。从 1991 年开征至 2002 年，铁道部累计完成基本建设投资 3 881 亿元，其中铁路建设基金投入 1 990 亿元，占基本建设投资总额的 51.3%。

铁路建设基金的优点：

（1）资金来源可靠。由于征收的铁路建设基金与货运收入具有强制性的依存关系，只要铁路运输企业有货运收入，就有建设基金收入，能够为铁路建设提供有限的资金支持。

（2）无需缴纳税金。除缴纳 3% 的水利基金外不缴纳所得税，缴纳的营业税也要返还，基本上保证了基金的完整性。

（3）无需支付收缴成本。铁路建设基金由运输企业代为收缴、集中，收缴成本由运输企业负担。

（4）无需还本付息。铁路建设基金属国家预算内专项基金，实行专款专用，按国家规定作为铁路基本建设和机车车辆购置资金的来源。另外，铁道部代表中央政府行使投资管理职能，投资使用后无需还本付息。

2. 政府投资资金

目前，我国铁路建设仍有很大部分为政府投资。政府投资有两种形式：中央财政投资（国债投资和国家资产实物投资）、地方财政投资。从 1998 年开始，国债开始注入铁路建设，截至 2004 年底，铁路建设共使用国债 475.07 亿元，用于国家和合资铁路项目 47 个，地方铁路项目 45 个。政府的实物折价和政策性投资主要为土地折价入股及税收返还资金等。地方财政投资是指铁路所在的省市政府出资，20 世纪 90 年代先后有 10 个省市曾对现有的地方铁路（包括合资铁路）征收铁路建设附加费作为地方铁路（合资铁路）建设费用，但大部分省份的附加费不久就被国家取缔了，目前有些省份用地方税返还的政策来支持地方铁路。地方政府参与合资铁路建设为合资铁路降低成本创造了条件。各省、市、自治区政府在征地拆迁、税收等方面给予了许多优惠政策，这些优惠政策有效降低了工程造价。

3. 银行信贷资金

银行贷款是指银行在一定的利率、一定的期限内，把货币资金提供给需要者的一种经济活动。银行的各种贷款，是各类企业重要的资金来源之一。目前，主要有两类，一类是政策性银行，如国家开发银行、中国进出口银行等，它们为特定企业提供政策性贷款；另一类是商业银行，包括中国工商银行、中国农业银行、中国建设银行、中国银行等，它们根据一定的原则为各类企业提供短期和长期贷款。

目前，向银行借款是我国企业筹资的重要渠道之一。据统计，我国国有企业流动资金的70%、固定资金的30%左右来自于银行存款，因此，银行借款在企业资金筹集中具有重要地位，我国铁路建设应该积极有效地运用这一筹资渠道。

4. 非银行金融机构资金

非银行金融机构包括信托投资公司、租赁公司、保险公司、证券公司、企业集团的财务公司等，他们有的承销证券，有的融资、融物，有的为了特定的目的而积聚资金。这些机构通过一定的途径和方式为企业提供部分资金或为企业的筹融资服务。

目前，我国非金融机构主要有以下几种：

（1）信托投资公司。信托投资公司是以代人理财为主要经营内容，以受托人身份经营现代信托业务的金融企业，与其他金融机构相比，信托投资公司最大的特点即代人理财，就是客户将自己的财产以一定条件为前提，委托信托公司经营。我国信托投资公司为数众多，几乎每个城市都有数家，在数量上仅次于银行和城乡信用社，为发展生产、活跃城乡经济做出了一定贡献。

（2）财务公司。财务公司是经营部分银行业务的非银行金融机构。我国的财务公司多为产业集团内部各分公司（企业）筹资组建，是在集团内部成立的独立经营的集团所有制金融机构。其职能是调剂、运用和管理集团内部资金，办理企业集团内部的存款、贷款、投资等金融业务，一般不对外经营存、贷款业务。但近年来不少财务公司的经营范围有对外发展的趋势，个别财务公司的业务种类及经营范围已趋同于一般信托投资公司。

（3）金融公司。我国的金融公司是介于信托投资公司与财务公司之间的一种金融机构，其业务一般包括信托存款、贷款、融资性租赁、代理发行股票、债券等。目前，我国的金融公司主要有：华能金融公司、光大金融公司、租赁公司，等等。

由于非银行金融机构在我国形成不久，其资金力量比较单薄。但这部分资金的供应具有灵活性和方便性，因而也是铁路很有前景的资金来源之一。

5. 民间资本

随着我国社会经济的发展，广大城乡居民的收入日益提高，形成了数额庞大的民间资本。过去居民的闲置资金大都通过银行再流入资本需求者手中。现在，由于社会公众承担风险的能力有所提高，加上存款利率的不断下调，社会公众也开始选择股票、债券这些投资方式，为铁路建设开辟了新的筹融资渠道。

居民个人资金具有以下优点：① 使得资金融通多渠道、信用多样化，适应了我国商品经济发展需要，资金运动是纵向的，商品流通却是横向的，纵向资金供应不能适应纵横交错的商品流通需要，单一的银行信用形式也无法满足多种多样的资金需求，而居民个人资金却能打破这些界限，适应企业多种需要。② 居民个人资金能够满足企业不断增长的资金需求，随着商品经济的发展，财政、银行两个渠道已无法满足所需全部资金，而社会集资却能充分挖掘社会资金能力，把社会上的沉淀资金转化为生产建设资金。因此，在企业筹资不断面向社会、面向市场的形势下，民间资本无疑为铁路建设的筹资提供了一个新的渠道。

6. 境外资金

从资金来源上，境外资金可分为外国政府贷款、国际金融组织贷款以及国际商业银行信贷。

（1）外国政府贷款。我国使用的外国政府贷款主要有：① 项目贷款与商品贷款。项目贷款是外国政府承诺对我国确定的建设项目所需要一定金额的贷款。商品贷款是外国政府承诺对我国用于购买机器、工具、材料、物资等商品所需一定金额的贷款。② 无息贷款与计息贷款。无息贷款是借款国无需向贷款国支付利息而仅偿还本金的贷款。计息贷款是借款国必须按照协议规定的利息率和费率计算应偿付的利息和费用，向贷款国按期还本付息的贷款，其利率较低。有的国家还规定借款国支付利息时需另加一定的手续费。③ 混合贷款。即使用外国政府贷款的同时，必须连带使用贷款国一定比例的买方信贷，两种贷款作为一个整体的借款即称为混合贷款。

（2）国际金融组织贷款。国际金融组织是指许多国家共同兴办，为了达到某项共同目的在国际上进行金融活动的机构。国际金融组织主要有国际货币基金组织和世界银行集团，等等。

国际货币基金组织是根据 1944 年 7 月联合国金融会议通过的《国际货币基金协定》而建立起来的。经营的主要业务是发放贷款，贷款对象仅限于会员国政府，对私人企业和组织概不贷款。贷款用途仅限于解决会员国国际收支不平衡的短期资金需要，用于贸易和非贸易经常项目支付，贷款期限一般为 3～5 年，利率较低。

世界银行的贷款期限较长。短则数年，最长可达 30 年，平均为 17 年，宽限期为 4 年左右。贷款利率参照资本市场利率，但一般低于市场利率。手续严密，从提出项目到取得贷款，一般需要一年半到两年。贷款必须如期归还，不能拖欠或改变还款日期。

（3）国际商业银行信贷。国际商业银行信贷是一国借款人在国际金融市场上向外国贷款银行借入货币资金。按贷款期限分为短期信贷、双边中期信贷、银团贷款。

① 短期信贷。指 1 年期以下的贷款，短则 1 天、1 周、1 个月、3 个月，长则 6 个月、1 年。商业银行短期信贷都是在银行间通过电话、电传成交，事后以书面确认，完全凭银行同业间的信用。

② 双边中期贷款。指一家银行对另一家银行提供的金额在 1 亿美元左右的贷款。贷款期限为 3～5 年，这种贷款双方要签订货款协议。

③ 银团贷款。是指金额大、期限长的贷款，一般是由一家银行牵头，组成由几家或更多的银行参与的银团，共同提供款项，牵头银行为主要贷款银行，其他银行为参与银行。借款只同牵头银行签订货款协议。

铁路建设周期长、投资大，所需资金数额巨大，有必要利用一部分国外资金缓解国内资金压力。同时由于我国已经加入 WTO，也为利用外资创造了很好的条件。

四、铁路主要融资方式

1. 银行融资方式

银行融资就融资机构来说包括银行和非银行金融机构，诸如存款银行、储蓄银行、抵押银行、保险公司、私人退休基金、投资公司和金融公司等。但银行为其中最主要的融资机构，而在此讨论的主要方式为银行贷款。

银行贷款是企业为保证生产正常进行或准备扩大生产规模而向银行筹借资金，是企业筹资的主要方式。银行拥有国家拨给的信贷基金，并集中了社会各部门、各单位的暂时闲置的资金以及居民个人储蓄。银行将这些资金贷给企业从事生产经营，并以贷款条件、贷款期限、贷款利率为杠杆，对国民经济进行控制和调节。

银行贷款这种企业筹资方式具有许多优点：① 筹资速度快，一般所需时间较短，程序较为简单，可快速获得现金。② 借款弹性较大，在借款时，企业与银行直接商定贷款的时间、数额和利率等；在用款期间，企业如因财务状况发生某些变化，亦可与银行再行协商，变更借款数量及还款期限等。③ 由于银行贷款必须到期还本付息，所以能够促进企业合理有效地使用资金。④ 筹资成本低，银行贷款成本通常低于发行债券、股票、租赁固定资产等方式，因此企业在筹措资金，尤其是长期资金时，应尽量多利用这一方式。

2. *证券融资方式*

证券融资方式主要包括股票融资、债券融资和投资基金这三大类。下面就这三类融资方式进行详细的讨论：

（1）发行铁路公司股票。股票是股份公司依照公司法的规定为筹集资金所发行的一定数量和一定股份面额的所有权证书。股票持有者即为公司股东，也是公司的投资者和财产所有者。股东有权依据股票票面金额每年从股份公司取得一定股息，但不能要求退还股本，只能在股票市场把股票转让给他人以收回投资。

我国广深铁路股份有限公司于 1996 年 5 月成功地在纽约和香港发行 H 股，共筹资 5.44 亿美元，为广深准高速铁路的建设及广州东站的建设提供了充足的资金，开创了我国铁路利用股票融资的先河。

发行股票筹资有以下优点：① 可以分散铁路公司风险，发行普通股，铁路公司股东增加，资产亏损的风险和经营风险可以由更多的股东分担；②可以在短期内获得大量的资金；③ 可以调动更多人参与铁路生产经营活动的积极性；④ 普通股不需要支付固定的股息。但就股票市场而言，因为投资风险大，一些保守型投资者不愿涉足，因此需要加大宣传力度，这样应该可以吸引到不少国内外资金。

（2）发行铁路建设债券。1992 年 8 月，铁道部首次发行了“铁路建设债券”，总金额为 20 亿元，年息 9.5%，期限为 3 年，并于 1995 年 8 月按期完全兑付本息，为铁路在资本市场树立了形象。至 2004 年底，铁路共发行债券 9 次，总计金额 176.6 亿元。铁路债券自 1995 年起，铁道部共发行了九期中国铁路建设债券，其中 1995 年、1996 年、1997 年、1998 年 I 期、1998 年 II 期 5 年期品种、1999 年 I 期品种已到期成功兑付，已发行尚未到期的债券品种如表 2.4.1 所示。

债券融资与股票融资和银行贷款相比，具有以下优点：① 债券的发行成本较低，发行 A 级债券的费用仅占筹资额的 0.7%～1.2%；② 发行债券，股东对公司的控制权不会受到损害，可以筹集大量的资金，发行准备时间短，不必进行企业重组和产权变更，不会改变企业内部的经营管理机构，因而简便易行；③ 债券本金、利息可在税前分发，可享受税收优惠；④ 铁路可以回收债券，调节债券结构。比较而言，对融资者来说，债券融资比银行资金的应用更加灵活，可以确定债券的期限；比股票融资的难度小，融资速度快。对投资者来说，债券投资的优势在于它比银行存款有更高的利率，比股票投资风险大大降低。因而债券筹资成为筹资的一条有效途径。但是发行债券也有其缺点：① 增加负债和风险，发行债券必须具备一定的资信级别，且还款期较短，为 3～5 年，到期必须还本付息；而且发行债券的利率一般较同

表 2.4.1　已发行的铁路建设债券

债券名称	发行日期	期限	利率	额度	付息情况
1998 年Ⅱ期中国铁路建设债券	1998 年 10 月 13 日	10 年	4.5%	24 亿元	每年付息，最后一期利息随本金一并支付
2001 年中国铁路建设债券	2001 年 12 月 26 日	15 年	5.10%	15 亿元	每年付息，最后一期利息随本金一并支付
2003 年中国铁路建设债券	2003 年 8 月 25 日	18 年	4.63%	30 亿元	每年付息，最后一期利息随本金一并支付
2004 年中国铁路建设债券	2004 年 10 月 12 日	10 年	基准利率 2.6%	35 亿元	每年付息，最后一期利息随本金一并支付
	2004 年 10 月 18 日	5 年	3.9%	15 亿元	到期一次还本付息
2005 年中国铁路建设债券	2005 年 7 月 29 日	15 年	4.85%	50 亿元	每年付息，最后一期利息随本金一并支付

期银行贷款的利率高，加重了铁路的还款压力；② 筹资数额受到限制，一般来讲利用债券筹集的资金数目都不会太大；③ 债券本金和利息都需要偿还，债券筹资期限较长，在债券到期支付本金前，企业每年仅需付出固定利率的股息，在发行债券时必须做好计划。

（3）建立铁路投资基金。投资基金是一种集和投资制度，是由专门的投资机构通过发行受益凭证或入股凭证的方式，将社会上的闲散资金集中起来，交由各种专业人士进行经营和管理，分散投资于特定的金融商品或其他行业上，投资者按投资比例分享基金的增值收益的一种新型投资方式。依筹资方式不同，投资基金区分为开放型基金和封闭性基金两类。开放型基金是指随时对投资人开放、发行持份总额不固定，投资人向基金管理公司购买持份额，基金就增加发行；反之，则减少发行。封闭型基金是指对外发行份额固定，发行期满后基金就封闭起来，总持份额不再增加，并在证券交易所上市，以后投资者要买回基本股份，都需要经过证券经纪商。

3. 其他融资方式

（1）国际租赁筹资。租赁就是出租人依照租赁契约规定，将财产租给承租人使用，并向承租人收取租费的一种经济行为。分为两类：融资租赁和经营租赁。融资租赁的对象大多属于动产，租赁期满时，租赁公司原则上不再收回出租的设备，一般以低于现值的价格向承租方转让设备使用权，或采取象征性续租方式，每年收取少量租金，继续租赁关系。经营租赁是指租赁公司既为用户提供筹资便利，又提供设备的维修保养服务，同时还承担设备过时风险的一种中短期商品信贷形式。经营租赁的租金要高于融资租赁且租赁期限较短，可经过一定预告期而中途解约。与其他的筹融资方式相比较，租赁筹资的成本较高。

（2）项目融资。项目融资是一种新兴的融资方式，是将归还贷款资金来源限定在与特定项目的收益和资产范围之内的融资方式。是指投资者为了建设某一个项目时，首先设立一个项目公司，以该项目公司而不是投资者本身作为借款主体进行融资。银行等债务提供者在考虑安排贷款时，主要以该项目公司的未来现金流量作为主要还款来源，并且以项目公司本身的资产作为贷款的主要保障。

项目融资的类型有：① 以“设施使用协议”为基础的项目融资；② 以“生产支付”为基础的项目融资；③ BOT、TOT 项目融资；④ ABS 工程项目融资。

项目融资具有许多优点，表现如下：

① 投资者可以利用项目融资方式安排超过其自身筹资能力的大型项目融资。有些项目由于其需要投资金额巨大，超过了投资者的能力或愿意承受的金额，而利用项目融资方式使得其他投资主体投资大型项目成为可能。

② 为铁路建设提供灵活多样的融资方式。政府承担了许多社会和经济建设的职能，在一段时间内的预算收入和支出是有限的，这就决定了只靠政府的财政预算将很难进行所有大规模的基础设施建设。但对于一些现金流量稳定的交通运输基础设施项目建设，政府完全可以通过项目融资的方式来进行建设。即政府不以直接投资者和直接借款人的身份，而是为投资者（项目公司）和直接借款人提供专营特许权等优惠条件，由投资者（项目公司）以政府的特许权为基础而产生的将未来现金流量抵押给银行来达到融资的目的。

③ 融资机构可以隔离项目以外的风险。项目融资除了将项目产生的未来现金流量全部抵押给融资机构外，还通过投资结构的安排，将项目发起人的公司负债和其他风险因素隔离在项目以外，避免由于项目发起人本身的经营风险影响到项目的现金流量。

项目融资的适用范围：① 资源开发项目，如能源资源、金属矿资源以及金刚石开采业等；② 基础设施项目；③ 大型制造业项目。

目前，项目融资在我国已经被一些项目所采用，多以 BOT 方式为主。主要是电厂、交通和环境项目。如沙角 B 电厂、日照电厂、广州轻轨铁路、武汉城市铁路、四川水泥厂等。我国台湾高速铁路的建设已经成功地采用了该融资模式，现今铁路主管部门已经着手对京沪高速铁路进行 BOT 方式的融资研究和准备，相信 BOT 融资方式在未来较短的时间内能为我国的铁路建设服务。

第三节　我国铁路投融资体制的改革研究

一、我国铁路投融资制度的现状和存在的问题

改革开放以前，与其他企业一样，铁路投融资制度是铁路计划管理体制的一个重要的组成部分，是与垂直一体化的高度集中计划管理体制相适应的，实行的是铁路上缴利税、国家再进行财政拨款的财政预算投资制度，企业几乎没有自主经营权，国家财政预算是唯一资金来源渠道，企业没有其他融资方式。因此，在铁路传统融资制度中，政府作为唯一的投资主体和融资主体，融资方式是唯一的政府融资方式，企业不是真正的融资主体，而只是机械的被投资者。改革开放后，随经济体制改革和铁路管理体制改革的不断深化，铁路融资制度方

面也进行了一些改革和探索，合资铁路、地方铁路，地方政府、各铁路局、中车公司等企业都为铁路建设进行了一定程度的投资，铁路除通过提高自身的内源融资能力外，近年来还通过在资本市场发行股票、发行债券、利用外资等方式筹集资金，对铁路多元化融资渠道和融资方式进行了探索。但是，目前铁路投融资制度仍存在以下主要问题：

1. 投资主体仍然是中央政府，融资方式主要表现为政府行为

目前，铁路资金来源方式主要有两方面：一是铁路建设基金；二是各类贷款，两者占铁路建设资金来源的 80% 左右，其余少量是发行债券、股票。

虽然铁路资金来源渠道比过去增多，但是融资方式主要表现为政府行为。铁路建设基金是铁路最主要的资金来源，是由铁道部代表国家收取的、专用于铁路建设的财政收入，市政府作为投资主体进行的投资行为，属于政府融资行为；在贷款中，由于受铁路投资回报率低的制约，商业贷款数额有限，而开发银行贷款是主要部分，这属于国家政策性贷款，也是政府融资行为；外资贷款主要是外国政府、国际金融组织贷款，债务人主体是代表政府管理的铁道部，同样是政府融资行为，但是由铁道部发行、并用铁路建设基金作为担保的，其实质仍然是政府融资行为。除此之外，只有发行股票、向建行贷款属于企业的自主融资行为，但数量极少，约为 10% 左右。可见，在现行铁路融资制度中，仍然主要以政府作为单一的投资主体，融资方式仍是以单一式的政府投入为主，市场化融资数量极少。

2. 铁路资金来源是一种“封闭式渠道”

1986 年以前国家是把铁路上缴利税的部分以财政拨款进行投资，我国 1949—1985 年铁路上缴的利税总额为 1 150 亿元，而国家的投资总额只有 820 亿元，可以说是以路建路和以路养路。1986 年开始实行的全行业大承包，明确提出“以路建路和以路养路”，国家不再对铁路进行投资，铁路用自己的盈利进行投资，但由于外部材料、燃油涨价、铁路运价基本未涨等多种因素陷入困境。1991 年开始至今收取铁路建设基金，也是对货运周转量进行收费，作为国家财政投入。可见，铁路资金来源始终主要来自铁路自身的经营收入，上缴国家后，再由国家向铁路投入，渠道太窄，是一种“封闭式渠道”，尽管近年来引进地方政府投资、外资、发行股票、债券有所突破，但力度太小，没有真正改变这种局面，这正是铁路资金短缺的主要原因。与之相反，其他基础设施建设从 20 世纪 90 年代开始大力利用地方政府、企业投资、引用外资；1995 年，基本建设总投资中，公路、邮电地方投资比例分别为 74.2%、75.5%，铁路仅为 7.3%；从 1998 年起，国家实行积极的财政政策，加大了包括综合交通在内的各种基础设施的投资建设力度，当年铁路投资达到 500 亿元，公路 2 000 亿元左右，比例是 1∶4。但是，铁路投资一直没明显增加，1999 年，公路的地方交通系统投资比例为 85.5%，而铁路不到 10%。“八五”时期，公路、民航（未包含飞机租赁部分）、邮电利用外资占总投资比例分别为 10.7%、2.6%、12.9%，而铁路利用外资比例仅为 1.8%；1999 年，公路建设利用外资比例达到 11.3%，而铁路仅为 2.93%。近年来，随着铁路投融资体制的不断改革，利用外资的比例有所增加，但仍然很少。到了 2004 年，铁路仍然是 500 亿元的规模，而公路水路总投资已达到 5 000 亿元，其中公路 4 500 亿元左右。公路 4 500 亿元全部用于道路本身，而铁路由于政企合一的体制，投资还包括运营车辆，比例通常占 1/4～1/3，所以，2004 年完成投资总额是 516 亿元，这其中还包括车辆方面的投资，真正用到轨道基础方面的投资，大约在 400 亿元以内。

由于运价限制、负债沉重、经营效率低下等多种原因，铁路行业自 1994—1998 年连续 5

年出现亏损，企业几乎没有能力进行内源融资，也无法吸引更多的社会资本。1998 年以来国家开始实行积极的财政政策，加大基础设施建设的投入，拉动需求，刺激社会投资，对铁路进行了一定的财政性资金投入，但数量有限。面对如此大的资金需求，仅靠现有的传统铁路政府融资行为是远远不够的。根据我国《中长期铁路网规划》，铁道部“十一五”铁路建设总投资 12 500 亿元，是“十五”总投资的 2.08 倍，加上巨额的还本付息，预计资金缺口将会非常大。而根据前面的分析，政府财政储蓄大幅下降，在这种财政状况下，希望依靠国家财政渠道来增大对铁路的投资，能力是很有限的，难以满足铁路倾斜式投资的巨额资金的需要。可见，铁路投融资制度亟须改革。

二、铁路投融资制度形成的主要原因探析

现行铁路投融资制度的形成原因是多种多样的，客观上，铁路建设项目投资数额巨大、建设周期长，投资回收期长，在一定程度上影响了市场投资主体的积极性。但更主要的是体制方面的原因，主要有以下几点：

1. 政企不分，铁路项目多重属性混合，公益性投资和经营性投资混在一起，投资主体不明确

在建设上，铁路新建项目中的国土开发型公益性项目，难以通过市场机制筹资建设，对于这类“市场失灵”的项目，应以政府为主投资建设，但目前很多铁路公益性建设项目使用的贷款，都要求铁路企业还本付息；与此同时，一些具有盈利能力的铁路建设项目也由政府包揽下来，铁路企业缺乏运用市场机制投资扩张的动力和压力。在经营上，铁路企业受到追求经济效益和承担政府公益性任务的双重目标牵制。一方面，铁路企业要和其他经营型企业一样，以经济效益为中心，实现扭亏增盈的目标；另一方面，铁路企业必须承担不断增多的公益性新线投产后所造成的运营亏损和大量的社会公益性运输任务，而这本属于政府承担，但国家财政未进行任何补贴，只得由铁路企业自己承担，造成铁路企业公益性负担沉重。

2. 没有实现真正意义上的铁路运输企业

（1）铁路局运输自主经营权较小。目前各铁路局管内运输比重不很高，能够自主设计、独立完成的运输产品有限，加上跨局运力资源以计划和行政分配为主，主要运输工具如货车实行全路统一调配和运用，铁路企业自主经营受到较大限制。

（2）铁路局不能从市场直接取得经营收入。由于全路运价统一、各铁路局成本不同，为了使各铁路局财务核算大体做到收支平衡，目前铁路仍采用“大一统”的清算制度，即通过内部清算对各铁路局运输收入进行必要调剂，因此，在这种清算制度下，各企业经营性运输利润不是直接来自市场，而是在一定程度上取决于政策调节，不能完全反映市场经营水平，铁路企业不能真正自主经营，自负盈亏。

(3) 铁路局内部组织结构不尽合理。铁路局和铁路分局两级法人重叠，管理重复，内设机构不是按市场需要设置，仍以生产功能型部门为主，企业整体竞争力不强。

(4) 铁路企业冗员多，事企不分的现象比较突出，与主营突出、精干高效的市场竞争主体尚有一定差距。

总之，铁路运输企业不能真正自主经营、自负盈亏，既然不是真正意义上的企业，更无从谈到企业融资主体和市场化融资渠道及方式。

3. 铁路企业的投资效率低下，经营能力较差

首先，由于铁路投资主要来自政府投入，而且在“大一统”的清算制度下，企业的经营利润不是来自市场，因此，企业缺乏资金运作的动力。其次，由于政企不分，属性不分，铁路企业既承担经营任务，又承担公益性线路建设和运营，经营性亏损与公益性亏损混合；因此，常出现以政策性亏损掩盖经营性亏损，企业更加缺乏经营动力。最后，铁路建设的投资主要是政府投资，由于政企不分，管理主体性行政化，管理行为粗放，直接影响了成本和投资效益。总之，铁路企业经营能力较差，投资效率低下。

4. 国家对铁路实行严格的管理制度，铁路运价长期偏低，使铁路投资效益较差，极大地降低了铁路企业在市场体制中的融资能力

国家对其他运输方式的价格管理已经基本放开，对铁路运输业价格管理则仍控制过严。铁路运输不能按照市场供求状况自主调整价格，运价总水平长期偏低，造成铁路运输业经营机制僵化，企业经济效益恶化，难以与其他运输方式平等参与市场竞争。铁路运价长期偏低，不仅使铁路部门缺乏内源融资能力，其更大的弊端在于导致铁路企业效益低下，大大影响了地方政府、企业和个人投资的积极性，降低了铁路企业在市场中的融资能力。

同时，在吸引外资方面缺乏明确的政策法规支持，不对外资开放运输市场，不解决沿线开发特许权问题，是很难吸引外商投资的。此外，国家控股过死，也不利于吸引外资。

三、铁路投融资制度的改革方向

目前，在国家财政投资能力相对较弱的情况下，如果还继续沿用过去单纯依赖国家财政资金的融资格局，显然难以满足铁路发展对资金的需要。铁路要进行大规模融资，必须改革目前这种政府投资主导型的、封闭式的融资制度。目前，铁路的工业、建筑业、施工业、通信业等已与铁道部脱钩，基本上按市场原则经营，而运输业改革仍然滞后。因此我国铁路运输业要大力推行投融资制度改革，从单一式投资主体、单一融资方式向多元化转变，从封闭式融资渠道向开放式、市场化转化。

1. 分类建设、经营是铁路投融资制度改革的必然选择

投融资体制改革是铁路体制改革的重点任务之一，研究和推进铁路投融资体制改革，不仅为铁路总体改革创造条件，而且能够为铁路跨越式发展提供巨大的资金支持。目前，由于铁路的投资方式仍然主要是国家的财政投资和政策性贷款，公益性与经营性也尚未分离，社会资金和外资难以进入，导致铁路发展缓慢、资金匮乏。因此，要使铁路基本适应国民经济和小康社会发展的需要，从而有一个跨越式的大发展，就必须借鉴国内外基础产业的发展经验，划分铁路属性、分类建设、分类经营，从而打破垄断、引入竞争。在此基础上，构建多元投资主体、拓宽融资渠道、引入社会资本是我国铁路投融资制度改革的必然选择。

（1）要划清铁路的公益性和商业性。在铁路网较为发达的国家，主要是将铁路运营分出类别，商业化运输由企业自主经营，公益性运输的价差由政府补贴。较为典型的是瑞典铁路，将基础结构与列车运营分离，国家出资补贴基础设施，并使运营商业化。长期以来，我国的铁路建设和运输将公益性和商业性混为一体，铁路运输企业承担了大量的公益性运输，包括客货运输中的优惠运价和无偿运输以及维持亏损线路的运营。这些运输是铁路企业承担的社会公益性服务，国家没有进行补贴，致使企业无法自负盈亏，当然，这是基于过去制度下的

一种运作方式。现在，铁路运输已经开始进行市场化改革，再让企业无条件承担公益性运输显然是不合理的，有悖于市场经济的基本原则，也直接影响铁路企业的融资多元化。因此，对于铁路的建设和运输行为显然要按商业性与公益性划分，进行分类管理，促进铁路的良性发展。即：商业性的线路经营由企业自负盈亏，独立核算；公益性的线路经营由国家实行政府购买制度或给予财政补贴。

（2）公益性铁路的投资主体、融资渠道及融资方式。公益性铁路是以国家利益为目的，为国家政治、经济和国防需要服务的铁路。此类铁路的修建和运营，主要体现社会效益，不以盈利为目的，在较长时间内，既无还贷付息能力，经营也多为亏损。公益性铁路具体可分为三种类型：国土开发铁路、国际通道铁路、城市运输型的铁路（城市公共交通的市郊、轻轨铁路）。由于公益性铁路投资大，回收期长，其建设和经营难以调动其他企业和社会投资的积极性。因此，一般来说，只有中央及地方政府作为此类铁路建设的投资主体，建设资金主要来源于铁道部代表的中央投资（铁路现行的建设基金）、地方财政投入、铁道部债券收入，以及开发银行优惠贷款等。

（3）经营性铁路的投资主体、融资渠道及融资方式。经营性铁路具体可分为经济开发型、资源开发型和经营商业型。经济开发型铁路主要为跨地区或某一地区的经济开发服务的，为其经济发展提供运输通道；资源开发型铁路是为煤、石油、矿石、森林等资源开发和运输而修建的铁路；经营商业型铁路主要是为满足新的运输需求服务的，其盈亏主要取决于企业的经营。经营性线路一般来说运量水平较大，运输企业可以吸引多元化投资主体，进行多元化融资，如合资修路、发行股票、发行债券、利用外资、贷款等方式。通过分类建设与经营，可以理顺政府与企业及市场的关系，明确各方的责、权、利，充分调动各方面的积极性，促进铁路的跨越式发展。

2. 打破垄断，建立多元化融资制度

从理论上来说，铁路线路呈网络结构，投资大，具有较强的自然垄断性，规模经济明显，连续性强，适宜用于企业内部组织协调；而运营系统投资相对较小、具有较大的灵活性和转移性，完全可以引入竞争和激励机制，从而提高运营效率。即“网运分离”模式可以较明显地打破现行铁路一体化垄断、引入竞争。但是，现阶段我国铁路建设任务还非常繁重，必要的外部配套措施还不完善，必要的条件还不成熟，网运分离模式并非必然模式和当前的最佳选择。当前的改革应该是循序渐进，逐步引入竞争，可以建立竞争式的铁路准入、准出制度，在铁路内部引入竞争行为或竞争者。

（1）在市场准入制度上引入拍卖特许经营权。特许经营权是企业获取的在一定期限内对某项业务的垄断经营权，一般是通过参与竞标被授予的一种权力。中标者往往是提出实现收入最高者或要求成本补贴最少者。特许经营在英国、阿根廷等国铁路已实施，主要是将已有的铁路授予竞标优胜者经营，大大减少了政府的补贴，取得了一定成效。从融资角度来说，这种方式实质上是 TOT（Transfer Operate Transfer）方式，是通过转让已有的存量资产的经营权来获得资金，这些资金可以投入到新的铁路建设中。从经营角度而言，这实际上是通过竞争择优进入市场，尽管优胜者进入后可能仍然存在一定程度的垄断，但是政府可以根据情况设置一定的特许经营期，如 5 年、10 年等，然后又进行新的一轮准入竞争。从我国铁路来看，可以选择一些支线进行试点，区域性客货运公司也可以尝试实行特许经营权招标。

（2）积极引进新的竞争者，进入现有的铁路运输市场。允许第三方进入是形成有效竞争的先决条件。在过去，铁路市场几乎完全被少量的国有运输企业垄断，没有竞争，缺乏活力，效率极其低下。要改变这种状况，必须积极引入新的竞争者。我国加入WTO以后，国际上的大型集装箱运输公司、快运公司等，既有资金，又有技术和管理优势，面对中国铁路集装箱和快运市场的巨大诱惑，完全有可能参与竞争。他们的进入将使我国铁路形成有效的竞争格局，对铁路专业公司和区域性货运公司带来影响。因此，铁路应开放通路权，广泛引入竞争，各货运公司之间更要相互开放自己属地的运输市场，近期开展直通货运市场竞争，远期打破区域性货运公司的市场界限。

（3）通过分类，吸引新的投资者参与铁路建设。我国线路建设的任务还很重，完全依靠政府投资是远远不够的，铁路建设迫切需要拓宽融资渠道，吸引更多的投资者参与建设和经营，而前提是必须有足够的投资回报。这就需要对于不同的线路，应该根据运输量、运输品质等进行分类，同时分清经营性与公益性运输，并且对公益性运输给予补贴，使得经济效益较好的线路能够有条件吸引社会及外国投资者的参与。

（4）建立市场价格竞争机制。铁路经营性项目能够吸引社会资本的前提是项目应具有良好的经济效益。目前，国家对铁路运价仍然管得过死，运价总水平过低，不仅直接影响铁路企业目前的经营效果，影响其内源融资能力，而且给铁路市场化融资造成了很大困难。因此，应尽快形成以市场为基础的价格竞争机制，从而使铁路经营性企业真正能够通过提高经营水平提高运输效率，并具有盈利能力，才可能吸引社会资本的投入。除了价格改革外，政府还应从税收、用地、贷款等多方面加大政策扶持力度，提高投资收益率，降低社会资本的投资风险，促进社会资本参与铁路建设的能力和积极性。

3. 拓宽融资渠道，引入多元化资本

经营性线路项目的建设、经营可以合称为铁路经营性项目。铁路投融资制度改革的目标是铁路经营性项目应建立市场化投融资制度，其核心就是吸引多元化投资主体，引入社会资本，包括国内外各类企业资本和私人资金。多元化资本的进入可为铁路的发展带来许多好处：能够弥补政府资金投入的不足，解决铁路资金短缺的问题；有利于引入竞争、提高铁路投资效率和服务质量；同时，社会资本是加快投资风险约束机制建立的催化剂。在进行分类建设、分类经营的基础上，广泛引入社会资本的方式是多种多样的。

（1）合资方式。合资建路将成为今后铁路建设的重要方式，不仅是中央政府和地方政府的合资，而且要鼓励和吸引国内外多方面投资者。对于路网干线来说，除中央政府投入并控股外，应制定政策鼓励地方政府大力投资，并鼓励地方企业、外资积极参与投资。对于位于路网终端、相对独立的支线、专用线等，可以由国内社会资本或外商控股，甚至可以由他们独资建设及经营。

（2）发行股票、债券融资。在资本市场筹集资金是一种有效的方式，效益好的铁路股份公司可以上市发行股票迅速筹集到大量资金，其中发行优先股也是一种可行方式。广深公司、大连铁龙公司等已经做了有益的探索，其他铁路企业应该积极进行股份制改制，创造条件，在国内外发行股票筹集社会资金。铁路建设债券已逐步成为铁路建设的重要融资渠道，但目前是由铁道部作为发行主体，实际上，可以大力促进铁路企业提高经营能力，发行多种形式的铁路企业债券，另外，还可以尝试发行可转换债券等。

（3）建立铁路产业投资基金。投资基金是国际上比较成熟、稳定的投融资方式，在我国发展铁路投资基金，一方面可以随着国内社会保障体制改革的深入，逐步引入各种基金；另一方面也可以比较方便地吸引外资，特别是境外养老保险基金等。

（4）项目融资 BOT、TOT、ABS 等。项目融资是近年来国际上基础设施的新兴融资方式，BOT、TOT 实质上属于特许经营，BOT 是建设—经营—转让，是政府将基础设施的经营权在一定期限内完全转让给某一公司法人，由其实行筹资、建设、经营的一体化运作，到期后，经营权无偿转让给政府。这种经营方式，大大减轻了政府的财政压力，当然这需要大量的谈判和法律规范工作。TOT 是 Transfer—Operate—Transfer，是将已有资产转让经营，这种方式减少了投资者的建设风险，相对易于谈判和操作。因此，我国铁路可以尝试在铁路支线进行试点，再逐步推广。ABS（Assets—Baked—Securitization）是以项目所属的资产和未来收益作为支持和保证发行证券的融资方式，这种方式主要依赖于一个发展前景良好的项目，而企业背景关系则不是至关重要的。在美国等发达国家较普遍，在其他亚洲国家也开始越来越多，中国远洋总公司已经开始了尝试。

（5）积极引入外资。我国铁路企业进入国际资本市场的同时，国际资本也会进入中国铁路，铁路利用外资的前景是光明的，应结合国际投融资的发展趋势，积极探索利用外资的新方式，诸如上述 BOT、TOT、ABS、境外股票、境外债券等。

除此以外，还可以采用融资租赁业务，主要是铁路机车车辆及通讯等设施的租赁，包括国内租赁和国际租赁；可以转让部分经营权、出售部分资产等，以及其他一些融资衍生工具，如股票期权等。

总之，铁路投融资体制的市场化改革是大势所趋，必须采取合适的方式积极推进，稳步前进，目前最紧要的措施就是实行分类建设、分类经营、打破垄断、引入竞争，并积极拓宽融资渠道，吸引多元化的投资主体，大力引进社会资本。

第四节　运输效益及其有关指标

铁路运输企业在其生产经营活动中，必须以运输效益为中心，并正确处理好社会效益和经济效益的关系，在保证社会效益的情况下，努力提高企业的经济效益。

运输效益及其涉及的指标，主要有运输利润、运输资产利润率、资本金利润率、股权比率、投资收益率、运输增加值、社会贡献率、净利润上交率和上交税款完成率等。

一、运输利润

1. 运输利润

运输利润，是指铁路运输业在一定期间从事客货运输业务的经营成果，也称运营业务利润，是运输收入减去运输成本（运输支出）及其他费用以后的净额。它是考核运输企业一定期间经营成果的综合性指标。努力增加运输利润，完成与超额完成运输利润计划，对于完成国家上缴任务，发展铁路运输事业，改善铁路运输条件，提高铁路职工生活水平都有非常重要的意义。运输利润的计算公式为：

运输利润＝运输收入－运输支出－运输税金及附加

即 $$L_{运}=I_{运}-Z_{运}-f_{税加} \quad (元) \tag{2.4.4}$$

主营业务利润＝主营业务收入－主营业务支出－营业税金及附加

即 $$L_{主业}=I_{主业}-Z_{主业}-f_{税加} \quad (元) \tag{2.4.5}$$

以上两式中：

① 运输收入（或主营业务牧人），是指铁路运输企业完成客货运输任务，按照国家规定的收费标准取得的货币收入。它是运输企业生产成果的货币表现，是铁路维持简单再生产和扩大再生产的主要资金来源，也是铁路运输企业上缴国家税金的重要来源。

② 运输支出（或主营业务支出），是指铁路运输企业生产经营过程中的各种耗费，是铁路生产经营过程中活劳动和物化劳动耗费的货币表现，是反映企业生产经营活动的一项综合指标，也是制定运输价格的重要依据。运输支出按其经济用途和性质分为营运成本、管理费用和财务费用。营运成本、管理费用和财务费用构成营业支出；营业支出与营业外收支净额构成运输总支出。

③ 运输税金及附加（或营业税金及附加），是指运输营业税金及城市建设维护税和教育费附加，用公式表示为：

营业税金及附加＝营业税＋城市建设维护税＋教育费附加

即 $$f_{税加}=f_{营业}+f_{城建}+f_{教} \quad (元) \tag{2.4.6}$$

由于铁路实行分组核算制，在运输利润计算上，不仅要计算铁道部的运输利润，而且要计算基层运营单位、铁路局的运输利润。

基层运营单位运输利润计算公式为：

基层运营单位运输利润＝运输清算收入－运输支出

即 $$L_{运}^{基层}=I_{清}-Z_{运} \quad (元) \tag{2.4.7}$$

基层运营单位不独立生产运输产品，不是法人企业，而是铁路内部相对独立的经济核算单位，因而无须缴纳营业税金及附加。

铁路局运输利润计算公式为：

铁路局本身运输利润＝铁路局运输（清算）收入－铁路局本身运输支出－营业税金及附加

即 $$L_{局运}=I_{局清}-Z_{局运}-f_{税加}^{局} \tag{2.4.8}$$

铁路局汇总运输利润的计算公式为：

铁路局汇总运输利润＝基层运营单位运输利润＋铁路局本身运输利润
＝铁路局运输（清算）收入－铁路局本身运输支出－基层运营单位总运输支出－营业税金及附加

即 $$L_{运总}^{局}=L_{运}^{基层}+L_{运}^{路局}=I_{局清}-Z_{局运}-Z_{运总}^{基层}-f_{税加}^{局} \quad (元) \tag{2.4.9}$$

该式中的营业税金及附加为铁路局全部运输（清算）收入和规定税率的乘积。现行规定，铁路运输营业税按营业收入（或清算收入）的 3% 计算；城市建设维护税，按营业税的 5% 计算；教育费附加，按营业税（或清算收入）的 2% 计算。

从上述可以看出，影响运输利润的因素主要是运输收入和运输支出。一般来说，运输收入增加了，运输利润会随之增加，但运输收入的增加，也会带来运输支出的增加。而运输支出是运输利润的抵减数，由于客观条件的影响，一般情况下，运输支出的增长比率往往高于运输收入的增长比率。所以，增加运输利润的途径，一是要通过增加运输进款来增加运输收入，二是要最大限度地压缩和控制成本费用来降低运输支出。

2. 运输营业系数

运输营业系数是一项国际上的通用指标，指运输总收入与运输总支出的比值。它一般有两种表示方式，其计算公式为：

$$运输营业系数_1=\frac{运输支出}{运输收入}$$

即
$$\beta_{运营1}=\frac{Z_{运}}{I_{运}} \tag{2.4.10}$$

$$运输营业系数_2=\frac{运输收入}{运输支出}$$

即
$$\beta_{运营2}=\frac{I_{运}}{Z_{运}} \tag{2.4.11}$$

可见，运输营业系数$_1$的概念是每收入 1 元需要花费多少钱的支出；而运输营业系数$_2$的概念则正好相反，即每支出 1 元钱可以有多少钱的收入。它们互为倒数，意义相反，而采用这一指标的目的则完全相同。可以看出，两种营业系数的计算结果都可能大于1、小于1或等于 1，三者必居其一。当它们等于1时，说明运输收入与运输支出完全相等，既无利润，也不亏损（均指税前而言）。而当运输营业系数$_1$小于 1 时，说明运输收入大于运输支出，可以取得利润，此时的运输营业系数$_2$必大于 1。如果运输营业系数$_1$大于 1 时，说明运输支出大于运输收入，企业必有亏损，此时的运输营业系数$_2$必小于 1。

因此，通过运输营业系数可以明显地看出企业是盈利还是亏损，以及盈亏的大致情况。因为它与1的差距越大，盈亏的数额也越大，反之，则越小。

为了降低运输营业系数$_1$，或提高运输营业系数$_2$，就必须最大限度地增加运输收入或降低运输支出。这与提高运输利润是完全一致的。

3. 运输企业利润

运输企业利润是铁路运输企业在一定期间内生产经营活动的最终经营成果。它集中反映了铁路运输企业经营管理的经济效果，是衡量和评价企业经营管理水平的一项综合性指标。运输企业的利润总额由营业利润、投资净收益和营业外收支净额组成。数量上表现为企业全部收入抵补全部支出后的余额，如全部收入不足以抵补全部支出，就表现为亏损。企业利润总额的计算公式为：

$$利润总额=营运利润+投资净收益+营业外收入-营业外支出$$

即 $$L_{总}=L_{营运}+L_{投}+I_{外}-Z_{外} \quad (元) \tag{2.4.12}$$

（1）营业利润。营业利润又称营运利润，是企业在一定时期从事生产经营活动所取得的利润，它集中反映企业生产经营的财务成果。企业营业利润的实质是企业提供的社会剩余产品价值的货币表现，是企业利润总额的主体。营业利润在数量上等于营业收入扣除成本、费用和各种流转税及附加费后的数额，用公式表示为：

营运利润＝主营业务利润＋其他业务利润－管理费用－财务费用

即 $$L_{营运}=L_{主业}+L_{他业}-f_{管理}-f_{财务} \quad (元) \tag{2.4.13}$$

① 主营业务利润是运输企业从事基本生产经营活动（旅客、货物运输）取得的利润，是营业利润的主要组成内容。主营业务利润是主营业务收入扣除与其相匹配的主营业务成本和营业税金及附加的余额。

② 其他业务利润是运输企业从事基本生产经营活动以外的其他经营活动所取得的利润，包括材料销售、固定资产出租、外购商品销售、无形资产转让、代办业务利润、运输装卸、货车修理等业务形成的利润。它由其他业务收入扣除其他业务成本、其他业务税金及附加后形成，其计算公式为：

其他业务利润＝其他业务收入－其他业务支出－营业税金及附加　（元）

即 $$L_{他业}=I_{他业}-Z_{他业}-f_{附加}^{他业} \quad (元) \tag{2.4.14}$$

③ 管理费用和财务费用是企业行政管理部门在一定经营期间为取得营业利润而发生的不能归属提供产品、劳务负担的经营性耗费。按性质这两项费用合称为期间性费用，其计算公式为：

期间费用＝管理费用＋财务费用

即 $$f_{期间}=f_{管理}+f_{财务} \quad (元) \tag{2.4.15}$$

管理费用是企业行政管理部门为管理和组织经营活动发生的各项费用；财务费用是企业为筹集资金而发生的各项费用。两者均属于期间费用，直接体现为当期损益，抵减当期营业利润。

在对企业进行盈亏平衡分析时，经常采用营业净利润、贡献边际、保本点及安全边际等四个指标。

① 营业净利润，是营业收入减去总成本以后的余额。其计算公式为：

营业净利润＝营业收入－总成本＝营业收入－变动成本－固定成本
＝运价×运量－单位变动成本×运量－固定成本
＝(运价－单位变动成本)×运量－固定成本　（元）

② 贡献边际，是指产品的营业收入与相应变动成本之间的差额。它除了主要以总额表示外，还有单位贡献边际和贡献边际率两种形式。它与企业的营业净利润的形成有着密切的关系。因为贡献边际首先用于补偿企业的固定成本，只有当贡献边际大于固定成本时才能为企业提供利润，否则企业将会出现亏损。贡献边际的计算公式为：

$$贡献边际=营业收入-变动成本=单位贡献边际\times销售量$$
$$=营业收入\times贡献边际率=固定成本\times营业净利润$$

或 $$单价贡献边际=单价-单位变动成本=\frac{贡献边际}{运量}=运价\times贡献边际率$$

或 $$贡献边际率=\frac{贡献边际}{营业收入}=\frac{单位贡献边际}{运价}$$

③ 保本点，是指能使企业达到保本状态的业务量。即在该业务量水平上，企业收入与变动成本之差刚好与固定成本持平。稍微增加一点业务量，企业就有盈利；反之，稍微减少一点业务量，就会导致亏损发生。运输企业保本点有两种表现形式：一是保本点运量；二是保本点营业收入额。它们都是标志企业达到收支平衡，实现保本的业务量指标。其计算公式为：

$$保本运量=\frac{固定成本}{收入率-单位变动成本}=\frac{固定成本}{单位贡献边际}$$

$$保本收入额=收入率\times保本运量=\frac{固定成本}{贡献边际率}=\frac{固定成本}{1-变动成本率}$$

保本点也可以用保本点示意图 2.4.2 直观地表现出来。

a. 以收入率 2 为斜率，过原点。在坐标图上画一条直线 $y=Ix$，即营业收入线。

b. 以固定成本 a 为截距，以单位变动成本 b 为斜率，画出总成本线 $y=a+bx$。

c. 当收入率 I 大于单位变动成本 b 时，营业收入线与总成本线必有交点，假定坐标点为（x，y），则此点为保本点 BCP。其中：x 为保本运量的值，y 为保本收入额的值。

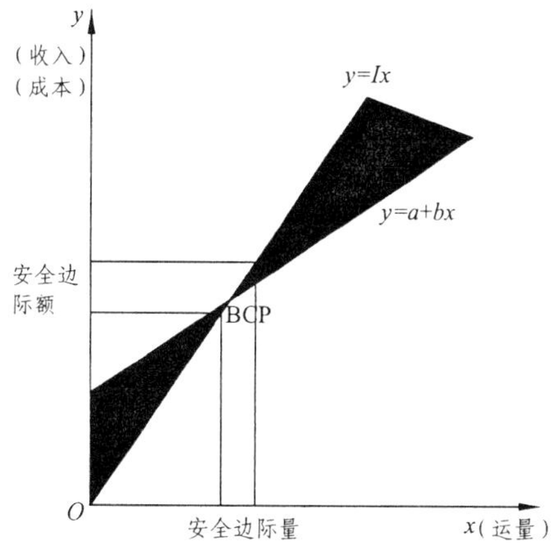

图 2.4.2　保本点示意图

④ 安全边际量，是指根据现有或预计的业务量（包括运量和营业收入额两种形式）与保本点业务量之间的差量所确定的定量指标。其计算公式为：

$$安全边际量(额)=现有或预计的运量(额)-保本量(额)$$

即 $$M_{安边}=M_{运}-M_{保运}$$

$$安全边际率=\frac{安全边际量}{现有或预计运量}=\frac{安全边际额}{现有或预计营业额}$$

即 $$\alpha_{安边}=\frac{M_{安边}}{M_{运}}=\frac{I_{安边}}{I_{营业}} \tag{2.4.16}$$

安全边际量与安全边际率都是正指标，即越大越好。西方一般用安全边际率来评价企业经营的安全程度，通常认为安全边际率达到 30%～40%为安全。

（2）投资净收益。投资净收益是指投资收益扣除投资损失后的数额，由企业的股票投

资、债权投资、联营投资及其他投资的净收益组成。它是考核企业对外投资效果的综合性指标。其计算公式为:

投资净收益＝投资收益－投资损失

即 $$L_{净投}=L_{投}-S_{投} \quad (元) \tag{2.4.17}$$

式中:

① 投资收益包括对外投资分得的利润、股利和债券利息，投资到期收回或者中途转让取得款项高于账面价值的差额，以及按照权益法核算的股权投资在被投资单位增加的净资产中所拥有的数额等。

② 投资损失包括投资到期收回或者中途转让取得的款项低于账面价值的差额，以及按照权益法核算的股权投资在被投资单位减少的净资产中所分担的数额等。

（3）营业外收支净额。营业外收支净额是指与企业生产经营活动没有直接联系的各项营业外收入减去营业外支出后的数额。其计算公式为:

营业外收支净额＝营业外收入－营业外支出

即 $$L_{外}=I_{外}-Z_{外} \tag{2.4.18}$$

式中:

① 营业外收入包括固定资产的盘盈，出售固定资产的净收益，罚款收入，因债权人原因确实无法支付的应付账款，教育费附加返还款等。

② 营业外支出包括固定资产盘亏、报废、毁损和出售的净损失，非季节性和非修理期间的停工损失，职工子弟学校经费和技工学校经费，非常损失，公益救济性捐赠，赔偿金，违约金，公安、法院、检察院经费等。

计算营业外收支净额时，必须注意营业外收支项目的内容、范围及标推。例如：企业建设职工子弟学校校舍的支出，不得列作营业外支出，而应作为资本性支出；企业发生的被没收财产损失、税收的滞纳金等，也不应作为营业外支出，而应由税后利润列支。

从利润的形成过程可以看出，企业利润总额的构成可以分为三个层次：第一层次为主营业务利润；第二层次为营业利润；第三层次为利润总额。层次分明，概念清晰，有利于企业内部以及企业之间进行财务成果的对比、分析和考核。

例 某铁路运输企业 2004 年运输收入为 100 000 万元，运输成本为 80 000 万元，营业税金及附加 3 240 万元，其他业务利润 2 360 万元，管理费用 1 000 万元，财务费用 20 万元，对外投资收益 2 000 万元，营业外收入 300 万元，营业外支出 400 万元。试计算该运输企业的利润。

解 该运输企业 2004 年的利润计算如下:

营业利润＝100 000－(80 000＋3 240)＋2 360－1 000－20＝18 100（万元）

利润总额＝18 100＋2 000＋300－400＝20 000（万元）

影响运输企业利润的因素很多，除了前面介绍过的影响运输利润的因素——运输收入与运输支出以外，还有其他业务收入、其他业务支出、期间费用、投资净收益和营业外收支净额。所以要想增加运输企业的利润主要应该增加客货运输收入、其他业务收入及投资收益，千方百计压缩和减少运输支出、其他业务支出、时间费用，减少投资损失和营业外支出。

二、运输资产利润率

1. 运输资产利润率

运输资产利润率，是企业一定期间内利润总额同资产总额的比率，是考核企业运输资产运用效率的重要指标。用这个指标来评价运输资产的利用效果，有助于促进企业提高经营管理水平，经济合理地利用运输资产，主动发挥运输资产在生产经营过程中的经济效益。运输资产利润率的计算公式为：

$$运输资产利润率=\frac{利润总额}{资产总额}\times 100\%$$

即
$$\alpha_{利润}^{资产}=\frac{L_{总}}{P}\times 100\% \tag{2.4.19}$$

式中：

① 利润总额为企业一定期间内（1 年、1 季或 1 月）创造的全部利润；

② 资产总额为企业全部资产的平均余额。年度为年初加年末的平均数，季度为季初加季末的平均数，月份为月初加月末的平均数。资产总额可以是全部国有资产或全部企业资产，也可以是国有资产和企业资产之和，还可以为企业的经营性资产或经营性资产与非经营性资产之和。采用什么数值作分母，决定于企业考核的需要。

例 某铁路运输企业 2004 年资产总额（指经营性资产中的国有资产）年初为 38 亿元，年末为 42 亿元；全年实现利润 2 亿元。试计算其资产利润率。

解 某铁路运输企业 2004 年的资产利润率为：

$$运输资产利润率=\frac{2}{(38+42)\div 2}\times 100\%=5\%$$

2. 资产报酬率

在市场经济条件下，有些企业经常采用资产报酬率来衡量企业利用资产获取利润的能力。资产报酬率也称资产收益率或投资报酬率，是企业在一定时期内的净利润与资产总额的比率。其计算公式为：

$$资产报酬率=\frac{净利润}{资产总额}\times 100\%$$

即
$$\alpha_{报酬}^{资产}=\frac{L_{净}}{P}\times 100\% \tag{2.4.20}$$

式中：

① 净利润为利润总额减去所得税后的余额；

② 资产总额可用年初、年末平均数，也可用期末数。

影响资产利润率的因素主要是利润与资产总额。从其计算公式可以看出，资产利润率与所创造的利润成正比，与占用的资产成反比。企业在一定期间内创造的利润越多，占用的资产越少，资产利润率就越高，反之则低。所以，企业要想提高资产利润率，就必须尽可能地创造更多的利润，同时减少资产的占用比率。在市场经济比较发达，各行业竞争比较充分的情况下，各行业的资产报酬率趋于一致。如果某企业资产利用效率较低，则说明其经营管理存在问题，应该调整经营方针，加强经营管理。

三、资本金利润率

资本金利润率，是企业利润总额与资本金总额的比率，它是衡量投资者投入企业资本金的获利能力的指标。

资本金是指企业在工商行政管理部门登记的注册资金。资本金按其投资主体的不同分为国家资本金、法人资本金、个人资本金和外商资本金。我国铁路运输企业的资金来源中，国家投资占主体地位，因此，资本金中国家资本金占主要部分，但也存在一部分法人资本金、个人资本金和外商资本金。

提高资本金利润率，对于维护投资者的权益，提高企业获利能力，促进企业发展具有重要意义。资本金利润率的计算公式为：

$$资本金利润率=\frac{利润总额}{资本金总额}\times 100\%$$

即

$$\alpha_{利润}^{本金}=\frac{L_{总}}{C_{本金总}}\times 100\% \qquad (2.4.21)$$

资本金总额包括国家资本金、法人资本金、个人资本金和外商资本金等的总和。

例　某铁路运输企业2004年利润总额为2亿元，资本金总额为30亿元，试计算该企业的资本金利润率。

解　该企业的资本金利润率为：

$$资本金利润率=\frac{2}{30}\times 100\%=6.7\%$$

影响资本金利润率的因素，一是利润总额，二是资本金总额。在企业的资本金固定不变的情况下，一定期间内创造的利润越多，资本金利润率就越高。一般来说，企业的资本金是不会经常变化的。当企业资本金固定在一定总额时、必须尽可能地创造利润，以提高资本金利润率。

四、股权比率

股权比率，即股东权益比率，是指股东权益总额与资产总额之比。它是与资产负债率相对应的一个资本结构比率，反映股东投资占公司资产总额的比重。它与资产负债率存在此消彼长的关系，两个比率之和等于1。即资产负债率高，股东权益就低；相反，资产负债率低，股东权益就高。股权比率的计算公式为：

$$股权比率=\frac{股东权益总额}{资产总额}\times 100\%$$

即

$$\alpha_{股权}=\frac{R_{总权}}{P}\times 100\% \qquad (2.4.22)$$

公司资产一般来自两个渠道：一是股东投资，二是债权人债权。资产负债率可以反映出公司通过举债获得的资产比例，以及公司资产对债权人权益的保障程度；股权比率则反映股东投资在公司资产总额中的比重。从债权人角度来看，总希望股东投入资产大于其债权，因为此时公司财务风险主要由股东承担，债权人权益更有保障。从股东角度来看，当举债人的资金成本低于其投资报酬时，债权人权益越大，股东所获回报可能越高，因为不同渠道投入资产在营运过程的获利能力是相同的，但债权人所得的仅仅是固定的且比较低的利息，债权人投入资产便为股东创造了一部分投资报酬。

例 某铁路公司 2004 年年末股东权益总额为 192 亿元，资产总额为 400 亿元，试计算该企业的股权比率。

解 该企业的股权比率为：

$$股权比率=\frac{192}{400}\times100\%=48\%$$

股权比率低于 50%，说明该公司财务风险主要由债权人承担，但是债权人权益的保障程度并不很低。

影响股权比率的因素主要是股东权益总额与资产总额。当公司资产总额一定的情况下，股东权益越多，股权比率就越高，反之则低。从对债权人与股东双方有利的情况出发，公司应该保持合理的股权比率。

五、投资收益率

1. 投资收益率

投资收益率，是指企业资金收入（资产或费用）与资金产出（投资成果）之间的比率关系，它是反映企业投资效果的一个综合性指标。通过计算和分析投资收益率，可以为企业对内、对外投资决策及投资结构的合理安排提供重要依据。

企业投资包括对外投资和对内投资，是通过资金的投入和耗费，形成各种形态和经济内容的资产。企业对外投资形成产权性资产，形成短期投资和长期投资；企业对内投资形成经营性资产，包括除短期投资和长期投资以外的全部资产。企业资金耗费，通过货币支付、应付和各种资产耗费与摊销形成费用，包括销售成本、期间费用、税款费用和损失等。

企业投资成果即资金产出，包括经营总成果（销售额）及其净成果（净利润）、生产净成果（净产值）。投资收益率的计算公式为：

$$投资收益率=\frac{投资成果}{资产或费用}\times100\%$$

即

$$\alpha_{投资}=\frac{L_{投}}{P(f_{费})}\times100\% \tag{2.4.23}$$

投资成果可用销售额、净产值或净利润表示。

2. 总资产收益率

企业投资收益水平可用总资产收益率（即：净利润除以平均总资产再乘以 100%）来表示，它是企业对内、对外投资收益水平的综合表现指标。其计算公式为：

$$总资产收益率=\frac{产权性资产收益率\times平均产权性资产}{平均总资产}\times100\%+\frac{经营性资产收益率\times平均经营性资产}{平均总资产}\times100\%$$

即 $$\alpha_{资总}^{收益}=\frac{\alpha_{权资}^{收益}\times P_{资产}^{权均}}{P_{总资}^{均}}\times100\%+\frac{\alpha_{经资}^{收益}\times P_{资产}^{经均}}{P_{总资}^{均}}\times100\% \quad (2.4.24)$$

其中：

$$产权性资产收益率=\frac{投资净利润}{期初、期末长短期投资之和\div2}\times100\%$$

$$=\frac{投资净收益-应计所得税}{期初、期末长短期投资之和\div2}\times100\%$$

即 $$\alpha_{权资}^{收益}=\frac{L_{净投}}{(P_{投总}^{初}+P_{投总}^{末})\div2}\times100\%=\frac{I_{净投}-f_{得}}{(P_{投总}^{初}+P_{投总}^{末})\div2}\times100\% \quad (2.4.25)$$

其中：

$$经营性资产收益率=\frac{净利润-投资净利润}{平均总资产-平均产权性资产}$$

即 $$\alpha_{经资}^{收益}=\frac{L_{净}-L_{净投}}{P_{总资}^{均}-P_{权资}^{均}}\times100\% \quad (2.4.26)$$

例　通铁公司2004年资产负债表、损益表及其他有关具体信息表示，该公司2004年的平均总资产为2 296 000元，平均产权性资产为148 650元，净利润为732 110元，投资净利润为28 100元。试计算该公司的总资产收益率（即投资总收益率）。

解　该公司的总资产收益率为：

$$总资产收益率=\frac{28\,100}{148\,650}\times\frac{148\,650}{2\,296\,000}\times100\%+$$

$$\frac{732\,110-28\,100}{2\,296\,000-148\,650}\times\frac{2\,296\,000-148\,650}{2\,296\,000}\times100\%=31.89\%$$

$$产权性资产收益率=\frac{28\,100}{148\,650}\times100\%=18.9\%$$

$$经营性资产收益率=\frac{732\,110-28\,100}{2\,296\,000-148\,650}\times100\%=32.79\%$$

从以上可以看出，企业投资收益水平的高低取决于两个因素：产权性资产收益率和经营性资产收益率。产权性资产收益率主要决定于对外投资的环境，特别是被投资企业盈利水平的高低与资产运用的好坏；而经营性资产收益率主要取决于营业（销售）营利水平和经营性资产运用效率。为提高经营性资产收益率，应不断改进企业营销策略（如薄利多销等），调整产品结构和尽可能地提高经营性资产的利用效率。

六、运输增加值

运输增加值，是指在一定时期内，铁路运输企业运输生产过程中创造的新增价值和固定资产的转移价值，是运输生产经营活动的最终成果，是国内生产总值的重要组成部分。运输增加值对于正确确认与计量企业一定期间内的收入、费用，比较、计算企业盈亏，提供企业经营过程与经营成果的信息，作出有效的经营决策，都具有重要意义。

围绕着企业经济循环过程，企业可以建立生产账户、收入支出账户和其他账户。在生产账户中，反映的是一定时期内企业生产经营过程的投入、产出以及增加值的初次分配；而在收入支出账户中，反映的是核算期内新创造的增加值和再分配收入的总量，以及这些收入分配和再分配的去向。

（1）从投入产出的角度计算运输增加值。在生产账户中，总投入等于总产出，而总产出减去总投入中的中间投入部分，其余的就视为新增加的价值，即增加值，在工业称之为工业增加值，在运输业则称为运输增加值。因此，按生产法计算，即从投入产出的角度计算运输增加值，其计算公式为：

铁路运输增加值＝铁路运输总产出－中间投入

即
$$P_{增运} = A_{运总}^{产出} - T_{中投} \quad （元） \tag{2.4.27}$$

上式中铁路运输总产出等于营运收入，包括客运收入、货运收入、路网收入、车站候车室空调费收入和运输关联收入等；中间投入为运输生产过程中消耗和使用的非固定资产物资与服务性投入，包括外购材料、燃料、电力、供暖费、生产及运输用水、外购动力、对外支付的修理费、生产用工具备品、劳动保护、新技术开发、科研费、低值易耗品摊销、办公费、差旅费、招待费、职工教育经费、财务费用等。

（2）按分配法计算运输增加值。在收入支出账户中，增加值是企业总收入的一部分，它已经在生产账户中进行了初次的分配，因此，我们可以有运输增加值的第二种计算方法，即按收入法，也就是按分配法计算的公式。

铁路运输增加值＝固定资产折旧及大修＋劳动者报酬＋
生产税净额＋营业盈余

即
$$P_{增运} = G_{折大} + \beta_{酬劳} + f_{生税} + L_{营业}^{余} \quad （元） \tag{2.4.28}$$

上式中，固定资产折旧和大修理实际上是固定资产价值的转移，但这种转移同原材料的价值转移和补偿方式是不同的。原材料的耗殆是一次性的，不可能复原，而固定资产价值转移通过折旧和大修理，不但可以恢复原状，而且还表现为生产能力的增加（或新增价值）；劳动者报酬不代表生产过程中垫支的资源耗费，而是生产过程结束后的劳动成果，是新增价值的一部分。所以，上述公式中的右四项表现为新增加值。

① 固定资产折旧及大修是企业在一定时期为弥补固定资产损耗而按规定折旧率计提的基本折旧和大修费用。

② 劳动者报酬是指劳动者从事运输生产活动所获得的全部报酬，包括工资总额、职工福利费和其他收入三个部分。其他收入包括交通补助费、差旅费、工会经费、待业保险金、离退休统筹金、住房公积金等。

③ 生产税净额是指企业向政府交纳的生产税与政府政策性补贴的差额。在没有政策性补贴的情况下，企业的生产税就是“运输利润表”中应交增值税、应交营业税、应交城市建设维护税和教育费附加，加上管理费明细表中的地方税及养路费和排污费等。

④ 营业盈余是企业在运输生产过程中创造的剩余价值，是总产出与中间投入、固定资产折旧、劳动者报酬、生产税净额之间的差额，是企业经营效益的具体表现。营业盈余包括进入生产成本的职工福利基金、含政府补贴的利润与其他支出项扣除付给职工个人报酬后的

余额。营业盈余可以从生产法计算的增加值扣除其他三项求得，也可以采用会计报表中的职工福利基金、利润等有关科目进行调整计算。

总之，铁路运输增加值的计算方法有两种：生产法和收入法。目前，国家铁路以收入法为主，对于合资铁路和地方铁路，由于所占比重较小，采用推算方法，即直接利用国家铁路增值率及增加值构成资料，在合资铁路、地方铁路总产出的基础上，推算其增加值及其构成。

从上述可以看出，影响运输增加值的因素主要是运输企业为社会创造的价值。一定时期内创造的新价值越多，相对于原运输价值来说，增加值就越大；这样，企业的经济效益和社会效益也就越大，发展的潜力也就越大。

七、社会贡献率

社会贡献率，是指企业社会贡献总额与平均资产总额的比率。它反映企业运用全部资产为社会创造或支付价值的能力，是衡量企业对国家、对社会贡献的主要指标之一。其计算公式为：

$$社会贡献率=\frac{企业社会贡献总额}{平均资产总额}\times 100\%$$

即

$$\alpha_{贡}=\frac{B_{贡总}}{P_{均总资}}\times 100\% \tag{2.4.29}$$

上式中，企业社会贡献总额即企业为国家或社会创造或支付的价值总额，包括工资（含奖金、津贴等工资性收入）、劳保退休统筹及其他社会福利支出、利息支出净额、应交增值税、应交产品销售税金及附加、应交所得税及其他税收、净利润等。平均资产总额，为企业期初、期末资产总额的平均数。

例 运输企业2000年的平均资产总值为200亿元，社会贡献总额为50亿元。试计算社会贡献率。

解

$$社会贡献率=\frac{50}{200}\times 100\%=25\%$$

社会贡献率受社会贡献总额与资产总额两个因素的影响，与企业社会贡献总额成正比，与平均占用的资产总额成反比。企业要提高社会贡献率，就必须增加社会贡献总额，同时减少资产的占用。

八、净利润上交率

净利润上交率，是指企业上交的利润占净利润的比率。它是考核企业净利润上交情况和评价企业对国家贡献大小的指标。其计算公式为：

$$净利润上交率=\frac{上交利润额}{净利润}\times 100\%$$

$$\alpha_{净利上交}=\frac{L_{上交额}}{L_{净利润}}\times 100\% \tag{2.4.30}$$

国家实行“利改税”以后，铁路运输企业不再向国家上缴利润。企业的净利润（税后利润）在内部按下列顺序进行分配：弥补以前年度亏损；提取法定盈余公积金；提取公益金；向投资者分配利润。

九、上交税款完成率

上交税款完成率，是指企业实际上交的税款占应上交税款的比率。它是考核企业一定时期税款上交情况和评价企业对国家贡献大小的指标。其计算公式为：

$$上交税款完成率=\frac{已交税款额}{应交税款额}\times 100\%$$

即

$$\alpha_{税款}^{完成}=\frac{f_{已交}}{f_{应交}}\times 100\% \tag{2.4.31}$$

式中：

① 已交税款额为企业按规定实际向国家税务机关交纳的各项税金和按规定转出的税金数额。

② 应交税款额为企业按现行规定应向国家交纳的各项税金，包括增值税、消费税、营业税、关税、企业所得税、个人所得税、资源税、城镇土地使用税、房产税、土地增值税、印花税、城市维护建设税及车船使用税等。

第五章 铁路运输成本理论

第一节 铁路运输成本概述

一、铁路运输成本的作用及特点

铁路企业主要从事旅客或货物的运输业务，其产品即是旅客或货物在空间和时间上的位移，生产和销售同时完成。铁路成本是铁路企业在完成旅客和货物运送生产过程中所发生的各种耗费，表现在两大方面：一是运输生产过程中生产资料的耗费，主要是铁路线路、站舍以及机车车辆等生产手段的运用、修理、折旧等；二是运输生产过程中劳动者的消耗，这部分主要是以工资及工资性的补贴等形式支付给劳动者的劳动报酬。

从目前铁路管理体制状况看，铁路行业涵盖铁路工业、铁路建筑施工、铁路运输以及铁路文教卫生等单位，而且铁路运输企业还分为工附业、多经合铁路运营几方面，广义上讲，从与国外铁路接轨和正在进行的中国铁路管理体制改革发展看，铁路成本就是指铁路运输企业从事旅客和货物运输营运活动的成本。

1. 铁路成本的作用

（1）铁路成本是反映铁路运输生产经营耗费及其补偿的重要尺度。现实条件下，企业或社会生产和销售产品所必需的劳动消耗还不能直接以劳动时间来衡量，而要借助于价值和货币的形式来计算和衡量。在社会主义市场经济条件下，作为独立法人实体的铁路运输企业，必须努力做到用自己的销售收入即客货运营业收入来弥补相应的支出并取得盈利。在运输产品价格不变的情况下，企业成本越低，需要补偿的部分越小，取得的盈利就大，经营结果也好；反之，企业成本高，需要用收入补偿的部分大，取得的盈利就小，甚至出现亏损，经营效果也差。因此，以成本作为生产经营耗费的补偿尺度，对于保证运输企业再生产的顺利进行和降低成本、增加盈利，都有重要的意义。

（2）铁路成本是考核企业经济效益、进行盈亏分析的重要内容。铁路运输业在生产经营方面的各项经济活动，企业劳动生产率的高低，工资、材料、燃料等生产要素消耗的多少，运输生产技术水平、机车车辆设备利用程度等，都会直接或间接地反映在成本的变动上。成本不仅能反映企业各方面工作的质量，还能作为推动、提高企业经营管理水平的有利杠杆。例如，通过正确制定和严格执行成本计划，可以事先控制产品成本水平，及时监控各项费用支出，努力降低成本；又如通过动态的成本分析，可使企业及时发现生产中节约和浪费情况，从而总结经验，查找问题，采取有效措施，充分挖掘潜力，更加合理地使用人力、物力和财力，以实现用最小的支出换取最大的经济效益。

（3）铁路成本是企业经营决策和投资决策的重要手段。成本是评价企业经济效益的一项重要指标。铁路企业在选择投资方向、推广采用新技术、调整生产力布局以及改善运输生产组织等决策时，都要进行技术经济论证，成本是衡量和测算经济效益的一个重要因素。在对各项决策进行评价的过程中，准确的成本信息也是一个重要依据。

(4) 铁路成本是制定和调整铁路运价以及企业间劳务清算价格的重要依据。铁路运输产品价格的制定和调整要符合运输产品的价值，这是商品经济社会的基本经济规律。由于目前还不能直接计算铁路运输产品价值，只能通过成本间接地、相对地掌握运输产品价值。一般情况下，在确定产品价格的工作中，产品价格通常是以产品成本为基础，加上一定的盈利，同时按照国家经济宏观调控和其他有关政策进行适当调整后确定。铁路是以有形的轨道路网为基础的联动机，铁路各企业之间联劳协作才能顺利完成某项运输任务。在完成旅客和货物运送过程中，各企业间相互提供劳务是必然的。在社会主义市场经济下，作为市场主体的运输企业之间相互劳务提供应是有偿的，必须以劳务成本（主要是运输环节的有关运营作业成本）为基础，制定劳务清算价格，进行相互清算。

2. 铁路成本的特点

铁路成本有其自身的特点，这种特点是与自身生产和经营过程的特点相联系的。铁路运输的基本任务就是运送旅客和货物，其产品形式是以人·公里和吨·公里计算的旅客和货物在空间和时间上的位移，运输产品本身不具有实物形态。尽管如此，在运输产品生产过程中，与生产其他产品相同，也要消耗物化劳动和活劳动。这些劳动的消耗，构成了运输产品价值。同其他企业一样，铁路运输企业的产品成本也有单位成本和总成本之别。铁路运输单位成本一般是指完成单位运输产品所耗费的支出，运输总成本是指一定时期内完成运输产品所消耗的支出总额。铁路成本与其他产品成本相比，有以下两个特点：

(1) 铁路成本中没有组成产品实体的原料支出。一般工业产品成本中，组成产品实体的原料消耗占有较大比重，而铁路运输产品是旅客或货物的位移，不具有实物形态，虽然铁路运输生产过程中也发生材料支出，但这部分支出主要用于铁路线路、机车车辆、房屋站场设备等方面的修理支出。

(2) 固定资产折旧费用和修理支出占铁路总成本的比重很大。铁路从事旅客和货物运输，保证运输生产的正常进行需要建筑线路站场、房屋建筑物，使用大量的机车车辆和其他固定资产，这些固定资产的价值很高、使用时间比较长，造成运输生产过程中发生的固定资产折旧费用和修理支出占运输总成本的比重很大，而一般工业产品成本中这些费用所占比重相对较小。根据1998年有关统计资料，铁路成本中，仅折旧和大修理支出占的比重达32.5%，而同期工业企业折旧和大修理支出占地比重仅达6%左右。

二、铁路运输成本构成及分类

铁路运输生产经营中耗费的具体内容和项目是多种多样的，根据中华人民共和国财政部1993年颁布的运输企业财务制度，铁路运输生产经营中的各种耗费统称为成本费用。为满足铁路成本管理各环节的需要，可以从不同角度对铁路成本费用进行分类，这种基础性的划分对成本计算与分析是十分必要的。常见的与成本计算关系密切的成本费用的分类有以下几种：

1. 按照运输企业财务制度规定，铁路成本费用分为营运成本、管理费用、财务费用以及营业外收入和支出

营运成本是指铁路企业营运生产过程中实际发生的与营运生产直接有关的各项支出；管理费用是指企业行政管理部门为管理和组织运输生产所发生的各项费用以及企业管理性质的

支出；财务费用是指企业为筹集资金而发生的各项支出；营业外收入和支出是指与企业生产经营活动没有直接关系的有关收入和支出。

2. 按照成本费用的经济要素构成，铁路成本费用分为工资、材料、燃料、电力、折旧和其他六大要素

① 工资要素，指由成本费用负担的支付给企业生产和管理人员的各种工资、奖金、津贴以及标准的工资结算收入与实际工资支出的差额；② 材料要素，指运营生产经营过程中以及各项运营设备运用养护修理过程中所消耗的材料、配件、油脂、工具备品、劳动保护用品等有实物形态的物品；③ 燃料要素，是指运营设备运用、养护和修理以及运营生产经营过程中发生的固体、液体、气体等燃料支出；④ 电力要素，是指运营设备运用、养护和修理以及运营生产经营过程中发生的电力支出；⑤ 折旧要素，是指固定资产在运用过程中因磨耗而转移到产品或作业中的那部分价值，是对固定资产价值的一种补偿方式；⑥ 其他要素，是指在运营生产经营过程中发生的不属于以上各支出要素的有关支出。

3. 按照支出发生的生产部门分类，可分为运输、机务、车辆、工务、电务、房建等部门支出，这种分类适应了生产专业分工和经济核算责任制的需求

对于营运成本，按照在运输生产过程中的功能和作用分类，又分为线路及建筑物、设备、运输、其他四大类，反映运输生产各环节实际作用过程。这种成本分类为“网运分离”的生产经营管理体制的改革创造了一定条件。

4. 按照支出与运量（或运营工作量）的关系来分类，可以分为与运量变动有关的变动成本和与运量无关的固定成本两大类

变动成本是指随客货运量的增加和减少相应发生变化的支出，如机车牵引燃料费和修理费等。固定成本是指在一定时期，在一定的运量范围内相对稳定的支出。例如折旧费、修理费中的大部分是相对固定的。这种分类方法对研究掌握成本费用变化规律，进行更有效的成本计算分析有特别重要的作用。从另一个角度需要特别指出的是，变动成本与固定成本的划分是相对的，其划分界定存在一个时间域或者工作量域，有些成本在较短时间内（如 1 年）可能是不变的，如果时间再长些，可能就会随着规模等因素变化，总量上也发生变化，转为变动成本。因此，从这点看，变动成本可分为短期变动成本和长期变动成本。这些分类运用对市场经营中价格策略、本利分析、投资评估、可行性研究和成本效益分析有着更加现实重要的作用。

5. 按照运输作业过程与距离的关系，可以将营运成本分为发送作业费、中转作业费、运行作业费和到达作业费

发送作业费是指从货物承运时起，经过装车作用、编组作业直至列车出发时止所发生的支出；中转作业费是指货车和零担货物在到达中转站时起，至中转作业完成发车时止所发生的支出；运行作业费是指列车在运行途中所发生的一切支出；到达作业费是指货车到达卸货站时起，直至卸货完了办理交付手续，将车辆调出时止所发生的一切支出。将发送作业费和到达作业费合并称为发到作业费。这部分费用，在每次办理货物托运手续时，对每批货物只一次收取费用，其金额与运距无关。因而在计算其成本时，随着运距的延长，分摊到每吨·公里上的发到作业费呈递远递减的态势，而运行作业费和中转作业费随着运距的延长而相应

成比例增长。这种分类方法反映了铁路成本随运输距离变化的特点，对制定铁路运价有十分重要的意义。

第二节　铁路运输作业成本计算的基本原理

作业成本及其计算是铁路点到点成本计算的基本要素。运用作业成本及其方法计算铁路成本是以往未曾涉及的。产品需要作业，作业消耗资源，铁路位移产品成品可分解为作业成本，也可由作业成本组合而成。铁路运输生产过程分为发送、运行、中转和到达 4 个环节，各个环节成本又受相关作业成本影响。

一、铁路运输成本计算方法概述

铁路运输企业是具有特殊性的联系式生产型企业，为了完成某项旅客或货物空间变化的位移产品，从旅客或货物发送开始，各项生产作业是连续不间断的，而且这种连续不间断过程中很少存在或根本不存在上道工序的半成品与下道工序补充加工的界限和结果。铁路机车牵引、车辆运行、工电设备基础支持也就不能发挥正常作用，最终产品无法完成。这就是铁路运输各个生产环节联动机的特点。与此相适应，铁路运输企业成本费用的核算和管理实行分级、分生产部门、分生产作业过程的方式，各生产环节支出耗费与各个环节生产作业量密切联系。所以，在铁路成本计算方法中，引进作业、作业成本概念及其模型方法是符合铁路实际的有效方法。

铁路成本计算期内容和方法很多，但是目前制度性、规范性的内容和方法只有定期（年或季）的全路范围或企业范围的换算周转量平均成本计算、旅客人 · 公里平均成本计算和货物吨 · 公里平均成本计算，以及有关站段主要工作量平均成本计算。这类平均成本是指包括固定支出、变动支出在内的财务决算成本，其计算模型比较简单。定期的、不定期的单项成本计算、管理成本计算是没有统一制度规定的。

$$\text{换算周转量单位支出}=\frac{\text{全路或企业全年(季)客货运总支出(或营业支出)总额}}{\text{全路或某企业全年(季)客货运换算周转量总计}}$$

$$\text{旅客人}\cdot\text{公里成本}=\frac{\text{全路或某企业全年(季)客运总支出(或营业支出)总额}}{\text{全路或某企业全年(季)客运人}\cdot\text{公里总计}}$$

$$\text{货物吨}\cdot\text{公里成本}=\frac{\text{全路或企业全年(季)货运总支出(或营业支出)总额}}{\text{全路或某企业全年(季)货物吨}\cdot\text{公里总计}}$$

$$\text{站段工作量成本}=\frac{\text{某站段全年(季)总支出(或营业支出)总额}}{\text{某站段全年(季)工作量完成总计}}$$

二、铁路运输作业成本计算

1. 作业成本法

作业成本法起源于 20 世纪 80 年代，主要应用在制造业中。其产生背景是制造业的研究与开发费用、管理费用等间接费用在产品成本中的比重日益提高，产品品种增加而批量相对减少。如果沿用传统的成本计算方法，即以直接生产工时、机器小时或材料费去分摊间接费，就会出现成本计算和实际投入的误差，有些需要更多研究和开发费用的“复杂”产品可能由于消耗工时、机器小时或直接材料较少的原因而造成成本被“低估”，相反其他产品的成本被“高估”。据此提供的产品成本信息会对营销和管理等决策产生误导作用。

为实现成本计算的准确性和成本管理的科学性，在产品和成本之间引入了“作业”概念。作业成本法的基本原理就是“产品需要作业，作业消耗资源”，其理论基础是“成本动因论”，这种理论认为分配费用应着眼于这些成本的来源，把成本的分配与导致其发生的原因结合起来。作业成本的出发点是研究产品生产所需要的各种广义的作业，如研究开发、生产、管理和营销等作业，为了在所有需要相关作业的产品（或作业）中分摊相应的作业成本，首先必须找到能够代表作业量大小的指标，然后计算单位作业指标的成本，把产品（或作业）成本按照需要作业的指标量进行分配。

2. 作业成本法的几个基本概念

（1）作业，是指为提供一定量的产品或劳务而进行的各种消耗资源的活动。这里所说的资源应理解为广义的资源，是包括人力、技术、资金和原材料等的集合体。作业可以根据成本计算的需要进行分解和细化，例如，在计算产品成本时，铁路运输所完成的位移可以看成是一个完整的作业。而在计算成本时，就要把运输生产过程分解为发送、运行、中转、到达等作业，甚至有些作业过程还要继续分解。

（2）成本动因，是导致成本发生的因素，它表示某项作业和某些成本之间的因果关系，成本动因是成本结构的决定性因素。例如，由于机车运行要消耗油脂，机车公里就是油脂消耗作业的动因。资源动因和作业动因是成本动因的两种形式。

（3）资源动因，是将资源耗费分解分配到各项作业上的量化标准，即支出耗费量与作业量之间的相互关系。

（4）作业动因，将作业分配到产品或劳务中的标准，即作业消费量与企业产出量之间的相互关系。

（5）成本性态，是指成本变动与业务量之间的关系，根据成本与业务量之间的依存关系，可将成本分为固定成本、变动成本和半变动成本。固定成本是指总额在相关范围内，不受业务量水平变化而变化的支出；变动成本是指随着业务量的变化而成正比例变化的成本；半变动成本是指成本总额随业务量的变化而变化，但其变化的幅度并不与业务量的变化保持严格的比例。

作业概念的引入是成本性态的研究进入了一个更深的层次，即从产销量和成本之间的关系发展到作业量与成本之间的关系。同时，它能够解释消耗成本费用的原因即成本动因，有了成本动因，成本的预测、计划、分析、计算以及控制等各项管理工作都可以深入到各个作业环节中去，通过研究作业过程的成本，可以发现有效作业和无效作业，区分高效作业和低效作业，寻求降低成本的途径，提高成本的竞争能力。

3. 作业成本计算一般公式

作业成本计算的一般原理是作业量乘以单位作业成本，但成本支出按其与作业量的变动关系，又分为变动成本、固定成本和半变动成本。因此，作业成本计算以下列公式一表示，当固定成本为零时，作业成本计算就简化为公式二。

公式一：作业全成本＝作业量×单位变动成本＋固定成本

公式二：作业变动成本＝作业量×单位变动成本

三、运营作业的设计

确立铁路运营作业是作业成本计算的首要条件之一。一项作业即是生产过程的一部分，以作业量代表产出量，产出量的多少决定着作业的耗用量。选择某项运营作业代表运输生产某个环节，并以某项运营指标表示该项作业，这种确定过程需遵循以下原则：

（1）整个运输生产环节的划分要符合实际，环节特点突出。

（2）每个生产环节的作业选取要具有代表性，能全面反映生产过程中各项主要设备运用情况。

（3）每项作业的选择要便于生产过程中各项支出耗费的归集和反映。

根据目前铁路运输生产组织特点，结合作业成本计算原理要求，铁路运输生产过程各项作业归纳划分为发到、运行、中转三大环节，分客运、货运两大类。

客运作业分别以旅客发送人数和行包发送（到达）及中转吨、旅客车辆公里、列车公里、客运机车公里、车辆小时、机车小时、专调小时、客运总重吨·公里、客运通过总重吨·公里等 11 项运营指标反映。

货运作业分别以货物发送（到达）车数或吨数、中转吨数、集装箱小时、货车公里、货运机车公里、机车公里、车辆小时、机车小时、专调小时、货运总重吨·公里、货运通过总重吨·公里等 11 项运营指标反映。

四、运营作业的支出归集

在运输产品分解为各项作业，并确定代表各项作业的运营指标之后，就要围绕作业中心，对照各项运营指标，将完成运输产品的各种支出耗费归集到各个作业指标上，作业量的多少决定着支出耗费的多少。某类支出或某几个支出科目归集到一项作业之中，形成与该作业对应的支出科目分组集合或科目群。铁路作业成本计算的作业、作业指标以及支出分组集合的相应分配、归集汇总见表 2.5.1。

表 2.5.1　铁路作业成本计算表

<table>
<tr><th colspan="2">作　业</th><th>运营作业指标</th><th>对应成本费用的范围</th></tr>
<tr><td rowspan="9">客运作业</td><td rowspan="2">发到作业</td><td>发送千人</td><td>与旅客发到作业有关的人工、车站旅客服务等支出</td></tr>
<tr><td>专调小时</td><td>客车调车有关支出</td></tr>
<tr><td rowspan="2">行包运输作业</td><td>行包发到千件</td><td>与行包发到作业相关的人员工资及行李房支出等</td></tr>
<tr><td>行包中转千件</td><td>行包中转有关费用</td></tr>
<tr><td rowspan="3">机车牵引作业
(分牵引动力别)</td><td>客运机车公里</td><td>与客运机车走行相关的人员工资、运用、检修等支出</td></tr>
<tr><td>客运机车小时</td><td>机车折旧</td></tr>
<tr><td>客运总重吨·公里</td><td>机车运行用燃料电力支出</td></tr>
<tr><td rowspan="2">车辆运载作业</td><td>客车车辆公里</td><td>与客车走行相关的人员工资、运用、检修等支出</td></tr>
<tr><td>客车小时</td><td>客车机车车辆折价</td></tr>
</table>

续表　2.5.1

作　　业		运营作业指标	对应成本费用的范围
货运作业	发到作业	货物发到千吨	货运站及货运发到作业人员工资及相关支出等
	中转作业	货物中转千吨	货物中转、装卸相关支出
	机车牵引作业	货运机车走行公里	与货运机车相关的人员工资及相关支出等
		货运机车小时	机车折旧
		货运总重吨·公里	机车牵引燃料、电力支出
	编解作业	专调小时	编解（取送）车辆发生的人员工资、专用调车机车等支出以及编组站线路、信号等支出
	货车运载作业	货车车辆公里	与货车运用走行检修相关的人员工资、车辆检修等支出
		货车小时	货车车辆折旧
		集装箱小时	与集装箱运用检修等相关的全部支出
基础作业	轨道线路基础作业	线路通过总重吨·公里（分别客货运）	工务部门的支出（含编组站部分）
	列车运行电务设备作业	列车公里（分别客货运）	电务部门信号支出（含编组站部分）
	车站、站舍	发送千人、千吨	车站、房屋、建筑物相关支出

第三节　铁路客货运成本计算

一、铁路客货运成本计算的一般表达式

客货运成本计算的基本步骤为按照作业环节分别计算各项运营作业成本后，再进行累加求和。根据不同计算要求，可以分别计算不同范围、不同环节、不同品类的平均成本、变动成本、全成本。

从始发站到终点站的运输过程的点到点成本＝发送环节作业量×发到作业单位变动支出＋中转环节作业量×中转作业单位变动支出(客运无此项计算)＋运行环节作业量×运行作业单位变动支出＋到达环节作业量×发到作业单位变动支出

各环节的支出＝$\sum$本环节各作业量×对应的单位变动支出

以上公式仅仅是点到点运输的变动成本计算，未包括特定运输的特定成本因素，未包括固定成本，若含这两方面因素的成本计算公式是：

某项运输的全成本＝$\sum$作业量×单位作业变动支出＋特定成本＋固定成本

需要特别指出，铁路成本计算系统（点到点计算系统）数据输出的基本属性是变动成本，也就是说客货运成本计算的主要内容和方法公式是变动成本范围的。把变动成本作为成本计

算系统主要产出内容的认识是借鉴国外铁路成本计算的基本做法。在国外，特别是西方发达国家铁路，对变动成本的界定和计算十分重视，认为其涉及企业日常成本控制、分析，是经营管理决策的一个重要问题，是市场竞争价格策略制定、本利分析、投资可行性分析评估等方面非常重要的基础。我国铁路参与运输市场竞争越来越突出，运营成本效益评价、运营决策情况越来越多，需要更科学更合理更有力的成本信息，在这一点上，变动成本比传统的完全成本具有更强更现实的适应性。由于完全成本的概念在目前我国经济生活的影响仍然存在，有些方面对铁路成本信息的需求还是全成本意义上的。

对于客货运成本计算公式产出的变动成本，依照不同的作业成本组合以及各项作业成本所含内容范围，可分为短期变动成本和长期变动成本。一般来说，一年之内随着工作量变动而变动的那些作业成本及其组合构成短期变动成本，主要包括机车运用的能源支出，运输设备设施的维修费，运输生产过程其他一些日常耗费如煤、水、电、日常通讯费用、人员工资，等等。长期变动成本应包括运输生产经营全过程的各方面变动性支出，甚至可以把一部分折旧、资本成本计算在内。全成本、短期变动成本、长期变动成本信息具有各自不同的应用范围。

二、铁路旅客运输成本计算

1. 计算公式

某次客运列车成本

＝基于发送作业量计算的成本＋基于运行作业量计算的成本＋行包运输成本＋特定成本

＝发到作业量×发到作业单位变动支出＋$\sum$(分类的运行作业量×运行作业单位变动支出)＋行包运输成本＋特定成本

＝发到人×发到人单位变动支出＋调车小时×调车小时单位变动支出＋运行车辆小时×运行车辆小时单位变动支出＋运行车辆公里×运行车辆公里单位变动支出＋机车小时×机车小时单位变动支出＋机车公里×机车公里单位变动支出＋列车公里×列车公里单位变动成本＋总重吨·公里×总重单位变动支出＋通过总重×通过总重单位变动支出＋行包发送吨×行包发送单位变动支出＋行包中转吨×行包中转单位变动支出＋特定成本

＝发到人×[支出$^{\text{车站－客}}$(车站费用)×(1＋支出^{附})]＋调车小时×[支出1^{局}(非编组站调车费用)×(1＋支出^{附})＋支出2$^{\text{局－蒸、内}}$(调车机燃料)×(1＋支出^{附})＋支出3$^{\text{局－蒸、内－客}}$(调车机工资)×(1＋支出^{附})＋支出4$^{\text{局－蒸、内－客}}$(调车机油脂)×(1＋支出^{附})＋支出5$^{\text{局－蒸、内－客}}$(调车机修理)×(1＋支出^{附})＋支出6^{局}(工务线路费用)×(1＋支出^{附})＋支出7^{局}(电务信号费用)×(1＋支出^{附})＋支出8^{局}(工务折旧)×(1＋支出^{附})＋支出9^{局}(信号设备折旧)×(1＋支出^{附})＋支出10^{局}(调车机折旧)]＋(发到客车车辆小时＋运行客车车辆小时)×[支出$^{\text{全路－车型－客}}$(客车折旧)×(1＋支出^{附})]＋$\sum$(成本计算区间)车辆公里×[支出1$^{\text{局－客}}$(维修费用)×(1＋支出^{附})＋支出2$^{\text{局－车型－客}}$(段修费用)×(1＋支出^{附})＋支出3$^{\text{局－车型－客}}$(大修费用)×(1＋支出^{附})＋支出4$^{\text{局－客}}$(其他折旧)×(1＋支出^{附})]＋$\sum$(成本计算区间)机车小时×[支出$^{\text{全路－机型}}$(机车折旧)×(1＋支出^{附})]＋$\sum$(成本计算区间)机车公里×[支出1$^{\text{段－机种－客}}$(油脂)×(1＋支出^{附})＋支出2$^{\text{段－机型－客}}$(中修费用)×(1＋支出^{附})＋支出3$^{\text{段－机型－客}}$(大修费用)×(1＋支出^{附})＋支出4$^{\text{段－机种－客}}$(其他维修费用)×(1＋支出^{附})＋支出5$^{\text{段－机种－客}}$(乘务人员工资)×(1＋支出^{附})＋支出6^{局}(其他折旧)×(1＋支出^{附})＋支出7$^{\text{区间－电力－客}}$(电气化铁路供电系统维修)×(1＋支出^{附})＋支出8$^{\text{区间－客}}$(电气化铁路

供电系统折旧)×(1＋支出^{附})]＋$\sum$(成本计算区间)列车公里×[支出 1^{区间}(电务信号费用)×(1＋支出^{附})＋支出 2$^{\text{局－客}}$(车站运转费用)×(1＋支出^{附})＋支出 3$^{\text{局－客}}$(旅客列车服务费用)×(1＋支出^{附})＋支出 4$^{\text{局－客}}$(客列检费用)×(1＋支出^{附})＋支出 5$^{\text{局－客}}$(空调车运行费用)×(1＋支出^{附})＋支出 6^{区间}(信号折旧)×(1＋支出^{附})＋支出 7^{局}(调度所费用)×(1＋支出^{附})＋支出 8^{局}(事故赔偿费用)×(1＋支出^{附})]＋$\sum$(成本计算区间)总重吨·公里×[支出 1^{段一机种一客}(机车整备费用)×(1＋支出^{附})＋支出 2^{区间一机型一客}(燃料费用)×(1＋支出^{附})＋支出 3^{局}(行车公寓费用)×(1＋支出^{附})]＋$\sum$(成本计算区间)通过总重吨·公里×[支出 1^{区间}(工务修理费用)×(1＋支出^{附})＋支出 2^{区间}(线路折旧)×(1＋支出^{附})]＋(行包发送吨＋行包中转吨)×支出^{局}(行李包裹运送费用)＋特定成本。

2. 公式参数解释说明

（1）发到人。

支出$^{\text{车站－客}}$：单位发到人变动支出，对应于车站费用，表示每发到人所需的车站费用，专指客运。全路客运分为特等站、一等站和其他三个等级，其中，特等站、一等站和部分其他等级车站每站分别计算支出，其余为段内各车站共用一个支出。

（2）调车小时。

支出 1^{局}：单位调车小时变动支出，对应非编组站调车费用，表示每非编组站调车小时所需的调车费用。全路编组站分为 49 个编组站和非编组站两大类，调车单位支出以局范围分类。

支出 2$^{\text{局－蒸、内}}$：单位调车小时调车机车燃料变动支出，对应调车燃料费用，表示每非编组站调车小时的燃料费用。调车机车分蒸汽、内燃两大类，支出以局范围分类。

支出 3$^{\text{局－蒸、内}}$：单位调车小时调车机车人员工资变动支出，对应调车机工资费用，表示每非编组站调车小时的工资费用，调车机车分蒸汽、内燃两大类，支出以局范围分类。

支出 4$^{\text{局－蒸、内}}$：单位调车小时调车机车油脂变动支出，对应调车机油脂费用，表示每非编组站调车小时的调车机油脂费用。调车机车分蒸汽、内燃两大类，支出以局范围分类。

支出 5$^{\text{局－蒸、内}}$：单位调车小时调车机车修理费变动支出，对应调车机修理费用，分蒸汽、内燃两大类，支出以局范围分类。

支出 6^{局}：单位调车小时调车线路修理变动支出，对应工务线路费用，支出以局范围分类。

支出 7^{局}：单位调车小时电务信号修理运用变动支出，对应电务信号费用，支出以局范围分类。

支出 8^{局}：单位调车小时站线线路固定资产折旧变动部分的支出，对应工务折旧费用，支出以局范围分类。

支出 9^{局}：单位调车小时站线信号固定资产折旧变动部分的支出，对应信号设备折旧费用，支出以局范围分类。

支出 10^{局}：单位调车小时调车机车固定资产折旧变动支出，对应非编组站调车机折旧费用，支出以局范围分类。

（3）发到客车车辆小时＋运行客车车辆小时。

支出$^{\text{全路－车型－客}}$：单位小时客车固定资产折旧变动支出；对应客车折旧费用，支出以全路分客车车型为分类范围。

（4）车辆公里。

支出 1$^{\text{局－客}}$：单位公里客车维修变动支出，对应客车维修费用，支出以局范围分类。

支出 $2^{局一车型一客}$：单位公里客车段修变动支出，对应客车段修费用，支出以全路分客车车型为分类范围。

支出 $3^{局一车型一客}$：单位公里客车大修变动支出，对应客车大修费用，支出以全路客车车型为分类范围。

支出 $4^{局一客}$：单位公里客车相关的其他固定资产折旧变动支出，对应客车其他折旧费用，支出以局范围分类。

（5）机车小时。

支出$^{全路-机型}$：单位小时机车固定资产折旧变动支出，对应机车折旧，支出以全路分机车车型为分类范围。

（6）机车公里。

支出 $1^{段一机种一客}$：单位公里机车油脂变动支出，对应机车运行用油脂费用，支出以各段分客运机车车型为分类范围。

支出 $2^{段一机型一客}$：单位公里机车中修变动支出，对应机车中修费用，支出以各段分客运机车车型为分类范围。

支出 $3^{段一机型一客}$：单位公里机车大修变动支出，对应机车大修费用，支出以各段分客运机车车型为分类范围。

支出 $4^{段一机种一客}$：单位公里机车其他修理变动支出，对应机车其他维修费用，支出以各段分客运机车车型为分类范围。

支出 $5^{段一机种一客}$：单位公里机车乘务员工资变动支出，对应客运机车乘务人员工资，支出以各段分客运机车车型为分类范围。

支出 $6^{局}$：单位公里机务其他设备固定资产折旧变动支出，对应机务其他折旧费用，支出以局范围分类。

支出 $7^{区间一电力一客}$：单位公里电气化铁路检修变动支出，对应电气化铁路供电系统维修费用，支出以供电区间的电力机车分类。

支出 $8^{区间一客}$：单位公里电气化铁路固定资产折旧变动支出，对应电气化铁路供电系统折旧费用，支出以供电区间的电力机车分类。

（7）列车公里。

支出 $1^{区间}$：单位列车公里信号变动支出，对应电务信号费用，支出以区间为分类范围。

支出 $2^{局一客}$：单位公里车站运转变动支出，对应车站运转费用，支出以局客运为分类范围。

支出 $3^{局一客}$：单位公里旅客列车服务变动支出，对应旅客列车服务费用，支出以局客运为分类范围。

支出 $4^{局一客}$：单位公里旅客列车客检变动支出，对应旅客列车客检费用，支出以局客运为分类范围。

支出 $5^{局一客}$：单位公里空调车变动支出，对应空调车运行费用，支出以局客运为分类范围。

支出 $6^{区间}$：单位公里线路信号折旧变动支出，对应正线信号折旧费用，支出以区间为分类范围。

支出 $7^{局}$：单位公里调度所变动支出，对应调度所费用，支出以局为分类范围。

支出 $8^{局}$：单位公里变动事故赔偿变动支出，对应事故赔偿费用，支出以局为分类范围。

（8）总重吨 · 公里。

支出 1$^{\text{段—机种—客}}$：单位机车总重装备变动支出，对应客运机车整备费用，支出以各段分客运机车车种为分类范围。

支出 2$^{\text{区间—机型—客}}$：单位机车燃料变动支出，对应客运机车燃料费用，支出以各段分客运机车车种为分类范围。

支出 3^{局}：单位乘务员行车公寓变动支出，对应行车公寓费用，支出以各段分局为分类范围。

（9）通过总重吨 · 公里。

支出 1^{区间}：单位线路通过总重线路修理变动支出，对应工务修理费用，支出以区间为分类范围。

支出 2^{区间}：单位通过总重线路固定资产折旧变动支出，对应线路折旧费用，支出以区间为分类范围。

（10）行包发送吨＋行包中转吨。

支出 1^{敬意}：单位行包发送（到达、中转）吨变动支出，对应行李包裹运送费用，支出以局为分类范围。

支出^{附}：对应得附加支出率。

（11）特定成本：对应某次运输过程的专项支出。

在这里，行包运送成本作为旅客列车成本的构件一起处理计算，但也完全可以通过作业成本方法单独计算行包、邮政运输的车公里成本，甚至是行包、邮政专列成本。

三、铁路货物运输成本计算

1. 公式

设：$F=1$（整车运输）、$F=0$（零担、集装箱运输）、$P=1$（部署车）、$P=0$（企业自备车）。

某品类货物运输成本

＝基于发到作业量计算的成本＋基于中转作业量计算的成本＋基于运行作业量计算的成本

＝发到作业量×发到作业单位变动支出＋中转作业量×中转作业单位变动支出＋

$\sum$(分类的运行作业量 ×运行作业单位变动支出)＋特定成本

＝发送车数×发送车数单位变动支出＋发到调车小时×发到调车小时单位变动支出＋P×发到车辆小时×发到车辆小时单位变动支出＋F×(中转调车小时×中转调车小时单位变动支出)＋P×中转车辆小时×中转车辆小时单位变动支出＋(1－F)×(货物中转吨×货物中转作业单位变动支出)＋P×运行车辆小时×运行车辆小时单位变动支出＋$\sum$(列车公里×列车公里单位变动支出＋车辆公里×车辆公里单位变动支出＋机车公里×机车公里单位变动支出＋机车小时×机车小时单位变动支出＋总重吨 · 公里×总重吨 · 公里单位变动支出＋通过总重吨 · 公里×通过总重吨 · 公里单位变动支出)＋特定成本

＝发送车数×[支出^{车站}(车站货物运输费用)×(1＋支出^{附})]＋发到调车小时×[支出 1^{局}(非编组站调车费用)×(1＋支出^{附})＋支出 2$^{\text{局—蒸、内—货}}$(调车机燃料)×(1＋支出^{附})＋支出 3$^{\text{局—蒸、内—货}}$(调车机工资)×(1＋支出^{附})＋支出 4$^{\text{局—蒸、内—货}}$(调车机油脂)×(1＋支出^{附})＋支出 5$^{\text{局—蒸、内—货}}$(调车机修理)×(1＋支出^{附})＋支出 6^{局}(工务线路费用)×(1＋支出^{附})＋支出 7^{局}(电务信号费用)×(1＋支出^{附})＋支出 8^{局}(工务折旧)×(1＋支出^{附})＋支出 9^{局}(信号设备折旧)×(1＋支出^{附})＋P×(发到车辆小时＋F×中转车小时＋运行车辆小时)×[支出$^{\text{全路—车种—货}}$×(1＋支出^{附})]＋

$\sum$(成本计算区间)车辆公里 ×[支出 1$^{\text{全路－货}}$(维修费用)×(1＋支出^{附})＋支出 2$^{\text{全路－车种－货}}$(段修费用)×(1＋支出^{附})＋支出 3$^{\text{全路－车种－货}}$(大修费用)×(1＋支出^{附})＋支出 4$^{\text{局－货}}$(其他折旧)×(1＋支出^{附})]＋ $\sum$(成本计算区间) 机车小时 ×[支出$^{\text{全路－机型}}$(机车折旧)×(1＋支出^{附})]＋ $\sum$(成本计算区间) 机车公里×[支出 1$^{\text{段－机种－货}}$(油脂)×(1＋支出^{附})＋支出 2$^{\text{段－机种－货}}$(中修费用)×(1＋支出^{附})＋支出 3$^{\text{段－机种－货}}$(大修费用)×(1＋支出^{附})＋支出 4$^{\text{段－机种－货}}$(其他维修费用)×(1＋支出^{附})＋支出 5$^{\text{段－机种－货}}$(乘务人员工资)×(1＋支出^{附})＋支出 6^{局}(其他折旧)×(1＋支出^{附})＋支出 7$^{\text{区间－电力－货}}$(电气化铁路供电系统维修)×(1＋支出^{附})＋支出 8$^{\text{局－货}}$(电气化铁路供电系统折旧)×(1＋支出^{附})]＋ $\sum$(成本计算区间) 列车公里×[支出 1^{区间}(电务信号费用)×(1＋支出^{附})＋支出 2$^{\text{局－货}}$(车站运转费用)×(1＋支出^{附})＋支出 3^{区间}(信号折旧)×(1＋支出^{附})＋支出 4^{局}(调度所费用)×(1＋支出^{附})＋支出 5^{局}(事故赔偿费用) ×(1＋支出^{附})＋支出 6$^{\text{局－货}}$(货列检)×(1＋支出^{附})]＋ $\sum$(成本计算区间) 总重吨 · 公里×[支出 1$^{\text{段－机种－货}}$(机车整备费用)×(1＋支出^{附})＋支出 2$^{\text{区间－机型－货}}$(燃料费用)×(1＋支出^{附})＋支出 3^{局}(行车公寓费用)×(1＋支出^{附})]＋ $\sum$(成本计算区间) 通过总重吨 ·公里×[支出 1^{区间}(工务修理费用)×(1＋支出^{附})＋支出 2^{区间}(线路折旧)×(1＋支出^{附})]＋(1－F)×货物中转吨^{零集}×[支出^{地区}×(货物作业中转费)×(1＋支出^{附})]＋ $\sum$编组站 调车小时×[支出 1$^{\text{局－蒸、内货}}$(调车机燃料) ×(1＋支出^{附})＋支出 2$^{\text{局－蒸、内货}}$(调车机工资)×(1＋支出^{附})＋支出 3$^{\text{局－蒸、内货}}$(调车机油脂)×(1＋支出^{附})＋支出 4$^{\text{局－蒸、内货}}$(调车机修理)×(1＋支出^{附})＋支出 5^{编组站}(工务线路费用)×(1＋支出^{附})＋支出 6^{编组站}(电务信号费用)×(1＋支出^{附})＋支出 7^{编组站}(工务费用)×(1＋支出^{附})＋支出 8^{编组站}(信号设备折旧)×(1＋支出^{附})＋支出 9^{编组站}(车站费用)×(1＋支出^{附})]＋特定成本。

2. 公式参数解释说明

（1）发送车数。

支出^{车站}：单位发到车车站变动支出，对应于车站货物运输费用，分类同客运。

（2）发到调车小时。

支出 1～支出 9：同客运。

（3）发到车辆小时＋中转车辆小时＋运行车辆小时。

支出$^{\text{全路－车种－货}}$：单位货车小时变动支出，对应货车折旧费用，支出以全路分货车车种为分类范围。

（4）车辆公里。

支出 1$^{\text{全路－货}}$：单位公里货车公里维修变动支出，对应货车维修费用，支出以分局范围分类。

支出 2$^{\text{全路－车种－货}}$：单位公里货车公里段修变动支出，对应货车大修费用，支出以全路分货车车种为分类范围。

支出 3$^{\text{全路－车种－货}}$：单位公里货车大修变动支出，对应货车大修费用，支出以全路货车车种为分类范围。

支出 4$^{\text{局－货}}$：单位公里货车公里其他折旧变动支出，对应货车其他折旧费用，支出以局范围分类。

（5）机车小时。

支出$^{\text{全路-机型}}$：单位小时机车变动支出，对应机车折旧，支出以全路分机车车型为分类范围。

（6）机车公里。

支出 1～8：同客运。

（7）列车公里。

支出 1^{区间}：单位列车公里信号变动支出，对应电务信号费用，支出以区间为分类范围。

支出 2$^{\text{局-货}}$：单位公里车站运转变动支出，对应车站运转费用，支出以局货运为分类范围。

支出 3^{区间}：单位公里信号折旧变动支出，对应正线信号折旧费用，支出以区间为分类范围。

支出 4^{局}：单位公里调度所变动支出，对应调度所费用，支出以局为分类范围。

支出 5^{局}：单位公里货运事故赔偿变动支出，对应事故赔偿费用，支出以局为分类范围。

支出 6$^{\text{局-货}}$：单位公里货列检变动支出，对应事故赔偿费用，支出以局客运为分类范围。

（8）总重吨 · 公里。

支出 1$^{\text{段-机种-货}}$：单位机车总重装备变动支出，对应客运机车整备费用，支出以各段分货运机车车种为分类范围。

支出 2$^{\text{区间-机型-货}}$：单位机车燃料变动支出，对应货运机车燃料费用，支出以各区间分货运机车车种为分类范围。

支出 3^{局}：单位乘务员行车公寓变动支出，对应行车公寓费用，支出以各段局为分类范围。

（9）通过总重吨 · 公里。

支出 1^{区间}：单位线路通过总重线路变动支出，对应工务修理费用，支出以区间为分类范围。

支出 2^{区间}：单位通过总重线路折旧变动支出，对应线路折旧费用，支出以区间为分类范围。

（10）货物中转吨。

支出^{地区}：单位货物中转作业变动支出，对应货物中转作业费用，支出以地区为分类范围。

（11）编组站调车小时。

支出 1～支出 9：同非编组站调车。

（12）特定成本：可以确定的某类货物运输所特有的专项支出。

第六章　我国铁路投入产出综合分析

第一节　我国铁路静态投入产出分析

一、铁路运输投入结构分析

以 2002 年为例：全国铁路运输业总投入为 6 873 万元，其中：实物消费 1 150 元，占 16.7%；固定资产折旧 765 万元，占 11.1%；劳动报酬 2 446 万元，占 35.6%；其他投入 2 439 万元，占 35.5%。

下面从货运、客运两方面对投入结构进行分析：

1. 货运投入结构分析

（1）综合消费系数（物质消耗系数）反映了铁路货运部门（部门 j）对其他所有部门的直接依存关系。它的值越大，这种关系越密切，也可以说物质消耗程度和资金密集度越高。铁路货运的综合消耗系数为 32.9%，与其他部门特别是工业、建筑业相比，属于比较低的水平，这说明铁路货运的物质消耗程度、资金密集度很低，同时也说明铁路货运对流动资产的需求比较弱。

（2）固定资产直接折旧系数反映了铁路货运部门（部门 j）对固定资产的消耗程度。根据 2002 年我国投入产出表可以看出，不同部门对固定资产的依赖程度极为悬殊。铁路货运的直接折旧系数 15.2%，在国民经济中属于较高的部门，说明它对固定资产的依赖程度很强。

（3）直接劳动报酬系数反映了铁路货运部门（部门 j）对劳动力的依赖程度。铁路货运的直接劳动报酬系数为 35.6%，在货运行业中仅低于公路货运业，说明铁路货运对劳动力的依赖程度很高，而且由于平均工资的提高和劳保统筹、医疗、住房各项改革的发展，加大了铁路运输的人工成本，所以不利于在竞争中取得优势。因此，在当前形势下，铁路部门仍然应当采取减员增效的改革策略。

2. 客运投入结构分析

（1）综合消费系数反映了铁路客运部门（部门 j）对所有其他部门的直接依存关系。即铁路客运的物质消耗系数为 36.4%，比货运稍高，但在客运行业中最低，说明铁路客运对流动资产的需求较弱，它对物质的直接消耗也少。

（2）固定资产直接折旧系数反映了铁路客运部门（部门 j）对固定资产的消耗程度。铁路客运的直接折旧系数为 13.5%，与货运类似，说明它对固定资产的依赖程度也很强。

（3）直接劳动报酬系数反映了铁路客运部门（部门 j）对劳动力的依赖程度。铁路客运的直接劳动报酬系数为 30.7%，而同行业的公路客运业为 28.1%，水上客运业为 16.5%，航空客运业为 9.24%。说明铁路客运和货运对劳动力的需求和依赖程度基本相同，人员冗余很严重，是铁路的大“包袱”。

二、铁路运输产品分配结构分析

下面就铁路货运、客运的产品分配结构进行详细分析。

1. 铁路货运总产品的分配结构分析

货运总产品的分配包括中间使用和最终使用两个方面，其中用于国民经济中间使用的844.3 亿元，占 88.01%，充分体现了铁路作为社会生产中间环节的重要作用，对生产的制约和影响较大。

2. 铁路货运最终产品的分配结构分析

铁路货运的最终产品分配有两个基本去向：消费服务和积累服务。消费又分为居民消费和社会消费；积累又分为固定资产积累和流动资产积累。铁路货运产品的最终使用占 11.99%，主要是：出口占 4.3%、居民消费占 4.8%、社会积累（固定资产形成与存货增加）占 2.81%。

3. 铁路货运中间产品分配结构分析

从铁路货运分配系数来看，国民经济 124 个行业都消耗铁路货运产品，并且可以得到铁路货运中间的具体分布状况。对于铁路货运部门来说，其完全投入前 10 位依次为：石油加工业、铁路运输设备制造业、石油开采业、电力生产和供应业、商业、钢压延加工业、其他普通机械制造业、建筑业、煤炭采选业、金属制品业。这几个部门完全消耗系数都在 2% 以上，其中石油加工业高达 9.38%，铁路运输设备制造业达 6.01%。与直接消耗系数相比较，可以看出铁路货运直接依存的部门与间接依存的部门基本相同，不过依存的强弱关系有些微小的变化，这主要是因为国民经济各部门之间存在着复杂的间接依存关系。

4. 铁路客运总产品的分配结构分析

客运产品中间使用占 72.2%，最终使用占 29.8%。说明铁路客运虽是作为非物质生产部门，但同样起到了联系经济过程的作用，中间使用占很大比例。与 1992 年投入产出表作比较，当时铁路客运产品的中间使用只占 58.5%，这从另一个侧面反映了第三产业在国民经济发展中起着越来越重要的作用。

5. 铁路客运最终产品的分配结构分析

铁路客运产值用于最终使用的 103.2 亿元，占总产值的 29.8%，其中居民消费占 29.5%（用于城镇居民消费的 57.4 亿元，占 16.6%；农村居民消费的 44.6 亿元，占 12.9%），说明城乡居民个人乘车（包括民工流）占有相当比重。

6. 铁路客运中间产品分配结构分析

铁路客运中间产品的分配，出差、旅游、商务和学生的假期流动是铁路的主要客源。

三、铁路与国民经济之间的整体联系

通过对投入产出表本身以及对计算出的影响力与影响力系数、感应度与感应度系数等一系列经济系数进行分析，可以研究铁路部门在国民经济中所起作用大小以及国民经济整体对铁路部门的影响程度。

1. 铁路客货运产品占社会产品的总量

由于铁路运输业转移价值比重较低，2002 年铁路运输业总产值将近占全国国民经济总产出的 0.65%，占全国第三产业总产出的 3.1%，占全国各种运输方式总产出的 26.2%。与 5 年前相比，铁路在全国经济和第三产业总产出中的比重分别降低了 0.2 和 0.4 个百分点，但在全国运输业总产出中的比重却提高了 1.8 个百分点。这从另一个侧面反映出目前运输业的整体发展速度低于整个国民经济的发展速度。

以下是具体产品的比重值：

铁路货运产品占社会总产品的比重为 0.475%；铁路客运产品占社会总产品的比重为 0.173%；铁路客货运产品之和占社会总产品的比重为 0.648%；铁路货运中间产品在全部中间产品中的比重为 0.680%；铁路客运中间产品在全部中间产品中的比重为 0.201%；铁路客货运中间产品之和在全部中间产品中的比重为 0.881%；铁路货运最终产品在全部最终产品中的比重为 0.126%；铁路客运最终产品在全部最终产品中的比重为 0.115%；铁路客货运最终产品之和在全部最终产品中的比重为 0.241%。

从以上计算结果可以看出，铁路运输业中间产品占的比重最高，说明铁路部门的主要作用是作为社会生产的中间环节。

2. 铁路客货运的影响力与影响力系数

每个部门最终产品的增加，都会促进社会生产规模的扩大，但是对于不同的部门来说，这种促进作用的大小是有差异的。当影响力系数大于 1 时，说明其促进作用比各部门的平均促进水平要大；当影响力系数小于 1 时，说明其促进作用比各部门的平均促进水平要小。影响力系数对比如表 2.6.1 所示。

表 2.6.1　影响力系数对比

部　门	铁路客运业	铁路货运业	种植业	汽车制造业	电子计算机制造业
影响力系数	0.750 3	0.707 7	0.709	1.227 4	1.257 3

上表说明铁路部门最终需求的增加，对社会生产规模或国民经济的促进作用较小，与种植业差不多。而国民经济发展迅猛的汽车制造业和电子计算机制造业，影响力系数较大，他们最终需求的增加，对国民经济各部门的拉动作用会较大。

3. 铁路客货运的感应度与感应度系数

对于国民经济的每个部门来说，各供给部门最终产品变动对其产出的影响是有差异的，感应度系数就反映了这种差异程度，一个部门的感应度系数越大，说明各供给部门最终产品的变动对其波及程度越大，当各部门的最终产品增加时，越要多考虑增加该部门的产出。

因此，这个参数可以用来分析当国民经济保持一定的增长速度时，铁路部门应该保持什么样的速度发展。感应度系数对比如表 2.6.2 所示。

表 2.6.2　感应度系数对比

部　门	铁路客运业	铁路货运业	电力生产和供应业	煤矿采选业	种植业
感应度系数	0.488 4	0.995 3	3.300 5	2.288 5	3.689 9

上表表明，铁路货运业感应度系数接近于 1，基本适中；铁路客运业的感应度系数较低。

如果忽略产业结构调整的因素，这一参数还表明国民经济增长速度与铁路货运发展速度基本上应保持一致，铁路客运发展速度则比国民经济发展速度要慢。

第二节　我国铁路动态投入产出分析

静态分析与动态分析的划分，是从对经济活动的分析在固定空间的条件下，时间（时期或时点）是否固定划分的。固定时间的经济分析为静态分析，让时间处于变动状态的分析则为动态分析。例如对同一年各有关经济变量之间的直接或间接关系的分析就是动态分析。把有关分析用数学式表示出来就称为分析模型。例如我们用 Y 表示某年的 GDP，I 表示同年的投资，则 GDP 与投资的关系可表示为：

$$Y_t = f(I_t) \tag{2.6.1}$$

模型（2.6.1）就是一个静态模型。如果我们将模型写作：

$$Y_t = f(I_t,\ I_{t-1},\ I_{t-2},\ \cdots) \tag{2.6.2}$$

模型（2.6.2）就变作一个动态模型了。静态分析的基本特点是既固定空间又固定时间，在整个分析过程中，时间只是作为一个外在条件存在于分析系统之外。其优点是注重对同期有关经济变量之间关系的分析，而完全忽略不同时期变量之间的关系则是静态分析的致命弱点。这种分析方法对于经济发展水平相对较低、经济联系相对较为简单、以横向联系为主的经济发展阶段的经济分析是较为有效的，而对于经济发展水平较高、经济联系相对较为复杂、纵向联系得到空前强化的经济发展阶段，即现代经济发展阶段，就显得非常不足。与静态分析相比，动态分析不仅保留了静态分析的优点，而且弥补了静态分析的缺点。相对于静态分析而言，动态分析主要有下面两大特征。

1. 动态分析考虑到了经济活动的纵向联系性

在现代经济活动中，绝大部分经济活动都具有很强的连贯特征，即第 t 期的经济活动的水平（具体表现为某一经济变量值）受到 t 期以前很多期有关经济活动水平的影响，其影响程度一般随着时间的向前推移而递减。这种影响不仅有因果关系影响，如式（2.6.2）所表示的第 t 年的 GDP 是以前年份投资的函数。对于具有这种联系特征的经济活动，静态分析的结构显然与经济活动的结构不相适应，只有动态分析的结构才能与之相匹配。越是纵向联系性强、联系时间长的经济活动，静态分析越不适应，动态分析越显得重要。

2. 动态分析考虑到了经济联系的发展变化过程

从总体上看，经济活动是人们为了生存、发展和享受而谋取物质资料的活动，因此，经济活动是一种具有因果关系的活动。这种因果关系从原因方面看，多表现为一因多果关系；从结果方面看，多表现为一果多因关系。这种因果关系可以是横向的，也可以是纵向的，还可以是纵横综合的。这就使得任何经济变量的变动都是在一定的时间和空间中进行，不仅其变量值表现为时间的轨迹，而且变量之间的关系也表现为时间的轨迹。不仅经济关系的结构（或联系形式、函数形式、函数关系）在变动，而且其联系强度也处于变动之中。对于这种广泛而复杂的联系和变动，静态分析不可能给予全面的分析和揭示。这就需要通过动态分析来完成，以揭示经济活动实际的发展变动规律。

一、动态投入产出模型的构建

由静态投入产出模型 $X = AX + Y$ 易得 $Y = (\boldsymbol{I} - \boldsymbol{A})X$ ，其中 $(\boldsymbol{I} - \boldsymbol{A})^{-1}$ 是存在的，于是可得 $X = (\boldsymbol{I} - \boldsymbol{A})^{-1}Y$ ，据此可以对国民经济各部门进行规划。$\boldsymbol{I}$ 表示单位矩阵。

GDP 是经济系统在一定时间内（通常为 1 年）生产的最终产品的价值，即有：

$\text{GDP} = e^{\mathrm{T}}Y$ ，这里 $e = [1,\ 1,\ 1,\ \cdots]'$ ，因此有：

$$\text{GDP} = e^{\mathrm{T}}(\boldsymbol{I} - \boldsymbol{A})X$$

列昂惕夫给出的动态投入产出模型为：

$$X(t) - \boldsymbol{A}X(t) - \boldsymbol{Q}\Delta X(t+1) = Y(t) \tag{2.6.3}$$

列昂惕夫认为，下一年度各产业部门生产的扩大，依赖于本年度的投资，投资的消耗为 Y 的一部分。$\boldsymbol{Q}\Delta X(t+1)$ 这一项表示第 t 年用于投资以便于扩大再生产的那些产品，$\boldsymbol{Q}$ 为“投资系数矩阵”。

如果 $\boldsymbol{Q}$ 具有统计上的稳定性且是可逆矩阵，投资周期都为 1 年，各行业部门的产出能力都能够完全利用。则可以用此模型来分析国民经济各部门的发展趋势和发展过程，实现产业结构的优化。但在实际经济系统中，这些条件是无法满足的。因此，必须深入研究并且改进该模型以使其能够更好地应用于实际的经济系统中。下面我们看看如何对此模型进行改进以使其动态化。

对于静态列昂惕夫投入产出模型 $X = \boldsymbol{A}X + Y$, $\boldsymbol{A}X$ 表示了生产过程中的“中间产品消耗”，而 Y 表达了可分为投资品向量 y' 和消费品向量 y''（不考虑进出口），即有：

$$X = \boldsymbol{A}X + y' + y''$$

投资品向量 $y' = [y_1',\ y_2',\ \cdots,\ y_n']^{\mathrm{T}}$ 表达了各部门的投资形成的对各部门产品的消耗，而消耗品向量 $y'' = [y_1'',\ y_2'',\ \cdots,\ y_n'']^{\mathrm{T}}$ 表达了消费形成的对各部门产品的消耗。

对部门 i （$1 \leqslant i \leqslant n$）把各部门投资对其产品的消耗分别记为 $y_{i1}',\ y_{i2}',\ \cdots,\ y_{in}'$，则有：

$$y_i' = y_{i1}' + y_{i2}' + \cdots + y_{in}'$$

于是有：

$$\begin{aligned}
y_i' &= y_{11}' + y_{12}' + \cdots + y_{1n}' \\
y_2' &= y_{21}' + y_{22}' + \cdots + y_{2n}' \\
&\cdots \\
y_n &= y_{n1}' + y_{n2}' + \cdots + y_{nn}'
\end{aligned}$$

记部门 j 的投资 I_j（$1 \leqslant j \leqslant n$），且假设 $m_{ij} = y_{ij}' / I_j$ ，则有：

$$\begin{bmatrix} y_1' \\ y_2' \\ \vdots \\ y_n' \end{bmatrix} = \begin{bmatrix} m_{11} & m_{12} & \cdots & m_{nn} \\ m_{21} & m_{22} & \cdots & m_{2n} \\ \vdots & \vdots & \cdots & \vdots \\ m_{n1} & m_{n2} & \cdots & m_{nn} \end{bmatrix} \times \begin{bmatrix} I_1 \\ I_2 \\ \vdots \\ I_n \end{bmatrix}$$

m_{ij} 表达了部门 j 的单位投资形成的对部门 i 的产品消耗，我们将此矩阵 $\boldsymbol{M}=(m_{ij})$ 称为投资直接消耗系数矩阵。

把全社会的投资总量和消费总量分别记为 y_I 和 y_C，且假设 $n_i=I_i/y_I$，$c_i=y_i''/y_C$，则有：

$$\begin{bmatrix} I_1 \\ I_2 \\ \vdots \\ I_n \end{bmatrix}=\begin{bmatrix} n_1 \\ n_2 \\ \vdots \\ n_4 \end{bmatrix}\times y_I \quad 和 \quad \begin{bmatrix} y_1'' \\ y_2'' \\ \vdots \\ y_n'' \end{bmatrix}=\begin{bmatrix} c_1 \\ c_2 \\ \vdots \\ c_n \end{bmatrix}\times y_C$$

向量 $N=[n_1,\ n_2,\ \cdots,\ n_n]^{\mathrm{T}}$ 反映了全社会投资在国民经济各部门间的分配比例，也就是投资结构，把向量 N 称为投资结构向量。向量 $C=[c_1,\ c_2,\ \cdots,\ c_n]^{\mathrm{T}}$ 反映了全社会总消费在国民经济各部门间的分配比例，也就是消费结构，把向量 C 称为消费结构向量。

将上述结果代入静态列昂惕夫投入产出模型得：

$$X=AX+\boldsymbol{M}Ny_I+Cy_C$$

考虑到第 $t+1$ 年的情况：

$$X(t+1)=AX(t+1)+\boldsymbol{M}Ny_1(t+1)+Cy_C(t+1)$$

由宏观经济学的收入决定理论可知，第 $t+1$ 年的投资总量 $y_I(t)$)和消费总量 $y_C(t)$ 主要取决于上一年的国民收入 $NI(t)$。设国民收入的边际消费倾向为 b，边际投资倾向为 h，则：

$$y_I(t+1)=q+hNI(t)$$
$$y_C(t+1)=a+bNI(t)$$

式中：q、a 为常数。

根据列昂惕夫投入产出模型，上一年的国内生产总值 $\mathrm{GDP}(t)$ 为：

$$\mathrm{GDP}(t)=e^{\mathrm{T}}(\boldsymbol{I}-\boldsymbol{A})X(t)$$

这里 $e=[1,\ 1,\ \cdots,\ 1]'$。如果不考虑折旧，则可以用上一年的国内生产总值 $\mathrm{GDP}(t)$ 代替上一年的国民收入 $NI(t)$，因而有：

$$y_I(t)+1)=q+h\mathrm{GDP}(t)=q+he^{\mathrm{T}}(\boldsymbol{I}-\boldsymbol{A})X(t)$$
$$y_C(t+1)=a+b\mathrm{GDP}(t)=a+be^{\mathrm{T}}(\boldsymbol{I}-\boldsymbol{A})X(t)$$

则此时可得动态投入产出模型：

$$X(t+1)=AX(t+1)+\boldsymbol{M}N[q+he^{\mathrm{T}}(\boldsymbol{I}-\boldsymbol{A})X(t)]+C[a+be^{\mathrm{T}}(\boldsymbol{I}-\boldsymbol{A})X(t)]$$

上述模型把第 $t+1$ 年的产出向量和第 t 年的产出向量联系起来，是一个动态模型，它表达了产业结构的动态变化过程。模型中没有输入变量，对模型进行的调节是通过结构参数的改变完成的，即所谓的“变结构控制”。

二、动态投入产出模型的稳定性

动态经济理论研究变量的值随时间的变化，讨论某个变量随着时间的增长，它是否振荡，它最终是否可以达到均衡值和稳态值，即讨论均衡点的存在性和稳定性。有了这个性质，就可以来研究当经济环境发生变化时，均衡点如何发生变化，从而对经济进行很好地预测和规划。

把前面得到的动态投入产出模型整理得：

$$X(t+1)=(\boldsymbol{I}-\boldsymbol{A})^{-1}(MNq+Ca)\ (h+b)e^{\mathrm{T}}X(t) \tag{2.6.4}$$

简记为：

$$X(t+1)=V+\boldsymbol{P}X(t) \tag{2.6.5}$$

其中：

$$V=(\boldsymbol{I}-\boldsymbol{A})^{-1}(\boldsymbol{MN}q+Ca)\ ,\ P=(h+b)e^{\mathrm{T}} \tag{2.6.6}$$

记动态投入产出模型的均衡点为 x_e，则：

$$x_e=V+Px_e \tag{2.6.7}$$

解得：

$$x_e=(\boldsymbol{I}-\boldsymbol{P})^{-1}\cdot V \tag{2.6.8}$$

均衡点代表投入产出系统的发展目标。由式 $x_e=(\boldsymbol{I}-\boldsymbol{P})^{-1}\cdot V$，根据矩阵理论可知，如果系数矩阵 $\boldsymbol{P}$ 的特征值都小于 1，则投入产出系统是全局渐近稳定的，即系统会从任意初始产出向量 $x(0)$ 开始，逐步趋向于目标产生向量 $x(\boldsymbol{n})$ 的过程，正是取决于这一特征值。

因此，在进行宏观经济规划时，只要使边际投资倾向 h 和边际消费倾向 b 满足 $h+b\leqslant 1$，便可以保持该投入产出系统的稳定。

为了对国民经济各产业部门进行有效的调节，就必须通过经济政策，有效调控消费倾向 b 和投资倾向 h，使投入产出系统的发展目标和国民经济的产业发展目标相一致。

由以上论证可以看出，由于列昂惕夫动态投入产出模型建立在一个产业部门产出的增长依赖于对该产业部门所进行的投入这个假设基础上，所以导致了该模型的“投资系数矩阵”缺少统计上的稳定性。而实际上，一个产业部门产出的增长主要依赖于对该产业部门产品的需求（消耗）的增长，而对该产业部门所进行的投入只是影响其最大的生产能力，实际的产出还是由需求决定的。在这里，我们将静态列昂惕夫投入产出模型和宏观经济学中的收入决定理论结合起来，根据上一年的收入确定当年对各产业部门的消费和投资，再由此确定对各产业部门产品的需求（消耗），最终确定各产业部门的产出，从而实现了投入产出模型的动态化。静态列昂惕夫投入产出模型属于一般均衡理论范畴，它假定各产业部门的供给和需求总是平衡的，并且供需的平衡不是通过价格的调整，而是通过各产业部门产量的变化实现的，即假定各产业部门具有充分的供给需求弹性。从这一点来说，我们在此所建立的动态投入产出模型和静态列昂惕夫投入产出模型更具有一致性。

通过动态投入产出模型，可以把消费结构、消费倾向、投资结构、投资倾向等经济指标和产业结构联系起来，解释它们的内在联系。据此可以分析一个国家或一个地区在目前的经济指标状态下，产业结构的发展趋势和发展过程，从而找出存在的问题。进而可以根据产业结构的发展战略和目标，对投资结构等经济指标进行优化设计。经济指标的调整并不是可以随人的意志任意进行的，而是要通过经济政策，尤其是投资政策来实现。于是，可以在对经济政策对各经济指标的作用进行分析的基础上，进行投资政策和相关经济政策的设计。

第三节 铁路运输业对国民经济增长贡献的衡量

铁路运输业在整个经济活动中起着至关重要的作用，它对国民经济增长的贡献主要表现在两个方面：第一，铁路运输业对国民生产总值的贡献。它不仅表现为铁路运输设施经营以及铁路运输自身的产值方面，即直接效果，还表现为与此相关的加工制造业、冶金业、进出口贸易、国际保险与金融以及与之有关的其他行业等产值方面，即所谓波及效果。由于国民生产总值是反映一个国家经济发展总水平的综合性指标，因此，通过分析铁路运输业对国民生产总值的贡献，可以清楚地看出铁路运输业在国民经济中的地位和作用。第二，铁路运输业对劳动就业的贡献。它主要表现为铁路运输业每增加一个单位的产值，在铁路运输业和其他部门直接和间接所提供的就业总人数。由于劳动就业人数反映了一定时期内全部劳动力资源的实际利用情况，是研究一个国家基本国情、国力的重要指标。如果一个国家劳动就业状况不佳，失业率较高，则说明这个国家的经济不景气，它会影响社会的安定和人民生活水平的提高。据此，可以运用投入产出的基本原理和方法对上述两方面问题进行比较深入的研究。投入产出作为一种科学的分析方法和理论，它是研究区域经济体系中各产业部门间投入与产出的相互依存关系的数量分析方法。投入产出分析的对象是投入产出表，其形式如表 2.6.3 所示。

表 2.6.3 投入产出表

投入 \ 产出		中间产出					最终产出			总产出
		部门 1	部门 2	…	部门 n	合计	积累	消费	合计	
中间投入	部门 1	x_{11}	x_{12}	…	x_{1n}	$\sum x_{1j}$	y_{11}	y_{12}	Y_1	X_1
	部门 2	x_{21}	x_{22}	…	x_{2n}	$\sum x_{2j}$	y_{21}	y_{22}	Y_2	X_2
	…	…	…	<Ⅰ>	…	…	…	<Ⅱ>	…	…
	部门 n	x_{n1}	x_{n2}	…	x_{nn}	$\sum x_{nj}$	y_{n1}	y_{n2}	Y_n	X_n
	合计	$\sum x_{i1}$	$\sum x_{i2}$	…	$\sum x_{in}$	$\sum x_{ij}$	$\sum y_{i1}$	$\sum y_{i2}$	$\sum y_i$	$\sum X_i$
最初投入	折旧	d_1	d_2	…	d_n	$\sum d_j$				
	劳动者收入	v_1	v_2	…	v_n	$\sum v_j$				
	生产税净额	m_1	m_2	<Ⅲ>	m_n	$\sum m_j$				
	营业盈余	r_1	r_2	…	r_n	$\sum r_j$				
	合计	g_1	g_2	…	g_n	$\sum g_j$				
总投入		x_1	x_2	…	x_n	$\sum X_i$				

一、铁路运输业对国民生产总值（GDP）的贡献

铁路运输业对国民生产总值的贡献，主要包括铁路运输业本身对国民生产总值的直接效果，以及由于铁路运输业生产对其他各部门产值带来的波及效果。

1. 铁路运输业对国民生产总值的直接效果

铁路运输业本身就能创造国民生产总值或增加国民收入。这种因交通运输生产本身对国民生产总值所做的净贡献，即为交通运输业的直接效果。其计算公式为：

$$d_e = z_j \Delta x \tag{2.6.9}$$

式中：d_e——铁路运输业的直接效果；z_j——铁路运输的 GDP 增值系数向量；Δx——铁路运输业增加的产值。

上式写成向量形式为：

$$d_e = (z_1,\ z_2,\ \cdots,\ z_n)\begin{pmatrix} 0 \\ 0 \\ \vdots \\ \Delta x(\Delta x \neq 0) \end{pmatrix} = z^{\mathrm{T}} \Delta x$$

2. 铁路运输业对国民生产总值的波及效果

（1）铁路运输业对国民生产总值的波及效果、波及源及波及线路。

① 铁路运输业的波及效果。波及效果，形象地说，就是一石击水产生的波纹依次扩展的影响效果。所谓铁路运输业波及，是指国民经济产业体系中，当铁路运输业产值发生变化，这一变化会沿着不同的产业关联方式，引起与其直接相关的产业部门产值的变化，并且这些相关产业部门产值的变化又会导致与其直接相关的其他产业部门产值的变化，依次传递，影响力逐渐减弱，这一过程就是波及。这种波及对国民生产总值的影响，就是运输业的波及效果。

② 铁路运输业的波及源。产生铁路运输业波及效果的原因是铁路运输业的波及源。在投入产出分析中，铁路运输业波及效果的波及源一般有两类：

一类是最终需求发生了变化。铁路运输业的一个或几个最终需求项目如投资需求、消费需求、进出口需求等发生或将要发生变化时，会对国民经济各个产业部门的生产活动产生或将要产生波及效果。因为，一定的最终需求量是与各产业部门一定的生产水平相联系、相对应的。所以，铁路运输业最终需求发生变化，必将导致包括铁路运输业在内的各个产业部门各自产出水平的变化。这类波及效果反映在投入产出表中，就表现为投入产出表（2.6.3）中第Ⅱ部门横向数据的变化及将要变化，并通过第Ⅰ部分的产业间的中间产品联系，波及或将要波及各产业部门。

另一类是毛附加价值（折旧费＋净产值）发生了变化。当铁路运输业的毛附加价值部门的构成项目，如折旧、工资、利润等发生了或将要发生变化时，会对国民经济各产业部门的产出水平发生或将要发生的影响。这种影响既可能是由于提高工资水平分配方面的变化而引起对各产业部门产出水平的影响，也可能是由于价格的变化而导致对各产业部门产出水平的影响。这类波及效果，在投入产出表（2.6.3）中，表现为表中第Ⅲ部分中的某一或某些数据的变化，通过表中第Ⅰ部分产业间的中间联系，而导致对国民经济各产业部门的影响。

③ 铁路运输业的波及线路。铁路运输业的变化是按什么样的走向将这一变化波及各产业部门，这一走向就是铁路运输业波及线路。显然，铁路运输业与其他产业间的联系方式就是铁路运输业波及的线路。有一些波及是沿着铁路运输业与其他产业间的单向联系线路进行，有一些波及则是沿着双向联系线路传递，还有一些可能是逆向传递，即沿着铁路运输业与其他产业间的逆向联系线路进行波及。可见，铁路运输业与其他产业间的联系方式规定了铁路运输业与其他产业间波及的具体线路及其波及总效果。铁路运输业变化产生的波及效果，与铁路运输业和其他产业的联系方式有关，与铁路运输业和其他产业的联系深度与广度有关。

铁路运输业与其他产业间的联系方式有如下几种类型：

a. 单向联系与多向联系。所谓单向联系，是指 A、B、C、D 等一系列产业部门间，先行产业部门为后续产业部门提供产品，以供其生产时直接消耗，但后续产业部门的产品不再返回先行产业部门的生产过程；多向联系是指 A、B、C、D 等产业部门间，先行产业部门为后续产业部门提供产品，作为后续产业部门的生产性直接消耗，同时后续部门的产品也返回相关的先行产业部门的生产过程。

b. 顺向联系和逆向联系。所谓顺向联系是指某些产业因生产工序的前后，前一产业部门的产品为后一产业部门的生产要素，这样一直延续到最后一个产业的产品，即最终产品为止；逆向联系是指后续产业部门为先行产业部门提供产品，作为先行产业部门的生产消耗。

c. 直接联系和间接联系。所谓直接联系是指两个产业部门之间存在着直接的提供产品、提供技术的联系；间接联系是指两个产业部门本身不发生直接的生产、技术联系，而是通过以其他一些产业部门为中介，发生联系。

铁路运输业与其他产业部门间的联系程度可从联系广度和联系深度两方面去考察。前者可以运用投入产出表中的直接消耗系数 a_{ij} 指标来考察与度量。

当 $a_{ij}=0$ 时，表明 i 产业部门与 j 产业部门没有直接联系；当 $a_{ij}>0$ 时，且涉及 j（$j=1$，2，…，n）产业部门越多，则表明第 i 产业部门与其他产业部门的联系就越广，反之亦然。需要指出的是，当 $a_{ij}=0$ 时，不能断定 i 与 j 两个产业部门没有完全联系。事实上，任何两个或多个产业部门之间可以没有直接联系，但有无完全联系则要包括间接消耗在内的完全消耗系数是否等于零来判定。

铁路运输业与其他产业部门间的联系深度要通过计算投入产出表各列中各自的流量（即产业间的直接消耗）在总的直接消耗中所占比重的大小来度量，这一度量指标可用下列公式来计算：

$$r_{ij}=\frac{x_{ij}}{\sum_{i=1}^{n}x_{ij}} \qquad (i,\ j=1,\ 2,\ \cdots,\ n) \tag{2.6.10}$$

式中，分母为 j 部门生产过程中对各产业部门产品总的直接消耗量；分子为 j 部门生产时对特定的 i 产业部门产品的直接消耗量；r_{ij} 则为两者之比，亦可称 j 产业部门对 i 部门的联系深度，当 r_{ij} 值越大，则表明第 j 产业部门在生产过程中对第 i 产业部门产品的消耗量越大，消耗量越大则说明第 j 产业与第 i 产业的联系深度越深，反之则是联系深度浅些。通过计算所有产业的 r_{ij}，便可从联系深度的深浅来反映产业间的关联程度。

（2）铁路运输业波及效果分析。

铁路运输业波及效果分析，就是分析铁路运输业发展变化会导致其他产业部门产值怎样的变化与影响，这种变化与影响不仅包括部分可以计算的效果，而且还包括那些过去人们认为“无法计算”的效果。根据运输业波及效果产生的途径不同，一般可以包括如下几种：

① 后向波及效果。铁路运输业的发展，离不开基础设施的建设，建设基础设施需要大量的原材料，如水泥、钢铁、机械设备等。同时，在运输生产过程中还需要消耗电力、煤炭等资源。因此，运输生产本身会不断扩大对这些中间投入的需要量，从而促使这些产品的生产部门扩大生产，为这些部门带来效果。这些部门生产的扩大又进一步产生对其各自的中间需要，于是又促进另一些部门扩大生产。我们把铁路运输业与这些提供运输生产所需的中间产品的部门之间的关系称为运输业的后向波及，把铁路运输业这种因需要其他部门的产品作为自己中间投入而产生的波及效果的总和称为后向波及效果。

根据完全消耗系数矩阵，可以得到每单位运输产值完全需要其他中间投入部门的产品价值分别为：$(B_{1j}, B_{2j}, \cdots, B_{nj})^{\mathrm{T}}$。

如果交通运输业增加产值 Δx，由此引起其他中间投入部门的产值分别为：

$$w=(B_{1j},\ B_{2j},\ \cdots,\ B_{nj})^{\mathrm{T}}\cdot\Delta x$$

其矩阵形式为： $$w=\boldsymbol{B}\cdot\Delta x \tag{2.6.11}$$

式中：$\boldsymbol{B}$——完全消耗系数矩阵；ΔX——各部门产值增值，$\Delta X=(0,\ 0,\ \cdots,\ \Delta x,\ \cdots 0)^{\mathrm{T}}$。

根据 GDP 增值系数 Z,我们可以求出铁路运输业产值增加 Δx 后,所引起的其他部门 GDP 增值，故交通运输业的后向波及效果为：

$$b^e=Z^{\mathrm{T}}\cdot W=Z^{\mathrm{T}}\cdot\boldsymbol{B}\cdot\Delta X$$

由于 $\boldsymbol{B}=(\boldsymbol{I}-\boldsymbol{A})^{-1}-\boldsymbol{I}$ 代入上式得：

$$b^e=Z^{\mathrm{T}}(\boldsymbol{I}-\boldsymbol{A})^{-1}\Delta X-Z^{\mathrm{T}}\Delta X$$

② 前向波及效果。铁路运输业是生产过程在流通领域内的继续，铁路运输业一经发展，就能将更多的产成品送达消费地，同时也能将更多的原材料运至生产地，这为生产部门扩大生产创造了有利条件。对于这些部门的生产来讲，铁路运输生产实质上是一种必不可少的中间投入，根据国民经济平衡发展原理，铁路运输业的发展，为那些以铁路运输活动为中间投入的部门进一步扩大生产创造了条件。而这些部门要进一步扩大生产，必然要求其他中间投入也按比例增加，进而给这些生产中间产品的部门带来效益。而这些部门生产的扩大，又导致了他们与运输生产为中间投入的部门之间关系的变化，称为铁路运输业的前向波及，把交通运输业这种充当其他部门的中间投入而产生的搏击效果的总和称为前向波及效果。

假定铁路运输业的发展，能带动国民经济其他部门相继发展，并能促进这些生产部门扩大生产。如果铁路运输业增加产值 Δx 时，它的部门产值就能作为中间投入在各生产部门间进行分配。假定这些生产部门是保持有计划按比例协调发展的，即每一个部门需要的运输产值的比例与以前相同，且运输部门 i 中最终需求量所占比重不变，这样部门 j 需要的运输产值 u_j 为：

$$u_j=\begin{cases}\dfrac{x_{ij}\cdot\Delta x}{(X_i-x_{ii})} & j=1,\ \cdots,\ n \quad j\neq i\\ 0 & j=i\end{cases}$$

这些部门得到运输产值的一部分增值以后，就可以扩大生产，增加产值。这时，部门 j 所能增加的产值为：

$$\Delta x_j' = \begin{cases} u_j / a_{ij} & a_{ij} \neq 0 \\ 0 & a_{ij} = 0 \end{cases}$$

其中：a_{ij} 表示部门 j 单位产值所需要交通部门 i 的中间投入产值。

故由铁路运输部门前向联系导致的各部门产值增值相应为：

$$\Delta X' = (\Delta x_1', \ \Delta x_2', \ \cdots, \ \Delta x_n')^{\mathrm{T}}$$

根据 GDP 增值系数 z；可以求出各部门所能创造的 GDP 值为 $Z^{\mathrm{T}}\Delta X'$。

另外，上述各部门扩大生产，除了以运输部门为其中间投入以外，还需要其他部门的产品作为中间投入。这样，这些部门也存在着各自的后向波及效益，即为 $Z^{\mathrm{T}} \cdot \boldsymbol{B} \cdot \Delta X'$。因此，铁路运输部门的前向波及效果 f_e 应为：

$$f_e = Z^{\mathrm{T}}\Delta X' + Z^{\mathrm{T}} \cdot \boldsymbol{B} \cdot \Delta X' = Z^{\mathrm{T}}\Delta X' + Z^{\mathrm{T}}[(\boldsymbol{I} - \boldsymbol{A})^{-1} - \boldsymbol{I}]\Delta X' = Z^{\mathrm{T}}(\boldsymbol{I} - \boldsymbol{A})^{-1}\Delta X'$$

③ 消费波及效果。铁路运输部门的前向波及效果和后向波及效果使得有关部门扩大生产，提高效益，这样会使这些部门工作人员收入增加。人们的收入增加后，必然将自己的一部分所增加的收入用于消费，于是就使社会的最终需求增加。社会的最终需求的增加必然刺激各部门进一步扩大生产，从而导致收入的进一步增加。在以上的每一循环中，均会给有关部门带来效益，通常把这一系列由于消费的作用而产生的各生产部门效益之和称为消费波及效果。

铁路运输业的消费波及效果是指上述三项效果，由于消费的作用而引起的各生产部门所创造的 GDP 增值。

按照凯尔斯乘数原理，如果投资增加一个单位，GDP 增值将增加 $1-c$ 个单位，其中 c 为消费乘数（$0<c<1$，$c = \sum_i y_{i2} / \sum_j g_j$），据此，我们可以运用此原理来分析消费波及效果。

上述三项效果所引起的消费量为：$(d_e + b_e + f_e) \cdot c$，由于这些消费的作用而引起的 GDP 增值，即消费波及效果 C_e 为：

$$C_e = (d_e + b_e + f_e) \cdot c \cdot \frac{1}{1-c}$$

3. 铁路运输业对国民生产总值的贡献

通过分析铁路运输业对国民生产总值的直接效果和波及效果，可得出铁路运输业对国民生产总值的贡献：

$$g_e = d_e + b_e + f_e + C_e = (d_e + b_e + f_e) \cdot c \cdot \frac{1}{1-c} = Z^{\mathrm{T}}(T - A)^{-1}(\Delta X' + \Delta X)\frac{1}{1-c}$$

4. 铁路运输业对国民经济的贡献度

所谓铁路运输业对国民经济的贡献度 λ_i，是指铁路运输业对国民生产总值的贡献除以国民经济各部门对国民生产总值贡献的总和，即

$$\lambda_i = \frac{g_{ei}}{\sum_j g_{ej}} \tag{2.6.12}$$

式中：g_{ej}——国民经济 j 部门对国民生产总值的贡献；g_{ei}——铁路运输业对国民生产总值的贡献。

二、铁路运输业对劳动就业的贡献

铁路运输业对劳动就业的贡献，主要表现为运输业为进行1个单位的生产，在运输业和其他部门直接和间接所需要（提供）的就业总人数。这里主要用综合就业系数来表示铁路运输业对劳动就业的贡献。

计算铁路运输业对劳动就业的贡献，可以采取如下措施：

（1）计算铁路运输业就业系数。

铁路运输业就业系数＝铁路运输业就业人数/运输总产值

（2）计算综合就业系数。

综合就业系数＝铁路运输业就业系数×逆阵[指列昂惕夫矩阵($\boldsymbol{I}-\boldsymbol{A}$)的逆阵]中的相应系数。

第七章 铁路运价机制存在的问题与对策

交通价格目标是建立符合运输市场体制的运价形成机制。改革的思路是，以市场形成价格为主，政府指导价格相结合，分类指导、分类管理。

中国国家计委在《综合交通体系发展重点专向规划》中指出，对于竞争性运输价格，由运输企业根据市场自行确定；对于垄断性运输价格，由政府价格部门发布指导运价或最高限价，具体价格水平由企业根据市场确定。像收费公路的收费标准等，就由政府价格部门确定最高限价，允许企业向下浮动。在客运价格方面，可以实行多种形式的浮动价、折扣价。

以市场形成为主的价格形成机制建立后，政府要加强监督和管理，制定反不正当竞争的具体措施，规范价格行为，创造公平竞争的环境。为了更好地发挥价格机制的作用和有效管理，政府可以把一些监督工作委托相应的行业协会等组织承担。

为进一步理解中国运价机制的问题及其原因，首先我们看看铁路运价的沿革。

第一节 铁路运价历史的沿革

一、铁路货运价格的沿革

早在 1945 年日本侵略者投降之后，东北地区的铁路就陆续回到我国人民手里。1949 年 7 月统一了北方地区货物运价。1949 年 12 月，南、北方实行统一的货物运价率。1950 年 3 月，全国财经统一之后，国家经济状况逐步好转，市场物价趋向稳定，为适应新的形势，先后在东北和南方实行新运价，但运价率不同。直到 1955 年 6 月，才实行全国统一运价。因此，论述新中国成立后中国铁路运价的演变，一般都是从 1955 年 6 月开始的。

1955 年 6 月，为适应有计划的经济建设的开展，进行了全面的运价改革，在“稳定市场，稳定物价”的方针指导下，统一了东北和南方地区的货物运价，统一的铁路货物运价为 1.65 分/（t · km）。

20 世纪 60 年代，铁路货物运价分别在 1961 年、1962 年、1967 年作了 3 次调整。1961 年 3 月，将原有货运运价号合并简化，整车合并为 28 个运价号，零担合并为 11 个运价号，取消了零担按货物体积折合重量的计费办法，改为按实重计费，这次调整使货物运价水平有所降低，降为 1.630 5 分/（t · km）。

1965 年 1 月，降低了原油、有色金属、农药、部分化工品等 20 多种货物运价，取消了东北地区的农副土产品的特价。1967 年 11 月又进一步将整车运价号简化，同时，整车运价改为按货车标记载重计费，再次降低铁路运价，降至 1.438 分/（t · km），较 1955 年下降了 12.85%。

1982 年 8 月 1 日，国家对 110 km 以内的短途货运采取临时加价措施，使铁路运价水平达到 1.483 分/（t · km）。到 1983 年 12 月，平均运价水平略有提升，为 1.513 分/（t · km），可以说 1967—1983 年这十几年间，铁路货物运价水平基本停滞不前。与 1955 年比较降低 83%，而同全国零售物价指数上涨 25.9%。再从个别货物运价水平上看，工农业生产资料运价长期偏低，严重背离运输价值，有的甚至低于运输成本。

为改变铁路运价偏低的状况，从 1983 年 12 月 1 日起实行新的铁路货物运价，货物运价普调 0.3 分。主要内容有：调整煤炭、矿石、矿建、钢铁、水泥、木材、石油等大宗原材料、燃料的运价；调整短距离运价，起码里程由 50km 延长到 100km；恢复货物运价分类表，修改部分计费办法等。这次运价调整改革，使铁路与公路、水运的比价有所缩小，引导各种运输方式朝着合理分工方向发展。

为了促使短途货运在铁路和公路间的合理分流，1985 年 5 月 15 日，对铁路 200 km 以内的货运加收短途附加费，进一步缩小铁路、公路比价（200 km 的比价从 1：12 缩小到 1：5）。同时，运价总水平略升到 1.944 分/（t · km）。

1989 年 2 月 1 日，为解决煤炭运输亏损问题，国家决定调整煤炭运价号，由原来的 5 号改为 7 号，使铁路平均运价率由 2.034 分/（t · km）增加到 2.06 分/（t · km）。而 1985 年后这几年间，物价大幅上涨，低运价、高物价矛盾突出，制约了铁路的发展，加剧了铁路运输紧张局面。

为缓解这种局面，从 1990 年 3 月 15 日起，铁路货运价格由 2.09 分/（t · km）提高到 2.59 分/（t · km）；另外，解决了 200 km 以内短途运价的顺坡问题，使营运价格总水平达到 2.65 分/（t · km）。这对解决铁路“大包干”后因物价上涨推动成本不断上升造成的利润滑坡问题发挥了重大作用，当年运输利润达到 108 亿元。是铁道部实行投入产出“大包干”以来，第一次大幅度地以自有资金形式增加当年的建设资金投资规模。

1990 年调整货运价格后，连续几年物价上涨推动铁路运输成本逐年增加，运输利润逐年下降，到了 1995 年，累计资金挂账缺口 150 亿元。在这样的形势下，国务院批准从 1996 年 4 月 1 日起调整铁路货运价格，但调价幅度仅有 0.5 分/（t · km）。调价后，铁路货运价格总水平达到 5.85 分/(t ·km)，其中基本运价为 3.15 分/(t ·km)，铁路建设基金为 2.7 分/(t ·km)。这次调价使铁路运输企业当年增收 48 亿元。

1997 年 6 月 1 日，货运价格水平提高了 0.5 分/（t · km），在京广线加收京九分流运价 0.6 分/（t · km）；1998 年 4 月 1 日，货运价格总水平提高了 0.5 分/（t · km），将青藏线运价高于统一运价的部分在全路均摊，与宝中线均摊运价一并进入统一运价，货运价格总水平提高了 0.15 分/（t · km），建设基金提高 0.5 分/（t · km）；2001 年 4 月 1 日，货运价格总水平提高 0.2 分/（t · km）；2001 年 4 月 1 日，经国务院批准，国家计委、铁道部适当调整部分涉及农物资铁路基本运价（计价格[2001]427 号）。

为缓解铁路货物运输价格偏低的矛盾，经国务院批准，自 2006 年 4 月 10 日起调整铁路货物运输价格。自 2006 年 4 月 10 日起，铁路实行统一运价的正式营业线和运营临管线，货物平均运价提高了 0.44 分/（t · km），即由现行的 8.61 分/（t · km）提高到 9.05 分/（t · km）。其中货物运营价格由 5.31 分/（t · km）提高到 5.75 分/（t · km），铁路建设基金为 3.3 分/（t · km）保持不变。运价调整中，大秦、丰沙大、京原、京秦四条铁路线煤炭现行运价将维持不变。另外，铁路整车农用化肥运价将作相应调整。

此次运价调整取消了集装箱运输中自备集装箱管理费等杂费项目，并将《铁路货物运价规则》中自备集装箱空箱运价率由原来重箱运价率的50%调整为40%。

目前，铁路货运价格平均为9.05分/（t · km），建设基金为3.33分/（t · km），新路新价均摊运费为0.11分/（t · km），电气化附加费为1.2分/（t · km）。新中国成立以来铁路货物运价调整一览表如表2.7.1所示。

表2.7.1　新中国成立以来铁路货物运价调整一览表　　分/（t · km）

调价时间	调价前	调价后	差　额	调价幅度（%）	累计幅度（%）
1955-06		1.650			
1967-11	1.650	1.438	−0.212	−12.85	−12.85
1982-08-01	1.438	1.483	0.045	3.13	−10.12
1983-12-01	1.513	1.827	0.314	20.51	10.73
1985-05-15	1.821	1.944	0.123	6.75	17.82
1989-02-01	2.034	2.06	0.026	1.28	24.85
1990-03-15	2.06	2.65	0.59	28.64	60.61
1996-04-01	2.65	3.15	0.5	18.87	90.91
1997-06-01	3.15	3.65	0.5	15.87	120.21
1998-04-01	3.65	4.15	0.5	13.70	151.51
2001-04-01	4.15	4.35	0.2	4.82	163.63
2005-04-01	4.35	8.61	4.26	97.93	359.70
2006-04-10	8.61	9.05	0.44	5.11	448.48

注：① 累计调价幅度的比较基础是1995年的货物运价率；② 货物运价中不包括铁路建设基金。

二、铁路客运价格的沿革

我国铁路客运价格一直实行全国统一水平的国家定价，1998年7月《价格法》实施后改称政府定价。经国务院批准，从1998年4月起，允许部分铁路旅客票价向下浮动。从2000年11月起，允许部分铁路旅客票价以公布的《铁路旅客票价表》为基准上下浮动，新中国成立以来，国家铁路票价共进行了4次较大的全面调整。

1955年6月全路统一运价后，旅客平均运价水平为1.49分/（t · km）。到1985年这30年间，我国社会经济发生了巨大变化，而铁路却仍执行着1955年制定的旅客运价制度。只是由于旅客运输席位增加等原因，旅客平均运价水平自然增长到1.79分/（t · km）。

1985年5月15日，为解决铁路、公路分流问题，经上级主管部门批准，调整短途货物运价的同时，相应调整短途旅客票价，包括市郊票价率、包裹运价等，使运价水平增加到1.912分/（t · km），提高了6.87%。

1989年9月5日，为解决旅客运价长期冻结、旅客运输亏损越来越大的问题，经国务院批准，调整铁路客运价格。客运基本票价率从1.755分/（t · km）调整到3.861分/（t · km），上调 120%。各种票价平均调价幅度 112.79%，客运价格总水平达到 4.161 分/（t · km）。1989 年、1990 年两年合计增收约 50 亿元。

进入 20 世纪 90 年代后，我国经济迅猛发展，大部分物价放开，上涨幅度较大，旅客运价又一次滞后物价上涨。到“八五”末期的 1995 年 10 月 1 日，再次大幅度调整客运价格，客运票价从 3.861 分/（t · km）调整到 5.861 分/（t · km），同时适当调整了不同席位的比价关系（如硬座与硬卧的比价从 1：1.8 调整到 1：2.2），理顺递远递减率，贯彻国民待遇原则。平均调价幅度约 55%。调价后，第四季度客运量比上年同期下降 12%左右，当年增加客运收入约 14 亿元。20 世纪 90 年代以来，铁路客运价格的详细调整历程有以下几个方面:

1. 区域性的票价改革

1994 年 11 月，国家计委批准广深准高速铁路软座票价。自 1995 年 1 月 1 日起，广深铁路硬座票价上浮 50%。

1996 年 2 月，国家计委批准，自 1996 年 4 月 1 日期，允许广深铁路普通客运在当时票价的基础上再上下浮动 50%，在规定幅度内，准高速铁路客运实行企业自主定价。

1996 年 10 月,国家计委批准上海—南京快速列车在新型空调列车票价的基础上上浮 30%。

1996 年 12 月，国家计委委托辽宁、吉林、黑龙江 3 省物价部门根据当地实际情况，适当调整铁路市郊定期客票价格。

1997 年 4 月,国家计委批准上海铁路局管界内开行的 25K 型高等级软座客车实行分等票价。旅行速度达到 110 km/h 以上的，二等车软座客票基准价 0.280 5 元/（t · km）；旅行速度在 110 km/h 以下的，二等车软座客票基准价 0.233 0 元/（t · km）。一等车和特等车软座基准价以二等车基准价为基础，一等车软座客票基准价按高出 20%确定，特等车按高出 50%确定。旅行速度达到 110 km/h 以上的，一等车客票基准价 0.336 6 元/（t · km），特等车客票基准价 0.420 8 元/（t · km）；旅行速度在 110 km/h 以下的，一等车客票基准价 0.279 6 元/（t · km），特等车客票基准价 0.349 6 元/（t · km），浮动幅度以上述基准价为基础，允许铁道部根据市场情况在上下 10%的幅度内确定具体票价。

2. 旅游列车和全列新型空调列车的票价改革

1987 年 11 月，国家物价局批准冬季旅游列车实行特价，根据优质优价的原则，按正常票价加收 50%。

1992 年 9 月，允许旅游列车软、硬卧特快票价上浮 70%，软、硬座票价上浮 55%（不另收季节性空调费）。

从 1992 年 9 月 1 日起，按照优质优价原则，经国家物价局批准，凡符合新型空调客车条件的铁路旅客列车的票价客运比普通旅客列车的票价提高 50%。

3. 春运浮动票价改革

1993 年春运期间，对乘火车进出广东省和广东省境内的乘客实行浮动加价，软座、软卧和硬卧每票加价 30 元，硬座快车每票加价 20 元，硬座慢车每票加价 15 元。1994 年继续对进出广东省和广东省内的铁路旅客实行浮动票价。这次上浮修正了加价不分席别和不分省内省外的简单做法，改为进出广东省的卧铺每票上浮 30 元，快车坐席每票上浮 20 元，慢车坐席每票上浮 15 元；广东省内上下车的卧铺每票上浮 20 元，坐席快车上浮 10 元，慢车上浮 5 元，3 元以下的票价和学生、小孩、革命伤残军人及外籍旅客票价不上浮。

1995 年春运期间，春运浮动票价的实施范围扩大到北京、郑州、济南、上海、柳州、成都的铁路局和广铁集团，凡属该范围售出的车票除小孩、学生和革命伤残军人外均实行浮动票价。这次春运浮动票价采取按票价分档、定额上浮的办法，票价 5 元及以上每票加 3 元，6～10 元的加 5 元，11～30 元的加 10 元，31～50 元的加 20 元，51 元及以上的加 30 元。

1999 年春运期间恢复春运浮动票价，执行范围和标准为：春节前从上海、南昌、广州、柳州、成都 5 个铁路局始发的部分旅客列车和春节后到达以上 5 个铁路局的部分旅客列车，票价上浮幅度硬座票价不超过 10%，硬卧、软席票价不超过 20%，具体浮动车次和浮动水平由有关铁路局根据市场情况自行确定。

2000 年春运浮动票价的范围是：春节前自北京、上海铁路局和广铁（集团）公司始发，春节后自成都、郑州、上海、南昌铁路局和广铁（集团）公司始发的部分直通旅客列车，其他铁路局客流特别集中方向的部分旅客列车。上浮幅度为，优质优价列车票价上浮 20%，其他旅客列车票价上浮 30%；现役军人、革命伤残军人、学生、儿童票价不上浮。2000 年春运浮动票价的范围和幅度与 1999 年基本相同，铁路局管内车票价是否浮动由各铁路局自行掌握。

1995 年 10 月，经国务院批准，国家计委、铁道部下发《关于调整铁路客运价格的通知》（计电[1995]126 号），全面调整了国家铁路旅客运输价格。客运基准票价率由每人 · 公里 3.861 分提高到 5.861 分，这一基准票价率一直执行至今。

1995 年以后，铁路客运基准票价率没有调整过。但随着铁路多次提速，增开部分高等级、新型空调旅客列车，软席、硬卧等票价较高的席别比例有所增加，旅客在不同席别、列车速度等级、车型间的构成也发生了变化，铁路旅客运输每人 · 公里单位收入率呈逐步提高的趋势。

新中国成立以来铁路旅客运价调整一览表如表 2.7.2 所示。

表 2.7.2　新中国成立以来铁路旅客运价调整一览表　　分/（人 · km）

调价时间	调价前	调价后	差额	调价幅度（%）	累计幅度（%）
1955		1.49			
1985	1.79	1.91	0.12	6.82	29.32
1989	1.96	4.16	2.21	112.79	179.46
1995	4.164	6.454	2.29	55.00	333.17

注：累计调价幅度以 1955 年的旅客运价率为基价。

第二节　我国铁路运价主要问题与成因

一、当前铁路运价形成机制存在的主要问题

1. 水平偏低，结构失调

目前世界主要拥有铁路的 41 个国家的货物平均运价为 4.2 美分/（t · km），我国现行铁路货运统一运价（含建设基金）为 7.55 分/（t · km），仅相当于国外平均水平的 21.6%。从与公路运价的比价关系看，目前我国铁路与公路货运价格的比价为 1：5.6，远低于欧美国家

1：1～1：1.6的平均水平。铁路客运价格与货运情况相似。铁路货物运价内部结构失调，用于简单再生产的运营价格为4.25分/（t·km），用于扩大再生产的专项建设基金为3.3分/（t·km），二者之比为56.3：43.7。

2. 管理权限过于集中，形成机制不完善

铁路运价的定价权限高度集中，一方面不利于调动铁路企业和地方政府参与铁路经营管理的积极性，使铁路在市场面前处于被动、不适应的局面，最终导致铁路的运输生产和运价管理相分离，生产和销售过程相脱节，不能随市场需求的变化调整运输生产和运价。另一方面容易出现信息传递失真、价格变动决策相对运输市场变化反应迟钝，不能及时处理市场出现的新情况、新问题等弊端。加之东西部地区经济发展水平不平衡，不同行业、不同企业和不同消费群体对运价的承受能力千差万别，往往是统一的运价政策难以完全兼顾各种特殊情况。

3. 价格体系复杂，透明度低

目前铁路旅客运输实行按车型、席别、速度和运输距离等多种因素的综合计价体系；铁路货物运输目前实行按货物品类、不同运输线路（径路）、运输距离等多种因素的综合计价体系。客货运输价格体系非常复杂，透明度低。除少数专业人员外，用户无法准确测算所应支付的运输费用。一方面不利于用户和社会对铁路运输价格的监督，也不利于主管部门对运输价格的管理；另一方面使用户在选择运输方式时无法比较与其他运输方式的成本费用，对铁路吸引货源、积极参与运输市场竞争带来了负面影响。

目前，从货主负担的铁路货物运输费用看，铁路运价由基本运价、建设基金、电气化附加费、特定加价运费、特定线路运价和各项杂费及延伸服务费构成。形成如此复杂的运价表现形式，一方面是国家从整顿收费秩序的角度出发，认为把价格的内部构成公开化，有利于社会监督；另一方面则由于铁路企业不适应市场运作的要求，把应在事后由收入清算进行的工作事先在运价中标识，复杂了运价的计算过程，削弱了运价的标价作用。

4. 价外收费过多，价格秩序混乱

铁路货运用户在支付统一运价之外，一般还有支付杂费、延伸服务收费；使用自备车运输的要支付自备车租用费、回空费等项收费；经过部分新线或电气化区段运输的要加收新路加价或电力附加费；部分旅客除支付国家规定的票价外，还需另行支付计算机制票费、空调费和送票费。价格秩序混乱，除上述有政策依据的运价、收费外，还存在着各种乱收费、乱加价的现象。一是有些铁路部门、企业和个人利用铁路垄断经营地位和职权擅自收取各种加价和收费，如货票工本费、联营服务费、分流附加费、赞助费、路外伤害宣传等；二是部分地方政府擅自批准征收物资归口管理费、水泥扶散费等；三是路外部分运输代理企业加收购票服务费、代办车皮手续费等。

5. 运价浮动政策执行不灵活、不规范

近年来，国务院授权铁道部可在规定的运价水平下进行运价浮动。但在实际执行中，灵活性仍不高。以货运价格来说，由基层站段了解到货源情况，逐级上报到铁路局或铁道部，再由铁道部或铁路局给予批复，一上一下，手续多，周期长，时效差。另外，由于目前乱收费现象并未根本消除，铁路与货主之间还有多道环节，运价下浮的优惠有时未能落实到真正的货主身上。

6. 建设基金占运费比重过大

建设基金占运费比重过大，削弱了运价的杠杆作用。以运价形式表现的建设基金，专款专用于铁路的扩大再生产，目前已占运价总水平的 43%左右。这种把运价分成两个部分，把简单再生产和扩大再生产人为分开并割断联系的做法，在计划经济体制下可以作为国家投资的一种方式，但在市场经济多种运输方式竞争的形势下，不仅造成铁路投资体制与经营体制的脱节，扩大再生产缺乏企业成本的约束，资金投资效益不高，实质上也占用了正常的价格空间，削弱、扭曲了价格对市场的灵敏反应和调节作用。

7. 成本和收入分配管理不适应市场经济的运行

一方面，铁路的成本没有真实反映铁路运输生产的实际消耗，不能提供不同种类和质量运输产品的成本，无法随产品质量、功能的变化及时调整价格。另一方面，运输收入的分配仍停留在计划经济阶段，未能体现多劳多得的利益原则，吃大锅饭问题未根本解决。

二、我国铁路运价调整机制存在的主要问题及成因

我国铁路调价的滞后性已严重影响了铁路的发展，成为市场经济条件下铁路参与运输市场竞争的主要障碍之一。从铁路的实际状况分析，我国铁路调价的滞后既有体制上的原因，也有铁路本身的不足，从而使得调价的滞后具有某种必然性。

1. 价格管制是造成铁路调价滞后的根本性原因

步入市场经济后，我国按照经济体制改革总目标“建立以市场形成价格为主的价格机制”，放开了 80% 以上的生产资料价格和 95%的消费资料价格，但对于我国交通运输产品价格的控制，尤其是铁路运价一直未松动。其原因是，铁路运价是基础产业价格，其价格稍有变动都会涉及相关产业产品价格的变动，而且铁路运价之间构成被运输产品价格的一部分，运价的涨落直接引起被运输产品价格的高低，容易带来物价的波动，不利于国家对宏观物价水平的控制。因而国家要对其进行管制，以防止铁路运价的乘数效应给经济的持续稳定发展带来不利。

2. 铁路运输产业的特性是导致调价滞后的主要原因

铁路是一个特殊产业，其特殊性表现在融基础性、公益性与企业性于一体，且具有一定的垄断性和极强的关联性。正是由于铁路运输产业的这种特殊性，使其产品调价时，更多地兼顾其基础性和社会性，而对其自身作为企业特征实现的盈利性则考虑较少。铁路作为一个超巨型企业，又是基础性瓶颈产业，产品关联性强，涉及冶金、机械、电力、能源、通讯、食品等各部门，其价格的变动往往意味着利益关系的普遍变动，若要调整价格就必须相应地调整一系列的利益关系。因而国家在调整价格时往往慎之又慎，比较不同的“调价收益”与“调价成本”，从而使得该调时未调或即使调价却调幅较小最终导致铁路运价调整滞后。在我国“七五”至“八五”期间，比较大的铁路客货运价调整仅两次。这种长达四五年的调价间隔期与近 10%的物价上涨率相比显得十分滞后。

3. 铁路调价机制的缺位是造成调价滞后的直接原因

铁路调价机制是调价的理论依据，到目前为止，我国尚未建立起一个真正意义上的调价机制，使得调价不可避免地带有某种盲目性，增加了调价成本。以行政命令而非市场信息来决定调价时机的调价机制，无疑会有一些主观性。再深入分析，造成我国铁路调价机制缺位除主观上的原因外，还有客观上的原因，即我国铁路目前缺乏一套更合理、更规范的成本指标体系。这也给我国铁路调价机制的建立带来很大的困难。而以建立了完善调价机制的美国铁路为例，其在1933便开始收集、整理铁路统计数据，并于1980年建立了铁路成本补偿指数体系（RCR），1985年又进一步简化为总指数体系（AII）并计算出成本调整指数，据此调价，从而实现了运价与物价的联动，保证了调价的及时。

我国铁路调价滞后性给铁路的发展带来的主要影响有:

（1）调价的滞后性造成价格与价值分离，运价收入不足以弥补成本及费用，财务陷入了亏损的恶性循环。调价的滞后造成客货流剧烈波动，影响了铁路的运营收入。1995年55%的调价幅度使得客运量急剧下降，1995年为10.27亿人次，而1996年为9.42亿人次，下降了8%。由于客货运量的下降，直接导致了铁路运营收入的减少，从而违背了调价的初衷。2005年、2006年虽然运价都有上涨，但许多铁路局仍然处于亏损状态。

（2）调价的滞后弱化了铁路的市场竞争力，引起铁路在运输市场中的份额不断递减。调价的滞后，客观上拉大了调价的幅度，且我国一次性批复的调价机制，也违背了市场经济条件下对调价必须具有灵敏性的要求。过高的调幅，使得货主和旅客无论从经济上还是心理上，一时都难以接受，而运输市场的竞争又日趋白热化。据测算，我国铁路与公路的竞争系数已达0.99（短途运输上），与航空的竞争系数达 0.87（长途运输上），这就是说，铁路在短途运输市场上已无优势可言，而长途运输市场也面临着航空的挑战，因而近几年铁路客货流的转向便不足为奇了。世界银行的一份报告估算表明：中国近三年铁路的市场份额以年均5%的速度在递减。日趋严峻的形势使铁路意识到建立一套灵活的调价机制已迫地眉睫。

调价的滞后严重危及铁路的生存，阻碍了铁路运输企业作为企业特征的实现，也与铁路实现两个根本性战略转变的要求相悖。而市场经济则要求价格的调整必须反映市场供求且以市场价格对比为依据。目前，我国公路的调价权已下放至地方政府，基本上做到了价格的随行就市，调节十分灵活，而铁路至今仍停留在计划经济的调价模式之中，这既不利于铁路的竞争和发展，也不符合市场竞争的一般准则——公平。因此，必须研究、探讨和建立适应市场经济的铁路调价机制，实现调价的公式化、程序化和规范化，保证调价的及时性。

第三节　我国运价水平与定价理论

一、我国铁路运价与运输成本

1. 资金盈利率

资金盈利率是衡量价格水平高低的重要标志。铁路以超负荷的工作量完成高强度的运输任务，尽管劳动生产率逐年提高，但由于运价偏低，运输成本不断增加，致使铁路运输企业的资金利税率近50年来一直低于工业企业，约为全国工业企业平均盈利水平的50%。

我国运费占商品价格的比重比其他国家低得多。以中美两国比较，如石油及其制品价格中运费所占比重，美国为24%，中国为5.8%；木材价格中运费所占比重，美国为18%，中国为7.4%；百货、日用品体格中运费所占比重，美国为4%以上，中国为1%左右。相比之下，我国的铁路运价显著偏低。

由运价与物价、运价与运输成本、资金盈利率、运费占社会商品比重的分析，说明长期以来铁路运价水平偏低。偏低的运价水平，既说明了铁路运价进行改革的必要性，也说明了运价改革的性质是恢复、调整到正常合理的水平，不是“涨价”，赚取超额垄断利润。

2. 铁路成本费用的含义及分类

在社会主义市场经济条件下，运输产品所消耗的社会必要劳动，就构成了运输产品的价值。它是由运输生产过程所消耗的生产资料价值，劳动者用来满足个人需要的生活资料的价值，以及劳动者为社会生产的剩余产品价值所构成。在实践中，铁路运输成本费用的内容还包括生产过程中的特殊消耗，如利息支出、损失支出等。铁路运输企业在一定时期内发生的一切与生产经营活动有关的支出，都应计入其成本费用。

铁路运输企业成本费用内容多、项目繁杂，按照支出的经济性质或要素分类，运输成本费用分为工资、材料、燃料、电力、折旧、其他六要素。

（1）工资，指铁路运营各类人员按工效挂钩办法计算并列入运输成本费用的计时工资、计件工资、职务工资、附加工资、加班加点工资、奖金、津贴、补贴和其他工资。

（2）材料，指运输生产经营过程中所耗费的材料配件、油脂、劳动保护用品等有实物形态的物品。

（3）燃料，指运输设备运用、养护和修理以及生产过程中所发生的固体、液体、气体等燃料支出。

（4）电力，指铁路运输设备运用、修理、动力、照明及其他用电。

（5）折旧，指按规定计提的列入成本费用的固定资产折旧费。

（6）其他，指不属于以上各要素开支的费用。例如，按预算管理的支出项目、集中费、差旅费、修理费、养路费、生产用杂费等。

这种分类便于了解各要素的支出水平和要素支出计划的完成情况，为制定消耗定额提供资料，也为国家计算国民经济净产值和国民收入提供资料。

二、我国铁路运价水平

“九五”期间运价水平：

以 1985 年为基数，1985—1995 年全年零售物价总指数年平均上涨 10.77%，铁路运输成本费用总指数上涨 13.90%，比同期零售物价总指数高 3.13%；而我国铁路运输负荷目前居世界首位，据此统计，1996—2000 年铁路运输成本费用指数将保持高于全国零售物价总指数 3% 的发展趋势。

“九五”期间，国民生产总值（GDP）年均增长 8%，同期全国零售物价总指数控制在 6%～7% 之间。所以，“九五”期间铁路运输成本费用总指数预计年递增 9.5%。以 1995 年运输成本每换算吨 · 公里 4.25 分为基础，预计“九五”期间铁路的运价水平如表 2.7.3 所示。

另外，亏损挂账 1994 年为 36.1 亿元，1995 年 69.8 亿元，共计 105.9 亿元。“九五”期间总换算周转量为 95 654 亿，则每换算吨 · 公里需加价 0.17 分，故平均运价水平应为：客运运价为 7.35 分/（人 · km），货运运价为 4.95 分/（t · km），调价幅度分别为 25.4%、57.1%。

这也仅是维持简单再生产所需的运价水平，而“九五”期间尚有 1.34×10^4 km 的线路建设任务。1995 年新建铁路平均造价 1 780 万元/km，按 9.5%增长预测，1996—2000 年新建铁路线路平均造价为 2 337 万元/km。这样测算出“九五”期间铁路扩大再生产所需要资金物价为 3 132 亿元，再加上“八五”期间建设资金缺口 996 亿元，共需要建设资金 4 128 亿元。

表 2.7.3 “九五”期间铁路运价水平

项　目	1996 年	1997 年	1998 年	1999 年	2000 年	平均
换　算 [分/（换算吨·公里）]	4.65	5.10	5.58	6.11	6.69	5.60
货　运 [分/（t·km）]	5.96	6.52	7.14	7.82	8.56	7.18
客　运 [分/（人·km）]	3.97	4.35	4.77	5.22	5.72	4.78

注：货运运价不包含铁路建设基金。

“八五”期间，铁路建设资金物价的 70% 由铁路建设基金解决。按此比例测算，“九五”期间共需征收铁路建设基金 2 890 亿元。现有铁路建设基金 904 亿元，按 1997 年 1 月 1 日计算，铁路建设基金需再加征 1.5 分/（t · km），合计 4.2 分/（t · km）。

因此，我们得出“九五”期间铁路运价的合理水平:客运 7.35 分/(人 · km)，货运 9.15 分/（t · km）（含建设基金 4.2 分）。

三、铁路定价原则的理论分析

1. 铁路定价原则的地位及其存在的问题

作为铁路重点和难点的运价改革能否顺利进行，关键是看能否根据铁路运输产品的具体特性以及一定时期的经济环境确立合适的定价原则。铁路运价的形成机制、运价结构、运价形式以及运价的管理体制，都必须以定价原则为准绳。可以说研究运价改革首先应对定价原则进行详细分析。

现行的《中华人民共和国铁路法》（以下简称《铁路法》）第 25、26 两个条款对国家铁路、国家铁路特定线路和临时运营线、地方铁路运价率的规定或调整权力进行了界定，同时要求增加运价的透明度，但对铁路定价原则没有任何规定，这不利于运价的制定和调整。

2. 三种特定原则的对比分析

对运价原则所作的研究，归纳起来大致可分为三类：获取最大利润；偿还逐渐成本；优化配置资源，获取最大社会效益。三种定价原则各有利弊，下面就此进行分析。

（1）获取最大利润的定价原则。制定运价时，以获取最大利润为目的，就是获取最大利润定价原则。铁路运输企业在对市场进行分割后，根据不同的需求情况来设定对企业有利的价格。这种以获取最大利润为目的的运价，表面上看是一种价值主义运价，其结果难免会形成一种对消费者的抢夺性和对竞争者的掠夺性。另外，运输产品具有一定的非排他性和非竞争性，兼有商品性和社会性。因而在制定运价时，既要追求企业利润，又要追求社会效益。因此，旨在追求利润最大化的原则与铁路运输产品的特性不符。

（2）偿还运输成本的定价原则。偿还运输成本定价原则是指在制定运价时，必须保证通过运价回收的资金能够补偿运输成本，且含适当的报酬。这里所说的成本和经营学上所说成本不同，还应包含正常利润——运输企业的资金成本。以此为原则制定的运价就是通常说的

“补偿适当成本并且包含适当利润”的综合成本运价。这种运价有两种计算方法：费用累积法和公正报酬率法。

费用累积法是利用积累的费用计算出基本运价的方法。累积费用包括运营费用、借入资本的利息、自有资本的利润。基本运价用下面公式表示：

$$P = E + (I + K) / O \tag{2.7.1}$$

式中：P —— 基本运价；E —— 运营费用；I —— 借入资本利息；K —— 自有资本利润；O —— 运输量。

其中：I=(借入资本物价－借入资本折旧额)×利息；K=(自有资本物价－自有资产折旧额)×适当利润率，适当利润率大多取 10%。

公正报酬率法，是用净资产乘以公正报酬率之积作为合适报酬。可以用以下公式表示：

$$P = E + (V - D) \times r / O \tag{2.7.2}$$

式中：P —— 基本运价；E —— 运营费用；V —— 使用物产物价；D —— 使用资产的折旧额；r —— 公正报酬率（%）。国外铁路运输公司公正报酬率一般取 6%～8%。

以偿还成本为基础的综合成本运价，可以保证铁路运输企业收支平衡，维持简单再生产与扩大再生产。但是，它一方面会阻碍企业采用开发新产品、新技术等方法减少成本，另一方面也无法保证被限制企业向限制当局提出的成本信息是可信的。

（3）社会效益最大化定价原则。社会效益最大化定价原则通常是西方国家采用的一种定价原则，指制定运价时，以优化配置资源，使社会全体得到最大化为宗旨。按照这一原则能合理分配社会资源，使社会全体得到最大满足。但也有不足之处：当社会效益与其他企业效益发生矛盾时，会影响企业的积极性。同时，在交通运输服务与其他财务、服务有着密切关系的情况下，只有在其他财务、服务也分别根据此原理来制定价格的前提下才是有效的。其他财务、服务中只要有一个脱离这一原理来制定价格，就不能达到最合理分配资源的目的。

3. 合理的定价原则设想

通过以上分析知道，上述 3 种定价原则各有利弊。那么，能否有一种运价既能保证运输企业的收支平衡又尽可能实现资源的合理分配，使社会效益尽可能最大呢？这便是我们提出的合理定价原则：以偿还运输成本为前提，包含适当利润，以利于铁路运输企业的自我积累和发展，同时使社会效益尽可能大。以此为原则制定的运价，可以保证运输企业（包括收入递减企业）收支平衡，使企业保持提供运输服务的积极性，而且社会效益达到最大限度（虽然达不到最大化）。

1927 年拉姆瑟伊（Rilmsey）提出了以此为原则的运价。在偿还成本为制约的条件下，谋求社会效益最大化的运价，与其脱离市场运价的边际成本的比率和该服务相关的价格弹性成反比。可以用以下公式表示：

$$(P_i - MC_i) / P_i = K / e_i \tag{2.7.3}$$

式中：P_i，MC_i，e_i —— 分别表示市场 i 的运价、边际成本、价格需求弹性。K —— 收支平衡有关的常数，$K = (P_i - MC_i)/(P_i - MR_i) \times MR_i$，其中，$MR_i$ 表示市场 i 的边际效益。

第四节 运价机制改革

一、改革铁路运价形成机制的指导思想

改革铁路运价形成机制的指导思想是按照建立社会主义市场经济体制和转变经济增长方式的要求，逐步建立起有利于打破铁路垄断经营、引入竞争机制、适应运输市场供求变化，有利于促进铁路投融资体制和经营管理体制改革，有利于各种运输方式公平竞争，能够满足国民经济高速增长需要和改善人民生活质量的铁路运价形成机制。

改革的基本原则：一是建立起以统一运价为基础，能够反映运输市场供求关系，有利于资源优化配置、改善生产力布局，有利于各种运输方式公平竞争的形式灵活多样的铁路的运价体系。二是充分发挥价格的调节作用，确立多元化铁路运价体系的法律地位，建立起能促进铁路投融资体制改革，吸引社会资金投资铁路，促进铁路行业打破垄断经营，改革管理体制的运价补偿机制。三是加大对铁路价外收费的治理力度，简化运价结构，规范铁路运输企业和运输代理企业的价格行为，建立起高度透明、易于管理和置于社会监督下的运价约束机制和宏观调控机制。四是根据社会各方面的承受能力和国民经济发展速度，综合考虑铁路投资体制、经营管理体制的改革进程，统筹规划，积极稳妥，分步实施。

1. 确立多元化铁路运价体系的法律地位

近 10 年来，铁路投资体制发生了深刻的变化。配合投资体制的变革，为保证新建铁路正常经营，回收投资成本，国家相继出台了各种特殊运价政策。如新路新价、电力附加费等。以统一运价为基础的多元化运价体系已经初具雏形，形成了政府定价、政府指导价和市场调节价多轨运行，统一运价和特殊运价并存的“混合型”的运价体系。这种过渡性的模式有利于宏观调控与微观搞活、有利于铁路运价普遍矛盾与特殊矛盾的处理，是合理可行的。但目前面临的问题是多元化运价体系缺乏法律依据，完全依靠行政手段操作，随意性大，前后政策不能很好地衔接，外部性因素对运价改革的实施造成冲击，使运价改革缺乏连贯性和系统性。随着铁路运输企业转换经营机制和《中华人民共和国价格法》（以下简称《价格法》）的颁布施行，需要通过修改《铁路法》来确立铁路运价多元化体系的法律地位。即用法律形式明确以统一运价为基础，能够反映运输和市场供求关系，有利于形成各种运输方式公平竞争的、形式灵活多样的铁路运价体系。

2. 建立运价约束机制

约束机制包括监督机制和企业内部经营管理机制。一是配合《价格法》的贯彻落实，建立健全运价监督机制，改革目前仅靠价格主管部门监督检查铁路运价执行情况的格局；扩大行业主管、部门和相关业务部门的价格监督检查权限；建立社会舆论监督系统。二是重新界定运价管理权限、报批程序，完善相关的法律法规体系，逐步实现铁路调价与定价的公式化、程序化和规范化。保证运价机制制定和调整的公平、合理、透明，鼓励多种运输方式平等竞争。

3. 建立铁路运价宏观调控机制

建立宏观调控机制的先决条件是建立检测铁路运价调整对全国零售物价总指数、城镇居

民生活费用总指数和各类人民生活必需品影响的数学模型；建立铁路成本、经营现状统计信息系统，提高铁路生产经营的透明度。实行铁路运价调整的数据化和程序化，在国家宏观经济环境允许的条件下，逐步提高铁路运价水平或改革铁路运价管理权限。

4. 建立灵活的运价市场调节机制

根据投入产出模型，研究分析铁路与国民经济的数量联系，根据运输成本、季节变动、繁忙干线系数、货物种类及成本变动等各要素，建立真正的市场经济体制下的灵活的运价调节机制，并且运用投入产出模型进行可行性论证，以确保此市场调节机制能得到贯彻实施。

在建立健全运价的约束机制和宏观调控机制的前提下，建立符合社会主义市场经济体制要求的铁路运价形成机制可以分 3 步实施：第一步，建立铁路运价合理补偿机制。在铁路运输成本费用处于正常变化状态下，铁路运价水平不仅应能完全满足简单再生产的需要，而且要具有满足扩大再生产的需要，更要具有为扩大再生产提供适当规模资金来源的能力。一是用若干年的时间，逐步把目前价外各种补偿专项成本的收费（包括新路新价、电力附加费、自备车收费等）完全纳入正常运价结构内，使铁路经营者在补偿运输成本后，仍能获得适当的利润；二是运价应达到使新建铁路能够完全补偿投资成本并能获取合理利润的水平，即要使铁路投资者有利可图，吸引社会资金流向铁路建设，促进铁路投（融）资、建设、经营步入良性循环轨道，从而彻底解决铁路投入不足的问题。第二步，扩大铁路主管部门的定价权限。在铁路行业政企分开、扭亏增盈目标实现后，国务院价格主管部门只控制铁路运价总水平、铁路运输中关系到国计民生重要货物运价、旅客运输基本票价和政府性规费，其余运价可由铁路主管部门根据运输市场供求关系确定。第三步，定价权逐步向铁路企业（铁路局或集团）转移，由运输市场形成价格。国务院价格主管部门和铁路主管部门负责制定运价管理的原则和政策，控制运价总水平的调整幅度；在必要的时候，对铁路运价实行最高限价和最低保护价，使铁路运输价格通过竞争在运输市场中形成。

二、铁路运价改革

第一种选择：完全放开铁路运价。铁路运输企业根据成本核算、市场供求关系及竞争的需要自主定价。充分发挥运价的调节纽带功能，在运输市场竞争中形成铁路运价。这个思路在理论上符合市场经济体制改革的要求，也符合铁路运价改革的最终目标。但是步子迈得过大、过猛，在中国现今的社会主义初级阶段，还不具备完全开放铁路运价的条件。

第二种选择：继续实行原方案，集中统一型的运价体制不变。这一思路的出发点是稳定且简单易行。但鉴于上述的种种利弊分析，说明它不符合改革的总方向，故不可取。第一种、第二种方案走了两个极端，过左或过右，都不是我们当前应采取的改革思路。

第三种选择：随着铁路运输企业转换经营机制的进程，国家逐步放松对铁路运价的管理，分阶段推进铁路运价改革。这也符合国家整个经济体制改革宏观的指导方针，是我们应当采纳的铁路运价改革方案。

铁路运价改革是一项涉及面很广、政策要求高、实践性很强的工作，必须在服从国家宏观调控大局，遵循市场价格规律的前提下，积极探索，稳步推进。

第一，确立铁路运输定价主体。铁路企业是运输市场经营主体，依法享有对其产品的定价权。运价改革首先就是确立铁路运输企业的定价主体地位。铁路局作为市场主体，最接近市场，最了解行情，最便于适时调价。转换定价主体，一方面要致力于从理论上解决在企业价格自主权方面，《铁路法》与《企业法》、《价格法》、《经济合同法》的相应与衔接，避免相悖与脱离。另一方面采取各个领域市场规律的举措，国务院、铁道部“控上浮比例，放下浮权限”，以利于铁路运价根据市场变化、供求关系、运输成本和竞争需要，实行有限受控，灵活浮动。在此前提下，铁路局管内的运价浮动由各局自主决定，跨局运价根据铁道部规定的方向别、品类别浮动幅度，由路局报部核备。运价上浮时，只变主体运价，建设基金、装车费、货运服务费、延伸服务费不变；运价下浮时，免收货运服务费和延伸服务费、装车费及建设基金同比例下浮。

第二，理顺比价关系。铁路运价扭曲，比价关系失调。突出表现为，铁路运价与物价关系失调。1988 年至 1993 年的 15 年间，社会零售物价上涨 2.54 倍，而同期铁路货物运价仅增长 90%，为零售物价涨幅的 1/3。1994 年物价上涨 20%，致使铁路运输成本大幅度上升，铁路运营入不敷出，全行业亏损。铁路运价与其他运输方式价格比例失调。国际上公路运价一般为铁路运价的 2 倍。而在我国直至 1995 年，公路货物运价为铁路的 14 倍（不含建设基金），即使将建设基金计算在内，公路运价也是铁路运价的 6～7 倍。理顺比价关系，必须形成铁路对社会物价的“影子”价格，根据影响铁路成本的资金价格和主要生产资料价格的变化（以国家统计、物价管理部门的权威资料为依据）形成与之对应的运价调整机制；必须经政府确定或认可，建立铁路与公路运价适当的比价关系，允许在相同省份或大区范围内二者相互参照掌握。

第三，简化运价表现形式。对项目繁多、手续繁杂、透明度差、增加货主负担的铁路货运收费项目进行简化，能取消的取消，应合并的合并。目前，可将现行各种收费简化为运费、杂费、电气化附加费和建设基金四项，今后不再增加新的收费项目，使运价内涵简单明了。同时，对价规的分号与品类也进行合理的调整、归并，化繁为简。避免相同货物因其用途不同而采用相异运价，便于操作。实行新线新价，根据实际综合考虑临管初期成本较高、径路改变运距等因素，新线价格应以不低于既有线运价为下限。在确定农业税、国防税、社会救灾基金的基础上，铁路企业与其他企业同尽义务，对支农、军运、救灾物资运输，确保“优先”、“优质”提供动力和服务，改变一味只讲政治意义，一贯不讲经济规律的“优惠价”或“零运价”。积极探索“批运价”、“运行线运价”的运作办法。

第四，改革指定径路计费办法。按照最有利于扩大货物市场份额、减少货源分流的原则，对指定径路进行科学调控。随着运输能力的增加和运输市场的发育，逐步减少货物运输指定径路，努力实现铁路运输成本最低、货主负担最小的目标。

第五，调整运价内部比例。一要调整基本运价与建设基金之比例。目前建设基金在铁路运价中比例过高，必须科学确定建设基金与基本运价之比例，适当拉开二者差距；时机成熟时可将建设基金融于总体运价，按运输收入规范管理。铁路建设资金由铁路企业部分收益、国税扶持、银行借贷、吸引国内外投资多渠道解决。二要改变不同时空无差异的运价。实行分线、分季区别运价，以达到积极调流，“削峰”、“平谷”，实现相对均衡运输的目的。三要调整客运运价中不同席别、不同时速、不同运距之运价比例。进一步拉开坐、卧车，软、硬席，快、慢车，长、短途客运票价的差距，更好地体现价值规律，反映供求关系。

第六，规范货运收费、整治价外收费。严格执行国家有关规定，坚决取消所有不符合规定的违章收费和“搭车收费”，切实杜绝违反客户意愿的强制“服务”、强行收费；铁路车站一律不准为其他方面代收任何未经国务院批准的其他费用。经铁道部修订、确认，尽快解决实际载重与标准载重不符、装载加固规则与货物运价规则不合，加重货主运费负担的问题。认真清理各类运输技术咨询机构的服务项目和收费标准，未经铁道部运输主管部门核准的技术咨询机构，各级运输部门一律不予承认。坚决取消到达延伸服务费，未经货主同意，违反铁道部有关规定，将货物转场和变更到站或将货物交由第三者代为交付的，所产生的费用由到站承担。车站应向社会直接营业、不得强制货主通过其他环节办理铁路托运手续，为货主代购、代加工装载加固材料时，严禁强制服务和乱收费。

三、相关政策建议

1. 将定价权与调价权分离，实行国家定价与企业调价相结合的运价管理体制

当前，我国铁路定价与调价机制实行的是由国家包揽的政策，企业无权定价与决定调价时机，这具有极大的不合理性。首先，国家作为宏观管理者，往往由于认识上的差异或信息不畅等原因造成定价偏离价值；其次，也造成调价滞后于成本费用及物价的上涨。但假如将铁路的定价权与调价权分离开来，国家掌握定价权，让企业掌握调价权，则可以很好地解决这些问题。具体实现方法为：国家只定一个基价（基价中主要考虑运营成本费用的补偿以及考虑铁路对地方经济发展的必要性，这其中存在一个政府对一些地区线路的补贴问题），而铁路则根据市场的基本情况，综合考虑物价等因素来确定调价时机与调幅。实行这种运价管理机制有几个好处：① 可解决旧调价机制的僵化与低效，实现调价的灵敏性。② 保证在当前铁路尚缺乏全面放开运价的条件下，铁路定价权仍由国家控制的要求，而同时也兼顾了铁路运输企业作为市场经济的主体有权依据市场供求来决定价格的调整，保证了调价的及时性。③ 可有效地防止铁路的频繁调价。原因在于铁路的频繁调价会加大经济核算的难度，增加经济核算的成本，从而会抵减铁路的运营收入，因而浮动运价带来的高经济核算成本的不利条件变为限制铁路频繁调价的有利条件。同时，频繁调价也会给旅客和货主带来极大的不便，不利于铁路正在进行的市场营销战略。

2. 建立调价预警系统，确立调价的预警线，保证调价的及时性与价格稳定性的实现

价格市场化是市场经济的基本特征之一，而铁路作为社会主义市场经济的一个基本单位，其产品价格最终将走向市场，遵循市场经济的基本规律，以市场机制来调节价格的涨落。但是，由于铁路运价具有不同于其他产业产品价格的特殊性，因而不能也不可能经常变动，因此，如能确定一个调价的范围，设立调价的预警信号线，就能保证调价的及时性。目前比较现实可行的做法是，将运价与物价的波动连接起来，兼顾保本微利，当物价的涨落及成本费用的变动超出了设置的预警线时自动报警，提示调价；而当物价涨落或运输成本费用变动只限于预警线滞后性问题时，又保证了运价的相对稳定性。实行这种思路的关键在于预警范围线的确定。在金融市场中，股票投资人在委托经纪人买卖股票价格，当股价涨落至该预警价格时便抛售或购买，从而减少了投资风险。虽然铁路具有与股票交易不尽相同的环境，但其做法对铁路却有一定的启发。由于中国铁路尚处于“短缺”状态，在国民经济中是“瓶颈”产业，供需不平衡容易带来社会经济的负效益，因而比较可行的方法是，利用当前较为流行的限价方法来确定预警范围，即根据成本费用的补偿确定最低价格预警线，而根据社会平均投资报酬率确定最高价格预警线，兼顾各地区运营成本的差异和铁路在地区经济发展中的重要性以及铁路财务的承受度来综

合确定预警范围。实行时，允许有一定的“错位”。目前，对于运价与物价联动，国外已经有比较成功的经验可以借鉴，我国电气化铁路已开始实行的运费随牵引电力调价的浮动而定期浮动的调价机制，也为解决我国铁路调价的滞后问题进行了有益的尝试。

四、改革铁路运价形成机制的前期工作

从目前我国铁路的现状看，改革铁路运价形成机制尚需要一个过程，近期应进行部分前期工作。

1. 完善新路新价的作价原则和审批程序

目前分三种情况分别核定新路新价：对影响面小的支线、尽头线，实行一线一价；对货种单一，在一个铁路局内运行的新线，实行区域均摊；对长大干线和贫困地区新线，实行全路均摊。应尽快出台“新路新价管理办法”，完善新路新价的作价原则、审批程序和管理办法。建议将一线一价、区域均摊运价的审批权限下放到国务院价格主管部门。

2. 改革自备车制度

按有利于增加铁路运输能力，提高运输效益，不增加货主负担，对自备车主予以适当补偿的原则改革自备车制度。要点是：① 取消企业购买通用自备车投入运输经营的做法，把现有通用自备车全部收购，由铁道部统一调度和使用。② 在用户负担总水平不提高的前提下，将自备车目前用户实际多负担的费用均摊到全路正式营业线货运周转量上，建立自备车收购补偿专项资金，专项用于对车主的补偿和自备车用车后增加的有关费用。③ 相应取消自备车检修费、过轨费、管理费和租用费等原由车主和货主负担的所有收费。④ 规范统一管理运用的特种自备车收费项目和标准。如改革自备车制度的条件尚不成熟，应制定“铁路企业自备车收费管理办法”，以规范收费行为，减轻用户负担。

3. 改革铁路支线运价管理权限

建议将铁路支线的定价权下放到省级价格主管部门和铁路企业，允许根据铁路支线成本、运量和经营情况，出台不同的特殊运价政策。研究制定鼓励把不盈利的支线以承包、转让、租赁等方式出让给地方政府或大型工矿企业经营的政策，缩小铁路运营成本负担范围，为铁路行业减员增效、下岗分流、扭亏增盈创造条件。

4. 改革铁路客运价格管理体制

适当扩大客运政府指导价和经营者自主定价范围。

（1）允许客流较少、客座率低于70%的线路的客运票价下浮，下浮幅度不限，鼓励与公路运输竞争。

（2）允许暑运、春运期间客流超员30%以上的线路的客运票价上浮。

（3）为适应市场竞争，便于消费者在软卧、硬卧和飞机之间进行选择，允许以软卧、旅游列车、25K型车和准高速列车及各车型、席别的基价为基础上下浮动。

（4）将已经与公路形成竞争的部分区段客运和市郊、管内客运票价管理权限下放到铁路局。

5. 加大治理铁路价外收费的力度

应把治理铁路价外收费作为一项长期和艰巨的工作来抓。

（1）改革铁路客票销售代理办法。除铁道部规定的客运杂费以外，取消客票外一切加价和收费。参照民航机票销售代理办法，放开铁路客票销售经营权，建立铁路客票销售代理制，铁路企业按 3%～5% 向销售代理单位支付代理手续费。实行销售代理制后，票价不允许加收任何费用，建议制定“铁路客票销售代理管理办法”。

（2）规范货运代理市场。一是铁路货运代理企业（铁路多种经营企业从事延伸服务业务）必须与运输业主脱钩，从制度上杜绝利用垄断经营地位强制代理、强行服务的行为。二是制定“货运代理业收费管理办法”，对多式联运代理企业、社会从事铁路货运代理企业进行一次全面的清理整顿，重新审查其从业资格，规范其经营范围和收费标准，为不同所有制形式的货运代理企业创造公平竞争环境。三是参照国际惯例，出台培养完善运输代理市场的政策。运输代理企业通过集中货源，代表中小货主利益，解决中小货主受垄断运输企业制约的问题。

第三篇

道路运输经济学

第一章　概　述

第一节　道路运输概述

一、道路、交通、运输的概念

在实践和理论上，常常用到一些既有联系、又有区别的重要概念，明确这些概念，对研究道路运输非常重要。

1. 道　路

广义地说，道路是指能够通行的途径。不同的行为主体，对道路的界定标准不同。本领域引用的道路概念，一般是指机动车辆和行人均能通行的途径。而公路，则是公共道路的简称，习惯上指各级政府所建的连接城市之间、城乡之间、乡村之间的具有一定技术标准和设施配置的道路。由于管理体制的原因，通常将城市道路与公路加以区分，前者是在城建部门职责范围内管理的城市交通道路，而后者则是由交通部门管理的道路。但由于教材编排的需要，本书介绍的道路运输，不包括城市公共交通。

2. 交　通

《辞海》对交通的解释为："各种运输和邮电通信的总称。即人和物的转运和输送，语言、文字、符号、图像等的传通和播送。"我国第一部大百科全书《中国大百科全书·交通卷》对交通的解释则为："交通包括运输和邮电两个方面。运输的任务是输送旅客和货物。邮电是邮政和电信的合称，邮政的任务是传送信件和包裹，电信的任务是传送语言、符号和图像。"

随着科学技术发展伴随而来的专门化物质传输系统的形成，人们对运输这一概念认识的深化，不仅已经不再把输电、输水、供暖、供气等形式的物质位移列入运输的范围，而且也不再把语言、文学、符号、图像等形式的信息传递列入运输的范围。据此，从专业角度出发，一般可以认为交通是指"运输工具在运输网络上的流动"。事实上，随着社会的进步、经济的发展、物资的位移、人员的流动，运输工具（交通工具）也越来越多地被使用，因此交通的含义习惯于特指运输工具在运输网络上的流动。

3. 运　输

运输这一词语在日常生活、专业领域和科学研究中，都使用得十分广泛。《辞海》对运输的解释是：“人和物的载运和输送。”也就是说，运输是指借助公共运输线及其设施和运输工具来实现人与物空间位移的一种经济活动和社会活动。但是，在国民经济与社会生活中发生的人与物在空间位置上的移动几乎无所不在，运输只能是指一定范围内的人与物的空间位移。例如，经济活动中的输电、输水、供暖、供气和电信传递的信息等，虽然也产生物质位移，但都已各自拥有独立于运输体系之外的传输系统，它们完成的物质位移已不再依赖于人们一般公认的公共运输工具，因此它不属于运输的范围；又如，一些由运输工具改作他用的特种移动设备（包括特种车辆、特种船舶、特种飞机）行驶所引起的人与物的位移，虽然利用了公共运输线，但它们本身安装了许多为完成特种任务所需的设备，其行驶的直接目的并不是为了完成人与物的位移，而是为了完成某项特定工作，也不属于运输的范围。此外，在工作单位、家庭周围、建筑工地由运输工具所完成的人与物的位移，由某种工作性质引起的位移，在娱乐场所人的位移，这些位移也都不属于运输的范围。

4. 交通与运输的关系

从对交通与运输两个概念的论述中可以看出，交通强调的是运输工具（交通工具）在运输网络（交通网络）上的流动情况，而与交通工具上所载运人员、物资的有无和多少没有关系。运输强调的是运输工具上载运人员与物资的多少、位移的距离，而并不特别关心使用何种交通工具和运输方式。交通量与运输量这两项指标的概念最能说明这一点。例如，在道路运输中，交通量是指单位时间内（例如 1 昼夜或 1 h）通过某路段道路的车辆数，它与运输对象无关，若说某路段的昼夜交通量是 5 000 辆车，这 5 000 辆车都是空车或都是重车，或空重都有，都不会使交通量有任何改变。运输量则不同，它是指一定时期内运送人员或物资的数量。空车行驶不产生运输量，即使都是重载，如果运输对象在每一车辆上的数量不同，所产生的总运输量也会出现不同的情况。

显然，交通与运输反映的是同一事物的两个方面，或者说是同一过程的两个方面。这个同一过程就是运输工具在运输网络上的流动；两个方面指的是：交通关心的是运输工具的流动情况（流量的大小、拥挤的程度），运输关心的是流动中的运输工具上的载运情况（载人与物的有无与多少，将其输送了多远的距离）。在有载时，交通的过程同时也就是运输的过程。从这个意义上讲，由交通与运输构成的一些词语中，有一部分是可以相互替换使用的，如交通线与运输线。交通部门与运输部门，交通系统与运输系统等。因此，可以说运输以交通为前提，没有交通就不存在运输；没有运输的交通，也就失去了交通存在的必要。交通仅仅是一种手段，而运输才是最终的目的。交通与运输既相互区别，又密切相关，统一在一个整体之中。

5. 道路运输广义与狭义的概念

广义的道路运输概念指整个道路运输系统，包括道路基础设施（道路、桥梁及其附属设施）、运输基础设施（场站及为运输服务的辅助设施，如通讯、监控设施等）、运输工具等；

狭义的概念不包括道路基础设施。道路基础设施具有公共性、公益性、依托政府机制来发展，而狭义的运输系统具有鲜明的商用性，主要依托市场机制来发展。在实际运用中，道路运输用的是狭义概念。本教材沿用了这一惯例。

所谓道路运输，是指汽车及其他道路运输工具在公共道路上从事客货位移及相关业务活动的总称。

道路运输业作为一个相对独立的行业，主要由直接从事客、货运输的物质生产活动和为运输生产活动服务的车辆维修、搬运装卸、运输服务构成。

6. 公路运输与汽车运输

公路运输是按运输依托的通行途径来定义的，而汽车运输则是按运输所使用的工具来定义的。仅从概念上看，前者不仅包含后者，而且还包含拖拉机、人力车、畜力车、人工运输。但从实际运用上看，公路运输主要指汽车在公路上的运输（不包括汽车厂内运输），因此两个概念通常互换使用。

不论在理论上还是在实践上，目前对上述几组既有联系、又有区别的概念尚未引起应有的重视，以致在理论研究或实践操作上出现了各种各样的问题。在此介绍这些内容的目的并不在于用词标准化，而是有助于建立相应的思维体系和实践运作系统，便于分析研究和处理问题。

二、道路运输的功能

基于上述特点，道路运输可有下述功能：

（1）主要担负中、短途运输。短途运输，通常运距为 50 km 以内；中途运输，指运距为如 50～200 km。

（2）衔接其他方式的运输即由其他运输方式（如铁路、水路或空路）担任主要（长途）运输时，由道路运输担负其起终点处的客货集散运输。

（3）独立担负长途运输即当道路运输的经济运距超过 200 km 以上时，或者其经济运距虽短，但基于国家或地区的政治与经济建设等方面的需要，也常由汽车担负长途运输，如发展中国家组织对边远地区或少数民族地区的长途运输，或因救灾工作的紧急需要而组织的长途运输以及公路超限货物的门到门长途直达运输等。

三、道路运输分类

道路运输按标准不同，可以分为以下几类：

（1）按运输的对象分，可以分成道路旅客运输和道路货物运输。

（2）按性质分，可以分为非营业性道路运输和营业性道路运输。非营业性道路运输指为个人成本单位生产、生活服务，不发生费用结算的道路运输；营业性道路运输指为社会提供劳务、发生费用结算的道路运输。本书所研究的是为社会提供劳务、发生费用结算、营业性的道路运输。

（3）按运输工具分，可以分成由汽车、拖拉机、摩托车等构成的机动车运输和由人力板车、三轮车等构成的非机动车运输。

第二节　道路运输业的发展历程

道路运输业是我国交通运输业的重要组成部分，它担负着陆上旅客和货物的运输任务，随着近现代工业化大生产的发展和科学技术的进步，道路交通不仅是一种运输方式或其他运输方式的补充，而且已成为区域间的主要运输方式之一，形成了以道路为主体的运输大动脉。

我国道路运输自新中国成立以来取得了巨大的成就，特别是自改革开放以来，道路运输已成为对国民和社会发展具有重要基础性作用的陆上运输方式。

一、我国道路运输业的产生

1901 年我国输入第一辆汽车，是德国奔驰汽车公司 1898 年生产的第二代产品，是供清宫慈禧游览颐和园乘坐的。1903 年（光绪二十九年），第一批汽车进入上海，这是我国拥有汽车之始。1906 年，我国兴建了广西镇南关（即现名友谊关）到龙州的公路，这是我国的第一条公路。1913 年，又动工修建从长沙到湘潭的公路（历时 8 年才建成）。1914 年，长春商人创办了第一个汽车运输行——“华立自动车行”，从事市内运输。1918 年资本家在华北设立张库汽车运输公司，经营张家口至乌兰巴托之间的长途运输，这是我国第一个从事长途道路运输的公司。

1919 年，孙中山先生发表了《建国方略》之二（实业计划），提出了要修建十万英里铁路和百万英里碎石路的宏伟目标。“中华全国道路建设协会”就是在这样背景下于 1921 年 5 月 5 日成立的。为了扩大宣传，实现协会宗旨，1922 年 2 月创办了《道路月刊》，并相应成立了道路月刊社。道路协会和道路月刊在其存在的过程中，最大的贡献是：组织人才撰写和翻译了一大批有关道路交通与市政建设方面的技术著作，如路线勘测、道路设计、路面结构、筑路材料、施工工艺、汽车运用，以及市政建设，等等，这为以后的公路和道路运输事业在技术理论方面奠定了初步的基础。

旧中国的道路交通极为落后，1949 年全国道路通车里程仅 8.07 万 km，道路密度仅 0.8 千米/百平方千米，存在汽车数量少、质量差，道路里程短、等级低，道路运输业的规模小、布局不合理，运输市场混乱等问题。

二、我国道路运输业的发展

1. 道路基础设施

新中国成立初期，道路交通经历了一段时期的恢复后开始获得长足发展，1952 年道路里程达到 12.67 万 km。20 世纪 50 年代中后期，为适应经济发展和开发边疆的需要，我国开始大规模建设通往边疆和山区的道路，相继修建了川藏公路、青藏公路，并在东南沿海、东北和西南地区修建国防公路，道路里程迅速增长，1959 年达到 50 多万公里。

1949—1978 年的 30 年间，尽管国民经济发展道路曲折，但全国道路里程仍基本保持持续增长，到 1978 年底达到 89 万公里，平均每年增加约 3 万公里，道路密度达到 9.3 km/km^2。

改革开放后，国民经济持续快速发展，道路运输需求强劲增长，道路基础设施建设开始发生了历史性转变，其主要表现在：道路建设得到中央和地方各级政府的重视，“要想富，先修路”，道路建设的重要性逐步为全社会所认识；在统一规划的基础上，开始了有计划的全国道路基础设施建设。

20世纪80年代初到80年代末，国家干线道路网和国道主干线系统规划先后制定并实施，使道路建设有了明确的总体目标和阶段目标；道路建设在继续扩大总体规模的同时，重点加强了质量水平的提高，高速公路及其他高等级道路迅速发展。1988年，我国第一条高速公路沪嘉高速公路（18.5 km）建成通车，其后又相继建成全长375 km的沈大高速公路和143 km的京津塘高速公路，改变了我国公路事业的落后面貌。

2005年底，全国公路总里程达到193.05万km，全国公路总里程中，国道132 674 km、省道233 783 km、县道494 276 km、乡道981 430 km、专用道路88 380 km，分别占公路总里程的6.9%、12.1%、25.6%、50.8%和4.6%。全国等级公路里程159.18万km，占道路总里程的82.5%，其中二级及以上高等级道路里程32.58万km，占道路总里程的16.9%。全国道路桥梁达33.66万座。全国有铺装路面和简易铺装路面公路里程99.46万km，占总里程的51.5%。全国公路密度为20.1千米/百平方千米，全国通公路的乡（镇）占全国乡（镇）总数的99.81%，通公路的行政村占全国行政村总数的94.3%，全国还有75个乡镇和38 426个行政村不通公路。

总体而言，一个干支衔接、布局合理、四通八达的全国公路网已基本形成。特别值得一提的是，在短短的20年间，高速公路建设实现历史性突破，至2005年全国高速公路通车里程达41 005 km，位居世界第二位；县乡公路里程继续大幅度增长，公路密度不断提高，公路通达情况进一步改善。

2. 道路运输装备

新中国成立初期，即到1949年底，我国的民用汽车保有量仅为5.09万辆，其中营业性道路运输车辆2.59万辆（客车0.31万辆，货车2.28万辆），且无一辆国产汽车。

2005年底，全国道路营运汽车达733.22万辆，其中载客汽车128.40万辆、1 859.28万客位，载货汽车604.82万辆、2 537.75万吨位。全国拥有大型营运客车13.81万辆，大型营运货车190.65万辆，专用载货汽车24.54万辆，其中集装箱车5.87万辆。从总体上分析，客运车辆的结构日趋合理，货运车辆的结构也有所改观。

3. 道路运输量

“十一”届三中全会以后，伴随着国民经济的发展，我国的道路运输业取得了飞速的发展，先后制定并出台了促进道路货物运输发展的政策，在综合运输体系中率先向社会开放了道路运输市场，从而极大地调动了全社会投资兴办道路运输的积极性，道路运输生产力得到迅速发展，20多年来，完成的客货运输量也始终保持了较高的增长速度、较好的发展势头。

2005年全社会完成道路客运量169.74亿人次，旅客周转量9 292.08亿人·km，全社会完成道路货运量134.18亿t，货物周转量8 693.19亿t·km，道路客运量、旅客周转量在综合运输体系中所占比重分别为91.9%和53.2%；道路货运量、货物周转量在综合运输体系中所占比重分别为72.3%和10.9%。2005年全国道路客运平均运距为54.74 km，货运平均运距为64.79 km，道路集装箱运输量持续较快增长。全社会道路运输集装箱2 465万t，货运量27 060万t。

1978年和2000年、2005年道路运输客货运量和客货周转量变化如表3.1.1所示。

表 3.1.1　2005 年道路运输客运量和客货周转

年　份	客运量（亿人次）	货运量（亿 t）	旅客周转量（亿人·km）	货运周转量（亿 t·km）
1949 年	0.181	1.06	8.0	10.05
1978 年	14.92	15.16	521.3	350.3
2000 年	134.7	103.9	6 657.4	6 129.4
2005 年	169.74	134.18	9 292.08	8 693.19

改革开放以来，我国道路运输实现了突飞猛进的发展，取得了举世瞩目的成就，道路运输在综合运输体系中的基础性作用日趋增强，为促进国民经济发展和社会进步做出了较大贡献。全面建设小康社会的宏伟目标，为道路运输行业提供了新的经济增长点，道路运输业抓住历史机遇，全面加快发展，取得了巨大的进步。

第三节　道路运输业的经济特性

道路运输与铁路、航空、水路、管道等运输方式相比，具有分布面广、线多、机动灵活、通达性好、适应性强、联运范围广、中转环节少、单位运量耗能较多、运输成本较高、每车次载运量较少、方便实行门到门直达运输的特点。

1. 道路运输具有直达性、门对门的特点

道路运输的直达性可转换为三个效益，即：距离效益，主要指道路运输可以抄近路，而使运距少于铁路和水运；时间差效益，指道路运输的送达速度比铁路、水运快而带来的经济效益；质量差效益，主要表现为汽车直达运输只要一装一卸，货物损伤少，而铁路运输通常需要多装多卸，货物损伤要大得多。

2. 道路运输机动灵活

道路运输以一人一车为基本特点，体形小，操作方便，又无须铁路那样的专门轨道，对各种自然条件有较强的适应性，机动灵活。农村运输，城市内部运输，城乡联系，铁路和水运港口之间、旅客和货物的集散、日用百货和鲜货的定期运输主要由汽车承担。

3. 道路运输的可替代性

运输业的各种运输方式之间具有可替代性的特征，但道路运输可替代性更强，在一定条件下道路运输可以替代各种运输方式。在道路运输业内部，道路运输可以替代人力车、畜力车、拖拉机进行货物运输和旅客运输。

4. 道路运输过程中的不均衡性明显

对某一项具体的道路运输行为来说，其流向和流量是不可或缺的要素。而旅客和货物在道路运输过程中的流量、流向，受季节性波动很大，特别是农民旅客和节假日的运输在时间和空间上变化较大。在货运方面，批量的大小，交通网点的分布，地域的自然状况和资源分布、产业结构等，都会造成货物流量、流向在时间和空间上的不均衡性。

5. 道路运输消耗较大

道路运输车辆燃料消耗量较水路、铁路的运输工具消耗的燃料量大，如长江拖轮消耗柴油 4.45 L/（kt · km），铁路机车为 5.61 L/（kt · km）柴油，而道路车辆消耗汽油为 8.3 L/（百 t · km），其次，汽车载重量少，占用的劳动力较多。我国目前大量生产 5 t 吨位的汽车，约占 90%，这样，势必影响道路运输部门的劳动生产率。所以，各种运输方式中除航空之外，道路运输的成本是最高的。

6. 道路运输具有很高的时效性

时效性在注重效率的现代社会中越来越重要，达不到所要求的运送时间会影响运输的价值甚至完全否定运输的价值，比如一些时令性水果、蔬菜、海鲜、节日商品必须在要求的时间期限内送达，否则不仅运输价值不能实现，而且会严重影响商品本身原有的价值。因此，准时高效地将运输对象送达目的地，是现代运输需求的重要发展方向之一。

7. 道路运输适应性强、原始投资少、收益快

道路运输的持续运输能力、通过性高，对道路条件要求不高，能适应多种自然环境，满足批量大小不等的运输需求。且道路运输投资比其他物质生产部门的工厂、企业或运输业内部的其他运输方式的投资要少，资金周转快，回收期短。

第二章　道路运输需求与供给分析

从道路运输市场经济角度来看运输，由供给和需求两大领域构成。在道路运输市场上，供给和需求是一对矛盾统一体，需求是矛盾的主导方面，是供给的前提和基础，供给是随需求的产生而产生的，并随着需求的增长而增长。道路运输需求来自经济和社会的发展，运输供给是由道路运输业本身来提供的。因此，如何通过市场来配置各种运输资源，使道路运输业的发展与经济社会发展相适应，即供给与需求的关系问题是运输经济关系研究中的永恒主题。

第一节　道路运输需求的影响因素

运输需求是指在一定时期内、一定价格水平下，社会经济生活在货物与旅客空间位移方面所提出的具有支付能力的需要。它和运输需要有着密切的联系，它是运输需要和支付能力的有机统一，缺少任一条件，都不能构成现实的运输需求。

道路运输需求是整个运输需求的一个子部分，其产生和影响因素与运输需求总体上是相同的。但它还有不同于其他运输方式需求的特性，它与道路运输自身的技术经济特征有着密切的联系。道路运输需求不仅仅是指运输需求的绝对量，还包含了运输需求在质量、结构方面的内容。

道路运输凭借其自身的优势可以深入城乡各个角落，广泛联系城市、城镇、城乡、村镇间的人员来往、物资交流。道路运输的特征决定着它的主要市场在中短途、小批量零星客货流，尤其是城乡、乡村之间，道路运输已成为中短途旅客运输的主要方式。高速公路的大量兴建也使得道路运输的优势进一步突出，使道路运输不断朝高速长途客货运输领域延伸。

一、道路运输需求曲线与需求函数

道路运输需求的派生性决定其消费者构成主要以各种组织为主，市场是典型的产业市场。从需求与价格的关系上看，运价对运输需求的影响力较一般商品小，表现在其需求曲线上就是其需求曲线从左上方向右下方倾斜的角度大，变化较陡，如图 3.2.1 所示。

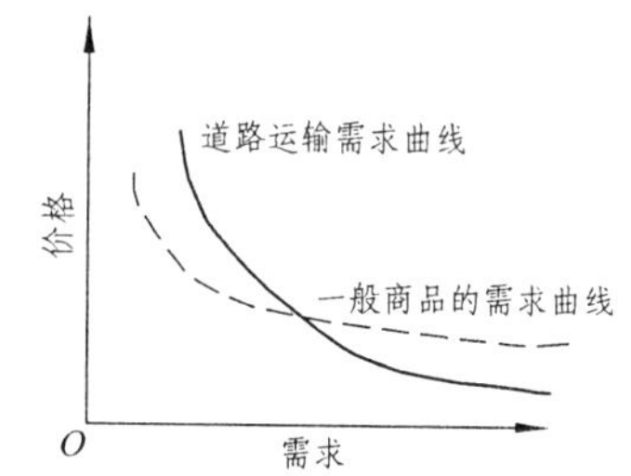

图 3.2.1　道路运输需求曲线

道路运输需求除受价格因素影响以外，也会受到其他因素影响。货运需求受自然条件、自然资源分布、生产力布局、经济规模和发展水平、产业结构、经济体制与经济政策、运输网的布局等因素的影响。客运需求受商品经济的发展程度、居民生活收入水平高低、人口状况、经济体制约束、相关运输线路的开通和运价的变动、交通网的发达程度与汽车拥有量等因素的影响。在所有的影响因素中，价格是最活跃的因素之一。

将道路运输描述成是这些因素的函数，用公式表示为：

$$Q = F(x_1, x_2, x_3, \cdots, x_n) \tag{3.2.1}$$

式中：Q——表示道路运输需求量；x_n——表示影响运输需求量的因素。

与一般商品需求不同的是道路运输需求受价格变动的影响力较小，而受经济发展等其他因素变动的影响力大，因此道路运输需求的变化主要是需求的变动（需求曲线的变动）。

影响道路运输需求的因素也就是支配着道路的适运范围的因素。现代社会经济对道路运输需求的影响主要从客货运输两方面分析。

二、道路运输客运需求的影响因素

1. 第三产业的突起

随着第三产业的迅速发展，从事第三产业的人员增加，人口的流动性也会大大增加，这促进了道路客运的发展。根据有关部门客流调查，从事第二、第三产业的人员，选用道路运输出行次数要比从事第一产业人员高6～8倍。

2. 农村经济的发展

由于农业经济体制改革的深化，农村地区越来越被纳入市场经济的轨道。农民收入增加使消费水平提高，并增加其探亲、访友、旅游观光等个人消费，因此，农民的出行频率也不断上升。绝大部分农村地区居民出行依赖于道路运输，农村经济的发展为道路运输提供了广阔的市场。

3. 人口数量及构成情况

人口数量的变化必然影响客运需求量的变化。一般客运需求量与人口数量成正比例关系，人口数量的增加必然引起客运需求量的增加。人口因素对客运需求量影响最大的是城乡人口比例的变化。一般来说，城市人口对客运的需求量要比乡村人口高许多倍，城市人口比例的增加会使客运需求量增大。

4. 经济规模的变化

改革开放后，随着市场经济的建立，地区之间、城区之间、城乡之间、产销之间的联系进一步加强，人员往来增加，客运需求增加很快。然而，经济规模的变化对客运需求的影响更大。

5. 道路运价与道路运输服务

道路运输价格对道路运输需求有重要的影响。道路运价高了，客流会转移到别的运输方式上去；即使没有可替代的运输方式，需求也可能会受抑制，而变成潜在运输需求。尤其在广大农村地区，人们对经济因素的考虑较多，出行频率与人们意愿支付能力有很大关系。道路运输虽然有很多得天独厚的优势，但若价格不合理或者服务跟不上，则很可能会失去部分市场。

6. 人口的地区间流动

在过去相当长的一段时间内，我国实行比较严格的户籍管理制度，人口的居住和工作都较稳定，大大减少了对客运的需求。随着改革的深入，经济生活日趋活跃，我国人口的流动日趋加大，其中对客运影响最大的是农村人口流入城镇务工、经商造成客运需求量的大幅度增加。

对于客运需求，不仅表现在数量上，而且在时间、方向、运输质量的要求方面也有表现，这是运输劳务的特性决定的。受季节、生活规律和风俗习惯的影响，客运需求在上述方面的表现是相当强烈的，表现出很强的波动性。以每年的春运为例，大量的客货流集中在春节前后发生，春节前客流方向指向广大的农村，因为农民工要回家过年。春节后客流指向个大中城市。

三、道路货物运输需求的影响因素

1. 国民经济的发展水平

货运需求作为派生需求，其大小首先决定于整个经济发展的水平。随着经济的发展，工农业生产规模的扩大，从工农业生产中派生出来的货运需求的数量、增长速度必然要受到影响，即运输需求会以一定的比例增加。目前，运输需求的增加速度要高于国民经济的增长速度。

2. 产业结构变化

产业结构是不同产业在整个经济中的比例关系，如农业、轻工业和重工业的比例，第一、第二、第三产业的比例结构等。

国民经济各部门对运输需求的程度是有差别的，可以通过产品运输系数来表示这种关系：

$$产品运输系数=\frac{某种产品的运输量}{该商品的生产量}$$

伴随着改革的推进，生产结构日益由资源密集型向劳动、技术密集型直至知识技术密集型转变，产品越来越轻型化，生产高档、高值、精密产品的产业大量出现，这些产品体积小、价值大，对原材料依赖小，对运输质量、效率要求高。道路运输在运送这类产品上占明显优势。

同时第三产业的突起使商品流动更为频繁和自由，空间也更为广阔。由于靠近消费者，商品交换大多属于小批短距的范围，适于道路运输。

3. 生产力布局

生产力布局对货运需求的影响主要表现在货物的流向、流量和运距上。在进行生产力布局时，运输劳动的节约是重点考虑的问题。合理的布局对缩短运距、减少运输量具有重要意义，同时也可使道路运输网布局更趋于合理。地区分工、生产专业化程度的提高，也造成运输需求的增加，如产品的就地加工，将使运输量减少等。

4. 道路运输业的发展

道路运输业的发展会促进工农业生产的发展。运输能力的增加，运送速度和服务质量的提高，运输成本的下降，都会将货流吸引到道路运输方式上来，提高道路运输的吸引力。同时挖掘潜在运输需求，尤其存在于广大农村地区的运输需求。

乡镇企业的发展会直接引发原材料、生产资料、产成品、劳动力等在村镇、镇镇、城乡之间流动，而绝大部分农村地区的物资交流要靠道路运输来实现。

5. 其他运输方式的发展

道路运输与其他运输方式的关系较为复杂。根据经济学的供需理论，相对某类产品来说，其替代品需求的增加会导致对该产品需求的减少；而其互补产品需求的增加又会导致对其需求的增加。从总体上来说，铁、水、空都能提供与道路运输相同的运输服务，是它的替代品；正因为如此，道路尤其是高速公路的迅速兴起使铁路、水运等所占份额不断下降，不得不通过提速、降价、改善服务等方式来与道路运输相抗衡。在许多地方，道路与铁路的竞争愈演愈烈。所以，其他运输方式的发展势必会对道路运输需求造成一定的影响。

6. 道路运输网的数量和质量

运输网的布局和质量，极大地影响各点线的货物吸引范围、货物的输送能力以及货运需求增长的适应性。

对货物运输需求影响因素的分析，实际上是十分复杂的，而且各因素的直接影响程度、作用大小程度、时间等都不尽相同。此外，不同货物对运输在技术上和生产组织上的要求都不相同，对运输供给会有一定的影响。

第二节　道路运输供给

道路运输供给就是一定期间内道路运输能力所能满足运输需求的数量和质量，它决定了运输需求有多少能够变为现实。它对运输需求的形成也起一定的积极作用，如要确定未来道路运输需求的质、量等形态特征，就要对道路运输供给对道路运输需求的影响进行分析。

一、供给函数与供给曲线

道路运输供给的表现形式与一般行业的供给有明显的区别，但实质上仍是一种生产能力，依其经营目标和有效运营，可以用技术水平、运输成本、送达时间、对特殊需求的满足程度等来反映系统运输供给能力（运力）大小。道路运输能力的综合衡量指标可以用“供给量”表示，是系统在既定条件下的一个合理的运输供给水平。也称为可供给运输量或可供给完成的运输量。它分为两部分，即可供给完成运量和可供给完成周转量。

为了反映上述各因素对运输能力的影响程度，引入运输供给函数来表示供给量与各影响因素之间的数量关系。将运输供给的各因素定量化，道路运输供给函数可表示为：

$$Y_{21}=f_1(X_9,\ X_{10},\ X_{13},\ Y_{25},\ Y_{27},\ P_1);\quad Y_{22}=f_2(X_9,\ X_{10},\ X_{13},\ Y_{25},\ Y_{27},\ P_1)$$

$$Y_{23}=f_3(X_9,\ X_{10},\ X_{13},\ Y_{26},\ Y_{27},\ P_2);\quad Y_{24}=f_4(X_9,\ X_{10},\ X_{13},\ Y_{26},\ Y_{27},\ P_2)$$

$$Y_{25}=f_5(X_9,\ X_{11},\ Y_{25-1},\ Y_{27},\ P_1);\quad Y_{26}=f_6(X_9,\ X_{10},\ X_{13},\ Y_{26-1},\ Y_{27},\ P_2);$$

$$Y_{27}=f_7(X_{12},\ Y_{27-1})$$

函数中有 17 个变量，其中 7 个内生变量，它们是：

Y_{21}——可供给完成的货运量，单位：万 t；

Y_{22}——可供给完成的货物周转量，单位：亿 t · km；

Y_{23}——可供给完成的客运量，单位：万人；

Y_{24}——可供给完成的旅客周转量，单位：亿人 · km；

Y_{25}——载货汽车数，单位：辆；

Y_{26}——载客汽车数，单位：辆；

Y_{27}——道路里程，单位：km。

外生变量 7 个，它们分别是：

X_9——汽、柴油供应量，单位：t；

X_{10}——道路运输业职工人数，单位：人；

X_{11}——道路运输投资，单位：万元；

X_{12}——道路建设投资前期值，单位：万元；

X_{13}——道路运输业全员劳动生产率，单位：(t · km) /人；

P_1——道路货运价格，单位：元/ (kt · km)；

P_2——道路客运价格，单位：元/ (千人 · km)。

模型中有 3 个滞后内生变量：

Y_{25-1}——载货汽车前期值，单位：辆；

Y_{26-1}——载客汽车前期值，单位：辆；

Y_{27-1}——道路里程前期值，单位：km。

在影响运输供给量的诸多因素中，运输价格是最灵敏、最重要的因素。运输供给价格弹性反映运价变动引起运输供给量的变化程度。用公式表示为：

$$E_S = \frac{\Delta Q / Q}{\Delta P / P} \tag{3.2.2}$$

式中：Q、ΔQ——运输供给量及其变化值；P、ΔP——运价及其变化值。

把供给与价格之间的对应关系用坐标图表示出来便构成一条供给曲线。这种价格与供给量之间关系的曲线，称为供给曲线。供给曲线为一条从左下方向右下方倾斜的曲线，它的斜率为正值。供给曲线描述价格与供给之间关系的基本假定是其他影响供给的因素不变，供给只受价格因素的影响。

供给的变化规律是：在一定条件下，某种商品的供给量与价格之间存在着同方向变化的依存关系，随价格的升高而增加，随价格的降低而减少。

供给规律的形成是由生产者追求利润最大化的行为决定的。在各种生产要素价格（生产成本）以及其他因素不变的条件下，某种商品价格的上升会使生产者的利润增加，从而促使生产者加大对该种商品的投入，增加供给。如果该种商品的价格下降，获利减少，生产者就会将其掌握的生产资料转用于其他商品的生产，从而该商品的供给减少。

二、道路运输供给的内容

1. 道路网及辅助设施

道路是道路运输最重要的基础设施，道路网的规模和等级结构决定了路网的通达深度和通行能力，是决定运输供给能力的最重要因素。

对一个地区道路及其形成运载能力的考察主要是从以下几个角度进行的：道路网总里程；道路等级结构；路面状况；桥梁、路网的分布与密度、各种标志、标识等。通过这几个指标可以大体反映该地区的路网发展程度。

2. 道路运输枢纽

具体指道路运输的客货运站、货运站场、货运中心等。路网中的客流大多是通过客运站集结发送的，营业性货流也大都是在货运枢纽中组织、配运或集散中转的。合理、良好的道路运输枢纽所应具备的功能有:运输组织与管理、运输代理、装卸储存、中转换乘或换装、综合服务、通信信息等。

3. 运载工具

在一定的路网条件下，汽车拥有量的多少代表着道路运输能力的大小。车辆的规模、技术性能及车型结构直接关系到道路运输业的发展。对汽车拥有量的描述可以从数量、结构、密度三方面来反映。数量指总拥有量；结构指客货车比例、大中小车型比例、营运车与非营运车比例，等等；密度指汽车拥有量的分布状况。

4. 运输政策

是国家对运输业实施宏观调控的重要手段。国家通过运输政策以引导运输业与其他产业、环境、产业布局相协调，同时对运输市场进行干预。道路运输作为运输体系的一部分，必然也会受到其影响，主要有投资、财政、价格几个方面。

5. 道路运输行业管理与道路运输企业

对道路运输行业的管理主要有：道路基建管理，一般由政策相关部门立项、审批和计划实施；路政管理，通常是交通主管部门及其下设单位的重要职能，包括道路养护、维修、规费征稽等；运政管理，是指对道路运输企业和个人、道路运输市场的管理；运输安全管理等。

上述道路运输供给各方面因素对道路运输需求都有不同程度的影响，下面将进行详细的分析。

第三节　当前道路运输需求与供给分析

运输供给和需求的关系问题实质上就是运输业与经济社会发展的关系问题。运输供给与需求之间的相互作用表现为“交替推拉”效应，即在传统运输占主导地位时期一种新的运输方式诞生前后，经济发展所产生的需求给原有运输方式的压力越来越大，使其难以应付，于是开始孕育一种新的运输方式，以满足运输需求的增长，这时供给被需求拉动着向前发展；而新兴运输方式的产生并迅速发展，使得新兴运输方式的基建投资急剧增长，交通工业的发展，促进了一批新兴产业的发展，这时运输业对经济的推动作用十分明显。经济的增长和发展又引起新的运输需求的产生和需求总量的扩张，需求总量的扩张又促进运输供给的增加，于是供给和需求就构成一根互为因果关系的链条，由此促成运输业发展与经济发展之间的联动效应，使之相互促进波浪式地向前推进。

由于道路运输的特殊性，道路运输供给对道路运输需求既有制约作用又具有诱增作用，诱增作用又体现在两个方面：其一，道路供给条件改善诱增运输需求；其二，道路供给条件改善提高了道路运输在综合运输体系中的竞争力，从其他运输方式分流过来的运输需求。

道路运输供给对道路运输需求的制约和诱增体现在以下几个方面：

1. 道路网

道路网对道路运输需求的作用是显而易见的，首先是路网对运输需求的直接作用，路网是运输体系最基本的设施，没有路就无所谓运输需求的满足；路网发达了，交通方便了，人们的出行倾向性更高，货物的流动性更大；路网的状况与运输质量也有着直接的联系，路况好则车辆运行平稳，可以一定程度上保证安全性、及时性和舒适性。其次是路网对运输需求的间接作用，主要表现在交通对经济增长的贡献上，交通的发达促进经济的活跃，由此引发生产的发展、产业结构的优化、人民生活水平的提高，等等，这些都影响着运输需求的总量规模和结构。在现实中，一条道路，尤其是高速公路的兴建，对沿线地区的经济或多或少都起着带动作用。再次是路网的发达会使道路运输在空间上的优势更加突出，而将其他运输方式的部分运输需求吸引到道路运输上来。

了解道路的修建对运输需求的诱增作用，应该从该地区以及其周边地区的社会、经济、产业结构以及各种运输方式的情况等方面着手分析，用道路修建前后的数据，进行比较；也可与其他地区进行横向比较，寻求道路对经济发展、运输需求的影响规律，以此为指导进行运输需求的分析。

2. 运载工具

运载工具也是道路运输供给的一个基础因素。车辆的数量、车型结构、技术结构对运输需求的形成有着重要影响。首先，车辆对运输需求也有诱增作用，车辆数量的增加、性能的提高，会使出行更加方便快捷，舒适度提高，安全性增加，从而诱发人们对道路运输的偏好，进而增加道路运输需求。其次，车型结构的变化对运输需求的结构也有着很大的影响，如大、中、小型及专用货车各有自身的适运领域，其中一种若是达不到相应运输需求的要求，就会使这部分运输需求受到一定程度的抑制。又如小轿车的普及也会改变客流结构，使轿车客流增加而对公共客运产生影响。再次，车辆规模的扩大，性能、型号等的改进会提高道路运输在运输方式间的竞争力，吸引一部分转移客货流。

3. 道路运输企业和场站

道路运输企业和场站是道路运输任务的承担者和运输的组织者，它直接面向运输消费者，所以管理是否完善，运输组织是否得当，运行效率的高低，服务质量和信誉，运力的投放结构等都直接关系到运输消费者的综合感受和评价，关系到能不能有效地吸引客货源。另外，客货场站是否有良好的信息系统、综合服务系统，场站的布局是否合理也牵涉到道路运输方便性的高低，从而与客货主的切身利益联系起来，一定程度上也决定了道路运输需求的规模。

4. 运输政策与行业管理

运输政策和行业管理对道路运输需求的作用比较间接。运输政策和管理对道路运输需求的影响主要体现在:

① 通过制定路网规划和枢纽规划，影响区域内道路运输需求的形成和分布；② 通过对运输工具总量及结构、发展速度的控制、发展方向的引导，间接影响道路运输需求；③ 通过运输行业的政策导向，确定一定时期内的重点和非重点，影响各运输方式在综合运输体系中的地位和综合运输体系的形成；④ 通过对运输企业的管理，如对货运合同、货运项目、货物品类的监察和控制，规范市场竞争，保障市场秩序，保证道路运输的总体服务质量，间接地提高了其吸引客货源的能力。

要具体确定道路运输供给各方面因素，如道路、场站、企业等对道路运输需求的影响作用，需要结合地区的社会、经济情况来考虑。如在经济发达、人口稠密地区修一条高速公路所引致的运输需求要比建在沙漠重要得多。在有很多相近例子可以参照时，路网对运输需求的诱增作用是可以定量化的（交通量的调查和数学模型预测）。

第三章　道路运输市场

道路运输市场作为社会主义市场的重要组成部分，是以公有制为主体的社会主义市场。为了能更好为国家经济发展服务，我们有必要了解道路运输市场有别于其他市场的特性，了解和掌握道路运输市场存在的规律性，促进整个市场经济的发展。

第一节　道路运输市场

一、道路运输市场的定义

狭义的道路运输市场是指道路运输劳务交换的场所，该场所为旅客、货主、运输业者、运输代理者提供交易的空间。广义的道路运输市场则包括运输参与各方在交易中所产生的经济活动和经济关系的总和，即道路运输市场不仅是道路运输劳务交换的场所，而且还包括道路运输活动参与者之间、运输部门之间的经济关系。此外，道路运输市场作为整个市场体系中的一部分，同样包含资源配置手段这一深层含义。

二、道路运输市场的构成

道路运输市场是道路客、货运输供求关系的总和，是一个多层次、多因素的集合体。构成道路运输市场的要素主要包括：

（1）运输需求者。道路运输市场上的需求方构成比较复杂，包括工业、农业、商业、矿产业、建筑业等不同行业及各类部门和个人。这些需求者在运输需求的质量、数量等方面存在较大差异，客观上形成了不同层次、不同类型的运输需求。

（2）运输供给者。运输供给者的构成同样比较复杂，它由具有不同经济性质的企业和不同的经营者组成。

（3）运输中介。是指为道路客货运输需求与供给提供各种客货运输服务信息及运输代理业务的企业或经纪人。随着道路运输市场的不断发展，运输中介已经成为市场中一个不可缺少的阶层和集团。由于专门从事中介活动，运输中介服务成本相对较低，在扩大市场范围、促进运输交易发展方面也发挥着越来越明显的作用。

（4）政府主管部门。由于运输市场的特点决定了它在某个时期和某些地点能形成极端垄断，而在另一时期和另一些地点又具有较强的竞争性，而过度的垄断和竞争对道路运输市场是不利的，有时甚至是灾难性的。因此，仅仅依靠市场本身来调节运输供求，决定运输业的发展是不够的。这就需要政府主管部门在运输市场中发挥必要的作用。政府作为道路运输市场的组成部分之一，不直接参与企业的具体经营活动，而是通过制定有关法律、法规、政策来规范和影响道路运输市场，从而达到宏观调控的目的。

三、道路运输市场的分类

道路运输市场的分类见图 3.3.1 所示。

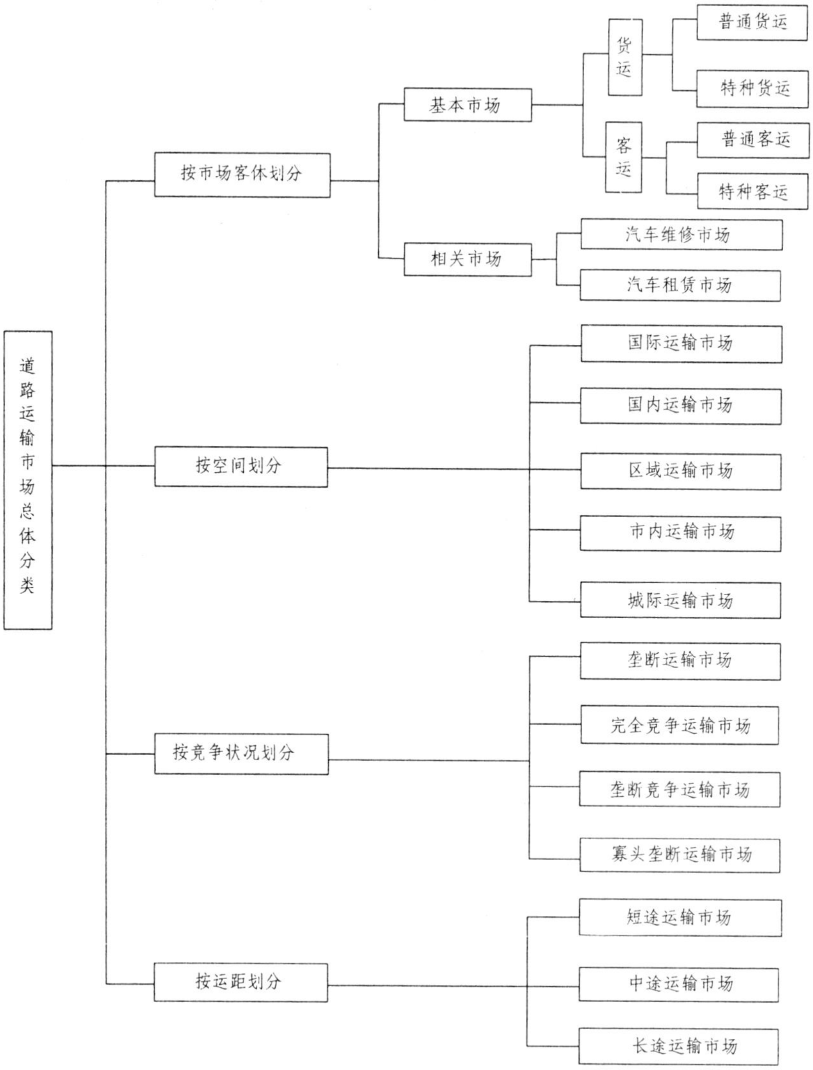

图 3.3.1　道路运输市场总体分类

四、道路运输市场的特征

由于运输业本身的特点，决定了道路运输市场具有一些与其他市场不同的特征。

（1）道路运输市场具有较强的时空性。运输业本身的特点决定了它所遍及的空间十分广泛。道路运输市场表现出了极强的空间性与时间性。道路运输的需求主要依赖当地的社会、经济、文化、科技等方面的发展以及地理条件等。不同的地区由于自然资源、人文文化、经济发展水平等条件各不相同，对运输需求也不尽相同，从而造成区域不平衡性。因此，道路运输需求空间分布的特性决定了市场的空间分布特征。

无论是旅客运输还是货物运输，往往都与季节变化有特定的关系。在不同的时间和季节当中，道路运输需求在数量、内容、结构等方面存在明显的差异。道路运输需求的季节性变动，使运输生产的时间特征十分明显。由于各种因素的影响，道路运输市场在空间和时间方面都存在着明显不均衡性，平衡运输需求、实现均衡运输是运输管理者的管理目标。

（2）道路运输市场供求关系的不易平衡性。运输市场中，供需双方都是由多层次、多渠道、多种经济成分、多种运输方式和多种货物品类及形形色色的旅客组成的复杂结合体，在地域分布上也存在很大的不平衡性，从而形成了市场经济关系的时合时分、时紧时松，经常处于波动变化的状态之中；另外，其他产业的兴衰也对道路运输经济随时发生作用，这些供求关系的平衡或不平衡也直接影响到道路运输市场的平衡或不平衡。这两种情况，使道路运输供求关系经常处于不易平衡之中。

（3）道路运输市场既有固定场所的形式，也有不固定场所的形式。固定场所的形式，如道路运输企业的客运站、货运站、招呼站等。同时，运输生产活动在空间上的广阔性也具有不固定场所的形式，即货在哪里就在哪里装，人在哪里就有哪里运。

第二节　道路运输市场调查

市场调查是运输经营者确定经营方向、寻求决策依据、制定正确的投资战略的重要手段；是使企业及时敏锐地根据运输市场的变化，变更经营决策，保证经营管理取得成效的基本条件；是使企业开拓经营，实现优化运输结构的基础保证；是组织合理运输、提高运输企业和全社会经济效益的重要途径。道路运输市场调查对道路运输企业的经营与决策有着十分重要的意义。

一、道路旅客运输市场

旅客运输市场是以旅客需求和供给关系为基础形成的运输市场。道路旅客运输是指运用载客工具（主要指汽车）在道路（道路、城市道路）上使旅客进行位置移动的活动。道路旅客运输市场的需求分散，受生活习惯影响，需求波动大，对运输质量要求高，给运输生产的组织者增加了难度，供求平衡难以把握，这就要求道路运输企业在做好客流分析、预测的基础上努力提高生产组织水平，合理组织客运线路和班次，满足旅客的客运需求。

二、道路货物运输市场

现阶段，货物运输的发展基本上满足了社会经济发展的需要，货物运输场站设施逐步完善、货物运输车辆充足、货物运输管理基本到位、货物运输法规基本健全、货物运输市场日趋规范的道路货物运输体系基本形成。

道路货物运输生产是向运输需求者（用户）提供运输服务的过程，并保证货物完整无损地运送到目的地。它是中短途运输的主力，不仅为铁路、水路、航空运输起集散货物的作用，而且厂矿企业内部运输及城市货物运输主要采用道路运输；在我国西北、西南及一些边远地区，还担负着长途干线运输。据统计，我国目前的道路货运量，在全国总货运量中所占比重将近 3/4。

三、道路运输调查的内容

1. 市场环境调查

道路运输市场环境调查主要有以下六个方面:

(1) 政策、法规等政治环境调查。主要调查党和国家的方针、政策、法律、相关部门的法令、条例等。如国家对汽车运输业发展政策、税收、信贷、养路费、银行利率、燃料价格等方面所作的政策性调整。

(2) 经济环境调查。主要调查本地区的经济形势、产业结构、国民收入分配状况等。经济形势调查的内容包括本地区主要产业部门的生产情况以及部门间协调、稳定发展情况；市场商品的供应与流通状况；物价波动状况；人民生活水平状况等。

(3) 技术环境调查。主要调查运输行业的科学技术水平、科技政策和新产品、新技术、新工艺和新材料的开发能力、发展速度、变化趋势及汽车工业新产品的开发投放。

(4) 生产环境调查。① 与运输生产直接相关的燃料、配件供应，主要营运线路、新开辟营运线路的道路交通条件；② 本地区运力、运量的现状及发展趋势，道路运输市场竞争的形势，其他运输经营者的经营策略和运输服务质量。分析在市场竞争中本企业的优势和劣势所在，以便企业正确决定自己的经营方向，发挥自己的优势，在竞争中立于不败之地。

(5) 交通基础设施环境调查。主要包括本地区道路的密度及等级条件、场站设置及其网络系统、运输信息服务系统等。

(6) 社会和文化环境调查。道路运输市场所覆盖的地域内的各地区文化背景、风俗习惯、价值观念等存在着很大的差异，如家庭结构和人员流动趋向，人们对日用品品种、规格、数量上的需求以及当地土特产品种类等，均决定对运输结构的特定需求。

2. 市场供给调查

市场供给调查就是调查运输劳务的供应情况。主要包括调查本地区各种运输方式的运力规模、运输量及服务质量，及其他汽车运输经营者的经营方式、运力构成、生产结构、布局、技术水平等现状及发展趋势。同时，要了解本企业在同类运输经营者中所处的地位和市场占有率等。

3. 市场需求调查

市场需求调查基本内容有市场需求调查和潜在需求调查。

(1) 市场需求调查。主要内容有客源调查、货源调查和运输需求者行为调查。

① 客源调查，主要是了解旅客的乘车意向，掌握旅客的流动规律，以便企业合理地安排班车的运行线路和班期、班次，从而最大限度地满足旅客的需要。

客源调查的内容主要有：本地区自然条件、行政区域的划分及政治、文化教育事业等发展情况；城乡人口的数量、构成、分布状况；旅游点、疗养机构的分布及吸引旅客的情况；居民收入、消费水平及不同职业、不同年龄、不同性别的人员出行频率、出行时间、出行目的及对汽车客运的要求；客流波动的程度和季节性变化规律及特殊情况的要求；当前运行线路上的班车里程利用率和座位利用率及经济效益等情况；各种运输方式的站点设置情况及衔接情况等。

② 货源调查，主要调查货物的流量、流向、流时、流距、种类及其变化趋势。货源调查的主要内容有：重点厂矿企业、商品经销、物资供应等部门的生产经营规模、分布、货运量及主要商品、原材料来源地、产品发往地的品种和数量；主要港口、车站的货物到达量和

发运量，主要农副产品的调运季节、数量等；营运区域内的基本建设项目及其规模、各种建筑材料的需求量等；主要货物的流量、流向、流时、运距等资料；货主在运输质量方面的要求以及对价格、运送速度等方面的要求等。

(2) 潜在需求调查。研究市场潜在需求，是为了了解能否把潜在的需求变为现实需求的可能性，以及这种可能实现的程度。

4. 市场经营行为调查

市场经营行为调查主要是对运输经营者的经营资格、职业道德、服务质量、运输价格、缴纳税费等行为的调查。

5. 市场竞争状况调查

市场竞争状况调查的内容主要有以下四个方面：

(1) 竞争对手总体情况的调查。主要调查运输经营者的数量、分布、经营状况、运营效率、运价水平、生产规模及满足客户需要情况。

(2) 竞争对手竞争能力的调查。主要调查竞争对手拥有资产总量、企业规模、技术水平、技术装备水平、运输服务项目、市场占有率等。

(3) 竞争对手开设新的运输服务项目情况的调查。主要调查竞争对手开设新项目的发展方向、特点、进程及措施等，并对其发展趋势进行预测。

(4) 潜在竞争对手调查。主要调查正在或准备开办运输及相关业务的经营者情况。

第三节　道路运输质量管理

一、道路运输质量

要更好地适应市场，满足人民群众需要，提高道路运输的竞争力，就必须以道路运输的质量特性为着眼点和切入点。即从道路运输的安全性、完整性、及时性、方便性、经济性、服务性等方面进行改善，使其从道路运输市场的激烈竞争中脱颖而出。

1. 道路货物运输质量

道路货物运输质量是指货物从托运方地点交承运方起，至承运方将货物交收货单位签证止的承运责任期内，货物完好、无损地快速运至收货方过程中的服务质量。

(1) 安全性。货物安全是指货主从托运开始到收货为止，货物运输过程的各个环节，包括装卸、行车、码垛、堆存及保管等，必须保证不因操作不当、措施不力或对危险货物处置不当而造成货物损毁；同时保证货运车辆运行过程中安全行驶。

在道路货物运输过程中，安全性是实现运输活动的必要条件，也是货物运输质量最基本、最起码的要求。道路货物运输的安全性可用下列指标来衡量：

① 行车事故频率。即营运车辆在一定时期（年、季、月）内发生的运行事故次数与总行程之比。一般用“次 / (百万车 · km)”作为计算单位。计算公式为：

$$行车事故频率=\frac{报告期营运车行车事故次数}{同期营运车总行程}$$

② 特大行车责任事故次数。凡一次造成死亡 3 人及以上，或重伤 10 人及以上，或死亡 1 人同时重伤 8 人及以上，或死亡 2 人同时重伤 5 人及以上，或直接经济损失 1 万元以上的重大事故，称为特大事故。责任≥50%即为特大行车责任事故，特大责任事故次数以案次为计算单位。

③ 行车责任事故直接经济损失率。报告期由于行车责任事故而直接经济损失的金额与总行程之比。一般用“元 /（百万车 · km)”作为计算单位。计算公式为：

$$行车事故直接经济损失率=\frac{行车事故直接经济损失}{总行程}$$

④ 安全行车间隔里程。报告期内两次行车事故之间的行驶里程，计算单位为“km”，这是反映营运车行车安全的指标。计算公式为：

$$安全行车间隔里程=\frac{报告期营运总里程}{同期行车事故次数}$$

⑤ 死亡人数。行车责任事故致死人数。因前三项指标能准确地反映行车事故造成旅客和行人死亡的情况，设此指标加以补充，以反映事故的严重程度。

⑥ 行车责任死亡频率。计算单位为“人 /（百万车 · km)”。计算公式为：

$$行车责任死亡频率=\frac{报告期行车责任事故致死人数}{同期营运车总行程}$$

以上公式中的事故次数均指“一般”及以上的责任事故。行车事故按损失情况分为小事故、一般事故、大事故和重大事故四类。

（2）完整性。道路货物运输服务质量的完整性，是指运输过程只使货物产生位移，而不造成货物数量减少、质量（包括物理、化学性质）变化的特性。即，货物经过运输之后，要求在数量、结构、形状、外观、色彩、音响、气味味道等方面，均与托运时一样，道路运输的完整性，可以用以下指标进行评价：

① 货物质量事故频率。报告期货物质量事故次数与同期完成的货物周转量的比值，其计算单位用“次/（百万 t · km)”。计算公式为：

$$货运质量事故频率=\frac{质量事故次数}{完成货物周转量}$$

② 货损率。因企业责任而损坏（包括破损、湿损、污染、变质等）的货物件（t）数与承运货物总件（t）数之比，用“%”表示。计算公式为：

$$货损率=\frac{货物损坏件(t)数}{同期货运总件(t)数}\times100\%$$

③ 货差率。货物运输中因错装、错卸、错运、错交等差错称为货差。货差率可按运次计算（零担货物运输可按件数或顿数计算)，即货差运次与同期总运次的比率，用“%”表示。计算公式为：

$$货差率=\frac{货差运次}{同期总运次}\times100\%$$

④ 货运事故赔偿率。即报告期货运事故赔偿金额与同期货运总收入的比例，以“%”为计算单位。计算公式为：

$$货运事故赔偿率=\frac{货运事故赔偿金额（元）}{同期货运总收入（万元）}\times 100\%$$

⑤ 装卸标准合格率。计算式为：

$$装卸标准合格率=\frac{抽查合格车数}{抽查总车数}\times 100\%$$

（3）及时性。货物位移具有时间性，满足货主对货流时间和运输速度的要求，就是运输质量的及时性。及时性的基本要求是要按照合同、协议规定或企业对社会宣布的发车、运行和到达时间，将货物、旅客及时送达目的地，提供及时的运输服务。同时，尽最大努力使货物运输活动达到货主的满意程度。

运输服务质量的及时性主要包括三个方面：“及时”——在货主需要的时刻提供运输服务；“准时”——按准确的时间为货主提供运输服务；“省时”——保证运输安全的前提下提高运送速度，以节省时间。

及时的货物运输保证了用户正常的生产消费的需要，可以缩短商品流通时间，加快社会再生产过程；可以减少货物在途积压，加强物资周转，节约流动资金。特别对一些紧急运输物资、重点工程物资能尽快运到目的地，对运其所急、运其所需具有有重要意义。

① 货运及时率。按货运合同规定期限，实际运送的货物吨（件）数与应运达的货物吨（件）数之比，用“%”表示。计算公式为：

$$货运及时率=\frac{按规定期限运达的货物吨(件)数}{规定期限应运达的货物吨(件)数}$$

② 货运合同履约率。报告期限履约合同票次数占全部合同票次数的比率，用“%”表示。计算公式为：

$$货运合同履约率=\frac{报告期履约合同票次数}{同期执行合同总票次数}\times 100\%$$

每份运输合同不论其运量多少、所需运次多少，均为一次票次。执行某份运输合同时，开始若干运次都按合同规定期限完成，只有后面几个运次，或最后一个运次未按合同要求完成，仍算违约。

③ 货运超期天数。货物未按规定期限运达即为超期（违约）。超期天数按货票（合同）票次分别计算。

④ 货运超期率（平均超期天数）。计算公式为：

$$货运超期率=\frac{货物超期吨(件)天数}{同期货运总吨(件)数}$$

公式中，分子按超期货物吨（件）数乘超期天数计算。即一（吨）货物超期一天即为一个超期吨（件）天。按此公式计算的超期率，实质是表示每吨（件）货物平均超期天数。与前面的指标综合表示运输的及时性程度。货运及时率可反映超期货物的比重，不能反映超期时间的长短；超期天数可反映超期时间长短，不能反映超期货物多少；履约率指标只反映是否存在超期违约，不反映超期货物多少和超期天数。

(4) 方便性。道路运输质量的方便性是指货运在托运、发货、收货、结算、保管以及装卸地点等，货主感到满意。运输的方便性，要求做到招之即来，来则能运，运则能达，托运手续简便，取货便利等。在运输方便性方面，道路运输有极大的优越性，它具有铁路和航空运输所无法相比的“门到门”直达运输。

近几年我国道路建设的迅猛发展，特别是高等级公路和高速公路的发展和乡村道路的改善，使全国统一的道路运输市场逐步形成，配载中心、组货中心迅速发展，使道路运输的方便性大大提高。

(5) 经济性。人们对运输产品的需求，不仅仅是考虑到运输需要，同时还要考虑购买能力，即要考虑运输成本。但通常所说的道路货物运输的经济性有两层含义。

① 对企业而言，运输企业必须追求自身的经济效益，降低成本，提高效率，并取得利润，求得企业的生存和发展。② 对用户而言，用户要求运输企业提供的运输服务，不但要安全、完整、及时、方便，而且费用方面要合理、合算。用户的要求即运输质量的经济特性，它要求道路运输企业要讲究社会效益，为用户提供经济的运输服务。

因各种商品价值的不同，货物属性的差异（体积、形状、危险性、腐蚀性等），运输距离长短不同，运输批量大小和批次多少，货主要求（如时限要求、紧急要求），运价的制定依据不同等，多种因素的综合考虑，难于直接准确计算某项指标的数值。因此，货物运输质量经济性的具体指标，尚待进一步研究。

(6) 服务性。服务性是运输服务质量的综合表现。服务性一般包括满足用户物质和精神两方面的需求。

① 货主物质需求。从货主的需求出发，使运输服务的项目、时间、设施、设备及运输线路安排等尽可能地满足货主，使其办理手续、费用结算方便；装卸点准确、交接无误，为货主提供最便利的条件。② 货主的精神需求。是指用良好的运输服务，满足货主的精神需求。文明服务是货物运输质量的主要特征之一，运输企业工作人员在接触货主时，要求除了遵守职业道德外，还要恪守用户至上的准则，还应具有较高素质，掌握熟练的服务技能，为货主提供优质服务。

综上所述，运输企业不仅要重视提高货物运输的产量指标（货运量、货物周转量），而且要大力提高货物运输质量，更好地满足运输要求。提高货物运输质量，满足社会运输需要；为企业赢得信誉，在各种运输方式竞争中发挥优势，得到发展，并有利于交通运输企业全面发展；充分发挥道路货物运输的中短途运输中的优势，提高其在整个运输行业中的地位。

2. 道路旅客运输质量

铁路提速、航空运输降价使本来已经是买方市场的旅客运输市场竞争更加激烈，要想在竞争中立于不败之地，就必须从运输质量上与其匹比，提高运输质量，使旅客安全、舒适、及时、经济、方便地到达目的地；有利于推动运输企业各方面工作的改进，提高企业的竞争力。

(1) 道路旅客运输的安全性。由于旅客运输的特殊性，在运输过程中，必须要以安全为基础来开展运输活动。就旅客运输几种方式相比较而言，道路运输的安全性是比较差的。为了提高道路旅客运输的安全性，我们有必要了解它的衡量指标。

旅客安全运输率，报告期内安全运送的旅客人次与同期客运总人次的比值，用“%”表示。计算公式为：

$$旅客安全运输率=\frac{报告期客运总人次-旅客伤亡人次}{报告期客运总人次}\times100\%$$

其他的衡量指标如货物运输安全性评价指标相同。

(2) 舒适性。随着经济的发展，人民生活水平的提高，人们对旅行舒适性的要求也来越高，要想吸引旅客，必须在舒适性上下工夫。具体讲包括软硬件两个方面的内容：

在硬件方面，改进车辆设计，不断提高车辆档次；提高道路技术等级，使行驶平稳等；使旅客乘车时，身体感觉舒适。

在软件方面，参与道路旅客运输的人、车、站一定要提高服务质量，做到主动热情、服务周到；认真推行旅客运输的“三优”、“三化”工作，使旅客在乘车时得到身心愉悦。

(3) 及时性。在道路旅客运输中，及时性含义是在旅客需要的时刻，按准确的时间提供运输服务，同时在保证运输安全的前提下，减少旅客在途时间。有利于旅客安排旅行计划，降低旅客的疲劳度，增加工作或休息时间。道路旅客运输的及时性可用下列指标衡量：

① 客运正班率即报告期客运正班次与计划班次之比，用“%”表示。其计算公式为：

$$客运正班次=\frac{报告期计划班次-缺班班次}{报告期计划班次}\times100\%$$

式中：计划班次按公布的客运班次时刻表计算，客车按计划当班发车者为正班次；因车辆待修、待料或驾驶员、乘务员不服从调度安排，造成停班为缺班班次，因季节性变化客流量减少，有计划地调整减少的班次，不计入缺班班次，应从计划班次内减去；因自然灾害被迫停班，不计入缺班班次。

② 客运班车正点率。指道路客运中按公布的客运班次时刻表正点始发班次与计划班次之比，用“%”表示。这一指标是客运工作组织各个方面工作质量的综合反映。其计算公式为：

$$客运班车正点率=\frac{报告期正点始发班次}{报告期计划始发班次}\times100\%$$

道路客运班车的到达时刻，受非客运组织工作方面的其他多种因素影响（例如，天气，路况，道路交通流量，桥梁，渡口和路口的通阻，途中旅客上下人次及行包装卸作业次数，等等），难以准确考核，因而只考核始发正点率，有条件时应综合考核始发与到达正点率。其计算公式为：

$$客运班车正点率=\frac{正点始发班次+正点到达班次}{计划始发班次+计划到达班次}\times100\%$$

③ 旅客正运率。报告期正运人次与发送总人次之比，用“%”表示。计算公式为：

$$旅客正点率=\frac{报告期正运人次}{同期发送总人次}\times100\%$$

道路旅客运输中，因运输企业责任造成的旅客误乘、漏乘人次称事故人次，其余为正运人次。

适度提高及时性，也是提高道路旅客运输竞争力不可缺少的手段。需要注意的是一定要“适度”，要根据道路条件、车辆状况、旅客感受等各方面因素加以综合考虑。

（4）服务性。道路旅客运输质量是指在一定的时间内和一定的环境条件下，客运服务工作使旅客满意的程度。它主要由服务态度、服务设施、服务环境、服务项目、服务行为、服务费收、服务业务和服务技术等构成。道路客运的优质服务则主要是客运服务工作的主动热情、和蔼周到、经济便利，并要求通过服务态度端正、服务设施完善、服务项目齐全、服务行为文明、服务费收合理、服务业务熟练等，让旅客感到温暖、愉快、亲切、称心和满意。服务性评价指标如下：

① 旅客满意率。从服务效果方面考察道路运输企业的客观服务条件和主观服务态度使旅客感到满意的程度。可以用下述公式表示：

$$旅客满意率=\frac{旅客满意项（条）数}{满意项（条）数+不满意项（条）数}\times 100\%$$

式中满意或不满意项（条）数，可按企业的设施设备，车站及车况，服务项目及服务时间，办理旅客手续，运输线路与站点设置，其他便利条件以及服务态度等方面来设计问卷。

② 旅客意见处理率（%）。旅客意见处理率可按下式计算：

$$旅客意见处理率=\frac{已处理意见数}{旅客批评意见数}\times 100\%$$

这是从工作质量方面考核的指标，对于旅客运输提出的批评意见，要认真处理，讲究实效，采取有力措施加以解决。

（5）经济性。经济性即运输质量的经济特性。道路旅客运输劳务同有形产品一样，也具有商品性。道路客运企业也要依据价值规律，通过市场形式有偿地提供运输服务。道路运输质量的经济特性是旅客整个旅行费用，要尽可能地降低运输过程中的物化劳动和活劳动消耗，以最合理的运价来实现旅客空间位移。其主要衡量指标有：

① 客货运价执行率。即旅客运输按规定运价收费次数与收费总次数之比，其计算公式为：

$$客货运价执行率=\frac{按规定运价收费次数}{总收费次数}\times 100\%$$

② 单位运输成本。即是企业旅客运输工作量费用支出的指标，其计算公式为：

$$单位运输成本=\frac{报告期运输总成本}{报告期换算周转量\div 1\,000}\ [元/(kt\cdot km)]$$

（6）方便性。道路旅客运输服务质量的方便性是指运行站点的选择、班次的时间安排，为旅客提供问讯、购票、行包托运、提取以及旅途食宿、沿途风景观光等方便条件。方便性是道路旅客运输与其他运输方式相比最具优势的特性。航空运输、铁路运输、水路运输都是线上运输，是两点间的运输，道路运输则是面上的运输。前三者特别是航空运输需要道路旅客运输为他们集散旅客。只要很好地发挥这种优势，就能使道路旅客运输的市场占有率极大地提高。

二、道路运输质量管理

1. 道路旅客运输行业质量管理要求

加强客运质量管理，向旅客提供优质服务，是客运服务的根本要求，也是客运服务宗旨的具体体现。道路运政机构应督促企业做到：

（1）加强客运行业的制度建设。建立健全岗位责任制和服务标准，实现以优质为核心的“三优”（优质服务、优美环境、优良秩序）、“三化”（服务过程程序化、服务管理规范化、服务质量标准化）目标管理，提高客运管理工作水平。确定客运工作的各岗位职责，严格操作规程，做好质量考核评比和监督检查工作。

（2）加强道路旅客运输基础设施建设。一是改造客运站场和改善站内服务设施，建立一、二、三、四级客运站网络，为旅客就近乘车、舒适候车、方便上下车提供优良环境；二是加快道路建设，提高道路技术等级，建设高速公路，保证并提高车辆行驶的速度、平顺性、舒适性及安全性等。

（3）加强道路旅客运输车辆的技术改造。一是对客运车辆要不断改进设计，提高工艺水平和技术性能，使客运车辆在振动、噪声和密封性方面有较大的改进，在技术、速度、平顺性和舒适性、安全可靠性等方面有较大的提高；二是调整车辆结构，合理配置大型、中型、小型、中高级客车，做到旅客乘车品种多样化；三是开发车速快、技术可靠、结构先进、内室豪华、安全可靠的要求。

（4）加强道路旅客运输的组织和监督检查工作。一是调查并掌握旅客流量、流向、流时变化规律，接受旅客的合理意见，改进客运运行工作和服务工作。采用先进科学技术及管理方法，合理调度车辆，安排好客运线路、班次，实现旅客运输优质、高效的目的。二是加强对旅客运输质量、车辆技术结构运行行为、票据价格及各种运输设施的监督检查，发挥旅客的监督作用。

2. 道路货物运输行业质量管理要求

（1）建立健全货运质量管理的规章制度。进一步健全已制定的货运质量管理制度，使其形成更加全面的质量管理体系。认真贯彻执行交通部颁发的各项规章制度加强货运质量指标的考核，逐步实现货运质量管理的经常化、制度化、标准化、规范化和科学化。

（2）建立和完善货运质量保证体系。各级运政机构应采用必要的法律、经济和行政手段，督促企业建立和完善质量保证体系，建立和健全货运质量责任制，推动企业采用包括全面质量管理在内的先进管理技术和方法，保证货运质量。

（3）加强货运质量的监督检查。要对货运质量进行经常性地监督检查，加强货运质量保证制度的建设。通过经常性的质量监督，及时发现存在的问题，纠正违反质量管理规定的不正当行为，调整并提高运力结构水平。

（4）加强对货运从业人员的教育和培训。一是定期进行思想政治、职业道德及质量观念教育，强化技术培训，以《道路货运职工守则》规范从业人员的行为。强化对危险货物运输从业人员的危险货物性质、性能、运输及操作规程等业务知识及国家有关危险货物运输的各项规定的教育。危险货运从业人员上岗必须持有危险货物培训合格证。二是建立健全质量教育、考核、监督制度。树立货物运输从业人员的质量观念是提高货物运输质量的重要条件。

第四章　道路运输企业投资管理

第一节　道路运输企业内部投资管理

一、道路运输企业内部投资

1. 道路运输企业内部投资分类

道路运输企业内部投资，是指对企业内部运输生产经营所需要的各类资产的投资，其目的是为了保证运输生产经营活动的连续性、运输生产经营规模的扩大以及运输市场的不断延伸和拓展。

(1) 道路运输企业的内部投资，从投资所形成的资产状态来分析，分为固定资产投资、流动资产投资以及无形资产投资等。

(2) 从其与未来运输生产经营活动的关系来分析，道路运输企业的投资可分为维持性投资和扩大运输生产能力投资等。

① 维持性投资主要是为维持企业运输生产正常经营，保持现有运输生产能力而投入的财产，一般包括更新性投资和均衡性投资，如运输车辆更新投资、客货运输场站改造投资以及其他通用设备、专用设备的更新投资等。这类投资一般不会改变企业的经营方向与市场领域，也不会较大地影响企业的前途。

② 扩大运输生产能力投资。是企业为了扩大运输生产经营规模与客货运输服务市场占有率，增加生产能力或改变企业的运输生产经营方向，对企业今后的经营与发展有重大影响的各类投资，如购买新的营运车辆、新建客货运输场站、新建汽车维修检测站等其他与运输生产有关的多种经营项目投资等。这种投资与维持性投资相比，投资额大，投资回收期长、投资风险大、对财务影响大，并能在企业整个运输生产经营活动中发挥作用。

(3) 按与运输生产的相关性分析，道路运输企业的投资又分为生产性投资和非生产性投资。道路运输企业的生产性投资主要包括:

① 与维持企业现有运输生产经营有关的重置性投资，如更换已报废或已损坏的运输生产车辆与设备的投资等;

② 与降低运输成本有关的重置性投资，如用能耗小、效率高的车辆更换可用但已陈旧的高能耗的运输车辆所作的投资;

③ 与扩大运输市场范围和扩大运输市场占有率相关的扩充性投资，如为增加客货运输周转量和扩大服务范围所作的投资;

④ 与新的运输服务方式或新的市场有关的扩充性投资，如为开辟高速公路客运或物流业所作的投资;

⑤ 与环境保护有关的强制性和非盈利性投资，如为达到汽车尾气排放标准等所作的投资等。

由于道路运输生产和经营的特点，道路运输企业的投资重点是固定资产的投资。其固定资产投资涉及到的主要是营运车辆的投资、客运站的投资以及货运站的投资等。为了有利于提高投资效益，就必须加强投资的可行性研究，进行投资项目的经济效益分析，以便做出正确的投资决策。

2. 道路运输企业内部投资的一般程序

投资是道路运输企业的一项重要的经济活动。在投资经济活动过程中，企业不能简单盲目从事，而应遵循一定的程序，认真进行投资机会与投资项目调查研究，并采用科学的分析与决策方法，进行项目投资的经济效益评价。企业内部投资的一般程序是：

（1）提出投资意向。道路运输企业要进行内部投资必须首先提出投资意向，然后才能进行下一个工作步骤。所谓提出投资意向，就是要确定好资金投向，是进行运输车辆投资还是场站设施建设投资，是流动资产投资还是进行长期资产投资，是进行增加运输利润投资还是进行影响控制投资或是分散经营风险投资等，这些都必须在投资前首先要明确。

（2）分析意向。找出一个或多个投资的方法或方案，提出意向之后，就要进行调查研究，搜集有关资料，分析和确定影响投资意向的有关因素。应以道路运输市场分析调查研究资料为依据，拟定一个或多个投资方案。作为道路运输企业的投资方案，必须要有明确的投资金额、筹资来源及筹资方式、投资需要的时间及资金到位时间、投资组织实施及安排、投资有效期间、投资地点和投资种类等相关因素。

（3）进行投资决策。投资决策是在对投资方案经济有效性做出评价之后进行的。要估计投资方案所引起的收入和成本，进行投资报酬的分析和风险分析，在进行经济评价的基础上对投资方案是否要采纳做出决定，或者对几个投资方案优劣做出选择。

（4）投资方案的实施。投资方案一旦被采纳，企业就应该按计划积极组织实施。作为道路运输企业的管理人员应按期足额筹集资金，保证企业投资的资金需要，认真执行投资预（决）算，力求做到以较少的投资成本取得较满意的投资经济效果。

（5）投资的再分析与评估。在投资的实施过程中，要经常地检查对比事先的估计和分析与实际情况是否一致，不一致的影响大小、问题所在、如何处理以及原来做出的投资决策是否正确等。如果事先估计有偏差，投资实施过程中情况发生较大的变化而导致原来的投资决策错误，为了避免遭受更大的损失，就可以考虑停止该投资方案的继续实施。

3. 道路运输企业投资决策的一般程序

道路运输企业投资决策的程序通常包括以下 五 个步骤：① 估算出投资方案的预期现金流量；② 估计预期现金流量的风险；③ 确定资金成本的一般水平；④ 确定投资方案的收入现值；⑤ 通过收人现值与所需资本支出的比较，决定拒绝或确认投资方案。其中，估计投资项目的预期现金流量是投资决策的首要环节，也是最重要和最困难的步骤。

二、道路运输企业项目投资的可行性研究

道路运输企业项目投资的可行性研究，是指对投资的备选项目在全面调查了解的基础上，就该投资项目的生产供给与市场需求的平衡性、技术先进性和经济有利性等进行研究，以确定项目投资是否可行。

道路运输企业项目投资可行性研究的基本内容包括以下几方面：

1. 道路运输生产（服务）与运输市场平衡性研究

运输生产（服务）与运输市场平衡性研究是以运输市场研究为起点，根据运输市场需求预计本企业的市场占有份额，然后“以销定产”，确定企业运输生产经营规模、经营领域以及车辆投放的时间，根据运输市场需求确定本企业的投资供给是否满足要求。

（1）道路运输市场需求研究。主要研究当前及未来运输市场需求及变化趋势、运输市场竞争状况，主要内容是分析运输需求的普遍性、异质性、波动性和运输供给的差异性以及客货运输收入弹性和价格弹性等，以此来确定企业未来可以争取的运输市场占有份额。

（2）道路运输生产经营规模研究。根据企业未来可以争取的运输市场占有份额，考虑到其他因素的影响综合确定企业的运输生产规模，企业将来可以实现的运输周转量和企业最大的运输服务能力，在此基础上再根据其他限制条件确定企业最适当的运输生产能力。

（3）运输经营领域研究。主要内容是要研究运输生产领域的经营、技术领域的经营、资金领域的经营和组织领域的经营等问题。运输经营领域研究的主要目的是为了确定企业未来的投资方向和经营重点领域。

（4）投资时机研究。运输市场状况瞬息万变，错过时机就是错失机会。企业必须选择好进入运输市场与某些经营领域加入竞争行列的时间，并确定好投资的时间和运营的时间等。

2. 技术先进性研究

技术先进性研究主要是研究企业应采用的资产设备，客货运输场站，营运车辆先进程度，应采用的生产工艺组织管理水平，应配备的相应的技术力量等。技术先进性研究的出发点是市场需求，是社会对运输服务品种、服务质量等的要求；而技术先进性研究的最终目的是为获得尽可能大的经济效益。一般来说，不同的设备、不同的营运车辆以及不同级别的客货运输场站，分别具有不同的生产成本和投资代价，也有着不同的经济效益。

3. 经济有利性研究

进行经济有利性研究，需要预测投资项目所带来的收益，需要对投资项目的经济效益进行分析，并需要对投资项目的风险进行估计。经济有利性研究是可行性研究的核心，运输供求研究、技术研究都是以经济有利为基础的。

第二节　道路运输企业营运车辆投资决策

一、道路运输企业营运车辆更新投资决策

1. 运输车辆更新概述

营运车辆是道路运输企业最重要的物质和技术基础，是企业进行运输生产经营活动的重要劳动手段，也是影响道路运输企业和国民经济各项技术经济指标的重要因素。车辆更新是对技术上或经济上不宜继续使用的旧车辆的车辆更新、更换或用先进技术对原有车辆进行局部改造等经济活动。

营运车辆在使用和闲置过程中，都会随着车辆的逐渐磨损和使用使车辆原始价值降低，发生的磨损分为有形磨损和无形磨损。

有形磨损也称为实体磨损或物质磨损。运输车辆在使用中的有形磨损是第一类有形磨损，该类磨损主要是由于车辆零部件的磨损、振动、疲劳和腐蚀而产生的，通常表现为能耗上升、效率下降、动力性下降、故障增多、安全事故频繁等。它主要与使用时间、使用强度和道路条件等因素有关。运输车辆在闲置中的有形磨损是第二类有形磨损，该类磨损主要是由于自然环境的作用以及管理维护不善而造成的，通常表现为车辆锈蚀、零部件变质老化、轮胎老化等，主要与闲置时间和维护管理不善等因素有关。所以，营运车辆的有形磨损会伴随着车辆使用价值的降低、车辆生产率的下降及一系列营运费用的增加等。

营运车辆的无形磨损是由于技术进步引起的原有车辆技术上的陈旧与贬值，也称为精神磨损或经济磨损。它一般不是物理意义上的磨损，不表现为车辆实体的变化，而表现为车辆原始价值和使用价值的降低。无形磨损也分为两类：一是由于技术进步而使完成一定量的客货运输周转量的社会必要劳动耗费减少，运输成本降低，导致原有车辆价值降低。这种磨损的后果只是表现为老车辆的原始价值部分贬值，车辆本身的技术特性和功能即使用价值并未发生变化，故不会影响现有车辆的使用。二是由于技术进步，市场上出现了舒适性更好、性能更完善、运输效率更高、燃料消耗更低的新型运输车辆而使旧车辆在技术上相对陈旧落后，导致原有车辆相对贬值。但这种贬值是社会生产力发展的反映，这种磨损越大，表明社会技术进步越快，道路运输企业要维持正常和高效率的运输生产经营活动，就必须对车辆的磨损及时进行补偿。

补偿分局部补偿和完全补偿。车辆修理是对有形磨损的局部补偿，对车辆的现代化改装则是对无形磨损的局部补偿；有形磨损和无形磨损的完全补偿是更新车辆。运输车辆的更新有两种形式：一种是原型更新；另一种的新型更新。新型更新是目前运输车辆更新的主要方式和主流。

运输车辆有形磨损和无形磨损及其价值补偿方式之间的相互关系如图 3.4.1 所示。

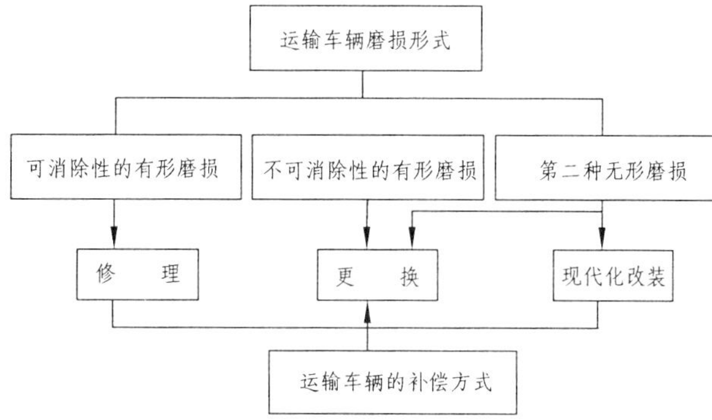

图 3.4.1　车辆磨损形式及补偿方式的相互关系

道路运输车辆更新决策主要研究两个问题：一是决定是否更新，即是继续使用旧车辆还是更新车辆；另一个是要决定选择什么样的车辆来更新。实际上这两个问题往往是结合在一起来考虑的，如果目前市场上没有比现在的运输车辆更适用和适宜的车辆或车型，那么就继续使用旧车辆，因为旧的运输车辆总是可以通过修理继续使用的。所以运输车辆更新决策实际就是继续使用旧车辆还是更新车辆的选择。

2. 运输车辆更新决策分析的基本原则

在对运输车辆更新进行经济分析与决策时，除了利用前述投资决策分析的一般原理外，还应遵循以下几个基本原则：

（1）不管是购置新车辆还是改造旧车辆，在其经济分析中一律只分析其费用。通常情况下，运输车辆更新或大修，一般其运输生产能力不变，其所产生的收益基本相同。如果真的运输生产能力发生了较大的变化，可以经过等同化处理，将生产能力的不同转化为费用的不同，所以运输车辆更新方案的评价，就是在相同收益情况下对其费用进行评价，是费用型方案的分析。通常使用的经济评价方法有：年成本法、现值费用法和追加投资经济效果评价法等。

（2）不同车型的客货运输车辆，其运输服务的寿命不同。但对运输车辆进行更新分析时，分析期必须一致。在实际工作中，通常采用年成本法来进行方案比较。

（3）不考虑沉没成本的影响。通常运输车辆更新往往未到其折旧寿命期末，账面价值和转售价值之间存在着差额，故存在着沉没成本，即未收回的车辆原始价值。沉没成本是一种投资损失，是过去投资决策的失误，不应计入新车辆的费用中，但可以在企业盈利中加以扣除。

（4）旧车辆应以目前的变现价值为计算依据。

二、道路运输车辆最佳更新时机决策分析

1. 运输车辆原型更新最佳时机决策分析

道路运输企业的有些营运车辆，在整个营运服务年限内，如果没有更先进的同类车辆出现即不存在无形损耗的情况下，当继续使用旧车辆还不如再购置新车辆经济时，就应该及时更新，这就是原型更新问题。当道路运输企业发生这种问题时，就可以通过分析运输车辆的经济寿命进行车辆的更新决策，也就是说，运输车辆原型更新问题也就演变为分析和计算车辆的经济寿命问题。

计算和决策运输车辆经济寿命的方法一般有两种：

（1）低劣化数值计算法。道路运输企业经营使用的运输车辆，一般都会随着行驶里程的不断增加而呈现出技术性能不断下降的发展态势，这种现象称为车辆的低劣化。

应用低劣化数值法计算运输车辆经济寿命时，应满足下列基本假设条件：① 车辆的燃料费、维修费、大修费等经营费用是以每千车 · 公里一个定值增加的，这个定值就是单位车辆、单位行程的低劣化增加值；② 车辆的残值是一次性收回的。

道路运输企业经营使用的运输车辆的总费用一般包括两个部分：一是随着车辆行驶里程的变化而变化的折旧费用，即单位行程车辆的投资费用；二是车辆的经营费用。其中经营费用又包括随车辆行驶里程变化的变动经营费用（燃料费、维修费、大修费等）和不随车辆行驶里程变化的固定经营费用（工资及职工福利费、企业管理费、养路费等）。

按照上述分析，车辆行驶里程为 L 时的单位里程经营费用就可表示为：

$$C_0 = C_1 + (L-1)\lambda \tag{3.4.1}$$

式中：C_0——车辆行驶里程为 L 时的单位里程经营费用；C_1——单位里程经营费用初始值；λ——车辆单位行程低劣化增加值。

运输车辆总费用的计算表达式为：

$$C = D_{\mathrm{L}} + C_0$$

即：

$$C = \frac{K_{\mathrm{d}}}{L} + C_1 + \frac{1}{L}[\lambda + 2\lambda + \cdots + (L-1)\lambda]$$

$$C = \frac{K_d}{L} + C_1 + \frac{L-1}{2}\lambda \tag{3.4.2}$$

式中：C——车辆单位行程的总费用；D_L——运输车辆的折旧费；K_d——运输车辆的折旧总额，其值等于车辆原值减净残值；L——车辆折旧期内的行驶里程定额。

运输车辆在营运过程中，随着车辆行驶里程的增加，单位行程分摊的车辆费用（即折旧费用）是逐渐减少的，而车辆的单位经营费用却随着行驶里程的增加而变大。综合考虑这两方面的因素可以发现，随着车辆行驶里程的增加，车辆的单位里程总费用的变化呈现出先降低后上升的发展态势。所以必然存在一个行驶里程能使车辆的单位里程总费用最小，这个行驶里程值就是车辆最经济的行驶里程，即车辆的经济寿命。

因为 K_d 为一常数，令 $\frac{dC}{dL}=0$。

需要说明的是：上述公式是在不考虑资金时间价值的条件下，按照预定的假设条件计算车辆经济寿命里程的计算表达式。其中 λ 值是计算车辆经济寿命里程的关键，通常可以采用数理统计方法对运输车辆变动经营费用的数据进行回归分析，求得该值。

用车辆的行驶里程确定最佳更新时机，反映了车辆的真实使用强度，但却未考虑车辆的运行条件和第二类有形磨损；如果用使用年限反映车辆的经济寿命，可以避免这个问题。用车辆的使用年限表示的车辆经济寿命年限的数学表达式为：

$$T = \frac{L}{L_P} \tag{3.4.3}$$

式中：T——车辆经济寿命年限；L_P——车辆年平均行驶里程。

上述公式中的车辆年平均行驶里程可以用统计方法来确定，它与车辆的技术状况、车辆完好率、平均技术速度、道路条件和地区等使用条件有关。目前我国运输车辆的年平均行驶里程一般为 5 万～6 万 km。

（2）面值决策法。如果运输车辆的残值不能视为常数，而且车辆的运行成本不呈现线性的无规律增长，低劣化数值计算法就失去了前提条件，这时就可以根据道路运输企业的统计记录或者根据同类车型的统计资料以及车辆的实际运行情况的预测，用列表计算面值的方法来分析和决策运输车辆的经济寿命。面值决策法的计算公式为：

$$C_j = \frac{K_0 - S_j + \sum_{t=1}^{j} C_{0t}}{j} \tag{3.4.4}$$

式中：C_j——运输车辆使用第 j 年的年均总费用；K_0——车辆原值；S_j——车辆第 j 年的实际残值；C_{0t}——车辆第 t 年的年运行成本。

三、道路运输车辆更新的技术经济分析决策

道路运输车辆更新的经济评价，除确定车辆经济寿命及更新时机外，还应包括车辆投资的合理性和经济性研究。道路运输企业的运输车辆更新，经常会面临下列几种决策问题：

1. 运输车辆更新分析与决策

在科学技术和车辆技术迅速发展的今天，运输车辆的更新速度不断加快，在这种情况下，

尽管旧的车辆还能继续营运，但是如果不及时更新，就必然会出现燃料消耗增加、运输生产效率下降、维修费用较高等诸多问题。因此，是继续使用旧车辆还是投资更新技术和效率更高的新车辆，实际上是每个道路运输企业都会经常遇到的决策问题。

前已述及，对于此类决策问题，经常存在两种情况：一种是新车辆的使用年限与旧车辆的剩余使用年限不相同；另一种是新车辆的使用年限与旧车辆的剩余使用年限相同。对于第一种情况，一般采用计算年营运成本的办法来进行分析决策；而对于第二种情况，一般可以采用现值法结合差量分析法来分析和决策。现分述如下：

（1）新旧车辆使用年限不相同时的投资决策分析方法。该决策方法的基本思路是：运输车辆的年使用成本是与该资产相关的现金流出的年平均值。如果不考虑资金的时间价值，运输车辆的年使用成本就是未来使用年限内的现金流出总额与使用年限的比值；如果考虑资金的时间价值，运输车辆的年使用成本就是未来使用年限内现金流出总现值与年金现值系数的比值，即平均每年的现金流出。

① 如果不考虑资金的时间价值，运输车辆的年使用成本的计算公式为：

$$年使用成本=\frac{车辆未来使用年限的现金流出总额}{车辆使用年限}$$

② 如果考虑资金的时间价值，运输车辆的年使用成本的计算公式为：

$$年使用成本=\frac{车辆未来使用年限的现金流出总现值}{年金现值系数}$$

在考虑资金时间价值的情况下，运输车辆的年使用成本有三种不同的计算方法：

a. 先计算出现金流出的总现值，然后分摊到每年。其计算表达式为：

$$UAC=\frac{I+\sum_{j=1}^{n}C_j\times P/A,\ i,\ j-S_v\times P/F,\ i,\ n}{P/A,\ i,\ n} \tag{3.4.5}$$

式中：UAC——年均使用成本；I——原始投资（或车辆的变现价值）；S_v——车辆的期末残值；C_j——车辆第 j 年的营运费用；$P/A, i, n$——年金现值系数；$P/F, i, n$——一次支付现值系数。

b. 如果运输车辆的年营运费用相等，将投资和残值摊销到每年然后求和即可求得。其计算表达式为：

$$UAC=投资摊销+年运行费用-残值摊销$$

即：

$$UAC=\frac{I}{P/A,\ i,\ n}+C-\frac{S_v\times P/F,\ i,\ n}{P/A,\ i,\ n} \tag{3.4.6}$$

c. 将残值在原始投资中扣除，视同每年承担的相应利息，然后与净投资摊销额及车辆年营运费用合计，即可求得。其计算表达式为：

$$UAC=\frac{I-S_v}{P/A,\ i,\ n}+C+S_v\times i \tag{3.4.7}$$

（2）新旧车辆使用年限相同时投资决策分析方法。一般是采用现值法结合差量分析法来分析和决策旧车辆是否有利。

2. 道路运输企业租赁或购买营运车辆决策分析

道路运输企业扩充设备或营运车辆，其目的是为了利用这些车辆来进行运输生产经营，从这个角度来讲，车辆是否自有并不重要，重要的是有适合的运输车辆可以使用。所以，道路运输企业在购置营运车辆的同时，还应考虑利用租赁来获取车辆使用权的可能性。一个道路运输企业若期望获得某种车辆的使用权，并附带地要获得所有权，除购置该营运车辆外，还可以通过租赁方式获得该车辆。因此，租赁或购买营运车辆决策实际上就变成了一种企业的筹资决策。因为不管企业是租赁车辆还是举债购买车辆，企业必然会由于获得该车辆而产生一笔固定的“还债义务”，这笔义务必须在未来某个时期内清偿。因此，租赁决策问题就成为衡量租赁与举债购买这两种筹资方式的相对得失问题。要比较分析租赁与举债购买两者之间的优劣，就必须借助于两者的现金流量及其模式，依据相应的资金成本，分别计算两者现金流量的现值，并据此进行比较分析。

一般来说，购置车辆的使用成本，主要包括：车辆折旧费、燃料消耗费、车辆保修费、车辆大修费、轮胎磨损费、直接人工费、变动间接制造费用以及车辆投资利息费等。租赁车辆的使用成本，要视租赁的性质而定。对于经营性的租赁成本，主要包括：除经营租金外的燃料消耗费、直接人工费、变动间接制造费用等。对于融资性的租赁成本，主要包括：除每年的租金外的车辆折旧费、燃料消耗费、车辆保修费、车辆大修费、轮胎磨损费、直接人工费、变动间接制造费用等。融资性租赁实际是属于分期付款购买固定资产的筹资方式。

对道路运输企业是租赁还是购买营运车辆的决策问题进行分析时，在车辆技术性能基本相同的情况下，通常是将购置车辆和租赁车辆的使用成本进行比较和分析。

第三节　道路运输企业客运站建设项目投资决策

一、汽车客运站建设项目可行性研究

汽车客运站建设项目是道路运输企业运输生产经营活动的重要物质基础设施，是道路运输企业开展运输生产经营活动的重要“市场资源”。做好客运站建设项目的评价与决策，对于道路运输企业来说，具有十分重要的意义。

可行性研究工作是道路运输客运站建设项目的综合管理手段，必须以整个社会对旅客运输的需要和人民群众日益增长的物质文化生活需要为基本前提，以道路运输生产的目的为基本出发点。研究技术可行性必须与采用该项技术获取的经济效益相结合，研究经济性必须考虑新技术的可能性，结合道路运输行业的生产特点，并重视道路运输企业的综合经济效益。汽车客运站建设项目可行性研究的主要内容，根据其研究深度和不同的要求，一般包括以下几个方面：

（1）社会经济现状分析。对国民经济和社会发展以及运输市场进行分析、解剖和预测，阐述客运站建设项目的必要性、紧迫性、经济意义和对本企业运输生产经营活动的重大影响等。

（2）社会经济与运输市场发展预测。对客运站项目建设所在地域的社会经济发展状况、运输结构、旅客运输量构成、客流特征等进行调查，分析相关资料，预测客运量发展水平，并借以确定客运站建设项目的合理建设规模等。

（3）客运站建设地点选择。根据客运站建设项目所在地城镇的城市建设总体发展规划要求，结合道路运输建设项目的行业特点，确定出相对合理的建设地点和站址。

（4）建站条件研究。对客运站建设地点要进行必要的勘察，搞清建设地点的自然条件、地址与水文等情况、交通环境、外部公用工程网络系统和协作单位的分布等。

（5）客运站建设规模研究。根据预测结果和有关客运站建设规范，进行工艺计算和有关参数的确定，确定实现客运站、项目建设要求的主要建筑设施的组成和面积，选择论证客运站工艺流程方案，选择和确定实现工艺流程所需要的主要设备，并计算和确定客运站的劳动组织和人员配备等。

（6）客运站建设方案研究。根据汽车客运站建设项目的工艺特点，结合建设地点条件，设计出若干个可供选择与决策的建设方案，并对各个方案进行技术经济分析与论证，推荐出最优建设方案。

（7）建设工艺研究。依据拟建客运站的要求和现有施工机具条件，研究并选择建设工期短、效率高、质量好的施工工艺方案和投资效果最佳的建设工期。

（8）建设投资估算。根据工程条件、建设标准、建设规模、施工方案等，分析研究投资水平和资金来源与筹资方案，估算建设项目的分项投资与总投资，落实资金来源等。

（9）效益分析与计算。分析研究拟建客运站建设项目的直接财务效益和间接国民经济效益，分别用静态和动态方法计算建设方案的投资收益率、内部收益率、现值指数、投资回收期等技术经济指标，并对方案的投资风险、敏感性以及客运站经营的盈亏平衡进行分析。

（10）客运站建设项目评价。根据国家规定的客运站建设项目技术经济效果的评价基准值，把该基准值与上述计算结果进行分析比较，全面评价其投资项目的财务经济效益，并对社会效益和国民经济效益进行分析。最后根据评价结果，提出投资少、见效快、成本最低、效益最好的建设方案，并以科学的数据得出研究结论。

二、汽车客运站建设项目费用效益分析

1. 客运站建设项目费用分析

（1）客运站建设项目投资。项目投资总额就是建设客运站项目工作量的货币表现，它反映了项目的建设规模。客运站建设项目投资范围与各项费用的一般组成如下：

① 项目前期工作费用。主要包括征地费、建设场地“三通一平”费用、水增容费及自来水网、电增容费及室外电网、锅炉及热网安装费、工程勘察设计费、项目设计费等。

② 建筑工程费用。主要包括车站综合楼建设费、站内装饰装修费用、站前广场、客运站标志性工程建设费，生活福利设施费、汽车修理车间基建费、场地硬化费、司乘公寓建设费等其他建设费用等。

③ 客运设备配套及安装费用。主要包括客运站站务服务设施设备配套费、维修设施设备购置费用，水电暖设施购置费用、办公自动化设备购置费、司乘公寓设备购置费以及设施设备安装工程等费用。

④ 与项目有关的其他费用。主要包括项目建设需向工商、税务、城建、质监、环卫等部门缴纳的各种费用、工程招标费等。

（2）客运站经营管理成本。主要是客运站的经营付现成本和期间费用；客运站经营的付现成本（指制造成本）主要包括职工工资及福利费、建筑设施设备的维修费、维修材料费、

车站服务（产品）应承担的各种税金等。客运站经营的期间费用主要包括财务费用、管理费用等。

① 职工工资及福利费。职工工资及福利费的估算，是按照职工平均工资为基本依据估算的，按照现行的财务制度规定，职工福利费是按职工工资总额的 14%计算的。该项费用的计算公式为：

$$G = A \times d \times 10^{-4} \times (1+14\%) \tag{3.4.8}$$

式中：G——职工工资及福利费（万元）；A——职工人数；d——职工平均工资。

② 需要支付的“三金”费用。企业需要交纳的“三金”是指职工养老保险、职工医疗保险、职工失业保险等社会统筹的现金流出。该项费用的计算公式为：

$$T = A \times d \times 10^{-4} \times \omega \quad （万元） \tag{3.4.9}$$

式中：T——“三金”费用总额；ω——“三金”费用占职工工资总额的百分比。

③ 设施设备维修费。客运站年度建筑设施设备维修费，分析计算时按客运站票房收入的百分比计算。

④ 维修材料费支出。车辆维修材料费按维修收入的百分比计算。

⑤ 各种税费支出。客运站上缴的税费应计入营运成本的主要有：营业税、城市建设维护税、教育附加费、运管费等。应计入管理费用（期间费用）的税金主要有：印花税、房产税、土地使用税等。各种税费项目具体如表 3.4.1 和表 3.4.2 所示。

表 3.4.1 应计入营运成本的税费税种

税费名称	计算办法和税基	计算表达式	税费名称	计算办法和税基	计算表达式
营业税	按营业收入的3%计算	$3\%R_j$	教育附加费	按营业税的 2%计算	$2\%(3\%R_j)$
城市建设维护税	按营业税的 7%计算	$7\%(3\%R_j)$	运管费	按营业收入的0.8%计算	$0.8\%R_j$

注：R_j代表 j 年的营业收入。

表 3.4.2 应计入管理费用的税金税种

税金名称	计算办法和税基	计算表达式
印花税	按营业税的 0.5%计算	$0.5\%(3\%R_j)$
房产税	按原值的 70%的 1.2%计算	原值×0.84%
土地使用税	按占地面积的 0.3 元/m² 计算	占地面积×0.3 元/m²

注：R_j代表 j 年的营业收入。

⑥ 管理费用。管理费用是企业的期间费用，虽不直接计入营运成本，但却可以抵减企业的利润。管理费用是指企业行政管理部门为管理和组织营运生产活动的各项费用。主要包括办公费、电话费、差旅费、劳动保险费、职工教育费、业务招待费、低值易耗品购置费等其他管理费用。实际计算时，一般按客运站营业收入的百分比来估算。其计算公式为：

$$管理费用 = \eta \times R_j \quad （万元） \tag{3.4.10}$$

式中：η——管理费用占营业收入的百分比；R_j——代表 j 年的营业收入。

⑦ 财务费用。财务费用是指客运站为筹集资金而发生的各项费用。主要包括客运站营业期间发生的利息支出（减利息收入）、汇兑净损失、金融机构手续费以及筹资发生的其他财务费用等。实际分析计算时，要根据资金成本和客运站建设的举债筹资情况综合计算。

2. 客运站建设项目效益分析

（1）票房收入。汽车客运站的票房收入，是指客运站为参营车辆组织旅客和运输服务而按规定比例从售票营业额（包括行包房营业额）中的提成收入。一般是按客票收入的一定百分比来提取的。其计算公式为：

$$R_j = 365\times10^{-4}\times(1+\omega)\times E\times F\times P_j\times S \tag{3.4.11}$$

式中：R_j——第 j 年车站票房收入（万元）；ω——行包收入折算系数；E——票房收入提取系数，一级站取 10%计算，二级站取 8%计算；F——平均客运运价；P_j——第 j 年车站旅客日发送量；S——旅客平均运距。

（2）旅客站务费收入。旅客站务费收入是指汽车客运站为旅客提供候车服务等按人次所收取的收入。其计算公式为：

$$R_j = 365\times10^{-4}\times\alpha\times P_j \tag{3.4.12}$$

式中：R_j——第 j 年旅客站务费收入（万元）；α——站务费费率；P_j——第 j 年车站旅客日发送量。

（3）小件寄存收入。小件寄存收入是汽车客运站向旅客提供服务所收取的费用。该项服务费收入的计算公式为：

$$R_j = 365\times10^{-4}\times\beta\times\delta\times P_j \quad （万元） \tag{3.4.13}$$

式中：R_j——第 j 年小件寄存收入（万元）；β——小件寄存人数占旅客发送量的比重；δ——每人次费率；P_j——第 j 年车站旅客日发送量。

（4）司乘公寓收入。该收入是客运站向司乘人员提供住宿服务所得到的收入，该项收入的计算方法如下：

$$R_\mathrm{q} = 365\times10^{-4}\times(E\times H\times P\times\eta) \quad （万元） \tag{3.4.14}$$

式中：R_q——司乘公寓收入（万元）；H——每间客房床位数；F——公寓客房数量；P——床位单价；η——利用系数。

（5）站内停车费收入。该项收入是客运站为夜宿班车提供停车服务所收取的费用。实际计算时按照有关收费标准结合每天停车数量综合估算。

（6）车辆维修收入。该项收入主要是对进站车辆维护和车辆小修等作业收取的费用。实际计算时按客运站具体经营状况综合估算。

（7）洗车费收入。该项收入是客运站向进站车辆提供洗车服务而向车辆收取的服务费。实际计算时按客运站具体经营状况综合估算。

（8）例保检验费收入。该项收入是客运站为进站车辆提供例保检验服务而向车辆单位收取的费用。实际计算时按客运站具体经营状况综合估算。

（9）客运站其他收入。其他收入主要包括延误脱班费、治安罚款、退票费收入等其他收入。效益分析计算时按客运站的历史统计资料分析估算。

3. 客运站建设项目投资效益计算与分析

客运站投资项目经济效益分析的基本程序如图 3.4.2 所示。

按照上述计算与分析程序，顺次计算客运站投资项目的现金流量，编制投资项目的现金流量表；结合企业所要求的投资报酬率，确定贴现率；再按预定的贴现率计算投资项目的净现值、内部报酬率以及投资回收期等动态效益指标和会计收益率、效益费用比以及静态投资回收期等静态效益指标；最后按照表 3.4.3 的评价标准对项目效益指标进行分析评价、决策和确定投资项目的可行性。

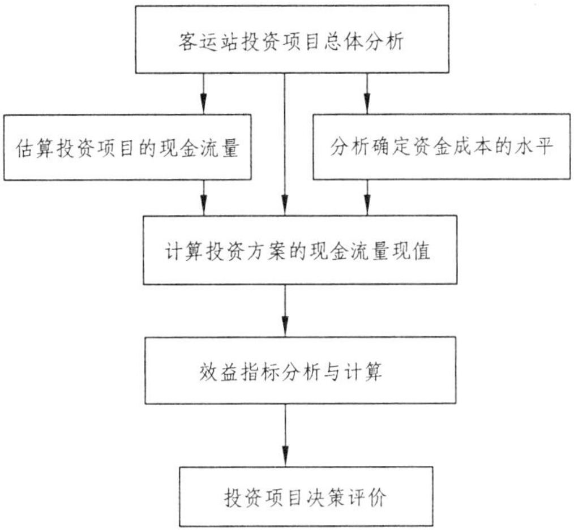

图 3.4.2 客运站投资项目投资决策评价基本程序

表 3.4.3 客运站投资项目经济效益评价表

指标形态	效益指标	计算结果（A）	评级标准（B）	经济比较	经济可行性	备注
动态指标	净现值	实际计算值	0	A＞B	可行	
	内部报酬率	实际计算值	8%	A＞B	可行	
	投资回收期	实际计算值	15 年	A＜B	可行	从投产年计
静态指标	会计收益率	实际计算值	资金成本	A＞B	可行	
	效益费用比	实际计算值	1	A＞B	可行	
	投资回收期	实际计算值	12 年	A＜B	可行	从投产年计

第五章 道路运输企业的经济效益

第一节 道路运输经济效益概述

一、道路运输经济效益的含义

经济效益是指经济活动中的劳动消耗与其劳动成果之比，或者说，在经济活动中，发生一定的支出与其换取的一定收入相比较的结果。

经济效益是经济活动结果的衡量标准。评估道路运输投资项目是否可行，分析一个方案对经济发展的影响，衡量道路运输业经济活动的状况，比较物质资源消耗的节约和浪费，都需要一个标准、一个度量的尺子，这个标准和尺子就是经济效益。

对道路运输企业来说，在符合社会需要的前提下，如果产出一定数量和质量的劳务，所占用的生产资料和劳动力少，即消耗的物化劳动和活劳动少，那么，这个企业的经济效益就大；相反，则小。或者说，在符合社会需要的前提下，消耗和占用的劳动量一定时，生产出一定质量的劳务愈多，经济效益则越大；生产出一定质量的劳务愈少，经济效益也就越小。所以，在一般情况下，经济效益总是与劳动成果成正比，与劳动消耗、劳动占用成反比。

道路运输企业的劳动消耗即劳动占用，其价值形态表现为一定量成本的资金的消耗及占用。其物质形态表现为一定量的汽车、配件材料、燃料、轮胎等生产资料的消耗及占用。劳动成果的价值形态表现为一定量的收入和盈利（利润税金），而其产品形态，则表现为具有一定质量和数量的客货运量和周转量。很显然，在投入的资金和人力物力一定的情况下，产出共有一定质量的运量、周转量越多，运输收入越多，利润越多则经济效益越大。或者说，在产出的运量、周转量及运输收入、利润一定量的情况下，投入的资金、人力、物力越少，则经济效益也就越大。

二、道路运输业经济效益的分类

按不同的研究方法和计算方法，经济效益可作如下的分类：

1. 道路运输宏观经济效益下企业经济效益

（1）道路运输宏观经济效益。道路运输业是物质生产部门，它不仅是为生产过程服务的生产性结构，而且也是为社会生活服务的社会生活结构，因此，对道路运输经济效益的评价，不能仅仅从运输本身衡量，而应该主要从它对社会再生产提供的服务，从而以再生产创造的经济效益来衡量，同时还应该从它提供的社会生活服务，满足各方面需要和奉献给人类的效益来衡量。也就是说，评价运输经济效益，应该重视运输的宏观经济效益。运输宏观经济效益主要指：

① 由于运输服务规模的扩大，运输服务质量的提高给社会和生产部门带来的利益；

② 由于单位产品运输费用减少使物质生产部门的生产成本和流通部门的流通费用降低而获得的利益；

③ 由于运输效率提高节约了时间，加速了生产周转而创造的效益；

④ 由于运输本身各方面素质的提高，使运输费用减少所表现出的利益。

(2) 运输企业经济效益，是指企业的支出与收入相比较所得的结果。因此，对企业经济效益的评价，就企业本身来说，集中反映在企业的利润方面。

2. 事前经济效益与事后经济效益

(1) 事前经济效益，是指在决策计划过程中，对所拟订的方案进行预期计算所得的经济效益。并以此作为评价方案和选择最优方案的决策依据。因此，一切有关的经济预测、计划、预算、决策、分析以及对计划方案的事前审核，也都属于事前经济效益的计算范围。运输投资的经济效益就是一种事前经济效益。

(2) 事后经济效益，是指实际完成情况好坏的效益。因此，把实际效益资料和计划效益资料相比较，就能进行控制和监督并进行事后经济分析。运输企业经营效益就是一种事后经济效益。

3. 绝对经济效益和相对经济效益

运输过程中发生的成本支出及收入之间有两种对比方式，因此经济效益也有两种表现形式，一种称为绝对经济效益，一种称为相对经济效益。

(1) 绝对经济效益。将运输收入和支出相减所得的结果称为绝对经济效益，用净收益来表示，即

$$\text{净收益}=\text{收入}-\text{支出}$$

净收益是收支相减后的结果，它是以绝对方式表示的经济效益，说明有无效益和效益大小的问题。这里的收入是指用货币计量的各种经营收入或社会收益，支出是指货币计价的各种支出和成本。

(2) 相对经济效益。将收入和成本支出相比所得的结果称为相对经济效益，也称为成本收益率。即

$$\text{相对经济效益（成本收益率）}=\frac{\text{收入}}{\text{成本}}\times 100\%$$

4. 外部经济效益与内部经济效益

外部经济效益是指在运输部门以外为国民经济带来的实际成果和利益。例如，某条公路或某个车站的兴建，就是为了希望能对其受益地区的商品生产和劳务活动作出贡献，但这一类外部收益的衡量很困难，大多数情况下难以用货币来计算。

内部经济效益则是指由于运输建设和生产的发展直接给运输部门本身所带来的利益。这种类型的效益，一般是用运输费用的降低额来衡量的，例如，由于修筑公路而使使用者节省了汽油消耗、维修费用和旅途时间等。

5. 有形经济效益与无形经济效益

有形经济效益是指运输给社会和生产部门带来的能用经济尺度计量的效益。这种类型的效益容易鉴别和衡量。例如，运输效率提高所增加的运量，降低的运输费用，减少的运输过程中的货物损耗等，都应视为有形效益。

无形经济效益是指运输给社会带来的无法用经济尺度来计量的效益。这种类型的效益，不容易鉴别和衡量，不能直接用货币具体表达，只能作定性的评价。如果一运输项目的建设能使国家声誉提高、国防建设加强、环境污染减少、乘客旅途舒适和方便等，都属于无形的效益。

第二节　道路运输企业的经济效益

在市场经济下，由于道路运输企业把利润最大化作为其主要目标之一，所以企业经济效益情况集中反映在增加收入、降低成本及社会效益等方面。

一、增加收入方面的效益指标

1. 资金利税率

资金利税率是企业实现的利润和税金与全部占用资金之比，这是一个综合性的经济效益指标，它反映了企业资金使用总的效益水平，表明企业投入一元钱能获得多少利润。其计算公式为：

$$资金利税率=\frac{实现利润+税金}{全部资金平均占用额}\times 100\%$$

式中：全部资金平均占用额＝固定资产平均净值＋流动资产平均总值

2. 人均实现利税

人均实现利税是企业在一定时期内平均每一个员工实现的利税息额，反映企业员工为国家、企业和自己创造的经济效益。其计算公式为：

$$人均实现利税=\frac{实现利润+税金}{全部员工平均人数}$$

3. 全员劳动生产率

全员劳动生产率是指企业在考察期间平均每一个员工完成的客、货换算周转量或营运收入，其计算公式为：

$$全员劳动生产率=\frac{客、货车换算周转量（营运总收入）}{全部员工平均人数}$$

4. 车吨（座）产量

车吨（座）产量是指企业在考察期平均每台营运车辆完成的客、货车换算周转量，一般按主车和挂车完成的客、货车换算周转量分别计算。其计算公式为：

$$车吨（座）产量=\frac{主、挂车换算周转量合计}{主车平均总吨（座）位}$$

5. 车吨（座）利润额

车吨（座）利润额是指企业在考察期内营运车辆平均每个吨（座）位产出的利润额。其计算公式为：

$$车吨(座)利润额=\frac{利润总额}{营运车辆平均吨(座)位}$$

以上五个增加收入方面的经济效益指标可直接体现劳动成果的大小，其数值越大，经济效益越好。当然，对于具有效率指标属性的指标，如全员劳动生产率、车吨（座）产量等，还应结合其他经济效益指标进行分析和运用。

二、降低成本方面的效益指标

1. 货（客）车运输单位成本

货（客）车运输单位成本是指货（客）车运输总成本与其完成的换算周转量的比。其计算公式为:

$$货(客)车运输单位成本=\frac{货(客)车总成本}{货(客)车换算周转量}\times 1\,000\,000 \quad \{元/[kt(人)\cdot km]\}$$

实际中也可根据需要计算与考核客货车综合运输单位成本。

2. 燃料消耗量

其计算公式为:

$$公里燃料消耗量=\frac{实际燃料消耗量}{货(客)车换算周转量\div 100} \quad \{L/[百t(人)\cdot km]\}$$

3. 轮胎（外胎）费用

其计算公式为:

$$轮胎(外胎)费用=\frac{报废外胎总成本}{报废外胎使用里程}\times 1\,000 \quad [元/(千胎\cdot km)]$$

降低成本方面的效益指标属于经济效益指标的逆指标，其数值越小效益越好。而道路运输过程所耗费的各项费用，可通过成本水平高低加以反映。

三、与社会效益相关的效益指标

运输企业的运输质量是其取得经济效益的保证，同时也与企业外部的社会效益密切相关，其中最重要的质量指标是运输安全指标。

1. 重大责任事故频率

重大责任事故频率是指主要由运输企业责任引起的重大责任事故的案次数与相应的营运车辆总行驶里程之比。其计算公式如下:

$$重大责任事故的频率=\frac{重大责任事故的案次}{同期营运车辆总行驶里程}\times 1\,000\,000 \quad [案次/(百万车\cdot km)]$$

重大责任事故的伤亡人数和损失金额以及企业责任的划分，应按国家规定办理。

2. 行车肇事死亡率

行车肇事死亡率是指主要因企业或运输方责任所引起的行车肇事死亡人数与营运车辆总行驶里程之比。其计算公式为:

$$行车肇事死亡率=\frac{行车肇事死亡人数}{同期营运车辆总行驶里程}\times 1\,000\,000\quad [人/(百万车\cdot km)]$$

3. 客运正班率

客运正班率是指客车按计划班线、班次发车的实际运行班次数与计划班次数之比。其计算公式为：

$$客运正班率=\frac{实际运行的班次数}{同期运行的班次数}\times 100\%$$

以上指标中的重大责任事故频率与行车肇事死亡率两个指标是经济效益的逆指标，其值越接近零越好；而客运正班率指标越接近于1越好。

第三节　公路建设项目的经济效益

公路建设项目相对于其他建设项目而言还有其自身的特点，主要表现在：

（1）公路项目一般不形成建设和运营统一核算的独立企业。公路面向全社会开放，公路上行驶的车辆，分属于许多运输企业和非运输企业与单位。公路建设、公路管理、公路运输、公路养护很多情况下是分开经营与管理的，分属于不同的单位和企业，至少目前很难形成一个建设和经营统一核算的独立企业。

（2）公路建设项目以获得间接经济效益和社会效益为主。公路运输作为生产过程在流通领域里的继续，在实现产品价值的同时，不仅使公路运输部门获得直接经济效益，更主要使全社会公路使用者（工矿企业、事业单位、个体经营者等）获得社会效益。因此，公路的效益主要是间接效益和社会效益。尽管在《公路建设项目经济评价办法》中以及本章后面的效益计算中提到的直接经济效益，是按人们的习惯分法，将便于计算的由公路使用者获得的效益称为直接经济效益，其实，这部分“直接经济效益”严格地讲，大部分还是属于间接经济效益的范畴。

（3）收费公路需计算财务收益。收费公路建设项目的财务收益主要是过路（桥）费收入。由于公路是一项公共设施，公路建设部门本身没有盈利问题，且公路收费收入不完全是公路效益的全部货币表现。因而，公路建设项目财务分析不计算用路者的经济收益，这是公路项目财务分析的一个显著特点。

一、公路建设项目的效益构成

公路运输项目所产生的效益是多方面的，可以分为直接效益、间接效益。

（1）直接效益反映了可以直接按项目归集的效益。公路建设项目的直接效益一般反映了由于提高运输生产效率所带来的效益。主要表现为：降低运输成本、节省运输时间、减少交通事故和货物损坏等，是公路建成后所带来的最重要、最直接的可以用货币形式计量的效益，是公路使用者获得的直接效益。投资者的财务收益也属于直接效益。通常我们所作的国民经济分析、评价都是以直接效益为主，直接效益的计算结果在相当大的程度上决定了项目的国民经济分析、评价结果。

（2）间接效益反映了由于项目的兴建而产生于项目之外的效益。间接效益是外部效益的一种形式，项目的间接效益反映了由某项目所引起的或所导致的效益。例如，运煤专用公路的兴建所造成的煤炭供应量的增加将引起或带动其他地区电力工业、化学工业、机械制造业、轻工业以及商业的进一步发展，反过来煤炭运输量的增加也会促进煤炭采掘业以及煤炭采掘地周围产业、服务行业等的进一步发展并将导致煤炭部门对其他部门产品需求的增长。间接效益主要表现为促进经济发展、提高国家声誉、节约能源消耗、提供就业机会、减少环境污染，以及增加舒适和方便等。

二、公路建设项目经济效益的特点

(1) 从公路建设在国民经济中的地位和作用来看，公路建设项目的经济效益直接影响着其他经济部门的经济效益。公路建设项目的外部经济效益有可能会大于其内部经济效益，间接经济效益有可能会大于其直接经济效益。

(2) 公路建设项目的内部效益之一反映在所完成的周转量增量上。但着眼于整个国民经济只要能够实现预期的旅客与货物的空间位移，则周转量越少其效益越高。

(3) 公路建设项目的产出物为非外贸物品，无法像“可外贸”的工农业产品那样用国际市场价格来衡量其产出物的经济价值。

(4) 公路建设项目的经济效益与整个运输系统的经济效益是密切联系的，公路建设项目的经济效益要通过运输业各种运输方式之间的相互配合与合理分工体现出来。公路建设与其他运输方式之间相互制约，相互促进，相互协调。只有根据各种运输方式的技术经济特点合理分工，密切配合，形成完整有效的综合运输体系，才能以较高的效率完成运输任务。公路建设所吸引的新运输量如果是从其他运输方式那里转移过来的，其效益不能反映在运量增长上，因为全社会总量并没有因此而增加，因此其效益主要体现在成本降低额上。

(5) 公路建设作为国民经济发展的基础，其发展应当先行一步。公路项目投资额一般较大，而且具有较长的建设周期。这反映公路建设项目具有远期经济效益大于近期经济效益的特点。要求公路项目具有较短的投资回收期并不妥当，片面追求投资回收期有可能导致公路建设上的短期行为。

(6) 公路建设项目具有不可忽视的，但难以用货币准确衡量的外部效益和无形效益。在进行决策分析时不可忽视这些效益对方案选择的影响。

三、公路建设项目直接效益计算

道路项目的直接效益，内容包括运输费用节约效益；减少拥挤效益；节约旅客、货物在途时间效益；缩短里程效益；减少交通事故效益；减少货损事故效益等。条件许可时，也可计入其他有形效益，如道路项目使沿线土地增值的效益等。

1. 运输费用节约效益

运输费用节约效益是指公路建设项目实施后使得客、货运输成本降低所产生的效益。新建公路的运输成本降低额，按没有此公路时旅客、货物通过其他公路或其他运输方式运输的运输成本，与有此项目时的汽车运输成本之差额计算。改建公路的运输成本降低额，按公路未经改建时评价年度交通量状况下的客、货运输成本与经过改建在同一交通量水平下所能达到的客、货运输成本之差额计算，其计算公式为：

$$B_j = (C_w - C_y)\,Q_j L \tag{3.5.1}$$

式中：B_j——公路新建或改建使得货运（客运）成本降低得到的效益（万元）；C_w——无此项目时，货（客）运的老路成本［元/（kt·km)］或［元/（千人·km)］；C_y——有此项目时，货（客）运的新路成本［元/（kt·km)］或［元/（千人·km)］；Q_j——有此项目时新路的货（客）运量（千万 t 或千万人）；L——新路的长度（km)。

式（3.5.1）中，新路的货（客）运量可以通过相应的交通量换算求得，换算公式为：

$$Q = \text{新路的货(客)车日交通量} \times \text{平均吨(座)位} \times \text{实载率} \times 365\text{ 天} \tag{3.5.2}$$

新建项目的客、货运量由转移客货运量（由其他道路或其他运输方式转移而来）与诱增客货运量组成；改建项目的客、货运量由正常客货运量、转移客货运量以及诱增客货运量组成。同时应注意，对转移运量，无此项目的老路成本是指无此项目时其他相关道路或其他运输方式的运输成本；对正常运量，无此项目的老路成本则是指原路未经改、扩建时，计算年度正常交通量状态下的运输成本。诱增运量产生的经济效益按一半计取。

2. 减少拥挤效益

当无此项目时，原有相关公路的交通量不断增加，平均技术车速则不断下降，导致单位运输成本不断提高。有此项目后，因原有相关公路部分交通量转移到拟建公路上，原有相关公路的交通量下降，拥挤减少，原应不断提高的单位运输成本降低，从而形成减少拥挤的效益，其计算公式为：

$$B_y = (C_w - C_y)\, Q_y L_y \tag{3.5.3}$$

式中：B_y——由于新建成扩建、道路使原有相关道路减少拥挤的货（客）运效益（万元）；C_w——无此项目时，原有相关道路货（客）运的道路成本［元/（kt·km）或元/（千人·km)］；C_y——有此项目时，原有相关道路货（客）运的老路成本［元/（kt·km）或元/（千人·km)］；Q_y——有此项目时，原有相关道路的剩余货（客）运量（千万 t 或千万人）；L_y——相关道路里程（km)。

当缺乏旅客运输单位成本资料时，可采用换算 t·km 按货物运输单位成本进行间接计算。

3. 缩短里程效益

如果有可能，道路改建或新建总希望缩短里程，以节约客、货运输费用。缩短里程产生的效益计算公式为：

$$B_d = C_w Q_j L_d \tag{3.5.4}$$

式中：B_d——因改建或新建缩短里程而降低的货（客）运成本（万元）；C_w——无此项目时，货（客）运的老路运输成本［元/（kt·km）或元/（千人·km)］；Q_j——有此项目时新路的货（客）运量（千万 t 或千万人）；L_d——新路比老路缩短的里程（km)。

4. 货物节约在途时间的效益

货物节约在途时间的价值，以货物运送速度提高引起资金周转期缩短而获得的效益来考虑。按在途物资所需资金利息（国民经济评价时采用社会折现率）的减少支出来计算，国家计委《建设项目经济评价方法与参数》给出的公式为：

$$B_{hs} = P_r Q_h RT/(24 \times 365) \tag{3.5.5}$$

式中：B_{hs}——货物节约在途时间的效益（万元）；P_r——在途货物平均（影子）价格（元/t）；

Q_h——新建或改建公路货运量（万 t）；R——社会折现率（现阶段，国家发改委规定为 10%）；T——项目节约的运输时间（h）。

在确定在途货物平均价格时，应在调查资料的基础上，适当考虑物价因素，首先确定评价年度的第一年（项目开工当年）的在途货物：平均价格，评价期价格不再考虑物价因素的变化，但应考虑在途货物种类结构变化所产生的在途货物价格变化。

需要说明的是，式（3.5.5）计算的仅是途中的时间节约效益，而不是比较货物送达速度的差别（货物运输期加待运期的时间节约），即货物待运期节约的时间效益没包括在内、只限于途中货物时间的节约。另外，考虑到当前公路运输的一般经营水平，运输企业大都达不到昼夜连续运送货物的水平。因此，有一种处理方法是认为 16 h 的在途时间相当于 1 天的货物流动资金周转时间，因而可将式（3.5.5）中的 24 换为 16。

5. 旅客节约在途时间的效益

旅客节约在途时间的效益，以旅客旅行时间缩短，可多创造国民收入来考虑，国家发改委在《建设项目经济评价方法与参数》中规定：旅客节约在途时间的效益以客运量中的生产人员数计算，并考虑节约的时间只有一半用于生产目的。其计算公式为：

$$B_{ks}=\frac{1}{2}[I_c Q_k T/(8\times 365)]\cdot\beta \tag{3.5.6}$$

式中：B_{ks}——旅客节约在途时间的效益（万元）；I_c——计算年度生产人员的年均国民收入（元/人）；Q_k——新建或改建公路上的客运量（万人）；β——旅客中生产人员所占比例；T——项目节约的旅客运输时间（h）。

国民收入应以评价年度的第一年（项目开工的当年）的价格为基准计算，评价年度期间价格不考虑物价总水平上涨的影响。

6. 减少交通事故的效益

拟建项目实施后使得交通事故减少，其效益以事故率差及事故平均损失费用来考虑。其计算公式为：

$$B_{jsh}=P_{jsh}(J_w-J_y)M \tag{3.5.7}$$

式中：B_{jsh}——减少交通事故的效益（万元）；P_{jsh}——公路交通事故平均损失费（万元/次）；J_w——无此项目的事故率[次 /（万车 · km）]；J_y——有此项目的事故率［次/（万车 · km）］；M——车辆行驶量（万车 · km）。

交通事故损失费可以参照现有事故赔偿处理情况来确定。无项目和有项目的事故率可以参照统计资料及预测数据确定。但无项目时的事故不应套用统计数字，而应考虑未来交通量条件下无项目时的事故增长因素。

7. 减少货损事故的效益

减少公路货损事故所取得的效益，按货损率差及评价年度在途货物平均价格计算。其计算公式为：

$$B_{ssh}=(S_w-S_y)Q_h P_t \tag{3.5.8}$$

式中：B_{ssh}——货损事故减少节约的费用（万元）；S_w——无此项目时的货损率（%）；S_y——

有此项目的货损率（%）；Q_h——货物量（万 t）；P_t——在途货物平均价格（元/t）。

全社会公路使用者的所得效益即为上述七项效益之和。有的学者还提出，道路建设项目沿线土地增值的部分应该是拟建项目的效益，这是由于道路建设改善了运输条件和投资环境，提高了地理价值，相应提高了土地等级。这一效益可按道路沿线增值的面积乘以土地费级差，并考虑道路交通在影响土地升级因素中所占的比重计算得出。

四、投资者财务效益计算

道路项目的财务收入主要来自道路通行费的收取，同时也可能会有设施的营业（销售）收入。收费的年收入额可按下式测算：

$$T_t=\sum_{i=1}^{m}(Q_n\cdot TR_i\cdot L)\times 365/10\ 000 \tag{3.5.9}$$

式中：T_t——第 t 年的收费收入（万元）；Q_n——第 t 年 i 型车的年平均日交通量（自然数，辆/日）；L——收费道路长（km）；m——车型种数；TR_i——第 T 年 i 型车的收费标准[元/（车 · km）]。

如何确定道路的收费标准是一个十分复杂的问题，目前尚无统一的规定。影响收费标准的因素很多，主要应考虑的因素有道路使用者所获得的效益、道路使用者对收费的负担能力和接受能力、不同车型车辆对道路损坏程度的强弱、道路建设费用的投资利率、还贷期限及投资要求的最小回收期等。实际工作中如有条件，应作专题研究，通过综合比较分析后加以确定。标准太低会达不到预期的收益；标准太高，则会引起交通量的转移，同样会影响收费总收入。

在确定道路收费标准后，应根据经济发展情况及道路用户的信息反馈进行阶段调整。调整一般间隔几年进行一次，也可逐年进行。前者会给用户造成一次涨价太高的感觉，后者则会给用户造成年年涨价的感觉，当有平行于拟建道路项目的原有道路时，道路建成运营前期宜采用较低的收费标准，以吸引更多的交通量。计算收费总额时，应扣除免缴通行费的交通量。

五、公路建设项目的间接效益

（1）提供就业机会。项目的建设与经营需要吸收大量的劳动力就业，将为城乡待业人员提供大量的就业机会，因此从一定的意义上来说，提供就业机会不仅体现了一定的经济效益（增加国民收入），也具有积极的社会作用。

（2）节约能源消耗。能源危机是世界性的重大问题。一种新型车辆能否在国际市场上打开销路，很关键的一点在于是否节油。改善路面条件、提高公路等级、采用新型的柴油车、大吨位车辆对于降低单位燃料消耗具有重要的意义。因此公路建设不少项目都将节能作为投标的目标之一。

（3）提高信誉。货物能否按时运到交货，客车是否准点对运输企业的经营信誉有很大的影响。提高信誉，不仅对运输企业有利，也有利于货主减少储备资金占用，有利于旅客减少候车时间，具有明显的经济效益。

（4）提高舒适性、方便性。使旅客能舒适、方便地乘车，使货主能够方便地托运货物与取货是一项不可忽视的经济效益。旅客乘车感到舒适、方便就有可能使旅客完成旅行后以更旺盛的精力投入到工作中，创造更多的产值。而“门到门”运输则是公路建设明显的优势之一。提高“门到门”运输服务，简化托运与取货手续，有利于提高社会工作效率，其效益值可通过旅客和货主为取得舒适与方便支付货币的意愿体现出来。

第六章 道路运输成本与运价

运输成本问题涉及道路运输业经济的各个方面，是研究道路运输经济活动的中心问题，是价值在道路运输业的主要表现形态，也是合理确定道路运输价格的重要依据。

第一节 道路运输成本的概念和特点

一、道路运输成本的概念

道路运输成本是指道路运输企业为完成客货位移所发生的一切费用总和。一定时期内的运输支出总额称为该期的运输总成本；一定时期内的单位运输劳务的支出称为单位运输成本。

运输总成本与单位运输成本两者的关系可用下面的公式表示：

$$某一时期的单位运输成本=\frac{该期的运输总成本}{该期完成的周转量}$$

成本反映的是运输企业在完成客货位移时的消耗，它是综合反映运输企业经济效益的重要指标，是运输企业技术、管理、劳动等多方面工作水平的综合反映。

道路运输成本一般分为以下 11 项：

（1）工资：按规定向企业职工支付的工资。

（2）职工福利费：按工资总额提取的用于职工福利的费用。

（3）燃料：营运车辆消耗的各种燃油的支出。

（4）轮胎：营运车辆运行耗用的外胎、内胎、垫带费用及轮胎翻修费和零星修补费。

（5）修理：用于车辆各项修理的费用支出。

（6）折旧：营运车辆按规定提取的折旧费。

（7）养路费：公路管理部门缴纳的车辆养路费。

（8）运输管理费：运输企业向运管部门缴纳的管理费用。

（9）税金：企业按国家税法规定的税种税率向国家缴纳的款项。

（10）行车事故费：用于支付行车肇事的损失费用。

（11）其他：不属于上述内容的成本都归于此类。

道路运输业的成本构成情况见表 3.6.1 所示。

表 3.6.1　道路运输业的成本构成

序　号	项　目	占总体比重（%）	序　号	项　目	占总体比重（%）
1	工　资	10.7	7	养路费	13.7
2	职工福利	1.4	8	运输管理费	1.6
3	燃　料	24.6	9	税　金	0.8
4	轮　胎	4.3	10	行车事故损失	1.9
5	修　理	17.1	11	其　他	12.2
6	折　旧	11.7	12	总　计	100

二、道路运输成本与其他运输方式的运输成本相比的特点

1. 运输准备费用和中转费用低

道路运输一般是直达运输，无中转费用，始发终到作业量小、费用较铁路运输和水路运输也低得多。

2. 固定资产占用少，变动成本高

道路运输用的公路由国家投资，运输企业只缴纳养路费，国家对道路建设与维护的投资不反映在道路运输企业的固定资产中，因此其总资产中的固定资产比重相对其他运输方式要少得多。道路运输成本中的燃料消耗和车辆设备的折旧占的比重大，其变动成本部分所占比重高，消耗水平亦高。在承担长距离运输任务时，道路运输成本比铁路运输和水路运输要高得多；而在短距离运输任务时，其成本较铁路运输和水路运输低。

3. 地区差异大

受物价水平、地形和气候的影响，全国各地区的成本差异较大，这种成本差异达 3 倍，在社会成本的计算上不能采用全国的平均水平，而是以各地区的平均水平作为该地区的社会成本水平。因此在制定运价时，不能以全国的平均成本水平为依据。

4. 货种、运输质量对成本的影响

不同货物对各运输方式的要求不同，需要采取的技术组织措施也不同，对运输工具的利用程度也不同，这些都会造成成本差异。除此之外，货主和旅客还会对运输服务、运送速度等方面提出相应的要求，为满足这些要求，道路运输企业也要支付相应的成本，也会形成相应的成本差异。

5. 运输距离、路况、车型对运输成本的影响

运输距离对运输成本的影响主要是对效率的影响。运距短，装卸时间在运输时间中所占比重上升，运输效率下降，使成本上升。因此运输成本与运输距离成反比，运距越长，成本越低；运距越短，成本越高。

道路状况对运输成本的影响是多方面的，它表现为对速度、车辆磨损、燃油消耗、运输质量多方面的影响。路况差、车辆的速度低、车辆磨损加剧、燃油消耗增加、货损货差加大，均导致成本上升。

车型对成本的影响表现在平均吨位、燃料种类等方面。车辆吨位大，一般成本较低，采用柴油车也会比汽油车成本低。一般来说，大吨位柴油车的运输成本比一般车辆运输成本低 25%～30%。此外，某些货物采用专用车辆运输时，运输成本也较通用车型有所降低。

第二节　道路运输成本费用管理

一、道路运输成本费用的分类

为规范实际成本的范围，《企业会计准则》规定，企业为生产商品和提供劳务等发生的直接人工、直接材料、商品进价和其他直接费用，计入生产经营成本；企业为生产商品和提供劳务而发生的各项间接费用，应当按照一定标准，分别计入生产经营成本。企业行政管理部门为组织和管理生产经营活动而发生的管理费用和财务费用，为销售和提供劳务而发生的进货费用、销售费用等应当作为期间费用，直接计入当期损益。这就与国际惯例相结合，严格划分了“生产经营成本”与“期间费用”的概念，生产经营成本属产品成本的范畴，期间费用不再计入产品成本而作为当期损益来处理。

道路运输企业为生产经营活动所支付的各项货币支出，一般称之为营运费用。在这些费用中，一部分是为运输生产所消耗的，另一部分则是与经营期间有关的消耗，我们把为运输生产所消耗的费用按一定的范围和对象进行汇集或分配，就构成了运输成本。例如，按客车、货车进行汇集或分配，就构成了客车、货车运输成本；按单车进行汇集、分配，就形成了单车运输成本；而与经营期间有关的消耗，如管理费用、财务费用等列为期间费用。

1. 运输成本费用的主要内容

根据现行道路运输企业财务制度规定，道路运输企业的运输成本主要内容包括：

（1）直接材料。企业在营运生产过程中实际消耗的各种燃料、材料、润料、备品配件以及轮胎、专用工具、器具、动力照明、低值易耗品等支出。

（2）直接人工。企业直接从事营运生产活动人员的工资、福利费、奖金、津贴和补贴等。

（3）制造费用。企业直接从事营运生产过程中发生的固定资产折旧费、修理费、租赁费(不包括融资租赁费)、道路运输管理费、行车杂费支出、车辆牌照检验费、过渡费、车辆冬季预热费、养路费、过路费、过桥费、过隧道费、驾驶员途中住宿费、取暖费、水电费、办公费、差旅费、保险费、设计制图费、试验检验费、劳动保护费以及职工福利费，季节性、修理期间的停工损失，事故净损失等支出。

道路运输企业的期间费用主要包括：

（1）管理费用。包括公司经费、工会经费、职工教育费、劳动保险费、待业保险费、董事会费、咨询费、审计费、诉讼费、排污费、绿化费、税金、土地使用费、土地损失补偿费、技术转让费、技术开发费、无形资产摊销、开办费摊销、业务招待费、广告费、展览费、坏账损失、存货盘亏（减盘盈)、毁损和报废以及其他管理费。

① 公司经费包括企业总部管理人员工资、职工福利费、差旅费、办公费、折旧费、修理费、物料消耗、低值易耗品摊销以及其他公司经费。

② 工会经费是指按职工工资总额2%计提给工会的经费。

③ 职工教育费是按照职工工资总额的1.5%计提的职工教育费。

④ 劳动保险费是指企业支付给离退休职工的退休金（包括按规定交纳的离退休统筹金)、价格补贴、医疗费、异地安家补助费、职工退职金、6个月以上病假人员的工资、职工丧葬费、抚恤费、按规定支付给离休干部的各项经费。

⑤ 待业保险费是指企业按照国家规定交纳的待业保险基金。

⑥ 董事会费包括差旅费、会议费等。

⑦ 咨询费包括聘请中国注册会计师进行查账验资及进行资产评估等发生的各项费用。

⑧ 税金是指企业按照规定支付的房产税、车船使用税、土地使用税、印花税等。

⑨ 技术开发费是指企业研究开发新产品、新技术、新工艺所发生的新产品设计费、工艺规程制定费、设备调试费、原材料和半成品的试验费、技术图书资料费、未纳入国家计划的中间试验费、研究人员的工资、研究设备和折旧费、与产品试制和技术研究有关的其他经费，委托其他单位进行的科研试制的费用以及试制失败损失等。

⑩ 无形资产摊销是指专利权、商标权、著作权、土地使用权、非专利技术等无形资产摊销。

业务招待费是指企业为业务经营的需要而支付的费用，在下列限额内据实列入管理费用：全年营运收入在 1 500 万元以下的，不超过年营运收入的 5‰；超过 1 500 万元不足 5 000 万元的，不超过该部分的 3‰；超过 5000 万元但不足 1 亿元的，不超过该部分的 2‰；超过 1 亿元的，不超过该部分的 1‰。

（2）财务费用。是指企业为筹集资金而发生的各项费用，包括企业营运期间发生的利息支出（减利息收入）、汇兑净损失、调剂外汇手续费、金融机构手续费以及筹资发生的其他财务费用等。

企业的下列支出，不得列入成本或费用：为购置和建造固定资产、无形资产和其他资产的支出；对外投资的支出；被没收的财物，支付的滞纳金、罚款、违约金、赔偿金以及企业赞助、捐赠支出；国家法律、法规规定以外的各种付费；国家规定不得列入成本、费用的其他支出。

2. 营运费用的分类

道路运输企业进行生产经营活动的全部支出称为营运费用。包括运输生产支出和非运输生产支出。前者是指为进行运输、装卸、车辆机械保修等作业而发生的支出；后者是指不属于上述生产范围内的各项支出等。

道路运输企业发生的营运费用多种多样，根据营运费用的特征和成本管理的要求，可以按不同的标准进行分类。

（1）按费用的经济性质分类。基本上就是按费用属于物化劳动耗费还是属于支付给劳动者的报酬来进行分类的。这种分类方法所划分的费用类别称为营运费用要素，具体分为以下几项：

① 反映耗用在劳动资料上的成本费用，如固定资产折旧、低值易耗品摊销等；② 反映在劳动对象上的消耗，如外购材料、外购燃料和外购动力等；③ 反映活劳动消耗的成本费用，如工资、奖金、各种补贴等；④ 其他费用，如邮电费、差旅费、利息费用等。

（2）按营运费用的经济用途分类。是根据各种费用的具体用途和支出的部门、环节进行分类的，将费用的发生与生产经营的关系划分为若干个成本项目。具体可划分为：

① 直接材料，即在运输生产中直接构成运输生产经营成本的原材料、辅助材料、燃料，轮胎、保修、大修、低值易耗品等支出；② 直接人工，即企业直接从事营运生产活动人员的工资、福利费、奖金、津贴和补贴等；③ 制造费用，即那些用于运输生产但不能直接计入运输成本的各项费用，如车队经费、车站经费等；④ 管理费用，即为组织和管理企业运输生产

经营活动所发生的各项费用；⑤ 财务费用，即企业在筹资等财务活动中发生的费用；⑥ 其他支出，即除上述成本费用项目之外的其他支出，如营业外支出等。

(3) 按营运费用与成本计算对象的联系分类。营运费用按其计入成本对象的方法不同，可分为:

① 生产经营成本（制造成本)，即与企业运输生产直接相关的各项支出，包括直接材料、直接人工和制造费用等项目；② 期间费用，即与企业的特定经营期间相关的各项支出，包括管理费用和财务费用等项目。

营运费用按成本计算对象分类，能够使各种费用标准准确计入相应的成本计算对象之中，便于正确反映企业成本水平。

(4) 按营运费用与业务量的关系分类。道路运输企业的营运费用可以划分为甲、乙、丙三类。

① 甲类费用。亦称固定费用，是指在一定计算期或相关运输量范围内，其费用总额基本上不变的费用。在此期间或相关范围内，其总额不受车辆行驶里程和完成周转量多少的影响。按现行制度规定的成本核算办法，前述成本费用项目中的工资及福利费、管理费用以及其他车辆费都属于甲类费用。

② 乙类费用。亦称车 · 公里变动费用，是指该费用总额随车 · 公里增减而变动的费用。现行成本核算办法规定，前述成本项目中的燃料、轮胎、保修、大修、折旧以及行车事故损失等都属于乙类费用。

③ 丙类费用。亦称吨（人）· km 变动费用，是指该费用总额随完成周转量多少而增减变动的费用，如养路费（按营运收入缴纳的）和运输管理费即属于这类费用。实际上，按我国部分省（市、自治区）的规定，养路费是随营运收入而变动的费用。在运价基本稳定的情况下，营运收入与周转量成正比例增减变动，所以，随收入变动和随吨（人）· km 变动基本上是一样的。

在车辆载运系数基本稳定的条件下，车 ·公里变动费用也将随周转量增减而变动。车 ·公里变动费用可以通过载运系数换算为吨（人）· km 变动费用。其计算公式如下:

$$\text{运输作业变动费用}=\text{变动费用}+\frac{\text{车公里变动费用}}{\text{载运系数}} \quad [\text{元}/(\text{t}\cdot\text{km})]$$

某项费用是固定费用还是变动费用，与所采用的费用核算方法有关。例如营运车辆按生产法计提折旧时，折旧是变动费用；按直线法计提折旧时，则折旧是固定费用。由于核算方法上的原因，在一项费用中可能同时存在固定费用和变动费用。如驾驶员工资中，基本工资是固定费用，行车津贴和奖金则是变动费用。这类项目称为半变动费用。

以上四种分类方法，各有其不同的作用。其中，按要素分类和按用途分类是主要分类，后两种分类是在按成本项目分类的基础上进行的，主要用于实际的成本分析。

二、道路运输成本核算

运输成本核算，是指企业在一定时期内车辆在运输过程中和企业在经营管理过程中发生和支付的各项营运费用，按照成本计算对象和规定的成本项目以一定的方法进行归集和分配，计算出客车运输、货车运输的运输总成本和单位成本以及装卸业务的总成本和单位成本，为检查和分析成本的完成情况提供真实可靠的核算资料。

1. 运输成本核算对象

道路运输企业在运输生产经营过程中发生的各项费用的承担者，就是运输成本核算的对象。

由于旅客运输业务和货物运输业务是用不同的运输工具即客车和货车来完成的，其许多费用发生在汽车上，因此，汽车运输业务的成本核算对象是客车运输业务和货车运输业务，由此计算得出的就是客车运输总成本和单位运输成本。挂车一般不单独计算成本，其所发生的费用计入主车分类成本；自卸车发生的费用全部计入运输成本。

车队运输业务应按车型作为成本核算对象归集费用，分别计算车型成本，企业汇总计算客车、货车分类成本。

2. 运输成本计算方法

汽车运输成本的计算方法，是指营运车辆在生产过程中和企业在经营管理过程中发生的各项费用，按照制造成本法的核算方法，针对成本计算对象，计入客、货车分类成本或车队车型成本的方法。由于运输成本计算对象较少，营运车辆在运输过程中发生的各项直接材料、直接人工费等，可根据有关原始凭证、统计资料、费用标准编制各种费用计算表，然后根据各种计算表直接计入客、货车分类成本和车队车型成本。企业总部在组织和经营企业生产中所发生的管理费用、财务费用等期间费用，分别按原始凭证、统计资料和费用预算标准计算期间费用总额，在计算企业利润总额时，直接从收入中扣减，不列入运输成本的计算范围。

三、道路运输成本控制与分析

成本控制是指在成本形成的全过程，根据事先制定的成本目标，对各项生产经营活动进行指导、制约和监督，及时发现偏差，采取纠正措施，使企业各项生产耗费被控制在既定的范围之内，以保证实现企业的成本目标。

1. 道路运输成本控制的内容

运输成本控制的主要内容是对各种费用开支、人力、物力消耗的控制。有些控制是绝对控制，有些控制是相对控制。绝对控制是对费用开支总额的控制，控制其不超过预算数；相对控制是把工作量、成本、收入等指标结合起来而进行的控制。当某些费用开支超过预算总额时只要同时能获得较多的收益，即使超过预算开支也是合理的。相对控制是积极控制。有时为了增加收益主动使费用开支超出预算数。在实际工作中，相对控制应得到广泛运用。

道路运输生产经营的特点，决定了成本控制的内容与工业企业不同。道路运输成本控制的内容应从甲、乙、丙三类成本构成来分析。

（1）甲类成本控制。这类成本在一定时期是相对固定的，如工资、福利费、车船使用税、其他车辆费、制造费用中的固定部分等。这类成本项目一般应实行绝对控制方法，即要控制各项费用的总发生额，发生额不能突破既定计划或预算范围。

（2）乙类成本控制。这类成本是随车 · 公里变动而变动的成本，主要包括燃料、轮胎、保修、大修、折旧、行车事故损失、其他车辆费用的变动部分等。这类成本项目应采用相对控制方法，不能一味地控制发生额，要根据运输生产任务和盈利情况进行分析和控制。

（3）丙类成本控制。这类成本是随 t · km 变动而变动的成本，主要包括养路费和运管费等。一般说来，在运价确定的情况下，t · km 完成越多，运输收入也越多，养路费和运管费也随之增加。因此，对这类成本项目只能采取相对控制法。

(4) 对运输周转量和车辆运用效率指标进行控制。车辆运用效率指标的提高或降低，会直接影响到运输周转量的增减变动，而运输周转量变动，又会影响到单位运输成本的升降。因此，这类指标控制也是成本控制的重要内容。一般地讲，对运输周转量指标应进行相对控制，对车辆运用效率指标要进行绝对控制，特别是里程利用率和拖运率指标，必须实行绝对控制。

总而言之，由于运输成本形成的多因素性和全过程性，涉及企业运输生产经营的全过程，因此，运输成本控制，也就必须从运输成本形成的全过程进行全面控制。不仅要控制各项费用的支出，还要控制人力、各种燃料、材料消耗量、各种技术经济定额以及运输周转量和车辆运用效率指标等，使运输周转量、人力资源、燃料消耗以及费用支出控制在既定的范围内，以达到降低运输成本的目的。

2. 道路运输成本分析

道路运输成本分析，是道路运输企业经济活动分析的重要内容和组成部分，运输成本分析与运输生产计划和利润计划完成情况的分析有着紧密的联系。运输生产计划完成情况的分析，是运输成本分析的基础，利润计划完成情况分析要以运输成本分析为依据。

(1) 道路运输成本分析的步骤。

① 根据道路运输成本的计划资料、实际资料或上年度实际资料，计算出成本降低额，确定运输成本分析的对象。

② 对运输成本降低额进行综合分析，计算出甲类费用、乙类费用、丙类费用各项和车辆各项运用效率指标变动影响运输成本的降低额。

③ 对各项运输成本降低额按运输成本项目、各项车辆运用效率指标进行详细分析，找出运输成本升降的具体原因。

(2) 道路运输成本分析方法。主要是根据成本降低额和成本降低率指标来分析的，它包括对成本进行宏观分析（整体分析）和微观分析（因素分析）两方面的内容。

① 运输成本宏观分析。这种分析属于整体分析，通常是对成本计划的完成情况进行对比分析，主要分析实际成本与计划成本的差异，或者对成本降低指标完成情况进行对比分析，表明本期实际成本与上期实际成本的差异，从而反映本期成本管理工作的改进情况。其计算公式为：

$$\begin{aligned}\text{实际与计划对比的成本降低额} &= \text{实际周转量的计划总成本} - \text{实际总成本}\\ &= \text{实际周转量} \times \text{计划单位成本} - \text{实际总成本}\end{aligned}$$

$$\begin{aligned}\text{实际与计划对比的成本降低率} &= \frac{\text{实际与计划对比的成本降低额}}{\text{实际周转量的计划总成本}} \times 100\%\\ &= \left(1 - \frac{\text{实际单位成本}}{\text{计划单位成本}}\right) \times 100\%\end{aligned}$$

要分析本期实际总成本与上期实际总成本的成本降低额和成本降低率，只需将上述算式中的计划单位成本换为上期实际单位成本即可。

② 因素分析。运输成本的宏观分析只反映了在运输成本计划执行过程中，企业整体成本管理工作的综合效果，并不能具体说明各成本项目变动和影响诸因素的作用程度。因而在运输成本分析中还需对构成运输成本的各个项目和影响因素作进一步的分析。

对运输成本分析对象进行因素分析的方法和计算公式如下：

a. 甲类费用变动影响运输成本降低额＝计划甲类费用－实际甲类费用

b. 乙类费用变动影响运输成本降低额＝计划乙类费用$\times\dfrac{\text{实际主车总行程}}{\text{计划主车总行程}}$－实际乙类费用

c. 乙类费用变动影响运输成本降低额＝计划乙类费用$\times\dfrac{\text{实际主车总行程}}{\text{计划主车总行程}}$－实际乙类费用

d. 车辆运用效率指标变动对运输成本降低额的影响。

其中：

$$\text{工作率变动影响运输成本降低额}=\left(\frac{\text{工作车日实际数}}{\text{工作车日计划数}}-\frac{\text{营运车日实际数}}{\text{营运车日计划数}}\right)\times\text{固定费用计划数}$$

$$\text{平均车日行程变动影响运输成本降低额}=\left(\frac{\text{总行程实际数}}{\text{总行程计划数}}-\frac{\text{工作车日实际数}}{\text{工作车日计划数}}\right)\times\text{固定费用计划数}$$

$$\text{平均吨位变动影响运输成本降低额}=\left(\frac{\text{总行程载重量实际数}}{\text{总行程载重量计划数}}-\frac{\text{总行程实际数}}{\text{总行程计划数}}\right)\times\begin{matrix}\text{固定费用和车·公里}\\\text{变动费用计划数之和}\end{matrix}$$

$$\text{里程利用率变动影响运输成本降低额}=\left(\frac{\text{载运行程载重量实际数}}{\text{载运行程载重量计划数}}-\frac{\text{总行程载重量实际数}}{\text{总行程载重量计划数}}\right)\times\begin{matrix}\text{固定费用和车·公里}\\\text{变动费用计划数之和}\end{matrix}$$

$$\text{吨位利用率变动影响运输成本降低额}=\left(\frac{\text{主车周转量完成实际数}}{\text{主车周转量完成计划数}}-\frac{\text{载运行程载重量实际数}}{\text{载运行程载重量计划数}}\right)\times\begin{matrix}\text{固定费用和车·公里}\\\text{变动费用计划数之和}\end{matrix}$$

$$\text{拖运率变动影响运输成本降低额}=\left(\frac{\text{主挂车合计周转量完成实际数}}{\text{主挂车合计周转量完成计划数}}-\frac{\text{载运行程载重量实际数}}{\text{载运行程载重量计划数}}\right)\times\begin{matrix}\text{固定费用和车·公里}\\\text{变动费用计划数之和}\end{matrix}$$

如果用实载率代替里程利用率和吨位利用率分析，则有：

$$\text{实载率变动影响运输成本降低额}=\left(\frac{\text{主挂车合计周转量完成实际数}}{\text{主挂车合计周转量完成计划数}}-\frac{\text{总行程载重量完成实际数}}{\text{总行程载重量完成计划数}}\right)\times\begin{matrix}\text{固定费用和车·公里}\\\text{变动费用计划数之和}\end{matrix}$$

将上述计算出来的数字相加，即为车辆运用效率指标变动影响运输成本降低额。

四、降低运输成本的途径

影响运输成本变化的因素很多，有企业内部的因素，也有企业外部的因素。企业内部的因素有运输生产方面的，也有经营管理方面的，如车辆技术状况、车辆保修质量、企业职工素质和经营管理水平等。企业外部因素包括：企业所在地工农业生产发展速度、客流、货源、运输市场竞争情况、公路等级、通过能力、气候条件和其他各种运输方式发展情况等。虽然影响因素很多，但归纳起来主要有两个：一是客货车完成的换算周转量；二是客货车运输总成本。很显然，在客货车总成本既定的条件下，客货车换算周转量增加，就可以降低千换算吨·公里单位成本；在客货车换算周转量不变的情况下，减少成本总额，也可以降低千换算吨·公里单位成本。所以，降低道路运输成本的途径，应从人、车、管、路四个方面入手。

1. 人的因素

目前大多数道路运输企业的职工政治素养和业务素质偏低，随着生产力的不断发展，科学技术的突飞猛进，道路运输对职工的素质要求越来越高。为了提高企业职工素质，必须抓好智力开发和职工培训工作，使广大职工的自我价值得到充分实现，成为具有高度的政治素养、精通业务技术、懂管理、会经营的生产、技术和业务骨干。在此基础上还要尽可能地压缩非生产人员和多余人员，严格执行定编、定员、定岗，以减少这些人员的工资开支。只有这样，才能有效地降低运输成本。

2. 车辆因素

营运车辆是道路运输企业主要的劳动手段，车辆技术状况、各种车型配比和车辆生产率的高低，都直接影响到运输单位成本的水平。

（1）大幅度地提高车辆生产率。车辆生产率是反映和考核车辆生产效率的一项重要指标。该指标主要有单车期产量、车吨（座）期产量、车·公里产量等。单车期产量是指每辆车在一定时期内完成的运输周转量，但由于车辆吨（座）位大小不同，因此，单车期产量是一项不可比指标。车吨（座）期产量是指车辆每一吨（座）位在一定时期内完成的运输周转量，它是综合反映车辆运用效率和生产效率的一项指标。车·公里产量是指车·公里完成的周转量，它也不能综合反映车辆不同吨位大小之间的生产效率，只反映车辆车·公里的生产效率。因此，提高车吨（座）期产量，是增加产量和降低运输成本的有效途径。车吨期产量的计算公式是：

$$\text{车吨期产量}=\text{日历天数}\times\text{平均车日行程}\times\text{行程利用率}\times\text{平均吨位}\times\text{吨位利用率}\times\frac{1}{1-\text{拖运率}}$$

上述公式中除计划期日历天数外的其他五项指标，任何一项指标的变动都会影响车吨期产量的高低，但它们对单位运输成本水平影响的程度却不相同。上述公式中的前三项，即表现为车辆总行程，后四项指标表现为车辆的载运系数，即运输效率。假定车辆的载运系数不变，仅靠提高车辆总行程指标来增加车吨期产量，那只能降低单位成本分摊的固定费用，车·公里变动费用并不能因此而降低；如果车辆的总行程不变，通过提高车辆的载运系数而增加周转量，则不仅可以减少单位成本中的固定费用，而且还可以减少单位成本中车·公里变动的费用。

由此可见，里程利用率、平均吨位、吨位利用率以及拖运率指标是影响单位成本升降的主要因素。即只增加少量的车·公里变动费用，却可以有效地降低运输成本。但是，实载率和拖运率的提高也有一定的限制，它们往往受货源、道路条件、车辆技术状况、生产组织、车辆调度工作等因素的影响。因此，企业应加强货源组织和客流的调查以及车辆的调度工作，做到按计划运输，合理调配车辆，积极推行拖挂运输以提高实载率和拖运率；与此同时，也应提高工作率和平均车日行程。只有这样，才能真正有效地降低运输成本。

（2）使用耗能小、效率高的大吨位车辆。车辆吨位的大小对运输成本的影响很大。一般来说，大吨位车辆的单车产量高，消耗相对少，与小吨位车辆相比可以大幅度的降低成本。如 8 t 车与 4 t 车相比，单车产量高一倍，而成本只是车 · 公里变动成本稍有增加，固定成本增加很少。因此，在营运条件允许的情况下，使用大吨位车辆，特别是半挂车和柴油车，都是降低成本的重要和关键因素。但特别要注意的是，在使用大吨位车辆时，要取得运输成本降低的实际效果，其前提是大吨位车辆的各项效率指标应不低于小吨位车辆的效率指标才有效。同时，车辆新旧程度不同，对单位成本水平影响也较大，新车与旧车相比，新车的生产效率高，耗能少，保修费用少，成本低，经济效益好。

3. 管理因素

企业运输生产经营管理的好坏，直接影响到运输单位成本水平的高低。对道路运输企业来说，管理是最重要的影响因素。因为企业在运输生产过程中，劳动对象并不掌握在企业手中，运输的空驶以及运输劳务的不可储存性，就决定了运输生产存在着许多不可避免的无效运输。因此加强企业运输生产管理、降低运输虚耗、提高运输效率等都对降低运输成本有着重要的意义。

（1）加强行车耗用燃料管理，降低燃料消耗。营运汽车行车耗用的燃料，一般要在运输成本中占 40%左右，因此，节约燃料消耗是降低运输成本的重要因素之一。影响车辆行车燃料消耗的因素是多方面的，如公路等级、车辆技术状况、保修质量，驾驶员操作水平以及燃料管理制度等。节约燃料消耗，首先要制定先进合理的行车燃料消耗定额，同时要把燃料的节约同驾驶员的经济利益挂钩；其次要加强技术管理，总结推广节油经验，提高车辆保修质量；最后要建立一套科学的油料领发、管理和定额考核的责任制度，要把行车耗用燃料作为考核单车的一项重要指标。

（2）加强轮胎和车辆技术管理，延长轮胎使用胎公里和大修间隔里程。轮胎和大修费两项，在运输成本中所占比重一般仅次于燃料和保修费，这两项费用的节约和超支，也是影响运输成本的重要因素。所以，不断延长轮胎使用胎公里和大修理间隔的里程，可以相应地降低每胎 · 公里和千胎 · 公里费用，从而可以降低轮胎费用和大修费用。加强轮胎和大修费用的管理，企业要搞好车装轮胎和在用轮胎的技术鉴定、定期换位、保养、翻修、使用、保管等项工作；企业的营运车辆都要建立单车技术档案和统计台账，记录已行驶里程，定期考核大修间隔里程定额的执行情况，把两项费用定额作为考核单车的主要指标。

（3）加强车辆技术管理，提高保修质量，减少小修费用。节约小修费用是降低运输成本的重要措施，一般在运输成本中把保养和小修费用列为一项费用来管理，但它们在降低运输成本的要求上是有区别的。保养费用要求按计划开支，小修费用要求尽可能节约，只有按计划进行车辆的各级技术保养，才能节约小修费用。在车辆小修费用中，材料费的节约是关键。

（4）加强全面质量管理，提高工作质量。道路运输企业质量管理，主要包括行车质量、服务质量和保修质量等方面的内容。加强全面质量管理，可以减少行车事故，从而减少行车事故损失；而提高工作质量，可以减少小修费用。所以，加强全面质量管理，也是降低运输成本的一项重要因素。

（5）实行成本管理责任制，搞好单车和保修班组的经济核算。加强单车和保修班组的经济核算，是加强车队（场）和企业经济核算及成本管理的基础，只有单车和保修班组各项核算指标完成计划，才能保证车队（场）和企业成本计划的完成。单车和保修班组核算指标，应按照管什么算什么的原则，核算单车班组能够直接掌握的一些指标。单车一般核算运量、周转量、燃料消耗、轮胎使用胎公里、大修间隔里程、小修费用和安全间隔里程等指标；保修班组一般核算出勤率、工时利用率、材料消耗、返修率、修竣日期等。

另外，要实现通过降低成本增加企业利润，就要对企业发生的期间费用进行严格预算和控制，其控制方法可以采用预算控制、审批控制等。只有这样，降低运输成本和增加企业利润才能落到实处。

4. 道路因素

道路条件的好坏，虽不属于道路运输企业本身的问题，但是它对运输单位成本水平具有直接影响。道路条件好、路面等级高，不仅可以提高车辆技术速度和车辆生产率，而且还可以节约燃料消耗、减少机件磨损、节约小修费用、延长使用胎公里和大修理间隔里程等。所以，道路条件的好坏，也是降低运输成本的重要条件。因此，交通主管部门要不断为企业创造良好的道路条件，使道路运输企业的成本水平有一个较大的改善。

第三节　道路运输价格

一、道路运输价格构成及定价原则

运价即道路运输价格，是指单位运输生产量的营运收入，是道路运输劳务的销售价格，是运输劳务价值的货币表现。道路运输价格是国民经济价格体系的一个重要组成部分，它包括道路旅客运价、货物运价。

1. 运价的构成

道路运输价格主要由运输成本、税金和利润三个部分组成。

（1）运输成本。是指道路运输经营者完成道路运输生产任务所耗费的全部活化劳动和物化劳动的货币表现。它是运价的主要组成部分。运输成本的高低，在很大程度上反映了道路运输劳务价值量的大小。准确核算运输成本是制定运价的主要依据。运输成本主要包括工资、附加工资、行车油料费、轮胎费、车辆折旧费、车辆维修费、车辆大修理费、养路费、通行费、运输管理费、行车事故损失费和管理费等项目。

（2）税金。是经营者从事道路运输生产活动所创造的剩余价值中的一部分。

（3）利润。是经营者从事道路运输生产活动所创造的剩余价值的另一部分。是经营者投资和从事道路运输活动所产生的收益。对运输业而言期内所获利润额的大小，直接影响到其自身的生存和发展。

2. 道路运输的定价原则

目前我国道路运输定价，必须遵循以下原则：

（1）以运输价值为基础的原则。平均运输成本是运输价值的一般反映。就个性而言，由于技术条件和管理水平不同，其运输成本可能存在着一定的差异。但就整个行业或一定区域而言，其技术条件和管理水平是相对稳定的，平均运输成本可以从中确定。以平均运输成本反映运输价值，以运输价值为基础制定运输价格，可使不同经营者在道路运输生产过程中的劳动耗费，按照统一的尺度来计量和补偿，从而保证道路运输生产活动的正常进行。

（2）反映供求关系变化的原则。价值规律对道路运输市场的调节作用表现为：随着供求关系的变化，运输价格围绕着运输价值上下波动。运价只有灵敏而准确地反映这种供求关系的变化，才能促进道路运输市场机制的灵活运转，并体现政府对运输市场的有效控制。否则，就会抑制道路运输生产力的发展，甚至因供求关系失调，导致市场机制失效。

（3）比价关系合理性原则。道路运输业内部存在多种不同的运输服务表现形式，在制定运价时，必须充分考虑各种运输形式间的价格协调，形成合理的差价比价体系，以便优化运力结构，实行优质优价，保护道路运输市场的正当竞争，提高行业整体素质，推动全行业的协调发展。同时，在制定运价时，还需考虑道路运输与其他运输方式保持合理的比价关系，以提高道路运输在整个综合运输体系中的竞争能力，促进各种运输方式的综合发展。

（4）政策性原则。运价作为国家调控道路运输市场的经济手段，在制定运价时，必须全面贯彻国家的经济政策和产业政策，为实现党和国家一定时期的政治、经济目标服务。

二、道路运输运价特点

1. 运价的区域性强

运输成本水平受自然条件的影响大，不同地形、气候条件下成本差异较大，必然使运输价格出现较大差异。由于运输产品的不可储性，不同条件下的运价不能互相替代。例如，山区、高原的运价明显高于平原地区。根据这种情况，交通部规定各地区交通运输管理部门根据本地区的实际情况制定适合本地区的道路运输运价，不搞全国统一的运价，使得道路运输价格有很强的区域性。

2. 车型、运距、运量对运价的影响

车型、运距、运量对运输效率影响大，造成道路运输成本的差异，在运价上必须给予补偿。因此，道路运输价格一般情况下会采取差价或加价的方法补上，根据不同的情况，制定不同的运价。

3. 货物种类对运价的影响

货物种类不同，对运输的要求也不同，应对不同的货物制定不同的运价。

4. 运输质量对运价的影响

运输企业承担的风险不同，造成成本差异，所以一方面提高服务质量会增加运输产品的使用价值，增加旅客或货主的收益。例如，运送速度的提高可以减少客货在途时间，加速货物周转，增强运输的时间效用。另一方面，运输质量的提高，运输企业要支付较高的成本。例如，为增加客运的舒适性，就要选择较好的车型、增加一些用具用品，甚至可能是减少车辆的载客数量，这些措施都会增加投资和成本支出，必须在运价上需要与普通运输情况区别开来，收取较高的票价。因此运价要根据道路运输质量的不同，采取优质优价的原则，制定不同的运价。

三、道路运输价格的分类

1. 按照运价适用范围来划分的运价种类

按照运价适用的范围来划分，运价可以区分为普通运价、特定运价和优待运价三种。

普通运价是运价的基本形式。特定运价是根据运输成本和运价政策考虑制定的，是普通运价的一种补充形式，适用于一定货物、一定车型、一定地区和一定线路等，比普通运价水平高些或低些，以限制或鼓励某种货物、某种条件下的运输。优待运价属于优待减价性质，货物优待运价适用于某些部门或有专门用途的货物，以及适用于回程方向运输的货物和重去空回的容器等。旅客运价中有减价的儿童票、学生票、季节性优惠票价等。

2. 按照货物发送的数量来划分的运价种类

按照货物发送的数量来划分，货物运价可以区分为整车（或整批）运价、零担运价和集装箱运价三种。

(1) 公路运输规定，凡一次托运同一起讫地点的货物，其重量在 3 t 或 3 t 以上者，按整批货物运价计费。整批货物运输以 t 为计费重量单位，以元/（t · km）为运价单位，对整批货物运输在计算运费的同时，按货物重量加收吨次费，整批货物运费计算公式为：

整批货物运费＝吨次费×计费重量＋整批货物运价×计费重量×计费里程＋货物运输其他费用

(2) 一次托运的一批货物不足 3 t 的为零担运输，零担货物运输以 kg 为计费重量单位，以元/（t · km）为运价单位。一般来说，由于零担货物批量小，到站分散，货物种类繁多，在运输中需要比整车花费较多的支出，所以同一品名的零担运价高于整车同等货物的运价。

零担货物运费计算公式为：

零担货物运费＝计费重量×计费里程×零担货物运价＋货物运输其他费用

(3) 集装箱运价适用于利用集装箱运送的货物。集装箱运输以箱为计费重量单位，以元/（箱 · km）为运价单位。对汽车集装箱运输在计算运费的同时，加收箱次费。箱次费按不同箱型分别确定。一般地，集装箱运价按照低于零担运价、高于整车运价的原则来制定。

集装箱运费计算公式为：

重(空)集装箱运费＝重(空)箱运价×计费箱数×计费里程＋箱次费×计费箱数＋货物运输其他费用

3. 旅客运价分类

公共客运票价通常可分为一价制票价和多级制票价两类。

(1) 一价制票价是指不论乘车距离远近，只要不超过一条客运路线的范围，收费皆相同的单一收费制票价。一价制客运票价执行起来比较简单，不需要售票员具有多么熟练的技术。但这种票价制度增加了近距离乘车者的支付负担，因此，通常在城市公共汽车运输中运距不长的线路上采用。

(2) 多级制票价是指按照不同乘车距离分别收费的差别收费制票价。多级制票价一般采取按级递减的运率，也就是说，乘距越长运价率越低，以便减轻远距离乘客的费用负担。多级制票价制度通常适用于在城市市区运输总长度较长的路线以及郊区和城间公路客运路线上采用。

多级制票价通常采用三种收费方法，即死段分段法、活段分段法和递减分段法。不管采取这三种分段法中的哪一种，都必须将公共客运线路分为几个收费段或站，各段均包括几个停车站。收费段长度可以是相同的，也可以是不同的。城市间的公路客运往往是将路线分成若干收费区，即采用大站制。

① 死段分段收费方法是指每个收费段的票价相同的收费方法，这种收费办法适用于在中小城市和郊区路线采用。

② 活段分段收费方法是指将路线分为若干段，但前一段的后半部分可以与后一段的前半部分合计为一个收费段来计算，这种收费方法可在大中城市的公共汽车路线上采用。

③ 递减分段收费方法是指将路线划分为若干收费段，而乘坐两段或两段以上的乘客，支付的车费相对减少。在城市间公路客运和较长的郊区路线上比较适合使用这种收费方法。

4. 运价的其他形式

根据以上的运价分类和运价结构的分析，在实际运用中，为了适用各种需求和各种特殊情况等，道路运输还主要利用以下运价形式来满足不同的需要：

（1）计程运价。公路旅客的运输计费里程以 km 为单位，计程运价以元/（人 · km）为运价单位，计程（站间和里程分段）运价用于计算公路客运班车票价和计程客运包车运费。货物计程运价按照整车运输和零担运输分别计算。

（2）计时运价。公路客运计时运价以元/（座位 · h）为运价单位，适用于计算计时客运包车运费。公路货运计时运价以元/（吨位 · h） 为单位计价，适用于特大型汽车或挂车以及计时包车运输的货物。

（3）长途运价。适用于长途运输服务，通常实行递远递减的运价结构。

（4）短途运价。适用于短途运输服务，通常实行远近递增原则，采取里程分段或基本运价加吨次费的方法计算。

（5）加成运价。适用于一些专项物资、非营运线路单程货物运输、特殊条件下运输的货物和特种货物等。

四、客货物运输类别的差别运价

1. 客运类别差别运价

客运类别差别式运价结构是指同一运输方式内不同客运类别因所需要的设备、设施不同，占用的运输能力和消耗的运输成本不同，运送速度不同，旅行的舒适程度不同等而形成的不同的运价。

在交通部、国家发展改革委员会[1998]502 号文件《汽车运价规则》（1998 年 10 月 1 日起施行）中规定，客车按乘坐方式分为坐席客车和卧铺客车；客车按车身长度分为大型、中型和小型三种；客车按等级划分，大型客车分为：高三级、高二级、高一级、中级和普通级五个等级；中型客车分为：高二级、高一级、中级和普通级四个等级；小型客车分为：高二级、高一级、中级和普通级四个等级。客运车辆按营运形式分为班车客运、包车客运和旅游车客运。

关于客运基本运价规定：坐席基本运价指大型坐席普通级客车在等级公路上运送旅客的每人千米运价；卧铺基本运价指大型卧铺普通级客车在等级公路上运送旅客的每人千米运价。

（1）大型坐席客车运价。

① 大型坐席普通级客车运价，按坐席基本运价执行。

② 大型坐席中级客车运价在坐席基本运价的基础上加成 50%～100%。

③ 大型坐席高三级客车运价在基本运价的基础加成 250%～350%；大型坐席高二级客车运价在坐席基本运价的基础上加成 200%～250%；大型坐席高一级客车运价在坐席基本运价的基础上加成 100%～200%。

（2）中型坐席客车运价。

① 中型坐席普通级客车运价在坐席基本运价的基础上加成 20%～50%。

② 中型坐席中级客车运价在坐席基本运价的基础上加成 70%～120%。

③ 中型坐席高二级客车运价在坐席基本运价的基础上加成 200%～250%；中型坐席高一级客车运价在坐席基本运价的基础上加成 100%～200%。

（3）小型坐席客车运价。

① 小型坐席普通级客车运价在坐席基本运价的基础上加成 50%～100%。

② 小型坐席中级客车运价在坐席基本运价的基础上加成 100%～150%。

③ 小型坐席高二级客车运价在坐席基本运价的基础上加成 200%～250%；小型坐席高一级客车运价在坐席基本运价的基础上加成 150%～200%。

（4）卧铺客车运价。

① 卧铺高级客车运价，按高三级、高二级、高一级分别在卧铺基本运价的基础上加成计算。

② 卧铺中级客车运价在卧铺基本运价的基础上加成 30%～50%。

③ 卧铺普通级客车运价按卧铺基本运价执行。

（5）非等级公路旅客运价。非等级公路旅客运价在基本运价的基础上加成 10%～20%。

（6）旅游车旅客运价。旅游车旅客运价在同类客车运价的基础加成 10%～20%。

（7）夜班车旅客运价。夜班车旅客运价在同类客车运价的基础上加成 10%～20%。

（8）春节旅客运价。春运期间旅客运价可加成计算。

（9）出入境汽车旅客运价。出入境汽车旅客运价，按双边或多边出入境汽车运输协定，由两国或多国政府主管机关协商确定。

2. 货种别差别运价

为了反映按照货物类型区分运价，汽车运输采取分级制，也就是将货运价分成若干级别，每个级别都规定一个基本运价率，即起码里程运价率，各类型货物按其运输成本和国家政策要求分别纳入适当的运价级别中去。

按照我国交通部、国家发展改革委员会 [1998] 502 号文件《汽车运价规则》（1998 年 10 月 1 日起施行）规定，货物按其性质分为普通货物和特种货物两种。普通货物分为三等；特种货物分为长大笨重货物、大型物件、危险货物、贵重货物、鲜活货物五类。集装箱货物种类分为普通货物集装箱和特种货物集装箱。

关于基本运价规定，整批货物基本运价指一等整批普通货物在等级公路上运输的每吨千米运价；零担货物基本运价指零担普通货物在等级公路上运输的每千克 · 千米运价；集装箱基本运价指各类标准集装箱重箱在等级公路上运输的每箱千米运价。

普通货物运价：普通货物实行分等计价，以一等货物为基础，二等货物加成 15%，三等货物加成 30%。

长大笨重货物运价：一级长大笨重货物在整批货物基本运价的基础上加成 40%～60%；二级长大笨重货物在整批货物基本运价的基本上加成 60%～80%。

危险货物运价：一级危险货物在整批（零担）货物基本运价的基础上加成 60%～80%；二级危险货物在整批（零担）货物基本运价的基础上加成 40%～60%。

贵重、鲜活货物运价：贵重、鲜活货物在整批（零担）货物基本运价的基础上加成40%～60%。

特种车辆（包括罐车、冷藏车及其他具有特殊构造的专门用途的专用车）运价：按车辆的不同用途，在基本运价的基础上加成计算。特种车辆运价和特种货物运价两个价目不准同时加成使用。

非等级公路货物运价：非等级公路货物运价在整批（零担）货物基本运价的基础上加成10%～20%。

快速货物运价：快速货物运价按计价类别在相应运价的基础上加成计算。

第四节　道路运输价格管理

一、我国汽车运输价格制度的变迁

在实行计划经济体制的年代，我国的经济决策都是由政府制定的，商品价格也是由上级行政部门制定并严格管制。改革开放以来，为了适应计划经济体制向市场经济体制的转变，我国汽车运价改革的侧重点在于运价的结构和运价体系方面。从国家对运价管制的松紧程度和管理权限的转移来看，我国汽车运价制度的运作变迁过程大致可以划分为严格管制和逐步放松管制两个时期。

1. 汽车运价的严格管制时期

这一时期从1949年至1979年，历经了30年。

中华人民共和国成立初期，汽车运价处于混乱状态。1950年汽车运价，最低为0.003元/（人·km），最高达0.63元/（人·km）。为了限制垄断性经营的不良倾向，维护良好的交通运输秩序，充分发挥运输业在地区开发、巩固国防、促进社会经济健康发展等方面的积极作用，我国政府对处于混乱状态的汽车运价进行整顿，统一运价，以稳定市场物价，尽快恢复国民经济。

自1953年起，我国开始实行计划经济体制。为适应计划经济的要求，国家对工业交通企业实行统一集中管理。运价成为国家进行宏观调控和实现产业政策的重要手段，此后，在较长的时间里国家对汽车运输价格实行严格的管制。而又鉴于汽车运输业良好的外部效益，我国政府对汽车运输业实行稳定低廉的运价政策。

1956年9月，交通部制定“汽车运价计算方法”和“公路货物暂行分类表”，对全国汽车运价收费做出详细的统一规定。

1960年后，一方面“大跃进”期间运输任务猛增，另一方面当时运力减少，使变相提价者增多。于是，1961年12月和1963年2月交通部两次调整短途汽车运输价格。

1966年1月，我国政府在石油降价后，相应地降低汽车运价，所有的货物运价降低到0.2元/（t·km），客运运价一般都降到0.02元/（t·km）。1966年前后调整的运价，一直沿用到20世纪80年代初。

2. 汽车运价的逐步放松管制时期

这一时期从 1979 年至今，大体上又可分为三个阶段。

第一阶段：1979—1984 年，主要是对汽车运价结构进行了调整。

在改革开放初期，随着农村改革和经济的活跃，运输需求大大增加，但由于国家财力不足，在短期内无法解决经济发展过程中的交通瓶颈问题，于是包括汽车运输在内的放松管制便成为政府的一种十分现实和自然的选择。在这个阶段，国家物价改革的重点是农产品物价，对于工业产品价格触动不大，因此汽车运输消耗的物资价格也变化不大。加上新中国成立以后汽车运输条件改善、汽车技术性能提高、汽车运输成本大幅度降低，所以汽车运输成本仍然继续处在一个稳定的时期。交通部针对当时汽车运价的问题和物价形势，确定了汽车运价改革的重点在于调整运价结构。在总水平保持基本稳定并略有下降的前提下，对全国汽车运价实行以差别运价为重点的调整，促进了汽车运价结构趋于合理。

第二阶段：1985—1993 年，主要是进一步健全汽车运价体系，调整运价总水平。

1985 年以来，汽车运输管理部门普遍实行政企分开，简政放权，逐步由主要管直属企业转向全行业管理，由直接管企业的生产经营活动转为提供协调服务。于是，交通部把汽车运价改革的重点放到了建立健全汽车运价体系方面，相继颁发了《集装箱汽车运输收费规则》、《零担汽车运输计费办法》等各项专业汽车运输收费规则。另外，根据当时的形势，交通部提出了以国家计划为主、市场调节价为辅的运价结构模式及放权和集权相结合的管理办法。

在这一阶段，由于物价尤其是生产资料经历了从双轨制到放开的过程，物价指数不断上涨，使得汽车运输消耗的原材料上涨幅度较大，加之工资水平调整，汽车运输成本由 1984 年的 168．01 元/（kt · km）增长到 1991 年的 322．64 元/（kt · km），上升了将近 1 倍。然而国家考虑到汽车运输关系到千家万户的切身利益，汽车运价敏感性极强，所以未对汽车运价作调整，汽车运输企业经营逐渐面临困境。

直到 1989 年国家物价改革有了进展，使得调整汽车运价的条件开始具备。国家在调整了铁路、水路运价后市场较平稳的情况下，于第四季度提高了汽车客运票价，幅度是在原来基本运价的基础上上调 60%，并且拉开了不同运输条件、不同营运方式的运价档次。调整后的汽车旅客运价水平平均在 0.07 元/（人 · km）左右；对汽车货物运价也进行了适当的调整，全国的货运价格水平平均提高 42%，基本运价平均水平不超过 0.28 元/（t · km）。这次调整对缓解汽车运输企业经营困难起到了一定的作用。

第三阶段：1993 年至今，主要是进一步放松对汽车运价的管制，完善汽车运输市场的竞争机制。

1993 年以后，虽然各地也针对物价的大幅度上涨采取以收取燃料附加费、提高运价等方式对汽车运价进行了有限的调整，但总的来说，随着汽车客、货运输价格的市场调节程度不断提高，政府的强制性干预开始大大弱化了。随着汽车运输市场发展趋势逐渐明朗，竞争机制初步形成，交通部下发了“关于公路运价改革有关问题的通知”，进一步放松对汽车运价的管制。

在货运方面，虽然交通部门规定仍然执行原有的运价规则，但是市场已开放多年，具备了一定的基础，所以大部分省开始放开运价，即使没有明确放开的，实际上也处于以市场调节为主的状态。事实上，由于大量个体户和社会各单位自备车加入到营业运输中，汽车货运已接近完全竞争市场，除了特殊情况如抢险救灾之外，政府对汽车货运的定价已经名存实亡。从各省货运放开的情况看，货物运价水平曾有些波动，但随着供求双方的逐步成熟以及受近年来通货紧缩的影响，汽车运输价格波动幅度逐渐减少，目前处于基本稳定状态，只在一定的范围内合理浮动。根据有关调查，目前全国汽车货物运价水平从普通货物的 0.30 元/（t · km）到特种货物的 0.70 元/（t · km）不等，平均为 0.55 元/（t · km）左右。汽车客运在实际中仍执行的是政府规定的管制价格，具体采用政府指导价还是政府定价，由各省、自治区、直辖市自行决定。如广东省以国家指导价为主，汽车客运价格可在基本运价基础上上下浮动。平时上浮 30%，春运及县内、市县间运输价格上浮不超过 60%，节假日重点口岸运价上浮不超过 80%。综合来看，全国汽车旅客运价水平介于普通客车的 0.07 元/（人 · km）到豪华客车的 0.20 元/（人 · km）之间，平均为 0.10 元/（人 · km）左右。

随着国家工业化建设的进一步深入，以及五种现代运输方式在综合运输体系中相互竞争和协调关系的完善，运输需求已由数量需求为主转为强调质量需求。顺应这种变化要求，我国政府通过放松运价管制，逐步缩小计划价格的范围，扩大市场调节价格的范围，从而更好地利用竞争机制，促进道路运输业资源配置的优化和效率的提高，使消费需求得到最佳满足。汽车运价的改革虽然取得了很大的进展，但运价作为经济手段的作用仍在一定范围受到限制。放松管制，重新考虑国家财政补贴，鼓励合理竞争，已成为各国运输政策调整的一般趋势。可以预见，我国运价管理体制改革将进一步扩大企业定价权，建立以市场定价为主的道路运输及其他运输方式的运价机制。

二、道路运输价格管理体制

价格是市场的轴心，运价管理是政府管理运输经济的具体体现。近年来，我国颁布实施的有关道路运输价格管理的法规主要有：《中华人民共和国价格法》（中华人民共和国主席令[1997]年第 92 号）；《汽车运价规则》（交通部、国家发展计划委员会交公路发[1998]502 号）；《汽车客运站收费规则》（交通部、国家发展计划委员会交公路发[1996]263 号）；《公路汽车货运站收费规则》（交通部交公路字[1987]758 号）；《国际集装箱汽车运输收费规则》（交通部交公路字[1987]668 号）；《国内集装箱汽车运输收费规则》（交通部交公路字[1987]668 号）；《汽车零担货物运输费收结算试行办法》（交通部交公路字[U989]245 号）等。

我国道路运输价格管理遵循间接调控为主、直接管理为辅的原则，实行统一领导、分级管理。交通部负责管理和监督全国道路运输价格工作，制定全国道路运价方针、政策、法规及改革措施等。地方各级交通主管部门，根据道路运输价格管理分工目录，负责本地区的道路运输价格管理和监督，制定本地区的政府定价水平和政府指导价幅度，各级交通主管部门结合本地的实际情况，具体负责道路运输价格的管理。

三、道路运输价格形式

根据运价对国民经济和人民生活的影响程度，道路运输价格可分为政府定价、政府指导价和经营者定价三种价格形式。

（1）政府定价。指各级交通主管部门按照道路运输价格管理权限，制定的道路运输统一价格。

（2）政府指导价。指各级交通主管部门按照道路运输价格管理权限，制定的道路运输中准价格、浮动幅度及最低保护价。政府指导价体现了统一性与灵活性相结合的原则。

(3) 经营者定价。指经营者在道路运输价格法规规定的范围内，根据道路运输生产成本、平均利润水平和市场供求状况，自主制定的道路运输价格。现阶段，我国抢险、救灾、战备等客、货运输、旅客行包运输和出租车运输，实行政府定价；班车运输和道路运输客、货运站费收，以政府定价为主、政府指导价为辅；上述两类以外的其他道路运输服务业的费收以及道路运输搬运装卸，实行政府指导价；包车和旅游客运，实行以政府指导价为主、经营者定价为辅；包车、大型货物运输实行经营者定价。此外，省际旅客、货物运输按规定价格形式，实行省际协议定价，出入境道路旅客、货物运输价格，实行两国（地区）协议定价。

四、道路运输定价管理

(1) 政府定价和政府指导价的管理。政府定价和政府指导价应根据当地物价总水平、道路运输的平均成本及市场供求状况，考虑道路运输与其他运输方式的比价关系，综合制定。抢险、救灾、战备等客、货运和跨省、跨地（市）定线客、货运的价格水平和幅度由省级物价部门和交通主管部门共同制定。各地物价管理部门和交通主管部门按分工管理权限制定和调整道路运输价格。道路运输价格的制定和调整应向上一级主管部门呈报备案，并以书面形式正式下达。

(2) 经营者定价的管理。经营者因经营活动的需要，可在规定的定价范围内或在政府指导价规定的幅度范围内自行制定调整运输价格。经营者定价实行报备制度。经营者根据有关规定自行定价或调价后，应向当地交通主管部门备案，建立内部运价管理制度，加强道路运输价格内部管理，自觉接受物价、交通主管部门对道路运价的监督检查，如实提供道路运价监督检查所必须的账簿、单据、凭证、文件及有关资料。

五、道路运输价格的监督检查

加强道路运输价格监督检查，主要是为了防止、纠正或取缔经营各使用不正当价格手段从事道路运输经营活动的行为。各级道路运输管理机构会同政府价格主管部门，根据道路运输价格管理目录，监督检查经营者的价格行为。对于越权定价和调价、擅自提价，不按规定执行政府定价和政府指导价，经营者自行定价或调价后不向当地交通主管部门备案、不实行明码标价制度、使用不正当手段竞争、加大计费重量或计费里程、滥收费用等违法违纪行为，给予严肃处理。

第七章　道路运输行业管理

道路运输行业管理，是指全社会的道路运输管理。经济体制改革产生了行业管理的需要，专业性经济管理部门从具体管理企业的经营转向搞好行业管理，实现由管理直属企业逐步转变为全行业管理，由管理企业的生产事务逐步转变为面向全行业的行政管理。道路运输行业管理，是交通部门在经济体制改革中转变职能所采取的一个重要步骤。

第一节　道路运输行业管理范围和目标

一、行业和行业管理

行业是一个社会经济概念，是随着社会生产力的提高而出现社会分工的结果。生产上的社会分工便形成了众多的经济活动群体，多种从事同一生产或服务活动的经济活动群体就自然而然地形成了一个行业。交通运输业按不同的运输方式，一般可分为：道路运输、铁路运输、水路运输、航空运输、管道运输五个行业，道路运输行业就是其中的一个。

为了维护行业群体利益，同时也为了处理行业内部和外部的关系，就有了行业管理的需要。国家为了保证国民经济发展总目标的实现，通过政府和经济管理部门，对国民经济各部门、各行业的发展方向、发展规模、发展速度进行必要的调节和监控，对各行业的经营活动进行法律的和行政的规范，履行计划、指导、监督、协调等职能，这就是行业管理。政府、交通部门对道路运输行业实施上述职能就是道路运输行业管理。

行业管理是指政府专业经济部门对全行业的行政管理。行业管理部门具有政府行政的权威性，在管理内容和职能上，要根据国家关于国民经济发展的总体目标，确定行业的发展目标，对行业的经济活动进行计划、指导、协调、监控。除了政府的行业管理部门外，我国目前组织了多种形式的行业协会，作为沟通政府与行业之间的渠道，使行业协会成为民间的、自我协调的行业管理组织。政府行业管理部门与民间的行业管理组织是我国行业管理的两大主体，它们紧密合作，积极配合，促进行业经济发展。这种行业管理的形式和内容，是与我国的经济结构和社会主义市场经济相适应的。

二、道路运输行业管理特点

行业管理是国民经济的组成部分，行业管理也就成为整个国民经济管理的一个组成部分，是国民经济中的部门经济管理。所以，道路运输行业管理就其性质来说是国民经济管理中的道路运输部门经济管理。

道路运输行业管理的性质决定了其行业管理的以下特点：

(1) 管理范围。行业管理的对象是行业的全部，也就是说，只要是道路运输行业的经营者，不论其所有制性质如何，也不论其行政隶属关系如何，均在行业管理的范围之内。行业管理部门与管理对象之间不存在所有权的问题，只是管理与被管理的关系，而且行业管理部门还履行行业市场管理的职责。

（2）管理方式。行业管理侧重于道路运输全行业的宏观间接调控，对全行业进行调节、控制、监督，除指令性的紧急运输外，一般不直接组织和指挥运输生产，不干预企业内部的经营和生产活动。

（3）管理目标。行业管理侧重于谋求社会效益和道路运输全行业的综合效益。

（4）管理手段。道路运输行业管理强调经济的、法律的、行政的三种手段的综合运用，重视信息诱导手段和组织协调手段，要求逐步谈化行政管理手段。

三、道路运输行业管理的范围

道路运输业包括道路旅客运输、道路货物运输、汽车维修、搬运装卸和运输服务五个方面。道路运输业的业务范围也就是道路运输行业管理的范围。

道路运输业的五个方面都是以道路交通为依托，实现人和货物的位移所从事的生产和服务，有着相同的目标，属同一门类的生产和服务。这两个方面实际上是道路运输行业的两大系统，即道路运输生产系统和道路运输生产的支持保障系统，如图 3.7.1 所示。

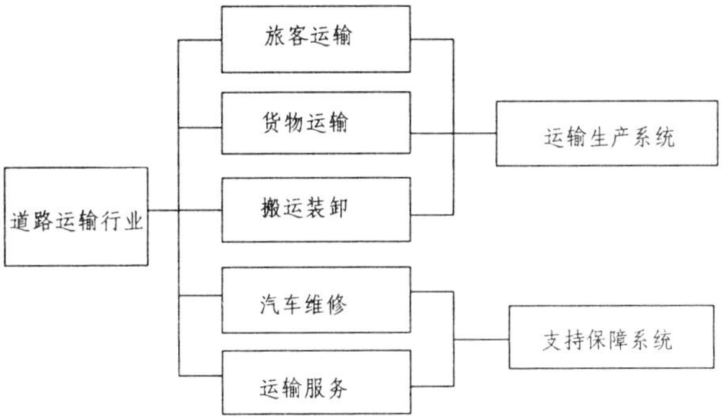

图 3.7.1　道路运输行业系统

运输生产系统是道路运输行业的主体，支持保障系统是行业的必要的辅助配套部分。这两大部分之间相互依存，密不可分，共同组成了道路运输行业。运输生产系统是以支持保障系统的存在和完善并正常地运转和发展；支持保障系统则以运输生产系统的存在而存在，随运输生产系统的兴衰而兴衰。所以，把这五个方面都划归于道路运输行业，确定在道路运输行业管理范围之内，是符合道路运输业的实际情况的。

道路运输行业管理的上述范围，从所有制性质来说，既包括国有和集体，也包括私营、个体与中外合资（合作）、外商独资企业等。从运输类别上看，既要管营业性运输，也要管非营业性运输。从部门归属来看，既包括交通部门的直属国有与集体企业，也包括其他各系统的营业性运输企业和汽车维修企业；既包括城乡个体客货运输，也包括机关厂矿自备车辆；既包括各部门的旅游运输，也包括部队参加的地方运输。从运输工具来看，既要管汽车运输，又要管拖拉机运输和畜力车等运输。总之，凡是道路上的运输活动，以及为之服务的搬运装卸、汽车维修、运输服务等都应纳入全行业管理范围。

四、道路运输行业管理的目标

1. 运输结构目标

运输结构目标是指为保障道路运输行业整体目标的实现，所形成的合理化的经济结构、技术结构和网络结构。道路运输行业管理部门应根据道路运输生产发展的需要，制定相应的运输结构目标。

（1）建立以公有制道路运输经济为主体，各种经济成分协调发展的经济结构目标。道路运输行业管理部门应在公平竞争的基础上，合理地扶持公有制道路运输企业、汽车维修企业、运输服务企业的发展，增强公有制运输企业的自我积累、自我发展、自我约束的能力。从这个要求出发，一要鼓励公有制运输企业搞好经营机制的转换，积极探索建立现代企业制度的新路子；二要引导公有制运输企业在经营方向上逐步向专业化、高技术运输转变，积极发展适宜国有运输企业经营的零担运输、大件运输、化工货物运输、集装箱运输、大吨位货物运输和高档舒适型旅客运输等，占领高技术与特种运输市场，扩大运输的保障功能和劳动服务的覆盖面，更好地发挥其优势和主导作用。

（2）维护营业性运输者的合法权益，积极引导自用型运力向经营型方向转变，从根本上解决道路运输市场不平等竞争的问题。厂矿企业事业单位的自备车辆，目前约占汽车保有量的一半以上。这些自备车辆绝大多数不搞独立核算，或不完全独立核算，运输不计成本、不考虑效益、不承担纳税任务，以其不合理的“优势”冲击运输市场，造成竞争条件的不平等，损害了经营性运输者的合法权益。从国家整体利益、保护合法经营权益出发，合理解决自备车辆不合理的经营体制是十分必要和迫切的。道路运输行业管理部门要引导自用运力向营业性经营转变，即要同样实行独立核算、自负盈亏、考虑成本与效益、执行规定的运价、承担同等的上交税收任务，从根本上解决竞争不公平的问题。

（3）对个体运输要加强引导和管理，充分发挥它的应有作用。同时，由于个体运输经营中存在比较严重的行为不轨和无证经营等现象，因此，有必要对其核定经营范围和线路，采取有效措施搞好经营行为的监督和检查，限制其消极因素，充分发挥其积极作用，使道路运输业在国家统一领导下“三个一起上”（国有、集体、个体）和“三个一起办”（各地区、各行业、各部门）的基本政策得到充分落实。

2. 运输生产目标

运输生产目标就是为满足社会对运输的需要，道路运输管理部门应根据当地一个时期的运输要求，制定相应的必须完成的客货运输量指标，并提出实现这一目标的保障措施。运输生产目标包括了量和质两个方面的要求。不仅要完成一定的客货运输量，还要保证运输的安全质量，包括良好的服务质量。运输生产目标就是要通过运输生产，实现货畅其流和人便于行并体现保障旅客和货主的正当权益的要求。

3. 运输环境目标

运输环境目标就是为了道路运输业的健康发展，创造良好的环境和条件所要达到的目标。运输环境的基础是合法经营和平等竞争。道路运输管理部门应根据当地运输市场的具体情况，提出维护运输市场正常秩序的工作目标。与此同时努力在资金、信贷、税收、价格等方面创造有利于行业发展的外部条件。

对运输环境，应坚持“放”和“管”的有效结合，建立和健全市场规则，开展正当的、平等的竞争。目前应围绕培育和发展交通运输市场，加强法制建设步伐，特别是要抓紧修订不适应社会主义市场经济要求的管理规章，制定和完善市场准入条件、规范市场行为的有关规章。严格规范道路运输的经营行为，在平等的条件下开展正当的竞争，强化运输市场的监督和管理，创造良好的运输环境。

4. 行业管理自身发展的目标

行业管理自身发展目标就是按照不断提高行业管理水平的要求，提出加强行业管理机构建设的目标。

道路运输管理部门是政府管理道路运输行业经济的职能机构，是行业管理的实施者，在加强道路运输行业管理的同时，要加强管理机构自身建设。道路运输管理部门要根据各个时期的工作要求和实际条件，提出自身建设目标，逐步实现行业管理工作的制度化、规范化、科学化和现代化。应当着重搞好以下几个方面的建设工作：

(1) 制度建设。制度建设是指运输管理机构内部工作制度的建立、健全和实施。制度建设的基本要求是要有利于集中统一指挥，有利于内部各个岗位的协调配合，有利于调动工作人员的积极性，有利于提高办事效率。总之，制度建设是为了保证各级运输管理机构的运转始终处于正常、顺畅的状态。

(2) 基础工作建设。加强基础工作建设是促进道路运输行业管理工作的深化和提高，是实现管理工作规范化、科学化和现代化的必要条件。道路运输行业管理的基础工作，主要是指相对运输行业的基础情况、动态趋势、变化发展等方面的资料掌握和分析工作。因为只有掌握并熟知这些客观而真实的变化发展数据，才能制定出符合实际的、有针对性的方针政策和法规，才能对行业的发展实行科学的预测，制定正确的规划，实施有效调控和监督。由此可见，搞好行业基础工作建设具有重要的意义。

(3) 管理设备与设施的建设。道路运输是一种现代化的运输方式，其生产和经营活动是在广阔范围内进行的。行业管理机构应当配套与之相适应的管理设备与设施，如加快普及现代化管理手段的运用、改善通信设备、配备性能良好的交通工具等。

(4) 运管人员队伍建设。道路运输行业管理是依靠运管人员去履行的，因此，运管人员的素质决定着行业管理的水平，要对运管人员在政治思想素质与业务素质两个方面加强建设，造就一支合格的运管队伍，以适应现代化道路运输行业管理的需要。

(5) 运输效益目标。运输效益目标就是在提高道路运输社会效益的前提下，应当达到的行业经济效益目标。提高道路运输的经济效益是提高道路运输社会效益的必要条件，两者相互依存，是统一的整体。

道路运输管理部门应当在加强经济调查和分析的基础上，确定行业经济效益的目标，努力帮助运输经营者降低运输成本、提高运输效率、合理组织运输、推广新技术等，使运输经营者和全行业取得最佳经济效益。

第二节　道路运输行业管理的职能和任务

一、道路运输行业管理的职能

所谓行业管理的职能，就是指行业管理在行业经济活动和行业发展中的职责。它的职能可以概括为以下三个方面：

1. 调控职能

调控职能是按照国民经济发展的总体目标和道路运输在综合运输体系协调配套的要求，

确定道路运输行业的发展方向、发展规模和发展速度，进行宏观调控。调控职能大体包括以下几个方面：

（1）总量控制。就是合理配置适应不同运输要求的各类运输车辆，以满足用户的各种需求和促进运输市场的有序竞争。

（2）经济结构控制。就是实现保证行业内部各种经济成分的协调发展。

（3）行业结构控制。就是根据道路运输的需要，对站点设施、车辆维修、搬运和运输服务等进行合理配置和布局。

2. 监督职能

监督职能是指根据道路运输行业发展目标的要求和有关政策，制定经营资格、经营行为等行业经营活动的各种规范，并据此对经营者的经营活动进行考察、督导和检查，以纠正一切偏离行业发展目标的政策、法规的行为，维护正常秩序，确保行业发展目标的实现。

监督职能大体包括以下三个方面的内容：

（1）法规及规范的制定。就是制定保障道路运输正常进行和健康发展的各项法令规章和任务、技术标准。

（2）经营条件的监督。就是审定和检查经营者的经营条件、技术等级、经营范围、核发相应的经营证明文件。

（3）运输商务的监督。就是对运输经营者的商务活动和经营行为，包括质量、价格、票证和合同履行等进行核实、监督和检查。

3. 协调服务职能

协调服务职能是指做好协调服务工作，为企业经营提供良好的外部环境。大体包括以下内容：

（1）协调好行业管理中的各种关系。包括经营者之间、行业管理与部门管理之间、地区之间、承托双方之间等关系，为企业经营创造良好的外部环境，同时也保护好消费者利益。

（2）提供行业信息服务。提供行业信息是运管工作的重要内容。搞好管理性服务是道路运输行业管理机关的重要职责。从本质上讲，管理就是服务。因此，在实际工作中必须处理好管理与服务的关系，寓管理于服务之中，把管理与服务结合起来，提高管理效果。随着市场经济体制的建立和完善，行业管理部门定期或不定期发布信息将是一项特别重要的任务，主要包括技术信息、市场信息、政治信息、社会信息等。

二、道路运输行业管理的任务

根据道路运输行业管理的目标和管理职能的要求，行业管理的任务主要有以下 5 个方面：

1. 制定方针

根据国民经济发展的总方针和总任务，研究制定道路行业的方针政策，解决道路运输的发展方向问题。另一方面，根据国家和行业的经济政策、技术管理的法规，使行业管理有法可依、有章可循，以法治运，保证道路运输事业的健康发展。

制定方针政策包含两层含义：一是方针政策和管理法规的研究制定，这主要由中央和省级道路运输管理部门承担；二是方针政策和管理法规的贯彻执行，这主要由市、县以下道路运输管理部门承担，中央和省级道路运输管理部门要调查研究，着重于方针政策的制定与法规建设，并对执行情况进行督促和检查。市、县以下道路运输管理主要是正确执行各项方针政策和管理法规，并将执行中的情况及时向上级主管部门汇报和反映。

2. 统筹规划行业发展

我国实行社会主义市场经济，作为其组成部分的道路运输行业，必须使道路运输事业的发展与国民经济的发展相协调。行业管理部门对行业的发展应统筹规划。统筹规划这一任务就是根据行业发展目标，对行业发展规模、发展重点和行业的结构布局等做出统筹安排，制定道路运输行业的中长期规划和近期实施计划。道路运输行业规划主要有三个方面的内容。

(1) 行业总体规划。它包括行业的生产力结构和生产关系结构的规划。生产力结构的规划主要包括生产工具结构、劳动力结构和技术结构的规划。生产关系结构的规划主要包括各种经济成分和经营方式的协调发展规划。在行业总体规划中，要充分注意运力与运量的协调平衡，道路运输与其他运输方式的协调平衡，道路运输行业内部的协调平衡，以及运力与基础设施的协调平衡等。

(2) 行业分类规划。它是行业总体规划的组成部分。根据行业总体发展趋势制定客货运输规划，汽车维修搬运装卸和运输服务业的规划等。其内容包括行业内部的设备、设施、规模、能力、网点布局和人员培训等方面的规划。

(3) 行业管理规划。它是行业总体规划的重要方面。规划的内容主要包括管理机构体制的健全与完善，调控监督体系的建立和健全，管理法规和手段的加强和完善等。

道路运输事业与国民经济各部门各行业之间，以及道路运输行业内容各个组成部分之间都存在着纵横交错的相互依存、相互制约的关系。道路运输行业管理部门应使它们在发展中保持适当的比例关系和相对平衡，才能使整个道路运输经济正常运转。在道路运输经济活动中，需要行业管理部门注意综合平衡的主要有以下几个方面：

① 运输供给与运输需求的平衡关系，即运力与运量之间的平衡关系。基本要求是保持运力与运量的相对平衡，并留有余地。

② 道路运转与其他运输方式之间的平衡关系。基本要求是合理分工，密切配合，共同完成社会的运输任务。

③ 各地区、各部门、各种经济成分运输经营者之间的平衡关系。基本要求是各得其所，各展其长的多种经济成分协调发展。

④ 运力布局与线路、站点、仓储、维修能力等配置之间的平衡关系。基本要求是合理布局，以运输需要为“龙头”，配套服务，最大限度地发挥道路运输的服务功能。

⑤ 社会效益与经济效益之间的平衡关系。基本要求是从提高道路运输社会效益出发，充分注意提高道路运输的经济效益，保持行业必要的自我发展能力。

⑥ 运输投入与运输产出之间的平衡关系。基本要求是努力降低成本和消耗，提高运输效率。

3. 组织协调

道路运输涉及面广、情况复杂，组织协调各方面的关系是行业管理工作中的重要任务。需要认真协调的有以下五个方面的关系：

(1) 承托双方的关系。承托双方是运输、生产的供求关系，又是运输生产力的组合关系，应当使双方始终处于正常良好的合作关系，正确调处商务纠纷，维护双方的合法权益。

（2）行业内部各企业之间的关系。这是行业内部关系的协调，行业内部之间既有竞争又有合作，要努力建立起平等竞争的环境，发展竞争中的合作伙伴关系。

（3）地区之间的运输合作关系。道路是跨地区运行作业的行业。地区之间畅通协调是运输的客观要求，也是运输活力所在。要坚持平等互利与共同经营的原则，协调好地区关系，打破地区界限，发展地区合作，开展直达运输，方便旅客和货主，真正实现货畅其流、人便于行。

（4）道路运输与其他运输方式的关系。这是多种运输方式之间的衔接和配合上的协调。道路运输担负着为铁路车站、水运港口、航空港集散货物旅客，保证港站畅通的任务。要认真组织好运输工具和装卸力量及时集并、疏运。同时，要处理好作业范围的划分和作业条件的改善，维护道路运输经营者的正当权益，做到共同合作、密切配合，提高综合运输效益。

（5）行业经营者与经济综合管理部门之间的关系。这是道路运输经营活动中，经营者与工商、税务、物价、金融、财政等经济综合管理部门之间的关系。一方面要配合经济综合管理部门，督促经营者严格遵守各方面的管理规章制度，履行应尽的义务；另一方面要努力疏通渠道，提出合理建议，为经营者创造良好的外部条件。

4. 监督与服务

监督是对行业经营活动的监察、督导和检查，以保证国家关于道路运输的各项方针得到正确的贯彻执行。服务工作是监督工作的基础，例如，搞好公用型货运站和客运站既为运输经营者提供了经营条件，方便了货主与旅客，也有利于搞好客货运输监督。

监督检查的内容主要有以下六个方面：

（1）经营的监督检查。

（2）经营范围的监督检查。

（3）质量的监督检查。

（4）运输的监督检查。

（5）费用结算票据的监督检查。

（6）经营行为的监督检查。

道路运输管理部门应把服务工作与行业管理工作紧密结合起来。从加强管理入手，且有利于管理工作出发，认真做好服务工作。例如，建设公用客运站并指导其工作，既为旅客和个体运输户、无站点设施的经营者提供了服务，又为维护运输市场秩序、加强客运监督提供了条件。

积极引导民营企业组建货运站或货运交易所，既为承托双方沟通信息提供了服务，又便于对货运市场的监督等。总之，要把管理与服务融为一体，才能为行业的经营者提供更好的服务，才能从根本上为行业的健康发展服务。

第三节　道路旅客运输管理

一、旅客运输管理的目的、依据与原则

1. 旅客运输管理的目的

道路客运作为社会经济活动的重要组成部分，其管理工作的目的，就是要促进道路客运

业健康发展，高质量地满足人民群众不断增长的乘车旅行的需要。

（1）要适应社会需要，实现“人便于行”。运管部门是运输市场的组织者和管理者，要通过贯彻改革、开放、搞活的方针，努力发展社会运输生产力，并促使运力合理布局，班次合理安排，各种运输方式合理结合，以满足广大旅客不同形式的旅行需求，提高社会效益。

（2）统筹安排，合理分工，引导多种经济形式协调发展。运管部门对道路客运的发展、合理分工，加强国营、集体、个体经营者在经营上的分工合作，妥善处理好各方面的矛盾，促进多种经济形式协调发展，提高了道路运输客运业的整体效益。

（3）维护正常秩序，保护合法经营。道路客运市场现已初步形成多家经营、多种经济并存的运力结构，一部分社会的自用车辆和大批个体车辆进入客运市场后，对缓解“乘车难”的矛盾发挥了积极作用。但在一些地方也出现了乱开班、乱设站、乱停车的混乱现象，造成了运力、能源的浪费。运管部门必须通过对客运市场的整顿、监督，实行定线路、定站点、定班次，以维护正常的运输秩序，提高客运经营者的经济效益。

2. 管理的政策依据

道路运输管理部门，根据国家政策法令制定的规章制度，是道路运输正常进行的保证也是单位和个人经营道路运输业务的依据和准则，具有法律效力。道路运输规章的主要作用是：维护道路运输的正常秩序；保障道路运输经营者的合法权益；保护旅客的正当权益；促进道路运输与其他运输方式相互配合、协调发展。

道路客运的具体规定有三类：① 对道路旅客运输业实施行政管理的有关规章；② 道路旅客运输业经营管理规章；③ 道路运输收费规章。

上述这些规章，以及党和国家的有关方针、政策、法律、法规都是运管部门管理道路旅客运输的政策依据。

3. 管理原则

运输管理部门对道路客运业的管理，必须掌握以下四项原则：

（1）多家经营，统一管理，协调发展。道路旅客运输要坚持各地区、各行业、各部门多家经营、统一管理的原则，搞好国营、集体、个体各种经济形式的协调发展。

① 协调社会各种客运运力的发展。根据社会和人民群众的需要，有计划、按比例地安排运力，处理好各种关系，减少盲目性，避免运力浪费。使各种不同隶属关系的客运经营者都能以共同搞好旅客运输为目的，顾全大局，搞好团结协作。

② 处理好道路客运系统内各个层次、各个环节之间的关系，使省市企业与地方企业、骨干企业和一般企业、车站和运输企业之间密切配合，相互协作。

③ 协调好不同客运方式之间的相互配合关系，通过联运等形式使需要换乘的旅客及时中转，搞好衔接，为旅客的旅行生活提供更多方便，在可能的范围内，协调好道路与铁路之间的分流运输。

（2）合理布局，统筹安排。为贯彻实行合理布局、统筹安排的原则，要针对道路客运的现状，重点处理好以下一些问题：

① 在客运的发展上，要体现国家、集体、个体三者的“一视同仁”；② 在运力的布局上要根据当地社会的实际需要，做到合理分工；③ 在规划组织省际运输时，要做到平等互利，

线路贯通；④ 在线路审批上，要从提高社会效益出发，做到线路衔接、干支相连、长短兼顾；⑤ 在经营活动中，要引导客运经营者加强横向联系，按照自愿、平等、互利的精神，实现合理运输。

（3）坚持“安全质量第一”。道路客运的服务对象是旅客，保证旅客在旅行中生命财产的安全，既是道路客运经营者的首要职责，也是客运管理人员的重要任务。运管部门在审查开业条件时，一定要按国家规定的车辆技术、驾驶人员条件要求审批。同时要加强日常监督，促使并帮助客运经营者健全运行制度，不断完善安全措施和维护好运行秩序，确保运行安全。

（4）维护旅客的正当权益和经营者的合法权益。这两个权益应当是相关联和统一的，有关条例和规则中所规定的旅客和经营者的权利和义务，应得到尊重和履行。要通过运输管理部门的监督检查和仲裁等形式，使之切实得到保障与落实。

二、道路客运线路管理

1. 客运线路管理的必要性

道路客运线路是指营业性运输客车的运行路径。它以始发点、经过点、到达点为路径界限，按经营项目和劳动方式划分为班车线路、旅游班车线路等。客运线路名称，一般以客运班车起运站和终点站的地名简称或序号命名。客运线路的营运里程，按班线起讫点实际间隔里程计算。

班车客运是道路旅客运输的主要形式，分为直达班车、普快班车、普客班车和城乡公共汽车四种。根据我国道路客运线路的现状和道路客运的特点，加强道路客运线路管理十分必要。

（1）合理布局的需要。经过长期的努力，我国客运线路有较大幅度增长，道路客运网络已基本形成。然而，由于我国地域广阔，发展很不平衡，线路多，情况复杂，价格和布局也不尽合理，客运经营者争抢经济效益好的线路的现象经常发生，影响了道路客运的健康发展。只有加强线路管理，实行统筹安排，才能合理布局，适应人们旅行需要。

（2）维护正常运输秩序的需要。由于道路客运市场已形成多层次、多家经营、多种经济形式并存的格局，有些地方由于管理工作跟不上，有些客运经营者乱开班、乱设站，干扰正常经营，致使运输秩序混乱。只有通过对客运路线的管理，才能有效地克服这些混乱现象，保护合法经营，维护市场秩序。

（3）提高经济效益的需要。当前在一些地区，经营者未经批准重复开班的情况比较严重，导致车辆运用效率不高，经济效益较差。所以要加强线路管理，才能制止盲目发展，以提高经济效益。

（4）安全生产和优质服务的需要。线路、班次的差异和流量和流向的变化，直接关系到各经营者的经济效益和客运的安全保障及服务质量，只有加强线路管理，才能做到合理安排，需求相当，消除安全隐患，提高服务质量。

2. 道路客运的基本分工及线路审批原则

（1）道路客运经营者的基本分工。其是使各种经营方式和各客运经营者扬长避短、各得其所、保障安全、提高道路客运全行业的经营水平和经济效益的基本条件。道路客运企业经营城市间、城乡间的旅客运输；城市公交企业承担城区内的客运业务。道路客运应将客运经营者的技术、人员、设施、设备进行合理分工。一般来说，大中型客运企业、队主要担负县际、地（市）际、省际的客运业务；小型的客运企业（包括个体联户）担负县（市）境内的客运业务，具备条件的，在地（市）或省级交通运输主管部门统筹安排下，也可以经营县际、地（市）际或省际的长途客运业务。

（2）道路客运线路的审批原则。其应按照改革、开放、搞活的方针，从社会实际需要出发，根据客运经营范围的基本分工，破除封锁割据，进行统筹安排。

① 适应需要。从社会需要出发，兼顾运输经营者的经济效益，按照目前人民群众对客运的需求，鼓励新增车辆面向农村和客流大、车辆少的线路。

② 统筹安排。各地交通运输主管部门对辖区内的客运线路，不论干线或支线、长途或短途、市、县内或外，均应根据运力、流量、流向和道路实际情况统筹安排，统一排定线路班次。运输经营者应服从交通运输主管部门的统筹安排。

③ 保障安全。在审批线路时，要审查经营者的运行措施是否落实，如超长途运输或通宵夜班车等客运班车是否需要换班，换班的驾驶员有无充分休息的条件等，如不具备，应责成补充后方可批准。

三、道路客运站点的管理

客运站点是集散旅客、停放车辆、直接为旅客以及运输经营者服务的场所，是道路客运网络中的“节点”，在运输市场的构成中起着“门市部”的作用。长期以来，道路客运站点一般都是由道路运输企业自办自用的。随着经济体制改革的深入，运输市场的开放，客运站点开始由封闭式的自用型向开放式的公用型转变。一方面，各地陆续举办了多种形式的服务中心或车站，为广大客运经营者特别是个体（联户）客运经营者提供了站场服务；另一方面，运输企业自办专用的车站，也逐步向社会开放，并实行站运分设，客运站点将逐步从运输企业中分离出来，成为相对独立的运输服务经营单位。

道路运输管理部门对客运站点管理的主要内容和方法有以下四个方面:

1. 站点规划

客运站点的规划，关系到整个客运网点的布局。客运站点管理的主要内容的基本原则是：地点适宜，方便旅客，布局合理，留有余地。因此，站点的设置应做到以下几个方面：① 方便旅客的集散和换乘；② 布局合理，列入城市建设的总体规划；③ 衔接其他运输方式，车辆流向合理，出入方便；④ 留有发展的余地。

根据上述原则和要求，运输管理部门在规划客运站点时，一是要有远见，要与城镇整体规划配套；二是要与城建、公安等相关部门充分磋商，取得他们的支持和配合；三是要保持规划的严肃性，规划一经审定，不能任意废除或改变。

2. 监督有关客运方针、政策和规章的贯彻实施

在客运站的经营活动中，要坚持放宽搞活的方针，对进站的运输车辆，不论其隶属关系和经济性质如何，在合法经营的前提下一视同仁，在经济利益上平等对待。任何类型的车站应以国家或部门的有关规定来规范经营活动，并严格遵守管理部门关于线路、班次的安排准班正点，以维护旅客和经营者的合法权益。

3. 协调好各方面的关系

客运车站，特别是“公用型”的车站，既是一个各方面合作体，又是矛盾集中点，协调好各方面的关系，是管理工作的重要内容之一。

（1）协调好车站与旅客的关系。旅客是车站的主要服务对象，应当按照规定使旅客的权益得到尊重，并敦促旅客遵守公共秩序和客运规章，以便在广大旅客的支持与配合下，使车站圆满完成旅客的迎送任务。

（2）协调好车站与参运者的关系。参运者是客运运力的提供者，双方的权益和义务应通过经济合同的形式予以确定。参运者应按规定的线路和班次提供合格的车辆，保证准班正点运行；车站则应尽最大可能维护参运者的经济利益，合理配载旅客，提供必要的后勤保障，在全心全意为旅客服务的共同目标下，为发展道路客运事业各负其责。

（3）协调好参运者之间的关系。在多家经营、统一管理的原则下，对进站参运的不同渠道、不同经济性质的车辆，要予以合理安排，在充分满足旅客旅行需要的前提下，兼顾各方利益。参运车辆和人员应服从管理部门的统一安排，车站的调度，互让互利，协同完成旅客输送任务。

（4）协调好站与站之间的关系。道路客运是在较为广阔地域内进行的一种经营活动，有超区域特点，存在着地区之间相互协作的关系，需要省际、市际、县际的车站相互配合，其中存在着班次安排、旅客配载、票款结算、途中救助、人员接待和修车加油等许多具体问题。一般来说，车站之间和企业之间对这些具体问题的解决与处理，必须通过协议加以明确，运管部门主要是在协议过程中参与协调，履约过程中予以监督和调解。

4. 加强安全优质服务的监督

客运车站是服务性单位，又是社会文明的“窗口”，安全优质服务是车站工作的基本宗旨。运管部门在站点管理工作中，要把指导和监督车站开展安全优质服务列为重点。

（1）在加强物质文明建设的同时，一定要抓好车站精神文明的建设。重点是加强站务工作人员的思想教育和职业道德教育，组织创建“文明站”的评比竞赛活动，对于在优质服务中有突出成绩的车站，予以表彰。

（2）帮助车站建立和健全安全优质服务的各项规章制度，完善岗位服务规则。站务人员实行持证上岗，鼓励旅客监督奖优罚劣，以提高安全优质服务的自觉性。

（3）督促车站逐步完善安全优质服务的各项设备、设施，为安全优质服务创造良好的条件。

第四节　道路货物运输管理

一、道路货物运输管理的原则

道路货运管理是道路运输管理部门的一项重要职责。在货运中，应坚持以下五项原则：

（1）坚持改革开放的方针，鼓励多家办运输的积极性；建立开放、活跃的运输市场；发展多层次、多成分、多渠道的运输经济；打破条块的分割和封锁，促进商品经济的发展。

（2）坚持计划调节和市场调节相结合的原则，搞好合理运输。对县以上人民政府确定的抢险、救灾、战备运输任务，下达指令性任务，确定承运单位，实行责任运输，保证完成；经省人民政府确定的重要大宗物资、港站集散物资以及定线货班车运输，按指导性计划实行合同运输，统筹安排，搞好协调；按照谁受托谁承运和择优托运的原则进行运输。

（3）坚持安全第一，优质服务。运输的职责就是要确保社会物资实现安全、及时的“位移”。在运输过程中必须根据各类货物的性质、要求，按规定作业，高标准、高质量搞好全程服务，严防货损货差。

（4）坚持自愿、平等、互利的原则，加强横向联系。发展联营和联运，是提高社会效益和企业经济效益的有效途径。各级交通主管部门应提倡和引导以中心城市为依托，以大中型运输企业为骨干，在各运输单位之间、各运输方式之间，按自愿、平等、互利的原则，建立横向联系，实行多种形式的联合和联营，开展合理运输和直达运输，相互配载，减少车辆空驶，加速货物流转。

（5）坚持政企分开的原则，保护企业自主经营的权益。从事营业性货物运输的企业，在接受国家计划指导，保证完成指令性运输任务的前提下，有独立进行经营活动的自主权。各级交通主管部门要尊重和保护企业的合法经营，不得干预企业的生产经营活动，并要保障货主的正当权益。

二、道路货运市场管理的范围与内容

1. 道路货运市场管理的范围

（1）道路货物运输有营业性运输和非营业性运输之分。道路货运市场管理的范围是营业性运输。确切地说，道路货运市场管理范围不仅包括专门经营运输的企业和个体的运输活动，还包括以自用车辆从事营业性运输的运输活动。

（2）市场管理和行业管理是既有密切联系而又有区别的两个概念，其管理的范围有所不同。市场管理只限于营业性运输，而行业管理则不论营业运输还是非营业运输，都在它的管理范围之内。

2. 道路货运市场管理的内容

（1）开业停业管理。主要是从行业管理的角度出发，对经营者从事货物运输业务资格的审查。对符合规定条件的经营者，进行登记，发给经营许可证和营运证，对要求停业的经营者，审查批准后，收回经营许可证和营运证。

（2）运价管理。运价管理是运输市场管理的重要经济手段之一，具有稳定市场、调节市场、完善市场机制的功能。运价的制定、调整实施与监督是行业管理工作的重要组成部分。运价的制定和调整，应体现运输价值，反映供求关系，合理安排不同运输条件、不同运输方式的比价关系。国家和地方的定价具有法律效力，运管部门负有贯彻实施与管理监督之责。

（3）单证管理。单证是道路运输经营者进行经营活动的证件、标志和记录。统一单证的使用和管理是强化行业管理，堵塞漏洞，维护合法经营和承托双方利益的重要手段。它有利于货畅其流，车便于行。单证是一项重要而又繁杂的工作，需要专人负责，专门管理，其设计、印刷保管、领发、启示、收缴、结算、销号，都要有严密的程序和制度。

（4）运输组织管理。运管部门通过组织、协调、监督、服务，达到运力与运量的平衡，保证货物运输及时、经济、安全、合理流转，叫做运输组织管理。由于货运市场的分散性，货物流量与运力分布的不均衡性，使货物运输的组织管理比较复杂，需要采取多种方式和手段。除通过价格、单证等手段外，还可通过源头管理掌握运力，通过场、站、码头和货运服务中心掌握货源，通过承托双方经济合同组织合理运输，通过横向进行合理配载，通过查处非法活动稳定市场秩序。

第四篇

其他运输方式经济分析

第一章 民航运输经济

第一节 航空运输概述

一、航空运输体系

1. 航空运输设备体系

航空运输设备体系包括飞机、机场、空中交通管理系统和飞行航线四个部分。这四个部分有机地结合，在空中交通管理系统的协调控制和管理下，分工协作，共同完成航空运输的各项业务活动。

(1) 飞机是航空运输的主要运载工具。按运输类型的不同，民用飞机可分为运送旅客和货物的各种运输机和为工农业生产作业飞行、抢险救灾、教学训练等服务的通用航空飞机两大类。按其最大起飞重量，民用机可分为大型、中型、小型飞机；按航程远近，可分为远程、中程、短程飞机。

(2) 机场是提供飞机起飞、着陆、停驻、维护、补充给养及组织飞行保障活动的场所，也是旅客和货物的起点、终点或中转点。机场由供飞机使用的部分（包括飞机用于起飞降落的飞行区和用于地面服务的航站区）和供旅客、接用货物使用的部分（包括办理手续和上下飞机的航站楼地面交通设施及各种附属设施）组成。

(3) 空中交通管理系统是为了保证航空器飞行安全及提高空域和机场飞行区的利用效率而设置的各种助航设备和空中交通管制机构及规则。助航设备分为仪表助航设备和目视助航设备。仪表助航设备是指用于航路、进近、机场的管制飞行，包括通信、导航、监视（雷达）等装置。目视助航设备是指用于引导飞机降落、滑行的装置，包括灯光、信号、标志等。空中交通管制机构通常按区域、进近、塔台设置。空中交通管制规则包括飞行高度层配备，垂直间隔、水平间隔（侧向、纵向）的控制等。管制方式分程序管制和雷达管制。

(4) 飞行航线是航空运输的线路，是由空管部门设定飞机从一个机场飞抵另一个机场的通道。飞行航线分航路、固定航线、非固定航线。航路是用于国与国之间、跨省市航空运输的飞行航线，规定其宽度为 20 km。固定航线是用于省市之间和省内定期航班飞行，尚未建立航路的飞行航线。非固定航线是用于临时性的航空运输或通用航空飞行，在航路和固定航线以外的飞机航线。

航空运输体系除了上述四个基本组成部分外，还有商务运行、机务维护、航材供应、油料供应、地面辅助及保障系统等。

2. 运输管理体系

现代航空运输业是一个资金密集型高风险高科技产业，拥有巨额资金、先进技术和设备、复杂的生产过程和严格的生产质量标准、全球性的生产规模和庞大的员工队伍。经过近一个世纪的发展，民用航空运输业在国际、国内以及企业内部已经形成一整套管理体系，以保障民用航空运输业正常、安全、健康地发展。

(1) 国际民用航空运输管理。民用航空运输业具有国际性。国际民用航空运输管理机构负责制定国际民用航空运输活动的行为规范，协助国际民用航空运输业务关系，以保障国际航空运输的航行安全和有序发展。因此，通过国际民航管理机构的协调与管理，世界各国民航运输企业在国际民航活动中实行统一的技术标准航行规则、操作规程；执行统一价格体系、价格标准和票据规格；遵循统一的国际法规准则、公正处理国际航空事务等。

当今世界上有许多国际性航空组织，具有较大影响的主要有两大国际民用航空运输管理机构，一个是“国际民用航空组织 ICAO（International Civil Aviation Organization）”，另一个是“国际民用航空运输协会 IATA（International Aviation Transport Association）”。

ICAO 的作用是：制定和监督执行有关航空运输飞行安全和维护国际航空运输市场秩序的标准，利用航空技术以保证飞行安全，促进发展与和平，在尊重主权的基础上公平发展。

(2) 我国的航空运输管理体系。我国的航空运输管理体系已发展、形成了以航空公司、机场、管理局（航管部门）为主体的基本格局。中国民航总局是国务院的直属机构，是中国政府管理和协调中国民用航空运输业务的职能部门，对中国民用航空事业实施行业管理。

全国分为七大民用航空管理区，有民用航空总局下设的七个民用航空地区管理局，负责管理本地区所属航空公司机场、航站、导航台等企事业单位的行政与航空事务。

航空公司是直接进行民用航空客货邮运输的企业，是具有独立法人地位且从事生产和市场销售的营利性单位。它拥有机队、航线、销售服务网络等。

直属航空公司是利用国家投资组建、隶属中国民用航空总局管理的直属航空公司，主要有中国通用航空公司、云南航空公司、长城航空公司和中国航空股份有限公司等企业。地方航空公司是利用地方资金组建的航空公司，其航务由民用航空地方（省、市）管理局负责管理，资金和人事等方面主要由地方政府管理。

二、航空运输的特点

现代航空运输是社会生活和经济生活的一个重要组成部分，航空运输的快速发展是和它自身的特点密切相关的。与其他运输方式相比，航空运输的优点表现在以下几个方面：

(1) 速度快。航空运输在各种运输方式中运输速度最快，这是航空运输的最大特点和优势。飞机时速为 1 000 km 左右，距离越长，所节约的时间越多，快速的优势也越显著。因而航空运输最适用于中长距离的旅客运输、邮件运输和精密、贵重或鲜活易腐物品的运输。

(2) 机动性大。飞机在空中飞行，受航线条件限制的程度相对较小，可跨越地理障碍将任何两地连接起来。航空运输的这一优点使其成为执行救援、急救等紧急任务中必不可少的手段。

（3）舒适、安全。现代民航客机平稳舒适，且客舱宽敞、噪音小，机内有供膳、视听等设施，旅客乘坐的舒适程度较高。在各种运输方式中，航空运输的事故率和死亡率最低。随着科技进步和管理的不断完善，航空运输的安全性将进一步提高。

（4）基本建设周期短、投资少。发展航空运输的设备条件是添置飞机和修建机场。这与修建铁路和公路相比，建设周期短、占地少、投资省、收效快。

航空运输的主要缺点是飞机机舱容积和载重量都比较小，运载成本和运价比地面运输高。飞机飞行往往要受气象条件限制，因而影响其正常、准点。此外、航空运输速度快的优点在短途运输中难以显示。

三、我国民用航空发展现状

我国目前已经形成以北京、上海、广州三大枢纽机场为中心，以沈阳、西安、乌鲁木齐、武汉、成都、昆明 6 个地区枢纽为依托，以省会机场和一大批支线机场为网点，联结国内 127 个城市，联结 38 个国家 80 个城市的航空运输网络的航空运输格局，初步形成了功能完善、层次清晰、分工明晰的机场体系。截至 2004 年底，我国民航拥有运输飞机 754 架，其中大中型飞机 675 架，均为世界上最先进的飞机。共有民航运输机场 133 个，定期航班航线达到 1 200 条，其中国内航线 975 条，国际航线 225 条，境内民航定期航班通航机场 133 个（不含我国香港、澳门地区）。2005 年我国主要机场航空业务量统计见表 4.1.1。

表 4.1.1　2005 年我国主要机场航空业务量

排名	按旅客吞吐量		按货邮吞吐量		按起降架次	
	机　场	旅客量（万人次）	机　场	货邮量（万 t）	机　场	起降架次
1	北　京	4 100.40	上海浦东	1 885.71	北　京	341 681
2	上海浦东	2 366.50	北　京	78.21	广　州	211 309
3	广　州	2 355.83	广　州	60.06	上海浦东	205 046
4	上海虹桥	1 779.73	深　圳	46.65	上海虹桥	169 957
5	深　圳	1 628.31	上海虹桥	35.96	洛　阳	162 944
6	成　都	1 389.99	成　都	25.10	深　圳	151 430
7	昆　明	1 181.87	昆　明	19.65	成　都	132 901
8	杭　州	809.26	杭　州	16.59	昆　明	109 035
9	西　安	794.20	厦　门	15.87	西　安	91 372
10	海　口	702.74	南　京	13.94	杭　州	79 262

注：旅客吞吐量包括直接过站人数。

2004 年全国通航机场共完成运输旅客周转量、总周转量、旅客运输量和货邮运输量四项指标分别达到 1 782 亿人 · km、231 亿 t、1.21 亿人次和 270 万 t，分别比 2003 年增长 41.1%、35.3%、38.1% 和 23.3%，总周转量和旅客运量突破 200 亿 t · km 和 1 亿人次大关，进入世界前 3 名；机场旅客吞吐量 2.42 亿人次、货邮吞吐量 552 万 t。

从国内市场来看，我国航空行业呈现三寡头统领市场的局面。2004 年，中国国际航空集团公司、南方航空集团、东方航空集团三大航空公司完成的总周转量分别占国内民航运输市场的 29.23%、25.17%、19.63%，共占据了国内 71.4% 的客运市场份额和 65.1% 的货运市场份额。

第二节　民用航空运输市场概述

一、民用航空运输市场的概念

民用航空运输市场不只是买什么和卖什么的简单概念，它是一个复杂的社会群体价值交换活动的统一体。我们知道，航空运输是一项有组织的社会活动，承运人根据旅客或货主的需求，在规定的时限内，利用相关设施，按照某种价格，使用航空器将旅客或货物运送到指定目的地。这种由旅客或货主的需求与航空承运人实施这种需求的承诺所产生的等价交换的社会群体经济关系，形成了民用航空运输市场。实质上，民用航空运输市场是一定区域范围内的航空运输需求与实现这种要求的协调与组织的过程，也是航空承运人向公众提供航空客货运输服务的过程。

从市场观点来看，就像其他有形商品的市场一样，在民用航空运输市场中，旅客或货主（顾客）需要的是“将某人或某物在某时按某种要求和某种价格运送到某地”。虽然这里“顾客”需要的是一种无形的服务过程，但是这种无形的服务过程却有具体的客观要求。航空承运人按照这种要求予以兑现，产生特定的客观效果。这种实现旅客或货主要求的过程就是航空承运人所要提供的“服务”，也就是航空运输业生产的“产品”。这种“产品”就是民用航空运输市场中具有价格的“商品”。显然，在人类社会活动中，只要存在需求，就将会产生市场。另一方面，“哪里有社会分工和商品生产，哪里就有‘市场’”。因此，市场的存在与商品的生产相互依托，并受多方面因素的影响。

一般来说，民用航空运输市场由五个基本部分组成：商品、需求方、供给方、中介方和政府管理机构。在任何一种市场中，商品是市场存在的基本条件。民用航空运输市场中的“需求方”一般是指旅客或货主，“供给方”是指提供航空运输服务的航空运输企业，如航空公司、民用机场等。只有需求方和供给方都存在时，才能产生市场行为。“中介方”一般是指航空存货运输代理人，其将旅客或货主的需求与航空承运人所能提供的服务进行沟通与结合，或代表航空承运人向顾客销售“服务”。政府管理机构主要是指民用航空管理当局、民用航空运输管理组织以及工商税务等机构，对航空运输生产和市场的政策、价格和运输秩序进行调控监督。

二、民用航空运输市场分类

现代运输业有五大运输体系：铁路运输、道路运输、水路运输、航空运输和管道运输。由于每一种运输方式都有各自的特点，以满足不同的社会需求，因此便形成各自的市场，那就是：铁路运输市场、道路运输市场、水路运输市场、民用航空运输市场和管道运输市场。

就民用航空运输市场而言，它是民用航空运输企业的生存之本。航空运输企业在制定企业发展规划和市场营销计划时，将会针对不同的市场类型采用不同的发展策略和促销行动。

民用航空运输市场有多种类型：

（1）按运载对象分类。根据航空运输运载的对象特征，民用航空运输市场可分为：

① 民用航空旅客运输市场；

② 民用航空货物运输市场，包括航空邮件运输。

（2）按地理范围分类。根据航空运输的区域范围，民用航空运输市场可以分为：

① 民用航空国内运输市场，是指运营的国内航线及其关联区域；

② 民用航空国际运输市场，是指运营的国际航线及其关联区域；

③ 民用航空地区运输市场，是指运营的地区航线及其关联区域。

（3）按运送时限分类。根据航空运输的时间规律，民用航空运输市场可以分为：

① 民用航空定期运输市场，是指定期航班运输；

② 民用航空不定期运输市场，是指不定期航班运输，包括包机运输；

③ 民用航空快捷运输市场，是指航空快递货邮运输业务。

三、民用航空运输市场特征

运输业是国民经济建设的第三重要支柱产业。作为全社会运输行业的一个重要分支，航空运输业与整个社会的经济发展密切相关，与国民经济相互促进发展。从市场方面看，民用航空运输市场是整个市场体系的一部分，是生产与消费的联系纽带，遵循着市场规律和价格规律，具有普通市场的特征；但是由于是经过航空运输，又具有与其他行业、其他运输方式不同的特点，因此又具有特殊的市场特性。

（1）供求依赖性。从前面介绍的民用航空运输市场基本组成可以看到，民用航空运输市场具有普通市场的特性，存在着市场的需求方和供给方，这种关系在政府和有关当局或机构的管理和监督下维持。另一方面，只有当需求方存在时，承运人才有通过市场得到发展的机会。

（2）经济同步增长性。国民经济的增长，将促进（航空）运输业的发展。在 1978—1995 年期间，中国国民生产总值和民航定期航班运输总周转量处于同步增长。这就是说，国民经济的发展，促进了各行各业对运输的需求，为航空运输提供了市场和发展的机遇；同时，也为民用航空运输业的发展提供了经济基础。

（3）区域性。民用航空运输市场受地理区域的影响十分明显。由于航空运输客货运价较高，航空运输业务主要发生在经济发达国家和地区，如北美洲、欧洲以及太平洋沿岸国家。在我国，主要发生在沿海一带的城市。另一方面，由于航空运输需求机场这一特殊限制，因此，民用航空运输市场又基本集中在经济发达的城市及其周边地区。民用航空运输市场的这种区域性影响，主要是地区经济发展的结果。由于地理位置和自然条件形成的市场环境和市场分布对航空运输企业的发展产生十分重要的影响。因此，航空公司在开辟航线之前，不仅要认真考虑区域经济繁荣程度、发展状态和发展前景，而且还要考虑当地文化的发达水平甚至宗教因素等对未来目标市场的影响。

（4）季节性。民用航空运输市场是一个季节性较强的领域。在一年四季中，我国民用航空运输淡季一般在 1、2 月，其原因一是新年伊始，其中春节又在这一段时期，公务旅行的常客少；二是隆冬季节，游客减少。我国运输旺季一般在 4～11 月。运输最高峰一般在 9、10 月，这段时间是公务旅行和旅游的旺季。

（5）波动性。民用航空运输市场是一种没有实物形态的价值交换，“商品”没有存储性，极易受外界因素影响而引起波动，如政治动荡、重大事件、物价调整以及政策法规变化，都会直接影响民用航空运输市场。

（6）竞争性。民用航空运输市场内部不仅存在承运人之间的直接市场竞争，还存在与运输业界中其他运输市场的竞争。例如，在1995年下半年，我国铁路客运价格上调，航空客运价格未变。在这种情况下，部分铁路乘客改乘飞机，引起航空客运量增加。其后不久，铁路客运票价下浮，客流基本恢复正常。目前在我国，高速公路的建成和豪华客车的投入运行，对短程民用航空运输市场将带来不可忽视的冲击。

四、民用航空运输市场要素

所谓“市场要素”（又称市场组合，The Marketing Mix），是1964年美国哈佛大学鲍顿教授提出的一种新观念，用于描述在某一时期内一个企业市场决策可控制因素的类型和数量。民用航空运输市场也同样具有“市场要素”，通常称为6P。

（1）product（产品）——适合市场需求的民航运输产品，满足目标市场需要。

（2）price（价格）——制定合适的产品价格，在价格和价值相符并且市场能够接受的前提下。创造企业的最高利润。

（3）promotion（促销手段）——通过人员推销和广告宣传，加强产品与市场需求之间的信息沟通。

（4）place（销售渠道）——通过适当的销售途径，将产品适时投放到目标市场。

（5）political power（政治力量）—— 通过政治或政策的影响与干预，促进市场开拓与销售。

（6）public relations（公共关系）——利用公共关系的作用，促进市场销售。

以上六项是在开拓目标市场过程中必须考虑的可控制市场因素，也是必须强调的六个重要方面。当然，“政治力量”因素的考虑主要是针对国际市场。对于航空运输企业决策者来说，考虑的是这六个因素之间如何有机地相互结合，生产出最好的产品，以最快的速度投放到最大的市场中去，创造最高的利润。

但是，我们应该认识到，在民用航空运输市场中，还有许多不可控制因素，在企业市场行为决策时，将不可避免地受其影响，如国家政策、社会经济条件、风俗习惯、地理位置、自然资源、自然现象以及企业发展目标等。

第三节　航空运输市场的需求分析与预测

一、航空运输市场需求分析

空运市场的消费需求不是孤立的，它受各种自然条件和社会的、政治的、经济的因素影响和制约。在空运市场上，购买者需求和购买行为的特点和规律，是企业采取相应的营销策略时，首先要研究的课题。

影响市场消费需求的因素，从卖主角度来分析，可分为主观因素和客观因素。

企业在产品（包括数量、质量、品种等）、产品定价、销售渠道和市场推销手段等方面有一定的主动权，这四个方面对消费者的需求有直接的影响，这些是企业在一定范围内可以发挥主观能动的因素。所以，这些因素又称为企业影响消费需求的主观因素或可控因素。这些因素是市场学要研究的主要内容。企业研究并充分发挥这些主观因素的作用，是为了适应消费需求的市场环境。各种外在环境因素是客观存在的，企业只能认识它、适应它，但不能改变它。所以，企业往往把影响消费需求的市场环境，称为客观因素或不可控因素。这里主要讨论影响航空运输市场需求的客观因素。

1. 政治法律环境因素

国家为了保护其政治、经济利益和安全，要对企业和市场的活动给予必要的限制或保障。国家的限制或保障的意志，是通过立法等形式来体现的。于是，国家的法律和法令，以及方针、政策就构成了政治法律环境。例如，改革开放政策促进了我国经济，进而推动了我国航空运输发展；经济特区政策则促成特区所在地区航空需求的急剧增长。

此外，政治法律环境还包括社会的政治形势和安定状况。政治稳定、社会安定、经济发展、人民安居乐业，航空运输就发展；反之，空运市场就衰退，甚至企业倒闭。例如，海湾战争直接导致美国泛美航空公司的破产；前苏联解体使前苏联民航的大部分飞机停飞。

国家的航空运输政策是空运市场的政治法律环境的具体化。目前，世界各国的航空运输政策大致可分为非管制化政策、开放性政策和保护性政策三种。美国凭借其雄厚的经济实力和广阔的空域，1978 年 10 月开始实行航空非管制化政策，鼓励各航空公司竞争。新加坡因其优越的地理位置，实行开放性的航空运输政策，欢迎各国航空公司开航新加坡，以促进旅游，繁荣经济。西欧各国则出于经济实力、国土面积和市场等因素的考虑，实行保护性的航空运输政策。

目前，我国空运企业的实力还不够强大，需要国家提供诸如资金和航空运输政策方面的支持和保护，这对我国空运企业的发展起着极为重要的作用。但同时应看到，这种支持和保护不是绝对的，也不可能是长期的。我国的航空公司要参与国际竞争，就必然要开放我国的空运市场，并将最终在平等的基础上与对手展开竞争。在国家逐步减少并最终取消对航空公司的财政补贴和保护政策后，我国的航空公司将面临严峻的挑战。

2. 经济发展因素

经济发展水平决定了整个社会的经济结构和物资流通量，决定了社会的收入和消费水准，相应地也就决定了空运需求。航空运输是跨地区、跨国界的活动。考察经济对空运需求的影响，不能只局限于一个地区或国内经济的发展，而要着眼于全球经济。新加坡是弹丸小国，但新加坡航空公司的航线网是旅客平均运距最长（1987 年人均 4 607 km）的航线网。1988 年，新加坡航空公司销售的客公里占全球第 16 位，货吨 · 公里名列世界第 11 位。而同期，中国民航（包括各家航空公司的总和）销售的客公里占全球第 17 位，货吨 · 公里名列世界第 24 位。因而，国内大市场随着国内经济的发展还有待于开发。经济发展因素对空运市场需求的影响可以从经济发展总水平、经济结构变动、生产力布局调整等几个方面来分析。

（1）经济发展总水平。通常用工农业总产值、国民生产总值或社会总产值等指标衡量一个国家或地区经济发展水平。各国和各地区的情况都表明，经济增长，航空运输量也随之增长。经济发达国家或地区必定是空运需求旺盛，空运生产发达的国家和地区。

我国广东省 1980—1989 年，10 年中社会总产值年平均递增 15.2%。同时，中国南方航空公司运输总周转量年平均递增 20%，广州白云机场旅客吞吐量年平均递增 18.4%，货物吞吐量年平均递增19.2%。经济发展和空运发展都占全国第一。

厦门、温州地区的空运从无到有，迅速发展也正是顺应了这两个地区经济发展的需要。同时，航空事业又促进了地区经济的发展。

（2）经济结构变动。支持空运市场存在和发展的主要力量是经济活动，地区间的经济交往越多，空运需求越大。经济交往的多寡取决于不同形态的经济结构，封闭的自给自足性的农业型经济结构，经济交往就少，空运需求就少；开放的商品交流性的工业型经济结构，经济交往就多，空运需求就旺盛。

航空运输是国际性行业。分析经济因素还必须考虑国际经济地区结构的变动。我国处在亚洲太平洋地区，亚洲形势相对稳定，亚洲经济的增长高于世界平均增长速度，东亚地区的发展更快一些。这个地区的国民生产总值在世界总产值中所占的比重，20世纪80年代初不到1/6，90年代初已上升到1/4。亚太地区的经济崛起、我国的对外开放和经济平稳增长给了我国的航空运输业开拓的市场。

（3）生产力布局和产业结构的调整。我国工业主要集中在东南沿海，这里的工农业总产值占全国的80%以上。为使全国工业布局合理化，需把经济建设的重点逐步西移，但中、西部工业的发展要靠东部工业基地的支持和人口集中的东部市场的消费。而在起始的一定时期内，东南沿海与中西部之间的运输量不会很大，可以预料以后将会有较大的空运需求量。

例如，上海浦东地区，以我国最大的工业城市和经济中心上海为依托，以我国经济最发达的华东地区和长江沿岸广阔地区为腹地，面向太平洋，其开发开放，在国内外都有强大的吸引力，伴随而来的必然是大量的客流和物流，空运需求正逐步上升。因而，上海浦东新机场应运而生。

3. 个人的社会经济因素

人口是构成市场的基本要素。哪里有人，哪里就有衣、食、住、行等需求，哪里就有购买者。任何企业都不可能面向所有的人，所以，要对人口进行分析。除了分析一个国家或地区的总人口以外，还要研究人口的地理分布、年龄结构、性别、受教育程度、职业等因素，以便根据自己的优势选择目标市场。与人口要素紧密地联系在一起的另一个要素是收入，收入多寡是构成市场的更重要的因素。因为，市场容量的大小，归根到底取决于购买者的购买力大小。一个消费者的需求能否得到满足，以及满足的程度，也主要取决于其收入的多少。

4. 旅游资源和旅游业因素

随着经济的发展，个人收入的增加，休闲时间和活动增多，旅游已成为个人消费的主要部分。现代旅游业迅猛发展，一跃而成为仅次于钢铁和石油的第三大产业。现代旅游业正向世界性、大众性的方向发展。

由于旅游活动是人们从居住地到旅游地的空间移动，因此，它必然要通过一定的交通方式来实现。航空运输使旅游的范围从国内、地区内扩大到世界范围。人们可以在有限时间内进行长距离的旅游活动。当今，便利的交通已成为一个旅游点的必备条件，许多旅游点的形成都离不开航空运输。几乎所有世界上的重要航空港都是旅游中心城市和旅游者集散地。特别是旅游资源丰富的地区，只要有了便利的航空运输，便迅速成为旅游热点。

二、民用航空运输市场预测

就像任何其他行业一样，民用航空运输企业的各级管理部门，每时每刻都准备处理随时可能出现的情况。他们的这种“准备”，就是基于针对已经考虑到的各种可能性和期望结果所做的决策。这种“期望”和“预计”的过程，就是“预测”。

1. 民用航空运输市场预测的概念

“民用航空运输市场预测”是对未来某一时期内民用航空运输市场需求进行量化的过程；就是根据民用航空运输市场调查所获得的数据和资料，科学地分析和判断未来一段时期内的客货流量、周转量等；对于机场来说，就是要客观地“估算”飞机起降次数、机场客货吞吐量。这种量化，可以是用多少“元”来衡量运营收入，或者是用多少“盈利客 · 公里（RPK）”来衡量客运量，或者是用多少“t · km（FTK）”来衡量货运量。

盈利客 · 公里 RPK（Revenue Passenger Kilometer），就是飞机在盈利性民用航空客运飞行服务中，将一位旅客运送 1 km。RPK 的计算公式是：

$$RPK = \sum_{n=1}^{j} P(n) \times M(n) \tag{4.1.1}$$

式中：$P(n)$——第 n 个航段上运送的旅客数；$M(n)$——第 n 个航段的飞行公里数。

货物吨 · 公里 FTK（Freight Ton Kilometer），就是飞机在盈利性货运飞行服务中，将 1 t 货物（合 2.205 磅）运送 1 km。FTK 的计算公式是：

$$FTK = \sum_{n=1}^{j} F(n) \times M(n) \tag{4.1.2}$$

式中：$F(n)$——第 n 个航段上运送的货物吨数；$M(n)$——第 n 个航段的飞行公里数。

换言之，这种量化就是根据已经获得和掌握的数据或资料以及经验，对未来的市场发展作出评判和估算。当然，所做的这种预测可能会超出航空承运人或企业管理人员的主观实现能力，也可能会与客观情况发生较大的差距。显而易见，“预测”与“计划”有很大差异。“计划”是基于“预测”，对将要实现的目标采用具体措施进行的具体安排、具体规划，成为各级管理人员的行为依据和努力目标。

航空运输市场预测，不仅预测客货运输市场的综合需求，而且还要根据航空燃油价格趋势、生产设施的状况等因素预测航空运输企业的生产能力。具体地说，针对航空运输企业的发展目标对民用航空运输市场预测，需要对民用航空运输产品、市场范围、销售时间等进行分类预测。

（1）消费类型预测。针对市场特点，有时必须对不同的产品、不同的消费群体的需求量分别进行估测。例如，在某一城市对航线上往返的商人较多。根据市场调查，在这一航线上的公务舱客票销售情况良好，有时甚至脱销。针对这种情况，可以对公务舱的需求量和商人的消费水平进行调查和预测，以便调整产品生产量或开发新的适销产品。

（2）市场的区域性预测。航空运输市场的区域性预测十分必要。就是说，针对某一或某些产品，对它（们）在具体的国际（地区）、全国或地方市场的需求量进行估测。例如，某年某月在中国举办“世界杯”，市场部门需要对以下几方面的情况进行预测，以便采取相应的市场措施。

① 决赛将在哪些通航城市或通航城市的邻近城市进行；

② 哪些国家或地区将有代表队参加比赛；

③ 随同参赛队前来的群体规模，包括球迷；

④ 比赛场次安排。

另一方面，根据区域性政治、经济、文化、外交和贸易等方面的发展进程，对区域性民用航空运输市场进行相应的预测。

（3）市场的时间性预测。民用航空运输市场的时间特点较强，因此对市场消费时间的预测十分重要。应根据市场在不同时期内需求量的预测，作出短期、近期、中期和长期计划安排。例如，周期性的国际或地区贸易交流会、重大赛事或会议、季节性旅游高峰、民工期、节假日等。

2. 民用航空运输市场预测的目的

进行民用航空运输市场预测有多种意图。从上面介绍的有关民用航空运输市场预测的基本概念可以看出，市场预测一方面是预测航空客货运输市场的需求量，另一方面是预测航空运输企业的生产能力。根据预测的市场需求和生产能力，对企业的人员安排、资金投向、航线发展、机队规划以及成本与运营收益等进行计划。

航空运输市场预测通常分为短期市场预测、中期市场预测和远期市场预测。

（1）短期市场预测通常指 1 个月至 1 年期间，如市场竞争形势、航班计划、促销计划等。

（2）中期市场预测通常指 1～5 年期间，如航线计划等。

（3）远期市场预测，又称长期市场预测，通常指 5 年以上的期间，如机队规划和机场基础设施建设计划等。

航空运输企业进行市场预测的主要目的，是为生产计划决策提供如下三个方面的参考：

（1）分析与研究。航空运输企业必须根据市场预测的材料进行分析研究，对市场及其发展前景进行选择和判断，以确定航线运输服务计划、机队规模以及市场规模和收益水平等。例如，一个骨干航空公司，根据预测的航线客货运输需求和机场能力，进行是否购买波音 777 或空客 A340 飞机的可行性研究。一个地方航空公司，根据市场预测，进行是否开展城市对运输飞行服务的可行性研究。另一方面，还必须对可能的成本和收益进行分析。

（2）计划与安排。航空运输企业根据市场预测和当前的生产能力，必须对有限的生产资源（如人力、物力和财力）进行短期的或长期的计划和安排，形成可行的生产计划，包括市场发展计划。

（3）管理与控制。航空运输企业在实施生产计划的过程中，结合实际情况，比较和对照预测结果，调整和完善计划，使计划目标切实可行，并根据计划目标，对具体实施过程进行控制。

3. 航线运量预测

航空公司进行航线运量预测，主要目的是用于经营决策、运力调配和开辟新航线。

由于航线运量具有显著的季节性特征，在市场运量统计分析的基础上，对具体航线的季度运量和月份运量都要进行预测，以充分发挥运力作用和市场潜力。

4. 机场运量预测

机场运量主要包括旅客吞吐量、货邮吞吐量、飞机起降次数和频率、国际国内旅客离港中转/过站/到达的数量。机场运量预测对于航线预测过程中的运量调配非常重要。

关于上述几种运量分析和预测的具体算法，请读者参阅有关书籍，这里不再赘述。

第四节　航空运输成本分析与定价策略

一、航空运输成本的概念

运输成本是补偿在运输生产中消耗的物化劳动和活劳动的货币表现。航空运输成本包括飞机折旧（或租金）、燃油费、飞机和发动机大修理费、飞机维修费、飞机保险费、空勤人员工资、起降服务费、管理费等。它近似地反映了运输价值量的变动趋势。它可以作为制定运价的主要依据，它是运输产品定价的最低界限。

飞机的运输成本也可以叫做总使用成本，用 TOC 表示。TOC 可以分为两部分：与飞机营运直接相关的“直接使用成本”（DOC）；与飞机营运无直接关系的“间接使用成本”（IOC）。

用公式表示：　　$TOC=DOC+IOC$

（1）直接使用成本 DOC 的构成。DOC 是衡量飞机使用经济性的依据，由现金成本和所有权成本构成。其中现金成本包括：

① 飞行机组费，其中包括工资、福利、津贴和熟练飞机训练费；

② 客舱乘务员费用，包括工资、福利、津贴；

③燃油费；

④ 维修费，由直接维修费和间接维修费组成；

⑤ 飞机起降费和灯光费，按 CAAC 规定，对每班次只收费一次，根据飞机总重分档收费，国际航班收费还需区分机场、机型和起落时间是否峰值时间；

⑥ 航路费和机场进近指挥费，按 CAAC 规定，根据飞机在航路上飞行的公里数及飞机的总重分档收费；

⑦ 旅客过港服务费和运输服务费；

⑧ 机上餐食、饮料供应；

⑨ 飞机清洁费和商务特种车辆使用费。

所有权成本包括：

① 保险费，其中包括基本费、战争险费和旅客保险费等；

② 折旧，折旧只是对最初购置费的分摊，其中包括飞机、备品配件等，起飞全重≥100 t 的新飞机，折旧年限是 12～15 年，10% 残值，起飞全重＜100 t 的新飞机，折旧年限是 8～10 年，10% 残值。旧飞机的折旧年限为 7 年，无残值；

③ 利息。

（2）间接使用成本 IOC 的构成。IOC 是指与飞机飞行无直接关系的费用。如航空公司的管理费和财务费用、销售费用、广告宣传费、地面交通费，办公室租赁费、通讯费和机组培训费等。为了便于分析，航空公司往往将 IOC 费用折合成 DOC 费用的百分数。各航空公司折合的百分数是不一样的，大多数中国航空公司的折合百分数在 25%～50%之间，有的甚至更大些。

二、航空运价结构与运价的制定

1. 运价结构

运价结构主要可分为按距离别的差价运价结构以及按货种别的差价运价结构两种形式。

航空客运运价基本上是属于按距离别的差价运价结构。运输费用是随着运输距离的延长而增加的，按距离远近制定运价是最简单、最基本的运价结构形式。但运价与距离不是成正比例变化的。公里运价是按递远递减原则制定的，即运价随着距离的增加而增加，但不如距离增加的快。也就是说，虽然运价总额长距离比短距离多，但每公里运价短距离较高，而长距离较低。这主要是由于运输成本的变化是递远递减的，即单位运输成本是随着运输距离的延长而逐渐降低的。

2. 制定航空运价的依据

（1）航空客运运价的特点。制定航空客运运价（FARE）要从航空客运运价的特点出发。航空客运运价的特点是由运输产业的特点所决定的。主要是: ① 航空客运运价只有销售价格一种形式，没有中间价格，不像工业产品有出厂价、批发价、零售价、调拨价等；② 运价与距离有密切关系，运价的制定是以运输成本为主要依据的，运输成本是随着距离的变化而递远递减的；③ 航空客运的国内运价受国家的直接控制；而国际运价则由国际协议或国际运价会议制定，经各国政府批准后执行。

分析航空客运的运价通常是以运价率（每客公里票价）为分析对象，这样具有可比性。运价等于运价率乘运价里程。国内航线的运价里程由中国民航总局统一规定，国际航线的运价里程由 IATA 规定。

$$BR = \frac{YC + LY + SJ}{TZ} \tag{4.1.3}$$

式中　BR——基本运价率，即基价，单位为元/吨 · 公里。YC——运输成本，按航线的平均计划成本计算。LY——利润额，基本按资金利润率计算利润额。SJ——税金总额，按国家规定税率计算。TJ——周转量。

各航空公司制定了本公司的基本运价率 BR 之后，就着手制定各航线的运价。

$$FARE = BR \times D_{ij} \times C_{ij} \tag{4.1.4}$$

式中：D_{ij}——运价里程；C_{ij}——航线系数。

（2）影响运价率的主要因素。

① 运输成本；② 盈利水平；③ 国家税收政策与税金；④ 运价政策；⑤ 各种运输方式之间的比价关系；⑥ 市场的供求关系。

3. DOC 组成分析

航空公司的 DOC 主要用于四个方面:

（1）飞机飞行耗费。这主要包括燃油费、机组费、维修费和折旧费等。

（2）旅客。这主要是支付旅客空中旅行所需的食品饮料费、礼品费、清洁用品费，旅客过港服务费等。

（3）空中交通管制与机场。这主要包括航路费、机场进场费、飞机起降费、灯光费、飞机清洁费和商务特种车辆使用费、停场费、运输服务费等。

（4）其他。如保险费、利息等。

4. IOC 组成分析

航空运价中 IOC 占有相当的份额，主要是两大块支出：销售与管理费用和财务费用。

销售与管理费用是指企业行政管理部门为管理和组织营运生产活动的各项费用，包括销售费用、公司经费、工会经费、职工教育费、劳动保险费、董事会费、房屋租赁费、咨询费、审计费、税金（指房产税、车船使用税、印花税等）等。管理费用中除航空公司自己耗费的以外，还包括上交给管理局的管理费和基础设施建设基金等。

销售费用主要用于航空公司的售票处开支和代理人的售票手续费。显然销售系统设置与政策对销售费用的支出影响很大。航空公司、管理局机关的设置、管理理念与管理水平的高低对需要支出的管理费用影响很大。

财务费用是指企业为筹集资金而发生的各种费用。包括企业营运期间发生的利息支出、汇兑净损失、调剂外汇手续费等。

5. 运价的协调确定

航空客运运价的确定，不论是国内运价还是国际运价，其政策性很强。运价的确定与管理是航空客运业的复杂问题，也是市场营销学专题研究的问题。

经政府批准公布的国内航空客运运价是航空客运行业的国内运价，也是国家按宏观调控原则，协调各种运输方式运价比之后所确定的运价。执行这个规定运价后，由于各个航空公司的管理水平、成本控制的不同，即便飞同样的航线，盈利也不会一样的。每隔一段时间，政府调整并公布一次运价，在此期间，各航空公司需及时向政府报告本公司所希望得到的建议运价。

国际航空客运的运价是受国际协定约束的运价，它可以是双边协定，也可以是多边协定，如国际航空运输协会（IATA）所通过的协定。制定国际航空运价一般是由有关航空公司进行协商，取得协议后报有关政府批准。航空公司间的协商一般主张多边协商，并尽可能利用 IATA 的运价协议机构。1978 年 3 月 8 日国际民航组织制定了一个“双边运价标准条款”，供各国在双边协定中参照引用。

三、运价的等级与分类

1. 运价的等级

运价的等级与航空客机的客舱布局有密切的关系。一架飞机的座位数与飞机客舱的大小、过道数、每排座位数、排距、客舱设备布置及应急出口数量、位置有关。舱位的等级主要取决于每排座位数、排距、坐椅的款式、设施配置和机内服务等级。舱位等级不同，运价等级也不同。标准高的舱位，运价的等级也高；标准低的舱位，运价的等级也低。

考虑到不同旅客的不同要求，航空客机的客舱设计分为头等舱和普通舱两种。每种舱又分为几种规格。相应的运价等级就称作头等舱运价和普通舱运价。对于无任何限制的头等、经济和中间等级的运价，称为普通运价（Normal Fare）；否则就称为特别运价（Special Fare）。

2. 运价的分类

运价分等级后还需要分类。依运价分类的因素可分为：

（1）根据使用范围分。

① 国内航空客票价分：公布票价，折扣票价。

② 国际航空客票价分：普通运价（Normal Fare）和特殊运价（Special Fare）。两者的根本区别在于普通运价限制条件较少，但运价高；特殊运价限制条件较多，但运价低。

（2）根据运价的使用顺序分。

① 协议运价是由两国或多国协议制定的运价。

② 公布直达运价是由 IATA 公布的直达运价，根据对旅客实际购票航程的分析，公布直达运价还可以区别为：超里程运价、中间较高点运价、单程或往返程运价、方向性最低收费运价。

③ 比例运价，在没有公布直达运价时，用比例运价的方法构成的直达运价。

④ 分段相加最低组成运价，根据对实际航程的分析可区分为：中断航程运价、来回程运价、环程运价、缺口程运价等。

（3）根据舱位的规格分。

① 头等舱（First Class）运价，头等舱设计一般为每排 4 座，排距规格（Seat in Pitch）有：1 050 mm（41.5 in.）、965 mm（38 in.）、915 mm（36 in.）；

② 普通舱运价，普通舱位的设计有多种变化，依飞机的型号、机内通道数、所追求的座位数、应急出口的位置、普通舱的级别、设施的布局和服务标准而不同，特别是排距和坐椅款式。普通舱的排距有以下几种规格：890 mm（35 in.）、864 mm（34 in.）、838 mm（33 in.）、810 mm（32 in.）、762 mm（30 in.）。

（4）根据设施水平和服务等级分。

① 头等舱运价再区分为：R 超音速飞机舱位（Supersonic Class）、P 超豪华头等舱（First Class Premium，Luxury Class）、F 头等舱（First Class）；

② 普通舱运价再区分为：公务舱，包括：J 超豪华公务舱（Business Class Premium），C 公务舱（Business Class）。

经济舱，可再细分为九个子舱位，详细内容请读者参阅相关资料。

四、票价定义与分类

1. 票价定义

票价不等于运价。票价是在运价等级的基础上根据各种优惠、折扣规定计算而得的机票价格。这里所说的票价是指旅客购买一张机票时实际支付的价钱。在激烈的市场竞争中，真正对旅客购票决策起作用的是旅客实际需支付的机票价格，也就是说真正影响需求曲线的因素应当是票价。

研究票价、制定一个折扣票价体系是实现企业经营目标的一项十分重要的战略和战术手段。这就是“一种票价，多种折扣”的票价体系。设计折扣票价体系除了考虑舱位分等外，还必须考虑乘机人的身份、购票时间、购票人的组织方式、乘机人的年龄、购票的目的等因素。设计这样一种折扣票价体系，虽然航线相同，运价级别相同，但是因旅客所处的情况不同，实际支付的票价却可因人而异，也就是说存在不同的折扣，从而提高飞机的座位利用率。

在旅客的机票上，运价是填写在“Fare”栏内，而计算折扣的基础列明在“Fare Basis”栏内，实际支付的票价是根据这两个因素计算确定的。

2. 票价分类

按是否给旅客优惠或折扣，航空客运票价分为公布票价和优惠、折扣票价。根据设立折扣的原因，折扣票价可以分为：

（1）按时间因素的优惠。这是指按乘坐飞机的季节性差别和日期、时间差别所考虑的折扣，如表 4.1.2 所示。

表 4.1.2　按时间因素优惠

序　号	票价类别	代　号	Fare
1	旺季票价	H	Peak Season Fare
2	平季票价	O	Shoulder Season Fare
3	淡季票价	L	Basic Season Fare
4	夜　航	N	Night
5	周末票价	M	Weekend Fare
6	周日票价	X	Weekday Fare
7	附加费	Q	Surcharge
8	早班优惠		
9	晚班优惠		
10	首航优惠		

（2）按旅客的职业、年龄等因素给予的折扣与优惠。这是针对不同的旅客而专门设计的折扣类型，但是更多的是考虑照顾和优惠，如表 4.1.3 所示。

表 4.1.3　按旅客的作业、年龄等因素优惠

序号	票价类别	代号	说　　明
1	儿童票价	CH	
2	婴儿票价	IN	
3	单个海员折扣票价	SC	如果该折扣运价不是公布的 25%折扣，SC 后面必须写上具体折扣比例
4	团体海员折扣票价	G	
5	政府或外交人员票价	DG	须写上具体折扣率，如 DG75，如果折扣率为 100%，则注 DG00
6	师生优惠半价	SD	限大中专学校假期使用，有余票可购时
7	学生票价	ZZ	须学生证件
8	军人票价	MM	限现役军人使用，须注明折扣率
9	夫妻票价	PD	家庭优惠价，须组成团体旅行
10	移民票价	EM	
11	老人优惠票价		不同年龄有不同折扣
12	残疾人优惠票价		

（3）团体折扣。如表 4.1.4 所示。

表 4.1.4　团体折扣

序　号	票价类别	代　号
1	社会团体折扣票价	GA
2	同一团体折扣票价	GC
3	职工团体折扣票价	GI
4	军人团体折扣票价	GM
5	学校团体折扣票价	GP

（4）旅游及经济计划预算舱票价。如表 4.1.5 所示。

表 4.1.5　旅游及经济计划预算舱票价

序　号	票　价　类　别	代　号	说　明
1	综合旅游折扣	IT	须在机票上注明有效期
2	综合旅游团体折扣票价	GV	须注明最少必须参加人数
3	游览票价	EE	Excusion
4	预先购票的较低水平折扣票价	AB	Advance Purchase Fare（lower level）
5	预先订票购票折扣票价	AP	（Advance Purchase Fare）
6	经济计划预算票价	BB	
7	总销售代理人票价	RG	

（5）接旅程特点优惠。如表 4.1.6 所示。

表 4.1.6　接旅程特点优惠

序　号	票价类别	代号	说　明
1	来回程优惠	RT	
	又分预购回程 OK 票		
	预购回程 OPEN 票		
	即购回程 OK 票		
	即购回程 OPEN 票		
2	常客优惠		指在同一航线上一年内乘机若干次以上
3	超里程优待	EMA	a. 在三区范围内或三区与欧洲、中东或利比亚之间的运输，如航程：BOM→DEL→；DEL→BOM→；→BOM→DEL→ ，则给予里程优待数 700 b. 在美国、加拿大与三区之间的运输，如航程经过 HNL 则给予里程优待数 800

五、票价策略

1. 制定和运用航空客运票价策略时须遵循的原则

票价策略是航空公司的极重要的策略。在第二次世界大战后的几十年中，国际民航运输界爆发了数次价格战；我国民航也出现过价格战。这说明票价策略是非常关键的策略。随意地使用“打折”，导致恶性竞争，使航空运输业大伤元气。在制定和运用航空客运票价策略时，必须遵循以下原则：

（1）一定要执行“优惠和风险共存”的原则。此原则是指如要享受优惠，就应接受相关的条件，不得违反。其中包括优惠座位数的限制、购买时间、使用期限、购买人的自身条件等，还要包括对购票后变更的限制。如国外航空业发达的国家规定：提前三个月购买机票，可以享受40%～50%的打折，但不得退票或改签。

（2）综合运用各种折扣策略。其最主要的思考是：运用各种折扣吸引各种旅客，多卖出机票，提高客机的客座利用率，使航班的发运收入达到最大值。两者综合，实现客座率与营运收益的最佳结合，这就是票价策略中的“优化策略”。

先设定一个座位一个折扣率，组织调查收集乘机旅客群对不同折扣率的反映，对应每个折扣率得到一个愿购买的旅客数。假设折扣票价与愿购买的旅客数为线性关系，则可绘制出线性的折扣率反映线。图 4.1.1 表示了按分舱折扣办法绘制的图形，令 S_{max} 为飞机的最大座位数，S_0、S_1、S_2、S_3、S_4、S_5 别为各舱位的限定数。则 $S_0+S_1+S_2+S_3+S_4+S_5=S_{max}$。

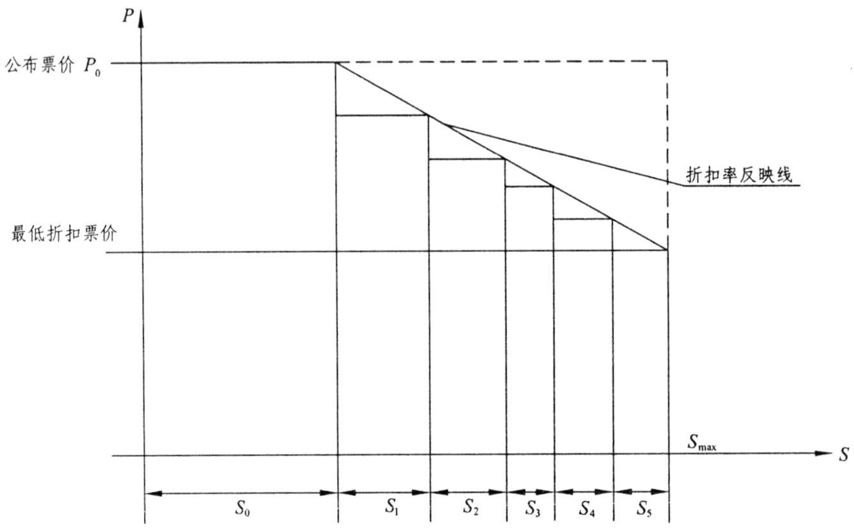

图 4.1.1　折扣率反映线与航班收入

分析图形可见航班的最大期望收入是公布票价 P_0 线与 S_{max} 线所包含的矩形面积。如果不考虑折扣，航班的收入只有公布票价 P_0 与 S_0 的乘积。计入折扣率反映线的效应，期望航班收入可达到较大值，是公布票价线、折扣率反映线与 S_{max} 线所包含的五边形面积。事实上不可能使每一个座位一个折扣，只能采取分舱折扣办法，划分 n 个舱，每个舱给定控制座位数 S_i，在此情况下，航班的收入是由几个矩形所包含的面积。设每个折扣对应的票价为 P_i，对应的座位数为 S_i，此时航班收入应为

$$\sum_{i=0}^{n} P_i \times S_i$$

或者

$$\sum_{i=0}^{n} P_0 \times Disc_i \times S_i \tag{4.1.5}$$

根据优化要求，希望航班收入达到最大值，当 P_0 一定时，需合理选择、设定此公式中的三个变量：折扣舱位数 n ，折扣率 $Disc_i$ ，折扣舱位的座位数 S_i 。

（3）“保本”策略。制定航空客运票价的折扣策略时，首先应当树立这样的认识，不能做“蚀本生意”。如果采取消耗战术、制定渗透价格，想用低价、极低价来压垮对方的话，那么由于航空客运是高投入、高成本的企业，其结果可能是两败俱伤、一损俱损。所以一切优惠、折扣的综合结果应该使航班的发运收入至少不低于全国航空运输企业的平均成本水平。

（4）研究航空客运票价策略需要认真学习 IATA 制定的有关运价得各项规定、制度和方法。按旅客的职业、年龄的优惠，按时间因素的优惠，各航空公司运用得比较多，制度还比较完全。对于团体折扣优惠、旅游及经济计划预算舱优惠，反而管理混乱，制度不严，票贩子有机可乘。按旅程特点的优惠折扣亦刚起步，缺乏经验和办法。

（5）必须在加强企业的经营管理水平的基础上运用票价策略。应该看到，在国际竞争中，我国的票价远远高于国际同行。例如上海—巴黎航线中国国际航空公司的公布票价为 6 400 元（1999 年初），而这一价格法航可以飞个来回，还加上巴黎去欧洲其他城市的一段免费航段。所以，苦练内功，提高经营管理水平，按“ABC”价值工程法降低经营成本是十分必要的。在此基础上综合运用票价策略才能奏效。

2. 航空票价策略

一般实物产品的价格可区分为 9 种，即撇油价格、渗透价格、满意价格、折扣价、地区价、心理价位、倾销垄断价、特价、综合价。航空客运票价可适当借鉴实物产品的价格，分为：公布价、折扣价、地区价、特价、协议价、渗透价。

（1）航空客运的公布票价。因为受政府管制，所以航空客运业不能制定撇油价格。不论是国内航线还是国际航线，其公布的票价都不是航空公司一家可自己决定的。各航空公司根据公司成本和预期的利润提出本公司所期望的票价之后，航空客运的票价或者是经中国民航总局审批公布，或者是经双边或多边国际协商确定协议运价，或者是由 IATA 运价委员会制定运价，包括制定运价的等级与分类，以及制定运价的计算方法。因此，此处所讨论的公布票价是以上述程序为基础制定的，各航空公司都须遵照执行。对于国际航线上的运价，还必须接受 ICAO 的运价管理，不能自由行动。

（2）折扣价格与折扣价格体系。运用折扣战术，给旅客以打折优惠是争取市场份额的最常用的策略。

（3）针对不同的地区，例如新开设的航线、新经济开放区可根据情况制定地区性的票价。

（4）协议价格。除了航空公司与航空公司之间可制定共同遵守的协议运价外，航空公司还可以与旅游公司、团体单位协商确定协议价，其价格水平最低不低于包机费用。

（5）渗透价格。在航空客运市场管理中存在漏洞，或者违背 IATA 的运价管理规定，一些强大的航空公司为了进入某个航空市场，一些代理人为了争夺客源而抛出的很低的价格叫做渗透价格。

（6）赠票策略。向旅客推出“常客策略”，以建立和保持一支“老”旅客队伍。这个策略的要点是对一年内乘坐本公司航班若干次或到达若干飞行公里数的旅客，发给一张“赠票”以资鼓励。

（7）与银行联合发行金卡，给持卡人以购票优惠。

（8）掌握一定的免费票，赠送给“英雄、模范”，少年夏令营员，及需给以特殊照顾的急需者。这是航空客运企业的“企业品牌策略”。

第五节　航空旅客运输及货物运输管理

本节介绍民航旅客运输生产的基本概念。介绍旅客生产计划及其制定方法、生产的组织与实施过程，以及民航旅客运输生产指标体系。

民航旅客运输是民航运输业的主要生产任务。随着世界经济的发展和民航运力的不断扩大，民航旅客运量逐年增长。旅客运量大，服务质量要求高，生产过程变得越来越复杂。因此，要求民航运输生产计划安排更加周密、组织实施更加严格，以保障航空运输服务安全、正点、优质和高效。

一、民用航空旅客运输生产管理

民航运输是一个复杂的生产过程，它需要地面保障（Land-Side Service）和空中服务（Air-Side Service）等多方面工作的密切配合，通过各个生产体系的有关部门进行综合协调共同完成。

1. 民用航空运输生产体系

根据生产性质，民航运输生产可以分成以下五大体系。各生产体系分别由民航局的有关部门负责管理。

（1）机场保障体系。机场是航空运输生产的重要基地。机场保障为空中客货邮运输的地面准备和空中飞行提供跑道和必要的场所与设施，还包括场地、水电、灯光、特种车辆，以及旅客候机的场所和相关服务设施，并提供安全检查和安全救援服务。在国际机场，还设有边防、海关、检疫等派出机构，为国际航班旅客运输提供必要的服务。

机场保障工作主要由机场当局负责组织、管理和实施。

（2）机务维修管理体系。机务维修管理体系的任务是维护航空器正常运转，实施对航空器、发动机、通信导航和驾驶控制等机械与电子电气设备的检测与维修，使航空器保持适航状态，是保证空中飞行安全的重要环节。

机务维修是航空公司的重要生产部门，一般分布于航空公司的基地机场和经停机场。一般来说，航空公司从维修力量和运营成本考虑，通常将经停机场的机务维修委托给其他航空公司或专业机务维修企业代理。航空器的机务适航性能管理，则由民航管理当局的适航部门专门负责。

（3）航行业务管理体系。航行业务管理主要负责航行调度、通信导航、气象保证、航行情报服务与空勤人员管理等工作，为民用航空运输提供一个完整的飞行保障体系。

为了便于理解民航运输生产管理过程，下面对航务管理的几个概念进行简要介绍。

① 航行调度，主要负责飞行调度（又称签派业务）和空中交通管制。调度管理部门通过审定飞行计划，进行有序的飞行安排和组织实施。其主要工作有：掌握飞机的起飞和空中

飞行动态，确定飞机的接受和放行；协调和维护空中交通秩序，防止飞行碰撞和危险接近；协助处理特殊情况，及时进行紧急告警；并提供准确而有效的飞行情报。

② 通信导航，是保障空中安全飞行、维持空中正常交通秩序的重要指挥工具。通过民航专用通信系统，及时掌握航路和机场的气象情报，传递飞行动态和飞行指令，交换航行信息和营运信息。利用导航实施，为飞机在各种气象条件下的安全飞行、起飞和降落提供精密的定位数据。

③ 航行情报服务。为了保证运输飞行任务的安全顺利完成，有关部门专门收集整理有关机场、航路、航线、通讯、导航、气象、空中管制、飞行禁区、飞行限制区以及空中走廊等方面的资料和数据，提供给机组、指挥调度部门和有关航空技术单位，以便在计划、组织和指挥飞行过程中使用。

（4）油料供应体系。油料供应的中心任务是向民航运输飞行提供优质航空燃油服务。在我国民航管理体制改革以后，民航总局成立了专业航油公司，负责我国民航运输企业航空燃油的集中供应和专业管理工作。

（5）运输服务体系。民航系统各部门的所有工作，始终围绕着“安全正点，优质高效”这一宗旨。对于运输服务部门，负责制定运输生产计划、组织客货运输、提供运输飞行、控制服务质量、开拓运输市场、创造经济效益。实质上，运输服务是航空运输企业回收生产投资的主要途径。

航空公司是提供运输服务的主体，它通过在航线机场的生产部门和各地的销售代理，实施公司的生产计划，进行具体生产的组织实施与过程管理。

2. 民用航空运输生产管理指标体系

民航运输是一个具有技术指标、质量要求和管理规范的集体性生产过程。整个生产过程的每一个环节，将通过民航运输生产指标体系来进行衡量和评价。航空运输生产的主要指标有：

（1）安全性（Safety）。安全性是民航运输，特别是旅客运输过程中最重要的生产指标。通过以下几个指标，可以定量地反映民航运输企业生产的安全情况。

① 旅客安全运输率，用于衡量年度旅客运输的安全比率，计算公式如下：

$$\text{旅客安全运输率}=\frac{\text{年客运总人数}-\text{年客运伤亡总人数}}{\text{年客运总人数}}\times 100\%$$

② 安全飞行率，用于衡量机队飞机的安全性，计算公式如下：

$$\text{安全飞行率}=\frac{\text{安全飞行（起落）架次}}{\text{实际飞行（起落）架次}}\times 100\%$$

（2）正点率（Punctuality）。它是衡量航班正常率的重要指标。根据航班时刻表，航班的始发时间和到达时间，除不可抗拒的因素之外，航空运输企业必须严格遵守。这不仅涉及到航空承运人的公众形象，而且影响到设备周转和正常的生产秩序。在民航旅客运输过程中衡量航班正点情况的生产指标有：

① 单位时间航班正点率 $=\dfrac{T_{\text{start}}}{T_{\text{flights}}}\times 100\%$

其中：T_{start} 为单位时间正常始发航班数，T_{flights} 为单位时间始发航班总数。

② 单位时间按期运达率=$\frac{T_{over}}{T_{restrict}}\times100\%$

其中：T_{over} 为单位时间实际超期率，$T_{restrict}$ 为规定单位时间允许超期率。

③ 单位时间运达超期率=$\frac{T_{freight}}{T_{tonne}}\times100\%$

其中：$T_{freight}$ 为单位时间超期货吨数，T_{tonne} 为单位时间运输货物总吨数。

（3）货物完好性（Performance）。在航空货物运输过程中，主要通过货物完好性来衡量货物运输生产情况，如行李、货物运输的损坏程度、赔偿率等。计算公式如下：

① 货运损失赔偿率=$\frac{D_{paid}}{D_{made}}\times100\%$

其中：D_{paid} 为赔偿金额，D_{made} 为总收入。

② 货损率=$\frac{F_{bad}}{F_{tonne}}\times100\%$

其中：F_{bad} 为货物损坏吨（件）数，F_{tonne} 为货物运输总吨（件）数。

③ 货差率=$\frac{F_{wrong}}{F_{tonne}}\times100\%$

其中：F_{wrong} 为货物差错吨（件）数，F_{tonne} 为货物运输总吨（件）数。

（4）生产效率（Efficiency）。在保障生产安全正点的前提下，提高生产效率是企业创造效益的重要保证。用于衡量运输生产效率的指标有：

① 生产量（Output）：

运输总周转量(t · km)＝旅客换算周转量+货邮行李周转量

旅客换算周转量(t · km)＝旅客人数×规定体重×运输距离

货邮行李周转量(t · km)＝货物（邮件、行李）重量×运输距离

这里需要说明的是：当旅客周转量的计算单位使用“t · km”时，我国民航系统对一个旅客的平均重量国内航线按 72 kgf 计算，国际航线按 75 kgf 计算，交运的免费或收费行李另计。在英美等西方国家，一个旅客按 90 kgf 计算，包括免费行李。

② 运载率（Load Factor）：

航线运载率＝实际周转量/最大周转量×100%

飞机最大生产率＝机型最大商载×机型航速×机型运载率［(t · km）/h)］

机型保本运载率＝机型小时成本/(最大生产率×吨 · 公里收入)×100%

吨 · 公里收入＝运输收入/运输周转量

③ 生产率：

全员劳动生产率＝换算周转量/职工人数×100%

职工平均生产量＝总运力吨 · 公里/职工总数

二、民用航空旅客运输生产计划管理

民航运输企业发展规划，是根据国家的发展方针和政策，为实现民航企业的发展目标而制定的战略性计划，用于宏观地描述企业在某一阶段的发展方向、发展规模和效益目标，为民航企业的近期或不久的未来勾画出一个发展蓝图。民航企业发展规划一般以年为单位，有长期（5 年）、中期（3 年）和短期（1 年）规划之分。

1. 民用航空运输生产计划基础

民航运输生产计划是贯彻实施民航企业发展目标和企业发展规划的具体行动部署，是制定民航企业其他计划的重要基础，包括航班计划、航线计划、机队计划、飞机维修计划、财务计划等工作。因此，科学地、合理地、实事求是地编制生产计划，对于合理地组织生产、充分地发挥企业潜力、提高生产效率和生产质量，具有极其重要的意义。

制定民航运输企业生产计划，是一个综合考虑企业内部和外部一切可以利用的积极因素，以求达到最大经济效益的重要过程。各民航运输企业之间的发展策略不同，因此它们的生产计划方式和目标也可能不同。下面简要地介绍航空公司的几种主要运输生产计划内容和制定方法。

2. 航班计划

民航运输飞行有定期航班和不定期航班之分。定期航班飞行是航空公司的主要生产方式，其生产量应是全企业生产总量的主要部分。换言之，航班生产计划主要是针对定期航班设计。我们知道，民用航空运输企业的生产行为，都是围绕实现航班计划而共同努力的。因此，航班计划将涉及航空公司、机场、航务、油料等多个单位的若干部门。

民航运输企业的计划部门，根据企业的发展目标和市场要求，确定运输飞行航线、机型、航班班次、航班班期以及航班时刻等具体内容，供生产部门安排和实施。

(1) 航线选择。是航班计划的基础，航空公司在获得了航线经营许可权之后，才有可能根据航线的特点，制定具体的航班计划。对于航空公司来说，航线就是市场。满足航班飞行的航线必须具备以下几个条件：

① 有能够供民用客机起飞和降落的机场和地面保障措施；

② 满足民用客机飞行的航路条件，如导航、气象等；

③ 具有有关当局审批的飞行许可权。

航班的航线飞行主要有以下几种方式：

① 直达航线。这类航线（见图 4.1.2）是指在始发机场和终点机场之间往返直飞，没有经停点，一般处于运输量较大的城市对之间。其特点是，中间没有经停点，旅途时间短、成本低，具有较好的经济效益，颇收市场欢迎。

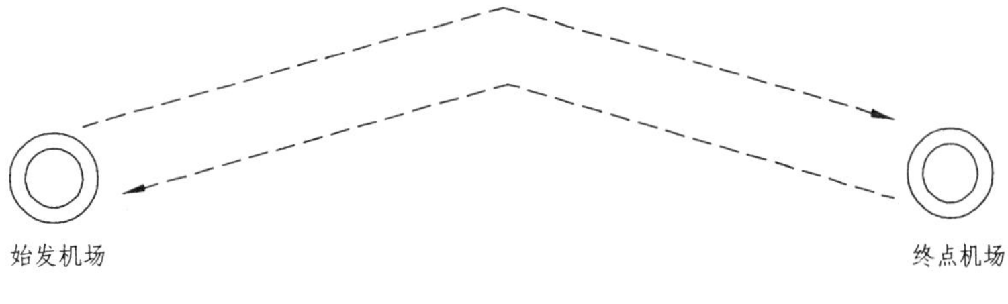

图 4.1.2 直达航线示意图

② 间接对飞航线。这类航线（见图 4.1.3）在始发机场和终点机场之间有经停点，回程按原路飞行。采用这类航线的主要原因，一般是由于直飞时没有足够的客货运量，通过提供中途机场的停靠，补充载运业务，以防低飞行成本。

③ 环形航线。这类航线如图 4.1.4 所示，回程不按原路返回。其主要原因，一般是由于单向运量不足。

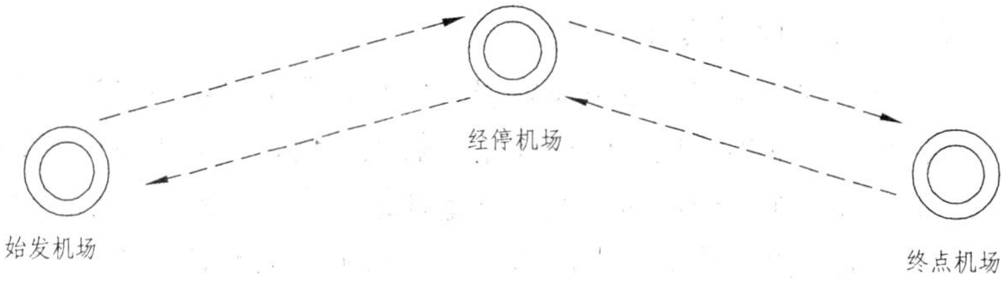

图 4.1.3　间接对飞航线示意图

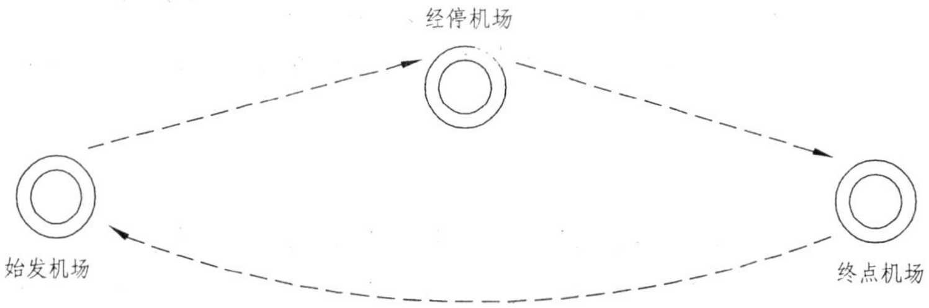

图 4.1.4　环形航线示意图

（2）机型选择。在航线选择的基础上，根据航线运量、停降机场、航线距离、备用机型、航线维修能力等情况，选择航班飞机机型。

（3）航班班次、班期和时刻表的确定。这三者相互联系，反映航班的飞行频率、飞行时间。通常以周（7 天）为单位，具有一定的规则。确定航班班次多少，主要依据航线的运量。班期和起飞时刻主要根据季节、机场条件、航班衔接、客货流向和流量等因素来确定。

在制定航班计划时，除了考虑以上几个主要方面之外，还必须综合考虑航线机场负荷以及航务等因素。航班计划见表 4.1.7 所示。

表 4.1.7　______航空公司______年度______季度航班计划表

航班号		航线	机型	周班次	班　期		起飞时刻	
去程	回程				去程	回程	去程	回程

航班计划经民航管理当局审批后，以航班时刻表的方式向社会公布，并付诸实施。

3. 航线生产计划

航线生产计划，是一项综合性计划。通常是一系列生产指标，用于衡量民航运输企业的生产量、生产能力、生产效益和生产质量。它不仅用于确立企业运输生产的各项目标，而且用于考核各项生产指标的完成情况。航线运输生产计划通常使用两大类指标：计划性指标和考核性指标。

（1）计划性指标。主要用于确立民航运输企业的定量生产目标，通常有以下一些内容：

① 飞行班次，应该是航班时刻表上规定的每周飞行航班次数。在实际运营中，可能会有取消航班或加班飞行的情况。在制定航线生产计划过程中，飞行班次的计算是以始发站的飞行次数为基准：

$$飞行班次=2\times(航班计划每周班次\times实际执行周数)$$

月、季度、年的周数折算方法见表 4.1.8 所示。

表 4.1.8 周数折算表

时间单位	折算周数	时间单位	折算周数
1 个月	4 周	1 个季度	13 周
2 个月	9 周	1 年	52 周

② 航线距离，是民航管理当局颁布的直接飞行距离，也是民航运输企业的法定运营收益里程。这是制定票价、统计运输周转量等生产指标的统一里程标准，在实际运输飞行中，由于天气、故障、等待等原因，可能有绕飞、盘旋等情况。因此，实际飞行里程不一定完全与航线距离公里数相等。

③ 飞行小时，是飞机在空中飞行的小时数。计算方法是，从飞机起飞机轮离地时起至飞机降落机轮接触地面时止的时间，通常由飞机仪表记录。飞行小时主要用于衡量飞机发动机等部件耗损和计划检修时间，以及消耗和空勤人员任务定额等。

④ 最大可用商载量，指飞机的最大商业载运量（也称最大业务载重量），也就是飞机的营利性客货运载总量，用于衡量飞机的经济性能。

最大可用商载量＝最大可用载重量－燃油重量

＝(最大起飞重量－营运空重)－燃油重量

其中：最大起飞重量（Maximum Take-off Weight），是指适航核定的飞机起飞时所允许的最大重量；营运空重（Operation Empty Weight），就是装载商务载重和燃油之前的飞机重量，包括机组、机组行李、机务用泊、随机辅助设备、空中服务用具用品等。

最大可用载重量＝最大起飞重量－营运空重。

⑤ 飞行万公里，是指飞机在一定计划时间内的运营飞行总公里数，通常以万 km 为单位。

在以航线为基础统计时：航线飞行万公里数＝航线距离×飞行班次/10 000 km；

在以机型为基础统计时：机型飞行万公里＝飞行小时×平均营运飞行速度（km/h）/ 10 000 km。

⑥ 平均营运飞行速度，就是飞机在营运飞行时的平均飞行速度，有时也称为平均营业飞行速度。

$$\text{平均营运飞行速度} = \frac{\sum S_o}{\sum T_o}$$

其中：S_o 为总飞行万 km 数乘以 10 000 km，T_o 为总飞行小时。

⑦ 最大远输周转量，是指在计划期内，飞机能够提供的营利性飞行运载能力。

$$\text{最大运输周转量}(\text{t}\cdot\text{km}) = \sum(\text{最大可用商载量}\times\text{航段距离})\text{。}$$

⑧ 平均运输里程，是指客、货运送的平均距离，用于反映运输企业的远程运送能力。

平均运输里程＝周转量÷运输量

其中：周转量为旅客（运输换算）周转总量（t · km）或货物（运输换算）周转总量（t · km）；运输量为旅客（运输换算）总量（t）或货物（运输换算）总量（t）。

(2) 考核性指标。它是用于对运输企业的实际生产业绩进行考核的指标体系。主要包括：

① 总运输量，又称运输总量。是指所有航班运输的旅客、货物、邮件的总重量，单位为 t。

旅客运输量＝运送总人次×换算系数；

总运输量＝旅客运输量＋货物运输量＋邮件运输量

其中，换算系数：国内航线为 0.072 t，国际航线为 0.075 t。

货物包括收费行李。

② 运输总周转量。这是一个综合性生产指标，反映运输企业的生产规模。运输总周转量包括定期航班运输总周转量和不定期航班运输总周转量两大部分。不定期航班指包机和专机以及加班飞行等。

此外，航线运载率、飞机最大生产率等都属于考核性生产指标。

4. 飞行生产计划

航空公司的另一个重要生产计划，就是飞行生产计划。我们知道，飞机是航空公司的重要生产工具，它集中了企业的巨额资金。如何充分利用飞机，最大限度地发挥机队的作用，为企业创造更多的效益，制定好飞行生产计划十分重要。

飞行计划主要包括这几方面的内容：飞机利用计划、飞机需求计划、空勤人员飞行计划、飞机维修计划。

（1）飞行利用计划。用于测算年度内可以投入以及实际能够投入生产性飞行的飞机架数和天数。通常从三个方面来理解，一个是飞机的可用飞行时间利用率；另一个是飞机的可用载运能力利用率；第三个是飞机的吨位利用率。

一般来说，飞机利用率通常是指航空公司的在册飞机提供的可用生产性飞行小时数。所谓在册飞机数，是指具有民航管理当局适航许可证、可以投入生产性飞行的飞机。但是，由于有的飞机有时需要停场检修、进行训练等原因而不能进行生产性飞行，因此实际可以投入飞行的飞机架数要少。因此，有时使用两种计划指标。

① 平均在册飞机日利用率：

平均在册飞机日利用率＝年生产飞行小时/年平均在册飞机架数/年日历天数

② 平均可用飞机日利用率：

平均可用飞机日利用率＝年生产飞行小时/年平均可用飞机架数/年日历天数

其中：年生产飞行小时，是机型的年计划飞行小时。

航空公司计划期内平均拥有的飞机架数：

年平均在册飞机架数＝飞机在册日总数/年日历天数

年平均可用飞机架数＝(平均在册飞机总架数－年停飞架日总数)/年日历天数

年停飞架日总数＝大修架日数+定期检修架日数+其他停飞架日数

（2）飞机需求计划（见表 4.1.9）。提高飞机利用率，可以减少资金投入，降低运营成本。但是，由于机组人员日飞行小时的限制和航班飞行需要，机队需要保证一定的规模。飞机需求计划，就是用于预测完成年度飞行计划所需要的飞机架数。通过飞机需求计划，可以调剂剩余运力。

年飞机需求架数＝年生产飞行小时/年飞机利用率

表 4.1.9 ____________年度××××航空公司机队飞机需求计划表

机　型	报告期末在册架数	计划期内增加飞机		计划期内减少飞机		计划期末在册架数

(3) 空勤人员飞行计划。空勤人员是完成飞行计划的决定性因素之一。做好空勤人员飞行计划，有利于保障完成生产飞行任务、训练任务和其他工作的安排。如上所述，出于飞行人员的日、月飞行小时数的限制，以及其他非生产性飞行小时数的需要，在制作生产计划过程中，必须考虑空勤人员的有效可飞行小时数。空勤人员飞行计划内容包括：生产飞行、公务飞行、加班飞行、专业飞行、训练飞行和熟练飞行等。

(4) 飞机维修计划。为保障飞行安全，必须保障投入飞行的飞机具备适航条件。因此，必须根据机型及其部件的技术性能要求以及生产季节，做好飞机的维修计划，以保证有足够数量的飞机投入运输生产飞行。

根据机型及其部件的性能要求和使用寿命，飞机除了航班飞行的例行检修外，还必须安排定期的不同程度的检修。这种定期检修的周期，因航空公司而异。表 4.1.10 中列出的是部分航空公司有关飞机定期检修的期限。

表 4.1.10　飞机定期检修周期表（单位：飞行小时）

航空公司	机型	A 检	B 检	C 检	D 检
德国汉莎航空公司	B707	160	450	1 600	16 000
	B747	330	1 400	13 个月	25 000
中国××航空公司	B707	100	820	1 200	15 000
	B747	170	650	2 400	16 000

民航旅客运输生产，是航空公司、机场、航务、油料等单位生产部门协调工作的过程，在周密的、科学的生产计划指导下安全生产，充分发挥人力、物力和财力的作用，提高生产效率。民航运输企业的生产计划，如同其他计划一样，在充分调研的基础上形成，在生产实践中逐步调整和完善。

三、民用航空货物运输管理

随着社会经济的发展，民用航空货运已从最初作为航空公司业务的补充，发展成为航空运输市场的重要部分。

它借助于飞机这种现代交通工具，快速地运送货物和邮件，成为现代社会经济发展的重要支柱之一。

1. 几个基本概念

航空货物运输包含除旅客之外的符合国家法令法规的所有物品运输活动。它不仅提供专门用于货物运输的飞行，即定期和不定期航空货运航班，而且还利用定期和不定期客运航班进行货物运输。

（1）广义的航空货物运输（Air Cargo）服务。在航空货物运输发展的过程中，航空公司为了区分运送物品的特征以及适应航空运输市场竞争的需要，通常将广义的航空货物运输（Air Cargo）服务分为三种：普通意义上的货物（Air Freight）运输、邮件（Air Mail）运输和快递（Air Express）运输。

① 航空货物（Air Freight），通常是指需要航空运送的普通物品。自 20 世纪 70 年代大型喷气运输机投入运营以来，航空货物运输周转量显著增长。由于航空运输成本远高于任何一种基于地面的运输方式，因此航空货物主要以有时间性要求、不宜颠簸容易受损的精密仪器设备或路程远交通不便的物品等为主。

② 航空邮件（Air Mail），自从飞机问世以来，人类首先尝试的就是利用飞机运送邮件。航空邮件服务的出现，使人类的相互交流更加便捷。随着现代电子通信网络的发展，航空邮件市场受到前所未有的冲击。据统计，到 1990 年，航空邮件运输周转量只占航空货运市场的 7%左右。

③ 航空快递（Air Express），是航空货物运输市场竞争的产物，它除了像普通意义上的航空货物运输之外，还提供专门的快速递送服务。如前所述，随着航空运输市场的发展和竞争，航空邮件与航空快递、航空快递与航空货运等服务之间的差别越来越小。在以下的叙述中，如果没有特别说明，航空货运（Air Cargo）泛指除旅客运输以外的上述三类物品的运输服务。

（2）航空货物的运输方式。航空货物运输不仅是空中运输，还包括与之相关的部分地面运输。航空货物的运输方式一般有以下 6 种：

① 普通运输，就是没有特殊要求，通过空运方式将货物送达目的地；

② 急件运输，是指货物托运人要求以最早的航班或在限定的期限内将货物运达目的地，这种方式的货物运送业务需要承运人同意才能受理；

③ 特种运输，是指需要特殊处理的空运货物，如鲜活易腐物品、动物、贵重物品、危险品等的运输；

④ 包机运输，是指货物托运人包用整架飞机的吨位运送货物；

⑤ 包舱运输，是指货物托运人包用飞机的部分吨位（货舱）运送货物；

⑥ 货主押运，是指由于货物的性质特殊，需要货主在运输过程中，派专人随机监护运送。

至于采用什么运输方式，承运人与货物托运人或货主之间必须达成运输协议，包括运价，才能交运或受理。

2. 航空货物运输生产组织与管理

航空货物运输生产的任务，就是承运人按照货运单上标注的发运日期和航班要求，组织运力将承运的货物运达目的地。

航空货物运输生产过程由货物收集、进港、运送、到港和交货等一系列的生产活动阶段组成。从生产性质上来看，航空货物运输生产可以分为两大部分，一部分是以货物收集为中心任务的货运市场组织和管理，另一部分是以货物运送为中心的进港货物运送和货物出港交付过程。这里将主要介绍后一部分。

（1）货物运输生产计划。根据航空货运市场调查和预测结果，估算航空货物在各机场之间的流量和流向，确定本公司的市场目标和市场份额。在此基础上，航空公司将制定出货物运输生产计划，主要包括运力计划、运量计划、周转量计划、收入计划以及综合计划等。

① 运力计划，是在市场调查和预测的基础上，根据公司飞机运力情况、预期市场目标和市场份额，计划投入航线的机型、航班数，也就是计划航线的可提供吨位。

对于经营全货机的航空公司来说，可以直接根据市场需求情况安排货机的航线和航班；对于经营混装型飞机的航空公司来说，就必须综合考虑客运和货运的需求。目前我国的航空公司主要是利用客机的货舱载货，货运的航线和航班通常受客运的限制。在无法设置专门货运航线和航班的情况下，航空公司就必须合理安排机型，让载货能力大的机型承担货运需求量大的航线飞行，提高飞机的载运率。

② 运输量计划，是根据市场需求量预测航空公司可提供吨位和历史生产完成情况等，计划公司在每条航线上的运输量及总运输量。

③ 周转量计划，就是根据航线航班计划和运输量计划，制定每条航线的运输周转量计划和总周转量计划，也就是航线的运输计划。

货运周转量的计算方法除第四章中介绍的之外，还可以采用以下方法：

货运周转量＝运输总周转量－旅客换算周转量。

④ 收入计划，有时也称为发运收入计划，是航空公司货运的主要收入计划，也是编制货运财务计划的主要依据之一。制定收入计划通常有两种方法：

a. 根据周转量制定：

货物运输收入＝货运周转量（t · km）×单价［元/（万 t · km)］。

b. 根据运输量计划和运输费率制定，这种方法应用较多。计算方法是：

航线货运收入＝航线货物运输量×运输费率

确定货物运输费率是一个比较复杂的过程。我们知道，旅客运价是根据客票价格。货物运输费率除考虑航线差异之外，还要考虑货物的类型、运输量、价格调整系数等因素。所以航空货物运输费率一般是根据历史平均费率和计划期费率调整情况确定的一个估算值。对于包机运输来说，运输收入则根据运输量计划中包机的飞行小时乘以包机费率得出。

根据以上方法计算的各航线货运收入之和，即为航空公司计划年度的货运收入计划。

⑤ 运输综合计划，包括运力计划、运输量计划、运输周转量计划和收入计划等。在上述计划的基础上，将各分类计划的有关总量指标汇集在一起，形成运输综合计划，以反映公司计划年度的主要运输指标、收入指标和发展情况。

（2）货物进出港生产组织与管理。航空货物运输市场销售部门接收的交运货物，一般在机场组织进出港生产过程。航空公司通常委托航线机场进行货物进出港组织和管理，大型航空公司一般在基地机场自行组织货物进出港生产。

货物的进出港是一个组织严密的生产过程，有严格的工序控制和定时要求，涉及的部门多，需要统一组织和协调，密切合作共同完成。

（3）吨位控制与配载。民航旅客运输通过座位控制和运价政策来提高乘坐率。座位控制只考虑客舱的可用座位数，整个客舱空间的使用费用已经计入每张客票之中。航空货物运输则不一样，需要通过吨位控制来提高载运率。换言之，货运既要考虑货物的体积，还要考虑货物的重量。因此，吨位控制的任务是，通过舱位预订与分配提高货舱的载运率，避免吨位浪费、超售或装运过载。

由于航空货运可以采用全货机或客货混装型飞机运输，因此，吨位控制和配载管理的原则不完全相同。

① 全货机方式运输，采用全货机方式运输时，吨位控制和配载过程比较单一。控制的要素有：货物体积（不能超高超长，能够进入货舱）、形状（易于固定）、货物重量（不能超重）。

② 客货混装方式运输，由于必须首先考虑运送乘客，因此货运吨位控制和配载要在保证客运的基础之上进行。首先必须根据乘客的座位分布情况，按照飞机的配载要求，进行货物重量配置和位置控制，在保证飞机飞行平稳和安全的前提下充分提高飞机的载运率。

无论是民航旅客运输还是货物运输，吨位控制与配载管理是一件非常重要的工作，必须科学地严格按照飞机的技术性能指标进行控制，以保证飞机的飞行安全，才能提高生产效率和企业经济效益。

（4）航空货物运输生产指标体系。航空货物运输生产质量控制和效益管理有一系列的生产指标进行考核和检验。这里介绍几个关于航空货物运输生产的指标。

① 货运生产效益指标体系，主要用来衡量货物运输生产效率和经济效益。

a. 货物发运量——反映运输量的指标，为发运货物总重量之和；

b. 货舱利用率——反映飞机货舱的利用情况，如表 4.1.11 所示。

货舱利用率＝实际载运货物吨数/货舱最大载量

表 4.1.11　部分航空货物运输飞机货舱参数

机　型	前货舱			
	舱门尺寸（m）	最大载重量（kgf）	可用体积（m^3）	地板最大承受力（kgf/m^2）
B737-300	121×88	2 488	10.47	732
B737-500	121×88	2 488	10.47	732
B757-200	107×139	426	17.69	732
B767-300	340×170	20 411	88.27	976
B777-200	269×170	30 617	126.97	976
A320	123×182	3 402	13.28	732
机　型	中/散货舱			
	舱门尺寸（m）	最大载重量（kgf）	可用体积（m^3）	地板最大承受力（kgf/m^2）
B737-300				
B737-500				
B757-200	111×139	4 509	20.14	732
B767-300	96×110	2 794	12	732
B777-200	91×114	4 082	21.18	732
A320				

续表 4.1.11

机　型	后　货　舱			
	舱门尺寸（m）	最大载重量（kgf）	可用体积（m^3）	地板最大承受力（kgf/m^2）
B737-300	121×78	2 721	14.28	732
B737-500	121×78	2 721	14.28	732
B757-200	81×121	2 476	6.62	732
B767-300	178×170	17 574	80.15	976
B777-200	269×170	22 226	96.36	976
A320	123×182	3 607	14.38	732

c. 货运周转量——反映运量和运输距离的指标；

货邮行李周转量（t · km）＝货物（邮件、行李）重量×运输距离

d. 发运收入——民航运输企业货物运输的总收入指标。计算方法见“生产计划”部分；

e. 运输利润——指运输收入扣除成本（包括代理费、运输费用等）以后的净收入，这一指标才真正反映航空运输企业的效益情况。

② 货运生产质量指标体系，这一类指标用于反映和衡量货物运输生产的质量情况。

a. 货运损失赔偿率——反映货运服务质量；

$$货运损失赔偿率=\frac{D_{paid}}{D_{made}}\times 100\%$$

其中，D_{paid} 为赔偿金额、D_{made} 为总收入；

b. 货损率——反映货运生产过程中货物损坏情况；

$$货损率=\frac{F_{bad}}{F_{tonne}}\times 100\%$$

其中，F_{bad} 为货物损坏吨（件）数，F_{tonne} 为货物运输总吨（件）数；

c. 货差率——反映货运生产过程中货物丢失情况；

$$货差率=\frac{F_{wrong}}{F_{tonne}}\times 100\%$$

其中，F_{wrong} 为货物差错吨（件）数，F_{tonne} 为货物运输总吨（件）数。

四、危险品运输管理

1. 危险品分类

根据我国政府 1987 年颁布的 GB6944—36《危险货物和品名编号》标准，按照物质特性和运输要求，危险货物可以分成九大类；在 1990 年颁布的 GB12268—90《危险货物品名表》中，详列了 3 000 余种危险货物的物品名称。九大类危险货物如下：① 爆炸物品；② 压缩、液化或加压溶解的气体；③ 易燃固态物品；④ 易燃液态物品；⑤ 放射性物品；⑥ 腐蚀性物品；⑦ 毒害性和感染性物品；⑧ 氧化剂和有机过氧化物；⑨ 其他具有危险性的物品。

2. 危险品运输管理组织和法规

危险品运输管理是一项国际性活动。目前，从事航空运输危险品管理的专门机构和组织有：① 联合国专家委员会——The UN Committee of Experts（COE）；② 国际原子能机构——The International Atomic Organization （IAEA）；③ 国际民用航空组织——IACO；④ 国际航空运输协会——IATA。

我国政府和民航管理当局十分重视对危险品运输的管理，先后制定了一系列有关法令法规，加强对危险品的装运和保管的控制与管理。关于危险品运输的法规有：① GB944—36《危险货物和品名编号》；② GB12268—90《危险货物品名表》；③ 国务院的《化学危险物品安全管理条例》；④ GB12463—90《危险货物运输包装通用技术条件》；⑤ GB11806—90《放射性物质安全运输规定》；⑥《IAIA 危险货物运输规则》。

我国刑法中也有具体条款，对危险品运输过程中的违法行为处罚作出了具体说明。

通过以上有关法令法规，对允许进行航空运输的危险货物范围、托运人和承运人具备的运输条件和具有的法律责任、运输数量、防护措施等，作出了明确要求、规定和限制。

3. 危险品运输生产管理

在进行危险货物装运和保管过程中，有关人员必须严格执行有关规定和有关操作规程。

在接收交运危险货物过程中，危险品管理过程如图 4.1.5 所示。

（1）危险货物确认。危险货物的确认工作，包括以下内容：① 对于允许通过航空运输的危险货物，托运人必须出具有关当局的准运审批文件；② 确认危险品货物的类别和危险程度；③ 确认是否具备交运条件。

（2）包装。需要对危险货物进行特殊包装处理，使之符合航空运输要求，如在温度、湿度、气压和振动等外界条件发生变化的情况下，保证不产生任何危险或危害。

危险品包装必须符合（联合国）包装规范。包装方式有：单独包装和混合包装；包装类型有：限定数量包装、联合国规范包装和其他规范包装。

（3）危险标注。航空危险货物的名称、编号等，都必须按照联合国和有关当局的标准填写。在危险货物包装外部的显著位置上，按标准和规定粘贴特殊标志。

（4）特殊文件。特殊文件是指用于危险货物运输的有关文件，包括准运审批文件、航空承运人与危险货物托运人的有关合同等，必须齐全、完整、书写清楚。

（5）货物仓储。接收的交运危险货物，必须按照操作规程，进行搬运和妥善保管。

危险品一般采用货机装运，不允许客货混装运输。在旅客和机组人员的行李和托运的航空货物中，同样不允许夹带危险品。

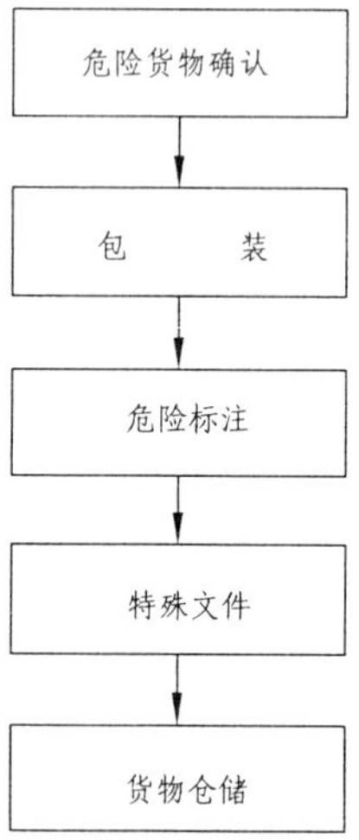

图 4.1.5　航空危险品交运管理流程示意图

航空货物运输的生产计划、生产过程、工序控制等，与民航旅客运输基本相同。提高服务质量和社会信誉，是发展航空货运业的重要社会基础。加强运输生产质量管理，提高生产效率，严格执行法令法规和操作规程，是发展航空货物运输业的重要保证。

第二章　水路运输经济学

第一节　概　述

一、水运业的性质与分类

1. 水运业的性质

水运是利用船舶、排筏和其他浮运工具，在江、河、湖泊、水库、人工水道和海上运送旅客和货物的一种运输方式。水运是交通运输中的重要组成部分，是现代运输方式中的主要运输方式之一。我国有漫长的海岸线和众多的河流、湖泊，充分利用海岸、江河、湖泊，大力发展水运是国家发展交通运输的重要方针。

2. 水运业的分类

水运业就其活动的性质来说，是指利用船舶等浮运工具在水上从事旅客与货物运输，以及利用码头泊位为水上客、货运输而进行旅客接送与货物装卸等营运生产活动的行业。根据其在水运生产活动中的职能，水运业又可分为航运业与港口业两个组成部分。

航运业是指在水上运输旅客和货物的生产部门。航运按服务对象分为旅客运输与货物运输；按航行区域分为内河运输、沿海运输和远洋运输。内河运输是指在江河、湖泊、水库以及人工水道中从事旅客和货物的运输；沿海运输是指在沿海区域各港之间的海上从事旅客和货物的运输；远洋运输是指除沿海运输以外的所有从事海上旅客和货物的运输。航运业是直接从事水上客、货运输活动的。

港口业是指为水上运输而进行旅客接送与货物装卸的生产业务部门。港口生产按服务对象分为旅客接送和货物装卸；按生产活动的职能分为装卸业务、堆存业务和驳运业务。装卸业务是指利用装卸机械在码头泊位上对船舶或车辆进行装货与卸货的活动；堆存业务是指利用港口库、场设施对暂时不能出港的货物进行收存保管的活动；驳运业务是指利用港内驳船在港域内进行货物集散的活动。港口业是为航运业服务的。

二、水运业的特点

如前所述，现代交通运输系统由铁路、水路、公路、航空及管道五种主要运输方式组成，每种运输方式都有自身的优点。在有些情况下甚至是不可由其他运输方式替代的。一个好的运输体系，就是要充分利用各种运输方式的优点，搞好协调，形成一个低消耗、高输出的运输系统。

与公路、铁路相比，水路运输有以下主要特点：

（1）初始基本建设投资少。船舶主要航行于自然水道上，特别是在海洋上航行的船舶，不受任何限制，只需建设码头设施，并对局部航道进行整治、维护、设置航标；而铁路、公路等，不仅要建设站场，而且需要巨额投资建设道路、桥梁等。因此，用于航道的投资、维护及管理费用比其他运输方式少得多。

（2）水上航道的通过能力大。海上航道的通过能力几乎没有限制。这是铁路和公路运输方式无法相比的。通常，一列火车载货量只有 3 000 t 左右，即使近代发展的重载列车，其载重量也只有 6 000～10 000 t，而海船的最大载重量已达 50 万 t。内河运输的一个顶推船队也可达几万吨。此外，在超大、超重单件货物的运输方面，水运也有无可比拟的优越性。

（3）运距长。特别是远洋航线，其运距从几千海里到上万海里，可达全世界任何一个开放港口。

（4）运费率低。因为单船或船队载重量大，所以单位运量运输成本较低。

（5）运送速度慢。一方面，因为水对船的阻力随船速的提高迅速增加，从节省主机功率和燃油成本的角度看，船速不宜太高，另一方面，水运往往是中间运输环节，在两端港口还要依靠其他运输工具倒载才能运到目的地。特别像杂货运输，装卸时间也较长，但集装箱运输的发展对这方面有所改善。

（6）水运的外界营运条件复杂，不确定性因素多，风险大。内河水道水位和流速季节变化大，有些河段还有险滩、暗礁。远洋航线航程长，要经过不同的地理区域和不同的气候地带，海洋气候又千变万化。这些都对水路运输的安全质量和运输速度等方面产生很大影响。又由于水运的多环节性，需要港口、船舶、供应、通信导航、代理机构、检验机构、海关等有关职能部门的密切配合，才能顺利完成，因此使运输管理工作较为复杂。

（7）具有国际性。海运是国际上大宗货物贸易运输的主要方式，是有海岸线国家发展对外贸易、保障经济独立的必要手段。用本国船运本国货可以节约外汇支出，用本国船运外国货可以赚取外汇，也是改善外汇收支的重要途径。海运的国际性主要表现为：① 船舶进出外国港口，在公海航行；② 各国商船可以在国际海运市场进行竞争。

（8）一支强大的商船队不仅是国民经济的大功脉，也是海军的强大后备力量。

此外，航运活动是一种市场活动，是在市场经济的机制下满足国际贸易对海上运输需求的一种活动。因此，世界经济、国际贸易和国际航运之间存在相互依存、相互促进的关系。

三、水运业的生产经营特点

水运业作为一个特殊的物质生产部门，无论是在国民经济中所起的作用，还是其产品形态、生产过程、经营管理方式等，都具有区别于其他物质生产的特点。

（1）水运业是统一交通运输业中的重要组成部分。水运业作为社会的基础结构之一，为全社会和国民经济部门提供经常性服务，它对整个社会和国民经济所产生的社会经济效益是难以估量与直接计算的；并且，作为先行性的社会基础结构部门，在国家和地区经济发展中需要超前发展，要有一定的运力储备，其经济效益需要一个较长时期才能充分发挥出来。

（2）水运业为社会提供的不是实物形态的产品，而是一种“位移”产品，即货物和旅客在空间位置上的移动。“位移”产品数量的大小取决于两个因素，即运量（货物以 t 为单位，旅客以人为单位）与运距（以 km、n mile 为单位），它们的综合反映是周转量（货物以 t · km、t · n mile，旅客以人 · km、人 · n mile 为单位）；而且，实现两地之间的运输可以经由不同的航线，同一运量有各种不同的确定方法，等等。为此，水运业的生产经营具有区别于其他行业的产品计算方法与计量单位。

（3）水运业的生产和消费是同时发生的，其产品既不能储存，也不能调拨。为使货物和旅客在方向上和时间上得到运输保证，水运业必须保证必要的港口通过能力、船舶运输能力。并且，水运业的产品都是通过码头泊位、装卸机械以及运输船舶等完成的，港口码头泊位、装卸机械以及运输船舶的数量、质量和运用效率直接对水运企业的经济效益产生影响。

（4）水运业从其基本业务来说，包括了航运业与港口业两大组成部分。其中港口业又包括装卸、堆存、驳运等环节的业务，他们的生产过程不同，组织上或是完全独立，或是相对独立，但他们的经济职能是相同的，即实现客货的位移，并且提供劳务的客户是相同的，因而在生产经营上要求高度协调配合。

四、水运业在国民经济中地位和作用

水运业与其他运输业一样，表现为生产过程在流通领域内的继续，是实现商品流通的重要手段。与铁路、公路相比较，水运在流通领域中的服务范围，基本上取决于天然河流和海域的分布状况。我国水上运输的地理特征是：北部有黑龙江水系；东部半壁临海，海岸线漫长，从北到南形成极为广阔的海上通道；鸭绿江、海河、黄河、淮河、长江、钱塘江、闽江、珠江等分布其间，把江河湖海沟通；大运河从内陆将五大水系联结。尤其是秦岭—淮河以南广大地区，水运条件更是优越，水运在交通运输体系中有举足轻重的作用。水运地理分布特点，自古就有“南船北车”的概括。

在各种运输方式中，水运属于低速运输。虽然运输速度快会加速商品的流通速度，从而加快社会再生产的速度，但是，从节约商品的追加的社会运输劳动消耗的观点看，并非所有的商品都需采取较高速度运输，其中低值大宗物资，适宜用较低速度运送。水运在这方面具有自己的优势。

水运业是一个特殊的物质生产部门，借助于船舶而实现的旅客和货物的空间上位移是水运业的产品。水运生产劳动创造新价值即国民收入。因此，水运业也是为国家积累资金的部门。水运业同其他运输业一样，是社会生产和生活的一般共同条件，具有巨大的社会效益和辐射效果。仅以海运而论，远洋运输作为实现对外经济贸易的物质手段，促进外向型经济发展。同时还应看到水运业是生产资料如运输船舶、港口机械、燃物料等的巨大需求者，它的发展会促进相关产业如钢铁、造船、港机、机电、电子仪器仪表等工业的发展。水运业与人民的生活旅行也是息息相关的，水上旅客运输具有舒适、方便、价廉等许多独特的优点，在有水的地区仍是重要的客运工具。水运业不仅在经济建设中，而且对国防的建设也是一支重要的运输力量。

五、我国水运业系统的基本框架及其现状

1. 水运系统的基本框架

从水运的角度看，首先必须集中力量建设强大的南北海上运输通道，搞好沿海港口的合理布局和港口综合能力的设计，以支援沿海产业带的建设。20条纵横交接的运输网的空间布局，其终端一半以上是与沿海港口联结，这就为我们提供了发展远洋和沿海运输、支援内地建设以充分的物质基础。

第二是开发长江和西江的航运，首先是长江的航运，使南北海上通道和长江、西江联结，支援中部地区，迎接沿江工业带的大规模开发，因此要整理航道、加强港口码头建设，逐步开发支流的水运资源。

如果称沿海工业带为沿海地带轴，长江工业带为长江沿岸轴，那么两个轴组成“T”字形。

长江轴将内地重庆、武汉和南京最发达的核心地区与海岸地带轴联结起来，两轴在经济最发达的长江三角洲交汇。如果再将西江、南北大运河与之联结，那么，两纵两横的水运运输框架就是水运空间分布的基本模式。这种空间结构形式比较准确地反映了我国国土资源、经济实力及开发潜力的空间分布的基本框架，同时也反映了水上运输布局的基本框架，把它建设好有助于奠定国民经济翻两番的基础，促进与之联结的其他地带发展，使全局获得顺利发展。

2. 我国水运业现状

目前，我国港口货物吞吐量、集装箱吞吐量均位居世界第一。改革开放以来，我国航运、港口、海洋、造船、渔业和航海及海洋科研教育等事业发展已取得令世人瞩目的成就。我国现已拥有运输船舶 21 万艘，载重量 8 600 多万吨，居世界第四位，形成了以国有骨干航运企业为主力的运输船队。我国与 60 多个国家（地区）签订了双边海运协定，与世界主要贸易国家（地区）保持良好的海运关系。中国渔船队至今已航行到太平洋、印度洋、大西洋作业，中国渔业已跻身于世界先进行列。与此同时，海员队伍的规模也不断扩大。我国科学考察船已远航南极，建立了南极中国科学考察站，“雪龙号”极地考察船胜利完成了两次北极考察。我国海军作为和平使者，先后出访了五大洲 20 多个国家和地区。这些充分展示了我国航海及海洋业所具有的国际竞争力。

水运业对国民经济具有重要的支撑作用。今后，我们要更加重视水运业的发展，加快建设具有一流国际竞争力的远洋船队，不断提高我国航运的总体水平和竞争实力，维护国家经济安全。要加快港口发展，早日建成布局合理、层次分明、功能完善的现代化港口体系。同时，我们还要更加注重海洋生态环境的保护，全面、合理开发利用海洋资源，促进海洋经济的可持续发展。

第二节　水运业投融资

一、水运业投融资的特征

水运业投融资既有一般投融资活动的共性，也有其行业性质决定的个性。明确水运业投融资的特征与我国的现行体制，对于评价与制定未来交通投融资政策是至关重要的。

1. 水运业投融资的概念

水路交通投资是指为了获取经济效益而将一定数量的货币或其他资源投放于水路交通行业经济活动的行为。这里的投资对象主要是航道、码头泊位等水路交通基础设施，船舶、装卸机械等水路交通经营设施，以及安全监督、通信、救助打捞等水路交通支持系统设施。因此，通常所称的水路交通投资属于一种直接投资。水路交通融资是为了水路交通的投资而通过一定的渠道、采用一定的方式筹措一定量的货币或其他资源的经济活动行为。

可以看出，融资决定于投资，而融资又制约着投资。通常将投资与融资合称为投融资，在本书中，如果没有特指，投融资既指投资，又指融资。

2. 水运业投融资特征

水路交通行业的投融资既有经济产业投融资的一般特征，又有其行业特征决定的个性。

明确水路交通行业投融资的特征对于国家正确制定水路交通投融资政策具有十分重要的意义。水路交通行业的投融资特征表现在以下几个方面：

(1) 水运业投融资从总体上看属于国家基础性产业的投融资。

基础性产业是指那些不是为特定部门提供产品或劳务，而是为社会所有或大部分部门提供产品或劳务的产业，如交通、电力、通讯、供水、市政建设等产业。基础性产业具有项目投资规模大、建设周期长、自然垄断性强、建成后对其他产业的产品需求量相对较小、其产品或劳务数量和价格变化对国民经济其他产业影响相对较大等特征。尽管水路交通设施可以分为三大类，在社会经济活动中的功能存在着差别，但由这三类设施构成的水路交通本身就是交通产业的一个重要组成部分，完全符合基础产业的特征。

由于水路交通投融资在总体上所具有的国家基础产业投融资特征，无论在投融资决策方式上，还是在投融资资金筹措方式上，或是在投融资资金使用方式上具有特定的要求。

(2) 水运业投融资具有隐性社会贡献。

水路交通的经济效益除了少部分体现在行业本身创造的利税外，更重要的是蕴含在运输对象所有者身上。这一点在运送关键物资或应付非常事件时，更为突出。当运力供给大于运量时，损失的只是水路交通行业自身的经济效益；而当运力供给小于运量时，则对社会效益造成了损失，而后者往往大于前者。并且，对水路交通的需求是从其他社会经济活动中派生出来的。运输只是其实现目标的手段，而非最终目标。由于人们注意追求目标，忽视条件和手段，往往导致忽视水路交通项目这种基础性建设投资，这不能不说是导致运输短缺的原因之一。再则，水路交通对国民经济的影响具有全局性，但其效益具有滞后性且不容易被客观地认识到。显然，水路交通效益的这种特性是从其基础性产业特征派生出来的。

在国家确定产业投融资导向时，在投融资主体进行水路交通项目投融资效益评价时应该考虑水路交通投融资具有的隐性社会贡献。

(3) 水运业投融资需要遵从交通产业的时空特性。

交通产业的时空特性是指其对于空间、地域和时间具有非常强的依附性，即不可挪用性。一方面，航道、码头泊位等基础设施在空间和地域上不能挪用；另一方面，运输能力在时间上不能挪用。前者表明水路交通设施的投资成本具有沉淀性；后者则说明由于运输产品的即时性（产品的生产与消费同时进行），运输能力不能像其他行业的产品那样可以储备。为此，交通经济界认为：交通建设要符合交通运输时间组合规律，即在交通运输与社会经济发展时序安排上，交通建设有超前发展的规律。由于运输生产和消费在时间上的重合，要求运输能力应当保持适度超过运输需求。因为除了大宗货物外，各行业对运输的需求在时间上存在着随机性。适度的运力富裕是随时使需求得到满足的物质基础，从而可以缓解和避免给国民经济大系统正常运转造成约束。由此而创造出的社会综合效益要远远大于因运力浪费所付出的代价，同时又能使整个社会经济系统处于良性循环状态。

(4) 水运业投融资具有公共性和企业性的复合特性。

交通运输业具有公共性的性质已为经济学家所认识。然而，交通运输产品非但不能作为纯粹的公共物品由社会提供，而且在生产经营过程中，交通运输业还表现出一定的企业性。更进一步地，从各国的经济史资料中可以发现，在每个国家的不同发展阶段中，交通运输业的公共性和企业性的表征也有强弱变化，而且是互为“余数”。

水路交通作为既古老又年轻的一种重要运输方式，对这种复合特性的判断具有重要的意义，对国家制定水路交通的投融资政策具有指导价值。

（5）水运业投融资在可持续发展中具有特定效应。

可持续发展是指既能满足当代人的需要，又不损害后代人满足需要的能力的发展。为了兼顾当代和后代利益，人类必须遵循新的发展战略——可持续发展。它是21世纪正确处理和协调人口、资源、环境、生态、经济、社会相互关系的共同发展战略，是人类生存与发展的必由之路，也是我国现代化前途所在。我国政府在《中国21世纪议程》中明确提出要走可持续发展的道路。由于交通产业对环境和资源的影响非常大，在交通领域中实施可持续发展战略，水路交通具有突出的优势。首先，铁路交通与公路交通的建设以占用大量的土地资源为代价，而水路交通的发展通常不占或少用土地资源，有时伴随水路交通设施的建设而扩大土地资源；其次，我国漫长的海岸线和纵横交错的河流与星罗棋布的湖泊，是一种自然交通资源，较小的投入可得到较大的交通能力；再次，交通运输业在其发挥作用的同时，成为对人类生存环境造成严重损害的重要污染源，但在五种现代运输方式中，水路交通对环境造成的污染相对最小；最后，在水路交通的建设中，通过疏浚整治河道，综合利用与开发水资源，可兼收防洪、发电和灌溉等收益，可以带动沿海、沿江河流域的经济发展。

显然，在国家的可持续发展战略中，必须考虑水路交通投融资的这种特定效应。

（6）水运业投融资资本的密集性、投资成本的沉没性与投资项目的不可分性。

水路交通的建设需要巨额的资金投入，特别是水路交通航道、港口等基础设施的建设与远洋船舶的建造需要投入的资金尤其巨大，投融资具有显著的资本密集特征。并且，航道、港口等水路交通的基础设施一旦进行投资建设，就很难移作他用，可以说其残值极低。为此，水路交通的基础设施投资后，一定要按原设定的用途用下去，若作他用，则难以收回投资，这反映了水路交通投融资所具有的投资成本沉没性的特征。除此之外，水路交通项目（如港口、航道等）必须进行一次性大规模投资，零星的投资往往无效或者不经济，也就使其具有投资项目的不可分性特征。

从这一特征出发，水路交通投资主体应该多元化、融资方式应该多样化，对任何投融资决策的作出必须倍加谨慎。

（7）水运业投融资在国家对外开放、参与国际市场竞争中具有特定的作用。

作为水路交通主要组成部分的港口与国际航运船舶在国家的对外开放中起着重要的作用，因为港口是国家对外开放的门户，国际航运船舶是国家对外开放的桥梁。目前，在我国沿海港口的吞吐量中外贸货物吞吐量占了相当大的比重，在我国对外贸易量中，绝大部分是由船舶承运的。由于国际航运中的外汇结算，无论是港口还是国际航运船舶所取得的外汇收入在国家的国际收支平衡、保持本国货币的稳定中都具有重要的影响，国际航运市场竞争的加剧、各国临近港口之间竞争的出现，不能不说是一些海运大国通过各自的投融资政策扶持本国船队、扶持本国的一些港口建设成为国际性或洲际性枢纽港的重要目的。

对外开放已成为我国的一项基本国策，在国家的对外开放、参与国际市场竞争中，不能忽视水路交通投融资的作用。

（8）水运业投融资在国防和捍卫国家领土完整中具有特定的意义。

从一些强大的濒海国家来看，拥有良好的港口设施和商船队，不仅仅是从发展社会经济的需要来考虑的，而且是从国防的需要来考虑的；再从历史上看，各国的港口设施和商船队在战争中发挥了重要的作用。我国具有漫长的海岸线和广阔的海域，需要有良好的港口设施和一支强大的商船队来满足突发情况下国防的需要。为了捍卫国家领土的完整和早日实现祖国统一，应重视水路交通投融资。

二、我国水运业目前的投融资体制

投融资体制则是经济体制的一个重要组成都分。与计划体制、财政体制、金融体制、企业体制等相互联系、相互制约。在我国，投融资体制一般是指固定资产投资和融资活动运行机制和管理制度的总称。主要包括投资主体行为、资金筹措途径、投资使用方式、项目决策程序、建设实施管理和宏观调控制度等内容。我国水路交通投融资体制随着国家投融资体制的变化而变化，先后经历了计划经济时期的拨款投资、改革初期的贷款投资、现阶段的投资主体多元化与融资方式多样化格局。

1. 投资主体

投资主体是指担负固定资产投资职能，具有资金来源和投资决策权的经济实体。它是投资活动的发动者、决策者和投资资金的筹措者，是投资运行的起点。投资主体是投资权力体、投资责任体和投资利益体的内在统一，构成投资主体应具备三方面的基本要素：一是拥有投资经济活动的决策权；二是承担相应的投资风险或责任；三是占有和支配投资利益。目前水路交通设施投资主体的划分仍以计划管理体制的划分为依据。

（1）航道。内河航道按现行计划管理体制分为中央和地方管理，原中央管理的航道为长江干线（宜宾—上海）和松花江、黑龙江界河。现根据中央关于部属企业与原行政部门脱钩的决定，松花江和黑龙江界河航道由地方政府管理。因此，长江干线航道的投资主体仍在交通部，地方航道的投资主体在地方交通部门。沿海航道在管理上分为两类，一类是港区内的航道现由各港务局管理，另一类是港区外的，如长江口、珠江口航道，现由中央和地方政府作为投资主体投资。

（2）港口。其设施较为特殊，既有公益性设施，如防波堤、护岸、港池、锚地、航标、道路等公共的非经营性设施，也有码头、库场、机械等经营设施。1984 年以前，全国 38 个主要港口（沿海 13 个港、长江 25 个港）均由交通部直接管理，其中长江 25 个港与中国长江轮船总公司为港航一体的部属企业。1987 年以后，除沿海的秦皇岛为交通部直属港口外，其他均改为“交通部与地方政府双重领导，以地方管理为主”的港口管理体制，长江港航管理体制从原来的港航合一转变为港航分管。这样就有中央政府港口、交通部与地方政府“双重领导”港口和地方政府领导港口（有 1 000 多个）三种类型。其中“双重领导”港口体制是我国港口的主要管理模式，这种模式对我国港口在数量上和规模上的迅速发展起到了积极的推动作用。但由于外部经济环境以及港口管理等许多方面因素都发生了变化，“双重领导”港口的现行体制已不适应市场经济的要求。根据国务院办公厅转发的交通部等 5 部委《关于深化中央直属和双重领导港口管理体制改革的意见》，于 2002 年 3 月底前已经完成了将由中央管理的秦皇岛港以及中央与地方政府双重领导的港口全部下放地方管理。港口下放后，实行政企分开，港口企业不再承担行政管理职能，并按照建立现代企业制度的要求，进一步深化企业内部改革，成为自主经营、自负盈亏的法人实体。同时，港口现行的计划、财务管理体制也进行相应的改革，其中计划管理将由现行和中央计划管理改为地方管理，财务管理则由“以港养港、以收抵支”改“收支两条线”，取消港口企业定额上缴、以收抵支的办法；同时按照国家税收管理有关规定征缴港口企业所得税，港口下放时，其财务关系相应划转。港口的资产无偿划转地方管理（交由国家开发投资公司管理的资产除外），其债权、债务一并随之转移。随着港口体制的这一改革，投资主体多元化的格局完全形成。

（3）水路交通支持系统。其包括安全监督、通信、救助打捞、公交消防、教育、科研和信息7个主要部分，从性质上说属于公益性设施，现分别按事业单位管理隶属关系确定投资主体。

（4）其他水路交通企业。原部属水路交通企业已经局部脱钩，今后交通部一般也不再无偿投入资金，企业将逐步成为投资主体。

2. 投资方式

目前，对于水运业投资的方式按项目性质有所区别。

（1）公益性项目。对于水路交通的公益性项目主要以交通部和地方政府无偿投资为主，包括国家预算内投资和专项资金投资，如海事、救捞事业单位的船舶，内河航道，一般均由各级政府按权限决策进行投资。

（2）部分经营性的基础设施项目。如港务局和航运开发公司等经营的港口、内河项目，对其采取多渠道融资，其中部和各级政府投资于经营性基础设施项目的资金以资本金形式投入。

（3）经营性项目。对于由水路交通企业决策的水路交通经营性项目，主要由企业自主投资和社会多渠道融资。

3. 政府的投融资管理

水运业的投融资管理的内容包括计划、资金、组织、建设、财务等，其中的投资计划和项目审批管理是政府投融资管理的基本内容，本章仅叙述水运业投资计划管理的内容。

投资计划是一定时期内固定资产投资规模、投资来源、建设项目、进度、新增生产能力作出的目标确定，投资计划的任务是正确确定与国力相适应的投资规模、速度，合理安排投资结构和建设项目，以获得投资效益。投资计划按编制的计划期限不同，可分为长期、中期和年度计划。投资计划按固定资产扩大的方式不同分为基本建设计划和技术改造计划；按编制对象范围分为国家计划、地方计划、部门计划；按管理形式分为指令性计划和指导性计划。

目前纳入交通部年度投资计划范围的，包括中央投资安排的各项交通项目，中央与地方合资项目以及部属企事业单位项目，其中部直属企业脱钩后，尚未具体明确计划管理问题。有关水运业年度投资计划具体分为：

（1）船舶购置计划。其分为船舶贷款专项计划及部直属行政事业单位船舶购置计划，前者主要是各水运企业使用商业银行贷款建造更新船舶计划，后者主要是部属行政事业单位（如海事局、救捞、航道局）为行使国家行政职能使用预算内和预算外专项资金购置和建造船舶。专项资金在“九五”期间为部分港口建设费、内河建设基金和水运客货附加费。“十五”以后资金渠道有待落实。交通部对地方船舶购置贷款年度计划有一个具体分配管理办法，对部直属事业单位非经营性船舶购置也有管理办法，包括总则、前期工作、年度计划、船舶建造、附则等，规定了交通部年度投资计划编制的依据。

（2）水运业项目基本建设计划。其包括港口建设、航道建设及其配套设施建设计划。分为中央项目和中央与地方合资项目计划两部分，港口项目现按一定资本金比例安排港口建设费，航道建设以内河基金为主，兼有少量预算内资金。

（3）水运业支持系统基本建设计划。其包括部属行政事业单位的建设计划。按专项资金使用范围，港口建设费用于海监和通信、消防等系统生产性建设项目，预算内资金主要用于行政事业单位科研、教育、机关建设。

（4）水运业技术改造计划。它是原部属水路交通企业以自筹资金安排的技术改造计划，有时也包括由经贸委统一安排的水路交通企业的专项贷款计划，随着企业的“脱钩”可能发生变动。

（5）水运业自筹基本建设计划。它是原部属水路交通企业和事业单位用自筹资金安排的基本建设计划。部属企业和相关事业单位脱钩后，该计划将发生变动。

（6）水运业其他专项基本建设计划。其包括预算内资金安排的东南沿海港口贯彻国防要求项目的计划。

三、我国现行水运业投融资政策

我国目前施行的水路交通投融资政策主要体现在制定与出台于不同时期、由不同的部门制定颁布的相关法律、法规，或者文件之中。由于水路交通投融资是国家投融资的一个组成部分，国家的投融资政策适用于水路交通的投融资活动；但水路交通投融资有其特性，而形成其特有的投融资政策。这里主要归纳论述对水路交通投融资活动产生重大影响的政策，交叉了国家的一般的投融资政策与水路交通特有的投融资政策。

1. 水路交通投融资的基本政策

1993 年 11 月，中共中央发布了《关于建立社会主义市场经济体制若干问题的决定》（以下简称《决定》）这是我国实施市场经济体制进行经济工作的纲领性文件。这一《决定》按照不同投资主体的投资范围，以及各类建设项目不同的经济效益、社会效益和市场需求等情况，将投资大体划分为竞争性项目投资、基础性项目投资和公益性项目投资三大类，并重新确定其主要投资主体和投融资方式，从而形成了我国实行市场经济体制后进行投融资活动的基本政策，也是目前水路交通投融资活动的基本政策。

（1）竞争性项目主要是指投资收益比较高、市场调节比较灵敏、具有市场竞争能力的项目。竞争性项目要以企业作为基本的投资主体，主要向市场融资，政府将逐步从其投资中退出。竞争性项目的融资方式，主要是通过商业银行进行间接融资；也可通过发行企业投资债券、股票和联合投资等方式进行直接融资。

（2）基础性项目主要包括建设周期长、投资大而收益较低、需要政府扶植的基础设施和一部分基础工业项目，以及直接增强国力的符合经济规模的支柱产业项目。基础性项目大部分属于政策性投融资范围，主要由政府集中必要的财力物力，通过经济实体进行投资，并广泛吸收地方、企业参与投资；鼓励以大型骨干企业为主进行投资；有的还可以吸收外商直接投资。为了加强基础性项目的建设，一是要加大政府投资力度，拓宽投融资渠道，提高其在全社会固定资产投资中的比重。对新建的基础设施项目，鼓励合资建设，并组成规范化的有限责任公司或股份有限公司进行投资建设。二是加重地方政府进行基础性项目建设的责任，除了事关国计民生、跨地区的重大基础设施、重大基础工业项目和重大农业、水利工程项目的建设由中央政府投资主体为主承担外；地方性的交通、邮电通讯、能源工业、农林水利设施和城市公用设施等的建设，按照“谁受益，谁投资”的原则，主要由所在地政府的投资主体承担。三是制定有关政策，支持基础性项目扩大利用外资。四是充分发挥省级地方投资公司在地方基础性项目投融资中的主体作用。

（3）公益性项目主要包括科技、教育、文化、卫生、体育、环保等事业的建设项目，公、检、法、司等政权机关的建设项目以及政府机关、社会团体办公设施、国防设施建设项目。公益性项目投资由政府用财政资金安排，除了特别重要的项目和必须是中央政府安排投资的项目由中央政府承担投资外，绝大部分项目应按受益范围由所在地方政府承担投资。

2. 水路交通投融资的具体政策

水路交通投融资具体政策是指国家为促进水路交通的发展而制定的特定投融资政策。水路交通项目虽然从总体上说属于基础性项目，但从各组成部分来看存在着差异，有其特性，为了促进水路交通的发展以适应整个社会经济发展的要求，国家制定了水路交通具体的投融资政策。

（1）对水路交通基础设施建设进行重点投资的政策。“十一五”交通发展目标明确指出要把加快水运发展摆在更加重要的位置，把占地省、污染小、运量大的水运优势发挥好。要重视内河建设，采取多项措施扎实推进，充分利用发展内河水运的有利时机和较好氛围，进一步健全部和沿江省市合作机制，细化和落实方案措施，分阶段稳步推进。要重视编制和协调好港口规划，切实防止港口低水平重复建设，重视港口岸线的有效保护与合理开发，加大港口功能结构调整，加快沿海港口发展。煤、油、矿、箱四大货种专业化码头是建设重点。

（2）港口泊位基础设施建设由国家投资、地面设施由港口自行筹资的政策。

（3）多方筹资、加速港口、码头与航道等交通基础设施建设的政策。这一政策是随着改革开放的深入而逐步明确起来的。

（4）征收港口建设费和水运客货运附加费，设立“内河基金”用于水路基础设施建设的政策。为了加快港口建设以适应经济发展的需要。

（5）结合航道疏浚和港口建设营造土地和进行土地开发的政策。这一政策是在我国航道与港口建设，尤其是内河航道与地方港口建设投资缺乏资金来源，而发展当地经济急需进行航道与港口建设的特定情况下逐步形成的。

第三节　水 运 成 本

一、水运成本概述

水运生产是一种特殊的物质生产，它的产品是货物或旅客在空间上位移。水运产品的生产过程，同时也是物化劳动和活劳动的耗费过程。从企业的角度看，生产水运产品所耗费的生产资料的价值或者为自己的必要劳动所创造的价值，表现为企业的生产费用，构成企业的产品成本。所以，水运产品价值主要部分的货币表现，是水运企业在生产水运产品的过程中所耗费的资金的总和。

在水运企业，为完成客货运输支出的费用，包括支付给职工的工资、固定资产（主要是船舶）的折旧费、修理费、燃润料费、材料费和企业管理费等。水运企业在一定时期为完成客货运输量所支出的费用总和，即构成企业在该时期的运输总成本；而水运单位产品成本，则是单位水运产品所分摊的运输费用。水运单位产品成本，反映了一定时期水运企业运输生产劳动耗费（总成本）与生产成果（水运产品总量）之间的对比关系，能够更综合地反映出企业的营运活动状况。

（1）水运成本是企业生产耗费补偿的尺度。企业为了实现再生产，每一次生产耗费不仅要有实物形式的补偿，而且要有价值形式的补偿。在企业实行经济核算制的条件下，价值形式的补偿具体表现为企业耗费的资金的补偿。企业耗费的资金形成产品成本，而产品成本的高低也就是需要补偿的资金数额的大小。水运企业只有当其运输收入能够补偿其产品成本时，才能收回生产中所耗费的资金，保证再生产得以顺利进行，而且只有增产节约、降低成本，才可增加，为国家积累建设资金。所以，将水运成本当作企业生产耗费补偿的尺度，通过企业的营运活动及时弥补企业耗费的资金，是在企业范围内维持简单再生产的起码条件和进行扩大再生产的出发点，因而也是保证企业在生产经营上具有相对独立性的一个必要条件。

（2）水运成本是企业生产耗费的综合表现，可以反映企业生产经营活动的经济效益。企业无论是劳动生产率的高低，运输数量的多少，质量的优劣，船舶利用程度的高低，还是燃料、材料的利用和节约程度，货币资金的运用情况，以及企业经营管理水平等，都会在产品成本上直接或间接地反映出来。因此，企业的产品成本水平可以看做是企业经营管理水平的基本标志，是反映企业工作质量的综合性指标。

（3）水运成本作为产品价值主要部分的货币表现，是制定客货价的重要依据。在商品经济条件下，产品价格的制定要求大体上符合产品的价值。产品成本的高低，可以间接地、相对地表现产品中所耗费的劳动量的多少。这样，以产品成本作为定价的基础，再按照国家的价格政策进行适当的调整，就为产品价格大体上符合价值提供了客观条件。

水运生产过程，从整体上看，包括运输与装卸两个生产环节。港口的基本职能是进行货物的装卸，在本质上，它如同运输一样，在于实现货物在空间上的位移。因此，可以说港口装卸成本具有与运输成本相同的性质。

水运业以其自身的技术经济特点区别于其他运输方式，再加上其他因素的影响，使得水运成本在内容、结构以及计算方法等方面均具有自己的特点。如水运工具—— 船舶，尤其是沿海及远洋运输船舶的平均载重量比其他运输方式的要大，以及港口装卸条件比较复杂等因素，使得水运成本构成中停泊成本（其他运输方式称为始发、到达作业成本）的比重较其他运输方式高。

二、水运企业营运费用及其分类

水运企业包括航运企业和港口企业，其营运费用可分为基本生产业务（运输业务和装卸业务）、其他业务和辅助生产所支付的一切有关费用。按照与基本生产业务的关系，航运企业的营运费用又可区分为运输费用和非运输费用；港口企业的营运费用区分为港口业务费用和非港口业务费。

1. 水运企业的营运费用按照经济性质来划分营运费用要素

水运企业共同的营运费用要素有：① 外购材料；② 外购燃料，其中：燃油特别税；③ 外购动力；④ 工资；⑤黄肌瘦职工福利基金；⑥ 折旧费；⑦ 大修理基金（船舶修理基金）；⑧ 养路（河）费；⑨ 港口费；⑩ 利息支出；⑪ 其他支出：物质消耗和非物质消耗。

水运企业营运费用以本期发生为计算基础。凡本期发生而应由以后各期负担的待摊费用和本期发生而在以前各期计入成本的预提费用，均应列入本期营运费用。营运费用的划分是为了反映企业在生产过程中发生多少费用，各个要素各占多少，活劳动与物化劳动的耗费比例多少。营运费用的这种划分，可以作为核定企业流动资金定额的基础，用于分析劳动费用的构成及其发展动态，而且还是国家用于计算物化生产部门国民收入的基础。

水运企业营运费用的结构，即各个营运费用要素在营运费用中所占的比重，因技术装备水平、生产工具、生产工艺的不同而有所不同。港航企业的营运费用结构，差异很大，在湖口企业内，工资和职工福利基金的比重较大，而在航运企业中固定资产折旧费、修理费以及燃料费的比重较高。即使同是港口企业，或同是航运企业，由于其具体条件不同，劳动费的结构也有差异。一般来说，随着科学技术的进步，企业技术装备水平的提高，在营运费用的结构中，物化劳动耗费的比重提高，而活劳动耗费的比重相应降低，将是一般的趋势。

2. 运输费用或港口业务费用按照经济用途来划分成本项目

海洋、内河运输企业的运输成本项目各不相同。海洋运输成本项目包括：航次运行费用、船舶固定费用、集装箱固定费用、船舶租费和管理费用；内河运输成本项目包括：船舶航行费用、船舶固定费用、船舶维护费用、港埠费用的管理费用。海河港口装卸成本项目由装卸直接费用和管理费用两部分组成。

费用的这种划分，是为了计划和核算各种成本，正确反映成本的构成，有助于分析成本降低或超支的原因，从而为挖掘降低成本的潜力寻找具体途径。

3. 营运费用要素与成本项目的区别

（1）计算的范围不同。在营运费用中，运输费用和港口业务费用分别计入运输成本和港口业务成本；而非运输费用或非港口业务费用不计入成本。因此，营运费用要素的计算范围要大于成本项目。

（2）计算的方法不同。营运费用是将企业性质相同的每项费用不论其用途如何，都计算在同一个要素之内，即按照费用的原始形态来划分。例如，航运企业营运费用中的“工资”要素，包括船员的工资、管理人员的工资等；在计算成本时，船员工资计入“船舶固定费用”项目内，而企业管理人员工资则计入“管理费用”项目内。

（3）计算的时间不同。营运费用以本期发生为计算基础，包括企业在本期内发生的费用，而在本期内发生的费用不一定是本期生产所应负担（即计入成本）的费用。例如，船舶小修费在某一月内发生，计入当月营运费用；而这笔费用并非全部计入当月成本，而是以修理基金的形式平均逐月计入成本。

4. 运输费用或港口业务费用按照它们计入成本的方法分为直接费用与间接费用

在船运企业中，船舶是基本生产单位，运输成本的计算应以船舶为基础。因此，像船员工资、船舶基本折旧、船舶修理基金、燃料润滑材料费用等这些可以直接计入某一类船舶的费用是直接费用；而航运企业的管理费用，则需要经过一定的标准分摊，分别计入各类船舶和有关方面的成本，这种费用就是间接费用。港口装卸队或装卸机械的费用都是直接费用，而港口企业管理费和作业区管理费则是间接费用。

在水运产品成本中直接费用的比重越大，则成本计算的精确性也越高，因此，在成本计算中，凡能直接计入成本的费用应直接计入成本中。采用合理的分摊方法分摊间接费用，也是提高成本计算精确性的一个重要条件。

5. 运输费用按照它们与生产量的关系分为固定费用和可变费用（铁路运输上称为与运行无关的费用和与运行有关的费用）

随着生产量变化而变化的费用，如船舶燃润料费、港口费、装卸机械的动力费、装卸工人的计件工资等，是可变费用；不随生产量的变化而变化或变化不大的费用，如船员工资、船舶或装卸机械的基本折旧费、企业管理费等，是固定费用。

对于单位运输成本，按照固定费用的可变费用计算，可以用下式表示：

$$单位运输成本=\frac{运输总成本}{货物周转量}=\frac{固定费用+可变费用}{货物周转量}$$

$$=\frac{固定费用+可变费用}{货运量\times 货物平均运输距离}$$

从上式可以看出，在一定技术装备的条件下，货物周转量增加，即通过运输线路的货运密度［(t · km) / km］的增加会引起可变费用相应地增加，而固定费用不变，尽管运输总成本增加，然而由于分摊在单位运输产品上的固定费减少，使得单位运输成本（单位固定费用与单位可变费的总和）降低。固定费用在运输总成本中的比重愈大，当货物周转量增加时，单位运输成本降低的幅度也愈大。

6. 运输费用按照作业过程分为航行费用和停泊费用（铁路运输上称为运行费用和始发、到达作业费用）

其计算方法如下：

$$运输总成本=航行费用+停泊费用$$

其中：航行费用＝固定费用×航行率＋航行可变费用

$$停泊费用=固定费用\times(1-航行率)+停泊时可变费用$$

$$单位运输成本=\frac{运输总成本}{货物周转量}=\frac{航行费用+停泊费用}{货物周转量}$$

$$=\frac{航行费用}{货物周转量}+\frac{停泊费用}{货物周转量}$$

$$=单位航行成本+\frac{停泊费用}{货运量\times 货物平均运输距离}$$

从以上各式可以看出，航行费用与运输距离有关，当运输距离延长时，货物周转量增大，航行费用相应地增大，单位航行成本一般维持不变；而停泊费用与运输距离无关，当运输距离延长时，货物周转量增加，但是停泊费用并不随之增加，单位停泊费用却会减少，从而使单位运输成本降低。

利用这种划分方法分析成本，可以反映出运输成本随着运输距离延长而减少的性质，这种性质反映在运价上就是递远递减的特征。

三、水运成本的计算

1. 水运成本计算的原则

（1）水运成本的计算要严格遵守成本构成和计量的客观标准。在实际工作中要严格执行有关费用划分和成本开支范围的规定，分清各项专项经费的界限。

（2）水运成本的计算要确定成本的计算对象，并且按照确定的对象正确地归集和分配费用。水运成本的计算对象是运输船舶的旅客和货物的运输业务、港口的装卸、堆存业务。成本计算的对象愈是细化，其费用的归集与分配也就愈复杂，而成本计算的精确性也就会相应提高。成本对象的细化，是加强成本管理、提高企业管理水平的客观要求，也是社会大生产的发展、生产专业化发展的客观要求。

（3）间接费用的分配要以受益原则为根据。水运成本计算对象愈是细化，直接费用的归集也愈细化，而间接费用的分配则愈复杂。间接费用的正确分配（分摊）必须选择正确的分配标准，而根本标准必须建立在受益原则上。所谓受益原则，就是对于间接费用，谁受益谁负担；负担多寡，视受益程度而定。费用分配的受益原则是通过费用分配的标准来体现的；分配标准愈能够反映受益者的受益程度，这种标准就愈能够体现受益原则，从而提高成本计算的准确性。因此，确定费用分配标准是很重要的。

（4）水运成本的计算要与财产物资的计算结合。从成本计算角度来考察，财产物资是尚未转为或尚未全部转为成本的价值储藏。而成本的计算就是在继续处于储藏状态的价值和已经转移到产品中的价值之间划一道界限，确定哪些价值继续储藏，哪些价值已经转移。在经济工作中把财产物资形态上的储藏称为资金运用，而把转移到产品中去的那部分价值称为成本。

2. 水运成本计算的种类

成本计算的种类决定于管理的要求。一般地说，管理的要求越高，计算的种类就越多，企业生产经营活动的状况也就反映得越全面、具体。成本计算的种类不是一成不变的，而是随着成本管理的要求而变化的。这里择要说明如下:

（1）目标成本。它是企业一定时间内所要争取达到的成本水平。计算目标成本，要把要求达到的成本水平与实际达到的成本水平进行比较，以便及时测知节约、浪费所在，从而为加强管理指明具体途径。

计划成本是目标成本的一种。计划成本的计算是在计划期开始前，以生产计划（运输或吞吐、装卸）任务及其他各项计划工作量为基础，按照计划定额和计划单价等有关资料进行的成本计算。计划成本的计算过程，实际上就是成本计划的编制过程。成本计划是企业生产经营计划的重要组成部分，起着组织企业生产经营活动和促进经济核算的作用，也是实际成本考核的依据。

（2）实际成本。目前水运企业的成本计算一般以实际成本计算为主。所谓实际成本，就是水运企业为生产一定数量的产品实际耗费了多少劳动量。实际成本的计算是在决算期终了之后，根据实际完成的生产任务及运输或装卸支出决算资料进行的成本计算。如果资料齐全、方法正确，那么实际成本的计算就能如实地反映生产过程中的耗费，反映企业经营活动的成果和存在的问题，从而为生产前的计划、生产中的控制提供详实可靠的数据，真正起到加强管理、提高经济效益的作用。

（3）责任成本。所谓责任成本，就是成本数据按责任的归类。“管理的基本原则是一定的人对所管的一定工作完全负责。”成本管理也必须贯彻这条基本原则。计算责任成本，要求把凡是能够用成本体现的经济责任，落实到船舶、作业区、班组以至个人，原则是“干什么，管什么，算什么”，“管而合理，算而有用”，通过管，既行使了管理权力，又承担了经济责任。

计算责任成本作为考核的依据，并将奖励制度结合起来，以发挥它促使人们加强经济责任，从经济利益上关心生产的经济效益的积极作用。

（4）质量成本。在水运企业中，保证货运质量，尤其是旅客人身安全，具有特别重要的意义。质量成本可以有两种形式：一种是因海损、机损、货差货损等引起的各种损失；另一种是除了上述损失外，为提高货运质量或加强安全防护采取的各种措施而发生的费用。

在水运企业中，上述目标成本（主要是计划成本）、实际成本、责任成本及质量成本，都是属于定期成本，按规定的时期进行计算。与此相对应，还有非定期成本。它的计算不是按期进行的，而是为了某种特定的目的，在需要时进行的成本计算。

3. 水运成本计算的一般程序

在实际工作中，成本的种类不一，计算的方法各异。然而，成本的计算方法是有共同规律可循的。这种共同的规律，是进行不同各类成本计算的基础。一般来说，成本的计算包括以下几个方面：① 确定成本计算的对象；② 按成本计算的对象归集直接费用；③ 按成本计算的对象分配间接费用；④ 计算一定的成本计算对象的总成本；⑤ 根据总成本和相应的生产量计算一定成本计算对象的单位成本。

4. 水运成本的计算

（1）客货综合运输成本的计算。它以客货综合运输业务为成本计算对象。凡是各类运输船舶所发生的费用均为直接费用，进行统一归集；管理费用是间接费用，要在运输业务和其他业务间进行分摊；然后将船舶的费用与运输业务应负担的管理费用加总即为运输总成本；运输总成本除以同期的换算周转量，即得出综合单位运输成本。

（2）客运成本和货运成本的计算。海河运输企业客运与货运的种类有：① 客运：客货轮客运、客轮客运、拖轮客运；② 货运：客货轮货运、货轮货运、拖轮货运、油轮油运、拖轮油运、拖排运输。

计算客运成本和货运成本时，必须正确地区分直接费用与间接费用。

① 凡是能够直接计入客运或货运成本的费用，分别直接计入，如客轮费用全部由客运成本负担；货轮和油轮的费用全部由货运成本负担。

② 凡是不能直接计入客运或货运成本的费用，则按照一定的分配方法，经过分摊后将其应负担的部分分别计入客运或货运成本。客货轮的船舶费用需要在客、货运之间分摊；拖轮当拖带客驳（地方内河中心常见）时，其费用亦需在客、货运之间分摊。

当分别计算出客运和货运的直接费用与经分摊后应负担的间接费用之后，即可分别计算出客运和货运的总成本和单位成本。

（3）单船成本和航次成本的计算。

$$\text{单船成本}=\frac{\text{船舶费用}+\text{分摊的管理费}}{\text{货物周转量}}\{\text{元}/[(\text{kt}\cdot\text{km}(\text{n mile})]\}$$

$$\text{航次单位成本}=\frac{\text{船舶费用}+\text{分摊的管理费}}{\text{货物周转量}}\{\text{元}/[(\text{kt}\cdot\text{km}(\text{n mile})]\}$$

为了具体计划航次的单位成本，可用下列公式：

$$S_{T\cdot M}=\frac{R+D}{QL}=\frac{[(a+b)t_z+(a+c)t_c]+D}{QL}$$

$$S_T=S_{T\cdot M}\times L=\frac{R+D}{QL}\times L=\frac{R+D}{Q} \tag{4.2.1}$$

式中：$S_{T\cdot M}$——航次单位成本{元/[(t·km(n mile)]}；S_T——航次中运输每吨货物的成本（元/t）；R——航次的船舶费用（元）；D——分摊的管理费（元）；Q——航次中运输的货物吨数（t）；L——航次计费运输里程［km（n mile)］；t_z——航行时间（昼夜）；t_c——停泊时间（昼夜）；a——每昼夜船舶固定费用（元/昼夜）；b——航行每昼夜燃、润料费用（元/昼夜）；c——停泊每昼夜燃、润料费用（元/昼夜）。

（4）间接费用在客运和货运之间的分摊方法。

① 客货轮船舶费用的分摊方法。海洋客货轮船舶固定费用和航次运行费用中不能直接计入客货运成本的共同性费用，如燃料、港口费、航次其他费用以及润料、物料、船舶折旧费、船舶修理基金、保险费、船舶非营运期费用、共同费用、其他固定费用等，现行规定按客货客舱（包括客运设施容积）和货舱容积比例，或按客货定额收入比例、载货载客定额比例等方法分摊，分别由客运、货运成本负担。内河客货轮费用中不能直接计入客运或货运的共性费用，现行规定按客货运换算周转量的比例分摊。

下面重点讨论三种分摊方法：

第一种方法：以货轮的货运单位成本作为客货轮的货运单位成本，计算客货轮货运应负担的费用。

客货轮货运应负担的费用＝货轮的单位成本×客货轮完成的货物周转量

客货轮客运应负担的费用＝客货轮的船舶费用－客货轮货运应负担的费用

这种方法的出发点是，客货轮的船舶费用之所以比货轮的船舶费用要高，完全是由于客运的需要引起的，所以，客货轮的货运应负担的费用只能比照货轮的船舶费用确定。

这种方法手续简便，但不尽合理。表现为：

a. 客货轮的货运速度与一般货轮的货运速度不同，因而客货轮的货运成本就应该有差异。

b. 货轮货运成本水平的变动，会影响到客货轮货运成本水平，进而影响到客货轮客运成本水平，货轮货运成本水平外部因素的变化，与客货轮本身的劳动耗费并无内在的联系。

c. 有人认为采用这种方法，“可以促使船舶在一定条件下主动争取货载，以减轻客运成本的负担”。当客货轮多装货，载重量利用率提高，本应该降低其货运单位成本，采用这种方法只能降低与载重量利用率提高并无直接关系的客运成本，因为载重量利用率提高，则货物周转量增加，使得货运应负担的费用增加；而客货轮货运单位成本是否降低，却受到货轮单位成本水平高低的制约。

第二种方法：按载货定额和载客定额的比例进行分摊。

$$每换算吨\cdot天费用=\frac{客货轮的船舶费用}{载货定额+载客定额}\quad[元/(换算吨\cdot天)]$$

客运应负担的费用＝每换算吨·天费用×载客定额

货运应负担的费用＝每换算吨·天费用×载货定额

这种方法能够反映出载重量利用率对货运单位成本的影响。在船舶客、货位比例一定时，其客、货轮船舶费用也是一定的，但是这项费用分摊到单位旅客或货物周转量时，就既决定于计算期旅客周转量或货物周转时的大小，又取决于载重量或载客量利用率的高低。

第三种方法：按客舱容积和货舱的比例分摊。

$$每立方英尺(公尺)的费用=\frac{客货轮的船舶费用}{客舱容积+货舱容积}\quad [元/每立方英尺(公尺)]$$

$$客运应负担的费用=每立方英尺(公尺)的费用\times 客舱容积$$

$$货运应负担的费用=每立方英尺(公尺)的费用\times 货舱容积$$

这种方法是假定每一立方英尺（公尺）客舱容积的费用和每一立方英尺（公尺）货船容积的费用相等作为分摊标准的。这种假定考虑了客货轮客运和货运在容积上的差别。每一客位定额所占容积比每一货位定额所占容积要大，因而前者应比后者负担较多的费用，这是合理的。在客货轮尤其是客轮的技术营运性能中起主要作用的因素不是重量性能，而是容积性能。船舶有些费用，如基本折旧费和修理费是与容积有关的。因此，按容积分摊客货轮的费用，是和船舶结构与技术性能比较一致的，因而也是比较合理的。

应当看到，这种方法虽然反映了客货轮客运和货运在容积上的差别，但是假定单位客舱容积的费用等于单位货舱容积的费用，并不符合实际。实际上单位客舱容积所占有的设备的价值明显大于单位货舱容积所占有的价值，因而，与这些设备有关的折旧费、修理费，单位客舱容积所分摊的部分应大于单位货舱容积。此外还有一些费用与容积的大小无关。

以上三种方法，各有利弊，比较起来，第三种方法比较切合实际。对于更合理的分摊方法，还有待于进一步探索。

② 拖轮的船舶费用的分摊方法。按照拖轮从事客运或货运的使用马力天为标准，在客运和货运之间分摊。

$$每马力\cdot天拖轮费用=\frac{拖轮的船舶费用}{拖轮马力天}\quad (元/马力\cdot天)$$

$$客运应负担的费用=每马力\cdot天拖轮费用\times 客运使用的拖轮马力\cdot天$$

$$货运应负担的费用=每马力\cdot天拖轮费用\times 货运使用的拖轮马力\cdot天$$

计算了客货轮、拖轮费用客运、货运之间分摊以后，应当按客运或货运的船舶分别归集，即客运的船舶费用，它是客轮客运、客货轮客运和拖轮客运等运输种类应负担的船舶费用的总和。货运的船舶费用，它是货轮货运、客货轮货运、油轮油运、拖轮货运和拖排运输等运输种类应负担的船舶费用的总和。

③ 企业管理费的分摊方法。按照客运的船舶费用和货运的船舶费用的比例在客运和货运之间分摊。

$$企业管理费分摊率（\%）=\frac{企业管理费}{客运直接费用+货运直接费用+其他业务直接费用}\times 100\%$$

$$客运应负担的企业管理费=企业管理费分摊率\times 客运直接费用$$

$$货运应负担的企业管理费=企业管理费分摊率\times 货运直接费用$$

5. 港口装卸成本的计算

港口企业在港区内进行货物装卸作业所发生的费用支出，其计算对象是港口作业区的装卸工作，也可以是各主要装卸物种类，如煤、粮、杂货等货种的装卸业务为成本计算的对象。成本项目由装卸直接费用和管理费用等费用组成。装卸直接费用是装卸工作的作业费用，内容有工资、提取职工福利费、燃料、动力及照明、材料、装卸工具摊销、折旧费、大修理费、租费、外付装卸费用、劳动保护费、事故损失和其他费用等项目。

管理费用是分配由装卸业务成本负担的企业管理费和作业区费用。成本计算单位是装卸自然吨或操作吨，港口装卸成本反映港口装卸工作的成本水平，是评价港口装卸工作经济效益的基础，是港口企业经营管理和决策的重要依据。

四、水运成本的分析

这里所讲的成本分析属于事后成本控制，在事后检查全面预算所制定的目标成本计划的执行情况，总结经验教训。实际上成本分析贯穿于成本的事前预测与决策、确定目标成本（据此制定成本计划）、期中预计分析（事中控制）、日常分析（成本计划执行过程中经常性分析）和期终总结（事后控制）中。

1. 成本分析的意义和形式

成本分析的重要意义在于检查和总结成本计划执行的情况，找出影响成本增减变动的主客观因素，揭露营运管理工作中存在的问题，总结经验，更好地认识和掌握成本变化的客观规律，从而达到进一步挖掘企业增产节约和降低成本的潜力，促使企业生产不断发展。

成本分析也是贯彻和加强企业经济责任制的有效手段。目前，港航企业已开展的经济责任制和经济承包责任制，对于推动企业增加生产，厉行节约，降低成本，提高企业经济效益，增强市场竞争能力起着重大作用。通过成本分析，可以检查企业各个部门、科室、船舶、装卸队和个人所负经济责任的完成情况，更好地执行责权利相结合的原则。

事后成本分析是定期分析，是在月度、季度和年度终了后按时进行的分析；远洋船舶成本分析，则应在航次结束后、下一航次开始前及时进行。通过分析查明各期成本计划和成本降低任务的完成情况，揭露矛盾，总结经验教训，对成本计划的执行情况作出全面的评价；同时，也为下期成本预测、决策、编制成本计划提供依据。

2. 成本分析的内容和程序

（1）首先应根据会计、统计和业务核算资料，对成本计划执行情况进行总评价。揭示企业成本管理工作中存在的主要问题和取得的成绩，给重点分析指明方向。

（2）对主要成本项目逐一分析，确定消耗量变动和价格变动对成本的影响。

（3）分析船舶、装卸机械效率对成本的影响，并从货源、生产调度和劳动组织等工作情况，按航线、船型进行深入调查研究，确定营运工作组织对成本的影响程度。

（4）根据分析的结果提出改进企业经营管理工作和降低成本的措施。

最后必须指出，成本分析是总结企业经济工作、认识生产实际的一种方法。因此，成本分析应该在占有资料、比较各项指标和进行基本的数量分析的基础上发现问题，并由表及里地深入分析问题。在揭示企业报告期或本计划的执行情况和存在的问题时，应充分发动群众，结合生产和技术等因素进行分析，查明问题产生的原因。

五、降低水运成本的途径

1. 降低成本的意义

（1）降低水运成本，有利于促进国民经济和水运业自身的发展。水运成本的降低，意味着水运生产过程中人力和物力的节约、以相同的耗费可以完成更多的运输量，从而促进国民经济的发展，也有利于水运业自身的发展。

（2）降低水运成本，是增加资金积累的重要手段。在水路运输规模既定的情况下，成本和费用越低，企业的盈利就越多，资金积累也越多，有利于水运企业的扩大再生产。

（3）降低水运成本，是降低水运运价和费用的基础。在工农业产品的生产费用中，运输费用占了很大比重。水运成本的降低，就为降低运价和费率提供了可能，从而为工农业产品生产费用的降低创造了一定的条件，有利于整个社会经济效益和人民生活水平的提高。

2. 降低水运成本的主要途径

（1）努力提高劳动生产率。劳动生产率的提高意味着单位时间的水运产量提高，即单位产品耗费的活劳动减少。提高劳动生产率，必须充分调动职工的积极性，不断提高职工的技术业务水平；不断提高企业生产经营管理水平，实行科学管理，实行现代化管理；大力开展技术革新和技术改造，采用新技术、新设备，提高技术装备水平，推动科技进步，精简机构，减少非生产人员，提高第一线直接生产人员的比例，等等。

（2）努力降低各种消耗、杜绝浪费，节约各种费用支出。水运企业中，燃料、润料、维修材料及其他物资的消耗，在运输成本和费用中占有很大的比重。因此，必须采取各种措施大力降低物资消耗，避免浪费，节约各种不必要的费用开支。

（3）加强生产管理，合理组织运输生产过程，增加运输产量，提高船舶设备利用率。运输生产中，客货流的流向、流时、流量不均衡，对运输生产组织有很大的影响，积极组织客货源，合理组织运输生产，减少空载航行和缺载，增加运输产量，提高船舶设备利用率，对于降低运输成本和费用有重要的作用。

（4）加强安全质量管理。采取各种措施，保障运输安全，可以减少和避免不安全事故造成的各种损失。在设备维修及零配件、备件生产中加强质量管理，提高合格率，减少废品率及返工率，提高修竣一次合格率，等等，在人力、物力、财力和工时方面都会有很大的节约，对降低成本和费用有一定的意义。

第四节　水 运 运 价

一、水运运价的作用

水运运价水平的高低，直接影响工业、农业、商业以及其自身的发展，合理的水运价格对国民经济和社会发展起积极的作用。

（1）合理的运价有利于促进水运与其他的运输方式之间的合理分工。运输业生产的是同一产品，运输产品的同一性决定了在一定条件下水路运输与其他各种运输方式可相互替代。因此，通过不同的运价水平，建立合理的运价体系，正确确定水运运价与其他运输方式运价之间的比价关系，有利于促进运量在水运和其他运输方式间的合理分配，促进各种运输方式的协调发展、综合利用。

（2）合理的造价有利于促进水运科技进步、提高船舶设备的利用率。合理的运价对新技术的发展、科技的进步有着重要的促进作用。一般来说，使运输对象更加安全、迅速、方便的优质运输服务所消耗的劳动量多，因而，对优质运输可以规定较高的运价。这样，一方面，可以促进水运业加速技术改造，及时更新设备，采用新技术提高生产率；另一方面，还可以刺激货主从经济上关心对水路运输的选择和利用。例如，实行新航线、新舱型、慢速和快速等运输差价，以及对整船实行运输差价等，都可以达到促进技术进步和提高船舶设备利用率的目的。

（3）合理的运价有利于促进合理运输和生产的合理布局。生产的合理布局除受资源分布等因素的制约外，还受运价高低的影响。因为运费是工农业产品价格的组成部分，原材料或产品的供应地和消费地之间的距离越远，则支付的运费越多。为了减少社会商品流通费用应该就近建厂，使生产地接近消费地，从而避免过远运输、迂回运输等不合理运输，促进生产力的合理布局。因此，对不同货物在不同运程上制定不同水平的运价，有利于资源的开发和利用、调整产业结构和布局、均衡配置生产力。

（4）合理的运价有利于促进水运企业提高经济效益。运价是运输企业收入的主要来源，通过运价的收入，可以补偿运输生产过程中物化劳动和活劳动的消耗，并取得利润，运价可促进水运企业加强经济核算、降低消耗、改进管理、提高经济效益。

二、水运运价的特点

（1）运价与运输距离有密切关系，具有按不同运输距离或不同航线计算价格的特点。运价的制定是以运输成本为主要依据的,而运输成本总的趋势是随着运距的延长而逐渐降低的,因此单位产品的运价也会随着运输距离的延长而降低。当然，这种降低不是无限制的，当超过一定距离后降低程度就很小了，因此一般都规定运价递远递减的终止里程。考虑到运价因不同的运输距离而有所差别的特点，通常用不同的运价率表示，因此，运价率是随距离的延长而增加的比例不断降低的。

由于不同航线的自然因素、运输条件差别较大，因而完成单位货物运输，其花费的社会必要劳动时间或社会必要劳动消耗量也就不一样，所以，也有按不同航线而制定不同的货物运价。

（2）货物运价只有销售价格一种形式。由于运输生产过程与消费过程是合二为一的，即运输生产过程同时又是消费过程，所以表现在运价上只有单一的销售价格形式，而不像工业产品那样有出厂价、批发价和零售价。

（3）货物运价的种类繁多。由于水运货物成千上万，种类繁多，它们对运输服务、运输质量和应提供的运输条件的要求也不同，这就决定了应设置适应不同运输需要的多种运价制度。

三、制定水运运价的原则和作用

（1）必须以价值为基础，这是基于价值规律的作用所决定的。水运运价既然是水运产品价值的货币表现，因而应由三部分组成：已消耗的生产资料的转移价值的货币表现（物质消耗成本）C；生产者为自己劳动（必要劳动）创造价值的货币表现（工资成本）V；生产者为社会劳动（剩余劳动）创造价值的货币表现（盈利）M。其中 M 可分解为水运企业利润 M_1 和上缴税金 M_2。因而，水运运价的构成应为：

$$水运货物运价\ P=C+V+M_1+M_2 \tag{4.2.2}$$

式中：P——运价；$C+V$——货运成本；M_1——利润：M_2——税金。

制定水运运价必须以价值为基础，以客货运输成本为主要依据，以及考虑合理的盈利。这是制定运价的根本原则。

（2）要有利于促进生产力合理布局，有利于合理运输，促进国家经济发展的需要。在制定水运运价时，必须考虑合理的运输水平及与铁路运价的合理的比价关系。水运运价过高，可能会使货主“弃水走陆”，影响水运的发展，造成铁路运输紧张，甚至会造成一些大工厂放弃依水设厂、放弃沿江河湖海布局生产力。

（3）要有利于贯彻国家的方针、政策、法律和法规。必须执行我国的物价方针，保持运价总水平的相对稳定，避免大起大落；水运运价要符合促进水运生产力发展和促进资源合理配置的政策；在法律、法规方面要符合反不正当竞争、反暴利、反倾销等的规定和要求。

（4）运价的制定要兼顾各方面的影响因素。运输价格虽然以运输价值为基础，但是在不同的时间范围内，运价还会受到其他各种因素的不同程度的影响，在短期内，有时这样的影响因素甚至是举足轻重的。这些影响因素如：水路运输市场的供求关系；水运运价与其他运输方式运价之间的比价关系，尤其是水路与铁路之间；各种货物在国民经济中的地位及其在国际市场上的价格；历史的原因，等等。

国际航运运价由于涉及国际航运市场，对国家外向型经济的发展、外贸进出口货物运输、外汇增收及促进航运企业发展等均具有重要作用。

四、水路货物运价的种类

（1）按运价管理形式划分：包括国有定价、国家指导价、市场调节价。① 国家定价，它是由国务院或各级政府价格主管部门和水运主管部门制定并颁布执行的运价，在计划经济体制时期曾起到积极作用，目前仅在防汛、抢险、救灾、军运等重要物资运输上采用；② 国家指导价，它是在颁布的基准价基础上，允许上下浮动的运价，在此范围内，经营者可自行定价；③ 市场调节价，这是由水运经营者根据航运市场供求变化决定的运价，它受供求规律影响和支配，为了实现水运市场有序竞争，防止这种价格引起市场混乱，国务院交通行政主管部门在一定范围内采取运价报备等措施和手段，以使航运市场健康发展。这种市场调节价，今后将成为国内价格的主要形式。

（2）按运价的适用范围划分：包括交通部直属水运企业运价；各省、市、自治区地方企业水运运价；远洋运价；国内水运运价。① 交通部直属水运企业运价，它适用于交通部直属水运企业的船舶、驳船在沿海、长江及黑龙江水系承运内贸货物的运价；② 各省、市、自治区地方企业水运运价，它适用于该省、市、自治区的船舶、驳船在其运输范围内的货物运价；③ 远洋运价，适用于国际航运的外贸进、出口货物的运价；④ 国内水运运价，适用于国内沿海和内河运输的运价。

（3）按运输组织形式划分：包括直达运价、联运运价等。① 直达运价，是指适用于同一航区内两港间直达的货物运价；② 联运运价，是指适用于水—陆联运、水—水联运等运输形式的货物运价。

（4）按货种划分：包括普通货物运价、危险货物运价、散油运价。

（5）按使用船舶方式划分：包括包船运价、包舱运价、租船运价等。

（6）按国际航运运价适用范围不同划分：包括有不定期船运价、班轮运价。① 不定期船运价（租金），按租船方式、计费单位和租赁期限不同可分为程租船、期租船、包运租赁和光船租赁、航次期租等多种运价。② 班轮运价，按制定者划分有班轮公会运价（班轮公司自行制定并实施的运价）、非公会运价、由船、贷双方协商制定的双边运价以及由贷方制定、船方接受采用的贷方运价等；如班轮运价按运价的形式划分则有单项费率运价、等级运价和航线运价等。

（7）按运价与运距的关系划分：包括单一运价、里程运价、递远递减运价。① 单一运价，即对某一货物而言，不论其运输距离的长短，只有一个单一的运价率，均采用相同的每货运吨运价；② 里程运价，即对某一货物而言，货物的运价率的增加随运价里程的增加而增加，二者成正比关系，如钢材在 100 km 时运价率为 8 元/计费吨，在 200 km 时运价率为 15 元/计费吨，400 km 时运价率为 32 元/计费吨；③ 递远递减运价，这种运价率的特点是平均每吨 · 公里（每吨 · 海里）的运价率是随着运输距离的增加而相应减少的。

四、水运运价制定的方法

制定运价的一般程序是首先确定一个基本的运价率，然后在此基础上根据不同的货类、不同的运输要求确定不同货类的运价级数和级差率，确定运价里程，从而最终形成一份详细完整的运价本。其中，基本运价率能否科学地确定是关系到运价体系合理性的关键所在。基本运价率的确定是以运输价格的构成为基础的。具体而言，就是对运价构成中运输成本的正确核定和盈利水平的合理确定。

1. 运输成本的核定

运输价格是运输价值的货币表现，运输价值是运输价格的基础，运输价值是物化在运输产品的社会劳动，是运输劳动者在实现货物空间位移过程中所耗费的物化劳动与活劳动的总和。运输价值也同其他产品价值一样由以下三部分构成，即已消耗的生产资料的转移价值 c、运输生产者为自己劳动创造的价值 y、运输生产者为社会劳动创造的价值 M，其个（$c+y$）是生产运输产品的必要劳动消耗，被称为水路货物运输成本。

需要指出的是，为使水运成本正确地反映水运生产的社会必要劳动时间的耗费，在制定运价时就不能以个别企业的成本为测算依据，而必须以行业平均成本作为测算的依据。即在正常的生产和经营前提下，将行业内各水运企业产品的个别成本进行加权平均而得。

2. 盈利水平的确定

盈利是水运运输产品价值中 M（包括利润 M_1 和税金 M_2）部分的货币表现，盈利额的确定实质上是国民收入的各部门之间的分配问题，关系到如何正确处理国家、企业、个人之间的经济利益。对水运部门来说，就是按什么样的盈利水平作为计价的基础。运价中盈利水平的确定方法，主要有工资型、成本型、资金型和复合型等四种方法。

（1）工资型运价，是按社会平均工资利润率来确定利润。

$$P=(C+V)+V\cdot\frac{\sum M_1}{\sum V}+M_2 \tag{4.2.3}$$

式中：P——运价；（$C+V$）——运输成本；V——水运部门活劳动消耗的平均工资；$\sum V$—

—社会工资总额；$\sum M_1$——社会利润总额； M_2——税金；$\dfrac{\sum M_1}{\sum V}$——社会平均工资利润率。

（2）成本型运价，以社会平均成本利润来确定货物运价中的利润。

$$P=(C+V)+(C+V)\cdot\frac{\sum M_1}{\sum(C+V)}+M_2 \tag{4.2.4}$$

式中：P——运价；$(C+V)$——水运货运部门平均成本；$\sum(C+V)$——社会产品成本总额；$\dfrac{\sum M_1}{\sum(C+V)}$——社会平均成本利润率。

可见货物运价中的利润 M_1，则为：

$$M_1=(C+V)\cdot\frac{\sum M_1}{\sum(C+V)}$$

（3）资金型运价，以社会平均资金率来确定货物运价中的利润。

$$P=(C+V)+G\cdot\frac{\sum M_1}{\sum G} \tag{4.2.5}$$

式中：P——运价；G——水运货运部门平均占用资金。$\sum G$——社会产品占用资金总额；$\dfrac{\sum M_1}{\sum G}$——社会平均资金利润率。

可见货物运价中的利润 M_1，则为：

$$M_1=G\frac{\sum M_1}{\sum G}$$

（4）复合型运价，是按社会平均工资利润率和平均资金利润率来确定货物运价中的利润。

$$P=(C+V)+(V+G)\cdot\frac{\sum M_1}{\sum(V+G)}+M_2 \tag{4.2.6}$$

式中：P——运价；$(C+V)$——水运货运部门平均成本；$(V+G)$——水运货运部门平均占用的工资和资金额；$\sum(V+G)$——社会工资总额的社会产品占用资金总额。

水运货运运价中的利润为：

$$M_1=(V+G)\cdot\frac{\sum M_1}{\sum(V+G)}$$

（5）分析比较。以上四种方法确定运价中的利润 M_1，并确定价格，各自均有不同的特点。首先，用社会平均工资利润率来确定利润，制定货物运价，把产品价值中的利润同工资联系起来，认为 M 和 V 都是活劳动创造的，工资额的大小，反映了产品中活劳动的消耗。按此法定价的前提条件是工资能准确地反映活劳动消耗，否则将会造成凡是占有活劳动量多的企业其利润就多，反之则少。

采用社会平均成本利润率来确定利润，制定货物远价，此方法简便，为我国水运企业采用。采用这种方法，可以促使企业充分利用设备，提高劳动生产率，提高经济效益。但是，其缺点也是明显的，如处理不当，成本越高，利润越高，造成为追求高利润而乱增成本，导致运价严重背离运输价值。

采用社会平均资金利润率来确定利润，制定货物运价，此法将占用的资金同盈利联系起来。它要求等量资金带来等量盈利，可促使企业合理使用资金，提高资金利用效益，促进技术进步，从理论上来讲，此法实质上是按生产价格定价。但目前我国尚未具备价值转化为生产价格的条件，尚需各部门的利润率趋于平均化。因此，应促进资源优化、市场竞争和资金转移，促使各生产部门利润平均化，最终使各行业得到按平均的资金利润率计算出的利润，制定价格。

采用复合型的运价，以平均工资利润和平均资金利润率确定利润，制定货物运价。此法理论上比较全面反映了职工和技术装备的作用，但在实际上由于影响因素多且经常变化，因此以此法制定价格较困难。

应该指出，按以上各法确定利润并制定运价时，应考虑水运市场供求变化及有关影响因素，经适当修正后再确定。

五、水运企业船舶货物运价的制定

根据交通部《直属水运企业货物运价规则》的规定，水运企业承运国家下达的计划运输的货物，可按该规则规定的运价，在上下 20% 的幅度自行确定具体运价；非计划运输的货物，实行市场调节价。

1. 制定运价应考虑的因素

（1）以运输价值为基础确定运价。此因素在前面的内容中已有详述，故在此从略。

（2）水运市场的供求关系。在市场经济中需求和供给决定市场价格，运价取决于运输市场的供求关系。运输需求曲线表明运价与运输需求呈反向变动关系；即运价越低，需求量越大；运价越高，需求量越小。运输供给价格曲线表明运价与运输供给成正比例变化的关系，运输供给量随着运价的提高而增加，随着运价的下降而减少。

（3）竞争导向因素。航运市场的激烈竞争，通常通过运价表现出来。运价是航运市场竞争的重要表现形式。竞争的目的是争取货源，扩大市场占有率。在制定运价时，竞争因素也是必须考虑的重要因素，特别是国际航运市场，它是一个竞争十分激烈的市场，尤其是不定期船市场，竞争更为激烈。在决定运价时，要考虑竞争对手的运价水平。根据具体情况，所定价格可以与竞争对手的运价水平相同，也可略高或低于竞争对手的运价水平。

（4）不同运输方式之间的比价关系。所谓比价关系，是指不同运输部门货物运价之间的比例关系。对于不同运输方式之间的比价关系，特别是水运与铁路运价之间的比例关系应合理。这样有利于不同运输方式之间合理分工，充分发挥各种运输方式的优势，做到宜水则水、宜陆则陆；对于不同运输距离的货运比价及不同货种之间的货运比价，应充分发挥各种运输方式的优势。对不同运输距离、不同货种，选用不同的运输方式。为发挥水运的长途及运量大、能耗低的优势，鼓励货主充分利用水运，对大宗货物、长距离运输的货物，水运运价与铁路、公路运价保持合理的比价关系，以吸引货源，充分利用水运。

（5）货物的运费负担能力。是指货物本身的价值对于运费的承受能力，它可用运费在货物价格中的比重来表示。其表达式为：

$$\alpha = \frac{t}{p} \tag{4.2.7}$$

式中：α——运费在货物价格中比重；t——货物运费；p——货物价格。

对于高价货物，运费在货物价格中的比重较小；对于低价货物，运费在货物价格中的比重较大，运费将对这些货物的生产和消费产生重要影响。因此，在制定运价时应适当考虑这一因素。

综上所述，在制定运价时，对于以上各项因素，应进行综合分析。

2. *水运货物运价制定程序和方法*

（1）基价的确定。所谓基价，亦称基本价率，是指基准的运价率，是衡量运价总水平的重要标志。为了确定不同级别、不同货类、不同运距的货物运价率，首先必须确定一个基本价率，在基价的基础上，按照一定程序和方法确定各种货物的运价率。基价确定方法有两种方式，即综合基价和组合基价。

① 综合基价，是指以综合运输成本为基础进行测算的货运基本价格。其计算公式为：

综合基价＝(运输成本＋利润＋税金) / 换算货物周转量 ［元 /（t · km)］

上式中的换算货物周转量，是因为不同货类、不同船型的货运周转量，其消耗的劳动量是不相等的，运输效率也是不同的，为了具有可比性，应把各货类的周转量，用效率换算方法，换算成等量的可比的单位，即换算周转量。

综合基价确定后，不同货种、不同运距的货物运价率可按下式确定：

运价率＝综合基价×里程×级差系数（元/t）

根据所得运价率，然后制定运价率表。必须指出：用此法确定的运价率是与运价里程成正比的，因此属于里程运价的类型。用这种方法确定的运价率，能反映运价总水平和不同货种的运价差别。但此法不能体现运输成本随运距变化的情况，不能反映运距的变化对停泊成本和航行成本的不同影响，所以可在运输距离较短的航线上使用。

为了使运价能反映运输成本构成及变化，必须使用第二种方法来确定运价率，即组合基价法。

② 组合基价，是指由航行基价和停泊基价组合而成的货运基本价格。其计算公式为：

组合基价＝航行基价×里程+停泊基价（元/t）

$$航行基价=\frac{(航行成本+利润+税金)}{换算货物周转量}[元/(t\cdot km)]$$

$$停泊基价=\frac{(航行成本+利润+税金)}{换算货运量}(元/t)$$

组合基价确定后，不同货种、不同运距的货物运价率按下式计算，然后所得列表，即为运价率表。

运价率＝组合基价×级差率(或称级差系数)

用组合基价确定的运价率，与里程发生直接联系。当运距增加时，航行基价在组合基价中的比例愈来愈大，而停泊基价却是一个常数。随着运距的增加，停泊基价在组合基价中的比例越来越小，它体现了运输成本随运距变化的情况，是一种递远递减的货物运价，目前被广泛采用。

（2）货物分级及级差率的确定。在基价确定以后，就应确定不同货类的运价率，为此，必须对货物分级，确定分级数和确定级差率。

① 货物分级及确定分级数。由于运输的货物成千上万、种类繁多，如果对每种货物制定一个运价，从运价以运输价值为基础理论分析是正确的，但实际上是不可能的。通常将货物运输条件和技术经济特征类似的划归为同一类，并实行相同的运价率。这样，既减少了制定运价的工作量，又比较合理地确定了每类货物的运价。

a. 货物分级主要从运输率和运输成本来分析确定。通常要考虑货物的装载系数、货物运输及装卸的难易程度、货物的理化性质、货物的运费负担能力及与其他运输方式的比价等。将以上因素相接近的货物归并为同一级别，这样，不同级别的货类，在运价上是有差别的，体现了贵重货物运价高于一般货物、危险货物运价高于普通货物的定价原则。

b. 货物分级数的确定，分级数的多少主要取决于能合理体现各种货类在运价上的差别和便于计算核收。目前，交通部直属水运企业的船舶、驳船在沿海、长江及黑龙江水系承运内贸货物采用 10 级分类制；中国远洋运输（集团）总公司第 1 号运价表（China Ocean shipping Companies Group Tariff No. 1）将全部商品分为 20 个等级，它适用于中国远洋运输（集团）总公司承运我方订舱的货物，适用于国内付费人的运价表，以美元标价。

② 级差率的确定。货物分级确定以后，为了体现运价在各级之间的差异，就应确定级差。它有两种表示方法，即级差率和级差系数。

所谓级差率，是指同一航线不同级别货物运价率之间的递增（或递减）率。计算公式为：

$$级差率=\frac{后级运价率-前级运价率}{前级运价率}\times 100\%$$

如已确定了各货类的级差率，则各级货物运价率可按下式确定：

$$后级运价率=前级运价率\times(1+级差率)\ （元/t）$$

级差率为正数时，说明后一级运价率数值比前一级运价率高；如为负数，说明后一级运价率低于前一级运价率的数值。

级差系数，是指各级货物运价率对基级运价率的比例系数。如已知级差系数和基价，则其他级别的运价率可按下式确定：

$$各级运价率=基价\times 相应的级差系数$$

③ 确定运价里程。运价里程是指由国务院或省级人民政府交通行政主管部门统一颁布的两港间的距离，它是专为计算水路货物运价而规定的里程。它不同于实际里程和航行里程，比较稳定，不得任意更改，只有在航道或港区发生永久性变化时，才由水运主管部门统一修订。

在制定运价率表时，为便于运作和简化，通常将运价里程划分为若干区段，每一区段内，则按此里程区段计算，这一里程即为计算里程。如大连—上海运价里程为 558 n mile，属 521～580 n mile 区段，其计算里程为 550 n mile（取中间值）；而长江航区里程区段的划分则是以每 10 km 为一里程区段，运价里程的个位逢十进整，确定计算里程，如南京—九江运价里程为 464 km，计算里程则为 470 km。

④ 制定运价率表。确定了基价、级差率及运价里程之后，就可以计算出任何两港间的各级运价率，将所得数据，汇列成表即可得到运价率表。货物运价率表有两种形式，即分航区货物里程运价率表和分航区主要航线货物运价率表。

六 、港口费用

1. 港口费用的基本概念

所谓港口费用，是指港口对货物和船舶实行装卸作业和各项服务工作，或为船舶提供港口设备和劳务，面向客户收取的费用，统称港口费用。现行交通部《港口收费规则》分外贸部分和内贸部分两种不同收费规定，分别适用我国港口向航行国际航线船舶及外贸进出口货物计收港口费用和我国港口向航行国内航线船舶及国内进出口货物收取港口费用。

港口费用包含港口费目及港口费率两个内容，港口费目是收取港口费用的项目，港口费率是收取每项港口费用的费用标准或单价。

港口费率的形成基础是港口企业的生产过程所消耗的社会必要劳动时间。因而，港口费率的制定和确定，也必须遵循价值规律，符合价格是价值的货币表现，价值是价格形成的基础的价格理论。现行交通部《港口收费规则》（外贸部分）规定的港口费目有：引航费；移泊费；拖船费；系、解缆费；停泊费；开、关舱费；货物港务费；装卸费；工时费；集装箱装卸包干费；货物保管费；起货机工力费；引航员滞留费；租用船舶、机械、设备和委托其他杂项作业费；船泊港务费等。

2. 港口费率的制定

（1）货物装卸费率的制定。装卸费是指进出港口的货物，经由港口工人和机械设备进行装卸、转栈、翻装等作业所发生的费用。

港口在进行装卸作业时，其作业过程和内容是复杂的，不同操作过程、不同货物、不同包装类型的货物其操作难易程度是不一样的，其装卸效率及所消耗的社会必要劳动量是不同的。就是同一操作过程，装卸不同的货物如杂货和钢材，它们的装卸成本、装卸效率差别也较大。因此，在制定装卸费率时，应该反映出这样的差别。装卸费率按下式确定：

装卸费率＝装卸费基价×货类系数×操作过程系数×费率调整系数

① 装卸费基价，是指基准的货物装卸费率，以便确定不同货种、不同操作过程的装卸费率。其计算公式为：

$$装卸费基价=\frac{装卸成本+利润+税金}{计划期换算操作量}(元/t)$$

式中：计划期换算操作量——将其他货种、其他操作过程的装卸效率换算为基本货类的操作量。

② 货类系数，反映同一操作过程中不同货类操作难易程度的系数。一般将操作难易程度相当的货物归并于同一类，采用相同的装卸费率。货类系数的表达式为：

货类系数＝所求货类装卸时间定额/基本货类装卸时间定额

③ 操作过程系数，反映同一货类在不同操作过程中装卸效率的差异程度，或各种操作过程相对基本操作过程装卸效率差异的比例系数。操作过程系数大，说明该操作过程比基本操作过程装卸难度大；反之，则难度小。可将装卸难易度相当的操作过程归并为同一类操作

过程，实行相同的装卸费率。操作过程系数按下式确定：

$$操作过程系数=\frac{所求操作过程时间定额}{基本操作过程时间定额}$$

④ 费率调整系数，主要考虑非价值因素对装卸费率的影响。如市场竞争、供求关系、政策调控等，但应注意：选取调整系数要适当，应注意装卸费率与装卸价值不能严重背离。

应该指出：用以上方法确定的装卸费率反映的是同类港口的货物装卸所花费的社会必要劳动消耗量，亦即同类港口的平均成本。但是，因为港口的地理位置、自然条件等是不尽相同的，因而应有不同的装卸费率。我国现行港口货物装卸费率包括两大类，既适用于向航行国际航线的船舶及外贸进出口货物计收的装卸费率；适用于向航行国内航线的船舶及国内进出口货物计收的装卸费率。如按港口区分，国内航线装卸费率有沿海港口货物装卸费率、长江港口货物装卸费率、黑龙江港口货物装卸费率等。

（2）货物保管费率的确定。货物保管费率是指货物在港内存放，除规定的免费保管期外应收取保管费用的标准。货物在港口短暂时间堆存是水运生产过程必须的环节，因而免费提供规定时间堆放是必要的。但是，由于港口库场是周转性库场，它要加速库场周转和畅通，才能为更多的进出口货物和船舶堆存服务，因而，对超过免费保管期仍未提取的货物，有必要采取累进计费办法，促进收货人尽快提货，否则将造成经济损失。同时，港口对货物进行堆存并保管，同样要花费物化劳动和活劳动，因此也创造价值，港口应对这种劳务收取一定费用。当然，由于不同货种要求存放保管条件不同，如港口为此建造费用不同的危防品仓库、油库、普通货物仓库以及露天堆场等，因此应制定不同的保管费率。可按下式确定保管费率：

$$货物保管费率=保管费基价\times保用种类系数\times日累进系数 \quad [元/(t\cdot天)]$$

① 保管费基价，即基准的货物保管费率。

$$保管费基价=\frac{保管成本+利润+税金}{计划期保管总吨天[(元/t\cdot天)]}$$

式中：计划期保管总吨 · 天——计划期保管货物的吨数与其保管天数的乘积。

② 保管种类系数，表示不同保管种类在保管费用上的差异程度的系数。保管种类系数大，表明该货种与基本货类相比，港口花费大；反之，港口支付的费用少。按下式确定：

$$保管种类系数=\frac{所求保管种类的单位成本}{基本保管种类的单位成本}$$

③ 日累进系数，按日累进的办法确定保管费率的系数。其目的是加速库场周转限制货物的堆存期限。但应注意日累进系数不能过大或过小，这样才能既达到加速库场周转又适当考虑货主负担能力的目的。

（3）驳运费率的确定。驳运费率是指港口对托运人使用港口驳船接送货物时所收取的费用标准。这项费目主要发生在托运人使用港口驳船，在货主仓库或码头与港区码头之间进行货物接送业务，是一种在港区范围内的水上短途运输，是水上货运的自然延伸，是港口对货主提供全面服务的一种方式。驳运费率按下式确定：

$$驳运费率=驳运费基价\times区段系数\times货类系数 \quad (元/t)$$

式中：驳运费基价——即基准的货物驳运费率（元/t）；

$$驳运费基价=\frac{驳运成本+利润+税金}{计划期货物驳运量}(元/t)$$

区段系数——将驳运范围划分的区段，在同一区段内按同一标准收费，是驳运里程的简化；

货类系数——表示驳运不同货类在运输效率上差异程度的系数。

(4) 换装包干费率的确定。换装包干费率是指联运货物在联运换装港口进行换装时，所发生的各项费用的收取标准，是一项综合性费用的总费率。

设置这项费用的目的为了有利于联运的开展，使发货人及起运港、站可以事先确定联运换装口所发生的换装费用，便于实现一次收费和相互间的财务结算，换装包干费率是根据计划期预计发生在换装港口的各项费用的总和按换装吨数加以平均求得。

由于联运方式的不同（水—水联运及水— 陆联运），换装港口及货种的不同，实际发生费用的平均值也是不同的。因此不同货类、不同联运方式、不同港口应有不同的换装包干费率。

(5) 货物港务费率的确定。货物港务费是非营业性质的规费项目，货物港务费率是指港口维护和管理码头及其前沿水域、防波堤、进港航道及锚地等港口公共基础设施向经由港口吞吐的货物的货主征收的规费。

设置货物港务费的目的是为了补偿港务管理部门（港务局）为维护码头及其前沿水域、防波堤、进港航道、锚地等港口公共基础设施而发生的费用支出，以保持港口公共基础设施的良好技术状态，确保进出口船舶和货物的安全。

第五节　水运业经济效益

一、水运业经济效益的内涵与特点

1. 水运业经济效益的内涵

水运业的经济效益，是指在一定时期内所提供的符合社会需要的运输产品同劳动消耗量或劳动占用量的对比关系。所谓符合社会需要，主要表现为安全、优质、方便、及时的运输服务，并且得到价值补偿。所谓劳动消耗，主要表现为物化劳动消耗量以及用货币表示的活劳动消耗量的总和。所谓劳动占用量，主要表现为占用劳动力、资金（包括固定资金和流动资金）和物质技术设备。以一定量的运输活劳动消耗和物化劳动消耗，提供更多的符合社会需要的运输产品，或者说，提供等量的符合社会需要的运输产品，消耗比较少劳动量，经济效益就越大；反之，则越小。它反映了提高经济效益要求生产产品和节约劳动统一起来，即投入与产出统一起来。生产出符合社会需要的产品是前提，节约劳动是手段，满足社会需要是目的。从实物形态讲，如果水运部门承运的货物发生损坏或差错，这就不符合社会需要，所消耗的劳动就是无效劳动，实质上是流通领域内对工农业产品社会费用的一种追加，只有社会总产品得到实现，运输追加到工农业产品中的价值才能得到真正的实现，才能被承认。

在运输产品符合社会需要的前提下，要努力促使单位运输产品劳动消耗量降低，这是提高运输生产经济效益的重要方面。但是，提高经济效益所要求的降低劳动消耗量，并不是劳动消耗的总量，而是节约或减少单位运输产品中的劳动消耗量。往往有这种情况，采用某种技术措施，可能使投入的费用增加，但却导致运量的大幅度增长，同样也会使凝结在单位产品中的劳动量减少，即所谓增产节约，特别是在运力短缺、供需不平衡时，采用这类技术有利于提高经济效益。另外一种情况，即在其他生产条件不变的情况下，不断采用新技术或连续投入（资金和劳动力），可以增产增收，开始时边际收入大于边际成本，直到边际收益等于边际成本时，这时经济效益最大。如果超过这个界限继续追加投入，就会出现边际成本大于边际收入，表现为增产减收，甚至减产减收。只有适当减少投入和降低生产，使边际成本和边际收入相等，才能节约单位产品劳动消耗量，实现经济效益最优化。

2. 水运业经济效益的特点

（1）经济效益的两重性。水运业的经济效益与工农业生产部门的经济效益是密切联系在一起的。生产决定流通，流通反过来也作用生产；价值是在生产领域中创造出来的，经过流通才能实现的。水运业的经济效益与工农业生产部门的经济效益是相互作用，体现出两重性。水运业自身的直接经济效益要在实现工农业生产部门的经济效益的过程中完成，工农业生产部门的经济效益必须通过运输才能最终实现。在一般情况下，两者的经济效益是一致的。但是，它们之间也存在矛盾，例如，有时会出现这种情况，即对水运部门进行投资或采取某项政策措施时，会给工农业生产部门带来较大的经济效益；而与之比较，水运部门的经济效益较小，甚至在短期内有损于水运部门的经济效益。为此，水运部门首先要服从国民经济发展的全局需要，正确处理水运业与工农业生产部门经济效益的关系。

（2）经济效益的综合性。交通运输业是一个大系统，它由各种不同的运输方式子系统共同组成，每一种运输方式都是另一种运输方式的补充和延伸。各种运输方式的经济效益相互影响和制约，只有各种运输方式之间协调发展，合理分工，互相衔接，紧密相连，优势互补，形成综合的运输能力，才能发挥各自的最大经济效益，完成运输生产的全过程，充分满足社会需要。因此，水运业经济效益的实现，首先应当着眼于提高运输系统的综合经济效益，把实现水运业的经济效益和提高运输系统的综合经济效益正确地结合起来。

（3）经济效益主要表现在货物与旅客位移的实现。水运业要把满足需要，缩短位移时间作为提高经济效益的关键。同时，水运业固定资金在全部资金中占的比重较大，水运基本建设投资大。随着运输生产规模的扩大、技术的进步，还有不断增长的趋势。而且，运输“产品”即储存和调拨，客观要求运输能力要有富裕和后备，以适应运输腹地经济发展和变化的需要。因此，提高固定资产的利用效率是决定水运经济效益的一个极为重要的主要的因素。在同样的运输设备状况下，完成的运输工作量越高，占用的固定资金就越少，经济效益就越好；反之，运输设备利用效率低，所需的固定资金越多，经济效益就越差。必须正确处理运输生产与运输建设的关系。

（4）经济效益的盈利性与服务性的矛盾与统一。从水运业的性质和作用来讲，水运业既是国民经济中的一个产业部门，又是一种社会公益性强、服务性强的公共事业。显然，作为产业部门都必须为社会再生产提供资金积累，水运业也不例外。水运业在实现货物和旅客的位移中，除了补偿物化劳动和活劳动消耗外，还要获得一定的盈利。盈利是价值形态表现的水运业生产经营活动成果的综合反映，也是水运业经济效益的价值量表现，它体现水运业对国家所负的经济责任，必须努力实现为国家积累资金。但是，作为运输部门以寻求盈利为唯一目标，这是不符合水运业的性质及其社会功能的，而应该主要看它对满足国民经济发展需要所起的作用，看它对社会的总受益如何。两者是有矛盾的，但也是统一的。水运业提供良好服务，也就把自身的经济效益（包括取得盈利）建立在牢固的社会需要上。为此，必须正确处理好盈利与服务的关系。

二、经济效益的分析与评价

1. 经济效益评价的指标体系

(1) 设置水运业经济效益指标体系的基本原则。经济效益是要通过一系列的经济指标来反映的，经济指标是评价经济效益的工具。恰当地设置经济指标评价体系，对正确获得经济评价的结论是十分重要的。由于水运企业生产建设的复杂性，影响水运经济效益的因素较多，诸如货物结构、流向、生产布局、技术水平、管理水平，以及国家政策的调整等都给水运业的经济效益带来很大的影响，为了正确地、科学地评价水运业的经济效益，在设置水运经济效益指标体系时首先应明确和遵循一定的原则。这些原则主要是:

① 必须体现微观经济与宏观经济效益相结合。

② 必须真实地反映水运业物化劳动和活劳动消耗，并能为水运业改善经营管理指明方向，要有利于提高企业素质。

③ 要从实际出发，符合实际需要，体现责、权、利相结合，促进生产与建设。

指标体系要严密，不能相互矛盾，指标概念含义要明确肯定，不能含糊不清。

④ 指标设置要简明，计算方法简便，避免繁琐。

⑤ 指标设置要体现行业特点、港航特点，在统一性中有特殊性。

(2) 水运业经济效益的指标体系。

① 港口。

a. 吞吐量（或装卸量），是指由水路进出港区范围，并经过装卸的货物数量（t）。吞吐量是衡量港口通过能力大小、生产任务完成好坏的主要数量指标，其数量大小、货类结构直接反映出港口在社会主义建设中的地位及所起的作用，反映出港口满足社会需要的程度，它不仅是港口经济效益指标，也是一个重要的社会经济效益指标。

但是，必须看到，这一吞吐量本身并不能确切地反映港口劳动消耗量。由于货类结构不同，操作难易程度有别，往往会出现有的港区某类货物增加，如杂货数量大，劳动强度加大，而实际吞吐量下降的现象。为了消除因货类结构变化的影响，正确反映吞吐量与劳动消耗量的一致性，应当根据各货类劳动消耗量的不同进行换算，以换算吞吐量代替吞吐量，这样才能真实地反映港口物化劳动和活劳动的消耗量。

以计划期计划货类结构平均工班产量为标准，与分类货种工班产量比较，求得各货类换算系数，再以报告期完成的各货类实际吞吐量分别计算相应的换算系数，即换算吞吐量。其计算公式如下:

$$\text{计划期平均产量}=\frac{\text{计划吞吐量}}{\sum\frac{\text{分货类数量}}{\text{分货类工班产量}}}$$

$$\text{某货类换算系数}=\frac{\text{平均工班产量}}{\text{某货类工班产量}}$$

$$\text{换算吞吐量}=\text{实际吞吐量}\times\text{某货类工班产量}$$

采取换算吞吐量有以下几点好处：第一，可使计划吞吐量指标与考核水平一致；第二，港区只要达到计划工时和各类工班，不论做什么货类，均可完成计划，不会受货类操作难易程度的影响；第三，增加产量的途径，只有在改善操作工艺、提高装卸效率上下工夫。

b. 安全质量，港口企业产品的特征是客货在空间的位移，对产品的质量要求是安全、优质，保证客、货按时到达目的地，特别是货在码头装卸时的安全尤为重要。安全质量指标应包括：重大安全责任事故次数、重大货运事故次数、货物赔偿率、货物损耗率。安全质量指标突出了港口生产的特性。

c. 装卸生产能源综合单耗，是反映港口经济效益的一项重要指标，包括用于装卸、水平运输、堆存、库场照明的能耗。其计算公式如下：

$$\frac{\text{港口装卸生产能源综合单耗}}{\text{(公斤/每万吨本港货物吞吐量)}}=\frac{\text{能源(电、煤、油)消耗总量(折算标准煤：t)}}{\text{本港货物吞吐量(t)}}$$

d. 船舶平均每装卸千吨货在港停留时间（天），是指在港停泊船舶平均每装千吨货物所需的时间。其计算公式如下：

$$\text{装卸千吨货物在港停时}=\frac{\text{生产性停时}+\text{港方原因的非生产性停时}}{\text{装卸货物总吨数（kt）}}$$

港方原因的非生产性停时，是指因港方责任造成的停泊小时，包括因港口设备、装卸机具、劳动力不足、调度不当等因素导致船舶等码头泊位、等库场、等工人、等港拖驳船等的停泊时间。

装卸千吨货停时指标，是按货类装卸定额标准来制定的，可比性好，但考核不便。为此，也可采用“船舶在港综合停时比”指标。其计算公式如下：

$$\text{船舶在港停时比}=\frac{\text{船舶在港总停时}}{\text{分货类装卸千吨货停时标准}\times\text{装卸货物千吨数}}$$

e. 全员劳动生产率，是港口企业全体职工在一定时间内完成的吞吐量（或装卸量）与全体职工的比率，它是生产效率的提高和劳动力节约情况的一个综合性指标。从理论上说，劳动时间应该是指活劳动和物化劳动时间的总和。但是，在目前条件下，计算物化劳动时间支出还比较困难，而不计算物化劳动时间支出也基本上可以按活劳动时间支出反映劳动生产率状况和变化趋势。所以，在实践中通常可以计算劳动时间来反映劳动生产率。其计算公式如下：

$$\text{全员劳动生产率}=\frac{\text{吞吐量（或装卸量）}}{\text{全港职工平均人数}}$$

f. 装卸单位成本，是港口完成单位产量（吞吐量或装卸量）的装卸费用，它能集中反映企业生产、技术、经营管理等方面的经济状况、企业劳动生产率的高低、设备利用程度、能源消耗、产量大小、质量好坏、资金运用是否合理，以及企业各项管理费用是否节约等，都会直接地或间接地在装卸成本上得到反映。努力降低装卸成本是港口提高经济效益的重要途径。其计算公式如下：

$$\text{装卸单位成本}=\frac{\text{装卸总成本（万元）}}{\text{千吞吐吨（或千装卸吨）}}$$

装卸单位成本突出了港口的主要作业，但由于各港装卸的货类构成不同，装卸工艺不同，会导致各货类的单位成本相差悬殊，为了正确反映劳动消耗并能达到合理的成本，以主要货类别的单项成本，如煤炭、散粮、集装箱等为计算对象，不宜采用综合单位成本。

g. 人均实现利税，是港口企业生产经营活动最终成果的货币表现，实现利税额的提高也就是社会财富的相应增加，所以，它是反映港口企业经济效益的重要指标。其计算公式如下：

$$\text{人均实现利税}=\frac{\text{实现利润}+\text{税金}}{\text{全港职工人数}}$$

式中：税金——指所得税、调节税、营业税、城市建设维护税等。

h. 资金利税率，是港口企业实现利税与占用的全部资金（固定资金和流动资金）之间的比率。其计算公式如下：

$$\text{资金利税率}=\frac{\text{实现利润}+\text{税金}}{\text{全部资金平均占用额}}\times 100\%$$

资金利税率反映了港口企业生产经营活动所创造的价值和占用全部资金的关系，它是一项综合性较强的效益指标。

② 航运。

a. 客货换算周转量，是航运企业完成运输生产任务的总量指标，它同港口企业换算吞吐量指标一样，在一定程度上反映运输部门满足国民经济和人民生活的需要程度。它具体反映运输生产成果，与经济效益密切联系，是计算吨船产量、劳动生产率、单位成本、能源消耗等主要指标的依据。所以，作为评价航运企业经济效益的指标是必要的。

$$\text{客货换算周转量}=\text{旅客周转量}+\text{货物周转量}$$

其中：客货周转量的换算比例为 1：1。

b. 安全质量，水运生产包括港、航两个生产环节，即船在海洋、内河中航行，以及货在码头装卸时的安全。安全运输是航运经济效益的基础，安全对运输有重要意义，没有安全，运输就无保障。航运的经济效益是以安全运输为前提的。

航运安全质量指标应包括：重大安全责任事故次数；重大货运事故次数；海损责任大事故频率（件/航次）；货物赔偿率；货物损耗率。

c. 每吨船生产量，是船舶使用效率的综合指标，受营运率、航行率、载重率、航速等因素影响，反映在册船舶的平均吨位与产出换算周转量之间的比例关系，要求合理投入适当运力完成多量的运输任务，以表明船舶产生的经济效果。吨船产量的高低，既与船舶营运修理上各个环节的变化有关，也与经营管理有关，所以抓好吨船产量对提高企业经济效益有积极的作用。

d. 船舶能源综合单耗，是指每个换算 t · km（t · n mile）的能源消耗量，它表示单位能源消耗量同运输量的比率，是反映航运企业能源消耗水平的一项综合性指标。航运企业能源耗用量在物耗中占的比重较大，在能源管理上独具特点。单位能耗的降低，不仅可降低运输成本，提高企业经济效益，更重要的是能源节约对解决国家能源紧张、国家经济的全面发展有着十分重要的意义。

运输船舶能源消耗量同运输量的比率，可以反映航运企业能源消耗水平。

e. 全员劳动生产率，是反映航运企业全部职工劳动生产率效率指标，表明在一定时间每一职工完成的生产量，它与运输换算周转量的增长成正比，而与职工平均人数的增长成反比。劳动生产率的高低是航运企业经济效益好坏的重要标志。

f. 运输单位成本，是运输生产过程投入的全部活劳动和物化劳动耗费与生产出的客货换算周转量的比值，反映单位产量的平均耗费水平，运输单位成本与换算周转量是反比关系，是综合反映航运企业经济效益的重要指标。

g. 人均实现利税，利润和税金是反映企业财务成果的一项综合性指标，利润不能作为经济效益的唯一指标，但却是经济效益的综合反映，是一项重要指标。

h. 资金利税率，是反映国家投入航运企业的固定资金和定额流动资金总和与产出的利润和税金总和两者之间的比例关系，是一个重要的经济效益指标。

2. 分析与评价水运业经济效益的方法

上述水运业经济效益的评价指标，它们从不同方面反映了水运业的经济效益，而各个单项指标又不是孤立的，它们之间相互联系、相互制约和相互补充。但是，各项指标对经济效益的影响程度又是不同的，为了分析各种因素对经济效益的影响程度以及指标内在因素之间的关系，从而发现薄弱环节，以便作出相应对策和措施，达到提高经济效益的目的，因而，研究分析与评价经济的方法就有着十分重要的作用。分析与评价经济效益的方法，主要有以下几种：

（1）比较法。就是运用对比的方法进行纵向或横向比较来评价经济效益。它通常是通过企业或部门运输生产活动实际达到的经济效益同该企业或部门经济效益的计划指标，同历年最好水平，同地区、行业的平均水平，同国内外同行业先进水平对比，来评价企业或部门经济效益的提高程度及其变化情况。

除了整体效益外，运用这种方法来评价企业或部门经济效益，还可以通过同一指标内两项或两项以上因素对比来评价。如资金利税率是通过利税总额同资金总额直接比较来评价资金占用的经济效益的。

（2）指数法。就是运用指数分析经济效益变动原因的一种定量分析方法。指数法在实际工作中一般是采用指数体系进行的。例如，每个换算吨·公里（吨海里）能源综合单耗的增加是由于能源消耗量指数和能源价格指数两个因素的变动引起的。采用指数法进行分析，就能得出能源消耗量和价格的变动分别对能源单耗增加的影响程度，其中影响程度最大的就是效益指标变动的主要原因。这样，通过能源利用效益的分析，就可寻找出影响能耗费用节约的原因，采取提高燃料的热效率等措施，以提高能源利用的经济效益。

（3）边际法。就是对一个变量依存于另一个变量或多个变量的关系进行的一种定量分析与评价方法。这种变量关系就是函数关系，它用于经济效益的分析与评价，总的来说，就是在产量与费用两个指标之间，对它们在原有基础上的增量进行比较，又称为增量法。在运输生产活动中，对于计算生产增量的经济效益，达到节约和占用劳动，全面提高水运业经济效益有着重要作用。

运用边际法分析与评价经济效益，通常采用以下两种指标进行分析与评价：

① 边际生产率，是指在投入的其他生产资源不变的情况下，每增加一单位某种生产资源的投入量所产出的净产品。如果增加生产资源增量较小，那么，它所产出的边际收入产品

增量则较大，其生产增量经济效益就高；反之，则低。其计算公式如下：

$$边际生产率=\frac{净运输产品增量（边际收运输产品增量）}{生产资源增量}\times 100\%$$

边际生产率应为大于 1 的数值。生产资源增量包括两项基本内容：一是劳动，即人力；一是资金，即固定资金和流动资金。因而，又可分为劳动边际生产率和资金边际生产率。劳动边际生产率是指每增加一单位劳动资源的投入量同产出的净运输产品增量的比较；资金边际生产率是指增加一单位资金同产出的运输产品增量的比较。其计算公式分别如下：

$$劳动边际生产率=\frac{边际收入运输产品增量}{劳动增量}\times 100\%$$

$$资金边际生产率=\frac{边际收入运输产品增量}{资金增量（包括固定资金和流动资金）}\times 100\%$$

其中：劳动边际生产率与资金边际生产率亦为大于 1 的数值。

② 边际收益率，是指在生产初始条件下，每增加一个单位资金投入量所得到的增加收益同这部分资金增量的比较，也就是说，边际收益同边际费用的对比关系。其计算公式如下：

$$边际收益率=\frac{收益增长}{资金增长}\times 100\%$$

边际收益率亦应为大于 1 的数值。企业经营者在继续营运时，其边际收益增加一个单位资金时，这一点是取得最佳收益的资金投入量。

3. 提高经济效益的途径

（1）发展生产，扩大运输和港口通过能力。

① 提高船舶效率，以提高船舶效率来促进运输生产的发展，是航运企业提高经济效益的重要途径。我们知道，航运的各项工作都是以提高运输生产量（客运换算周转量）为目的，在不新增运力的情况下，提高船舶效率，促进生产量的增长，对劳动生产率、船舶燃料消耗、运输单位成本等经济效益指标的全面提高或改善起着决定性的作用。

② 提高工时利用率和装卸率，是指缩短船期，扩大港口通过能力，提高港口经济效益。

（2）加快港口的改造和重建。我国外贸进出口量以两位数的速度在发展，相比于港口，其能力不足。1991—2004 年我国外贸进出口平均增速为 18.38%，而同期我国主要港口吞吐量平均增长仅为 11.29%。港口作为贸易链上的重要环节，其吞吐量的增长与贸易增长密切相关。我国对外贸易 85%（按 t 计算）以上是通过海运完成，两者之间的发展速度之差加剧了港口能力的欠缺。在运力缺口巨大，港口结构不合理，港口小泊位被淘汰等综合因素影响下，我国港口加快改造和重建就势在必行。

（3）推行全面计划管理、全面质量管理和全面经济核算。建立、健全以货运质量为中心的质量考核、检查、奖惩制度，加强经营管理，提高企业素质，积极推行全面计划管理、全面质量管理和全面经济核算，是提高水运业经济效益的重要途径。

（4）建立和健全岗位经济制和专业经济责任制。完善经济责任制，加强队伍基础建设，努力提高职工队伍的思想政治和业务技术素质，健全和完善企业内部考核体系，正确处理考核中部门与部门之间的横向联系。

第六节　国际航运经济分析

一、国际航运市场

1. 国际航运市场的概念

国际航运业与世界经济和国际贸易有着不可分割的紧密联系，是国际贸易的孪生兄弟。国际航运市场是国际市场的重要组成部分。狭义的国际航运市场是指不同国家和地区间的航运劳务需求者和供给者进行航运交易活动的场所，即设在世界各地的航运交易所。

随着航运业的发展，造船工业、修船工业、拆船工业等也得到了相应的发展，并且形成了与航运业相适应的市场规模。船舶驾驶、引航、航海通信、航海仪器设备等航运技术也得到了迅速发展。航运工业、航运技术成为与航运贸易密切相关的市场。为航运贸易服务的行业，如船舶代理、货运代理、保险业务等也已成为国际航运市场不可缺少的组成部分。航运劳务市场、航运金融市场、航运信息市场、船舶交易市场等也已成为国际航运市场体系中的重要组成部分。

因此，对国际航运市场概念的理解，应该从单纯的航运供需交易的范围扩大到包括航运工业、航运技术、航运服务、航运劳务、航运金融、航运信息、船舶交易等经济贸易活动范围。因此，广义的国际航运市场的概念可以定义为国际（包括某些特定地区）航运服务及其相关行业结合、协调、运作等活动及其相互关系的总和。

2. 国际航运市场的主要类型

根据其性质、功能和作用划分，国际航运市场可以分为国际航运基本市场和相关市场。国际航运基本市场是以货物运输为主体的货物运输市场。根据船舶服务方式，基本市场又分为不定期船运输市场和定期船运输市场（班轮运输市场）。相关市场是指为基本市场服务，并与基本市场相互影响、相互作用、相互依存而不能单独存在的市场。相关市场主要包括船员劳务市场、航运信息市场、航运金融市场、船舶买卖市场、造船市场、拆船市场、修船市场等。下面主要介绍航运基本市场。

（1）不定期船运输市场。不定期船运输是一种最古老的船舶营远方式，在运输活动从贸易活动中分离出来之初，不定期船运输市场是唯一的市场形式，船舶营运没有固定的航线，没有固定的挂靠港，也没有预定的船期表和运费率；船舶的每一次营运都根据该次营运的货主的要求，由货主与船东商定具体的营运安排，船舶每一次营运的运费率或租金率也由双方依市场行情而定。不定期船运输市场是以不定期船运输服务为对象的需求者与供给者之间的交易关系。市场上的需求者可以是贸易商、生产商、经纪人、政府等；供给者船东可以是船主，也可以是二船东、三船东等。

不定期船运输主要用于运输大宗散货、液体货物。不定期船运输的特点及其采用的船舶类型的特点决定了不定期船运输这种船舶营运方式最适宜运输大宗散货。第一，大宗散货大多属于初级产品，本身价格较低，对运输速度和运输的规则性要求不高，货主不愿意也不可能负担较高的运费，要求运费低廉的运输方式；第二，这些货物的运量和批量都很大，可以组织整船运输，能充分利用船舶的运力；第三，这些货物的供求和贸易关系有多变的特点，货源在流向和时间上变化也比较大，规律性较差，不适宜定期船运输。不定期船运输的主要货种有：液体货物，包括原油、成品油、液化气等；干散货，包括铁矿石、煤炭、粮食等大宗干散货以及木材、水泥、化肥、废钢铁等小宗干散货；小部分干杂货。

不定期船运输主要是通过租船形式来开展的，通过订立租船合同而成立。因此，不定期船运输又被称为租船运输。按照租船合同的不同，租船又可以分为航次租船、期租船和光船租船等。

航次租船又称程租船，是指船东用指定的船舶在指定的港口之间用一个或数个航次为承租人运输指定的货物，并负担除货物装卸费以外的一切费用（装卸费的承担通过航次租船合同的装卸条款确定)，承租人按货物的实际装运数量及双方商定的费率向船东支付运费。期租船是指船东在约定的时间内将指定的船舶出租给承租人使用，并负责船舶的配员、保险、维修、润物料供应、船员给养供应，负担相应的船舶经营费用；承租人自行安排、调度其租用的船舶，负担租期内船舶在各航次运输中所发生的航次费用，包括燃料费、港口及运河费、货物装卸费等，并按照船舶的吨位、租期及租金率向船东支付租金。光船租船是指船东在约定的时间内将指定的空船出租给承租人使用；承租人调度安排船舶，负担相应的航次费用，负责船舶的配员、保险、维修、润物料供应、船员给养的供应，负担相应的船舶经营费用，并按照船舶的吨位、租期及租金率向船东支付租金。

相应地，租船运输市场又可以细分为航次租船市场、期租船市场和光船租船市场。

(2) 定期船运输市场（班轮运输市场)。定期船运输（班轮运输）是指船舶在固定的航线上，按公布的船期表发船，按既定的顺序挂靠既定的港口，经常性地从事营运，并按公市的运价本的运费率收取运费的一种船舶营运方式。班轮运输市场就是指以班轮运输服务为对象的需求者和供给者之间的交易关系。市场上的需求者是货主，供给者是班轮公司。

用于班轮运输的船舶类型主要有：传统杂货舱、滚装船、载驳船、冷藏船和集装箱船等。班轮运输的货物主要是件杂货，包括工业制成品、半成品、食品、工艺品等。与大宗散货相比，这些货物批量较小，收发货人多而分散，不易于组织整船运输，而且这些货物的价值相对较高，要求保证货物运输的质量，对运输的要求较高。

与不定期船运输市场相比较，班轮运输市场有以下特点：① 市场上的经营者为数不多，但规模较大，市场竞争更为激烈；② 争取尽可能多的、稳定的货源是经营成败的关键；③ 改变航线，退出市场的伸缩性小。

二、国际航运供求的特征

1. 航运需求及其特征

航运需求就是在一定的时期内，在一定的运价水平下，对海上运输能力的需求。航运需求的内涵包括运输量、货物流向、运输距离、运送时间和送达速度、货类结构等内容。国际航运市场的需求是由国际贸易派生的，因此，整个航运市场的发展变化，受经常变动的国际贸易的影响。

航运需求的主要特征如下：

(1) 航运需求的派生性。如果一种商品或劳务的需求是由其他商品或劳务的需求而引起的，则该商品或劳务的需求为派生需求，引起派生需求的商品或劳务的需求为本源需求。国际航运是由于国际贸易需求而引起的，国际贸易引起了对商品远距离流动的需要，国际航运正是适应了这种要求，为满足这种要求而提供位移产品。因此，国际航运需求是派生需求，它是以社会经济活动和国际贸易为基础的。

(2) 总体航运需求的规律性。国际航运市场的需求是由国际贸易派生出来的需求，所以，对航运市场需求进行分析，首先必须对国际贸易进行分析。国际贸易在数量、价值和商品结构上的变化都将通过对航运的需求反映出来。当世界经济处于高速增长的时期，国际贸易将出现相应地大幅度增长的趋势，因此，对航运的总体需求必然是迅速地增长，航运市场呈现活跃、繁荣的景象；当世界经济处于停滞、衰退时期，国际贸易必然出现停滞、萎缩状况，这时，航运市场呈现萧条的景象。航运总体需求的规律服从于世界经济与国际贸易的变化规律，具有一定的周期性。但时间上航运需求规律具有滞后性。

(3) 航运需求的不平衡性。在国家之间、地区之间或者是运输对象之间都是普遍存在的，是绝对的，这一特点既是资源分布、经济发展、国际贸易不平衡性导致的结果，又是推动航运市场发展的原因。由于资源分布、生产力布局、地区经济发展水平的不平衡，就产生了货物从原材料产地到生产厂商或从产地到消费地的运输，对于这些货物，无论是在运量上或是在流向上不可能总是平衡的，对航运需求也就不会平衡。这种不平衡性之所以能推动航运发展，是因为它对航运发展的规模、船队构成、航运参数等提出了不同的比例要求，包括运输组织形式要求以及改进运输系统的要求，以适应需求的不平衡性规律。

(4) 个体航运需求的异质性。个体航运需求往往是千差万别，各不相同的。由于货类不同、运输要求不同、国家与地区不同、运输性质不同等因素组合的个体需求具有各自的特殊性，它们对运输质量和运行方式的要求、对运输方向和运输距离、对运输时间和送达速度等的要求是不同的，对运价的承受能力也不同。分析和掌握个体需求的特性，目的是在运输组织过程中采取相应的技术措施，满足这些个体需求特性的要求。随着世界经济与国际贸易的发展，航运需求多样化、标准化、时效化的发展趋势更要求航运经营者研究个体需求的规律，这对跻身国际航运市场的竞争是非常重要的。

(5) 航运需求的同一性。是指无论每一个体需求有怎样的差别，也无论为满足每一个体需求所采取的供给方式或技术组织措施有怎样的区别，或者运价水平有多少差异，所有的需求都是运输对象的位移，同时它没有固定形态。

2. 航运供给及其特征

航运供给是指在航运市场上，拥有船舶吨位的船东，在一定的时间内、在一定的运价条件下，提供船舶吨位的船东，在一定时间内、在一定的运价条件下，提供的航运运力（即船舶吨位）的数量。航运供给必须同时具备两个条件：第一，要有出售运力的愿望，即船东愿意将其船舶投入航运市场；第二，要有运力，即船东有船。

运力供给的主要指标是船舶吨位，即船东向市场供给的船舶吨位。航运市场上，船舶吨位供给受许多因素的影响，如运价、运输成本、新船竣工量、船舶买卖市场、船员劳务市场以及经营环境状况，等等。这些因素共同决定了一定时期内、一定运价水平的船舶供给总量。航运供给有如下特征：

（1）航运产品的非储存性。航运企业的生产活动就是通过船舶运输使运输对象发生空间位置的变化，不生产新的物质产品。因此，航运产品的生产和消费是同时进行的。也就是说，航运产品不能脱离生产过程而独立存在，这就是航运产品的非储存性。

航运产品的非储存性，决定运输储备不能采取产品的形式，而只能采取航运运输能力的形式，要求航运运输能力的建设应具有适当的储备，以适应市场的变化。当航运需求随着国际贸易的增长而增长时，就要求有相应的航运运输能力的增长，以便调整供求关系。然而，航运运输能力的增长，往往需要相当长的周期，这必然要求航运建设有超前性。航运运输能力的超前建设与航运运输能力的储备对航运市场来说，既可能是适应航运市场需求增长的机遇，又可能是航运市场供过于求而产生的风险。所以，航运运输能力的超前量和航运运输能力的储备量就成为航运企业经营战略的重要课题。很明显，航运运力储备越大，承担的风险越大，适应航运需求的能力也大；相反，航运运力储备越小或没有储备，承担的风险越小，适应航运需求的能力也越小。

（2）航运供给的不平衡性。其主要表现在：第一，受航运市场运价的竞争状况的影响，当市场繁荣时，将会刺激运力的投入，造船市场活跃，复航船舶增加等；当市场萧条时，则情况相反，一部分运力会撤离市场。第二，航运生产有运输的旺季与淡季之分，某些季节性产品的运输往往也促进形成了谈、旺季的不平衡规律，从而使航运供给量出现高峰和低谷的变化。第三，航运生产的不平衡性反映在运输方向上，主要表现在许多货物运输存在单向性，因而往返航程的运量分布是不平衡的。不断变化的航运市场上，航运生产的不平衡性是绝对的，使保持船队的适当规模和合理的船舶结构成为航运运力合理运用、减少浪费的基础。

（3）航运生产的时空差异性。航运产品只能在航运生产过程中，即船舶的位移过程中产生。航运需求的满足，也只能在航运生产过程中实现。但是，这并不能表明供给和需求结合完好。实际上，运输产品的生产与消费脱节的现象是不可避免的。因为，在某一航次中的实际货载可能达不到额定运力，造成亏载，于是一部分运力被浪费，生产与消费脱节。由于供给与需求之间在时间和空间上的差异性所造成的生产与消费的差异，航运供给必须承担运力损失、空载航行等经济上的风险。因此，研究和把握这种时空上的差异性，把握未来的航运需求趋势，然后进行适当的运力调整，是航运企业经营好坏和经济效益好坏的关键之一。

三、航运供求影响因素分析

1. 航运需求影响因素

（1）经济因素。世界经济是影响国际航运需求的最主要因素。其影响包括以下三个方面：

① 世界经济同期性波动的影响，据研究表明，在正常的情况下，世界经济以4～5年为一个波动周期，世界经济的周期性波动使国际航运需求的发展也呈周期性变化。

② 世界经济发展趋势的影响，在20世纪70年代之前，国际航运需求的增长一直快于世界经济的增长。但从此开始，国际航运需求的增长开始低于世界经济的增长，这种变化实际上是经济长期趋势在起作用。

③ 经济冲击的影响，与周期性的经济波动不同，与长期性的经济增长也不同，经济冲击是突发性的，对国际航运需求的影响更严重，20世纪70年代的石油危机和20世纪90年代亚洲金融危机是这方面的突出例子。

（2）社会政治与法律环境等因素。这些因素包括国与国之间的关系、国家内部的政治体制与经济体制及立法、国家对国际贸易的态度等因素。

通常，两国政治关系向友好方向发展时，进出口贸易量将会增长；反之，进出口贸易将会减少，甚至中断。在当前的国际上，有些发达国家常用贸易限制等经济手段来达到其政治目的，从而直接影响了对国际航运的需求。

一国国内的政治情况，常体现为政局稳定性、经济政策的连续性、贸易政策的开放性，这些也对国际航运需求有较大影响。政局不稳定，政党更替频繁，会对经济和贸易的发展造成破坏性的后果，当然对派生性的国际航运也有严重的冲击。一国采取封闭性的经济政策，利用种种手段，如关税壁垒和国内立法等，来限制甚至排斥对外贸易，必然造成对外贸易运输需求量的大幅减少。

（3）科学技术因素。它是影响航运市场的重要的长远性因素。第一次科学技术革命以蒸汽机的发明为主要标志，蒸汽机被广泛应用于轮船和火车，使交通运输业发生了革命性的变化。第二次科学技术革命以电力的发明与使用为标志，它提高了生产的社会化程度，促进了国际分工向纵深推进，进一步加强了世界各国之间的经济联系。第三次科学技术革命的主要标志是：原子能等新能源的发现与利用；计算机的发明和应用；新材料的人工合成和利用；空间技术的发展，以及遗传工程的重要成就等。科学技术的发展大大加快了交通运输工具的改造与革新速度，使运输向集装化、大型化、专业化方向发展。

（4）市场价格因素。航运运价和运输商品的市场价格的变动，也会引起航运需求的变动。一般来说，运价下降，航运需求增加；运价上涨，航运需求减少。两地市场上商品价格差别的缩小，会造成两地间运输需求的减少；两地市场商品价格差别的增加，会刺激该商品在两地之间的运量。另外，燃油、燃料、润料、运输工具等价格的变动也会导致航运需求的变动。

2. 航运供给影响因素

（1）经济因素。一个国家或地区的经济状况是航运供给发展的基本条件。航运业是资金技术密集型的产业，对于一个经济发展水平低、资金缺乏、技术落后的国家来说，其航运业的发展将会遇到更多的困难，发展速度会非常缓慢，老旧船将会占该国运力供给的很大比重，这些船龄很高、技术状态相对落后的船舶，在航运市场上的竞争能力可想而知。

（2）政治因素。对航运供给的影响主要表现为航运政策对航运供给的影响。航运政策是国家对航运业实施调控的重要手段，政府通过航运政策的制定和实施，来引导航运业资源的配置、产业布局、环境保护以及与其他产业的协调发展。

主要航运国家政府无一例外地对本国的航运业实行保护和扶持政策，如提供航运造船补贴、利息补贴、官方贷款保障、税收投资、折旧补贴、营运补贴、沿海运输权限制、货载保留等。各国根据本国的实际情况，制定适应本国航运业发展的政策措施。虽然各国之间的航运政策有所不同，航运政策的目的也不尽相同，但有一点是可以肯定的，即航运政策对运力的影响是巨大的。

（3）科学技术因素。科学技术的不断进步使新型的航运技术不断出现，使航运工具性能得到重大改进。在提高劳动生产率、降低航运成本、提高航运服务质量、提高航运企业的生产管理水平和生产作业组织水平等方面，科学技术也起到了重要的作用。

（4）市场价格因素。运价、航运成本、航运相关市场价格等都对航运供给产生影响。其中，运价的影响是最直接的。当航运市场不景气，运价下跌时，航运供给量随之下降。短期的下降表现为封船，船舶减速航行；长期的下降表现为拆船。当运价上升时，航运供给量也随之上升。短期的上升表现为越来越多原先被封存的船舷投入营运，原先减速航行的船舶恢复正常航速；长期的上升则是订造新船。在运价水平不变时，航运生产成本的上升会减少航运供给量；反之，成本的下降能增加航运供给量。航运相关市场，如造船市场、船舶买卖市场的价格变动，也将影响投放到航运市场上的运力。

四、国际航运运价计费办法

国际航运班轮运价的计算，班轮运费通常由基本运价和附加费构成。基本运价是指普通货物在正常运输条件下，从某港运至某基本港，船方按规定收取的货物运费。附加费是由于船舶、货物、港口及其他原因，使船方在运输过程中增加费用开支或产生经济损失。为补偿这些开支或损失，除基本运价外，规定另外收取的费用，即为附加费。班轮运费计算一般按以下方法进行：

（1）对基本港。

班轮运费＝基本运费＋港口及其他附加货

班轮运费＝(基本运费率＋附加费率)×运费吨

（2）对非基本港。

① 直航：班轮运费＝基本运费＋直航附加费＋港口及其他附加费

② 转航：班轮运费＝基本运费＋转航附加费＋港口及其他附加费

运价一律以美元标价。

基本费率：包括各航区等级费率、从价费率、冷藏货费率、议价货费率、集装箱费率、各航线费率均含币值附加费和燃油附加费。

各项附加费：包括每件货物毛重超过规定重量时（一般规定为 5 t）须加收超重附加费，每件货物长度超过规定的长度时（一般规定为 9 m）须加收超长附加费。直航附加费：当运往非基本港的货物达到一定货量，船公司可安排直航该港而不转船时所加收的附加费。转船附加费：非基本港转船货物，按各航区规定收取转船附加费；超长超重转船附加费，每转一次加一次。港口附加费：有些港口由于设备条件差或装卸效率低，以及其他原因，船公司加收的附加费。

五、国际航运运价指数与运费期货

1. 运价指数

（1）指数的概念与种类。指数产生于分析研究现象的动态变化，如物价的变动、产量的变动、劳动生产率的变动、工资的变动、成本的变动等。指数的概念，有广义和狭义之分。

广义的指数，是指一切动态相对数。如一种商品价格的动态相对数；一种商品销售量的动态相对数。同时，也包括多种商品价格的动态相对数；多种产品产量的动态相对数等。这一切动态相对数，统称为指数。狭义的指数，是指反映不能直接相加、不能直接对比的社会现象变动的相对数。它是一种特殊的动态相对数。例如，统计全国或一个地区的全部工业产品的变动，首先的问题是这许多种类不同的产品不能直接相加，既然不能直接相加，当然也不能直接对比，因而也无法研究现象的变动，而指数可以解决这个问题。因此，指数是一种特殊的动态相对数。

对于指数，按不同的分组标志，可以进行不同的分类。常用的指数分类方法，有以下几种：

① 按照指数所说明社会现象范围的不同，可以分为个体指数和总指数。个体指数是指反映某一种现象变动的相对数。即说明某一种产品的产量、单位成本或某一种产品的销售量、价格在不同时间上的变动程度。例如，我国的稻谷产量 2004 年为 17 908.8 万 t，2003 年为 16 065.6 万 t，2004 年稻谷产量为 2003 年的 111%。111% 就表示小麦产量的动态相对数，成为产量的个体指数。个体指数用公式表示如下：

$$个体指数=\frac{报告期水平}{基期水平}$$

总指数是综合反映多种或全部社会现象变动的相对数。例如，我国国内生产总值 2002 年为 105 172.3 亿元，2003 年为 117 251.9 亿元，2003 年国内生产总值为 2002 年的 111%，这个动态相对数，是综合说明全国工业产品产量变动程度的，所以，称为总指数。总指数也通常简称指数。总指数按其表现形式不同，又分为两种：综合指数和平均指数。

② 按照指数所反映社会现象性质的不同，指数可分为数量指标指数和质量指标指数。数量指标指数是反映社会现象总体规模、水平或总量变动的相对数。如反映多种产品产量变动的相对数；反映多种商品销售量变动的相对数。这些产量指数、销售量指数，都是数量指标指数，也称为物量指标指数。质量指标指数是反映经济工作质量变动的相对数。如产品单位成本指数、价格指数、劳动生产率指数、工资水平指数等。这些指数都是根据质量指标计算的，反映了质量的好坏，所以成为质量指标指数。

③ 按照指数所采用的基期不同，可以分为定基指数和环比指数。定基指数是指采用固定基期而计算的指数，它反映某种社会现象在一个较长时期内的变动程度；环比指数是用报告期总体总量与前一期总体总量对比，所得的相对数。或者说，环比指数都是以前一期指标作为对比基期，而计算的动态相对数，它反映某种社会现象逐期的变动程度。

（2）运价指数。就是运价变动的相对数，国际航运市场广泛采用运价指数来反映运价水平和动态。世界上一些主要航运国家和研究机构定期发表包括各种运价指数的市场报告。如英国海运交易所每月发表不定期船运价指数，德国不来梅航运经济研究所、美国纽约航运研究院均定期发表运价指数报告。

由于波罗的海交易所能够根据航运市场的发展和变化，对运价指数的构成及时予以修订，而运价指数又是根据严格、明确以及航运市场的规则计算出来的。所以，它能够反映出全球干散货航运市场的运价水平，成为干散货航运市场发展和变化的晴雨表。此外，波罗的海运价指数还是运费期货交易的基础，因此它对干散货航运市场的分析和预测，对指导干散货船的租舱业务，有着至关重要的作用。波罗的海运价指数分为波罗的海好望角型船运价指数（BCI）、波罗的海巴拿马型船运价指数（BPI）、波罗的海灵便型船运价指数（BHI）以及波罗的海干散货船期租费率指数（BDI）。现介绍如下：

BCI（Baltic Capesize Index），波罗的海好望角型船运价指数，于 1999 年 4 月 27 日开始发布，指数是基于遍布世界 11 条好望角型船的煤、矿航线当日费率通过加权计算得出的（表 4.2.1），其中包括四条期租航线。

表 4.2.1　煤、矿航线当日费率权表

序　号	航　　线	货　种	权　重
1	汉普敦路—鹿特丹	煤	5%
2	图巴朗—鹿特丹	矿	10%
3	图巴朗—北仑和宝山	矿	10%
4	里查兹湾— 鹿特丹	煤	5%
5	西澳大利亚—北仑和宝山	矿	15%
6	纽卡斯尔—鹿特丹	煤	10%
7	波里瓦—鹿特丹	煤	5%
8	直布罗陀与汉堡地区交船，大西洋往返	期　租	10%
9	欧洲大陆与地中海区域交船，至远东单程	期　租	5%
10	中国、日本地区交船，远东往返航线	期　租	20%
11	中国、日本地区交船，至欧洲大陆单程	期　租	5%

BPI（Baltic Panamax Index），波罗的海巴拿马型船运价指数，于 1998 年 12 月 21 日开始发布，该指数是共包含四条粮谷航线和四条期租航线，通过将各自费率进行加权计算得出的，如表 4.2.2 所示。

表 4.2.2　粮谷航线当日费率权表

序　号	航　　线	货　种	权　重
1	美湾—北欧	粮　谷	10%
1a	大西洋往返	期　租	20%
2	美湾—日本	粮　谷	12.50%
2a	北欧、直布罗陀交船，至美湾、远东单程	粮谷、期租	12.50%
3	美国北太平洋地区—日本	粮　谷	10%
3a	美国北太平洋地区—日本，太平洋往返	期　租	20%
4	远东—北太平洋—北欧	期　租	15%

BHI（Baltic Handy Index），波罗的海灵便型船运价指数，于 1999 年 4 月 27 日与 BCI 同时开始发布，该指数是将 43000 载重吨船在四条期租航线上的期租费率通过加权计算得出的，如表 4.2.3 所示。

表 4.2.3　期租费率权表

序　号	航　　线	货　种	权　重
1	欧洲—远东	期　租	25%
2	日本、韩国—美西、澳大利亚往返	期　租	30%
3	新加坡经澳大利亚至欧洲大陆还船	期　租	15%
4	欧洲大陆—南、北美洲，大西洋往返	期　租	30%

BDI（Baltic Dry Index），波罗的海干散货船期租费率指数，于 1999 年 11 月 1 日开始发布，该指数在 BCI、BPI 和 BHI 的基础上，先将每种船型运价指数中四条期租航线上的期租费率计算出平均值，再将三种船型的平均租金进行加权计算得出的，如表 4.2.4 所示。

表 4.2.4 计算表

序　号	航　　线	货　种	
1	BHI 中四条期租航线平均租金	期　租	
2	BPI 中四条期租航线平均租金	期　租	
3	BCI 中四条期租航线平均租金	期　租	

除此之外，世界上一些主要航运国家和研究机构也定期发布运价指数报告，如 clarkson 运价指数、海德灵便型船运价指数 JEHSI，Lloyd's shipping economist 运价指数（LESI）、SSY 运价指数、Lloyd's ship maritime research 运价指数、the commonwealth group 集装箱船租船运价指数、how robinson 集装箱船租金指数、世界油船运价指数（worldscale）等。其中世界油船运价指数可分为超大型油船（VLCC）运价指数、阿芙拉型油船（aframax）运价指数、苏伊士型油船（suezmax）运价指数和成品油船（product）运价指数。

我国上海航运交易所（SSE）于 1998 年 4 月 13 日首次对外发布中国出口集装箱运价指数（CCFI）。我国出口集装箱运价指数采用拉氏公式计算，共 11 条样本航线，航线上的国内港口分别为：大连、天津、青岛、上海、南京、宁波、厦门、福州、深圳、广州；其他地区或国家分别为：香港、韩国、日本、东南亚、地中海、欧洲、美东、美西、南非、南美、东西非、澳新。

2. 运费期货

（1）运费期货的概念。期货是与现货相对而言的。期货交易区别于一手交钱、一手交货的商品现货交易，它是买卖双方预先签订的一种统一的标准合同，也就是商品交易所为进行期货交易而制定的期货合同。期货或期货合同的完整定义是：一种依照有组织的交易所的规定，在未来某一指定时间内，按合同签订时的拍卖价格，交付或接受指定数量和质量商品的买卖合约。期货合约包含三项基本内容：商品价格、商品数量和规格、交货日期。在商品交易所中，卖出期货的一方叫“短头”，买进期货的一方叫“多头”。

20 世纪 80 年代初期，伦敦国际金融期货交易所（LIFFE）首先推出期货交易的新概念，当一种商品在合同到期日不适宜实物交付时（如像运价这种抽象的概念），替代的办法就是到时交付商品的现金价值。这个概念的发展促使了波罗的海国际运费期货交易所（BIF-FEX）和国际期货交易所（INTDX）的运费期货在 1986 年 4 月 1 日正式开业。这两个交易所交易的是运价指数。在运费期货市场上到期需交付的“商品”是整个航运市场在那时由指数表示的现金价值，这就是运费期货交易。它完全是一种纸面财务交易，真船和货物根本没有参与。

（2）运费期货保值原理。商品交易所（期货市场）主要进行期货交易，极少买卖现货，专做套头交易（hedging），hedging 这个词原意是对冲，即赌博掷单双两面下注的意思。两面下注，一面输多少，另一面就赢多少，结果是不输不赢。套头交易就是用两面下注、不亏不盈的办法来避免价格涨落风险。之所以能够用期货来进行套期保值，主要是运用期货价格与现货价格相关的变动规律，分别在期货市场与现货市场进行套头交易活动，从而达到保值的目的。

期货价格与现货价格有两个相关的变动规律，即：第一，期货价格与现货价格的变动趋势存在大致相似的规律，对于某一特定的商品，无论是现货价格还是期货价格均会受到相同因素的影响。如果现货价格上涨，期货价格也会上涨，呈现相似的变化趋势；反之亦然。第二，期货合同到交割时，可以用现货来交收，每份期货合同到了交割期的期货价格与现货价格合二为一。第三，期货到了交割期，期货的“未来”的意义已经消失，也就变成了现货，即期货价与现货价汇聚为一。

例如：一个农产品收购商今天收 3 万担谷物入库，一时找不到买主，为避免将来找到买主时价格下降而亏本，他就在商品交易所卖出 3 万担期货谷物（期货价与当天现货价基本相同）；三个月后，找到买主，卖出现货，但价格已大大下跌，他就在商品交易所买进 3 万担期货谷物（因期货价与现货价基本相同，现货下跌，期货也下跌），与前次卖出的 3 万担期货谷物对冲。这样，该收购商在期货市场一进一出所赚的钱，恰好等于现货卖出因跌价而亏的钱，这就叫做期货套头交易。这种套头交易可避免因价格涨落而带来的风险。使经营者专心从事经营活动，风险由愿意负担价格风险的投机者承担。

根据期货保值原理，运用于航运市场进行运费期货交易同样可以达到保值目的。按已知的运费率水平购买远期的运费期货可用于控制因运价波动引起的风险，这就是运费期货的套头交易，亦即运费期货保值原理。

在运费期货市场中，进行交易的不是实际的基本商品，而是运费期货买卖合同。合同额是指波罗的海运价指数（已报告的最近期的总数）与 10 美元的乘积，即所有的合同都是以现金的支付方式结算。

例如，以 1985 年 1 月 4 日基本水平 1 000 为起点，每个指数点取值为 10 美元，因此合同值为 1 000×10 美元＝10 000 美元。

简单地说，在给定的交易日，通行的运费期货价格代表了船东在该日实际能够在租船市场（即现货市场）上获得的船舶租用费率水平，或者说，租船人能够按该费率水平进行海上货物运输。

当船东认为费率低到毫无吸引力时，他进行套头交易就毫无意义；如果他认为当前期货价格是个好价格，但担心运费市场的费率会下跌到当前的水平之下，那么他可以“锁定”该费率，而出售足够多的期货合同，以弥补收入风险。

船东最终获得的费率，有可能高于或低于锁定的（或套头交易的）费率水平。运费市场的费率水平上升，则船东会盈利。但是，随之而来的波罗的海运价指数水平的改善则意味着按期货结算，船东必须支付原售价与改善后的结算价之间的差额。结果，实际市场（即运费市场）的盈利将被运费期货市场相应的亏损所抵消。其实，这正是一种完善的套头交易。当然，人们会注意到，如果船东当初没进行套头交易的话，岂不是更有利吗?关键的问题在于：如果运费市场费率跌落的话，那么收入中蒙受的“损失”就会从期货市场的利润中得到补偿。

当然，在船东根据具有下跌趋势的运费市场，通过出售期货合同进行套头交易，而又觉察到运费市场将回升时，他可以通过回购与期初出售数目相同的合同，结束其难堪的处境。利用这种方法，在期货市场上，虽然他仍蒙受损失，但在实际运费市场上会赚取更大的利润。

毫无疑问，租船人完全可以采取类似于船东的方式进行套头交易，他是购买合同而不是出售合同。也就是说，出售称作卖空（或空头套利），而购进称作买空（或多头套利）。

利用市场活跃的变化，通过租船活动进行套头交易，风险与盈利同时存在，这是航运市场经济的特点。船东与租船人都期望在市场变化中只赚不赔或将遭受经济损失的风险降低到最低限度。因此，他们加强了对航运市场运价的研究、预测以及对其变化趋势的分析，更多地运用运费期货原理来指导租船业务。国际航运市场竞争的风险管理也越来越引起更多的租船人和船东的重视。这些也促使他们更积极地加入期货市场套头保值的交易活动中。

第三章 管道运输经济概论

第一节 概 述

一、管道运输工程的兴起和发展

1. 管道运输的历史与现状

管道运输工程系指用加压设施加压流体（液体或气体）或流体与固体混合物，通过管道输送到使用地点的输送系统。我国古代为了灌溉农田和冶炼金属，发明了水车和唧筒这类原始的流体机械来提升水或鼓风，输送管道多用竹木管。早在秦汉时期就用竹木笕（一种竹木管）输送卤水，在明末清初还用竹木笕输送天然气。进入近代和现代，随着生产力的发展，城市建设也有了极大的发展，供水、供热和供煤气等公用设施也随之发展，并形成管网，以满足城市居民生活的需要。但真正意义的作为运输产业的管道运输，则始于 19 世纪石油天然气的开发与利用。美国于 1865 年在宾夕法尼亚建立了世界上第一条输油管道，直径 50 mm、长度 90 km。1874 年该州又建了一条直径 100 mm、长度 96 km 的输油管道。到目前为止，全世界大型石油和天然气管道总长度已超过 200 万 km，石油天然气的开采与运输得到了蓬勃发展。许多长输管道跨越多国，最大管径达 1 220 mm，最长距离达 5 500 km，石油和天然气管道几乎遍及世界各大洲，越来越引起世界各国的关注。目前，世界著名的输气管道当属横贯加拿大全境的管道，管道总长 8 500 km，管径 500～1 000 mm，中间设 46 座压气站，年输气量达 300 亿 m^3。整个系统的管道和压气站，由多伦多市中心控制室用计算机进行遥控，并在屏幕上显示有关数据。日常维护使用双螺旋桨飞机在低空 50 m 巡逻飞行，并定期派出人员在地面检查。

我国发展石油天然气工业主要是在新中国成立后，特别是改革开放以后。1958 年建成了当时全国最长的克拉玛依—独山子原油输送管道，之后又相继建设了克拉玛依—独山子管道复线、克拉玛依—乌鲁木齐（双线）、轮南—库尔勒、鄯善—乌鲁木齐等输油和输气管道。西部大开发标志性工程之一的“西气东输”工程于 2004 年 12 月 30 日正式实现全线商业运营。它西起新疆塔里木盆地腹地轮南，途经 10 个省、区、直辖市，全长 4 000 多 km，设计年输气量 120 亿 m^3，工程总投资额 1 200 多亿元，是中国距离最长、投资最多、运输量最大、管径最大、管材等级最强和设计压力、输气能力、自动化控制程度最高的管道。到 2004 年底，新疆管道运输里程达 3 003 km，年输送原油和天然气 2 100 万 t，是全国管道运输里程最长的省区。2006 年 5 月 25 日，总长 962 km 的中哈石油管道全线贯通，我国首次实现从境外陆路输入石油。

2. 管道运输业的拓展

随着油气管道运输的发展，各国注意到管道运输方式的诸多优点，因而促进和刺激了粒状物料的浆体管道运输，从而加快了矿产资源的开发、降低了运输成本、避免了精矿的输出设施（铁路或公路）的昂贵投资。粒状物料的浆体管道输送，是以水为载体输送粒状物料的。

1957 年美国建成了世界上第一条输煤管道——俄亥俄州输煤管道，管径 254 mm，全长 173 km；1967 年澳大利亚建成了世界上第一条铁精矿输送管道——萨瓦奇河铁精矿输送管道，管径 244 mm，全长 85 km；1964 年英国格拉比建成了世界上第一条石灰石输送管道；1978 年巴西建成了世界上第一条磷酸盐矿浆输送管道——瓦列普磷精矿输送管道，管径 229 mm，全长 91 km。近年来国外又发展了密封容器（capsule）管道输送，它仍以水为载体，物料装于密封容器中，利用水的浮力减小摩擦力，靠水力进行管道输送。

有些物料怕吸湿和变质，不能采用水力输送，因而出现了气力输送，即以气体（一般为空气）为载体输送粉粒状物料的管道输送。例如粮食的气力输送与装卸，粮食加工的气力输送与提升，散装水泥的气力输送与装卸，干式除尘物料的回收与利用，甚至工业原料和城市垃圾等散体物料的气力输送。它们不仅是输送物料的方式，而且是简化生产工艺流程的手段，是生产工艺的重要组成部分。气力输送在若干工业领域都得到了广泛应用，例如粮食加工厂的气力输送、铸造车间铸造用砂的气力输送、木材工业的气力输送、卷烟工业中的气力输送等。

为了扩大管道运输的应用范围，国外已出现了以气体为载体的容器管道输送系统，它利用带有轮子的“容器列车”在管道内运行，物料在装载站自动定量装入容器内，在装卸站自动卸除。英国和德国利用这种输送方式运送邮件；哈萨克斯坦利用这种输送方式输送粮食，已建成了 70 条总长 650 km 的容器粮食输送管道。

我国在发展石油、天然气管道运输的同时，也发展了粒状物料的浆体管道输送，以减轻铁路运输的压力、降低开发矿业的投资和运营费。我国 1997 年建成了从山西省太原钢铁厂尖山铁矿到太原钢铁公司的铁精矿输送管道，管径 229.7 mm，全长 102 km，年运精矿 200 万 t，克服了没有精矿输出手段的困难。如用新建铁路专用线输送精矿，不仅投资高，运营费也高。1998 年建成了从辽宁省鞍钢调军台铁矿到鞍山钢铁公司的铁精矿输送管道，管径 243 mm，全长约 20 km，年运精矿约 310 万 t，克服了现有环市铁路运输能力不足的困难。我国西山焦煤集团公司与太原第一热电厂联手建设的中国第一条地下输煤管道于2006年6月正式破土动工，此输煤通道全长 10 km，将贯穿天龙山北坡山腹，入口在西山官地矿井下 300 m 深的储煤仓，出口位于太原第一热电厂附近的石庄头村。整个工期为两年，工程竣工后每年可运输煤炭 250 万 t 到 300 万 t。此外，我国正在着手建设山西省孟县、经河北省至山东省潍坊和青岛的孟—潍—青输煤管道，年运精煤 700 万 t，全长 720 km。这条输煤管道是为今后建设更多输煤管道取得经验起示范作用，从而减轻我国铁路运输的压力。总之我国管道运输业正处在蓬勃发展中，各种物料包括石油、天然气、精矿、矿石、煤炭的长距离管道输送，以及短距离的气力输送，都将得到迅猛发展，应用前景十分看好。

二、管道运输方式的特点

1. 管道运输方式的优点

（1）运营费低，能耗小。管道运输方式是流体和浆体的输送方式，不存在铁路或公路运输方式所需的牵引机车、汽车和车厢的非物料额外能耗，只要克服流体或浆体在管道内的摩擦阻力和提升，即可完成运输作业，没有铁路或公路所需的车辆维护检修费用以及铁路、公路的维护检修费用，因此管道运输方式的能耗最小、运费最低。

(2) 输送系统简单，基建投资少。管道运输系统最简单，主要包括加压设施（泵站或压气站）、输送管道（干线管道和分配管网）和辅助设施（原油加热、气体净化、调节储罐、浆体制备、浆体脱水），因而基建投资少。

(3) 建设速度快，施工同期短。由于输送系统简单、工程量相对其他运输方式较少，设备重量轻，管道出厂价订货，输送管道多为埋设，土方施工主要采用分段施工方式，因此建设速度快、施工周期短。

(4) 受地形条件限制少。管道运输方式不同于铁路或公路运输方式，对地形没有严格的限制，甚至没有限制，因而管线线路没有铁路或公路的迂回曲折问题，易于克服地形障碍，输送路径最短，从而可为节约投资、加快建设进度创造有利条件。

(5) 可以实现连续输送。铁路运输或公路运输存在牵引机车、汽车和车厢空载回程，而管道运输是连续不断地进行输送，不存在空载回程，因而劳动生产率高、运输量大。

(6) 安全可靠，作业率高。管道运输方式几乎可不停顿地进行全年输送，不受气候的影响，不存在铁路运输或公路运输物料的损耗，可实现封闭式输送。对于输送气体，采用管道输送方式几乎是唯一可行的输送方式。管道输送方式隐蔽性强，比较安全可靠。管道运输方式是连续输送，事故几率小，作业率高。

(7) 占地少，有利于环境保护和生态平衡。长输管道绝大部分为埋设，占地少，受气候变化的影响小，不污染环境，有利于生态平衡。

2. 管道运输方式的局限性及存在的问题

(1) 局限性。

① 管道运输系统只能输送特定的物料，如特定的石油、天然气、特定的粉状或粒状物料（精矿、矿石、煤或其他团体物料），运输功能比较单一，不如铁路和公路运输可以进行任何物资的运输以至客运。从这个意义上来说，管道运输不能带动和促进地方经济的全面发展。

② 管道运输只能进行定向定点运输，一般只能运输大宗、特定、适宜于管道运输的物料，不如铁路和公路运输，可以进行双向不定点多种物资的运输。不论是输送石油、天然气、粉粒状物料，对物料的质量均有严格的要求。特别是粒状物料的浆体管道输送，对粒状物料的粒度、密度、输送浓度和输送流速均有严格的要求。管道输送系统的敏感性强、应变能力低，因此要求严格控制物料的特性。浆体管道运输的物料，只允许输送与水混合后不会产生物理性质和化学性质变化的颗粒状物料。

所谓定向定点运输，是根据用户对物料的质量、品位和需求等要求，按合同要求确定。根据用户的分布情况，确定一个或几个输送系统，每个输送系统可以向一个或几个用户输送物料，这要根据市场调查，通过技术经济比较合理确定。

③ 管道运输系统的输送能力不易改变，如果要增加输送能力，就必须增加设备和管道的输送能力，这通常是很困难的。因为要增加输送能力，管道的承压力就需提高，设备的输送压力也随之提高，采用原有的设备和管道在技术上是通不过的，只有另建管道运输系统，这一点不及铁路运输。

④ 浆体脱水处理，浆体管道输送物料到达终点后，须进行脱水（过滤甚至干燥），以供用户使用。

(2) 存在的问题。

管道对环境以及居住在这个环境中的人有很大的影响，因为管道运送石油产品和化学制品，一旦出现渗漏损失会很惨重。管道一般修筑于乡村地区，但随着普通家庭对管道需求的增加，人们会选择居住于管道附近，从而受到物品（比如石油和汽油）渗漏的潜在危害。即使渗漏不直接对人们造成影响，它也会对生活在管道周围的野生动植物产生很大影响。故管道的安全性十分重要。

3. 管道运输方式与其他运输方式的关系

随着生产力的发展，科学技术的进步和社会需求的变化，交通运输业也获得相应的发展，各种运输方式的技术装备和组织工作不断更新，其技术经济性能和使用范围也在不断变化。运输方式的多样化，要求通过建立综合运输体系，充分发挥各种运输方式的优势，扬长避短，最大限度地节约运输投资的运输费用。近几十年出现和发展的石油、天然气、粒状物料的浆体等管道运输方式是异军突起的最具有发展前途的运输方式。

以上五种运输方式，以各自不同的特点共同承担着国民经济对交通运输业的要求，构成了当代综合运输体系。它们之间是相辅相成、互为补充的关系，而不是互相替代互为排斥的关系，因此都需要大力发展，形成有机的整体，发挥各自的特长。

三、我国管道运输工程的发展概况与前景

1. 发展概况

新中国成立以来，特别是改革开放以来，管道运输技术得到了长足的发展。首先在冶金工业和电力工业中，建成了一大批尾矿、灰渣管道输送系统，这主要是短距离管道输送系统。1970年以前，我国仅有三条油、气长输管道，全长不足 400 km。随着大庆、辽河等油气田的相继开发，为我国管道运输技术的发展带来了契机，建成了一批原油输送管道。随着胜利、大港、华北、中原、新疆油气田的陆续开发，以及海上油气出的开发，我国目前已建成总长度达 1.723 万 km 的输油和输气管道，主要送往各主要城市以及相关的炼油厂和化工厂。不仅建成了陆上输油、输气管道，也建成了海底输油、输气管道；不仅建成了原油输送管道，也建成了成品油输送管道。进入 20 世纪 90 年代，我国油气长输管道每年以超过 400 km 的建设速度递增。与此同时，也激发和推进了粒状物料的浆体管道输送。由于我国矿山和煤田大多分布在山区和沙漠地带，没有现成的铁路运输条件输出精矿和煤炭，而新建铁路投资高、运营费也高、建设周期长，不得不向管道运输技术找出路，通过管道输出精矿和粉煤。目前我国已建成近 170 km 的精矿输送管道，保证了钢铁工业和磷肥工业对原料的需求。

随着管道运输技术的不断发展，我国管道运输的科技水平也在不断提高，科研、设计和施工已具备了相当的实力，基本可独立承担管道运输工程的设计。我国已具备了完成输油输气管道设计和浆体管道输送设计的能力，主要设备、设施、仪表等均开始了国产化进程，已能用国际质量标准承建大口径、长距离油气输送管道、新型储油罐、储气罐、穿越大型河流以及水下管道施工。

2. 我国管道运输的发展前景

我国西部地区的油气资源极为丰富，是开发西部地区的支柱产业。西气东输管道工程，就是西部大开发中启动的新世纪最大工程。该工程可将新疆天然气储量巨大的塔里木盆地天然气西起轮南，东穿大漠，过太行，越黄河，跨长江，横贯中国腹地，途经九省市自治区直达上海。输送管道全长约 4 000 km，总投资达 1 396 亿元。管道工程投产为新疆以及沿线各

省、市、自治区带来巨大的经济效益，是资源和能源的大动脉，有助于改善我国的能源结构，减少大气污染，实现我国经济的可持续发展。我国除了发展原油管道运输之外，还要发展成品油管道运输，形成产—运—销相结合的运输网络。我国除了开发陆上油气资源外，还将开发海底油气资源。随着我国加入 WTO、经济全球化，一些跨国的油气输送管道也将得到相应的发展，其输送距离更长，投资更大。

为了发展钢铁工业和农业，必须建设可靠的原料基地，包括铁精矿和磷精矿。为了解决边远山区铁矿和磷矿输出精矿的困难，也必须采用管道运输方式。例如，云南省昆钢大红山铁矿位于新平县，由于地形复杂，大部分为崇山峻岭、深沟峡谷，因此采用管道运输是唯一可行的经济合理的运输方案。此项管道输送工程（目前世界上海拔最高的矿浆管道）于 2004 年 10 月开工，全长 171 km，于 2006 年 12 月 31 日前全部完工。此输送管道建成投产后，可以每年向昆钢输送 200～230 万 t 铁精矿。四川省攀钢白马铁矿位于凉山彝族自治州，是攀钢重要的后备矿山，也是国内在建的重点矿山之一，其年运量预计可达 560 万 t，输送管道全长 580 km，采用管道输送精矿同样是唯一可行的经济合理的运输方案。湖北省宜昌市盛产磷矿，是磷肥工业的重要原料，也将建设磷精矿输送管道，年运量约 200 万 t，输送管道全长约 100 km。国内第一条环城输油管线，北京成品油及航煤管道是以燕山石化为起点，连接长辛店、黄村、通州、顺义、沙河五大油库的全封闭式环城输油管线。该管道工程总长度 183 km，主干管道沿六环路敷设道分两期建设，分别需穿越房山、丰台、大兴、通州、顺义和昌平 6 个行政区及河流、铁路、公路等重要设施，2005 年已完成通州段（一期）40 km 施工建设。2006 年计划完成 143 km 的施工建设，年底达到通油条件。此条环城输油管线建成后，将确保首都机场航煤能源的供应，同时，极大地减少了油罐车对环境的污染，大大提高了成品油输送的安全性和效率。

总之，管道运输在我国具有广阔的应用前景，是一项异军突起的新兴产业，与其他运输方式并驾齐驱的格局不会改变。

3. 真空管道运输系统简介

（1）真空管道运输系统介绍。真空管道运输，英文为 Evacuated Tube Transportation，缩写为 ETT，这是此系统的美国发明人 Daryl Oster 先生在他的专利中最早使用的名称。早期，国外也有人把它叫做 Vacuum Tube Transportation，但现在一般使用 Daryl Oster 在他的专利文献中所使用的名称（美国专利号：5950543）。由于真空管道运输跟高速磁悬浮列车密不可分的联系，所以我们有时也叫做“真空管道高速磁浮交通”。

地面高速运输系统要克服巨大的空气阻力，当速度超过 500 km/h 后，空气阻力就非常巨大，所以人们产生了建设真空管道磁浮线路的设想。

早在 20 世纪 60 年代，美国兰德咨询公司和麻省理工学院的专家通过技术分析，设想了一种高速运输工具——真空管运输系统，而且预计在 21 世纪可能成为现实。该设想的轮廓是：横贯美国东西，由纽约到洛杉矶修建一条长 3 950 km 的地下隧道，隧道内抽成相当于 1‰ 个大气压的真空，将磁浮系统安装在隧道内；在这种真空管道中，时速可达 22 500 km/h，即使采用该理论速度四分之一的速度，即平均速度 6 750 km/h，由纽约到洛杉矶也只要 36min 30 s 的旅行时间。

真空管道运输系统采用先进的真空技术，而且速度会比汽车、飞机甚至导弹还快，其建设成本通过对真空管道运输系统断面与高速铁路断面相比较，不是很高，而且可能十分便宜。因为在同样的设计输送能力下，真空管道运输系统的断面可以比高速铁路小很多。

(2) 真空管道运输系统的优越性。真空管道运输是一种新型的运输系统，最新研究资料表明，所需能耗不到当前运输方式能耗的 2%，而安全性更高、速度更快。管中抽成真空，消除了空气阻力，类似飞行器的旅行舱在管道中旅行，或者让旅行舱在无摩擦的磁浮状态运行。真空管道运输是一种非常有效的运输方式，运营费将相当便宜。另外，真空管道运输以连续方式运行，所以可在所期望的任何时候出发，不用担心天气条件。而且具有独特的环保优点，建设真空管道磁浮交通比建设一条公路对环境造成的损害减少 95%，对资源的消耗也少得多。就每人·公里运输量而言，磁浮交通对环境的温室效应只有飞机和小汽车的 0～2%，对湿地、沼泽地的影响也较小，不会破坏自然水体和蓄水层。

跟现有的运输工具（飞机、火车、汽车等）相比，真空管道磁浮交通具有以下优越性：

① 快速。纽约—洛杉矶，45 min；华盛顿—北京，2 h；本地旅行速度 350 km/h，城际间旅行速度 1 000 km/h，国际旅行速度大于 4000 km/h。

② 方便。连续运行，可以在任何时候搭乘、旅行，没有时刻表，不需要遵循交通部门制定的出发时间，没有延迟与停止，到任何目的地均为直达。

③ 高效、节能。在一定速度下，只有当前运输能耗的 1%，材料节省达 90%。

④ 清洁。环境友好，使用可再生能源——少量电力，可持续性好，由于管道中抽成真空，自然形成音屏障，以致无任何对外噪声。

⑤ 安全。消除了相撞的可能性，不受任何气候条件影响，不会因不良天气而终断。

⑥ 现实可行。所有建设 ETT 的设备都是现成的，所涉及的各项技术都已投入商业应用。

第二节　管道运输成本与运价

一、管道运输成本

1. 管道运输成本概述

管道运输成本主要是由建设费用组成，其建设费用大体可分为管道材料、相关设备以及劳动力几大部分，土地费用在管道运输成本中只占很小比重（建设费用的 3%左右），原因是管道一般埋在地下，管道铺设完毕以后其上面的土地还可以恢复原先的用途。管道的建设成本随其口径、长度和沿线的坡度的不同而定。一般大口径管道的造价要高些，但造价增加的幅度不是成比例的。而长距离管道的单位成本要低于短距离管道。1994 年在美国建造陆上油气管道的平均单位造价是每英里 65 万美元，加压泵站的建设成本是平均每一马力动力 1 227 美元。

管道的设计寿命应该以油气田的开发周期为依据，而且管道的建设成本是沉淀性的，因为管道一旦不被用于输送油气，它就没有其他替代用途。从这个意义上说，管道运输的固定设施成本容易被高估，但管道具有很大的发展前景，每年都需要铺设新的运输管道，所以管通建设费用被看做是管通运输的固定设施机会成本，在大体上应该是可以接受的。

一旦管道铺设完毕，它的运营（可变）费用主要有两项：其中一项是保持管道内压力，以便使天然气或液体石油流动的加压泵站动力费用（动力系统的燃料成本）；另一项就是管道运营和管理人员的工资（管道运输的劳动力成本）。由于管道运营只需要一个元素——管线，而运输工具通常是可变费用的重要组成部分。所以管道运输的运营成本与管道的造价相比，它的运营成本很小。例如，穿越阿拉斯加州的管道系统，建设成本 92 亿美元，只有 450 名员工。对于运送相同城市间货物吨英里量，如果管道运输需要员工 8 000 人，则汽车运输需要 1 000 万人。据测算，采用管道运输化工物流，其运输成本不到 2 元/t，而汽车运输需 10～50 元/t，船运输需 7 元/t，铁路运输需 20 元/t。因此，管道相对于其他运输方式来说是固定设施成本比重最高的运输方式，而运营成本相对比重较低。许多专家估计，管道运输成本只占综合运输成本的 30%～40%，有些管道系统可能低到 25%。

虽然管道运输规模经济扩大，但我们还是应该把管道运输的规模经济概念分析清楚。在某条管道的径路上增加油气运输量的途径有多种：一是在原有管道上靠增加现有泵站的压力提高管道内油气的流动速度，这需要泵站耗费更多的燃油或电力；二是在原有管道沿线增建更多的泵站，也是用于提高油气的流动速度；三是沿原有管道增建一条新的小口径管道；四是根据油气需求的状况重新铺设一条大口径管道，取代原有的小口径管道。在图 4.3.1 中可以看到不同途径增加管道油气运输量的成本曲线，其中曲线 A 代表在原有管道上增加现有泵站的压力提高管道内油气的流动速度。由于在一定范围以外再提高油气流动速度需要耗费更多的燃油或电力，因此单位运输成本上升很快，但在运输量增加不太大（小于 Q_1）的情况下还是合理的；曲线 B 代表在原有管道沿线增建更多的泵站和其他设备，可以看出运输量超过 Q_1 以后曲线 B 所代表的单位运输成本具有一定优势；曲线 C 代表沿原有管道增建一条新的小口径管道，或重新铺设一条大口径管道取代原有小口径管道的运输成本变化情况，可以看出在运量小于 Q_2 时 C 所代表的规模并不经济，但当运输量超过 Q_2 以后曲线 C 代表的单位运输成本已明显低于另外两条曲线，经济上是合理的。因此，管道运输的经济运输密度经济是一定条件的，应该根据具体的油气需求数量铺设相应口径的管道，以达到单位运输成本最低的目的，而在需求数量足够大的情况下，建设大口径管道的单位运输成本具有明显优势。

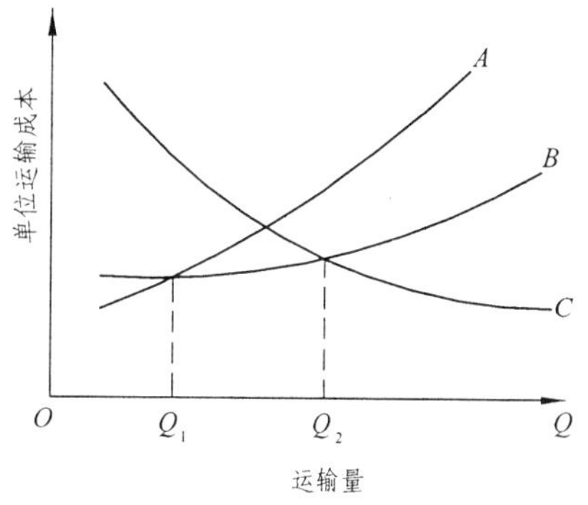

图 4.3.1　管道运输成本示意图

2. 管道运输成本的具体内容（以天然气输送管道为例）

（1）内部集输管网场站成本。管道内部集输一般指在气田内部将分散的气井装置通过集气支线和集气干线连成的统一密闭系统，然后再集输至天然气脱硫净化厂或长输干线首站。这就需要建造各型口径的集气支线和干线，以及集输场站，并配备相应的通讯、水电、维修、建筑等辅助设施。

（2）长输干线成本。天然气气田一般都远离城镇或工业区，仅有内部集输设施只能就近就地供应给用户，大量的天然气还不能实现全部销售的目的。为此，还需要建造大口径、长距离管道，输至城镇门站和工业用户。长输干线是一项投资巨大、复杂的管输工程，而且随着距离增长，天然气自身具有的压力消耗很快。要保持天然气正常输送，在长输管道中还要配备相应的压力站才能将天然气输至较远用户，而且距离越远，压气站数量随之增加。

（3）增压成本。为了提高天然气输送距离，必须建造增压站提高天然气的输送压力。一是在输气干线建设增压站，以提高输气运距。二是某些气田或气井的压力低于输气干线压力，必须增压才能进入长输干线。

（4）管输调配成本。管输气量调配是输供气过程中不可缺少的重要环节。和一般产品生产管理不同，需要时时刻刻监视整个输气管网的运行，及时进行气源调配，否则就可能出现故障，危及正常输供气。

（5）管输计量与化验费用。输送天然气所含成分，包括甲烷、乙烷或水分、含硫及化合物杂质等，必须进行化验才能确定。化验的目的是一方面对管输管道采用相应的措施；另一方面是让用户了解气质组成，尤其是用户对气质有特殊要求，就必须采取相应的措施。管输计量是必不可少的环节，是开采、管输和用户之间签合同的依据。计量是经常发生的，而且要保证计量的准确性，还必须经常调校。由此，计量与化验必然花一定的耗费。

（6）管输损耗成本费用。将从气井中开采的天然气输供至用户的各个环节都会发生一定的损耗，所以，从井口采出的天然气工业产量和输供给用户的商品量并不相等。这些损耗主要包括：用气波动造成管线弊压或其他因素引起的放空损耗；低温站脱硫或净化脱硫发生的脱硫损耗；输供自用气和输差损耗。

（7）杂项收费。国内管道运输杂项收费包括与管道运输相关的装车费、储油费、中转代办费等。

3. 影响管道运输总成本的因素

影响管输系统总成本的因素分实物参数和经济参数两大类。实物参数主要包括管道长度、管道路线、管径和管材、输送压力其他基础设施的成本，包括可能与其他管道连接的设施、储气设施和管道的终端设施等，还包括操作与维护费用、配气费用、计量费用、企业员工支出等。影响管输成本的经济参数主要有贷款利率和贴现率。

二、管道运输价格

1. 管道运输价格的形成

运输价值是由运输产品所消耗的社会必要劳动量决定的。因而运输价值必然是制定运价的基础，价值是通过交换价值来表现的，管道运输价值的货币表现就是管道运输价格。

在社会主义市场经济中，运输所消耗的生产资料和新增的价值，要通过商品交换来实现，而且参与社会商品流通。因此，在运输领域中，价值规律也必然起作用。价值规律不但制约运价的形成，调节运输供求关系，而且从各方面调节运输经济活动。现代运输业的运价是由国家有计划地制定和调整，而在地方短途运输市场里和国际运输市场里则存在着由市场调节的自由运价，不管哪种运价形式，都要受价值规律的支配。总之，价值规律通过运价机制与计划机制相结合，调节着运量在各种运输方式之间的分配，以及社会劳动与资金在运输业和其他部门之间的分配。随着经济体制改革的深化，价值规律的调节作用将更加明显。

管道运价的形成包括成本＋税金＋利润。税金＋利润实际上是管道运价中的盈利，就是劳动者为社会所创造的价值（或社会剩余产品）在各部门、企业间按照什么原则进行分配的问题，涉及国家、部门、地区和行业的利益。

2. 管道运输定价的原则（以天然气管道运输为例）

（1）满足用户的需求。天然气市场是多类型复合用户市场，包括城市民用、商业用户、工业原料用户、工业燃料用户，等等，不同用户对供气的连续性、可靠性要求不同，不同用户用气的均衡性、价格弹性、对价格的承受能力也有很大的差异，因此，天然气管输定价应尽可能满足各种用户的需求，要有利于扩大用户的用气量，提高管道使用率。

（2）满足投资者的需求。投资者要求收回投资和合理的投资回报，因此，天然气管输运价必须首先考虑对管输成本的补偿，使天然气管输至少能维持简单再生产；其次应考虑天然气管输应至少获取全国工业企业平均利润率最低水平；最后必须考虑天然气管输能力的充分利用。

（3）满足政府监管者的需求。天然气管输具有自然垄断性，必须进行政府管制。政府监管者要求保护各方合理的利益、资源的有效利用以及天然气管输价格要有利于天然气市场的发展。

3. 管输定价的方法

（1）政府定价。在综合运输市场还未完全形成的情况下，实行市场调节的运输价格管理模式，显然条件还不成熟。管道运输价格还不可能由企业自主定价，也不可能形成以市场供求和市场竞争为导向的市场调控机制。因此，在相当长的时间内，管输价格还必须以成本为导向由政府定价。

（2）自然垄断与服务成本定价模式。在市场经济下，市场在资源配置方面发挥着重要作用。但是，对于自然垄断行业，就会出现“市场失灵”。为了防止“竞争过度”或“毁灭性竞争”，对自然垄断部门，一般由公有企业经营或由政府部门严格管制，包括严格的价格管制。

天然气管道由于具有自然垄断性质，作为专业运输公司的管道公司，则实行严格的政府管制。在管输定价上可引用公共事业企业的定价模式——服务成本定价模式（Cost-of-Service Method）。服务成本定价模式被广泛用于具有垄断性质的企业如自来水公司、电力公司等的定价，它的作用是确定企业每年的合理服务成本（包含合理的利润）是多少，在此基础上，根据不同行业的特点，设计服务成本的收取方式（也称用户费率设计）。服务成本定价模式是采取两部制法设计天然气管输价格的基础。事实上，在天然气管输定价中引用服务成本定价模式，有助于保证管输企业收费的公正、合理性，也有利于管输企业对管输供求关系、用户对管输价格的承受能力、管输企业所承担的经营风险等做出动态的反映。

（3）两部制法。是把管输企业每年的应固定部分主要通过预约容量费的方式回收，变动部分通过管输使用费的方式回收。天然气用户使用天然气会占有一定的管道运输空间，这种占有在一定时期具有排它性，因而应分摊输气管道的固定服务费用，固定服务费用通过预约容量费来回收。不管用户是否实际使用，预约容量费都要交给管输企业，它是使用运输管道的基础费用。而管输使用费则是根据用户实际使用管道运输天然气的运量大小来制定的，即管输企业的变动服务费用是通过收取管输使用费来回收的，它是使用管道的用量费用。这种方法旨在解决用气不均衡的价格确定问题，合理性在于输气企业与用户共同承担输气风险，输气企业的经营稳定性明显增加，鼓励天然气用户有效利用已经占用的输气空间，兼顾了输气企业与天然气用户双方的利益。例如，民用天然气和工业用天然气的使用频率不一样。因此，管道容量费应该按照用户高峰期需求来收取，管道使用费按照用户的实际提气量来收取。

两部制定价法在天然气工业得到了普遍应用，并被证明是符合天然气管输特点的定价方法。

（4）净值倒推法。是基于市场出发的一种定价方式，是在分析运输管道经济管径、经济起输量等经济边际值时，常常采用的确定管道运费的一种简易计算方法。它通过管道末站可接受的产品价格与管道首站可提供的产品出厂价格（一般为井口价格）差值来确定。计算公式为：

管输成本＝用户竞争燃料价－配送成本－井口价

净值推算法的优点是：计算简便，直观，易于接受。缺点是忽略了管道本身的因素对管道运费的影响，如实际输量、生产负荷、管道造价、经营管理水平等。

4. 目前我国管道运输价格的制定

（1）我国目前管输运价状况。

我国管输运价的主管部门是国家发展和改革委员会。如：天然气管输的定价是由国家发改委组织或委托有关单位和专家对天然气管输成本进行审查，对管输价格进行测算，经国家决策颁布统一管输价格标准，各省市根据地方情况制定实施细则。

管输价格调整的信息来源是：国家统计局各类商品价格变化信息，交通运输部门，包括铁路、公路、水运、空运及管道输送比价关系变化信息；天然气或原油生产企业、使用企业的财务报告及有关信息。例如，西气东输管道运价，初始价格确定后，根据成本、气量等因素变化每三年校核、调整一次，由中国石油天然气集团公司提出调整方案报国家发展改革委核批。

（2）我国目前管输运价存在的问题。

政府规定的运价是实行一线一价，但价格常常是一定几年不变，使企业缺乏活力。此外，还存在以下主要问题：① 货种别、管径别的差别运价均未到位，例如，对于原油运输管道的运价而言，没有制定规范化的管道运价的原油粘度调整系数；虽然制定运价时分了不同的管径具有不同的运价，但是其比价关系并没有完全理顺，致使某些管线仍然处于亏损状态之中。② 地形、地温对管道运价的影响未考虑。③ 超低输量所增加的运行费用没有考虑。

我国目前尚未形成一套反映天然气管输实际的运价体系。现行管道运价仍沿用参照 20 世纪 70 年代铁路运价制定的价格原则，而其他行业的运价均以不同方式做了调整。由于管道运输在我国起步较晚，管道运输的定价原则和方法未做大的调整和变动，越来越不适合目前市场经济的要求。管道运输价格及运营费用是管道这一新兴运输行业的重大研究课题，世界各国对此都极为重视，并已研究和制定出了本国的管道运输定价原则和方法。

随着我国石油天然气工业的迅猛发展，尤其随着全球经济一体化进程的加快，我国油气管输价格改革势在必行。计划加市场、成本加利润是价格改革的目标，原油管输价格会在考虑历史因素的前提下，越来越趋于市场化；天然气作为新生能源，恰逢经济环境的逐步完善，其管输价格改革更具广泛前景。

第三节　管道运输管理

一、管道运输管理概述

管道运输管理是指管道运行过程中利用技术手段对管道运输实行统一指挥和调度，以保证管道在最优化状态下长期安全而平稳地运行，从而获得最佳经济效益和生产组织工作。它包括管道输送计划管理、管道输送技术管理、管道输送设备管理和管道线路，前二者又统称管道运行管理，是管道运输管理的中心环节。

管道输送计划管理是指根据管道所承担的运输任务和管道设备状况编制命题的运行计划，以便有计划地进行生产。管道输送计划管理首先是编制管道输送的年度计划，根据年度计划安排管道输送的月计划、批次计划、周期计划等。然后，根据这些计划安排管道全线的运行计划，编制管道站、库的输入和输出计划，以及分输或配气计划。同时，根据输送任务和管道设备状况，编制设备维护检修计划和辅助系统作业计划。

管道输送技术管理是指根据管道输送和货物特性，确定输送方式、工艺流程和管道运行的基本参数等，以实现管道生产最优化。管道输送技术管理的内容包括随时检测管道运行状况参数，分析输送条件的变化，采取各种适当的控制和调节措施调整运行参数，以充分发挥输送设备的效能，尽可能地减少能耗。对运输过程中出现的技术问题，要随时予以解决或研究。

管道输送设备管理是指对管道站、库的设备进行维护和修理，以保证管道的正常运行。管理的内容主要包括：对设备状况进行分级，并进行登记；记录各种设备的运行状况；制定设备日常维修和大修计划；改造和更新陈旧、低效能的设备；维护在线设备。

管道线路管理是指管道线路进行管理，以防止线路受到自然灾害或其他因素的破坏。管理内容主要包括：日常的巡线检查；线路构筑物和穿越、跨越工程设施的维修；管道防腐层的检漏和维修；管道的渗漏检查和维修；清管作业和管道沿线的放气、排液作业；管道线路设备改造和更换；管道线路的抗震管理；管道紧急抢修工程组织等。

二、管道运行管理

1. 管道运行管理及其必备条件

管道运行管理是指用制定管道运行计划的方法，以及运用管道运行状况分析和调度等手段，充分发挥管道和设备输送效率，实现管道安全、平稳、经济的最优化运行，是管道管理的主要组成部分。为了达到最好的经济效益，就要提高管道运行管理水平。

管道运行管理需要先进、可靠的设备，如要有良好的调度设备和通信设备，以及显示各泵站运行参数及流程的电视屏幕，还要有电子输出设备以便随时确定各站的运行参数。在调度室有用各种灯光表示全线的走向、高程、站距和沿线截断阀门位置等的设施；有标志出各站的简明流程，并用灯光显示主要机组的停、运，各站主要阀门开闭状态。通过这些设施可以直观地了解全线的运行情况。在多批量运行的管道，还必须设置批量和界面跟踪台，由专职人员经常监视和指导操作。

2. 管道运行管理的基本步骤

（1）分析运行资料。对委托运行管道承运的油品种和数量，交付输送的时间和地点，油品的特征，以及对管线泵站收、发油品应具备条件等进行分析和研究，编制出年度轮廓计划，并做好完成管道年度任务的技术准备。

（2）编制运行计划。在分析运行资料的基础上，编制出指令性强的全线运行计划和各站的运行计划。在编制成品油月份或旬的全线运行计划时，要标明各批油品的名称、编号、特性和输量；标明各批油品到达各站的时间和进入的油罐；明确各批油品输送的顺序和分输时间、分输量；确定各批油品的运行参数；标明有无清管作业和计划性停输作业。编制月或旬的各站运行计划，要明确各站进油任务、倒罐流程；安排倒罐作业、启泵和停泵或倒换泵作业、流量计划标定和清管器接收与投入作业以及各旬的设备维修计划等。

（3）运行调度。是按运行计划进行全线指挥、调整、监督等工作，以保证按运行计划完成输送任务。调度人员先对运行计划进行核对，并作适当修改，然后根据计划下达高度指令。全线运行情况均反映到调度室，调度室进行全面监视。顺序输送时跟踪各批油品界面的准确位置，预报分输站切换流程和分输的时间；与此同时，跟踪清管器的运行位置等。

一旦发生事故，调度人员应负责立即处理，采取措施，下达指令，更换运行参数，以减少事故对计划的影响。

3. 管道运输管理的技术手段

管道运输线路长，站、库多，输送的货物易燃、易爆、易凝或易沉淀，且在较高的输送压力下连续运行。这就要求管道生产管理具有各种可行的技术手段，即管道监控、流体计量和管道通信等技术手段。

（1）管道监控。它是指对管道运行工况的监测和控制，是实现密闭输送工艺，管道安全、平稳和最优化运行所必需的手段。

运输管道线路长，站、库多，全线密切相连，因此，运行工艺既需要站、库和线路的就地监控，也需要全线的遥控。管道监控的重要任务是：收集、处理、显示和记录管道系统的运行状态和工艺参数；按输送工艺计划、动态工况分析结果，选择最优运行方案；协助调度人员迅速准确地开关阀门和启停设备，以实现选定的输送工艺流程；调节流量、压力和温度等运行参数；预测、分析和处理事故；进行起点、终点站和分输站的油、气交接以及账务结算等。

管道监控系统一般由高度中心、远传通道和监控终端三大部分组成。现代调度中心通过设置两台电子数字计算机，即一台在线工作，收集、处理和监控管道运行数据，提供控制指令或在必要情况下直接控制泵站设备和线路上遥控截断阀；另一台计算机作为备用，备用机除能迅速地切换到在线状态外，还可进行软件开发、制订计划、管理器材，并可完成其他计算和管理工作，确保遥控指令执行情况。远传通道的功能是将监测和控制信息迅速、准确地从发送端传送到接收端。监控终端包括站、库监控终端和管道线路监控终端。输油管道与输气管道的监控对象不同，但两者的结构和监控的基本内容是一样的。站、库终端由站控中心、就地控制装置和仪表系统组成。站、库终端除实施遥测遥控功能外，还必须具有站内集中控制功能和现场手动控制功能。

（2）管道流体计量。是指对管道运输的流体货物运量的测量工作，其任务是：向交运和承运双方提供货物运输量的数据；为实施输送计划、分析运行工况、控制总流量和分输量的平衡提供重要依据；在油品顺序输送中，为批量切换提供依据；为计算输油和输气成本提供依据；监测管道输送过程中的漏失量。

（3）管道通信。是管道运输借以传递各种信息，进行业务联系和控制管道运行的工具。管道运输具有全线联合作业的特点，即管道的各个环节要密切配合、协调一致，才能完成管道运输作业，这就必须通过通信系统进行统一调度和集中监视。同时，在管道维护和抢修过程中，组织人员，调运器材，协调操作等也缺少不了通信联络。

管道通信系统主要由区段通信、干线通信和移动通信三部分组成。区段通信是指管道各区段内部的通信。每个区段的通信系统不仅要满足本区段的通信需要，而且也是干线通信网的组成部分。干线通信是管道运输部门各级管理机构之间及其与调度中心之间的通信。干线通信网沟通总部、大区中心和调度中心。移动通信是为满足收集和传递管道沿线和各种监视信号的需要，以及为满足管道维护工作需要所使用的无线电通信系统。

参考文献

1 蔡庆麟，刘艳琴，王玉兴. 运输经济与管理决策. 北京：人民交通出版社，1998
2 李永生，黄君麟. 运输经济学. 北京：机械工业出版社，2004
3 吴育俭，刘作义. 运输市场营销学. 北京：中国铁道出版社，2000
4 管楚度. 新视域运输经济学. 北京：人民交通出版社，2002
5 魏际刚著. 运输业发展中的制度因素. 北京：经济科学出版社，2003
6 陈贻龙，邵振一主编. 运输经济学. 北京：人民交通出版社，1999
7 乔乐中. 运输经济学. 成都：成都科技大学出版社，1993
8 许庆斌，荣朝和，马运等. 运输经济学导论. 北京：中国铁道出版社，1995
9 谷长森等. 铁路实用系统工程. 北京：中国铁道出版社，1994
10 张国伍主编. 交通运输系统分析. 成都：西南交通大学出版社，1991
11 帅斌编著. 物流产业经济. 北京：科学出版社，2006
12 王明志著. 运输供给与运输需求平衡论，北京：人民交通出版社，1996
13 王际详. 货运需求与经济发展. 北京：中国铁道出版社，1996
14 夏洪山. 现代航空运输管理，北京：人民交通出版社，1999
15 李学伟，赵新刚. 中国铁路投入产出分析. 北京：中国铁道出版社，2004
16 李岱安，王奎中. 中国铁路成本计算. 北京：中国铁道出版社，1999
17 现代交通远程教育教材编委会编. 运输经济学. 北京：清华大学出版社，2004
18 严作人，张戎编著. 运输经济学. 北京：人民交通出版社，2003
19 刘统畏著. 交通通讯与国民经济. 重庆：重庆出版社，1988
20 陈贻龙，邵振一主编. 运输经济学. 北京：人民交通出版社，1998
21 赵淑芝主编. 运输经济分析. 北京：人民交通出版社，2003
22 王树林，曲世友主编. 微观经济学. 北京：科学出版社，2004
23 张远超等主编. 现代西方经济学. 济南：山东人民出版社，1995
24 孙建中，杨俊青编著. 西方经济学. 北京：电子工业出版社，2002
25 交通部教育司主编. 水路运输经济基础. 北京：人民交通出版社，1997
26 帅斌编著. 物流经济. 成都：西南交通大学出版社，2005
27 郭忠印. 交通运输设施与管理. 北京：人民交通出版社，2005
28 沈志云主编. 综合运输工程学. 北京：人民交通出版社，1999
29 王义光编. 铁路运输市场营销之道. 成都：西南交通大学出版社，1999
30 肖翔著. 铁路投融资理论与实践. 北京：中国铁道出版社，2003
31 罗仁坚. 论铁路在综合运输体系中的地位和作用. 综合运输，2004（7）
32 姜新华. 正确运用客货运量预测方法为铁路发展提供决策支持. 铁道运输与经济，2004（9）
33 肖翔. 铁路投融资体制改革的关键. 综合运输，2004（10）

34　樊桦. 理性认识交通投资与经济增长的关系. 综合运输，2006（4）
35　姚松巍等. 铁路短途客运的市场定位及对策. 铁道运输与经济，2004（9）
36　张飞涟，史峰. 铁路客货运量预测的随机灰色系统模型. 中南大学学报（自然科学版），2005（2）
37　陈鹏，孙全欣. 基于灰色马尔柯夫过程的铁路客运量预测方法研究. 铁道运输与经济，2004（4）
38　张耀平. 真空管道运输——真空产业发展的新机遇[J]. 交通运输工程与信息学报，2006（3）
39　张耀平. 真空管道运输安全问题成因分析[J]. 真空，2006（2）
40　朱中彬著. 外部性理论及其在运输经济中的运用分析. 北京：中国铁道出版社，2003
41　现代交通远程教育教材编委会编. 运输经济学. 北京：清华大学出版社，2004
42　陈京主编. 汽车运输组织管理. 北京：机械工业出版社，2004
43　周国光，何公定编著. 道路运输财务管理学. 2004
44　李华主编. 道路运输经济学. 北京：人民交通出版社，1998
45　陈周钦主编. 道路运输经营学. 北京：人民交通出版社，2004